बस्तर की आदिवासी एवं लोक हस्तशिल्प परम्परा

बस्तर की आदिवासी एवं लोक हस्तशिल्प परम्परा

हरिहर वैष्णव

रेखांकन एवं छायांकन

खेम वैष्णव

राधाकृष्ण प्रकाशन

संस्कृति विभाग, छत्तीसगढ़ सरकार के सहयोग से प्रकाशित

ISBN : 978-81-8361-676-8

बस्तर की आदिवासी एवं लोक हस्तशिल्प परम्परा

पहला संस्करण : 2014
तीसरा संस्करण : 2023

मूल्य : ₹ 995

प्रकाशक
राधाकृष्ण प्रकाशन प्राइवेट लिमिटेड
जी-17, जगतपुरी, दिल्ली-110 051
शाखाएँ : अशोक राजपथ, साइंस कॉलेज के सामने, पटना-800 006
पहली मंजिल, दरबारी बिल्डिंग, महात्मा गांधी मार्ग, प्रयागराज-211 001
वेबसाइट : www.radhakrishnaprakashan.com
ई-मेल : info@radhakrishnaprakashan.com

मुद्रक
बी.के. ऑफसेट
नवीन शाहदरा, दिल्ली-110 032

BASTAR KI AADIVASI EVAM LOK HASTSHILP PARAMPARA
by Harihar Vaishnav

सहधर्मिणी श्रीमती मायावती वैष्णव जी को

निवेदन

सबसे पहले यह निवेदन करना अत्यन्त आवश्यक और महत्त्वपूर्ण है कि मैं न तो कला-मर्मज्ञ हूँ और न कला-समीक्षक ही। मैं तो बस्तर के लोक तत्व का एक जिज्ञासु विद्यार्थी मात्र हूँ जिसका उद्देश्य बस्तर की वाचिक परम्परा में बिखरी पड़ी सम्पत्ति को एकत्र करना है। अतः इस प्रस्तुति को बस्तर के आदिवासी एवं लोक हस्तशिल्प से सम्बद्ध वाचिक परम्परा के अभिलेखन के रूप में देखा जाना चाहिये, न कि कला अथवा शिल्प की किसी विशिष्ट पुस्तक के रूप में।

यहाँ यह भी उल्लेख करना आवश्यक होगा कि इस प्रस्तुति में संकलित किसी भी सामग्री का मेरे द्वारा न तो कोई परीक्षण किया गया है, और न किया जाना सम्भव ही है। अतः तथ्यों की प्रामाणिकता के विषय में मेरा कोई दावा नहीं है। मेरा स्पष्ट संकेत विशेषतः मिथकों की प्रामाणिकता की ओर है। लोक-मानस से जो कुछ जिस रूप में मिला, उसे मैंने जस-का-तस प्रस्तुत कर दिया है।

बस्तर की वाचिक परम्परा को सहेजने की दिशा में काम करते हुए यहाँ के आदिवासी एवं लोक हस्तशिल्प से सम्बन्धित अनछुए पहलुओं का स्पर्श करने और उन्हें एक पुस्तक के रूप में सामने लाने का विचार काफी दिनों से कौंध रहा था। विभिन्न लोगों से बातचीत के दौरान पहले से एकत्र कुछ थोड़ी-बहुत सामग्री तो थी किन्तु वह नहीं के बराबर थी और कच्ची भी। इसी दरम्यान वाचिक सामग्री की खोज में गाँव-गाँव भटकते हुए मेरी कुछ मित्रों से जो चर्चा हुई उससे यह बात उभर कर आयी कि न केवल बस्तर के, अपितु देश के अन्य भागों में विभिन्न हस्तशिल्प विधाओं से जुड़े शिल्पियों के पास शिल्प और उसकी परम्परा से सम्बन्धित जो मौखिक ज्ञान है, वह किसी-न-किसी कारण से अगली पीढ़ी तक हस्तान्तरित नहीं हो पा रहा है जबकि इसका हस्तान्तरण होना शिल्प और शिल्पी दोनों ही के व्यापक हित में है। इस पर काफी चर्चा हुई और मेरे मित्रों ने एक मत से इस बात पर जोर दिया कि शिल्पगत मौखिक परम्परा का अभिलेखन आवश्यक ही नहीं, अपितु अनिवार्य भी है। मुझे लगा कि यह समय कुछ करने का है। समय बीत जायेगा तो आज जो कुछ भी है वह भी बचा रहने वाला नहीं। और इस तरह मैंने मार्च 2004 से यह कार्य विधिवत आरम्भ कर दिया। मुझे जल्दी थी किन्तु मेरे जल्दी मचाने से भला क्या हो जाता! काम मन्थर गति से चलता रहा किन्तु सन्तोषप्रद था। क्षेत्रीय कार्य (सामग्री संकलन) में मेरे दोनों पुत्रों चि. प्रद्युम्न वैष्णव, चि. नवनीत वैष्णव तथा भान्जे चि. चन्द्रकान्त वैष्णव ने मेरा भरपूर सहयोग किया। टेप पर संकलित सामग्री का ट्रान्सक्रिप्शन तो साथ-साथ चल ही रहा था किन्तु सम्पादन तब तक सम्भव नहीं था जब तक कि क्षेत्रीय

(सामग्री-संकलन का) कार्य सम्पन्न न हो जाये। रोज नयी-नयी चीजें जुड़ती चली जा रही थीं। बहरहाल, किसी तरह सामग्री-संकलन का क्षेत्रीय कार्य सम्पन्न होते ही इसके सम्पादन का कार्य आरम्भ किया, जो काफी गुरुतर था। क्षेत्रीय कार्य के दौरान कई चीजें छूट भी गयी थीं, जिनसे सम्पादन के दौरान भी कई भ्रान्तियाँ बनी रहीं और मुझे पुनः विभिन्न शिल्पियों और अन्य जानकार लोगों से मिल कर अपनी भ्रान्ति दूर करने की जरूरत महसूस हुई। इस प्रक्रिया में और भी कई नयी चीजें जुड़ती चली गयीं। दृष्टि साफ और विस्तारित होती गयी। तो भी, जितना कुछ इस प्रस्तुति में सम्मिलित किया जाना चाहिये था, वह नहीं हो सका है, यह मैं स्वीकार करता हूँ। कारण था, समय की कमी और सीमित साधन। जैसे, इस प्रस्तुति में अधिकांश सामग्री कोंडागाँव, नारायणपुर एवं जगदलपुर तहसील के ही कुछ सीमित गाँवों से जुटायी जा सकी है। मैं समझता हूँ कि यह केवल एक आरम्भिक प्रयास है। इस दिशा में अभी और बहुत काम किया जाना शेष है।

सामग्री-संकलन के दौरान मुझे प्रति पल यह अहसास होता रहा कि जो कुछ मैं जानता हूँ, वह कुछ भी नहीं है। कारण, प्रत्येक शिल्पी से, चाहे वह राष्ट्रीय या अन्तर्राष्ट्रीय ख्याति का रहा हो या कि गुमनामी के घुप्प अँधेरे में सिकुड़ा-सिमटा और बिलकुल ही अनजाना; मुझे जो और जितनी जानकारी मिली उसमें से किसी को भी उन्नीस मानना बिल्कुल ही अनुपयुक्त होगा। इसलिये मैंने इस प्रस्तुति में अपनी जानकारी को बिल्कुल ही शून्य मानते हुए स्रोत शिल्पियों से प्राप्त जानकारी को ही अन्तिम और प्रामाणिक मान कर उसे जस-का-तस प्रस्तुत कर दिया है। इस मान से इस प्रस्तुति को एक प्रलेख के रूप में देखा जाना अधिक समीचीन होगा। कथ्य बेशक उनका ही है, भाषा भी उन्हीं की है, किन्तु जहाँ प्रवाह रुकता-सा लगा, वहीं मैंने आवश्यकतानुसार थोड़ा-बहुत भाषा-परिमार्जन किया है। मेरा यथासम्भव प्रयास रहा है कि मेरी भाषा या शैली मूल सामग्री की भाषा या शैली पर हावी न हो, ताकि सामग्री की मौलिकता बनी रहे। हल्बी में प्राप्त सामग्री के अनुवाद के समय भी मैंने उसके मूल भाव-सरगम को यथावत् रहने देने का भरसक प्रयास किया है। इस कार्य के निष्पादन के दौरान मेरी कई भ्रान्तियाँ भी दूर हुई हैं।

इस प्रस्तुति में यथा सम्भव स्रोत शिल्पियों द्वारा प्रयुक्त आंचलिक शब्दों को यथावत् रखने का प्रयास किया गया है ताकि न केवल माटी की सोंधी गन्ध बरकरार रह सके बल्कि उन आंचलिक शब्दों के जरिये इन लोक कलाओं के साथ-साथ बस्तर की लोक संस्कृति को उसकी समग्रता में समझने का प्रयास हो सके। इसी दृष्टि से उनके यथा सम्भव स्पष्टीकरण भी पाद टिप्पणियों के रूप में दिये गये हैं। इसी तरह लोक शिल्पियों से इतर विभिन्न स्रोतों से प्राप्त यथा आवश्यक जानकारी का भी पाद टिप्पणियों के रूप में इसी दृष्टि से समावेश किया गया है। न केवल इतना अपितु बस्तर के लोक पर्व एवं त्योहारों पर भी यथा सम्भव प्रामाणिक जानकारी का इस प्रस्तुतिकरण में समावेश किया गया है। विभिन्न शिल्पी समाजों में बोली जाने वाली उनकी जातीय भाषाओं, जिन्हें कूट भाषा कहा जाना चाहिये, तथा साहित्य का भी समावेश उनके सामाजिक-सांस्कृतिक परिवेश को समझने की दृष्टि से किया गया है। मेरी समझ में ये अतिरिक्त विवरण एवं सामग्री भी बस्तर की आदिवासी एवं लोक हस्तशिल्प परम्परा को समझने में सहायक सिद्ध होंगे।

जहाँ तक पर्व एवं त्योहारों का सम्बन्ध है, यहाँ यह स्पष्ट करना अत्यन्त आवश्यक होगा कि बस्तर अंचल में इनका स्वरूप पूरी तरह से एक जैसा नहीं है। यदि 'माटी तिहार', 'चरु', 'आमाजोगानी', 'अकतई' (या 'अकती'), 'दियारी' आदि का स्वरूप कोंडागाँव-फरसगाँव के आसपास कुछ और है तो जगदलपुर, दन्तेवाड़ा या नारायणपुर अथवा अन्तागढ़ के आसपास कुछ और। 'नवाखानी' यदि कोंडागाँव में 'नवाखानी' या 'नवा तिहार' कहलाता है तो जगदलपुर के आसपास 'नुआ', 'नुआखाई' या 'नुआ तिहार' और काँकेर-चारामा के आसपास 'नवाखाई'। इसी तरह बस्तर जिले की 'मँडई' दन्तेवाड़ा जिले में यथावत् 'मँडई' और 'खड़साड़' कही जाती है जबकि काँकेर जिले में 'मड़ई'। न केवल इतना अपितु यहाँ कदम-कदम पर कृषि एवं प्रकृति से सम्बन्धित विभिन्न अनुष्ठान जैसे 'बीज कुकड़ी', 'ढेल कुकड़ी[1]', 'कोठार छाँडनी[2]' आदि भी होते हैं। इसके साथ ही यह भी ध्यान देने की बात है कि कुछ ऐसे उपकरण व उत्पाद भी हैं जिनके नाम बस्तर के ही अलग-अलग हिस्सों में अलग-अलग हैं और यह भी कि इनमें से कुछ का प्रचलन यदि एक क्षेत्र में है तो दूसरे में नहीं। कुछ इसी तरह विभिन्न प्रथाओं, परम्पराओं और रीति-रिवाजों में भी समानता के साथ-साथ भिन्नता का होना कोई आश्चर्य का विषय नहीं होना चाहिये।

मैंने इस कार्य को महज एक औपचारिक प्रस्तुति की तरह न ले कर एक शोध कार्य की तरह पूरी गम्भीरता के साथ लिया और पूरी निष्ठा तथा ईमानदारी के साथ इसे पूरा करने का भरसक प्रयास किया है। किन्तु मेरा यह प्रयास अपने आप में पूर्ण है, ऐसा मेरा कतई दावा नहीं है। कारण, बहुत से ऐसे बिन्दु हो सकते हैं जिनका इस प्रस्तुति में समावेश नहीं हो सका है। इस तरह की कमी के लिये मैं उनसे क्षमा-प्रार्थी हूँ, जिनका सहयोग मैं इस कार्य में नहीं ले सका। इसके सूचना प्रदाता वही लोग हैं, जो इन शिल्पों से परम्परागत रूप से जुड़े हुए हैं तथा यहाँ की संस्कृति के संवाहक और माटी-पुत्र हैं। मैं अपने इन सूचना प्रदाताओं का आभारी हूँ और यह स्वीकार करते हुए मुझे तनिक भी संकोच नहीं कि इस कार्य को सम्पन्न करने के दौरान अपने सूचना प्रदाताओं से प्राप्त सारगर्भित जानकारी से मेरे ज्ञान-कोष में वृद्धि हुई है।

मैं आभारी हूँ अपने मित्र और सुप्रसिद्ध धातु शिल्पी आदरणीय भाई श्री जयदेव बघेल (घड़वा शिल्पी, कोंडागाँव), सुप्रसिद्ध धातु शिल्पी श्री सुखचंद पोयाम (घड़वा शिल्पी, कोंडागाँव), श्री पंचूराम सागर (घड़वा शिल्पी, कोंडागाँव), श्रीमती भगन्तिन नाग (घड़वा शिल्पी, बरकई), श्रीमती भागवती सागर (घड़वा शिल्पी, कोंडागाँव), अपने सहपाठी और सुप्रसिद्ध धातु शिल्पी भाई श्री सोनाधर विश्वकर्मा (लौह शिल्पी, कुसमा), श्री नानजात विश्वकर्मा (लौह शिल्पी, किड़ईछेपड़ा), श्री गोपीराम विश्वकर्मा (लौह शिल्पी, किड़ईछेपड़ा), श्री सुकनाथ विश्वकर्मा (लौह शिल्पी, किड़ईछेपड़ा), श्री चमरू राम बघेल (लौह शिल्पी, किड़ईछेपड़ा), श्रीमती ललिता बघेल (लौह शिल्पी, किड़ईछेपड़ा), श्री लैखन दास मानिकपुरी (पनका बुनकर, राजागाँव), श्री प्रेमदास मानिकपुरी (पनका बुनकर, राजागाँव), श्री जगदेव कुम्हार (मिट्टी शिल्पी, कुम्हारपारा, कोंडागाँव), श्री सहदेव राणा (मिट्टी शिल्पी, कुम्हारपारा,

1. कुछ लोगों के अनुसार 'बीज कुकड़ी' और 'ढेल कुकड़ी' एक ही त्योहार के दो नाम हैं।
2. कुछ लोग इसे 'कोठार सारनी' भी कहते हैं।

कोंडागाँव), श्री बनऊराम नाग (मिट्टी शिल्पी, कुम्हारपारा, कोंडागाँव), श्री घस्सूराम चक्रधारी (मिट्टी शिल्पी, कुम्हारपारा, कोंडागाँव), श्री श्यामसुन्दर (मिट्टी शिल्पी, कुम्हारपारा, कोंडागाँव), श्रीमती भेसबाई चक्रधारी (कुम्हारपारा, कोंडागाँव), श्री भादूदास मानिकपुरी (पनका बुनकर, बड़े कनेरा), श्रीमती जानकी बाई (पनका बुनकर, बड़े कनेरा), श्री सोनसिंह मौर्य (काष्ठ शिल्पी, भाटपाल), श्री बलराम नाग (काष्ठ शिल्पी, देउरगाँव), श्री गागरा लोहार (काष्ठ एवं लौह शिल्पी, देउरगाँव), श्री बोर्रा मंडावी (काष्ठ शिल्पी, पखना कोंगेरा), श्री पेरमाराम कर्मा (बुरुँगपाल), श्री पाकलूराम कर्मा (बुरुँगपाल), श्री लिमदास (चँडार बुनकर, नगरनार), श्री सोमारूराम कुम्हार (मिट्टी शिल्पी, नगरनार), श्री बुदरु लोहार (लौह शिल्पी, काकड़गाँव), श्री कासीनाथ मानिकपुरी (पनका बुनकर, काकड़गाँव), श्री उसारु राम नाहार (पारधी, बाडरा), श्री मेहतर राम सोड़ी (पारधी, किड़ईछेपड़ा), श्री आसाराम मंडावी (पारधी, जुगानी कलार), श्री नकछेड़ी चँडार, श्री बुदसन चँडार, श्री साहाराम चँडार, श्रीमती पारबती चँडार, एवं श्री माहरा चँडार (सभी ग्राम भगदेवा), श्री डिबूश्वर कौशिक, (ग्राम पटेल, कोंडागाँव), श्री अर्जुन धुरवा (नरसिंगनाथ आँगा के पुजारी, बड़े डोंगर), श्री हीरासिंह नायक (बंजारा, मुँजला), श्री लच्छीराम बंजारा और उनकी पत्नी श्रीमती सकरी (कौड़ी शिल्पी, जोबा), श्री पण्डी राम मण्डावी (काष्ठ शिल्पी, गढ़बेंगाल, नारायणपुर), श्री बेलगुर मण्डावी (लोकचित्रकार, गढ़ बेंगाल, नारायणपुर), श्री देवनाथ कुम्हार (मिट्टी शिल्पी, एड़का, नारायणपुर), श्री बहादुर सिंह कुम्हार (मिट्टी शिल्पी, एड़का, नारायणपुर), श्री लालसिंह नायक (बंजारा, कौड़ी शिल्पी, बारदा), श्रीमती राधा, घड़वा (खोरखोसा), श्री सुकालू, मोहरेया (खोरखोसा), श्रीमती बुटकी कश्यप (काष्ठ शिल्पी, मुँजला), श्री सुकपाल धुरवा (काष्ठ एवं प्रस्तर शिल्पी, देउरगाँव), श्री मेघनाथ बिसकरमा (प्रस्तर शिल्पी, देउरगाँव) का, जिन्होंने एक नहीं बल्कि कई-कई बैठकों में मेरे द्वारा किये गये प्रश्नों को बड़े ही धैर्यपूर्वक सुना और उसके जवाब में अपने मौखिक ज्ञान का भण्डार मुझे कृपापूर्वक उपलब्ध कराया।

मैं आभारी हूँ चि. प्रद्युम्न वैष्णव, चि. नवनीत वैष्णव, चि. चन्द्रकान्त वैष्णव, चि. उद्धव वैष्णव, श्री शंकर लाल खापर्डे, श्री विनोद ए. एस., श्री राजेन्द्र देवांगन, सुश्री फलेन्द्री बघेल, श्री उमेश प्रधान एवं श्री तेजसिंह पोटाई का जिन्होंने इस प्रस्तुति में मेरी अनेक प्रकार से भरसक सहायता की और जिसके बिना मेरे लिये यह कार्य सम्भव नहीं हो पाता। मैं 'साथी' समाजसेवी संस्था, कुम्हारपारा (कोंडागाँव) के सर्वश्री भूपेश तिवारी, हरिलाल भारद्वाज और (स्व.) भूपेन्द्र बंछोर का भी आभारी हूँ, जिनसे मुझे इस प्रस्तुतिकरण के अन्त में संलग्न 'हस्तशिल्पियों की सूची' प्राप्त हुई। मैं अनुज खेम वैष्णव का भी आभारी हूँ जिन्होंने इस प्रस्तुति के लिये न केवल रेखांकन तैयार किये अपितु आवश्यक छायाचित्र भी उपलब्ध कराये। अन्त में मैं अपनी सहधर्मिणी श्रीमती मायावती वैष्णव का भी आभारी हूँ, जिन्होंने इस प्रस्तुतिकरण में आये कई पारिभाषिक शब्दों के मर्म से न केवल मुझे परिचित कराया अपितु सदा की तरह उनकी प्रामाणिक व्याख्या भी की। मैं उन सब का भी अत्यन्त आभारी हूँ जिनका प्रत्यक्ष-परोक्ष सहयोग इस कार्य में मुझे मिला किन्तु शीघ्रता में जिनका नामोल्लेख यहाँ नहीं हो पाया है।

मेरे लिये सम्भवतः इस कार्य को सम्पन्न करना कठिन ही होता यदि मुझे परम आदरणीय डॉ. के.के. चक्रवर्ती (भा.प्र.से.), तत्कालीन प्रमुख सचिव, वन विभाग, छत्तीसगढ़; श्रीयुत् धीरेन्द्र शर्मा (भा.व.से.), अपर प्रधान मुख्य वन संरक्षक, छत्तीसगढ़; श्रीयुत् प्रदीप पन्त (भा.व.से.), तत्कालीन आयुक्त, संस्कृति एवं पुरातत्व, छत्तीसगढ़; श्रीयुत् के. सुब्रह्मण्यम (भा.व.से.), तत्कालीन विशेष सचिव, मुख्यमन्त्री सचिवालय एवं वन सचिव, छत्तीसगढ़; श्रीयुत् एम.टी. नन्दी (भा.व.से.), वन संरक्षक, छत्तीसगढ़; श्रीमती अनिता नन्दी (भा.व.से.), वन संरक्षक, छत्तीसगढ़; श्रीयुत् जे.एस. म्हस्के (भा.व.से.), तत्कालीन संयुक्त वन सचिव, छत्तीसगढ़; श्रीयुत् संजीव बख्शी (रा.प्र.से.), अवर सचिव, मुख्यमन्त्री सचिवालय, छत्तीसगढ़ तथा श्री डी. एक्का (रा.व.से.), तत्कालीन वन मण्डलाधिकारी, उत्तर कोंडागाँव वन मण्डल का स्नेह और आशीर्वाद न मिलता।

सबसे अंत में आभार राजकमल प्रकाशन समूह का, जिन्होंने इस प्रयास को पुस्तक रूप में प्रकाशित करने में रुचि दिखायी। यदि यह सामग्री पुस्तक का रूप न ले पाती तो क्या मेरा सारा परिश्रम व्यर्थ ही न चला जाता!

हरिहर वैष्णव

बस्तर का संक्षिप्त परिचय

स्थिति

छत्तीसगढ़ राज्य के दक्षिण में स्थित बस्तर सम्भाग (बस्तर, बीजापुर, सुकमा, कोंडागाँव, नारायणपुर, दन्तेवाड़ा एवं काँकेर जिला) अपनी आदिम संस्कृति के लिये जाना जाता रहा है। 17.46 अंश उत्तरी अक्षांश से 20.34 अंश उत्तरी अक्षांश तथा 80.13 अंश पूर्वी देशांश से 82.15 अंश पूर्वी देशांश के मध्य स्थित इस सम्भाग की समुद्र-सतह से ऊँचाई 566.84 मीटर है। यह सम्भाग पूर्व दिशा में ओड़िशा, पश्चिम में महाराष्ट्र तथा दक्षिण में आन्ध्र प्रदेश से घिरा हुआ है। मानव-सभ्यता की विकास-यात्रा से सदियों अछूते रहे और अपने चारों ओर छत्तीसगढ़, महाराष्ट्र, ओड़िसा एवं आन्ध्रप्रदेश राज्यों की भिन्न-भिन्न संस्कृति से घिरे सघन वन-प्रान्तरों में अपनी आदिम संस्कृति व जीवन-शैली में जीवन-यापन करती इस अंचल की शान्तिप्रिय जनजातियाँ नक्सलवाद का दंश झेलते रहने के बावजूद विकास-पथ की ओर कदम बढ़ा रही हैं।

जलवायु

सम्भाग में औसत वर्षा 1300 मि.मी. है। पहाड़ी क्षेत्र होने के कारण यहाँ की जलवायु ठण्डी व अधिक वर्षा के कारण नम है। पूरे सम्भाग का औसत तापमान न्यूनतम 06.1 डिग्री सेन्टीग्रेड और अधिकतम 41.2 डिग्री सेन्टीग्रेड है। मानसूनी जलवायु होने के कारण यहाँ बंगाल की खाड़ी के मानसून से वर्षा होती है। यहाँ कृषि पूरी तरह मानसून पर आधारित है।

प्राकृतिक संसाधन (वन एवं खनिज)

बस्तर सम्भाग भौगोलिक क्षेत्रफल की दृष्टि से केरल राज्य से भी बड़ा है। वन व खनिज सम्पदा से परिपूर्ण 39,114 वर्ग किलोमीटर क्षेत्र में फैले इस भू-भाग में उष्ण पर्णपातिय एवं उष्ण-शुष्क पर्णपातिय दोनों ही प्रकार के वन पाये जाते हैं। इनका कुल क्षेत्रफल 22,268 वर्ग किलोमीटर रहा है जो अतिक्रमण के कारण अब क्रमशः घटता चला जा रहा है। उष्ण कटिबन्धीय एवं सघन वन वाला क्षेत्र होने के कारण यहाँ प्रमुखतया सागौन, साल[3], बीजा, महुआ[4], तेन्दू[5], चार, हर्रा[6],

---

3. साल : स्थानीय नाम 'सरगी', 'सरई'।
4. महुआ : स्थानीय नाम 'महू', 'मोहू'।
5. तेन्दू : स्थानीय नाम 'केन्दू', 'टेमरू'।
6. हर्रा : अन्य उच्चारण 'हरड़'।

बहेड़ा[7], इमली[8], आँवला[9], कर्रा इत्यादि के वृक्ष पाये जाते हैं। यही कारण है कि यहाँ प्राकृतिक खाद्य पदार्थों की विविधता प्रचुर मात्रा में उपलब्ध है। विविध कन्द, वनस्पति, फल वर्ष के सभी ऋतुओं में प्राप्त होते हैं, जिनके सहारे यहाँ की जनजातियाँ आज तक जीवित हैं।

लौह अयस्क के साथ-साथ यहाँ बॉक्साइट, ग्रेफाईट, अभ्रक, चूने का पत्थर, डोलोमाइट, कोरण्डम, टिन एवं एण्डेलुसाइट आदि खनिज पाये जाते हैं।

यहाँ की जनजातियों के मन में जीवन की आवश्यकताओं की पूर्ति करने वाली इन समस्त वनोपज एवं कृषि प्रजाति के प्रति अटूट विश्वास एवं निष्ठा कूट-कूट कर भरी हुई है। खाद्यान्न प्रजाति एवं इन्हें निर्मित/उत्पन्न करने वाले समस्त प्राकृतिक संसाधनों को यहाँ देवी-देवता का स्वरूप माना गया है; चाहे वह जल हो, पहाड़-चट्टान हों या कि पेड़-पौधे अथवा पशु-पक्षी। यहाँ इन सबकी पूजा की जाती है। कोई भी मौसमी फल, अनाज या सब्जी बिना जोगाये[10] नहीं खायी जाती। सर्वप्रथम उनकी पूजा की जाती है। यही कारण है कि प्रकृति व जनजातियों के बीच परस्पर सहयोग की प्रक्रिया आदि काल से चली आ रही है।

वनोपज

इमारती काष्ठ के अतिरिक्त यहाँ के प्रमुख वनोपज हैं साल बीज, तेन्दू, चार (जिसके बीज से चिरौंजी निकाली जाती है), इमली, हर्रा, बहेड़ा, महुआ, तेन्दू पत्ता, जामुन, आँवला आदि। साल बीज और तेन्दू के पत्ते का राजकीय व्यापार होता है। वनोपज यहाँ की ग्रामीण अर्थ व्यवस्था के प्रमुख घटक हैं।

कृषि उपज

यहाँ की कृषि उपजों में धान प्रमुख है। इसके अतिरिक्त दलहनी एवं तिलहनी फसलें भी ली जाती हैं। इनमें सरसों, तिल, डेंगी तिल, परबत, लाहेड़ (अरहर प्रजाति की दलहनी फसल), चना, बटरा (मटर), मँडेया, कोदो, कुटकी, सावाँ, उड़द, मूँग की भी खेती की जाती है।

इतिहास, संस्कृति एवं पुरातत्व

भारतीय गणतन्त्र में रियासतों के विलीनीकरण के समय 1948 में काँकेर एवं बस्तर रियासतों को मिला कर बस्तर जिले का गठन किया गया था। बाद में, 25 मई, 1998 को जब मध्य प्रदेश में 16 नये जिले बनाये गये तब इस जिले का भी पुनर्गठन कर इसे दन्तेवाड़ा, बस्तर एवं काँकेर; इन तीन जिलों में विभाजित किया गया। इसके बाद जिलों के पुनर्गठन के फलस्वरूप इन तीन जिलों को एक बार फिर पुनर्गठित कर पाँच जिलों में विभक्त किया गया। ये पाँच जिले हैं दन्तेवाड़ा, बीजापुर, बस्तर, नारायणपुर एवं काँकेर। इसके बाद 2011 में दो नये

---

7. बहेड़ा : स्थानीय उच्चारण 'बेहड़ा'।
8. इमली : यह हल्बी में 'अमली' और भतरी में 'तेतर' कहलाता है।
9. आँवला : स्थानीय उच्चारण 'आँवरा'।
10. जोगाने का अर्थ है पूजा किया जाना। मौसम का कोई भी फल या सब्जी सबसे पहले देवता को समारोहपूर्वक अर्पित की जाती है तब उसे खाया जाता है। इसे 'जोगातो' कहा जाता है।

जिलों, सुकमा एवं कोंडागाँव का गठन किया गया। वर्ष 2011 की जनगणना के अनुसार बस्तर सम्भाग की कुल जनसंख्या 30,88,414 है। जनसंख्या का घनत्व 373 प्रति वर्ग किलोमीटर है।

बस्तर अंचल के इतिहास पर कोई विशेष और अत्यन्त प्रामाणिक जानकारी उपलब्ध नहीं होती। बस्तर अंचल का समय-समय पर नामकरण हुआ है। पौराणिक काल में यह अंचल दण्डकारण्य के नाम से जाना जाता था, तो नागवंशीय शासन-काल में चक्रकोट व नागलोक से भी इसे प्रसिद्धि मिली। विद्वानों का मत है कि पुराण-काल में कलिंग के अनुज के राज्य में जनपद को 'वत्सर' कहा जाता था। वत्सर क्षेत्र भी एक जनपद होने के कारण 'वत्सर' का अपभ्रंश 'बस्तर' हुआ। कल्पना यह भी की जाती है कि पहले बस्तर में बाँसों की अधिकता के कारण संस्थापक राजा बाँसों के झुरमुट के नीचे (बाँस-तरी में) रहते थे। इसी 'बाँसतरी' का अपभ्रंश 'बस्तर' है।

किन्तु नाम के आधार पर जनजातीय जीवनशैली में कोई परिवर्तन नहीं हुआ। कई शासकों (नलवंश 350 ई. से 956 ई., छिन्दक नागवंश 1023 से 1224 एवं काकतीय वंश व अंग्रेजी हुकूमत 1313 से 1947 तक) का बस्तर में आधिपत्य रहा किन्तु वे इनके जीवन में कोई परिवर्तन नहीं कर सके। आदिम जन अपने जीवन में मग्न रहे।

यह अंचल पुरातात्विक दृष्टि से सम्पन्न रहा होगा, यह तथ्य इस अंचल के दन्तेवाड़ा, बारसूर, कुरुसपाल, मधोता, नारायणपाल, बस्तर, केशरपाल, गढ़धनोरा आदि स्थानों के साथ कई जगहों में बिखरे पुरावशेषों से सिद्ध होता है।

निवासी

बस्तर यों तो जनजातीय समाजों का एक समुच्चय है। यहाँ गोंड तथा उसकी उपजातियाँ (मुरिया, माड़िया, दोरला) एवं धुरवा या परजा तथा हल्बा, गदबा एवं भतरा आदि का निवास है। इन जनजातियों के अलावा यहाँ गाँडा, माहरा, घसिया, लोहार, नाहार (पारदी), पनका, मिरगान, चँडरा (चँडार), मरार (पनारा), कोस्टा (देवांगन), धाकड़, राउत, कुम्हार, सुण्डी, कलार, बाम्हन (ब्राह्मण), बैरागी (वैष्णव) भी लम्बे अर्से से रह रहे हैं और यहाँ की संस्कृति को इन गैर जनजातीय समुदायों ने भी आत्मसात् कर लिया है।

लोक भाषाएँ

छत्तीसगढ़ का बस्तर ज़िला जनजातीय समाजों का एक समुच्चय है। यहाँ गोंड तथा उसकी उपजातियाँ—मुरिया, माड़िया, दोरला—एवं धुरवा या परजा तथा हल्बा, गदबा एवं भतरा आदि का निवास है। गोंड जनजाति की बोली 'गोंडी' द्रविड़ भाषा परिवार से सम्बन्ध रखती है, जबकि हल्बा एवं भतरा जनजाति की बोलियों—'हल्बी' एवं 'भतरी' का सम्बन्ध भारोपीय भाषा परिवार से जुड़ता है। इधर छत्तीसगढ़ से बस्तर अंचल में आ बसे परिवारों द्वारा बोली जाने वाली छत्तीसगढ़ी बोली ने स्थानीय हल्बी बोली के प्रभाव में आ कर एक नयी बोली 'बस्तरी' का रूप धारण कर लिया है। यह भी भारोपीय भाषा परिवार से सम्बद्ध है। गदबा जनजाति ओड़िशा से यहाँ आयी है। यह जनजाति 'गदबी' बोली बोलती है, जिसका सम्बन्ध

मुण्डा भाषा परिवार से है। 1991 की जनगणना के अनुसार बस्तर ज़िले में जनजातीय लोगों की जनसंख्या 15,29,888 है, जो ज़िले की कुल जनसंख्या का 67.36 तथा मध्य प्रदेश की जनजातीय जनसंख्या का 9.93 प्रतिशत है।

द्रविड़ भाषा-परिवार का क्षेत्र उत्तरी लंका, लक्षद्वीप, बलूचिस्तान, दक्षिणी भारत, मध्य प्रदेश, बिहार और ओड़िशा है। तमिल, तेलुगु, कन्नड़ एवं मलयाळम इस परिवार की सर्वाधिक विकसित भाषाएँ हैं, जबकि गोंडी, कुरुख, ब्राहुई, लघाड़ी, भरिया, कोडगु, उरावँ, कुई, तुळु, कोलामी एवं माल्टो आदि अविकसित तथा सीमित क्षेत्र में बोली जाने वाली लोकभाषाएँ। इनमें भी 'गोंडी' इस परिवार की प्रमुख लोकभाषा का दर्जा रखती है। इसका प्रभाव क्षेत्र उपर्युक्त अन्य बोलियों की तुलना में विस्तृत है।

अपने पारम्परिक वृत्ति से जुड़ गये। काफी संघर्षों के बाद उनकी प्रतिभा उन्हें पहली बार घर से बाहर प्रदर्शन हेतु 1972 में रीजनल डिजाइनिंग सेन्टर, कलकत्ता ले गयी। 1976 में भी उन्होंने कलकत्ता (ब्रिटिश डेकोर सर्विस) में आयोजित प्रदर्शनी में भाग लिया। इसके बाद प्रदर्शनियों का सिलसिला निरन्तर चलता चला गया। विवरण इस तरह है :

एकल प्रदर्शनियाँ : 1976 : भोपाल, 1979 : कलकत्ता, 1980 : बम्बई, 1983 : कलकत्ता, 1984 : बम्बई, 1985 : कलकत्ता, 1986 : बम्बई, 1987 : पुने, 1988 : नयी दिल्ली, 1989 : नयी दिल्ली, बम्बई, 1990 : कलकत्ता, 1995 : बेंगलोर, 1996 : बम्बई, 1998 : बम्बई, 2000 : बम्बई, 2001 : कलकत्ता।

सामूहिक प्रदर्शनियाँ : 1972 : नयी दिल्ली, 1973 : भोपाल, 1974 : बम्बई, नयी दिल्ली, 1975 : भोपाल, 1976 : हैदराबाद, भोपाल, 1977 : हैदराबाद, नयी दिल्ली, 1978 से 1982 : नयी दिल्ली, 1979 : नयी दिल्ली, रायपुर, 1980 : रायपुर, 1981 : मद्रास, 1982 : नयी दिल्ली, 1983 : बम्बई, 1984 से 1986 : सूरजकुण्ड, 1985 : कलकत्ता, 1987 : बम्बई, 1988 : कलकत्ता, 1989 : नयी दिल्ली, 1990 : मद्रास, 1991 : हैदराबाद, अहमदाबाद, 1992 : बेंगलोर, 1993 : नयी दिल्ली, 1994 : सूरजकुण्ड, 1998 : सूरजकुण्ड, 1999 : बम्बई, 2001 : बेंगलोर, 2002 : नयी दिल्ली। इन प्रदर्शनियों के अतिरिक्त श्री जयदेव बघेल की कृतियों की प्रदर्शनियाँ रूस, जर्मनी, ग्रेट ब्रिटेन, आस्ट्रेलिया, यू.एस.ए., जापान, स्विट्जरलैंड, इटली, फ्रान्स, सिंगापुर, हाँगकाँग और थाईलैंड में भी हो चुकी हैं।

श्री जयदेव बघेल की कलायात्रा निरन्तर चलती रही है और उन्हें कई पुरस्कार व सम्मान प्राप्त हुए हैं। विवरण इस तरह है : 1976 : मध्यप्रदेश सरकार का राज्य स्तरीय प्रथम पुरस्कार, 1977 : मास्टर क्राफ्ट्समेन नेशनल एवार्ड (अखिल भारतीय हस्त शिल्प मण्डल), 1979 : विशेष पुरस्कार (अखिल भारतीय कला प्रदर्शनी, महाकोशल कला परिषद्, रायपुर), 1980 : गोल्ड फ्लैक्स एवार्ड (अखिल भारतीय कला प्रदर्शनी, महाकोशल कला परिषद्, रायपुर), 1982 : शिखर सम्मान (म.प्र. सरकार), 1991 : बाबा साहेब अम्बेडकर राष्ट्रीय पुरस्कार, 2000 : कमलादेवी चट्टोपाध्याय राष्ट्रीय पुरस्कार। इन पुरस्कारों के अतिरिक्त 2003 में पं. रविशंकर शुक्ला विश्वविद्यालय, रायपुर (छ.ग.) द्वारा उन्हें डी.लिट् की मानद उपाधि से भी अलंकृत किया गया है।

इन सब प्रदर्शनियों और सम्मानों के साथ-साथ श्री जयदेव बघेल की कलाकृतियाँ राष्ट्रीय एवं अन्तर्राष्ट्रीय संग्रहालयों के संग्रह में भी ससम्मान सम्मिलित की गयी हैं। विवरण इस तरह है :

राष्ट्रीय संग्रहालय : राष्ट्रीय संग्रहालय, नयी दिल्ली; इन्दिरा गाँधी नेशनल आर्ट सेन्टर, नयी दिल्ली; नेशनल क्राफ्ट्स म्यूजियम, प्रगति मैदान, नयी दिल्ली; भारत भवन, भोपाल; नेशनल काउन्सिल साइन्स म्यूजियम, कलकत्ता; नेहरू सेन्टर, बम्बई; राज केलकर म्यूजियम, पुणे; बस्तर ट्राइबल म्यूजियम, जगदलपुर; नेशनल म्यूजियम आफ मैन, भोपाल; ट्राइबल रिसर्च म्यूजियम, छिंदवाड़ा।

अन्तर्राष्ट्रीय संग्रहालय : मास्को म्यूजियम, रूस; म्यूजियम आफ मैनकाइन्ड, लन्दन, इंग्लैंड; स्टुटगार्ट म्यूजियम, जर्मनी; हेडलबर्ग म्यूजियम, जर्मनी; म्यूजियम फार व्होकरकुंड बाजेल, स्विट्जरलैंड; म्यूजियम आफ दी सिटी आफ जिनिवा, स्विट्जरलैंड; म्यूजियम आफ कैलिफोर्निया, लास एंजेल्स, यू.एस.ए.; कैलिफोर्निया म्यूजियम आफ साइन्स एंड इण्डस्ट्री, लास एंजेल्स, यू.एस.ए.; स्कूल आफ़ आर्केलाजी एंड एन्थ्रोपोलाजी, आस्ट्रेलियन नेशनल यूनिवर्सिटी, कैनबरा, आस्ट्रेलिया; सेतगायार्ट म्यूजियम, टोकियो, जापान; केल्बन ग्रोव म्यूजियम एंड आर्ट गैलरी ग्लासगो, स्काटलैंड; थिम्पू, भूटान।

मस्सूराम सोनवानी, घड़वा शिल्पी

लगभग 70 वर्षीय मस्सूराम सोनवानी फरसगाँव के पास बरकई गाँव के रहने वाले हैं। घड़वा परिवार से सम्बद्ध होने के कारण आरम्भ से ही इस शिल्प से जुड़े हुए हैं। 1985 और 1987 में वे हस्तशिल्प एवं हथकरघा शिल्प संग्रहालय के आमन्त्रण पर दिल्ली में अपनी कला-प्रतिभा का परिचय दे चुके हैं। 1988 में भोपाल में आयोजित 'लोक रंग' कार्यक्रम में आपने शिरकत की है। 1988 में ही रायपुर (तत्कालीन म.प्र.) में आयोजित 'जगार' में भी आपने अपनी शिल्प कला प्रदर्शित की। 1989 में बम्बई में आयोजित 'अपना उत्सव' में भी आप अपनी कलाकृतियाँ प्रदर्शित कर चुके हैं। इन सबके पहले 1984 में बम्बई के जहाँगीर आर्ट गैलरी में आपकी कलाकृतियाँ प्रदर्शित हुई थीं।

पंचूराम सागर, घड़वा शिल्पी

जन्म तिथि : 03.03.1961, जन्म-स्थान : बरकई (तहसील : कोंडागाँव), बस्तर-छ.ग.।

वर्तमान निवास : अस्पताल वार्ड, कोंडागाँव, बस्तर-छ.ग.।

फोन : 07786 243279

पिता का नाम : भोंदूराम सागर।

राज्य एवं राष्ट्रीय पुरस्कार प्राप्त : 1999।

राज्य एवं केन्द्र सरकारों द्वारा देश के विभिन्न नगरों एवं महानगरों में आयोजित प्रदर्शनियों एवं कार्यशालाओं में भागीदारी।

राजेन्द्र बघेल, घड़वा शिल्पी

पिता : श्री सोभीराम बघेल

जन्म तिथि : 2 जुलाई, 1973, जन्म-स्थान : भेलवाँपदर पारा, कोंडागाँव।

सम्पर्क : बस्तर कृति, भेलवाँपदर पारा, कोंडागाँव-494226, फोन : 07786 242882।

राष्ट्रीय पुरस्कार प्राप्त : 1996।

प्रदर्शनियाँ :

1990 : दिल्ली ललित कला अकादेमी

1991 : कलकत्ता, चेम्बर आफ कामर्स एंड इण्डस्ट्रीज

1995 : बम्बई, चैम्बर आफ कामर्स एंड इण्डस्ट्रीज

1997 : दिल्ली, इन्दिरा गांधी ट्रस्ट मेमोरियल

1997 : दिल्ली, क्राफ्ट्स म्यूजियम

1998 : दिल्ली, दिल्ली हाट (विशेष प्रदर्शनी)

1999 : हैदराबाद, शिल्परामम, मादापुर

2000 : संयुक्त राज्य अमेरिका, मेमफिश मई फेस्टीवल 2000

2001 : दिल्ली, अशोका होटल, इंडियन हेण्डीक्राफ्ट्स फेस्टीवल

2002 : सूरजकुण्ड, हरियाणा, क्राफ्ट मेला

2003 : कलकत्ता, सिमा आर्ट गैलरी

2004 : सूरजकुण्ड, हरियाणा, छत्तीसगढ़ टूरिज्म की ओर से हेण्डीक्राफ्ट सजावट

2005 : कलकत्ता, स्वभूमि (एकल प्रदर्शनी)

घड़वा शिल्प

काँसा और पीतल के मिश्रण से तैयार धातु को 'बेलमेटल' यानी 'घन्टी धातु' नाम दिया गया। कारण, घन्टी में उपयोग की जाने वाली धातु न तो पूरी तरह काँसा होती है और न पूरी तरह पीतल ही। इसमें इन दोनों ही धातुओं का योग होता है। यह शिल्प शासकीय तौर पर 'ढोकरा शिल्प' कहा गया है जबकि इस शिल्प के पारम्परिक शिल्पी इसे 'घड़वा' शिल्प[11] के नाम से पुकारते रहे हैं। 'घड़वा' शब्द मूलतः 'गढ़वा' है, इसमें कोई दो राय नहीं है। कारण, गढ़ने का अर्थ है बनाना और गढ़वा यानी गढ़ने वाला। कल्पनाशीलता का सहारा ले कर कोई चीज गढ़ना। सम्भवतः कालान्तर में यही शब्द पीतल-काँसा धातु से दैनिक उपयोग की सामग्री और मूर्तियाँ गढ़ने वाले समुदाय के लिये जातिवाचक हो कर पहले 'गढ़वा' फिर 'गड़वा' और अन्ततः 'घड़वा' हो गया होगा। कारण, हल्बी एवं भतरी जनभाषाओं में आश्चर्यजनक रूप से हिन्दी के अल्पप्राण वर्ण महाप्राण हो जाते हैं और महाप्राण वर्ण अल्पप्राण। उदाहरणतः बाघ : बाग, काठ : काट, आठ : आट या आँट, गढ़ (किला) : गड़, गढ़ (बना) : घड़, जगह : जघा, गगरी : घगरी, जूड़ा : झुड़ा आदि।

शिल्प के पारम्परिक उत्पाद

इस शिल्प के अन्तर्गत आरम्भिक दौर में घरेलू उपयोग के उपकरण, स्त्री-पुरुषों व देवी-देवताओं के आभूषण तथा देवी-देवताओं की प्रतिमाएँ बनायी जाती थीं किन्तु नगरीय बाजार को ध्यान में रखते हुए आज पारम्परिक वस्तुओं का लगभग लोप होता जा रहा है[12]। स्त्री-पुरुषों के आभूषण भी अब प्रचलन में नहीं हैं। कारण है इस धातु का वजनी होना। इसकी जगह अब प्रायः गिलट, पीतल और चाँदी के आभूषण प्रचलन में हैं। तो भी, इस शिल्प के पारम्परिक उत्पाद को निम्नानुसार वर्गीकृत किया जा सकता है :

(अ) स्त्री-पुरुषों के आभूषण

सुता : गले के निचले हिस्से की गोलाकार हड्डी को हल्बी में 'सुता हाड़ा' कहा जाता है। इसी आकार और इसी के पास पहना जाने वाला यह आभूषण इसी कारण 'सुता' कहलाता है। गोंड जनजाति का तो यह प्रिय तथा

11. इस शिल्प के यशस्वी शिल्पी डॉ. जयदेव बघेल के अनुसार 'गड़वा'।
12. बस्तर के प्रमुख घड़वा शिल्पी सर्वश्री सुखचंद पोयाम, डॉ. जयदेव बघेल, मस्सूराम सोनवानी, पंचूराम सागर, राजेन्द्र बघेल, श्रीमती भगन्तिन नाग तथा श्रीमती भागवती सागर आदि से समय-समय पर की गयी बातचीत के आधार पर।

तीजूराम बघेल (विश्वकर्मा), लौह शिल्पी

पिता : नानजात बघेल विश्वकर्मा

जन्म : किड़ईछेपड़ा, 08.05.1975

शैक्षणिक योग्यता : पूर्व माध्यमिक।

प्रदर्शनियाँ :

1993 : नयी दिल्ली, क्राफ्ट म्यूजियम, प्रगति मैदान

1994 : मुम्बई, वर्ल्ड ट्रेड सेन्टर

1996 : कोलकाता, अम्बुजा सीमेन्ट

1999 : बोलजानो एवं ब्रुनिक, इटली

2001 : नयी दिल्ली, प्रगति मैदान, इन्टरनेशनल ट्रेड फेयर

2001 : नयी दिल्ली, स्वदेशी वनवासी मेला

नेचर बाजार, दिल्ली हाट (दस्तकार संस्था द्वारा प्रतिवर्ष आयोजित प्रदर्शनी) एवं देश के विभिन्न नगरों एवं महानगरों में आयोजित 50 से अधिक शासकीय एवं अशासकीय प्रदर्शनियों में भागीदारी।

कार्यशालाएँ :

2000 : बस्तर, (साथी समाजसेवी संस्था, कोंडागाँव तथा नीदरलैंड डिजाइन इन्स्टीट्यूट , एम्सटर्डम द्वारा आयोजित) क्रास रोड वर्कशाप 2000 में भागीदारी।

एमपीएचएसवीएन द्वारा श्री जोगी पंघाल के निर्देशन में आयोजित डिजाइन डेवलपमेन्ट प्रोग्राम में शिरकत।

साथी द्वारा आयोजित डिजाइन डेवलपमेन्ट प्रोग्राम में इटालियन डिजाइनर मि. एडुआर्डो पेरी के निर्देशन में शिरकत।

डिजाइन डेवलपमेन्ट प्रोग्राम, मुम्बई में श्री राजीव सेठी के साथ शिरकत।

सदस्यता :

साथी समाजसेवी संस्था के मास्टर क्राफ्ट्स पर्सन टीम के सदस्य के रूप में साथी से गहरे जुड़े।

बस्तर शिल्पी संरक्षण संगठन के सदस्य।

राष्ट्रीय कारीगर पंचायत के छत्तीसगढ़ अंचल के सदस्य।

योगदान :

1. साथी समाजसेवी संस्था के माध्यम से युवा लौह शिल्पियों को विभिन्न प्रशिक्षण कार्यक्रमों के अन्तर्गत प्रशिक्षण।
2. नयी परिकल्पना से युक्त डिजाइन का विकास।

खेम वैष्णव, लोकचित्रकार

31 जुलाई, 1958 को अविभाजित बस्तर के दन्तेवाड़ा नामक गाँव में जन्मे लोकचित्रकार श्री खेम वैष्णव ने लोकचित्रों की शिक्षा लोक गायिकाओं (गुरुमायों) से ली। 1970-71 से सृजनरत श्री खेम की कलाकृतियों की प्रदर्शनियाँ अब तक विभिन्न नगरों/महानगरों और देश के बाहर भी हो चुकी हैं। 1979 में जहाँगीर आर्ट गैलरी, मुम्बई, 1987 में डिस्कवरी आफ इंडिया,

का कोई अनिष्ट हुआ हो। सम्भवतः उस महिला की मृत्यु हुई हो या उसे या उसके किसी परिजन को बाघ खा गया हो। कुछ-न-कुछ अनिष्ट तो हुआ ही होगा तभी इतना प्रतिबन्ध लगाया जाता है। उसी दिन से जिनके भी घर में देवी-देवता हैं, वे उनका जतरा-पानी करते हैं। 'चरु' के पहले लोग घास तक नहीं काटते। हमारे बुजुर्ग बताते हैं कि भूल से भी 'चरु' के पहले धान की कटाई या घास की कटाई कर लेने पर बाघ गाँव के भीतर घुस जाया करता था और पशुओं की बजाय मनुष्यों को पकड़ कर खा जाया करता था। यही कारण है कि आज भी हम इन नियमों का पालन करते आ रहे हैं।

पिट फोड़नी

चरु त्योहार के पश्चात् सुविधा के अनुसार ग्राम-प्रमुख 'पिट फोड़नी' का दिन निश्चित करते हैं। निश्चित दिन पुजारी नये अरवाँ[115] धान के चावल का आटा देव-स्थान पर ला कर आटे से 'बाना' बनाता है। विधि-विधान से पूजा-अर्चना कर नये धान से चावल के दाने निकाल कर देवी को चढ़ाता है। आटा व घी को मिला कर पीपल के पत्ते में छोटी-छोटी 7 रोटियाँ बनाता है एवं देवियों को अर्पित करने के बाद वह रोटी प्रसाद के रूप में ग्रामीणों में बाँट दी जाती है।

इस त्योहार के बाद ही नये धान को अरवाँ कूट कर खाते हैं व धान को उबालने के बाद धूप या छाँव में सुखा कर कुटाई करते हैं[116]।

कोठार छाँडनी

इसका तात्पर्य है मिंजाई-कार्य समाप्त करने के पश्चात् खलिहान (कोठार) छोड़ना। इसे कई क्षेत्रों में 'कोठार सारनी' भी कहा जाता है। प्रति दिन मिंजाई के पश्चात् व पुआल हटाने के पहले पुआल का पुतला पूर्वज (डोकरा देव) के प्रतीक के रूप में बनाया जाता है। प्रतिदिन बनाये गये पुतले सहेज कर रखे जाते हैं। भोजन के पहले डोकरा देव को पत्ते में थोड़ा सा भात व सब्जी दी जाती है। मिंजाई के बाद कोठार छाँडनी के दिन इन पुतलों को कोठार के मध्य गड़े खूँटे के नीचे क्रम से रख कर होम दिया जाता है एवं मुर्गी व अण्डे की भेंट चढ़ाने के बाद खुशियाँ मनायी जाती हैं। कुछ क्षेत्रों में इस दिन धोरई यानी गाय चरेहा (चरवाहा), मोहोरेया (मोहरी बजाने वाला) तथा कमया (नौकर) को 'कुढ़ही' धान दिया जाता है। इसी तरह 'पोलई' की भी एक रस्म इसी दिन होती है। इसमें गाँव के उन लोगों को जो कोठार छाँडनी के अवसर पर भेंट-स्वरूप नारियल या कबूतर आदि ले कर जाते हैं, सूपा में धान दिया जाता है। 'पोलई' लोहारों को उनके काम के बदले दी जाती है।[117]

---

115. अरवाँ : जब धान को बिना उबाले ही कूटा जाता है तब उसके चावल को 'अरवाँ चाउर' कहते हैं और जब उसे उबाल कर कूटा जाता है तब उसके चावल को 'उसना चाउर' कहा जाता है। धान की मिंजाई होते ही यदि उसे खाने के लिये कूटना हो तो पहले उसे उबाला जाता है फिर सुखा कर कूटा जाता है। यदि न उबाल कर कूटा जाय और उसका चावल (यानी अरवाँ चावल) राँध कर खाया जाये तो प्रायः सर्दी लग जाने की आशंका बनी रहती है।
116. स्रोत : श्री शिवनाथ यादव एवं श्री चन्द्रकिशोर समरथ, कोंडागाँव (बस्तर-छ.ग.)
117. स्रोत : श्री शिवनाथ यादव एवं श्री चन्द्रकिशोर समरथ, कोंडागाँव (बस्तर-छ.ग.)

भाई की मृत्यु होने पर छोटे भाई द्वारा भाभी को पत्नी रूप में स्वीकार करना। सामाजिक नियमों के अन्तर्गत विधवा 'खिलवाँ' नहीं पहन सकती किन्तु यदि वह पुनर्विवाह कर ले तो उसे पुनः खिलवाँ पहनने का वैधानिक अधिकार सामाजिक रूप से मिल जाता है। अर्थात् खिलवाँ महज एक शारीरिक आभूषण नहीं किन्तु मानसिक आभूषण भी है[16]।

करनफुल : कर्णफूल का अपभ्रंश है 'करनफुल'। दोनों कानों में पहना जाने वाला यह आभूषण प्रायः सोने से बना होता है किन्तु आर्थिक स्थिति के अनुसार बेलमेटल, चाँदी या गिलट के करनफुल भी पहने जाते रहे हैं।

ढार : दोनों कानों में पहना जाने वाला 'ढार' नामक यह आभूषण प्रायः चाँदी का बना होता है किन्तु बेलमेटल या गिलट के 'ढार' भी पहने जाते रहे हैं। बस्तर में इसका प्रवेश बंजारा[17] जाति की महिलाओं के साथ हुआ है। यह बंजारिन माता नामक देवी का प्रिय आभूषण माना जाता है।

तोड़ा : यह आभूषण टखनों के ऊपर पहना जाता है। 'तोड़ा' प्रायः विवाहित महिलाओं का ही आभूषण होता है। प्रायः बेलमेटल के तोड़े बनते रहे हैं किन्तु इसके अतिरिक्त गिलट और चाँदी के तोड़े भी देखने में आये हैं।

बाकटी पयँड़ी[18] / पैरी/पैंरी : यह आभूषण भी पाँवों में पहना जाता है। हल्बी-भतरी परिवेश में 'पयँड़ी' या 'बाकटी पयँड़ी' तथा छत्तीसगढ़ी परिवेश में 'पैरी' या 'पैंरी' के नाम से जाना जाने वाला यह आभूषण प्रायः बेलमेटल के अलावा चाँदी, पीतल या गिलट का बना होता है। बाकटी यानी टेढ़ी-मेढ़ी। चूँकि इसकी बनावट टेढ़ी-मेढ़ी होती है इसीलिये इसे 'बाकटी पयँड़ी' कहा जाता है।

झोटया या पाँयमुंदी : बेलमेटल, पीतल या गिलट से बना अँगूठी के आकार का यह आभूषण पाँवों की अंगुलियों में पहना जाता है। यही कारण है कि इसे 'पाँयमुंदी'

---

16. इसी से मिलती-जुलती एक और रस्म होती है 'चूड़ी पिंदातो' (चूड़ी पहनाना)। इसके अन्तर्गत भी विधवा विवाह होता है। चूड़ी सुहाग का प्रतीक होती है। पति की मृत्यु के बाद पत्नी की चूड़ियाँ फोड़ दी जाती हैं। तब वह काँच की चूड़ी पहनने की हकदार नहीं होती, लेकिन धातु निर्मित पट्टा पहन सकती है। किन्तु यदि उसे समाज पुनर्विवाह की अनुमति देता है तो इस रस्म के द्वारा उसका पुनर्विवाह सम्भव होता है। इस रस्म के द्वारा सम्पन्न पुनर्विवाह में, कुछ समाजों में आवश्यक नहीं कि देवर ही उसे चूड़ी पहनाए। चूड़ी पहनाने वाला यानी दूल्हा कोई और भी हो सकता है (स्रोत : सुकदई कोराम, जगार गायिका, कोंडागाँव)। किन्तु कुछ समाजों में यह अधिकार केवल देवर को ही प्राप्त होता है, ताकि घर की महिला घर में ही रहे (स्रोत : निरगू राम पटेल, कोंडागाँव)। यहाँ यह जानना महत्त्वपूर्ण है कि विधवा विवाह से तात्पर्य विवाह की सारी रस्मों का पूरा किया जाना नहीं होता, अपितु समाज के चुनिंदा लोगों के सामने चूड़ी पहनाने या खिलवाँ देने की रस्म पूरी कर दी जाती है। समाज के लोगों को इस अवसर पर भोजन एवं मद्य-पान भी कराया जाता है।
17. बंजारा : यह जाति राजस्थान से आयी हुई है और पहले नमक का व्यापार करती थी। इन्हें 'बैपारी' भी कहा जाता है। अपने कौड़ी शिल्प के लिये यह जाति काफी प्रसिद्ध रही है (स्रोत : लच्छीराम बंजारा, ग्राम : जोबा, तहसील : कोंडागाँव एवं हीरासिंह बंजारा, ग्राम : मुँजला, तहसील : जगदलपुर, बस्तर-छत्तीसगढ़)।
18. पयँड़ी : अन्य उच्चारण 'पँयड़ी'।

कहा जाता है। इसे 'झोटया' (या 'झोटेया') भी कहा जाता है। 'झोटया' या 'पाँयमुँदी' प्रायः विवाहिताएँ ही पहनती हैं। कुछेक समाजों में विवाह के पूर्व इसे पहनना वर्जित है।

(ब) देवी-देवताओं के आभूषण

बाजूबंद : बेलमेटल, गिलट या चाँदी से बना 'बाजूबंद' (बाजूबन्ध) देवी-देवताओं के लिये होता है। पूजा के अवसर पर इसे देवी-देवताओं को पहनाया जाता है।

बाजनी पयँड़ी/ पैंजना : यह आभूषण पाँवों में पहना जाता है। हल्बी-भतरी परिवेश में 'बाजनी पयँड़ी' या 'पैंजना' के नाम से जाना जाने वाला यह आभूषण प्रायः बेलमेटल, चाँदी, पीतल या गिलट का बना होता है। 'बाजनी पयँड़ी' प्रायः केवल देवी के पहनने के लिये होती है। इसे सामान्यतः अन्य कोई स्त्री नहीं पहन सकती।

(स) देव-पूजन सम्बन्धी

कलस या गुबा : 'कलस', 'कलसा' या 'गुबा' यानी कलश। ये 'कलस' या 'गुबा' विभिन्न देवी-देवताओं के लिये भिन्न-भिन्न होते हैं। इन्हें डँगई[19] और बैरक[20] के ऊपरी सिरे में लगाया जाता है। ये बेलमेटल के बने होते हैं।

घाटी : 'घाटी' यानी घंटी। देव-पूजन के समय यह बजायी जाती है। यह बेलमेटल की ही बनी होती है।

मोहरी : यह एक वाद्य-यन्त्र है। इसका भी वर्गीकरण होता है। एक होती है 'बिहाव मोहरी' और दूसरी होती है 'देव मोहरी'। 'बिहाव मोहरी' जहाँ विवाह के अवसर पर बजायी जाती है वहीं 'देव मोहरी' केवल देवताओं की पूजा-अर्चना के समय। 'देव मोहरी' का प्रयोग देव-पूजन के अलावा अन्य किसी भी प्रयोजन के लिये नहीं किया जाता। यह भी बेलमेटल से ही बनी होती है।

आरती या हुमनी : बेलमेटल से बनी यह आरती या हुमनी देवी-देवताओं की आरती तथा होम देने के काम आती है।

तोड़ी : तुरही का स्थानीय नाम है 'तोड़ी'। गोंडी में यह 'अकुम' कहलाती है। देव-पूजन, विशेषतः 'मँडई' यानी मेला के समय जब देवी-देवता मँडई-स्थल में विचरण कर रहे होते हैं या अपने स्थान से मँडई-स्थल तक आते और वहाँ से वापस जा रहे होते हैं तब उनके आगमन एवं प्रस्थान

19. डँगई : यह 'लाट (लाठ)' भी कही जाती है। लम्बे बाँस को छोटे-छोटे रंग-बिरंगे कपड़ों एवं ध्वजों से विभूषित किया जाता है। ये भी देवी-देवताओं की ही प्रतीक होती हैं।

20. बैरक : डँगई की ही तरह।

मचाना उनके स्वभाव में नहीं था, इसलिये उनके काम में गजब की सफाई और सुन्दरता झलकती थी। पैसा उनके लिये महत्त्वपूर्ण नहीं था। महत्त्वपूर्ण था काम। अच्छा काम।

श्री सुखचंद पोयाम, घड़वा शिल्पी

अन्य शिल्पियों के विषय में बात करते हुए जयदेव बघेल इस शिल्प के एक और प्रमुख तथा अपने समकालीन शिल्पी श्री सुखचंद के विषय में बतलाते हैं : सुखचंद जी को मैं महत्त्व देता हूँ। उनका काम बड़ा अच्छा है। वे बस्तर के वरिष्ठ शिल्पियों में से एक हैं। उनके काम में सफाई है। बहुत बारीकी से वे काम करते हैं। लेकिन यहाँ-वहाँ घूमते-घूमते उनके काम में मिलावट हो गयी है। सोनाबाल छोड़ कर वे यहाँ-वहाँ घूमते रहे। कुछ दिनों तक जगदलपुर में रहे, फिर वहाँ से कोंडागाँव, नागपुर और बनारस में रहे। तो उनके काम में नागपुर और बनारस की भी छाप लग गयी। मौलिकता उतनी नहीं रह गयी जितनी कि होनी चाहिये। पहले उनके काम में काफी सफाई थी, मौलिकता थी।

श्री सुखचंद नेताम के विषय में बतलाते हुए श्री पंचूराम सागर कहते हैं[1] : प्रमुख शिल्पी। मैं जो जानता हूँ, जिन्हें प्रत्यक्ष जानता हूँ, जिसके हाथ में अच्छी कला है, जो अच्छा कलाकार है, बारीकियाँ हैं, हुनर है, वह व्यक्ति हैं सुखचंद नेताम। सोनाबाल के हैं लेकिन अभी वे कोंडागाँव में रहते हैं। किन्तु दूसरों के अधीन रह कर अब उनके काम में वो बात नहीं दिखती मुझे। किन्तु एक जमाना था। हम जब सीख रहे थे, उस समय उनके काम को देखने का मन करता था। मन को छूने वाला काम वे करते थे। उनके अतिरिक्त मैं किसी और को नहीं जानता जो उतना अच्छा काम करता रहा हो। उनका काम अब ऐसा हो गया जैसे वह अभी सीख रहे हों। ऐसा क्यों हुआ, कैसे हुआ, यह सोच कर मुझे ताज्जुब होता है। उनके बेटे अच्छा काम कर रहे हैं। लेकिन सुखचन्द का काम आप देखेंगे तो लगेगा कि वे अभी सीख रहे हैं। लेकिन एक जमाना था जब लोग उनका काम देखते थे। उन्हें भी राष्ट्रीय पुरस्कार प्राप्त हो चुका है। सन् 70 के आसपास। वे वाकई कलाकार थे। अभी वे स्वयं भी यदि अपना पुराना काम देखें तो वे सोच भी नहीं सकेंगे कि वह काम उनका ही है। फिर जयदेव जी को भी पुरस्कार मिला था। सुखचन्द जी को औरों को काम सिखाते हुए मैंने देखा है।

उम्र : 64 वर्ष। निवास : सोनाबाल, वर्तमान निवास : भेलवाँपदर पारा, कोंडागाँव 494226 (बस्तर-छत्तीसगढ़)।

जयदेव बघेल, घड़वा शिल्पी

बस्तर के घड़वा शिल्प से न केवल देश को अपितु पूरे विश्व को परिचित कराने और उसकी धाक जमाने वाले श्री जयदेव बघेल का जन्म 1950 के आसपास कोंडागाँव के भेलवाँपदर पारा में सुप्रसिद्ध घड़वा शिल्पी स्व. सिरमनराम बघेल के द्वितीय पुत्र के रूप में हुआ। अपने शिल्प के क्षेत्र में अद्भुत तथा अभूतपूर्व सफलता व ख्याति अर्जित करने वाले इस शिल्पी ने नहीं के बराबर शालेय शिक्षा प्राप्त की और किशोरावस्था से ही दण्डकारण्य परियोजना के बालेंगा स्थित कार्यालय में चौकीदार के रूप में अपना जीवन-संघर्ष शुरू किया। लेकिन उन्हें चौकीदारी की वह नौकरी रास नहीं आयी और वे भाग कर घर वापस आ गये और अपने पिता के साथ

1. श्री पन्चूराम सागर से दिनांक 21.08.05 को हुई बातचीत के आधार पर।

13. श्री बजनाथ नाग, बांस शिल्पी, मु. : उमरगांव, पो. : बनजुगानी, तहसील : कोंडागाँव (बस्तर-छत्तीसगढ़)

14. श्री मोहनलाल भंडारी, बांस शिल्पी, मु. : उमरगांव, पो. : बनजुगानी, तहसील : कोंडागाँव (बस्तर-छत्तीसगढ़)

15. श्री ठाकुरराम कश्यप, बांस शिल्पी, मु. : उमरगांव, पो. : बनजुगानी, तहसील : कोंडागाँव (बस्तर-छत्तीसगढ़)

16. श्री अर्जुनसिंह बेसरा, बांस शिल्पी, मु. : उमरगांव, पो. : बनजुगानी, तहसील : कोंडागाँव (बस्तर-छत्तीसगढ़)

17. श्री सुखनाथ, बांस शिल्पी, मु. : करनपुर, पो. : मोहलई, तहसील : कोंडागाँव (बस्तर-छत्तीसगढ़)

18. श्री बुधमन, बांस शिल्पी, मु. : करनपुर, पो. : मोहलई, तहसील : कोंडागाँव (बस्तर-छत्तीसगढ़)

19. श्री सुकुराम, बांस शिल्पी, मु. : करनपुर, पो. : मोहलई, तहसील : कोंडागाँव (बस्तर-छत्तीसगढ़)

20. श्री जुगधर मरकाम, बांस शिल्पी, मु. पो. : मालाकोट, तहसील : कोंडागाँव (बस्तर-छत्तीसगढ़)

घड़वा शिल्पी

01. श्री सुखराम, घड़वा शिल्पी, मु. पो. : नगरनार, तहसील : जगदलपुर (बस्तर-छत्तीसगढ़)

02. श्री जयमन, घड़वा शिल्पी, मु. पो. : नगरनार, तहसील : जगदलपुर (बस्तर-छत्तीसगढ़)

03. श्री मनीराम नेताम, घड़वा शिल्पी, कुम्हारपारा, कोंडागांव-494226 (बस्तर-छत्तीसगढ़)

04. श्री महेन्द्र बेसरा, घड़वा शिल्पी, भेलवांपदरपारा, कोंडागांव-494226 (बस्तर-छत्तीसगढ़)

05. श्री हलालराम, घड़वा शिल्पी, मु. पो. : नारायणपुर (नारायणपुर-छत्तीसगढ़)

06. श्री फूलचंद, घड़वा शिल्पी, मु. पो. : नारायणपुर (नारायणपुर-छत्तीसगढ़)

07. श्री नड़गू उर्फ रामसिंह, घड़वा शिल्पी, स्कूलपारा, भानपुरी, पो. : भुमका, तहसील : कोंडागांव (बस्तर-छत्तीसगढ़)

08. श्री गनेशराम, घड़वा शिल्पी, स्कूलपारा, भानपुरी, पो.: भुमका, तहसील : कोंडागांव (बस्तर-छत्तीसगढ़)

09. श्री जालमसिंह, घड़वा शिल्पी, मु. : काटागांव, पो.: लंजोड़ा, तहसील : कोंडागांव (बस्तर-छत्तीसगढ़)

10. श्री बुधराम, घड़वा शिल्पी, मु. : जामपारा, काटागांव, पो.: लंजोड़ा, तहसील : कोंडागांव (बस्तर-छत्तीसगढ़)

11. श्री नंदलाल, घड़वा शिल्पी, मु. : खासपारा, बाडरा, पो.: लंजोड़ा, तहसील : कोंडागांव (बस्तर-छत्तीसगढ़)

12. श्री काहरूराम, घड़वा शिल्पी, मु. : करनपुर, पो. : मोहलई, तहसील : कोंडागांव (बस्तर-छत्तीसगढ़)

13. श्री नोहरु, घड़वा शिल्पी, मु. : करनपुर, पो. : मोहलई, तहसील : कोंडागांव (बस्तर-छत्तीसगढ़)

14. श्री शंकर नाग, घड़वा शिल्पी, मु. पो. : बरकई, तहसील : कोंडागांव (बस्तर-छत्तीसगढ़)

15. श्रीमती भागबती, घड़वा शिल्पी, मु. पो. : बरकई, तहसील : कोंडागांव (बस्तर-छत्तीसगढ़)

16. श्री बन्नूराम, घड़वा शिल्पी, मु. पो. : बरकई, तहसील : कोंडागांव (बस्तर-छत्तीसगढ़)

'कारी तेलंगिन'। इन्हें 'सात बयना तेलंगिन[28]' कहा जाता है। किन्तु देवियों की संख्या 32 बतायी जाती है और इन्हें 'बत्तिस बयना[29]' भी कहा जाता है। सात बयना तेलंगिन इन्हीं बत्तिस बयना में सम्मिलित हैं।

मावली माता : मावली माता को माँ दन्तेश्वरी की छोटी बहिन कहा जाता है। इनकी पूजा गाँव-गाँव में होती है। मावली माता के कई रूप हैं, यथा मुचकी मावली, मोरकी मावली आदि।

हिंगलाजिन माता झुला : अन्य देवियों की तरह माँ हिंगलाजिन देवी भी बस्तर की सर्वाधिक पूजित देवियों में से एक हैं। माता हिंगलाजिन देवी काँटे के झूले पर झूलती हैं।

राव देव : राव देव बारह हैं, यथा 'टेमा राव', 'सँदया राव', 'बुढ़ा राव', 'करेया राव', 'राजा राव', 'पँडरा राव', 'चोखा राव (या जोखा राव)', 'बगड़ी राव', 'झुलना राव' आदि। गाँव की सीमा पर रह कर गाँव की रक्षा करने वाले राव देवता को 'सँदया राव' कहा जाता है, जबकि खेत पर रह कर खेतों की रक्षा करने वाले राव देवता को कुछ लोगों के अनुसार 'टेमा राव[30]' तो कुछ लोगों के अनुसार 'खेत राव[31]' कहा जाता है। सभी राव देवताओं की सवारी है घोड़ा।

दुलारदई माता : आदिशक्ति का एक अन्य रूप दुलारदेई माता के नाम से भी बस्तर में पूजित है। यह देवी ग्राम देवी के रूप में पूजी जाती हैं।

फुला बदना : मान्यता है कि किसी को माता (चेचक) दिखलायी देने के बाद उसके शरीर में सूजन आ जाये और वह सूजन कम न हो तब माता के सामने मेंढक चढ़ाने की मनौती मानी जाती है। सूजन उतर जाने पर माता को मेंढक की यह प्रतिमा भेंट चढ़ायी जाती है[32]। माता को 'दरस माता' के नाम से भी जाना जाता है।

उद्भव एवं विकास

घड़वा शिल्प के उद्भव[33] के विषय में बड़े-बूढ़ों का कहना है कि आदिम युग में जब मानव आखेट आदि पर ही निर्भर था, अन्य लोगों की ही भाँति कोई एक व्यक्ति पारद[34] की चाह में

28. सात बयना तेलंगिन : सात तेलंगिन बहिनें।
29. बत्तिस बयना : बत्तीस बहिनें।
30. स्रोत : सहदेव राना (कुम्हार), कुम्हारपारा, कोंडागाँव (बस्तर-छ.ग.)।
31. स्रोत : सोमारूराम देवांगन, सरगीपाल पारा, कोंडागाँव (बस्तर-छ.ग.)।
32. स्रोत : गनेस कश्यप (घड़वा शिल्पी), ग्राम : खोरखोसा (बस्तर-छ.ग.)।
33. राष्ट्रीय पुरस्कार सहित अन्य कई पुरस्कार प्राप्त यशस्वी घड़वा शिल्पी डॉ. जयदेव बघेल से दिनांक 18.06.99, अप्रैल 03, 06.03.04 एवं 19.03.04 को हुई बातचीत के आधार पर तथा उनके आलेख 'घड़वा कला : उद्भव और विकास' (इन्द्रावती : 1982: 194-197 : सम्पादक : मनीषराय-बलराम) से साभार।
34. पारद : आखेट।

अपने निवास-स्थान से काफी दूर निकल गया। काफी दूर जाने पर उसे एक पहाड़ी नजर आयी। पहाड़ी में जरूर कोई-न-कोई शिकार मिल जायेगा, इस विश्वास के साथ वह उस पहाड़ी पर जा पहुँचा।

वहाँ उसने देखा कि एक चट्टान के ऊपर सूखी लकड़ियाँ जल रही हैं और चट्टान सम्भवतः आग की गरमी से दरक गयी है और नीचे जमीन पर कोई वस्तु बह कर जमी हुई है। इसके पूर्व उसने ऐसी वस्तु कभी नहीं देखी थी। अतः उसकी उत्सुकता बढ़ गयी और उसने जमीन में बह कर सूख चुकी उस वस्तु को बड़े ही ममत्व से उठा लिया और वापस अपने निवास में चला आया, किन्तु उसके मन में उस अनोखी वस्तु के प्रति जिज्ञासा बनी रही। उसे लगा कि यह वस्तु अवश्य ही अन्यतम है। अपनी गुफा में पहुँच कर उसने उसे एक सुरक्षित स्थान पर रखने के लिये जमीन पर जब हाथ रखा और यहाँ-वहाँ टटोलने लगा तो उस जगह जमी धूल हाथ के स्पर्श एवं घर्षण से हट गयी और वह जगह साफ-सुथरी नजर आने लगी। इस चमत्कार से उसे यह मालूम हुआ कि जमीन पर हाथ के घर्षण से वहाँ की धूल हटायी जा सकती है, यानी बुहारा जा सकता है। बहरहाल, उसके मन में उस अनोखी वस्तु के प्रति उभरी ममता और ज्यादा प्रगाढ़ हो गयी। वह प्रतिदिन सुबह उठ कर उस वस्तु को बड़ी ममता से छूता। उसके हाथ के स्पर्श से उस पर पड़ी गर्द और कालापन साफ हो जाया करता। इससे उसके मन में यह भाव उभरता कि दिन-ब-दिन उस वस्तु की चमक बढ़ती ही जाती है। इस परिवर्तन में अवश्य ही दैवीय चमत्कार है। इस भावना के वशीभूत उसमें अपने कार्य के प्रति दुगुना उत्साह भर उठता। इसी दरम्यान उसके आसपास के लोगों ने उसके इस परिवर्तन को भाँपा और इसकी वजह जाननी चाही। तब उस व्यक्ति ने उन्हें उपर्युक्त घटना सुना दी। लोगों ने उस अनोखी वस्तु को देखा और उसी तरह की वस्तु की माँग अपने लिये भी करने लगे। तब वह व्यक्ति दुबारा उसी पहाड़ी पर गया और उसने देखा कि उस दिन उस चट्टान के ऊपर न तो आग जल रही थी और न ही उस चट्टान के नीचे पहले दिन की तरह कोई वस्तु थी। उसे जिज्ञासा हुई।

तोड़ी या अकुम

वह जिज्ञासावश चट्टान के दरके हुए हिस्से से नीचे झाँकने लगा तो दरके हुए हिस्से से नीचे जमीन में कोई वस्तु चमकती हुई दिखलायी पड़ी। वह चट्टान से उतर कर नीचे जा पहुँचा। उसने पाया कि वह चमकती हुई वस्तु जमीन में धँसी हुई है। पास पड़े लकड़ी के टुकड़े से उसने उस जगह को खुरचा और उस वस्तु को ले कर वापस चला आया। अपनी गुफा में पहले से रखी हुई वस्तु में और अब लायी गयी उस वस्तु में उसे काफी फर्क नजर आया। दूसरी

07. श्री लालूराम कुम्हार, कुम्हार शिल्पी, मु. पो. : मर्दापाल, तहसील : कोंडागांव (बस्तर-छत्तीसगढ़)
08. श्री अशोक चक्रधारी, कुम्हार शिल्पी, मु. : कुम्हारपारा, पो. : गिरोला, तहसील : कोंडागांव (बस्तर-छत्तीसगढ़)
09. श्री बंशीलाल राणा, कुम्हार शिल्पी, मु. : कुम्हारपारा, पो. : गिरोला, तहसील : कोंडागांव (बस्तर-छत्तीसगढ़)
10. श्री बुसचंद चक्रधारी, कुम्हार शिल्पी, मु. : कुम्हारपारा, पो. : गिरोला, तहसील : कोंडागांव (बस्तर-छत्तीसगढ़)
11. श्रीमती बैसाखिन, कुम्हार शिल्पी, मु. : कुम्हारपारा, पो. : गिरोला, तहसील : कोंडागांव (बस्तर-छत्तीसगढ़)
12. श्री जगदेव, कुम्हार शिल्पी, मु. : कुम्हारपारा, पो. : गिरोला, तहसील : कोंडागांव (बस्तर-छत्तीसगढ़)
13. श्री दयाराम राणा, कुम्हार शिल्पी, मु. : कुम्हारपारा, पो. : गिरोला, तहसील : कोंडागांव (बस्तर-छत्तीसगढ़)
14. श्री विद्याधर कुम्हार, कुम्हार शिल्पी, मु. पो. : नगरनार, तहसील : जगदलपुर (बस्तर-छत्तीसगढ़)
15. लिंगेश्वर कुम्हार, कुम्हार शिल्पी, मु. पो. : नगरनार, तहसील : जगदलपुर (बस्तर-छत्तीसगढ़)
16. श्री तुलसीराम, कुम्हार शिल्पी, मु. पो. : नगरनार, तहसील : जगदलपुर (बस्तर-छत्तीसगढ़)
17. श्री अर्जुन कुम्हार, कुम्हार शिल्पी, मु. पो. : नगरनार, तहसील : जगदलपुर (बस्तर-छत्तीसगढ़)
18. श्री सोमारू कुम्हार, कुम्हार शिल्पी, मु. पो. : नगरनार, तहसील : जगदलपुर (बस्तर-छत्तीसगढ़)
19. श्री बनसिंह, कुम्हार शिल्पी, मु. पो. : नगरनार, तहसील : जगदलपुर (बस्तर-छत्तीसगढ़)
20. श्री बहादुर कुम्हार, कुम्हार शिल्पी, मु. पो. : एड़का, तहसील : नारायणपुर (नारायणपुर-छत्तीसगढ़)

लोकचित्रकार

01. श्रीमती लतिका वैष्णव, लोकचित्रकार, सरगीपालपारा, कोंडागांव-494226 (बस्तर-छत्तीसगढ़)
02. श्री माड़वी आन्दो, लोकचित्रकार, मु. : सकनापल्ली, पो. : गुदमा, तहसील : बीजापुर (बीजापुर-छत्तीसगढ़)
03. श्री खेम वैष्णव, लोकचित्रकार, सरगीपालपारा, कोंडागांव-494226 (बस्तर-छत्तीसगढ़)
04. श्री दुर्जनराम सोरी, लोकचित्रकार, अस्पताल वार्ड, तहसीलपारा, कोंडागांव-494226 (बस्तर-छत्तीसगढ़)
05. श्री राजेन्द्र राव, लोकचित्रकार, अस्पताल वार्ड, तहसीलपारा, कोंडागांव-494226 (बस्तर-छत्तीसगढ़)
06. श्री बेलगुर मंडावी, लोकचित्रकार, मु. : गढ़बेंगाल, पो. एवं तहसील : नारायणपुर (नारायणपुर-छत्तीसगढ़)

नेहरू सेन्टर, मुम्बई, 1988 में कमलनयन बजाज गैलरी, मुम्बई, 1989 में आल इंडिया फाईन आर्ट्स एंड क्राफ्ट्स सोसायटी, नयी दिल्ली, 1990 में इंजीनियरिंग इन्स्टीट्यूट आफ साइंस, बैंगलोर, 1992 में सूरजकुंड क्राफ्ट्स मेला, 1993 में क्राफ्ट्स बाजार, माधापुर, हैदराबाद, 1995 में क्राफ्ट्स मार्केट, गुवाहाटी, असम, 1996 में क्राफ्ट्स मार्केट मीट, पणजी, गोवा, 1997 में प्रिमिसेस आफ दी क्राफ्ट्स काउन्सिल, मद्रास, 1997 में प्रिमिसेस आफ दी क्राफ्ट्स काउन्सिल, मद्रास, 1998 में आल इंडिया आर्ट्स एंड क्राफ्ट्स फेस्टिवल, हैदराबाद, 1998 में ही कोलकाता पार्क स्ट्रीट में पारम्परिक कारीगर मुम्बई द्वारा आयोजित कारीगर सम्मेलन में, 1999 में प्रिन्स आफ वेल्स म्यूजियम, मुम्बई, 2000 में पारम्परिक कारीगर द्वारा मुम्बई में आयोजित कार्यशाला में, 2001 में महंत घासीदास संग्रहालय, रायपुर में 'सिरजन-2001' कार्यशाला, 2001 में छत्तीसगढ़ विधान सभा सौन्दर्यीकरण, 2001 में नेशनल फोकलोर सपोर्ट सेन्टर, चेन्नई द्वारा आयोजित कार्यशाला, 2002 में नेशनल फोकलोर सपोर्ट सेन्टर, चेन्नई, 1992 में जापान के नारा सिटी में प्रदर्शनी, 2002 में द राकेफेलर फाउन्डेशन, न्यूयार्क (सं.रा. अमेरिका) के अन्तर्गत बेलाजो स्टडी एंड कांफ्रेंस सेन्टर, बेलाजो (इटली) में "जगार" पर किए जा रहे शोध कार्य में प्रदर्शन। इसके अलावा उनकी कृतियाँ देश-विदेश में भी संग्रहीत हैं : जहांगीर आर्ट गैलरी, मुम्बई में संग्रहीत। महंत घासीदास संग्रहालय, रायपुर में संग्रहीत। छत्तीसगढ़ विधान सभा भवन, रायपुर में संग्रहीत। आस्ट्रेलिया, अमेरिका, जर्मनी, स्विट्ज़रलैण्ड, इंग्लैण्ड, जापान, फ्रांस, न्यूज़ीलैण्ड, इटली, रूस, इजिप्त आदि देशों के कलाप्रेमियों/कलामर्मज्ञों के निजी संग्रह में। बेलाजो स्टडी एंड कान्फ्रेंस सेंटर, इटली में संग्रहीत।

उन्हें नव साक्षरों के लिये पाठ्य सामग्री तैयार करने के संदर्भ में तत्कालीन प्रधानमंत्री राजीव गांधी द्वारा प्रशंसा प्राप्त हो चुकी है। कलात्मक सृजन के लिये 1989 में कोंडागाँव में नागरिक अभिनन्दन। कलात्मक अवदान के लिये 1990 में स्थानीय उपाधि महाविद्यालय द्वारा सम्मानित। कला के क्षेत्र में उल्लेखनीय योगदान के लिये वर्ष 1997 में करवट कला परिषद, भोपाल से "कला सम्मान" प्राप्त। कलात्मक अवदान के लिये स्थानीय सरस्वती शिशु मन्दिर द्वारा 2002 में अभिनन्दित।

लोकचित्रकला के साथ-साथ छायांकन एवं लोक संगीत में भी पर्याप्त रुचि एवं दखल। आकाशवाणी से लोक संगीत का प्रसारण।

सदस्य : पारम्परिक बस्तर शिल्पी परिवार, कोंडागाँव। पारम्परिक कारीगर, मुम्बई। सचिव, जगार सांस्कृतिक समिति, कोंडागाँव। बस्तर संभाग हल्बी साहित्य परिषद।

बस्तर के मौखिक लोक महाकाव्य 'लछमी जगार' पर केन्द्रित "प्रिज़र्वेशन, प्रमोशन एंड डिसेमिनेशन आफ ट्राइबल एंड फोक आर्ट एंड कल्चर" विषय पर अध्ययन के सिलसिले में द राकेफेलर फाउन्डेशन, न्यूयार्क (सं.रा.अमेरिका) के बेलाजो (इटली) स्थित बेलाजो स्टडी एंड कान्फ्रेन्स सेन्टर में 17 फरवरी से 16 मार्च 2002 तक का 30 दिवसीय प्रवास।

देश की विभिन्न साहित्यिक पत्रिकाओं, यथा ककसाड़, वागर्थ, संगत, वातायन, लोक, काव्या, समझ झरोखा, इन्द्रावती, दशकारम्भ, काव्यम्, सद्भावना दर्पण आदि में लोकचित्रों का प्रकाशन।

भारत सरकार संस्कृति विभाग के सांस्कृतिक स्रोत एवं प्रशिक्षण केन्द्र, नयी दिल्ली द्वारा पारम्परिक भित्तिचित्र के लिए 'गुरु' की मान्यता प्राप्त।

इस शिल्प की उत्पत्ति की कथा घड़वा शिल्पी पंचूराम सागर इस तरह बताते हैं[40] : इस शिल्प की उत्पत्ति कैसे हुई, इसका तो खैर लिखित रूप में किसी भी तरह से कुछ प्रमाण नहीं है। फिर भी हमारे पुराने लोग कहानी के आधार पर जो बताते थे, वही है। प्रामाणिक या लिखित रूप में ऐसा कुछ भी नहीं है। तो जो कहानी है उत्पत्ति की, वह इस तरह है कि हमारे समाज के लोग अपने जीवन-यापन के लिये जंगल पर ही निर्भर रहा करते थे। उसी समाज के एक व्यक्ति ने जो दरअसल लकड़हारा था, इस कला की उत्पत्ति से साक्षात्कार किया था। लकड़ी और घास काटना और बिक्री करना उसका काम था। यही उसका व्यवसाय था। यानी उसकी आजीविका का साधन कुल मिला कर जंगल ही था। बहरहाल, जब वह लकड़ी काटने के लिये जंगल गया तो वह एक पहाड़ी पर चढ़ गया। वहाँ उसे दीमक के ढूह में कोई एक आकृति नजर आयी। उसे देख कर वह सोचने लगा कि यह कौन सी चीज है और किस तरह इसने यह आकार पाया? फिर ऐसा सोच कर वह उसे उठा कर ले आया घर में। कुछ दिनों बाद वह दुबारा गया उसी जगह तब उसके मन में यही विचार बारम्बार कौंधता कि आखिर यह हुआ कैसे? काफी चिन्तन-मनन करने के बाद उसे यह भान हुआ कि हो-न-हो मधुमक्खी का जो छत्ता ऊपर था वही नीचे दीमक के ढूह पर जा गिरा होगा। और जब मोम नीचे गिरा तब उस पर दीमक लग गया होगा। फिर बाद में आग लगने की वजह से मोम गल गया। इस तरह दीमक की मिट्टी में मोम का आकार उभर आया। उसे अपना अन्दाज सही लगा। दरअसल उस समय तो पीतल था नहीं। जैसा कि हमारे पूर्वज बताते हैं, पीतल से पहले वे लोग जरबन (एल्यूमिनियम) का काम करते थे। जरबन (एल्यूमिनियम) कम ताप में गलने वाला और मोटा धातु है। तो उस व्यक्ति ने उसी तरह का, जैसा कि उसने देखा था, कुछ प्रयोग करने की सोची। उसंने जरबन पर एक प्रयोग किया। उसी विधि से उसने जरबन से आकृति बनायी। आगे चल कर पीतल और फिर पीतल-काँसा के योग से भी चीजें बनायी जाने लगीं। उसने पाया कि उस विधि से उसी तरह की आकृति बनाने में वह सफल हो गया है। तब उसी के आधार पर वह धीरे-धीरे अपना काम करने लगा। इससे लोगों के बीच एक नयी चीज आयी। लोगों ने पूछा तो उसने सारी बातें कह सुनायीं। इससे समाज के बीच उसकी स्थिति विशिष्ट हो गयी। इस तरह इस शिल्प की उत्पत्ति हुई और समय के साथ-साथ इसका विकास होता चला गया। मैंने यह कहानी अपने बाप-दादा से सुनी थी। हमारा यह काम मेरे पिता और दादा तथा उनके पूर्वज भी करते थे। मेरे पिताजी का नाम था भोंदूराम सागर। वे भी एक अच्छे कलाकार रहे हैं इस क्षेत्र के।

घड़वा शिल्प की उत्पत्ति के विषय में घड़वा शिल्पी राजेन्द्र बघेल कहते हैं[41] : घड़वा शिल्प काफी पुराना शिल्प है। कहते हैं कि यह शिल्प आदि मानव के समय से ही अस्तित्व में आ गया था। किन्तु उस समय पीतल का काम नहीं हुआ करता था। पहले लोहे का काम हुआ करता था। लकड़ी का काम होता था। औजार आदि लोहे से बनाये जाते थे। पीतल का काम बाद में शुरू हुआ। हमारे दादाजी आदि जैसा बताते हैं, उस आधार पर ऐसा लगता है कि वे लोग

---

40. राष्ट्रीय पुरस्कार प्राप्त घड़वा शिल्पी श्री पंचूराम सागर, तहसीलपारा, कोंडागाँव (बस्तर-छ.ग.) से दिनांक 21.08.05 को हुई बातचीत।

41. राष्ट्रीय पुरस्कार प्राप्त घड़वा शिल्पी श्री राजेन्द्र बघेल, भेलवाँपदर पारा, कोंडागाँव (बस्तर-छत्तीसगढ़) से दिनांक 22.8.05 को हुई बातचीत।

आरम्भ में कुछ छोटे-मोटे सामान ठोक-पीट कर बनाया करते थे। धातु के टुकड़ों को ठोक-पीट कर आपस में मिलाते थे। ताम्बा और पीतल को गलाते नहीं थे। केवल जोड़ दिया करते थे। गलाने का काम बाद में; अभी-अभी चलन में आया है। पहले पीतल की चीजों को ठोक-पीट कर आपस में मिला देते थे। उससे एक नया रूप बना करता था। ताम्बे की चीजों को भी ठोक-पीट कर मिलाया जाता था। सबको मिला कर ठोकते थे, ऐसा वे हमें बताते थे। उनके अनुसार वे लोग जरबन (एल्यूमिनियम) का काम ज्यादा किया करते थे। फिर धीरे-धीरे एल्यूमिनियम को गलाने की विधि की जानकारी हुई। इसके बाद पीतल को गलाने की सोची। प्रयास किया तो पीतल भी गला। फिर लोगों की माँग के आधार पर काम करने लगे। किसी ने किसी मूर्ति की माँग की तो किसी ने कोई औजार माँगा और किसी ने आभूषण बनाने को कहा। इस तरह पहले काफी सामान्य काम हुआ करते थे। पीतल को ठोक-पीट कर, मिला कर बनाया करते थे। फिर इसके बाद उन्हें धातु को गलाने तथा मोम के उपयोग आदि से सम्बन्धित प्रक्रिया की जानकारी हुई। तो उन्होंने उस विधि का प्रयोग किया। उस विधि से उन्होंने एल्यूमिनियम को गला कर उससे सामग्री बनायी। फिर धीरे-धीरे पीतल और ताम्बे से भी उसी विधि से सामग्री बनायी जाने लगी। जहाँ तक धातु को गला कर बनाने की बात है, यह बहुत पुरानी नहीं है। हमारे दादाजी बताते हैं कि हमारे दादा-परदादा के पहले पीतल, लोहा, जरबन आदि को ठोक-पीट कर जोड़ने का काम किया जाता था। पीतल के टुकड़े, लोहे के टुकड़ों आदि को मिला कर, ठोक-ठोक कर उन्हें जोड़ते थे। उनके बाद दादा-परदादा के समय में गलाने का काम शुरू हुआ। उसी समय से गलाने का रिवाज चालू हो गया। एल्यूमिनियम को ज्यादा गलाते थे। बाद में पीतल का काम शुरू हुआ। लगभग तीन-चार पीढ़ी पहले।

मुहड़ा (मुखौटा)

पीतल कहाँ से आया होगा, या गिलट या जरबन कहाँ से आया होगा? इस विषय में बताते हैं राजेन्द्र बघेल : हमारे पिताजी-दादाजी आदि बताते थे कि हम लोगों के पूर्वज ओड़िसा के हैं। राजा-महाराजाओं के भोजन करने के लिये सोना-चाँदी के बर्तन हुआ करते थे। ओड़िसा में हमारे समाज के लोग पीतल का काम करने के साथ-साथ राजा-महाराजाओं के लिये सोने-चाँदी के बर्तन भी बनाया करते थे। बर्तन बनाने के लिये सोना-चाँदी आदि हमें राज-महल से ही मिला करते थे। जिस भी धातु से बर्तन बनाना होता वह धातु वे हमें दिया करते थे। सोना या चाँदी दिया करते थे पहले। उस समय इन्हीं धातुओं से काम किया करते थे। ताम्बा-पीतल जोड़ते थे, वह अलग है। फिर हुआ यह कि हमारे समाज के लोगों को यह काम करते देख कर गाँव के कुछ अन्य लोगों ने भी यह काम शुरू किया। फिर बाद में बस्तर

18. श्री कुलनराम, काष्ठ शिल्पी, मु. : किड़ईछेपड़ा, पो. : पलारी, कोंडागाँव-494226, बस्तर-छत्तीसगढ़।
19. श्री सुकपाल धुरवा, काष्ठ शिल्पी, मु. : देउरगाँव, पो. : बस्तर, तहसील : जगदलपुर, बस्तर-छत्तीसगढ़।
20. श्री रामनाथ कश्यप, काष्ठ शिल्पी, मु. : भोंड, पो.-बस्तर, तहसील : जगदलपुर (बस्तर-छत्तीसगढ़)
21. श्री अनंतराम, काष्ठ शिल्पी, मु. पो. : बोटीकनेरा, तहसील : कोंडागांव (बस्तर-छत्तीसगढ़)
22. श्री अरुणदास पनका, काष्ठ शिल्पी, नहरपारा, कोंडागांव-494226 (बस्तर-छत्तीसगढ़)
23. श्री इन्दरराम लोहार, काष्ठ शिल्पी, नहरपारा, कोंडागांव-494226 (बस्तर-छत्तीसगढ़)
24. श्री देवनाथ लोहार, काष्ठ शिल्पी, नहरपारा, कोंडागांव-494226 (बस्तर-छत्तीसगढ़)
25. श्री मंगलराम लोहार, काष्ठ शिल्पी, नहरपारा, कोंडागांव-494226 (बस्तर-छत्तीसगढ़)
26. श्री फूलदास लोहार, काष्ठ शिल्पी, नहरपारा, कोंडागांव-494226 (बस्तर-छत्तीसगढ़)
27. श्री चन्दर, काष्ठ शिल्पी, नहरपारा, कोंडागांव-494226 (बस्तर-छत्तीसगढ़)
28. श्री रामलाल लोहार, काष्ठ शिल्पी, नहरपारा, कोंडागांव-494226 (बस्तर-छत्तीसगढ़)
29. श्री हेमोराम लोहार, काष्ठ शिल्पी, नहरपारा, कोंडागांव-494226 (बस्तर-छत्तीसगढ़)
30. श्री शंकर मंडावी, काष्ठ शिल्पी, मु. : गढ़बेंगाल, पो. एवं तह. : नारायणपुर (बस्तर-छत्तीसगढ़)

बाँस शिल्पी

01. श्री घसियाराम, बांस शिल्पी, मु. : बाखरा, पो. : लंजोड़ा, तहसील : कोंडागाँव (बस्तर-छत्तीसगढ़)
02. श्री गिरधर, बांस शिल्पी, मु. : बाखरा, पो. : लंजोड़ा, तहसील : कोंडागाँव (बस्तर-छत्तीसगढ़)
03. श्री बैसाखुराम, बांस शिल्पी, मु. : बाखरा, पो. : लंजोड़ा, तहसील : कोंडागाँव (बस्तर-छत्तीसगढ़)
04. श्री बोटिया, बांस शिल्पी, मु. : बाखरा, पो. : लंजोड़ा, तहसील : कोंडागाँव (बस्तर-छत्तीसगढ़)
05. श्री भकऊराम, बांस शिल्पी, मु. : बाखरा, पो. : लंजोड़ा, तहसील : कोंडागाँव (बस्तर-छत्तीसगढ़)
06. श्री गोबरधन, बांस शिल्पी, मु. : कुकाड़, पो. : लंजोड़ा, तहसील : कोंडागाँव (बस्तर-छत्तीसगढ़)
07. श्री रामू, बांस शिल्पी, मु. : कुकाड़ा, पो. : लंजोड़ा, तहसील : कोंडागाँव (बस्तर-छत्तीसगढ़)
08. श्रीमती बोदेबाई, बांस शिल्पी, मु. : करंजी, पो. : कोकोड़ी, तहसील : कोंडागाँव (बस्तर-छत्तीसगढ़)
09. श्री चैतूराम, बांस शिल्पी, मु. : किड़ईछेपड़ा, पो. : पलारी, कोंडागांव-494226 (बस्तर-छत्तीसगढ़)
10. श्री रतीराम, बांस शिल्पी, मु. : किड़ईछेपड़ा, पो. : पलारी, कोंडागांव-494226 (बस्तर-छत्तीसगढ़)
11. श्री परमेश्वर नाग, बांस शिल्पी, बांस केन्द्र, नारायणपुर-494665 (बस्तर-छत्तीसगढ़)
12. श्री मोहन नाग, बांस शिल्पी, सरगीपालपारा, कोंडागांव-494226 (बस्तर-छत्तीसगढ़)

पीतल के भी कुछ सामान बनाने को कहा। पीतल के पैंड़ी, खाड़ू और कई चीजें जो यहाँ के सामाजिक रस्मो-रिवाज के अनुसार दिये-लिये जाते हैं। जीवन से ले कर मृत्यु तक के कई संस्कारों में काम आने वाली कुछ चीजें। वे लोग सोने से बनी चीजें देने में समर्थ तो थे नहीं। इस मसले का हल ढूँढ़ने के लिये देवी बिठायी गयी और पूछा गया। देवी ने कहा कि सोना और पीतल का रंग एक ही होता है, पीला। देवी ने कहा और देवी के पुजारी, सिरहा आदि ने भी कहा कि पीले रंग की किसी भी धातु की बनी चीजें देवी को चढ़ावे में दी जा सकती हैं। इस पर घड़वा कारीगरों से पीतल की चीजें बनवा कर देवी को चढ़ाने की रस्म शुरू हुई। फिर देवी-देवताओं की प्रतिमाएँ भी पीतल और काँसा-पीतल से बनायी जाने लगीं। पहले पत्थर की प्रतिमाएँ हुआ करती थीं। धनी लोग सोने की मूर्तियाँ बनवाने लगे थे किन्तु समय के साथ धन-सम्पत्ति कम होती गयी तब सोने के स्थान पर पीतल की प्रतिमाएँ बनवायी जाने लगीं। इस तरह पीतल की मूर्तियों का बहुत चलन रहा है। हमारे पूर्वजों ने पीतल की बहुत सी प्रतिमाएँ बनायीं। आज वे प्रतिमाएँ हर घर में पायी जाती हैं। आज हर घर में वे देवी-देवता हैं। दो-चार, पाँच-दस सब के घरों में हैं। तो इस तरह लोगों के साथ-साथ हमारा समाज भी पीतल की तरफ आ गया। फिर कुछ साल पहले, देवी-देवताओं की मूर्तियाँ बनवाने का चलन गाँव से लुप्त होता चला गया। अब नया जमाना आ गया। तो उनकी बिक्री भी कम होती गयी। कमी आ गयी बिक्री में। इससे हुआ यह कि इस काम से जुड़े बहुत से लोग कई दूसरे काम करने लगे। किन्तु कुछ अन्तराल के बाद यह काम फिर से शुरू हुआ। बाहर के लोग जब यहाँ आने-जाने लगे तब वे यहाँ की इस कला से प्रभावित हुए। जानकारी हुई। तब हम जब बाहर निकले तो हमारा यह काम 'ढोकरा कला' के नाम से जाना गया। अब हमारी यह कला देश-विदेश में काफी नाम अर्जित कर चुकी है। लोग इस कला को भली भाँति जानने लगे हैं। यही कारण है कि आज हमारी कलाकृतियाँ निर्यात हो रही हैं। स्थानीय बाजार के साथ-साथ पूरे हिन्दुस्तान और विदेश में भी इस कला की धूम मची है। इस तरह हमारा काम बहुत अच्छा चल रहा है अभी।

घड़वा शिल्पी सुखचंद पोयाम इस शिल्प की उत्पत्ति के विषय में कहते हैं[42] : यह शिल्प काफी पुराना है। आदिम युग की बात है। एक बार जंगल में एक पेड़ के ऊपर बिजली गिरी। जहाँ बिजली गिरी वहीं पर दीमक का बमीठा था। उस बमीठे में मधुमक्खी ने अपना छत्ता बनाया था उस पेड़ को समेट कर। तो बिजली के रूप में नीचे गिरी धातु उसी बमीठे में रह गयी। दीमक ने मधुमक्खी

बाकटी पैंड़ी

42. राष्ट्रीय पुरस्कार प्राप्त घड़वा शिल्पी श्री सुखचंद पोयाम, भेलवाँपदर पारा, कोंडागाँव (बस्तर-छ.ग.) से दिनांक 20.09.05 को हुई बातचीत।

के छत्ते को ढँक लिया था। पेड़ जलने लगा तब ताप से मधुमक्खी के छत्ते का मोम पिघला और वह धातु भी गल कर वहाँ ठहर गयी। इस तरह दीमक की मिट्टी और मोम के योग से वहाँ एक साँचा बन गया। बिजली के रूप में गिरी धातु बाद में आग के ताप से गल कर उसी साँचे में जा गिरी। इससे एक आकृति बन गयी। पेड़ के बाकी हिस्से जल ही रहे थे। उस समय मानव मांस को कच्चा खाने की अवस्था से ऊपर उठ गया था। अब वह मांस को भून कर खाने लगा था। ऐसे ही समय में एक मनुष्य आग की खोज में उधर आ निकला। उसने देखा कि पास ही कहीं धुआँ उठ रहा है। उसे समझते देर न लगी कि वहाँ आग है। वह मनुष्य उस जगह तक जा पहुँचा। देखा तो दीमक के बमीठे में एक अद्‌भुत आकृति पड़ी हुई थी। वह आकृति बड़ी ही चमकदार थी। उसे वह आकर्षक लगी। तब उसने उस वस्तु को उठा लिया और अपने डेरे पर ले आया। उसने वह वस्तु एक अलग जगह पर रख दी। अपने मित्रों को उसने इसके विषय में कुछ नहीं बताया। वह रात में सोचने लगा कि यह ऐसी कौन सी वस्तु हो सकती है जो उसे जंगल में दीमक के बमीठे के भीतर मिली? फिर उसने सोचा कि यह उसे भगवान का दिया हुआ पुरस्कार है। ऐसा सोच कर उसने उस वस्तु की पूजा आरम्भ की। किन्तु उसे इसी बात से सन्तोष नहीं हुआ। वह पुनः उस जगह में गया और पूरी प्रक्रिया के विषय में गहन चिन्तन करने लगा। अन्ततः उसे सारी बातें समझ में आ ही गयीं। उसने उसके बाद दीमक की मिट्‌टी, मधुमक्खी के छत्ते और धातु की महत्ता समझी। फिर तो वह उसी विधि से धातु की मूर्तियाँ बनाने लगा। यही कारण है कि हम लोग आज भी मोम और दीमक की मिट्‌टी का उपयोग अपनी इस शिल्प-प्रक्रिया के अन्तर्गत करते हैं। यही हमारे इस शिल्प की परम्परा है।

दन्तकथाएँ

1. सृष्टि सम्बन्धी दन्तकथा

सृष्टि के आरम्भ के विषय में जयदेव बघेल यह दन्तकथा बताते हैं[43] : अबुझमाड़ की बात है। डड्डे, बुरका, कवासी[44] से सृष्टि का आरम्भ हुआ। पिताजी से सुनी बात है। उस समय पृथ्वी का अस्तित्व नहीं था। केवल जल-ही-जल था। जल में हिलोरें उठ रही थीं। इससे झाग बन रहा था। तब भगवान ने झाग को आदेश दिया कि तुम आपस में मिल जाओ अन्यथा तुम्हारा अस्तित्व समाप्त हो जायेगा। इससे झाग आपस में मिल गये और उनमें घर्षण होने लगा। उस घर्षण के फलस्वरूप मैल निकला, पानी निकला, आग की उत्पत्ति हुई। इस तरह झाग का अस्तित्व तो समाप्त हो गया और वह सड़ गया। किन्तु उस सड़न से एक 'बुरका' यानी लौकी का फल जन्मा। उस लौकी से पुनः बारह लौकियाँ जन्मीं। इन बारह लौकियों से बारह तरह के जीव उत्पन्न हुए। इन जीवों में कीट-पतंगे, पशु-पक्षी, साँप, कछुआ, मनुष्य आदि सभी थे। इन्हीं बारह जीवों से इनके वंश की वृद्धि हुई। इसीलिये आदिवासियों के प्रमुख बारह 'बस (वंश)' हुए। और यही कारण है कि आदिवासियों में जीव-जन्तुओं, जानवरों, पशु-पक्षियों से सम्बन्धित

43. राष्ट्रीय पुरस्कार सहित अन्य कई पुरस्कार प्राप्त यशस्वी घड़वा शिल्पी श्री जयदेव बघेल से दिनांक 18.06.99, अप्रैल 03, 06.03.04 एवं 19.03.04 को हुई बातचीत।

44. कवासी : कुछ लोग इसका उच्चारण 'कोवांसी' तथा 'कवाची' भी करते पाये गये हैं।

गोत्र पाये जाते हैं[45]। शासन द्वारा मान्यता प्राप्त आदिवासी ही आदिवासी नहीं हैं बल्कि वे लोग भी आदिवासी हैं जो आदिवासी संस्कृति में रचे-बसे हैं और जिनके गोत्र जीव-जन्तुओं के नाम पर हैं। उदाहरणार्थ, पोयाम, नेताम, मरकाम, सोड़ी, मरई, नाग, बघेल, कोराम, मण्डावी आदि। बघेल का मतलब है बाघ गोत्र के वंशज, नाग का अर्थ है नाग साँप से सम्बद्ध गोत्र के वंशज, कश्यप का अर्थ है कच्छप (कछुआ) गोत्र के वंशज आदि। सोड़ी का मतलब भी बाघ है। कहा जाता है कि यदि बाघ सोड़ी वंश की किसी भी औरत को घूँघट डाले देख ले तो वह रास्ता छोड़ कर चला जाता है। कारण, बाघ सोड़ी वंश की महिला को अपनी बहू (छोटे भाई की पत्नी) मानता है। ऐसी मान्यता आज भी यहाँ बनी हुई है।

ढार

इस सन्दर्भ से जुड़ी एक छोटी-सी कथा बतायी जाती है : जब लोगों ने देखा कि सोड़ी वंश की महिला को बाघ अपनी बहू मानता है और उसका रास्ता छोड़ देता है तो बाकी वंश के लोगों ने भी बाघ के कहर से बचने के लिये वैसा ही करना शुरू कर दिया। इससे बाघ परेशान हो गया। वह भूख से बिलबिलाने लगा। कुछ ही दिनों में उसे पता नहीं कैसे इस तथ्य का भान हो गया कि लोग उससे धोखा कर रहे हैं, तब उसने ठान लिया कि भले ही वह सोड़ी वंश की महिला हो या कोई और अब वह चुप नहीं बैठेगा, बल्कि उसे खा जायेगा[46]।

45. सृष्टि की उत्पत्ति के विषय में लाला जगदलपुरी (बस्तर : इतिहास एवं संस्कृति, 1994 : 96) कहते हैं : एक गोत्र कथा बताती है कि सृष्टि की उत्पत्ति के साथ-साथ गोंडों की उत्पत्ति बस्तरांचल में हुई थी। पालनार नामक एक गाँव में। पौराणिक कथा के जल प्लावन से जुड़ी इस गोत्र कथा के अनुसार पहले जब पृथ्वी नहीं थी तब चारों ओर जल-ही-जल था और सन्नाटा-ही-सन्नाटा था। उस समय वहाँ केवल एक तूँबा तैर रहा था। और उस तूँबे में माड़िया-गोंड कुटुम्ब का आदि पुरुष डड्डे बुरका कवासी अपनी पत्नी के साथ बैठा हुआ था। इतने में वहाँ भीमादेव प्रकट हुआ। यह उल्लेखनीय है कि भीमादेव, बस्तर के वनवासी कुटुम्ब का एक सर्वमान्य देवता है। प्रकट होते ही वहाँ भीमादेव ने पानी-ही-पानी में बियासी नाँगर चलाना शुरू कर दिया। जिधर-जिधर भीमादेव बियासी करता जाता था, उधर-उधर भूमि दिखाई देने लगती थी। शेष भाग में आज भी पानी है। जहाँ-जहाँ हल चलाते समय मिट्टी भीतर से खूब ऊपर उठ आयी, वहाँ-वहाँ पहाड़ हो गये। जमीन देख कर डड्डे बुरका कवासी अपनी पत्नी सहित तूँबे से नीचे उतरा और तब दोनों ने मिल कर भीमादेव को श्रद्धापूर्वक प्रणाम किया। भीमादेव की कृपा हुई। डड्डे बुरका कवासी ने गृहस्थाश्रम चलाया। उसकी वंश वृद्धि हुई। वह दस पुत्रों और दस पुत्रियों का पिता बना। उसने उनका परस्पर विवाह कर दिया। उनके दस गोत्र चले। उन्होंने उल्लू, साँप, कछुआ और बकरा आदि उत्पन्न किये। जिस वंश से जो उत्पन्न हुआ, उसे उस वंश के लोगों ने भक्षण नहीं किया।

46. इसी तरह कोगा नामक एक जानवर के बारे में भी कहा जाता है कि बाघ कोगा को अपना जेठ (पति का बड़ा भाई) मानता है। इसलिये कोगा को देखने पर वह उसका रास्ता छोड़ देता है (स्रोत : सुकदई कोराम, जगार गायिका, कोंडागाँव)।

2. बुढ़ी माता से सम्बन्धित दन्तकथा

बुढ़ी माता[47] के उद्भव की कथा बताते हुए पंचूराम सागर कहते हैं[48] : बुढ़ा देव की पत्नी हैं बुढ़ी माता। बुढ़ी माता को हमारा समाज मानता है। इनकी कथा लिखित में तो नहीं है किन्तु यह एक दन्तकथा है जो पूरी तरह वाचिक परम्परा में है। अपने पिताजी और दादाजी से जो कहानी मैंने सुनी है, उसी के आधार पर मैं आपको यह कहानी बताता हूँ। बुढ़ी माता की उत्पत्ति भादों के महीने में, नवाखानी से दो दिन पूर्व जो भादों जतरा किया जाता है, उसी दिन हुई। उसी भादों मास में इनकी उत्पत्ति मानते हैं। कथा इस तरह है : यह आदि काल की बात है। भादों का महीना था। वर्षा ऋतु थी। तभी पहाड़ के ऊपर बिजली कड़की। बिजली कुछ ऐसी कड़की कि वह पहाड़ दो भागों में बँट गया। चट्टान के फट जाने पर उसी स्थान से बुढ़ी माता का जन्म हुआ। नीचे थी मिट्टी। उसी मिट्टी से बरगद का एक पौधा ऊगा। पौधा पेंड़ बन गया। उसी पेड़ ने उस माता को, जो उस समय एक नन्ही बच्ची ही थी, अपनी लटों से दूध पिलाया। इस तरह वह उस बरगद के दूध से पली-बढ़ी। कुछ बड़ी हुई तो उसे खेलने का मन करता। तब उसी बरगद ने अपनी लटों से झूला बनाया और उसे झुलाने लगा। वह उस झूले पर झूलने लगी। जब भूख लगती तो वह उसका दूध पीती। इस तरह से उसकी दिनचर्या चल रही थी। यह वह समय था जब महाप्रलय हुआ था और सारी धरती जलमग्न हो गयी थी। किन्तु सृष्टि की पुनर्रचना के उद्देश्य से प्रकृति ने धरती पर एक नारी और एक पुरुष को जीवित छोड़ दिया था। वही दोनों स्त्री-पुरुष उस वीरान जंगल में विचर रहे थे। उसी समय उन दोनों ने उस बालिका को देखा। वह झूला झूल रही थी। यह देख कर उन्हें बड़ा आश्चर्य हुआ। वे दोनों उसके पास गये। तब उस बालिका ने अपना परिचय दिया और कहा कि वह बुढ़ी माता है। परम शक्ति ने तुम दोनों को सृष्टि की पुनर्रचना के लिये जीवित छोड़ दिया है। अतः तुम दोनों सृष्टि की पुनर्रचना में परम शक्ति के सहायक बनो। फिर उसने अपनी शेष बहिनों के विषय में भी बताया और कहा कि जब कभी तुम लोगों को किसी भी प्रकार का कष्ट हो, तुम मेरा स्मरण कर लेना। मैं तुम्हारे कष्टों का निवारण करूँगी। इसके साथ ही वे दोनों स्त्री-पुरुष उनकी आज्ञा शिरोधार्य करते हुए सृष्टि की पुनर्रचना में संलग्न हो गये[49]।

3. भंगाराव देव[50]

बहुत पहले की बात है। तेलिन घाटी के नीचे कोई एक राज्य था। इसी राज्य में एक बालक का जन्म हुआ। उस बालक के पाँव-हाथ टेढ़े-मेढ़े थे। इसी से उसका नाम हुआ भंगाराव। भंगाराव

---

47. बुढ़ी माता। इन्हें अब लोग सितला माता के नाम से भी जानने लगे हैं। जगदलपुर तहसील में निवास करने वाली गदबा जनजाति बुढ़ी माता को 'देबी ठाकुराइनी' के नाम से पूजती है। यहाँ यह ध्यान देने योग्य तथ्य है कि 'गदबा' और 'घड़वा' अलग-अलग जातियाँ हैं न कि एक ही (स्रोत : शंकर दास वैष्णव, ग्राम : खोरखोसा, तहसील : जगदलपुर, बस्तर-छत्तीसगढ़)।
48. राष्ट्रीय पुरस्कार प्राप्त घड़वा शिल्पी श्री पंचूराम सागर, तहसीलपारा, कोंडागाँव (बस्तर-छत्तीसगढ़) से दिनांक 21.08.05 को हुई बातचीत।
49. बुढ़ी माता की यह कथा श्री पंचूराम सागर के अतिरिक्त किसी और व्यक्ति से सुनने में नहीं आयी है।
50. घड़वा शिल्पी श्री जयदेव बघेल, भेलवाँपदर पारा, कोंडागाँव (बस्तर-छ.ग.) द्वारा हरिहर वैष्णव एवं सी. ए. ग्रेगोरी को दिनांक 04.02.1990 को बतायी गयी कथा। भंगाराव देव की यह कथा श्री जयदेव बघेल के अतिरिक्त किसी और व्यक्ति से सुनने में नहीं आयी है। इस देव का नाम श्री जयदेव बघेल को छोड़ कर अन्य सभी लोग 'भंगाराम' उच्चारित करते हैं। बहुतेरे लोग 'भंगाराम' को 'भंगाराम देव' की बजाय 'भंगाराम देवी' कहते हैं।

इधर से उधर घूमा करता और उधर से आने-जाने वाले लोगों की सहायता करता। विपत्ति में फँसे लोगों की भी सहायता करता। चोर आदि दुष्कर्मियों को सजा देता और धर्म के मार्ग पर चलने वाले लोगों की रक्षा करता। भंगाराव अपनी कमर में एक बड़ा सा छुरा खोंस रखता था। वह उसी छुरे से अधर्मियों का नाश करता था।

काटा बनुरिया

इस तरह कई वर्ष बीत गये। एक बार की बात है। विवाह के लिये जाते हुए कुछ लोग उसी मार्ग से जा रहे थे। उसी समय घाटी में जंगलों के बीच छुपे चोर बाहर निकल आये। चोरों को देख कर विवाह के लिये जाते लोग भंगाराव का नाम ले कर उसे सहायता के लिये पुकारने लगे। उनकी पुकार सुन कर भंगाराव घोड़े पर सवार हो कर वहाँ आया और चोरों के साथ युद्ध करने लगा। इस युद्ध में उसने विवाह में जा रहे लोगों की तो रक्षा कर ली किन्तु स्वयं अपनी रक्षा न कर सका। उसे चोरों ने मार डाला। मृत्यु के बाद भंगाराव देव-रूप में जाग गया। तब उसकी पूजा की जाने लगी।

इस तरह तब से आज तक भंगाराव देव की पूजा पूरे बस्तर में की जाती है।

4. भिमा देव [51]

बहुत दिन पहले की बात है। बस्तर राज्य के एक गाँव में तीन भाई थे। सबसे छोटे भाई का नाम था भिमा। भिमा काफी मोटा-तगड़ा था किन्तु वह बुद्धिहीन था। सब उसे अज्ञानी समझते थे। दोनों बड़े भाई काम करने के लिये इधर-उधर जाते थे। वे भिमा को गाय-बैलों को चराने के लिये भेजते। भिमा गाय-बैलों को ले कर खेतों की ओर निकल जाता। वह गाय-बैलों को चरने के लिये छोड़ कर डेंगुर[52] के ऊपर चढ़ कर चारों ओर देखता रहता। यही उसकी दिनचर्या थी। एक बार की बात है। उस साल वर्षा नहीं हुई। इससे परगने में अकाल पड़ गया। सारे लोग रोने-गाने लगे। सभी को चिन्ता हो आयी। भिमा भी चिन्तित हो गया।

एक दिन की बात। रोज की तरह वह दीमक के बमीठे पर चढ़ कर इधर-उधर देखने लगा था कि तभी उसने एक

आदिवासी महिला

51. घड़वा शिल्पी श्री जयदेव बघेल, भेलवाँपदर पारा, कोंडागाँव (बस्तर-छ.ग.) द्वारा हरिहर वैष्णव एवं सी. ए. ग्रेगोरी को दिनांक 04.02.1990 को बतायी गयी कथा। भिमा देव की यह कथा श्री जयदेव बघेल के अतिरिक्त किसी और व्यक्ति से सुनने में नहीं आयी है।

52. डेंगुर : दीमक का बमीठा।

दूसरे बमीठे के भीतर से धुआँ निकलता देखा। उसने सोचा कि हो न हो यहीं पर पानी है। इसी से पानी माँगूँगा। यह सोच कर वह उसी बमीठे पर बैठ कर भगवान का जाप करने लगा। इस तरह उसे कई दिन बीत गये। उसकी देह में दीमकों ने अपना डेरा बना लिया किन्तु वह तब भी अपनी जगह से न डिगा। तब यह देख कर स्वर्ग में माहादेव और पारबती[53] ने विचार किया। पारबती बोलीं, "देखिये भगवन्! यह छोटा सा बालक अपने प्राणों की भी चिन्ता किये बिना तपस्या करने बैठा है। आप इसकी पुकार सुनिये।"

यह सुन कर भगवान माहादेव ने इन्दर[54] राजा को बुलाया और मँजपुर[55] में पानी बरसाने को कहा। इन्दर राजा ने तुरन्त वर्षा की। सभी लोग प्रसन्न हो गये। सवेरा होने पर गाँव के लोग अपने-अपने खेतों में गये बिहड़ा मारने[56] के लिये। वहाँ जा कर देखा तो भिमा दीमक के बमीठे के पास अचेत पड़ा हुआ था। उसकी सारी देह में दीमक की मिट्‌टी लगी हुई थी। सब ने मिल कर उसे उठाया और सचेत किया। सचेत होने पर उसने कहा कि प्रतिवर्ष वर्षा ऋतु में गाँव के छोर पर दीमक के बमीठे के पास पूजा-अर्चना करना। तब बहुत अच्छी वर्षा होगी। ऐसा कहते-कहते वहीं पर उसका प्राणान्त हो गया।

ढार

तब सब ने सोचा, हम लोग इस बालक को बुद्धिहीन समझते थे, किन्तु यह तो हम सब से चतुर निकला। इसने विपत्ति के समय हमारी सहायता की। यह तो देवता है। ऐसा विचार कर सब ने उसकी पूजा की।

कहते हैं, इसी दिन से प्रतिवर्ष बिहड़ा के समय भगवान माहादेव-पारबती के साथ-साथ भिमा देव की भी पूजा बड़े ही धूम-धाम के साथ की जाती है।

5. बुढ़ा देव[57]

यह उस समय की बात है जब सृष्टि में पृथ्वी का अस्तित्व नहीं था। चारों ओर केवल पानी था। धरती का नामो-निशान नहीं था। पानी के ऊपर थोड़ा सा झाग था। इसी झाग के ऊपर घास-

53. माहादेव और पारबती : महादेव और पार्वती।

54. इन्दर : इन्द्र।

55. मँजपुर : बीच का लोक, मृत्यु लोक।

56. बिहड़ा मारना : धान के पौधों के साथ ही खेतों में खर-पतवार भी निकल आते हैं। तब इन्हीं खर-पतवारों को नष्ट करने और धान के पौधों के लिये ज़मीन को और ढीला बनाने के उद्देश्य से दुबारा हल चलाया जाता है। इसे ही बिहड़ा मारना कहते हैं।

57. घड़वा शिल्पी श्री जयदेव बघेल, भेलवाँपदर पारा, कोंडागाँव (बस्तर-छ.ग.) द्वारा हरिहर वैष्णव एवं सी. ए. ग्रेगोरी को दिनांक 04.02.1990 को बतायी गयी कथा। बुढ़ा देव की यह कथा श्री जयदेव बघेल के अतिरिक्त किसी और व्यक्ति से सुनने में नहीं आयी है।

पात के तीन पौधे थे। पता नहीं कितने दिनों से ये पौधे उसी झाग के ऊपर रह रहे थे। बाद में इन्हें भूख लगने लगी। भूख लगने पर ये तीनों भोजन की खोज करने लगे। तभी बादलों पर से आवाज आयी, 'मेहनत किये बिना भोजन की प्राप्ति नहीं होगी'।

यह सुन कर तीनों विचार करने लगे। पानी की लहरों के साथ-साथ झाग भी हिल-डुल जाता। ये तीनों भी हिलते-डुलते। किसी तरह ये तीनों आपस में एक-दूसरे के हाथ थाम कर उठे। लहरों के कारण अभी भी झाग हिल-डुल रहा था। हिलने-डुलने पर ये तीनों आपस में रगड़ खाने लगे। रगड़ खाने पर इन तीनों की देह से मैल और पसीना निकल कर झाग के ऊपर गिरने लगा। इस तरह मैल और पसीना निकलते-निकलते इनकी देह छीज गयी। तीनों की मृत्यु हो गयी। इनकी मृत्यु के बाद उस मैल से डड्डे बुरका कवासी नामक तीन वस्तुओं का जन्म हुआ। डड्डे का अर्थ है घास-पात, बुरका का अर्थ है लौकी और कवासी का अर्थ है धुआँ। फिर बुरका के भीतर बारह किस्म के फल निकले और उन बारह फलों के भीतर से नाना प्रकार के जीव-जन्तुओं का जन्म हुआ। किसी फल से बाघ-भालू, तो किसी फल से चीतल-साम्भर, तो किसी फल से घास-पात, पेड़-पौधे और किसी फल से मनुष्य और किसी फल से कीड़े-मकोड़े, साँप-बिच्छू आदि का जन्म हुआ। तभी डड्डे, बुरका और कवासी ने देखा कि मनुष्यों के बीच एक वृद्ध-सा मनुष्य भी था। तब उन लोगों ने विचार किया कि हो न हो यही मनुष्य सृष्टि को चलाने वाला हो सकता है। ऐसा सोच कर डड्डे, बुरका और कवासी ने उस व्यक्ति को ज्ञान-दान दिया। फिर भगवान से अनुनय किया कि हे भगवान! तुमने हमें असंख्य सन्तानें दीं किन्तु हम किस तरह इनका पालन-पोषण करें?

काकन

उनकी पुकार सुन कर माहादेव-पारबती ने उस वृद्ध-से व्यक्ति को ज्ञान-दान दिया। ज्ञान पा कर वह व्यक्ति सभी जीव-जन्तुओं को ज्ञान की बातें बताने लगा। कहने लगा कि तुम सब भाई-बहिन हो। कोई भी किसी को भी न मारे। सब आपस में मिल-जुल कर रहें।

इस तरह उसने सभी करने और न करने योग्य कार्यों के विषय में भी बताया। किन्तु कुछ लोगों ने तो उसका कहा माना और कुछ लोगों ने नहीं। तब उसने माहादेव-पारबती की आराधना आरम्भ की। भगवान से उसने विनती की हे भगवान! आपके द्वारा उत्पन्न ये जीव भूख से व्याकुल हो कर अपने ही बन्धु-बान्धवों को खा रहे हैं। आप ही कुछ करें। उसकी ऐसी विनती सुन कर भगवान ने कई तरह की भोज्य सामग्री उत्पन्न की। इससे सभी जीव-जन्तुओं को प्रसन्नता हुई। अब सभी उस बूढ़े व्यक्ति की बात मानने लगे। उसकी बुढ़ा देव के रूप में पूजा की जाने लगी। किन्तु कुछ दिनों बाद एक उत्पाती व्यक्ति ने उस बूढ़े को मार डाला। उसकी मृत्यु हो जाने पर फिर से सृष्टि के भीतर पहले की ही तरह अव्यवस्था फैल गयी। तब

सभी ने सोचा कि बुढ़ा देव की बतायी बातों का अनुसरण करने पर ही सृष्टि में आनन्द और उल्लास तथा सुख और शान्ति का प्रसार होगा।

ऐसा सोच कर लोगों ने उसकी बतायी बातों का स्मरण किया और उसी तरह व्यवहार करने लगे। फिर से बुढ़ा देव की पूजा की जाने लगी। इसी दिन से बुढ़ा देव की विधि-विधानपूर्वक पूजा आरम्भ हुई। कहते हैं कि बुढ़ा देव स्वयं माहादेव भगवान के ही अवतार थे। बुढ़ा देव की उत्पत्ति के साथ ही विभिन्न वंशों के नाम भी हुए। बाघ से बघेल, कछुआ से कश्यप, नाग से नाग और इसी तरह नेताम, मरकाम, सोड़ी, नेगी आदि वंश हुए।

6. दन्तेसरी देबी[58]

ओड़िसा और तेलंगाना राज्य की सीमा पर बस्तर में एक गाँव है, कोन्टा। यह कहानी वहीं की है। कोन्टा गाँव के पास एक नदी है, जिसका नाम है सबरी। उस समय लोग गुफाओं में रहा करते थे। जंगल से कन्द-मूल खोद कर लाते और अपनी भूख मिटाते। सबरी नदी के पास ऐसी ही एक गुफा थी। उस गुफा में एक बूढ़ा और बुढ़िया रहते थे। उनके कोई सन्तान नहीं थी। वे सन्तान के लिये भगवान से प्रतिदिन विनती करते।

कुछ समय बाद माहादेव-पारबती ने दया की और उस बूढ़े दम्पति के यहाँ एक पुत्री का जन्म हुआ। नवजात बालिका के दाँत उसके जन्म के साथ ही थे। यह देख कर वे दोनों बहुत प्रसन्न हुए किन्तु सोच में भी पड़ गये। फिर बूढ़ा काँदा[59] खोदने के लिये जंगल में चला गया। उसके जाने के बाद बुढ़िया भी बालिका को सुला कर सबरी नदी से पानी लेने चली गयी। बुढ़िया के जाने के बाद एक नाग साँप बिल से निकल कर उस बालिका की देह पर से हो कर जाने लगा। इससे बालिका जाग गयी। नाग को देख कर उसने उसे पकड़ लिया। उसके पकड़ने पर नाग उससे लिपट गया। तब उस बालिका ने उस साँप को अपने दाँत से काट कर उसके टुकड़े-टुकड़े कर दिये और खेलने लगी।

निंदा खाड़ू

तभी बालिका की माँ पानी ले कर लौटी। देखा, बालिका के मुँह पर खून लगा था और वहीं पास ही में साँप के कई टुकड़े पड़े थे। तब उसने एक वृक्ष के पत्ते तोड़ कर बालिका का मुँह पोंछा और पानी से धुलाया। थोड़ी देर बाद उसका पति भी कन्द-मूल ले कर जंगल से लौट आया। तब उस बुढ़िया ने सारी बातें अपने पति से कही। फिर दोनों पति-पत्नी मन-ही-मन विचार करने लगे

---

58. घड़वा शिल्पी श्री जयदेव बघेल, भेलवाँपदर पारा, कोंडागाँव (बस्तर-छ.ग.) द्वारा हरिहर वैष्णव एवं सी. ए. ग्रेगोरी को दिनांक 04.02.1990 को बतायी गयी कथा। दन्तेश्वरी देवी की यह कथा श्री जयदेव बघेल के अतिरिक्त किसी और व्यक्ति से सुनने में नहीं आयी है।

59. काँदा : कन्द।

कि यह बालिका कोई सामान्य बालिका नहीं अपितु किसी देवी का अवतार है। इसने हमारे यहाँ बेटी के रूप में जन्म लिया है।

इस तरह वह बालिका दिनों-दिन बढ़ने लगी। खेलने-घूमने योग्य हो गयी और आसपास के बच्चों के साथ बड़े-बूढ़ों जैसी बातें करने लगी। उसकी बातें सुन कर पति-पत्नी बहुत आनन्दित होते। बूढ़ा कन्द-मूल और लकड़ी के लिये प्रतिदिन जंगल जाता। एक दिन वह बालिका भी अपने पिता के साथ जंगल जाने की ज़िद करने लगी। वह बूढ़े के पीछे-पीछे चल पड़ी। बूढ़े ने जंगल में एक पहाड़ी के पास कन्द-मूल खोदा और वहीं पास पड़े सूखे और पोले पेड़ को चीरने लगा। इसी बीच बालिका इधर-उधर टहलने लगी। टहलते-टहलते वह पास ही की एक गुफा के भीतर चली गयी। उस गुफा के भीतर बाघ के दो शावक आपस में खेल रहे थे। उन्हें देख कर बालिका को बहुत आनन्द आया। उसने दोनों शावकों को अपने हाथों से उठा लिया और अपने साथ ले कर गुफा से बाहर आ गयी। वह अभी उन्हें ले कर अपने पिता के पास आ ही रही थी कि उसी समय उस पोले पेड़ के भीतर से एक काला नाग निकला और बूढ़े के पाँवों से लिपट कर उसे काट लिया। काटने पर बूढ़ा 'मर गया माँ!' कहता चीखते हुए अचेत हो कर वहीं गिर पड़ा। उसकी चीख सुन कर बालिका दौड़ती हुई अपने पिता के पास आ पहुँची। बूढ़ा वहीं पर अचेत पड़ा था। बालिका ने देखा और तुरन्त शावकों को गोद से नीचे उतार कर उस साँप को अपने दाँतों से काट कर उसके टुकड़े-टुकड़े कर डाले। फिर अपने मुँह से खींच कर बूढ़े के शरीर से जहर निकाल डाला। इस पर बूढ़ा 'हे भगवान!' कहता उठ बैठा। उसके उठने पर बालिका ने सारी घटना कह सुनायी। तब बूढ़े ने बालिका से कहा, "हे बेटी! तुम इन शावकों को जहाँ से उठा लायी हो, वहीं ले जा कर छोड़ दो अन्यथा बाघिन आ कर हमें खा जायेगी।"

किन्तु बालिका ने उसकी बात नहीं मानी। बूढ़ा उठा और अपने घाव पर दवा लगायी और लकड़ी का बोझा ले कर घर की

खिलवाँ

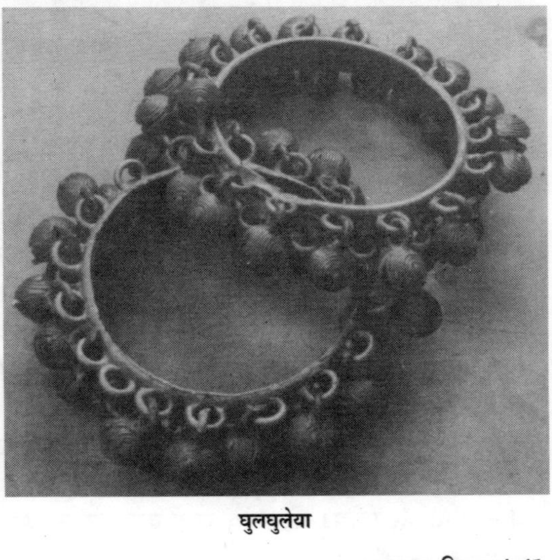

घुलघुलेया

राह चल पड़ा। बालिका भी उन शावकों को अपनी गोद में उठाये अपने पिता के पीछे-पीछे चल पड़ी। अभी उन्हें वहाँ से गये थोड़ी ही देर हुई थी कि बाघिन अपनी गुफा में लौटी। इधर-उधर देखा किन्तु उसे उसके बच्चे दिखलायी नहीं पड़े। तब वह गन्ध सूँघते-सूँघते बालिका के पीछे चल पड़ी। बूढ़ा अपनी बेटी के साथ गाँव पहुँचने को ही था कि उसने पीछे मुड़ कर देखा। बाघिन गाय-बैलों को पकड़ने की फिराक में थी। तब गाँव के लोगों ने बूढ़े से कहा कि तुम अपनी बेटी से इन शावकों को छोड़ने को कहो अन्यथा यह बाघिन गाय-बैलों के साथ-साथ हमें भी खा जायेगी।

बूढ़े ने बालिका को समझाया किन्तु बालिका तब भी उसकी बात मानने को तैयार नहीं हुई। इतने में बाघिन गाँव की सीमा में पहुँच गयी और इसे-उसे पकड़ने लगी। यह देख कर बालिका उन शावकों को ले कर बाघिन के पास गयी और बाघिन से कुछ बातचीत कर उन्हें उसे सौंप दिया। तब बाघिन शान्त हो गयी और अपने शावकों को ले कर प्रसन्नतापूर्वक जंगल के भीतर चली गयी। यह देख कर गाँव के सारे लोग आश्चर्यचकित हो गये। उन्हें लगा कि यह बालिका सचमुच किसी देवी का ही अवतार है। इस दिन से सारे लोग उसकी पूजा करने लगे।

झाप या झाब

तब उस बालिका ने लोगों से कहा कि जंगल के जानवर भी मनुष्य की भाषा समझते हैं। इसीलिये जानवरों के साथ सौहार्द्र बना कर रखने पर ये जानवर भी मनुष्य के काम आते हैं। इस तरह उस बालिका की बातें आसपास के गाँवों तक भी फैल गयीं। उसकी हिम्मत देख कर सभी लोग प्रसन्न हो गये।

उस समय उस राज्य में राक्षसों के भारी अत्याचार हुआ करते थे। वे राक्षस बहुत ही उत्पाती थे। जंगली जानवरों के साथ-साथ मनुष्यों को भी वे बहुत ही सताया करते थे। उन्होंने देखा कि वह बालिका मनुष्यों के साथ-साथ जानवरों की भी सहायता करती है। यह देख कर वे उस बालिका को मारने का यत्न करने लगे। यह देख कर उस बालिका ने जंगल के जानवरों और आसपास के लोगों की सेना बनायी और राक्षसों के साथ युद्ध किया। युद्ध में उसने राक्षसों को हरा दिया। इस तरह उसने राक्षसों का सफाया कर दिया। अब उस राज्य में जानवरों और मनुष्यों का बोलबाला हो गया। आसपास के सारे लोग उसे देवी की तरह मानने और पूजने लगे। उस बालिका ने जानवरों और मनुष्यों को साथ में रहने और आपस में सौहार्द्र बना कर रखने की सीख दी। इससे राज-काज बहुत ही अच्छे से चलने लगा।

उसी समय सबरी नदी के दूसरी ओर पश्चिम दिशा में एक राज्य था। उस राज्य के राजा का नाम था भैरम देव। भैरम देव राजा एक बार आखेट के लिये इसी बालिका के राज्य के

अन्तर्गत आने वाले जंगलों में आया। उसके आने की खबर पा कर बालिका जानवरों को बचाने का उपाय करने लगी। वह बाघ पर सवार हो कर अपनी सारी सेना के साथ चली। भैरम देव के साथ उस बालिका ने बहुत भंयकर युद्ध किया। दोनों ओर से घमासान होने लगा किन्तु दोनों में से कोई भी हार मानने को तैयार नहीं था। तब भैरम देव ने हाथ जोड़े और कहा, "इतनी हिम्मत वाली और जंगल के जानवरों को संगठित करने वाली तुम कौन हो? न तो तुम मुझे परास्त कर सकीं और न मैं ही तुम्हें परास्त कर सका। यदि हम दोनों मिल कर एक हो जायें तो पूरे संसार पर विजय पा सकते हैं।"

तब बालिका ने अपना परिचय दिया। भैरम देव ने भी अपना परिचय दिया। फिर बालिका ने अपनी रामकहानी सुनायी। भैरम देव ने भी अपनी कहानी सुनायी। दोनों मिल कर एक हो गये। तब भैरम देव ने कहा कि वह उससे विवाह करने का इच्छुक है। बालिका भी, जो अब युवा हो चुकी थी, उसकी बातों से सहमत हो गयी। इस तरह दोनों का विवाह हुआ। तब दोनों मिल कर राक्षसों के उत्पात को समाप्त करने के लिये विविध यत्न करने लगे। उनके यत्न से राक्षसों का उत्पात कुछ दिनों के लिये थम गया किन्तु वे इन दोनों पर क्रोधित थे। कुछ समय बाद राक्षसों ने मिल कर योजना बनायी और चारों ओर से इनके राज्य को घेर लिया। भयानक युद्ध होने लगा। राजा भैरम देव राक्षसों के साथ युद्ध करने लगा। फिर वह युवती भी अपनी सेना ले कर राक्षसों के साथ युद्ध करने लगी। युद्ध इतना भंयकर था कि जंगल के सारे जीव-जन्तु नष्ट हो गये। इसके बाद भैरम देव की लड़ते-लड़ते मृत्यु हो गयी। किन्तु वह युवती जीव-जन्तुओं और मनुष्यों की रक्षा के लिये युद्ध करती रही। वह युद्ध करती हुई सभी राक्षसों को मारती चली गयी। कई दिनों तक युद्ध करने के बाद वह विश्राम करने लगी। उसी समय अवसर देख कर एक अधमरा राक्षस वहाँ आया और विश्राम कर रही उस युवती पर वार कर उसे मार डाला। युवती की मृत्यु हो गयी।

घाटी

उसकी मृत्यु का समाचार सुन कर सारे जीव-जन्तु, मनुष्य आदि वहाँ आ गये। वे कहने लगे कि इसके समान धर्मात्मा इस पृथ्वी पर कोई भी नहीं था। इस युवती ने हमारी प्राण-रक्षा के लिये अपने प्राणों की बलि दे दी। इसने हमारी सहायता की। यह विचार कर उन सबने उसका एक मन्दिर बनाया और उसकी पूजा करने लगे। उस युवती का नाम था दन्तेसबरी।

जन्म से ही उसके मुख में दाँत थे इसलिये उसके नाम का पहला भाग हुआ दन्ते और

सबरी नदी के किनारे उसका जन्म हुआ था इसीलिये उसके नाम का दूसरा भाग हुआ सबरी। इस तरह उसका नाम दन्तेसबरी हुआ। यही नाम आगे चल कर दन्तेसरी फिर दन्तेश्वरी हुआ।

पूरे बस्तर राज्य में दन्तेसरी की पूजा की जाती है। इनके साथ भैरम देव की भी पूजा की जाती है[60]।

7. कोटगुड़िन माता[61]

बड़े डोंगर के पास कोटपाड़ नामक एक गाँव है। यह कहानी उसी कोटपाड़ गाँव की है। कई वर्ष पहले की बात है। वहाँ के लोग जंगल के कन्द खोद कर लाते और उसी से अपनी भूख मिटाते। रोज की तरह एक दिन एक गर्भवती महिला कन्द खोदने के लिये जंगल में गयी। वह कन्द खोदते-खोदते एक गुफा के पास जा पहुँची। इसी समय आँधी चलने लगी और पानी गिरने लगा। कन्द खोदने के कारण उस महिला को पीड़ा होने लगी थी। पीड़ा होने पर वह उसी गुफा के पास चली गयी और थोड़ी देर विश्राम करने लगी किन्तु उसकी पीड़ा बढ़ती ही जा रही थी। वह दर्द से व्याकुल होने लगी।

---

60. देवी दन्तेश्वरी के आविर्भाव के विषय में इस मिथ कथा से अलग प्रचलित पौराणिक कथा इस प्रकार है : शिव पुराण में आये वर्णन के अनुसार अपने पिता दक्ष प्रजापति द्वारा आयोजित यज्ञ में शिव जी का अपमान होने पर सती ने उसी यज्ञ-कुण्ड में कूद कर आत्माहुति दे दी थी। तब शोकाकुल शिव उनकी मृत देह उठा कर अखिल ब्रह्माण्ड में घूमने लगे थे। इस पर भगवान विष्णु ने उनका शोक एवं विकलता दूर करने के उद्देश्य से अपने चक्र सुदर्शन से सती की देह को खण्ड-खण्ड कर दिया। तब सती के विभिन्न अंग जिन-जिन स्थानों पर गिरे वहाँ-वहाँ शक्ति-पीठ बन गये। "देवी भगवत" में आये वर्णन के अनुसार सती के दाँत दण्डकारण्य में गिरे। जहाँ ये दाँत गिरे वहाँ बने शक्ति-पीठ को दन्तेश्वरी के नाम से जाना गया। इस देवी का प्राचीन नाम इसी आधार पर 'दन्तावला' भी था। इस सम्बन्ध में लाला जगदलपुरी (बस्तर-लोक : कला-संस्कृति प्रसंग, 2003:11) कहते हैं : "यह उल्लेखनीय है कि दिग्पाल देव के समय के दन्तेवाड़ा स्थित एक शिलालेख में देवी दन्तेश्वरी का प्राचीन नाम 'दन्तावला' बताया गया है। शिलालेख सन् 1703 ई. का है। इस शिला-लेख की भाषा भोजपुरी और बृजभाषा मिश्रित छत्तीसगढ़ी बतायी जाती है।" बस्तर में देवी दन्तेश्वरी के आगमन के विषय में न्यायमूर्ति कन्हैयालाल पाण्डे (बस्तर : भौगोलिक और ऐतिहासिक सन्दर्भ, इन्द्रावती, 1982:27) कहते हैं : "कहा जाता है कि काकतीय राजवंश के राजा अन्नमदेव जब 1303 ई. में अपने राज्य वारंगल से भाग कर चक्रकोट (बस्तर राज्य का पुराना नाम) आये तब उनके साथ उनकी इष्ट देवी दन्तेश्वरी भी यहाँ आ गयीं। इतिहास के हवाले से कहा जाता है कि 1303 ई. में जब दिल्ली के सुलतान अलाउद्दीन खिलजी के दो प्रमुख सेनापतियों, मलिक काफुर और ख्वाजा हाजी ने वारंगल पर आक्रमण कर वहाँ के राजा प्रताप रुद्र को परास्त कर दिया तब राजा प्रताप रुद्र के छोटे भाई अन्नमदेव वहाँ से भाग निकले और गोदावरी नदी पार कर चक्रकोट (आज के बस्तर का तत्कालीन नाम) आ गये। अन्नमदेव ने चक्रकोट में 1313 ई. में अपने राज्य की स्थापना की।" इसी तरह सेन्ट्रल प्रॉविन्सेज़ गज़ेटियर्स के अन्तर्गत 'छत्तीसगढ़ फ्यूडेटरी स्टेट्स' शीर्षक से 1909 में प्रकाशित गज़ेटियर (पृ. 36) में बस्तर राज्य के विषय में लिखते हुए बस्तर के तत्कालीन पोलिटिकल एजेन्ट (राजनीतिक अभिकर्ता) ई. ए. डीब्रेट कहते हैं : "बस्तर का राज परिवार अपना आविर्भाव दिल्ली के पाण्डुवंशी राजा बीरभद्र से मानता है, जिन्हें उनकी इष्ट देवी दिल्लेश्वरी ने युद्धास्त्र के रूप में एक तीर दिया था। यही बीरभद्र बाद में मथुरा की ओर कूच कर गये जहाँ उन्हें देवी भुवनेश्वरी ने एक त्रिशूल दिया। फिर इसके बाद उनका परिवार अपनी इष्ट देवी के साथ राजा वीरकेशरी के समय मद्रास प्रेसीडेन्सी के अन्तर्गत जयपुर जा पहुँचा। इसके बाद वे अपनी कुलदेवी माणिक्य देवी (या दन्तेश्वरी देवी, जैसा कि बस्तर में प्राप्त शिलालेखों में वर्णित है) के साथ वारंगल में व्यवस्थित हुए, जिन्होंने उन्हें उनके बस्तर प्रस्थान के समय एक तलवार दी।"
61. घड़वा शिल्पी श्री जयदेव बघेल, भेलवाँपदर पारा, कोंडागाँव (बस्तर-छ.ग.) द्वारा हरिहर वैष्णव एवं सी. ए. ग्रेगोरी को दिनांक 29.01.1990 को बतायी गयी कथा। कोटगुड़िन माता की यह कथा श्री जयदेव बघेल के अतिरिक्त किसी और व्यक्ति से सुनने में नहीं आयी है।

उसी गुफा के कुछ आगे एक और गुफा थी। उस गुफा में एक बाघिन अपने शावकों के साथ रहती थी। उस समय वह उन्हें दूध पिला रही थी। उस महिला की वेदना-भरी आवाज सुन कर बाघिन के कान खड़े हुए। उसने उस महिला को देखा। उसे देख कर वह बहुत प्रसन्न हो गयी कि आज तो उसे घर बैठे भोजन मिल गया है। वह उसे खाने के विचार से अवसर की तलाश में थी। आधी रात को उस महिला ने एक बच्ची को जन्म दिया और मर गयी। बच्ची भूख से व्याकुल हो कर रोने लगी। बाघिन उसका रोना सुन कर उसके पास आयी। देखा कि वह महिला मर चुकी है। कहते हैं कि बाघ केवल अपने द्वारा किये गये शिकार को ही खाते हैं। पहले से मृत या किसी और के द्वारा किये गये शिकार को नहीं खाते। तो उस बाघिन ने उस मृत महिला को नहीं खाया। उलटे वह उस नवजात शिशु को अपना दूध पिलाने लगी। इस तरह वह उस बच्ची का पालन-पोषण करने लगी। बच्ची समय के साथ बड़ी होने लगी। वह उसे अपनी पीठ पर बिठा कर यहाँ-वहाँ घूमती रहती। यह देख कर आसपास के जीव-जन्तु और मनुष्य आश्चर्यचकित हो गये। वे सोचने लगे कि हो न हो इस बालिका के माता-पिता को इस बाघिन ने मार डाला है और इस बालिका को अपने साथ ले गयी है। अब यह बाघिन गाँव के आसपास मँडरा रही है। यह अब हमें भी खा जायेगी। यह सोच कर गाँव के लोग उस बाघिन को मारने की सोचने लगे। वे रोज युक्ति लगाते।

उधर वह बाघिन उस बालिका से बहुत स्नेह करने लगी थी। अपने बच्चे के समान उससे प्यार करने लगी थी। बालिका धीरे-धीरे बढ़ने लगी। युवा होने पर वह बालिका जीव-जन्तुओं के साथ-साथ मनुष्यों की भी सहायता करने लगी। वह जंगल के जानवरों और मानव जाति को आपस में मिलाने का प्रयास करने लगी। इधर वह जंगली जानवरों के साथ मिल-बैठ कर बातचीत करती तो उधर मनुष्यों के साथ भी। उनमें सहयोग और भाई-चारे का प्रसार करना चाहती। इस तरह वह बड़ी होने लगी। किन्तु इसी बीच जंगली जानवरों और मनुष्यों के बीच से ही कुछ उत्पातियों ने उसके इस प्रयास से चिढ़ कर उसकी हत्या कर दी। उसकी मृत्यु से शेष भले जानवरों और मनुष्यों को दुःख पहुँचा। वे सोचने लगे कि वह बालिका तो हमारे बीच में प्रेम और स्नेह का संचार करना चाहती थी। हमारी भलाई चाहती थी, किन्तु हमने उसकी बात नहीं मानी। हममें से ही कुछ लोगों ने उसकी हत्या भी कर दी। इस तरह विचार कर वे दुखी हो गये। फिर उसे माता मान कर उसकी पूजा करना आरम्भ कर दिया। उसका स्थान कोटपाड़ गाँव के पास एक गुफा में था। इसीलिये उसका नाम कोटगुड़िन माता हुआ। कोट का अर्थ है गुफा और गुड़ा यानी रहने का स्थान या डेरा।

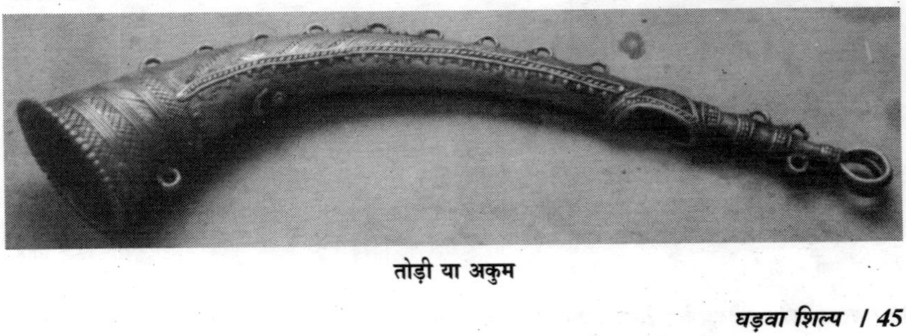

तोड़ी या अकुम

8. मावली माता [62]

बहुत पहले की बात है। एक वट-वृक्ष के नीचे हाट लगी हुई थी। तभी आँधी चलने लगी। उस हाट में एक गर्भवती महिला भी साग-भाजी बेचने के लिये आयी हुई थी। आँधी चलने पर सभी लोग यहाँ-वहाँ भागने-छिपने लगे किन्तु उसी समय उस गर्भवती महिला को प्रसव-पीड़ा होने लगी जिससे वह वहाँ से कहीं नहीं भाग सकी। उसने उसी वट-वृक्ष के नीचे एक बालिका को जन्म दिया और पीड़ा को सम्हाल न सकने के कारण वहीं पर उसकी मृत्यु हो गयी। बालिका भूख से व्याकुल हो कर रोने लगी। उसका रोना सुन कर वट-वृक्ष को उस बालिका पर दया आयी। उस वृक्ष की एक लट उस बालिका के मुँह से जा लगी। बालिका उसे माँ के स्तन का अग्रभाग समझ कर चूसने लगी। वट-वृक्ष का दूध उसके मुँह में जाने लगा। इस तरह वह बालिका उस वृक्ष के दूध से पलने लगी।

एक दिन किसी एक महिला ने उस बालिका को देखा। वह महिला बाँझ थी। उस बालिका को देख कर उसने विचार किया कि आज भगवान ने मुझ पर दया की है। उसी की दया से मुझे यह बालिका मिली है, यह सोच कर उसने प्रसन्नतापूर्वक उस बालिका को वहाँ से उठा लिया और अपने घर ले गयी। बालिका को देख कर उसका पति भी बहुत प्रसन्न हो गया। दोनों ने विचार किया कि यदि हम लोगों से यह कहेंगे कि हम इस बच्चे को कहीं से उठा लाये हैं तो इस बच्ची के माता-पिता इसे ले जायेंगे। इसलिये उन्होंने युक्ति लगायी। स्त्री ने कपड़ों की गठरी बना कर अपने पेट के ऊपर बाँध ली ताकि उसका पेट उभरा हुआ दिखे और लोग यही समझें कि वह गर्भवती है। वह गाँव में यही प्रचारित भी करने लगी कि वह गर्भवती है। फिर इसी तरह चार-छह महीने गुजर जाने के बाद उन्होंने बच्चे के जन्म की बात बतायी और बच्चे को सबके सामने ले आये।

डँगई कलसा

बालिका दिनों-दिन बढ़ने लगी। उस बालिका की रुचि अच्छे भोजन और श्रृंगार आदि में थी। गाँव के बच्चे उसी के साथ खेलना पसन्द करते थे क्योंकि वह सभी बच्चों से बहुत प्यार करती थी और उन्हें शिक्षाप्रद बातें बताया करती थी। वह किसी सयाने व्यक्ति की तरह बातें किया करती थी। कुछ ही दिनों में उसके इन गुणों की चर्चा गाँव में और गाँव के बाहर भी दूर-दूर तक होने लगी। लोग उसे देखने, उससे मिलने आने लगे। तब उसने आसपास के

62. घड़वा शिल्पी श्री जयदेव बघेल, भेलवाँपदर पारा, कोंडागाँव (बस्तर-छ.ग.) द्वारा हरिहर वैष्णव एवं सी. ए. ग्रेगोरी को दिनांक 04.02.1990 को बतायी गयी कथा। मावली देवी की यह कथा श्री जयदेव बघेल के अतिरिक्त किसी और व्यक्ति से सुनने में नहीं आयी है।

लोगों को संगठित किया और अत्याचारियों को पकड़-पकड़कर दण्ड देने लगी। इससे अत्याचारियों में भय तथा जनसामान्य और पीड़ितों के मन में उस बालिका के प्रति आदर का भाव जागा।

उस समय उस राज्य में एक बड़े ही अधर्मी राजा का शासन था। वह उस युवती से रुष्ट हो गया था। उसने उस आन्दोलनकारी युवती को सबक सिखाने के उद्देश्य से उसके साथ युद्ध करने की ठानी। उस युवती पर आक्रमण कर दिया। युवती के संगठन के पास अधिक हथियार नहीं थे। वह युद्ध में राजा से हार गयी। तब राजा ने उसे बन्दी बना लिया। कुछ दिनों तक बन्दी बना कर रखने के बाद उसे और उसके साथियों को राजा ने मुक्त कर दिया। तब वह युवती फिर से आततायियों के विरुद्ध उठ खड़ी हुई। इस बार उसने पूरी तैयारी के साथ राजा से युद्ध किया। इस युद्ध में उसने उस राजा को हरा दिया। जीत की खुशी में वह युवती और उसके साथी होम-यज्ञ आदि कर रहे थे कि तभी अच्छा अवसर जान कर राजा ने उस पर आक्रमण कर दिया और उसके निहत्थे साथियों को उनके परिवारों के साथ बन्दी बना लिया। युवती को राजा बन्दी नहीं बना सका। उसने उस युवती से कहा कि वह आत्म-समर्पण कर दे अन्यथा वह उन परिवारों को मार डालेगा। उसके साथियों ने उससे कहा कि वे किसी भी कीमत पर उसे आत्म-समर्पण करने नहीं देंगे। कारण, उसने उन लोगों के लिये बहुत-कुछ किया है। वह उन्हें अपनी सन्तान की तरह प्यार करती रही है। किन्तु उस युवती ने अपने साथियों की बात नहीं मानी और अपने साथियों और उनके परिवारों को बचाने के उद्देश्य से उसी यज्ञ-कुण्ड में कूद कर अपने प्राणों की आहुति दे दी। उसने कुण्ड में कूदने से पहले लोगों से कहा कि उसकी मृत्यु के बाद भी वे उसके बताये रास्ते पर चलना न छोड़ें। न तो किसी के साथ अन्याय करें न ही अन्याय होने दें।

उसका त्याग देख कर लोगों ने कहा कि इतने दिनों तक उसने हमें अपनी सन्तान की तरह प्यार किया और आज भी हमारी ही प्राण-रक्षा के लिये अपने प्राण उत्सर्ग कर दिये। माँ की तरह उसने अपने प्राणों की बलि चढ़ा दी। लोगों ने इस कारण उसे माँ बलि कह कर सम्बोधित किया। यही माँ बलि आगे चल कर मावली कहलायीं। इसी दिन से मावली देवी की पूजा बस्तर में होने लगी। इन्हीं के नाम पर मँडई[63] भी भरती है।

देवी

63. मँडई : मेला। छत्तीसगढ़ी परिवेश में यह 'मड़ई' उच्चारित होता है।

9. झिटकू मिटकी[64]

विश्रामपुरी नामक गाँव से 3 किलोमीटर की दूरी पर है पेंडरावँड नामक एक गाँव। उस गाँव में किसी समय सात भाई रहा करते थे। उनकी एक बहिन थी। वह उनमें सबसे छोटी थी। उनके यहाँ बहुत जमीन-जायदाद थी। उनकी खेती थी जंगल के बिल्कुल किनारे। वहीं पास में एक नाला भी बहता था। वे सातों भाई उसी नाले को बाँध कर तालाब का रूप देना चाहते थे। सातों भाइयों ने विचार कर बाँध बनाने का काम शुरू किया। किन्तु वे बाँध बनाते जाते और पानी उसे फोड़ता चला जाता। इस पर वे सातों भाई चिन्तित हो गये और देव-भूत की शरण में गये। बहुत मान-मनौवल की किन्तु तब भी वह बाँध नहीं बना तो नहीं बना।

इसी बीच गाँव वाले उनकी बहिन के लिये एक घर-जमाई खोज लाये। उसका नाम था झिटकू। उन्होंने उसे अपनी बहिन के लिये घरजवाँई रख लिया। वह वहाँ रह कर काम करने लगा। तभी उन सातों भाइयों ने फिर से उस बाँध को बनाने का विचार किया और प्रयास करने लगे। झिटकू भी उनके इस काम में उनकी सहायता करता। किन्तु कई प्रयासों के बाद भी वह बाँध बनने को ही नहीं आ रहा था। इसी बीच वहीं पास के किसी राव अथवा किसी अन्य देवता ने सबसे बड़े भाई को सपने में आ कर कहा कि यहाँ नर-बलि देनी पड़ेगी तभी बाँध बनेगा अन्यथा नहीं।

देवी दंतेसरी (दंतेश्वरी)

यह पता लगने पर वे सातों भाई बलि देने के लिये किसी मनुष्य की तलाश करने लगे। काफी प्रयास किया किन्तु उन्हें ऐसा कोई व्यक्ति नहीं मिला जिसकी वे बलि दे सकें। तब वे सोचने लगे कि इसे घर-जमाई बनाये अभी तो बहुत दिन भी नहीं बीते हैं। यह तो हमारे घर का नहीं है और न ही हमारे कुटुम्ब का। कोई दूसरा तो नहीं मिल रहा है। अब क्या करें? यह तो नया है। यह विचार कर उन लोगों ने उस बाँध में उसकी बलि दे दी। बलि दे कर उसे वहीं की माटी में ढँक दिया और सातों भाई घर वापस हो गये। इस समय मिटकी चौका बाहर थी। इसीलिये वह घर के बाहर बैठी हुई थी। पाँच-छह महीने में ही उसमें और झिटकू में प्रेम बढ़ गया था किन्तु यह बात उसके घर वाले नहीं जानते थे। अपने भाइयों के साथ झिटकू को न देख कर उसने पूछा कि घर-जमाई को वे अपने साथ कैसे नहीं लाये? मेरा मन भयभीत हो रहा है।

64. घड़वा शिल्पी श्री जयदेव बघेल, भेलवाँपदर पारा, कोंडागाँव (बस्तर-छ.ग.) द्वारा हरिहर वैष्णव एवं सी.ए. ग्रेगोरी को दिनांक 29.1.1990 को बतायी गयी कथा। इस कथा से मिलती-जुलती कई मिथ कथाएँ बहुतेरे व्यक्तियों से सुनने में आयी हैं।

वे कहने लगे कि घर-जमाई पीछे रह गया है। थोड़ी देर में आ जायेगा। धीरे-धीरे साँझ हो गयी किन्तु झिटकू का कहीं कोई पता नहीं। उसे झिटकू से तुरन्त मिलने का मन कर रहा था। अँधेरा होने को आ गया था। इसी समय मिटकी झिटकू को यहाँ-वहाँ खोजने लगी। बाँध तक जा पहुँची और चारों ओर देखने लगी किन्तु उसे झिटकू कहीं भी दिखलायी नहीं पड़ा। अभी वह इधर-उधर देख ही रही थी कि उसे मेड़ के बीच से पानी रिसता हुआ दिखा। वह उधर चली गयी। वहाँ जा कर देखा तो उसे किसी की उँगली दिखलायी पड़ी। वहाँ की मिट्टी भी कच्ची थी। ऐसा लग रहा था कि वहाँ मिट्टी अभी-अभी डाली गयी है। उसने माटी खोदी। देखा तो वहाँ झिटकू का शव था। उसने विचार किया कि उसके भाई कितने अधर्मी हैं! मेरे जीवन-साथी को ही मार डाला। अब मैं ऐसे भाइयों का मुँह ही क्यों देखूँ? मैं भी यहीं कूद कर अपने प्राण दे दूँगी। ऐसा निश्चय कर वह उसी बाँध में कूद गयी। उसकी वहीं मृत्यु हो गयी। उसकी मृत्यु से आसपास चारों ओर कोहराम मच गया। सभी लोग उसके और झिटकू के प्रेम के विषय में बातें करने लगे। उनका प्रेम पवित्र था। उनके मन में पाप नहीं था।

मोहरी

गाँव के लोग जब भी कोई नया काम करते तो वे उन दोनों प्रेमियों का स्मरण कर अपना कार्य आरम्भ करते। इससे उनके सभी काम सिद्ध हो जाते थे। झिटकू और मिटकी की आत्माएँ किसी भी अच्छे काम में सहायक हुआ करती थीं। इससे झिटकू और मिटकी के प्रति लोगों के मन में विश्वास बढ़ने लगा। इस तरह धीरे-धीरे लोग झिटकू और मिटकी की पूजा करने लगे। आज भी इन दोनों की बहुत मान्यता है।

मिटकी गपा (टोकरा) ले कर जंगल जाया करती थी इसीलिये उसे गपागोसिन भी कहते हैं। पेंडरावँड की निवासी होने के कारण पेंडरावँडिन और जाति की गोंड होने के कारण गोंडिन देव भी कही जाती हैं। चूँकि उनकी मृत्यु चौका बाहर रहने की अवधि में हुई थी इसीलिये वे कहती हैं कि मुझे थोड़ी दूरी पर ही स्थान दो। बस्तर अंचल के साथ-साथ ओड़िसा के सीमावर्ती अंचल में भी इस देवी का बहुत मान है।

देवी खाँडा कंकालिन

10. परदेसिन माता[65]

परदेसिन माता को फरसाबुँदिन माता भी कहा जाता है। इस देवी की पूजा फरसा[66] के पेड़ के नीचे और फरसा के पत्तों पर की जाती है। यही कारण है कि इस देवी को फरसाबुँदिन माता कहा जाता है।

बहुत पहले की बात है। नारायणपुर तहसील के छोटे डोंगर गाँव में एक वृद्ध दम्पति रहा करती थी। इनकी सात बेटियाँ थीं। सबसे छोटी बेटी का नाम परदेसिन माता हुआ। इस दम्पति का खेत झोरकी की ओर था। माता-पिता काम करने के लिये इधर-उधर जाया करते थे। बड़ी छहों बहिनें भी काम किया करती थीं। सबसे छोटी बहिन खेत की रखवाली किया करती थी। वह खेत के किनारे खड़े फरसा पेड़ के नीचे बैठी रहा करती थी। उधर से आने-जाने वाले लोग उससे रास्ता पूछते थे। यद्यपि वह सभी रास्तों से भली भाँति परिचित नहीं थी तो भी एक अनुमान के आधार पर बतला देती थी। संयोग कि उसकी बतायी बात सही निकलती। यह सब भगवान की कृपा से हुआ करता था। परदेसिन को फरसा के पेड़ के नीचे बैठे रहना और आने-जाने वालों को रास्ता बताना अच्छा लगता था। उसका रोज का यही काम बन गया था। साँझ को जब वह गाँव में आती तो गाँव के बच्चों के साथ खेलने में इतनी मग्न हो जाती कि उसे घर जाने की भी सुध नहीं रहती। वह वहीं सो जाती। इसी कारण उसके घर वालों ने उसे परदेसिन नाम दे दिया। इसी तरह फरसा के पेड़ के नीचे बैठी रहने के कारण उसे फरसाबुँदिन भी कहा जाने लगा। वह फरसा के पेड़ के नीचे बैठ कर उधर से आने-जाने वाले लोगों की सहायता किया करती थी। किसी को कोई कष्ट हो, कोई जख्म आदि होने पर वह उनकी देखभाल करती। उनकी सहायता करती। हिंसक वन्य प्राणियों के साथ युद्ध कर मनुष्यों की उनसे रक्षा करती।

उसके इस सेवा-भाव तथा सहयोगी कार्यों से आसपास के सभी लोग उसे चाहने लगे। वह अपने जीवन-पर्यन्त भलाई का काम करती रही। उसकी मृत्यु होने पर लोगों ने उसे माता के समान मान कर उसकी गुड़ी[67] बना दी और उसकी पूजा करने लगे। आज भी बस्तर अंचल में परदेसिन माता या फरसाबुँदिन माता के नाम से उनकी पूजा की जाती है। चूँकि उनका आविर्भाव छोटे डोंगर गाँव में हुआ था इसलिये छोटे डोंगर में उनकी मान्यता अपेक्षाकृत अधिक ही है।

लोक विश्वास तथा मान्यताएँ

लोक विश्वास के अनुसार बस्तर में तैंतीस कोटि (कुछ लोगों के अनुसार छप्पन कोटि) देवी-देवता हैं। प्रमुखतः मातृ शक्ति का पूजक बस्तर का जन अपने प्रत्येक कार्य के लिये देवी-देवताओं की पूजा-अर्चना में विश्वास रखता है। इस सम्बन्ध में जयदेव बघेल कहते हैं[68] : प्रत्येक देवी-देवता की पूजा अलग-अलग वार[69] में की जाती है। बेर, जोन[70], सबके वार अलग हैं। सप्ताह

65. घड़वा शिल्पी श्री जयदेव बघेल, भेलवाँपदर पारा, कोंडागाँव (बस्तर-छ.ग.) द्वारा हरिहर वैष्णव एवं सी. ए. ग्रेगोरी को दिनांक 29.01.1990 को बतायी गयी कथा। परदेसिन माता की यह कथा श्री जयदेव बघेल के अतिरिक्त किसी और व्यक्ति से सुनने में नहीं आयी है।
66. फरसा : पलाश, टेसू।
67. गुड़ी : मन्दिर।
68. राष्ट्रीय पुरस्कार सहित अन्य कई पुरस्कार प्राप्त यशस्वी घड़वा शिल्पी श्री जयदेव बघेल से दिनांक 18.06.99, अप्रैल 03, 06.03.04 एवं 19.03.04 को हुई बातचीत।
69. वार : दिन।
70. बेर : सूर्य, जोन : चन्द्रमा।

के सात दिनों में अलग-अलग देवी-देवता की पूजा अलग-अलग दिनों में की जाती है। हमारे बस्तर में देवी-देवता की पूजा इसलिये की जाती है क्योंकि लोक विश्वास है

काकन

कि देवी-देवताओं की पूजा के बिना न तो किसी कार्य का आरम्भ हो सकता है और न कोई भी कार्य सम्पन्न हो सकता है। जैसे अबुझमाड़ या बहुत जंगली इलाका है, वहाँ डाक्टर या किसी दवा-दारू वाले को कोई नहीं जानता। बुखार भी आ जाये या कोई गम्भीर बीमारी भी क्यों न हो जाये, वहाँ के लोग देवी-देवताओं का ही सहारा लेते हैं। हाथ-पाँव में दर्द हो या कि सिर या पेट में, खान-पान में कोई गड़बड़ी हो जाये तो भी देवी-देवताओं की पूजा की जाती है। कोई अशुभ हो गया तब भी या घर में कोई विपत्ति आ गयी तब भी देवी-देवताओं का ही सहारा लिया जाता है। यह विश्वास बस्तर के लोगों में बहुत गहरे पैठ गया है। हम लोग जो शहरों या कस्बों में रहते हैं, वे किसी भी शारीरिक कष्ट के निवारण के लिये डाक्टर के पास जाते हैं। दवाइयों का सहारा लेते हैं। लेकिन भीतरी अंचल में न तो पहले अस्पताल या डाक्टर हुआ करते थे और न आज हैं। तो वहाँ के लोग पहले भी देवी-देवताओं पर भरोसा कर के जीते रहे हैं और आज भी उन पर उनका अटूट विश्वास बना हुआ है। कुटुम्ब या परिवार के देवी-देवता अलग होते हैं, गाँव के देवी-देवता अलग होते हैं और रजवाड़ी[71] देवी-देवता अलग होते हैं।

मोहरी

इस शिल्प से सम्बन्धित लोक विश्वास, धारणाओं, अभिप्राय, उपयोग और महत्त्व पर और अधिक प्रकाश डालते हुए जयदेव बघेल कहते हैं : विवाह आदि में, मेला में, जतरा[72] में, इन सभी में; बल्कि जीवन के सभी पक्षों के साथ गड़वा कला का जुड़ाव रहा है। आज भी है। देवी-देवता की मूर्ति अर्पित किये बिना जतरा नहीं हो सकता। मँडई (मेले) में यदि 'कलस[73]', 'छतर' या 'गुबिया' नहीं होंगे तो बात नहीं बनेगी। 'लाठ' में 'कलस' और 'गुबिया' लगे होते हैं। 'बाजा-मोहरी' के बिना मेले का सौंदर्य क्या रह जायेगा? देवी-देवताओं की पूजा संगीत के बिना नहीं हो सकती हमारे बस्तर में।

'जतरा' के अलग-अलग प्रकार बताते हुए जयदेव बघेल कहते हैं : आप भी जानते हैं कि जतरा तीन तरह के होते हैं। एक कुटुम जतरा होता है, दूसरा गाँवकारी जतरा और तीसरा घर का जतरा होता है। इस तरह अलग-अलग प्रकार के जतरा होते हैं। गाँवकारी जतरा होता है सामूहिक। यह पूरे गाँव का जतरा होता है। जैसे भादों

71. रजवाड़ी : रजवाड़ा।

72. जतरा : विराट् स्तर पर आयोजित देव-पूजन समारोह। ये जतरा प्रायः वार्षिक हुआ करते हैं किन्तु कुछ अलग-अलग देवी-देवताओं के जतरा वार्षिक, त्रैवार्षिक, त्रैमासिक अथवा चातुर्मासिक आदि भी हुआ करते हैं।

73. कलस, गुबिया : ये दोनों ही लाट-बैरक के सिरे पर लगे होते हैं। 'गुबिया' को 'गुबा' भी कहा जाता है। ये वस्तुतः देवी-देवताओं के अलंकार हैं।

जतरा, चइत जतरा आदि होते हैं कोंडागाँव में। माता पहुँचानी होती है वर्ष में दो बार। यह भी एक तरह का जतरा ही है। जतरा करने के पीछे लोगों का यह विश्वास है कि इससे मानव समुदाय के साथ-साथ पालतू पशु भी रोग आदि से बचे रहते हैं। ऐसा था, कि बस्तर के गाँवों में पहले अस्पताल नहीं हुआ करते थे। आज भी कुछेक कस्बों या बड़े गाँवों को छोड़ कर बाकी स्थानों में अस्पताल नहीं हैं। लेकिन देवी-देवताओं का मान हुआ करता था। देवी-देवता से प्रार्थना किया करते थे कि हमारे दुःख दूर हो जायें। बीमारी आदि दूर हो जायें। और प्रार्थना से ऐसा सम्भव भी हो जाता था। तब उस देवी की पूजा की जाती थी। इसे ही जतरा कहते हैं।

वे आगे कहते हैं : जतरा में मूर्ति चढ़ाते हैं। मूर्ति गड़वा द्वारा बनायी जाती है। कलश, झाप, घुँघरू और मूर्ति आदि की आवश्यकता होती है जतरा में। देवी-देवताओं को अर्पित करने के लिये। जैसा कि पहले ही स्पष्ट किया है, भादों जतरा, चइत जतरा आदि अलग-अलग जतरा हैं। जतरा के विषय में लोग अपने ढंग से तय करते हैं कि कौन सा जतरा मनाया जाये। अपने कुटुम्ब, परिवार या गाँव में यह तय होता है। लोग आपस में बैठ कर तय करते हैं कि हमें इस माह में यह जतरा करना है। जतरा का मतलब है, विशेष पूजा। कुटुम जतरा में केवल कुटुम्बी ही शामिल होते हैं। कुटुम्ब के सभी देवी-देवता भी इसमें आमन्त्रित होते हैं। कुटुम जतरा में परिवार के सारे लोग बैठते हैं। उसमें देवी का आह्वान किया जाता है। देवी से अपने दुःख-सुख कहे-सुने जाते हैं। देवी उनकी समस्याओं का समाधान करती हैं। देवी-देवताओं के काम में महिलायें सम्मिलित नहीं होतीं। देवी भी महिलाओं पर सवारी नहीं करतीं। कारण, महिलाओं का रजस्वला होना है। यह देखा गया कि यदि पूजा के समय उसका मासिक धर्म आ गया तो वह अशुद्धि की स्थिति में पूजा कैसे कर सकेगी? तो इस बात के मद्देनजर आरम्भ से ही महिलाओं को पूजा-अर्चना से अलग रखा गया था। सम्भवतः पहले कभी ऐसा हुआ होगा कि ठीक पूजा के समय किसी महिला का मासिक धर्म आ गया होगा। तभी से यह प्रथा चली आ रही होगी। इसी तरह गाँव जतरा में गाँव के सारे लोग अपने-अपने देवी-देवताओं के साथ जुटते हैं। भादों जतरा गाँवकारी के साथ-साथ परगना का भी होता है। जतरा वर्ष में दो-तीन बार हो सकते हैं। यों तो जतरा प्रत्येक चार महीने में होना चाहिये। पहले ऐसा हुआ करता था। भादों, चइत (चैत्र) और माघ में।

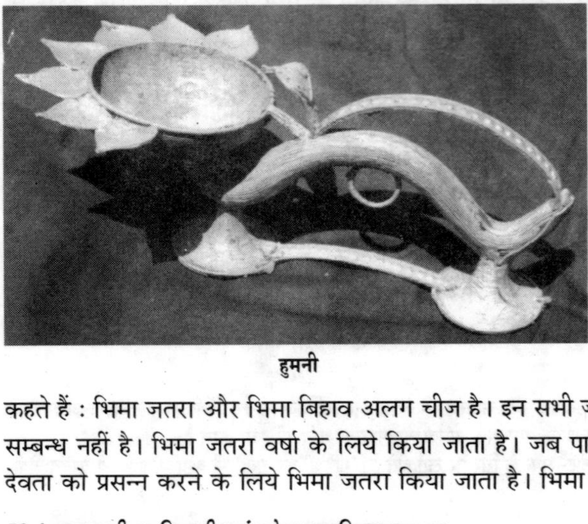

हुमनी

जतरा के ही प्रसंग को आगे बढ़ाते हुए जयदेव बघेल कहते हैं : भिमा जतरा और भिमा बिहाव अलग चीज है। इन सभी जतरा से इस जतरा का कोई सम्बन्ध नहीं है। भिमा जतरा वर्षा के लिये किया जाता है। जब पानी नहीं गिरता तब वर्षा के देवता को प्रसन्न करने के लिये भिमा जतरा किया जाता है। भिमा देव गाँव के बाहर दो गाँवों

की सीमा में प्रतिष्ठित होते हैं। वर्षा न होने के कारण खेती-किसानी का काम प्रभावित होता है, तब भिमा का जतरा किया जाता है। भिमा विवाह में भिमा को हल्दी-तेल-चावल चढ़ाया जाता है। गाँव के लोग पूजा-पाठ करते हैं। हल्दी-तेल इस विवाह में जरूरी है। अन्य जतरा में भी हल्दी-तेल की आवश्यकता होती है। कारण, देवी-देवता का कुँआर सार निकाला जाता है। कुँआर-सार निकलने का मतलब यह होता है कि हल्दी-तेल लगने के बाद ही चाहे देवी-देवता हो या लड़का-लड़की, उनका कुँआरापन दूर हो जाता है। वे विवाह योग्य हो जाते हैं। यदि हल्दी-तेल न लगाया जाये तो वे कुँआरे ही रह जाते हैं। 18-20 वर्ष की आयु में लड़कों का और 14-16 वर्ष की आयु में लड़कियों का कुँआर सार निकाला जाता है। इससे वे पवित्र और विवाह योग्य हो जाते हैं।

मुहड़ा (मुखौटा)

देवी-देवताओं की मान्यता सभी आदिवासी और गैर आदिवासी समाजों में रही आयी है। जयदेव बघेल कहते हैं : कभी-कभी कोई देवी एक परिवार की कुलदेवी होती है तो वही देवी किसी अन्य परिवार की भी कुलदेवी होती है। सभी जनजातियों और जातियों की देवी होती हैं वे। जैसे पेंडरावँडिन देवी। यह देवी किसी खास जाति की नहीं है। इस तरह जैसे हमारे यहाँ परदेसिन माता कहते हैं। परदेसिन माता केवल हमारी देवी नहीं हैं, वे तो पूरे बस्तर के सभी समाज में समान रूप से पूजनीय हैं। अपने-अपने घर में सभी इनकी पूजा करते हैं। छोटे डोंगर का मेला सामूहिक होता है। यह मेला उस क्षेत्र के सभी लोगों का है। उसमें खास कर परदेसिन माता की पूजा होती है और इस पूजा में हमारे परिवार का कोई-न-कोई सदस्य अवश्य ही रहता है। कारण, हम लोग माड़ क्षेत्र के हैं। इसीलिये हमारे परिवार के किसी-न-किसी सदस्य का सम्मिलित होना अनिवार्य होता है। वह देवी माड़या[74] समाज की भी है, मुरिया समाज की भी है, गड़वा, हल्बा आदि सभी समाज की है। इस तरह से देवी-देवता अपने-अपने कुल के तो अलग-अलग होते हैं किन्तु ऐसा नहीं है कि उनकी पूजा केवल उसी कुल में ही की जाती हो। पूजा तो सभी लोग करते हैं। लेकिन एक देव ऐसा भी है जो केवल माड़या जनजाति द्वारा ही पूजित है। वह देव है, करमे कोला तादो। बताते हैं कि यह देव लूला था किन्तु अपने कर्म से वह देव बन गया। तादो का अर्थ देवता है। कहते हैं कि अबुझमाड़ का सबसे बड़ा देवता माना जाता है, करमे

74. माड़या : अन्य ध्वनियाँ 'माड़ेया', 'माड़िया'।

कोला तादो। इस देवता का स्थान है टोंडाबेड़ा। ओरछा से लगभग 30 किलोमीटर भीतर। यही देव हमारे भी कुलदेवता हैं। आदिवासी संस्कृति में यहाँ के बहुत से समाज के लोग घुले-मिले हैं। सभी समाज, सभी परिवार के अपने-अपने कुलदेवी-देवता होते हैं। उनकी पूजा भी अपने-अपने ढंग से की जाती है। इसी तरह गाँव की अपनी एक अलग देवी होती हैं। ग्राम देवी। इसकी पूजा सामूहिक रूप से की जाती है। गाँव के सभी लोग वहाँ एकत्र होते हैं और उनकी पूजा-अर्चना करते हैं। प्रत्येक घर में देवी का स्थान होता है। त्योहारों में भी इन देवी-देवताओं की पूजा की जाती है। किसी विशेष त्योहार के लिये कोई विशेष देवी-देवता नहीं हैं। सभी देवी-देवताओं की पूजा सभी अवसरों पर की जाती है। वैसे तो भादों जतरा विशेष कर माता देवी की पूजा का समारोह है, किन्तु इस अवसर पर माता देवी के साथ-साथ अन्य देवी-देवताओं की भी पूजा की जाती है। कोंडागाँव के शीतला मन्दिर के लिये राजस्थान से मूर्ति लायी गयी है। वह मूर्ति किसी ऐसी देवी की है जो गधे पर सवार है और हाथ में झाड़ू लिये हुए है। बस्तर में अब तक ऐसी किसी भी देवी की परिकल्पना नहीं की गयी है जो गधे पर सवार हो और जिसके हाथ में झाड़ू हो। बस्तर की देवियाँ या तो हाथी पर सवार हैं या फिर बाग[75] पर और देवता घोड़ों पर। इस तरह से अलग-अलग चीजों का बस्तर में आगमन हो रहा है। इसका देवी-देवताओं पर विपरीत असर हुआ है।

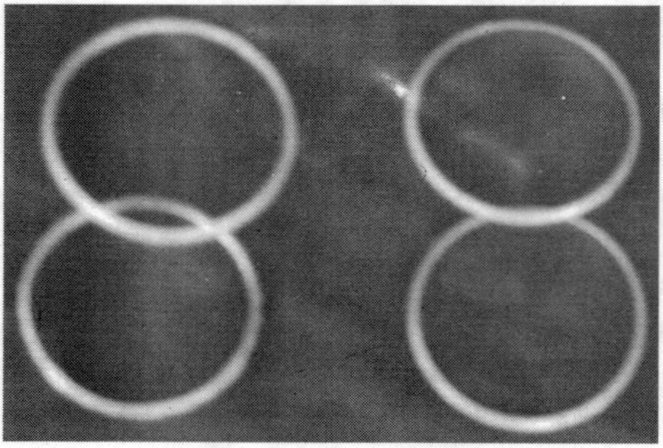

चूड़ी

जैसे, देखा जाये तो बस्तर के आदिवासियों की देवी दन्तेसरी नहीं है। गाँव-गाँव में दन्तेसरी देवी का मन्दिर नहीं है। देवी दन्तेसरी रजवाड़ी देवी हैं। राजाओं की देवी हैं। इसलिये दशहरा प्रत्येक आदिवासी नहीं मनाते। दशहरा राजा का उत्सव है। हाँ, राजा होने के कारण लोग वहाँ इकट्ठे होते और मान-सम्मान देते हैं। उसके साथ-साथ वे अपने देवी-देवताओं को भी उस उत्सव में सम्मिलित करते हैं। इस प्रकार अलग-अलग देवी-देवता अलग-अलग क्षेत्र में अलग-अलग नामों से भी जाने जाते हैं। माड़ में अलग, भतरनी क्षेत्र में अलग हैं। गंगादेई आदि कई नाम हैं। भतरनी क्षेत्र में देवी-देवताओं के नाम अलग हैं। दन्तेवाड़ा क्षेत्र के देवी-देवताओं के नाम अलग हैं। केसकाल, काँकेर की ओर भी अलग नाम हैं।

खास कर शीतला माता की पूजा का सम्बन्ध माता निकलने (चेचक) से है। जिन लोगों को माता निकलती है उनके घर से माता पहुँचानी के दिन देवी की पूजा एवं भेंट की सामग्री माता गुड़ी में पहुँचायी जाती है। यह पहुँचानी वर्ष में दो बार होती है। मँडई[76] देवी विशेष के नाम से होती है किन्तु उसमें सभी देवी-देवता सम्मिलित होते और पूजा पाते हैं। नारायणपुर में होने वाली मँडई को मावली मँडई और माता मँडई कहा जाता है। गोन्चा के समय भी देवी-देवताओं की पूजा की

75. बाग : बाघ।

76. मँडई : वार्षिक मेला।

जाती है। रथयात्रा और गोन्चा ऊपर से तो एक ही दिखलायी पड़ते हैं, किन्तु दोनों में मूलभूत फर्क यह है कि रथयात्रा भगवान बलराम-कृष्ण और देवी सुभद्रा की रथयात्रा का पर्व है, जो ओड़िसा से यहाँ आया है जबकि गोन्चा बस्तर के देवी-देवताओं, आदिवासी देवी-देवताओं की पूजा का पर्व है। इसकी तिथियाँ भी अलग-अलग होती हैं। जगदलपुर एवं नारायणपुर में होने वाली रथयात्रा की तिथियाँ तो वही होती हैं किन्तु गाँवों में मनाये जाने वाले गोन्चा की तिथियाँ गाँव वालों के हिसाब से अलग-अलग होती हैं[77]। हरियाली का पर्व 'अमुस तिहार'[78] यों तो श्रावण मास की अमावश्या के दिन मनाया जाता है किन्तु कुछेक गाँवों में यह त्योहार इस तिथि के बाद भी मनाया जाता है। सम्भवतः ऐसा इसलिये ताकि एक-दूसरे गाँव के लोग एक-दूसरे के यहाँ इस

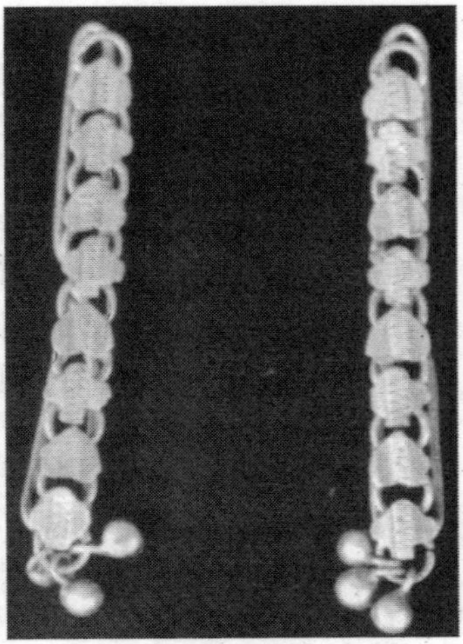
सिकरी या सकरी

77. वस्तुतः रथयात्रा और गोन्चा एक ही पर्व के दो नाम हैं। गोन्चा शब्द भी ओड़िसा से ही आया है। यह शब्द ओड़िया के 'गुण्डिचा' का बिगड़ा हुआ रूप है। यह सही है कि जगदलपुर में मनाया जाने वाला गोन्चा पर्व (रथयात्रा) आषाढ़ मास की शुक्ल पक्ष द्वितीया से आरम्भ हो कर आषाढ़ शुक्ल एकादशी को सम्पन्न होता है, किन्तु गाँव-गाँव में मनाया जाने वाला 'गोन्चा तिहार' इसी मास की अलग-अलग तिथियों में गाँव की सुविधा की दृष्टि से मनाया जाता है। इसमें कई गाँवों में तो बलराम-श्रीकृष्ण-सुभद्रा की प्रतिमाएँ रथारूढ़ होती हैं और कई गाँवों में इनकी जगह ले लेते हैं गाँव के देवी-देवता। गोन्चा पर्व बस्तर में मनाये जाने के पीछे कथा कुछ इस तरह बतायी जाती है : बस्तर के महाराजा पुरुषोत्तम देव को एक बार भगवान जगन्नाथ ने सपने में दर्शन दे कर जगन्नाथपुरी (ओड़िसा) जाने को कहा। राजा पुरुषोत्तम देव अपने कुछ लोगों के साथ पैदल ही जगन्नाथपुरी के लिये चल पड़े। उधर जगन्नाथपुरी में, आषाढ़ शुक्ल पक्ष द्वितीया के दिन भगवान जगन्नाथ का रथ खींचा ही जा रहा था कि रथ रुक गया। सभी आश्चर्यचकित! तब पुरी-मुखिया गजपति राजा ने कहा कि जरूर अभी भगवान जगन्नाथ का कोई भक्त यहाँ नहीं पहुँचा है। तभी बस्तर महाराजा पुरुषोत्तम देव वहाँ पहुँचे और रथ खींचने लगे तो रथ चल पड़ा। इससे लोगों ने भगवान और भक्त राजा पुरुषोत्तम देव की जय-जयकार की। उन्हीं गजपति राजा ने पुरुषोत्तम देव को रथपति कहा और बस्तर में 12 चक्कों का रथ चलाने की सलाह दी। वहाँ से लौटने के बाद बस्तर-महाराजा ने जगदलपुर में गोन्चा और दशहरा के समय रथ चलाने की रस्म शुरू की।

गोन्चा नामकरण के पीछे की कहानी कुछ इस तरह बतायी जाती है : पुराण काल में राजा इन्द्रद्युम्न थे। उनकी रानी का नाम था गुण्डिचा। यह उत्सव उन्हीं गुण्डिचा रानी के नाम पर मनाया जाता है। गुण्डिचा ही आगे चल कर 'गोन्चा' हो गया। विष्णु-भक्त राजा इन्द्रद्युम्न और उनकी रानी गुण्डिचा भगवान का दर्शन पाना चाहते थे। एक दिन भगवान ने उन्हें सपने में आ कर कहा कि वे उनका दर्शन नीलगिरि की गुफा में कर सकते हैं। राजा और रानी यह जानते थे कि शबर राजा विश्वावसु नीलगिरि की गुफा में भगवान नीलमाधव की पूजा किया करते हैं। उन्होंने अपने राजपुरोहित विद्यापति को भगवान नीलमाधव की मूर्ति के लिये भेजा। राजपुरोहित छल करके वह मूर्ति जगन्नाथपुरी ले आये। किन्तु भगवान ने एक रात सपने में राजा इन्द्रद्युम्न को दर्शन दिया और कहा कि महासागर के तट पर लकड़ी का एक टुकड़ा मिलेगा, जिससे श्रीकृष्ण, बलराम और सुभद्रा की मूर्तियाँ बनवा लेना। दूसरे दिन राजा को महासागर के किनारे वैसी ही लकड़ी मिली। उन्होंने उसे उठा लिया और राजमहल ले आये। मूर्तियाँ बनाने के लिये विश्वकर्मा जी स्वयं एक बूढ़े कलाकार के वेश में वहाँ आए। उन्होंने शर्त रखी कि वे एक बन्द कमरे में मूर्तियाँ बनाएँगे। उन्हें कोई तंग न करे। वे कमरे में बन्द हो कर मूर्तियाँ बनाने लगे। कई दिनों के बाद जब कमरे से छेनी-हथौड़ी की कोई आवाज सुनाई नहीं पड़ी तो रानी गुण्डिचा को डर लगा कि कहीं वह बूढ़ा कलाकार मर न गया हो। उन्होंने दरवाजा तुड़वाया तो देखा कि कलाकार वहाँ नहीं था। मूर्तियाँ अधूरी बनी थीं। इसी से इस पर्व का नाम 'गुण्डिचा' हुआ। यही गुण्डिचा आगे चल कर गोन्चा हो गया।

78. अमुस तिहार : हरियाली अमावश्या। यह छत्तीसगढ़ी परिवेश में 'हरेली' के नाम से जाना एवं मनाया जाता है।

त्योहार पर सम्मिलित हो सकें। माटी तिहार, दियारी, नवाखानी (नवा तिहार, नवाखाई), आमा जोगानी आदि भी अलग-अलग तिथियों में मनाये जाते हैं। प्रत्येक देवी-देवताओं के अपने श्रृंगार व आभूषण होते हैं। पयँड़ी, बाँहटा, सुता, बारी, कानमुँदी, खिलवाँ आदि आभूषण। ये सारे आभूषण गड़वा परिवारों द्वारा ही बनाये जाते रहे हैं।

देवी-देवताओं की मूर्तियाँ बनाने के पीछे क्या विश्वास है? क्या देवी-देवताओं के प्रति कोई विश्वास है, या मूर्ति-शिल्प बनाने के पीछे? सबसे पहली बात तो यह है कि ये बनाते क्यों हैं? देवी-देवताओं की प्रतिमाएँ किसलिये बनाते हैं? इस पर प्रकाश डालते हुए पंचूराम सागर कहते हैं[79] : कुछ देर पहले मैंने आपको बताया कि यह अपनी भावनाओं को साकार रूप देने की कला है। बस्तर में आरम्भिक दौर में देवी-देवताओं के प्रतीकों के रूप में लकड़ी के खूँटे या पत्थर के टुकड़े को माना और पूजा जाता था। धीरे-धीरे हमारे पूर्वजों ने देवी-देवताओं के विषय में सुनी कहानियों के आधार पर उनकी मूर्तियाँ बनानी शुरू कीं। जब लोगों ने देखा कि लकड़ी के खूँटे या पत्थर के अनगढ़ टुकड़े की बजाय मूर्तियों में अधिक आकर्षण है तो उनकी माँग होती गयी। माँग के आधार पर और भी नयी-नयी प्रतिमाएँ गढ़ी जाने लगीं। एक आकार निर्धारित हुआ। उन आकारों ने लोगों के मन में जगह बनायी। लोगों के मन में देवी-देवताओं के प्रति आरम्भ से ही आस्था थी। विश्वास था। इसी आस्था और विश्वास की ही वजह से लोगों ने देवी-देवताओं को मानना शुरू किया था। फिर बाद में हम लोगों ने यानी हमारे गड़वा समाज ने उन्हें मूर्त रूप देने का काम शुरू किया। गड़वा, यानी जो लोग गड़ने के काम से जुड़े वे गड़वा कहलाये। गड़वा समाज ने देवी-देवताओं से जुड़ी मिथ कथाओं और उनके पात्रों को मूर्त रूप दिया।

रुपू चिमनी

देवी-देवताओं को मानने के पीछे किस तरह की धारणाएँ हैं? यानी क्या यह धारणा है कि यदि हम इन्हें मानेंगे तो भला होगा और नहीं मानेंगे तो बुरा होगा? क्या ऐसा कुछ है? इस विषय में पंचूराम सागर कहते हैं : देवी-देवताओं को मानने का चलन हमारे बस्तर में है। यह चलन बस्तर के प्रायः सभी जातियों और समुदायों में है, इसमें दो राय नहीं है। बस्तर का जन शक्ति का उपासक रहा है। यहाँ शक्ति को मानने की परम्परा है और उस पर पूरा विश्वास भी। उसी विश्वास के आधार पर हम देवी-देवताओं को मानते हैं और उनके मूर्त रूप भी उसी के आधार पर बनाये जाते हैं। एक विशिष्ट बात यह है कि

79. राष्ट्रीय पुरस्कार प्राप्त घड़वा शिल्पी श्री पंचूराम सागर से दिनांक 21.08.05 को हुई बातचीत।

जब भी हम किसी देवी-देवता की प्रतिमा बनाते हैं, तो उसे खाली जमीन पर बनाने की हमारी परम्परा नहीं है। उसको ऊँचा आसन देने की परम्परा है। देवी-देवताओं की प्रतिमाएँ सदैव ही ऊँचे आसन पर विराजमान की जाती हैं। कारण, वे हमसे ऊपर हैं।

पंचूराम सागर कहते हैं कि घड़वा शिल्पी देवी-देवताओं की जो प्रतिमाएँ बनाते हैं, उन्हें वे दूसरों को बेच तो सकते हैं किन्तु स्वयं उनकी पूजा नहीं कर सकते। इसे स्पष्ट करते हुए वे कहते हैं : यह आश्चर्य का विषय तो है किन्तु सही भी है कि हम अपने स्वयं के उपयोग के लिये मूर्तियाँ नहीं बना सकते। स्वयं के लिये बनाने की परम्परा नहीं है। यदि हमें अपने उपयोग के लिये किसी देवी या देवता की प्रतिमा की आवश्यकता है तो हम उसे अपने समधान से ही बनवायेंगे। हमें उसे उनसे खरीदना पड़ेगा। यही परम्परा है। आज भी यह परम्परा पूर्ववत् चली आ रही है। ऐसा नहीं है कि मैं एक अच्छा कलाकार हूँ तो मैं स्वयं की बनायी मूर्ति की प्रतिष्ठा अपने घर में कर सकता हूँ, या उसकी पूजा-अर्चना कर सकता हूँ। नहीं, मैं ऐसा कतई नहीं कर सकता। हाँ, मेरे कोई समधी होंगे उनसे, या फिर किसी दूसरे से, जो मेरे परिवार का नहीं होगा, खरीदूँगा और उसे मानूँगा। ऐसी परम्परा है। हम जब भी बनायेंगे दूसरे लोगों के लिये ही बनायेंगे।

इसके साथ ही वे मूर्ति-पूजा के पीछे की धारणा को भी स्पष्ट करते हैं : मूर्ति-पूजा की परम्परा हमारे यहाँ शक्ति से प्रेरित है। शक्ति का मतलब है बलि। हम लोग सभी तीज-त्योहारों में बलि देते हैं। जानवरों की बलि देते हैं। जैसे मुर्गी या बकरा या कोई अन्य पशु। ये बहुत पुरानी परम्परा है हमारी। मान्यता है कि बलि देने पर हमारे देवी-देवता प्रसन्न होंगे और हमें आशीर्वाद मिलेगा। इसी आस्था के चलते हम देवी-देवताओं को मानते हैं, स्मरण करते हैं। उनकी पूजा करते हैं। दैनिक पूजा के अलावा साल में एक बार उनकी विशेष पूजा-अर्चना होती है। उनके तीज-त्योहार होते हैं। दूसरे लोग जैसे भगवानों को मानते हैं, उसी तरह हम लोग देवी-देवताओं को मानते हैं। हम लोग सारे देवी-देवताओं की प्रतिमाएँ बनाते हैं। हमें प्रत्येक देवी-देवता के नाम, उनकी उत्पत्ति आदि की जानकारी होती है। उन्हें किस कारण माना या पूजा जाता है, यह भी हम लोग जानते हैं। हमारे साथ-साथ बस्तर में एक और जाति है जिसे गाँडा कहते हैं। हमारी जाति के साथ-साथ गाँडा जाति के लोगों को, विशेष कर जो मोहरी वादक होते हैं, उन्हें भी इन सब चीजों की जानकारी होती है। इस तरह एक तो हमारी जाति के लोगों को, जो देवी-देवताओं की मूर्तियाँ बनाते हैं और दूसरे गाँडा जाति के लोगों को जो बाजा बजाते हैं, सारे देवी-देवताओं की जानकारी होती है। उनका इतिहास उन्हें मालूम होता है। गाँडा जाति का व्यक्ति यह जानता है कि किस देवी का पाड़ कौन सा है और कौन सा पाड़[80] किस समय बजाया जाता है। किस पाड़ में देवी आयेगी या नाचेगी, यह भी उसे पता होता है। तो हम लोगों को भी उसकी पूरी जानकारी रहती है कि कौन सी देवी हम बनाएँगे। उसके आसन में क्या होगा, उसकी सवारी क्या है, उसके आभूषण आदि क्या हैं इत्यादि। जैसे हम बनाते हैं, गोंडिन देव। इन्हें बड़े देव भी कहा जाता है। उनके बाद माता हैं, बुढ़ी माता हैं, कंकालिन माता हैं, बंजारिन माता आदि हैं माताओं में। इसी तरह देवों में बुढ़ा देव हैं। 32 बहिनें माताएँ हैं यहाँ और कुछ राव देव हैं। कुछ डुमा देव हैं। तो इस तरह बहुत से देवी-देवता हैं बस्तर में। कुल 32 बहिनें माताएँ हैं। सबसे बड़ी बुढ़ी माता होती हैं। उनके बाद जितनी भी

80. पाड़ : राग। इसके विषय में इसी पुस्तक के अन्य अध्याय में विस्तार से चर्चा की गयी है।

आदिवासी किसान दम्पति

और माताएँ हैं, मेरी जानकारी के अनुसार वे कुल 32 बहिनें होती हैं। देवताओं के तीन स्तर हैं। पहले राजदेव, दूसरे ग्रामदेव और तीसरे कुलदेव। तो ये 3 अलग-अलग श्रेणियाँ हैं देवी-देवताओं की। अलग-अलग भागों में बँटे हैं ये। राजदेव, जिन्हें रजवाड़ी देव भी कहते हैं, के अन्तर्गत दन्तेश्वरी देवी, भैरम देव, कुँअर देव, नरसिंगनाथ आदि आते हैं। ये देवी-देवता राजदेव या रजवाड़ी देव कहलाते हैं। ग्रामदेव के अन्तर्गत माता, बुढ़ी माता, डोकरी देव आदि देवियाँ आती हैं। कुलदेव के अन्तर्गत प्रत्येक कुल या परिवार की एक विशिष्ट देवी होती हैं। विशेष माता होती हैं। इसी तरह प्रत्येक जाति की एक विशिष्ट माता होती हैं। तो उस जाति की परम्परा के आधार पर उसकी कुलदेवी या देवता होते हैं। उस कुलदेव के अन्तर्गत डुमा देव भी होते हैं। हमारे मृत पूर्वजों को हम देव के रूप में मानते हैं। उन्हें ही डुमा देव कहा जाता है। हमारे गड़वा समाज में बुढ़ी माता कुलदेवी के रूप में मानी जाती हैं। इनके अतिरिक्त कंकालिन माता, हिंगलाजिन माता, काछन देवी आदि की पूजा हमारे समाज और घर में की जाती है।

वे आगे बताते हैं : मेरे पिताजी पर देवी आती थीं। ग्राम देवी हिंगलाजिन आती थीं उन पर बचपन से। वे सिरहा थे। वे सात-आठ साल के थे, तब से। उनके सिरहा बनने के पीछे एक घटना है। जब मेरे पिता 7-8 वर्ष के थे तब उन पर माता का बहुत अधिक प्रकोप हुआ था। इतना दरस हुआ था माता का उन पर कि उनका जीवित रहना मुश्किल था। उनके माता-पिता उनके जीवन के प्रति निराश हो गये थे। उनकी आँखें धँस गयी थीं। सारे शरीर में माता का दरस था। तब वे उन्हें गाँव के पुजारी के घर ले गये और माता के मन्दिर में गोबर की राख बना कर उस राख में उन्हें सुला दिया। माता की शरण में डाल दिया उन्होंने उन्हें कि इसे जीवित करके अपने ही साथ रखो। हमारे लिये तो यह मर ही चुका है। इसे बचाना हमारे लिये मुश्किल है। तुम्हारी कृपा होगी तभी यह बचेगा। अन्ततः माता की कृपा से मेरे पिता ठीक हो गये। तब माता ने उन पर सवारी की। माता ने कहा कि मैं अब इसे अपने साथ रखती हूँ। अब यह मेरे लिये ही होगा। इसके जिन्दा रहते तक मैं इस पर सवारी करूँगी और मृत्यु के बाद भी यह मेरे ही साथ रहेगा। इस तरह वे सिरहा बन गये गाँव के। उनकी मृत्यु को लगभग 15-16 वर्ष हो गये, उनके बाद वह देवी यानी हिंगलाजिन माता उस गाँव (बरकई) में किसी पर सवार नहीं हुई हैं।

वे आगे कहते हैं : जैसा कि मैंने पहले बताया, जो कुलदेवता होते हैं उनमें डुमा भी सम्मिलित होते हैं। डुमा यानी मृतात्मा। हमारे यहाँ डुमा-पूजा यानी प्रेत-पूजा भी होती है। किन्तु डुमा-पूजा का अर्थ किसी भी डुमा की पूजा नहीं है। यहाँ डुमा का मतलब, हमारे पिताजी या उनके पिता, दादा आदि से है। हम उन्हीं को डुमा देव कहते हैं और उन्हीं की पूजा करते हैं। वे हमें आशीर्वाद देते हैं। किसी तरह परेशान नहीं करते। जैसे पितर हैं। उन पितरों को ही हम डुमा देव के नाम से जानते और मानते हैं। इनके अतिरिक्त किसी अन्य डुमा को, जो भूत-प्रेत होते हैं, उन्हें नहीं मानते। परिवार के ही पूर्वजों को डुमा देव के रूप में मानते हैं। लेकिन अपवाद स्वरूप परिवार से बाहर के भी किसी डुमा को माना गया है। ऐसा हुआ है पेंडरावँडिन देवी के साथ। वे भी अन्ततः प्रेत ही हैं, डुमा ही हैं जिन्हें बाद में हमने देवी के रूप में प्रतिष्ठित किया। थीं तो वे भी मनुष्य ही और किसी अन्य परिवार की। वस्तुतः जितने भी देवी-देवता हैं वे हमारे समाज के लोग ही हैं। अच्छे काम करने वाले हैं जो आज देव के रूप में प्रतिष्ठित हो गये हैं।

देवी दंतेसरी (दंतेश्वरी)

लोक जीवन में शिल्प की भूमिका, स्थान एवं महत्त्व

घड़वा कला बस्तर के लोक जीवन से किस तरह सम्पृक्त है, लोक जीवन में उसकी क्या भूमिका, स्थान और महत्त्व है, इसे विस्तार से स्पष्ट करते हैं सुप्रसिद्ध घड़वा शिल्पी जयदेव बघेल। वे अपनी बात 'घड़वा' शब्द को स्पष्ट करते हुए आरम्भ करते हैं[81] : यह 'घ' नहीं 'ग' है। 'गड़ना'। बनाना। चूँकि, गड़ते हैं इसलिये 'गड़वा' हैं। यह 'घ' नहीं है। मन से जो 'गड़' कर बनाते हैं, वह है 'गड़ना'। जैसे कि दन्तेसरी माँई पैंजना पहन कर उत्तर दिशा में चली गयीं। तो पैंजना की आवाज सुनते-सुनते, बताते हैं कि, कुमडापेटया[82] राजा उनके पीछे-पीछे चला जा रहा था। दन्तेसरी माँई पैंजना पहन कर आगे-आगे चल रही थीं। यह सतयुग की बात है। मतलब, कहते हैं कि यह दो-तीन हजार साल पहले की बात है। पैंजना गड़ने वाली घड़वा जाति की एक विधवा महिला ही थी। उसी के घर में बस्तर के कुमडापेटया राजा[83] का जन्म हुआ था। कहा जाता है कि उस महिला के यहाँ एक कुमडा[84] था। उस कुमडा को काटने पर उसी कुमडा से राजा का जन्म हुआ। इसलिये उस राजा का जन्म गड़वा परिवार से हुआ, ऐसा माना जाता है। क्योंकि जो विधवा औरत थी, वह

81. राष्ट्रीय पुरस्कार सहित अन्य कई पुरस्कार प्राप्त यशस्वी घड़वा शिल्पी श्री जयदेव बघेल से दिनांक 18.06.99, अप्रैल 03, 06.03.04 एवं 19.03.04 को हुई बातचीत।

82. कुमडापेटया : कुम्हड़ा (कोंहड़ा, कद्दू) के पेट से जन्म लेने वाला। कुमडापेटया राजा : कुमडा के पेट से जन्म लेने वाला राजा।

83. कुमडापेटया राजा : कुछ लोग इसे कुमडापेटया राजा कहते हैं तो कुछ लोगों के अनुसार यह कुमडाकोटया राजा है। इसके सम्बन्ध में डॉ. जयदेव बघेल द्वारा बतायी गयी मिथ कथा के अलावा भी अलग-अलग लोग अलग-अलग मिथ कथाएँ बताते हैं। 'कुमडाकोट' नामक यह स्थान जगदलपुर में है। यह इन्द्रावती नदी पर बने नये पुल के पास ही है। बस्तर के काकतीय महाराजाओं द्वारा इसी स्थान पर दशहरा के समय (विजया दशमी के अगले दिन एकादशी को) नये अन्न का भोग किया जाता रहा है, जिसे नयाखानी के नाम से जानते हैं।

84. कुमडा : कुम्हड़ा (कोंहड़ा, कद्दू)।

गड़विन थी। उसी के घर के कुमडा से कुमडापेटया राजा का जन्म हुआ। यह कथा कुछ इस प्रकार है : एक रात देवी ने सपने में आकर कहा कि मैं अमुक दिन आऊँगी। तुम मुझे एक पैंजना गड़वा दो। तब गाँव वालों ने बताया कि यही औरत तो गड़ने वाली यानी गड़विन है। यही गड़ सकती है, दूसरा कोई नहीं गड़ सकता। तब उस औरत ने पैंजना गड़ा। उसी पैंजना को पहन कर देवी दन्तेसरी माई ने कुमडापेटया राजा से कहा कि तुम उत्तर दिशा में जाओ। मैं तुम्हारे पीछे आती हूँ। राजा चल पड़ा। उसके पीछे देवी चल रही थी। वे आगे बढ़ते जा रहे थे कि पैंरी नदी, जो चारामा के आगे है, में रेत पर चलने के कारण देवी के पैंजना की आवाज राजा को सुनायी नहीं पड़ी। तब राजा ने यह सोच कर कि माता क्यों नहीं आ रही हैं, रुक गया और पीछे मुड़ कर देखने लगा। कहते हैं कि जैसे ही उसने पीछे मुड़ कर देखा, देवी वहाँ से अदृश्य हो गयीं। इसलिये उसी जगह तक बस्तर राज्य की सीमा बन गयी[85]। पैंरी नदी की घाटी तक ही बस्तर की सीमा थी। आज भी है। मेरे कहने का मतलब यह कि यह कितने हजार साल पहले की बात है। यह वारंगल से बस्तर आये राजा की बात नहीं है। यह तो उससे कई हजार वर्ष पूर्व की बात है। वारंगल से राजा अन्नमदेव तो 1303 ई. में बस्तर आये। जबकि यह सतयुग की बात है। उस समय बस्तर में राजा नहीं थे। लोग राजा के न होने के कारण नीबू को राजा या देवता मान कर पूजा किया करते थे[86]। यह उस जमाने की बात है। उस जमाने में वह गड़वा औरत थी। उसी गड़वा औरत के द्वारा पूजा-अर्चना आरम्भ किये जाने के बाद ही और लोगों ने भी देवी-देवताओं के विषय में जाना और उनकी

---

85. बस्तर नामकरण के पीछे इससे मिलती-जुलती तथा कुछ और मिथ कथाएँ भी लोगों द्वारा बतलायी जाती हैं, जिनमें माँ दन्तेश्वरी के पाँव दन्तेवाड़ा की शंखनी-डंकनी नदी के संगम पर धँस जाने के कारण पैंजना की आवाज का सुनायी न देना बतलाया जाता है। कुछ मिथ कथाओं में वस्त्र के साथ भी इस नामकरण को जोड़ा जाता है।

86. मार्च 2003 में हुई एक भेंट में बड़े डोंगर निवासी श्री जयराम पात्र 'लिमऊ राजा (नीबू राजा)' और 'कुमडाकोटया राजा' की कथा इस प्रकार बताते हैं : माड़ परगनों में माड़िया लोग अभी भी देवी-देवताओं की, माटी की पूजा करते हैं। मुरिया जाति के ही प्रमुख गाँयता, धुरवा सभी देवी देवताओं की सेवा-पूजा करते थे। महिषासुर मर्दिनी माँ दुर्गा के वास के कारण आदिकाल से बड़े डोंगर प्रमुख गढ़ माना जाता रहा है। किन्तु उन दिनों यहाँ कोई राजा नहीं थे। जब किसी बात के निर्णय के लिये पंचायत या बैठक होती थी तब बड़े डोंगर के दक्षिणी छोर के गादीराव डोंगरी के एक पत्थर के चबूतरे में सभी लोग जमा होते थे। वहाँ एक छोर पर पत्थर का एक गद्दीनुमा स्थान है। वहाँ चावल का पिसान (आटा) से चौक पूर कर धूप-दीप देकर और श्री माँ का स्मरण कर एक नीबू को राजा मानकर रख दिया जाता था और नीचे बैठकर पंचायत किया करते थे। दरबार समाप्त होने पर नीबू के चार भाग कर उन्हें चारों दिशाओं में फेंक देते थे और वापस आ जाते थे। आज भी उस पत्थर की गद्दी पर नीबू के आकार का एक गोल पत्थर है जिसे 'लिमऊराजा (नीबू राजा)' कहते हैं। वहाँ भी वर्ष में एक बार पूजा होती है। यह परम्परा कई वर्षों तक चलती रही। सबने विचार किया कि हम कब तक बिना राजा के रहेंगे? चलो कहीं से राजा खोज कर लायें। ऐसा विचार कर पूरे बारह परगने के माँझी-मुखिया और प्रमुख लोग पूर्व दिशा की ओर राजा की तलाश में निकले। कई दिनों तक खोजने पर भी उन्हें राजा बनने योग्य व्यक्ति न मिलने पर वे पूर्व दिशा (ओड़िसा) से वापस आ रहे थे। वापसी में वे वर्तमान कुमडाकोट के पास भोजन बनाने के लिये रुके। कुछ लोग भात राँधने लगे और कुछ साग-सब्जी की तलाश में निकले। खोजते-खोजते एक बुढ़िया के घर उन्हें एक बड़ा सा कुम्हड़ा दिखा। वे उसे खरीदकर भोजन बनाने के स्थान में ले आये और काटने की तैयारी करने लगे। तभी कुम्हड़ा के भीतर से आवाज आई 'धीरे काटो'। दो-तीन बार यही आवाज आने पर सभी अत्यन्त अचम्भित हो गये और कुम्हड़ा को धीरे-धीरे और सम्हाल कर काटा गया। कुम्हड़ा कट जाने पर उसके भीतर से एक छोटा सा पुतलानुमा बालक निकला और देखते-देखते एकदम बड़ा हो गया। सभी के आश्चर्य की सीमा न रही। अन्ततः उसे ही राजा मान कर भोजन के पश्चात उसे लेकर बड़े डोंगर आये और गद्दी पर बिठाया। राजा का नाम 'कुमडाकोटया राजा' रखा गया तथा जिस स्थान पर कुम्हड़ा काटकर भोजन पकाया गया था, उस स्थान का नाम 'कुमडाकोट' हुआ। इसी कुमडाकोट में दशहरा पर्व के समय एकादशी तिथि को होने वाले बाहर-रैनी रस्म के दिन बस्तर के सभी नरेश अपनी प्रजा के साथ नया खाते थे। यद्यपि अब रजवाड़े नहीं रह गये तथापि वर्तमान राज-परिवार और राजगुरु, राजपुरोहित, पुजारी, माँझी-मुखिया आदि यहीं पर नया खाते हैं। कुमडाकोटया राजा श्री माँ दुर्गा के आदेश से बड़े डोंगर में प्रतिदिन एक-एक तालाब खुदवाते थे। इस तरह सात आगर सात कोड़ी अर्थात् एक सौ सैंतालीस दिनों में एक सौ सैंतालीस तालाब उन्होंने खुदवाये थे। ये तालाब पूरे बस्तर में प्रसिद्ध हैं।

पूजा-अर्चना करने लगे। माता मावली, दन्तेसरी आदि की मूर्ति बनाने के लिये गड़वा को कोई व्यक्ति कोई नमूने तो नहीं देता। गड़वा स्वयं ही गड़ता है। कारण, दूसरे लोगों को देवी-देवताओं का आकार नहीं मालूम है, जबकि गड़वा को यह मालूम है। उससे जब कहा जाता है कि तुम मावली की मूर्ति बनाओ तो वह बना देता है, दन्तेसरी की बनाओ तो बना देता है। इस तरह उसने देवी-देवताओं की प्रतिमाएँ बनाना शुरू किया।

देवी खाँडा कंकालिन

इसके पहले ऐसा नहीं था। आज भी गड़वा लोग किसी गाँव में मूर्ति बनाने जाते हैं या किसी गाँव से कोई व्यक्ति गड़वा लोगों के पास किसी देवी-देवता की मूर्ति बनवाने के लिये आता है, तो वे लोग गड़वा को कोई नमूना नहीं देते। वे केवल देवी या देवता का नाम बता देते हैं और गड़वा स्वयं ही बना लेता है। लोग उस मूर्ति की बड़ी ही श्रद्धापूर्वक पूजा करते हैं। आज भी वही परम्परा चली आ रही है। मेला-मँडई आदि में भी वही भावना निहित है। वास्तव में देखा जाये तो गड़वा ने देवी-देवताओं की मूर्तियाँ, सिंगार (श्रृंगार) आदि गड़ना शुरू किया। मनुष्य के जन्म से मृत्यु तक गड़वा कला का सम्बन्ध है। जैसे, जब बच्चा जन्म लेता है तब वह रोता है। कई बच्चे माँ का दूध नहीं पीते तब बच्चे की कमर से घुंघरू बाँध देते थे[87]। इससे बच्चा दूध पीना शुरू कर देता था। उसके बाद जब वह थोड़ा बड़ा होता है, नटखट होता है, जिद करता है तब उसके हाथ में 'खाड़ू' पहनाया जाता है। फिर जब वह बड़ा होता है तब लड़के-लड़कियाँ अपने-आपको सजाते-सँवारते हैं। अपना सिंगार (श्रृंगार) करते हैं। लड़कियाँ पाँवों में पयँड़ी, हाथ में बाँहटा, ऐंठई, कान में खिलवाँ, बारी, गले में सुता, अंगुलियों में मुँदी आदि पहनती हैं। लड़के भी कानमुँदी पहनते हैं, बारी पहनते हैं। हाथ में खाड़ू पहनते हैं। फिर उनके विवाह का समय आता है।

विवाह में नृत्य की प्रमुख भूमिका होती है। और इसके लिये घुँघरू, मोहरी, तोड़ी आदि की आवश्यकता होती है। ये सारी चीजें गड़वा शिल्प के अन्तर्गत ही बनायी जाती हैं। संगीत के उपकरण गड़वा शिल्प द्वारा ही बनाये जाते हैं। संगीत का बस्तर के जनजीवन में प्रमुख स्थान है। देवी-देवताओं की पूजा के लिये संगीत चाहिये। इसमें मोहरी बजती है। दुःख और सुख दोनों में संगीत की अपनी अहम भूमिका होती है। चाहे वह जन्म हो या मृत्यु, संगीत की उपस्थिति

87. बस्तर के लोक मानस में पुनर्जन्म की धारणा है। माना जाता है कि नवजात शिशु के रूप में उनके परिवार के ही किसी-न-किसी बुजुर्ग व्यक्ति का पुनर्जन्म हुआ है। तब, जब बच्चा दूध नहीं पीता तो उसके शरीर पर के चिन्ह आदि देखे जाते हैं और अपने परिवार के मृत बुजुर्गों के नाम बारी-बारी से ले कर बच्चे को दूध पीने के लिये मनाया जाता है। ऐसे समय में बच्चे से वादा किया जाता है कि वे उसे कुछ-न-कुछ अवश्य ही देंगे इसलिये वह दूध पी ले। इस तरह दी जाने वाली चीजों में प्रायः आभूषण होते हैं। प्रायः इस विधि से बच्चा आश्चर्यजनक रूप से मान जाता है और दूध पीने लगता है। किन्तु यदि वह नहीं माना तब सिरहा के पास जा कर देव बिठाते हैं। सिरहा देवी के प्रभाव से समाधान बतलाता है (स्रोत : जानकी, पनका बुनकर, बड़े कनेरा, 16.04.04)।

देवी झिटकू-मिटकी

अनिवार्य होती है। विवाह के सम्पूर्ण संस्कार में संगीत बजता रहता है। जन्म होने पर भी। मृत्यु होने पर मृतक की अन्तिम विदाई बाजे-गाजे के साथ की जाती है। उसे श्मशान तक बाजे-गाजे के साथ पहुँचाया जाता है। मेले-मँडई में भी संगीत अनिवार्य होता है। देवताओं की पूजा संगीत के बिना अधूरी है। या कहें कि संगीत के बिना देव-पूजन या विवाह की कल्पना भी नहीं की जा सकती। इस तरह आप देखेंगे कि गड़वा शिल्प की उपस्थिति मनुष्य के जन्म से ले कर मृत्यु तक के सभी संस्कारों और क्रिया-कलापों में अनिवार्यतः दिखलायी पड़ती है। वृद्धावस्था में आदमी को सहारे के लिये एक लाठी चाहिये। आप देखिये इस लाठी की मूठ और निचले हिस्से में भी गड़वा शिल्प के अन्तर्गत बनाये गये उपकरण लगे होते हैं। इसी तरह देवी-देवताओं की जो छड़ियाँ होती हैं, वे भी गड़वा शिल्प की ही होती हैं। देवियों के छत्र, गुबिया, कलस आदि भी काँसा-पीतल के बने होते हैं। विवाह के अवसर पर सुसरा काँडा (या खाँडा) दिये जाने की परम्परा है। यह सुसरा काँडा होता है पीतल-काँसा का बना हुआ कड़ा। खाँडा का अर्थ तलवार है। तो यह जो सुसरा खाँडा दिया जाता है, यह तलवार का ही प्रतीक होता है। सुसरा यानी पत्नी का बड़ा भाई। उसे सम्मान दिये जाने के लिये यह भेंट उसे दी जाती है। देवी-देवताओं की पूजा-अर्चना में देवी-देवता की मूर्ति की आवश्यकता होती है। खेती के काम में भी सँदया राव, राजा राव, बुढ़ा राव आदि देवों की पूजा की जाती है। इसमें भी देवी-देवताओं की मूर्तियों की जरूरत होती है। बारिश न होने पर भिमा देव की पूजा होती है। इसमें भी मूर्ति की आवश्यकता होती है[88]। मेला-मँडई में तोड़ी बजाई जाती है। गैर आदिवासी संस्कृति में जिस तरह शंख होता है, उसी तरह आदिवासी संस्कृति में तोड़ी का स्थान है। यह भी पीतल-काँसा

88. प्रायः भिमा देव की कोई प्रतिमा नहीं होती। यह वस्तुतः लकड़ी का एक छोटा-सा खम्भा होता है। इसे 'भिमा खुटा' 'भिमा खुट' या 'भिमुल खुट' कहा जाता है। जहाँ तक इस देव की प्रतिमा काँसा-पीतल या किसी भी धातु से बनी होने की बात है, यह मेरे देखने में नहीं आयी है और न डॉ. जयदेव बघेल के अतिरिक्त किसी दूसरे व्यक्ति से मैंने सुनी ही है। भिमा देव की पूजा बस्तर ही नहीं बल्कि ओड़िसा में भी की जाती है। 'पाट बाली' नामक महापर्व जो कुम्भ की तरह प्रति बारह वर्षों में आयोजित होता है, में भी ऐसी कोई प्रतिमा मेरे देखने में नहीं आयी; जबकि 'पाट बाली' या 'बाली जगार' मुख्यतः भिमा देव की ही पूजा का पर्व है, और बारिश की कामना से आयोजित किया जाता है। मैंने बस्तर और ओड़िसा में भी जगह-जगह 'भिमा खुटा' या 'भिमुल खुट' ही देखे हैं। 29.09.99 को कोंडागाँव के ग्राम पटेल डिबूश्वर कौशिक से हुई बातचीत में उन्होंने भिमा विवाह का जो विवरण बताया उसमें भी भिमा खुटा की ही बात आयी है। उनके अनुसार : पानी नहीं गिरने पर भिमा का विवाह किया जाता है। यह विवाह वर्ष में होने वाले दो जातरा (या जतरा) से अलग है। यह विवाह केवल पानी नहीं गिरने पर किया जाता है। उस समय भिमा के सिर पर यानी 'खुटा' (ठूँठ) के ऊपर गोबर थोपा जाता है। पूरे गाँव के लोगों से चन्दा इकट्ठा किया जाता है। लोग खुशी से चन्दा देते हैं। इससे जातरा करते हैं। इनका स्थान है माता सिरहा के घर के पीछे। मरार पारा। कहा जाता है कि भिमा खुटा पर गोबर थोपे जाने पर वर्षा के देवता इन्द्र उसे सहन नहीं कर पाते और खुटा पर से गोबर धोने के लिए वर्षा करने लगते हैं (स्रोत : डिबूश्वर कौशिक, ग्राम पटेल, कोंडागाँव, 29.09.99)।

से बनायी जाती है। किसी की मृत्यु हो जाने पर उसकी स्मृति में अपने घर के देव-स्थान में डुमा-खुटा[89] बनाया जाता है। उस डुमा-खुटा में भी पीतल-काँसा से बनी चीज लगायी जाती है। देव ठेंगरी[90] में भी पीतल-काँसा का मूठ लगा होता है। इस तरह आप देखेंगे कि गड़वा शिल्प बस्तर के जन-जीवन में जन्म से ले मृत्यु तक जुड़ा हुआ है।

चितर (चितल)

घड़वा शिल्पी मस्सूराम सोनवानी[91] कहते[92] हैं : पुराने समय में मुँदी, गाय-बैलों के गले में बाँधी जाने वाली घाटी, पेज निकालने का बेला आदि घरेलू उपयोग की चीजें बनायी जाती थीं। इसके अलावा शादी-ब्याह में जरूरत की चीजें भी बनायी जाती थीं। माता मावली, राव देव, बुढ़ादेव आदि देवी-देवताओं की मूर्तियाँ बनायी जाती थीं। देवी-देवताओं की सवारी भी बनायी जाती थी। जैसे हाथी, घोड़ा, बाग (बाघ) आदि। देवी-देवताओं के साथ-साथ उनकी सवारियों की भी पूजा होती थी। बाग 'बगरम पाट' देवी की सवारी है, हाथी दन्तेसरी माई की सवारी है और घोड़ा राव देव की सवारी है। झुलना (झूला) भी बनाते थे। झुलना दो प्रकार के होते थे—माता झुलना और काटा झुलना। माता झुलना में बुढ़ी माता, हिंगलाजिन माता और बैंजारिन माता बैठती हैं। इसी तरह पेंडरावँडिन जिसे गोंडिन देव भी कहते हैं, काटा कुरची[93] में बैठती हैं। इसी तरह वह काटा पीढ़ा में भी बैठती हैं। हिंगलाजिन माता और परदेसिन माता अपने हाथों से अपने गाल को तिरसुल (त्रिशूल) से छेद डालती हैं। पहले हम लोग बाग के ऊपर कोटगुड़िन देवी को बिठाते थे। कोटगुड़िन हमारे बस्तर की, आदिवासियों की देवी हैं। लेकिन अब तो लोग दुर्गा को बाग पर बिठाने को कहते हैं, तो वैसा भी बना देते हैं हम। दुर्गा आदिवासियों की देवी नहीं हैं।

वे कहते हैं : हमारे पूर्वजों तथा हमें भी यह सामग्री बना कर उसे बेचने के लिये गाँव-गाँव घूमना पड़ता था। कभी कोई चीज आसानी से बिक जाती थी और कभी गाँव-गाँव भटकने पर भी बिक्री नहीं हो पाती थी। लेकिन जब लोगों को जरूरत होती थी तो वे शिल्पियों के पास दौड़े आते और गाय-बछड़ा आदि दे कर शिल्प ले जाते थे। विशेषतः जब कोई चीज सार्वजनिक उपयोग

89. डुमा : मृतात्मा। खुटा : छोटा खम्भा, ठूँठ।

90. देव ठेंगरी : देवता की लाठी। कुछ लोगों के अनुसार यह डोकरा देव का प्रतीक होती है।

91. ग्राम-पो. : बरकई, तहसील : कोंडागाँव, बस्तर-छ.ग.।

92. घड़वा शिल्पी श्री मस्सूराम सोनवानी से 1989 में हुई बातचीत।

93. काटा कुरची : काँटेदार कुर्सी।

लोक नर्तक

के लिये बनवायी जाती थी तब तो प्रायः गोधन दिया ही जाता था। धोती आदि भी दी जाती थी। रुपये-पैसे का चलन नहीं था। शिल्पियों को पर्याप्त सम्मान मिलता था।

मस्सूराम सोनवानी आगे बताते हैं : हमारी औरतें भी हमारे काम में सहयोग करती हैं। बच्चे भी सहायता करते हैं। तार लपेटते हैं, डिजाइन बनाते हैं, मिट्‌टी तैयार करते हैं, कोयला को पीस कर महीन बनाते हैं। किन्तु हाँ, ढलाई के समय महिलायें आग के पास नहीं जातीं। वे धुकना (धौंकनी) से हवा करती हैं। भट्‌टी का काम पुरुष वर्ग ही करता है।

घड़वा शिल्पी पंचूराम सागर कहते हैं[94] : हमारे बाप-दादा जो पारम्परिक काम कर रहे थे, उसके अन्तर्गत वे बर्तन तथा महिलाओं के लिये आभूषण बनाया करते थे। विशेष आदेश पर देवी-देवताओं की मूर्तियाँ भी बनायी जाती थीं। बर्तन और आभूषणों का काम हमारी पुरानी परम्परा का काम का रहा है। कान के लिये बारी बनाते थे। सुता, पयँड़ी, बिछिया, अँगूठी बनाया करते थे। महिलाओं के वे सभी आभूषण बनाया करते थे जो वे कान, गले, नाक, हाथ-पाँव आदि में पहना करती थीं। मैंने अभी इसकी शुरुआत की है दो-तीन वर्षों से। इसकी माँग शहरों में भी होने लगी है। विदेश में भी इसकी अच्छी माँग है। वर्तमान में हम लोग उनका वजन कम करके बनाते हैं। अभी जैसे मैं बना रहा हूँ तो कम वजन के आभूषण बना रहा हूँ। इसके साथ-साथ डिजाइन में भी कुछ नयापन लाया है मैंने। अभी आधुनिक डिजाइन उसमें लगा दिया है, इससे काफी लोग पसन्द कर रहे हैं। पहले के लोग तो वजनी आभूषण पहना करते थे। वे वजनी ही पसन्द करते थे। महिलायें, विशेषतः आदिवासी महिलायें जो पयँड़ी पहनती थीं वह कम-से-कम आधा किलो वजन का हुआ करता था केवल एक पाँव का। अभी यह चलन नहीं है। यहाँ बस्तर जिला में प्रायः सभी लोग हमारे ही बनाये हुए आभूषण पहनते थे। पहले हमारे बाप-दादा जो बनाते थे उसे ही पहनते थे। कोई ऐसी जाति नहीं थी जो न पहनती रही हो। कारण, सोना-चाँदी का उस समय उतना अधिक चलन नहीं था। गिलट का चलन नहीं था। इसलिये जो भी बनता था तो हम लोगों के हाथ से ही बनता था। अब लोग चाँदी का पहनते हैं। यह बेलमेटल के बाद ही चलन में आया। कारण, चाँदी की वापसी सम्भव है। यह हमारी परम्परा के बाद आयी है। सुता जरबन से भी बनता था। यहाँ जो पेज बनता

94. राष्ट्रीय पुरस्कार प्राप्त घड़वा शिल्पी श्री पंचूराम सागर से हुई बातचीत, दिनांक 21.08.05।

है उसके लिये जरबन के बेला बनाये जाते थे। चाटू बनाये जाते थे और जरबन के कुछ नाग देवता आदि की प्रतिमाएँ भी बनायी जाती थीं। लोहार लोग भी चाटू बनाते थे जरबन का।

लोक नर्तक

घड़वा शिल्प की पारम्परिकता की चर्चा करते हुए सुखचंद पोयाम[95] कहते हैं : पहले हम लोग, हमारे बाप-दादा के पहले भी, अधिकांशतः आदिवासियों के जेवरात बनाया करते थे। पीतल के, एल्यूमिनियम के, ताम्बे के जेवरात बनाते थे। औरतों के पाँवों के लिये पयँड़ी, हाथ के लिये खाड़ू, बाँहों के लिये बाँहटा, गले के लिये माला और सुता, केश के लिये कंघी। यही सब बनाते थे। उसके अलावा बर्तन भी बनाया करते थे। बर्तन के अन्तर्गत कड़ाही, बटलोई, लोटा, गिलास, थाली आदि बनाये जाते थे। मैं स्वयं भी यह सब बनाता रहा हूँ। आज भी मुझे इसकी जानकारी है और मैं बना सकता हूँ। यह तो हमारी परम्परा रही है। भला अपनी परम्परा को हम कैसे भूल सकते हैं! इनके साथ-साथ देवी-देवताओं की मूर्तियाँ, तोड़ी, कलस, झाप आदि हर चीज बनायी जाती थी। पीतल आदि से बनायी गयी ये चीजें हम मेलों में, बाजार में या किसी गाँव से माँग किये जाने पर उनके लिये भी बना कर दिया करते थे।

लोकगीतों में शिल्प की उपस्थिति

घड़वा शिल्पियों द्वारा निर्मित विभिन्न आभूषणों की उपस्थिति बस्तर के लोकगीतों में भी देखने को मिलती है। ऐसे ही कुछ लोकगीतों की कुछेक पंक्तियाँ दृष्टव्य हैं :

1. धनकुल-चाखना गीत में शिल्प की उपस्थिति[96]

गाती मारया डुमा, गाती मारया डुमा रोसो,	गाती[97] मारने वाले प्रेत! हे गाती मारने वाले प्रेत!
गाती मारया डुमा रे, गाती मारया डुमा	गाती मारने वाले प्रेत! हे गाती मारने वाले प्रेत!
खोरी-खोरी ना बुल डुमा, डाँडे-डाँडे ना बुल डुमा,	गली-गली ना घूम हे प्रेत! तू रास्ते भर ना घूम हे प्रेत!
चोर बलबाय तोके रे, चोर बलबाय तोके।	चोर कहेंगे तुझे रे, चोर कहेंगे तुझे।

95. राष्ट्रीय पुरस्कार प्राप्त घड़वा शिल्पी श्री सुखचंद पोयाम, भेलवाँपदर पारा, कोंडागाँव (बस्तर-छ.ग.) से दिनांक 20.09.05 को हुई बातचीत।

96. भतरी। स्रोत : सुकदई कोराम, कोंडागाँव।

97. गाती : ओड़िसा और ओड़िसा से सटे बस्तर अंचल के गाँवों में महिलाएँ छोटी साड़ी को एक विशेष अन्दाज में पहनती हैं, जिसे गाती मारना कहते हैं।

मारले मारोत मोके, धरले धरोत मोके रोसो,	चाहें तो मार लें मुझे, चाहें तो धर लें मुझे
पेटले पेटोत मोके रे, पेटले पेटोत मोके	चाहें तो पीट लें मुझे रे, चाहें तो पीट लें मुझे
हाते टेंगड़ी धराय देबी, पाँये **पयँड़ी** पिंदाय देबी	हाथ में टेंगड़ी[98] धरा दूँगा, पाँवों में पायल पहना दूँगा
धरी परायबी तोके रे, धरी परायबी तोके।	ले कर भाग जाऊँगा तुम्हें री, ले कर भाग जाऊँगा तुम्हें।
गाती मारया.................चोर बलबाय तोके।	गाती मारने......................................तुझे।
मारले मारोत मोके, धरले धरोत मोके रोसो,	चाहें तो मार लें मुझे, चाहें तो धर लें मुझे
पेटले पेटोत मोके रे, पेटले पेटोत मोके	चाहें तो पीट लें मुझे रे, चाहें तो पीट लें मुझे
हाते चुड़ी पिंदाय देबी, पाँये **पयँड़ी** पिंदाय देबी	हाथ में चूड़ी पहना दूँगा, पाँवों में पायल पहना दूँगा
धरी परायबी तोके रे, धरी परायबी तोके।	ले कर भाग जाऊँगा तुम्हें री, ले कर भाग जाऊँगा तुम्हें।
गाती मारया..................चोर बलबाय तोके।	गाती मारने...तुझे।
मारले मारोत मोके, धरले धरोत मोके रोसो,	चाहें तो मार लें मुझे, चाहें तो धर लें मुझे
पेटले पेटोत मोके रे, पेटले पेटोत मोके	चाहें तो पीट लें मुझे रे, चाहें तो पीट लें मुझे
टोडरा माला पिंदाय देबी, काने **खिलवाँ** पिंदाय देबी	गले में माला पहना दूँगा, कानों में खिलवाँ[99] पहना दूँगा
धरी परायबी तोके रे, धरी परायबी तोके।	ले कर भाग जाऊँगा तुम्हें री, ले कर भाग जाऊँगा तुम्हें।
गाती मारया................चोर बलबाय तोके।	गाती मारने.....................................तुझे।
मारले मारोत मोके, धरले धरोत मोके रोसो,	चाहें तो मार लें मुझे, चाहें तो धर लें मुझे
पेटले पेटोत मोके रे, पेटले पेटोत मोके	चाहें तो पीट लें मुझे रे, चाहें तो पीट लें मुझे
नाके फुली पिंदाय देबी, बाँहा ने **बाहँटा** पिंदाय देबी	नाक में फुल्ली[100] पहना दूँगा, बाँहों में बाहँटा[101] पहना दूँगा
धरी परायबी तोके रे, धरी परायबी तोके।	ले कर भाग जाऊँगा तुम्हें री, ले कर भाग जाऊँगा तुम्हें।

2. लेजा गीत में शिल्प की उपस्थिति[102]

होय रे पापा छिंदी-बुटा के छिंदिक छिंदालू,	हाँ री पापा[103], छींद-बुटा[104] को सरका दिया,
एदे काय छिंदिक छिंदालू	हमने छींद-बुटा को सरका दिया
खोरखोसया लेका मन के **पयँड़ी** पिंदालू	खोरखोसा के लड़कों को पायल पहना दिया
ले लेजा लेजा रे कावरा भाजी चोर,	ले लेजा लेजा रे भाजी चुराने वाले कौवे-सा काले दिल वाले लड़के,
लेका मन के राजी कर।	राजी कर ले अपने मन कों मेरे लिए आज।

98. टेंगड़ी : एक विशिष्ट प्रकार की छड़ी।
99. खिलवाँ : कर्णफूल जैसा ही कानों का आभूषण।
100. फुली : फुल्ली : नाक में पहना जाने वाला नथनुमा आभूषण।
101. बाँहटा : बाजूबन्द जैसा ही बाँहों में पहना जाने वाला आभूषण।
102. हल्बी। स्रोत : ग्राम खोरखोसा के युवक-युवतियाँ।
103. पापा : बालिका (छोटी बालिका भी और युवती भी)। अंग्रेजी का बेबी शब्द पूरी तरह सटीक है।
104. छींद-बुटा : खजूर प्रजाति के एक फल का बूटा।

होय रे पापा टेंडा-पाटी ने चेगली गिरिया,	हाँ री पापा, टेंडा-पाटी में चढ़ गयी छिपकली,
एदे काय चेगली गिरिया	हाँ चढ़ गयी छिपकली
गिदा नोहाय गिदनी आय मँजुरसुरिया,	गिद्ध नहीं यह गिद्धनी है बोलती मयूर की बोली,
सोन-चाँदी के नोक मारली नकली गुरिया	सोना-चाँदी को भी मात कर दिया नकली गुरिया[105] ने
ले लेजा लेजा रे कावरा भाजी चोर,	ले लेजा लेजा रे भाजी चुराने वाले कौवे-सा काले दिल वाले लड़के,
लेका मन के राजी कर।	राजी कर ले अपने मन को मेरे लिए आज।

3. बंजारिन माता के गीत में शिल्प की उपस्थिति [106]

आड़ी-आड़ी खेलाती आवै,	आड़ी-आड़ी[107] खेलती आवें,
बियो-बियो कराती आवै	बियो-बियो[108] करती आवें
तुम बैंजारिन लोग दाई, तुम बैंजारिन लोग हो,	तुम बैंजारिन लोग माता, तुम बैंजारिन लोग,
तुम बैंजारिन लोग।।	तुम बैंजारिन लोग।।
बाकटी पयँड़ी पहराती आवै,	बाकटी पयँड़ी[109] पहनती आवें,
बाकटी पयँड़ी पहराती आवै	बाकटी पयँड़ी पहनती आवें
तुम बैंजारिन लोग दाई, तुम बैंजारिन लोग हो,	तुम बैंजारिन लोग माता, तुम बैंजारिन लोग हो,
तुम बैंजारिन लोग।	तुम बैंजारिन लोग।
राजा खेले गुलेर गोटी, राजा खेले गुलेर गोटी	राजा खेले गुलेल-गोटी, राजा खेले गुलेल-गोटी
लमनिन खेले ढार दाई, लमनिन खेले ढार हो,	लमनिन[110] खेले ढाल माता, लमनिन खेले ढाल हो,
लमनिन खेले ढार।।	लमनिन खेले ढाल।।

महिलाओं की सहभागिता

घड़वा शिल्प में जितनी सहभागिता पुरुषों की होती है उतनी ही महिलाओं की भी। वे भी पुरुषों की ही तरह खटती हैं तब जा कर किसी एक शिल्प का सृजन हो पाता है। इसी बात को रेखांकित करती हुई बरकई की रहने वाली घड़वा शिल्पी भगन्तिन नाग कहती हैं[111] : मिट्टी से कुटन[112] बनायी जाती है। हम माटी से कुटन बनाती हैं। उस पर लगायी गयी लाल माटी सूखने पर रुँई माटी[113]

105. गुरिया : अल्यूमिनियम से बने गहने।
106. बस्तरी। स्रोत : चन्द्रवती वैष्णव, खोरखोसा।
107. आड़ी-आड़ी : इस देवी के नृत्य की विशेष मुद्रा।
108. बियो-बियो : इस देवी के गीत का विशेष स्वर।
109. बाकटी पयँड़ी : विशिष्ट प्रकार की मोटी व तिरछी पायल। बाकटी : तिरछी। पयँड़ी : पायल। यह पायल काफी मोटी, वजनी व तिरछी होती है। छत्तीसगढ़ी परिवेश में यह 'पैरी' कहलाती है।
110. लमनिन : लमानिन। लमान जाति की स्त्री। बंजारा जाति की एक उप जाति जिसे लमान कहा जाता है।
111. घड़वा शिल्पी श्रीमती भगन्तिन बाई नाग, ग्राम-पो. : बरकई (बस्तर-छ.ग.) से दिनांक 21.08.05 को हुई बातचीत।
112. कुटन : ढाँचा।
113. रुँई माटी : एक विशेष प्रकार की चिकनी और काली मिट्टी।

लगाती हैं। उसके सूख जाने पर खपरा[114] से उसे झाड़ती हैं। चिकना बनाती हैं। फिर उस पर सेमी[115] के पत्ते को रगड़ कर रंगीन बनाती हैं। रंग लगाने के बाद मोम को पिचकी[116] में भर कर धागा निकालती हैं। धागा निकालने के बाद उसी कुटन पर उसे लपेटती हैं। लपेटने के बाद उसका श्रृंगार करती हैं, फिर हाथ-पाँव आदि बनाती हैं। इसके बाद फिर से रुँई माटी से लिपाई करती हैं। फिर उसके सूख जाने के बाद उस पर भूसी मिली लाल माटी लगाती हैं। इतना सारा काम करने के बाद वह ढलाई के लिये तैयार हो जाता है। किन्तु हम लोग ढलाई का काम नहीं करतीं। हाँ, ढलाई के काम के लिये पंखा चला कर पुरुषों को सहयोग देती हैं। इस तरह यह काम स्त्री और पुरुष के आपसी सहयोग से होता है। कोई भी काम दोनों के आपसी सहयोग के बिना तो नहीं हो सकता। फिर जब ढलाई हो जाती है और वह ठण्डा हो जाता है तब हम उस पर से माटी हटाती हैं। उसे साफ करती हैं, ब्रश चलाती हैं। पुरुष कनासी से साफ करते हैं। इतना काम हम करती हैं। वे आगे कहती हैं : मैंने यह काम अपने माता-पिता के घर में सीखा था। 40 वर्ष से भी अधिक हो गये मुझे यह काम करते।

आदिवासी किसान दम्पति

एक प्रश्न के उत्तर में कि बनायी गयी कृति पर नाम किसका होता है, भगन्तिन बाई कहती हैं : बाजार में जो बेचने ले जाता है उसी का नाम होता है। हालाँकि बनाने में दोनों का ही सहयोग होता है किन्तु प्रत्येक महिला यह काम जानती ही हो, यह भी आवश्यक नहीं है। कुछ ऐसी भी महिलायें हैं, जो यह काम नहीं जानतीं। इसी तरह प्रत्येक पुरुष भी यह काम जानता हो यह भी जरूरी नहीं है। मैंने अपने माता-पिता के यहाँ सीखा था बचपन से इसीलिये मैं अपने पति के काम में हाथ बँटाती हूँ। अभी मेरी बेटियाँ नहीं जानतीं। केवल एक बेटी जानती है। वह हिर्री भानपुरी में रहती है। उसके पति भी यह काम करते हैं। दो बेटियाँ नहीं जानतीं। कारण, उनके पति भी यह काम नहीं जानते। हाँ, बेटा जरूर जानता है। मैं आपको बतलाऊँ कि महिलाओं के लिये पिचकी से धागा निकालना बहुत कठिन होता है। किन्तु जो महिलायें पारंगत होती हैं, वे इसे कर ही लेती हैं। बहुत मेहनत लगती है धागा निकालने में।

114. खपरा : खपरैल, कवेलू।

115. सेमी : सेम नामक सब्जी।

116. पिचकी : मोम के धागे निकालने के लिये पीतल या बेलमेटल से बना उपकरण।

क्या यह काम बड़े आराम से हो जाता है? भगन्तिन बाई कहती हैं : आराम से कैसे हो जायेगा? बहुत मेहनत लगती है। एक-दो दिनों में कोई चीज नहीं बन जाती। और फिर अभी बरसात के दिनों में तो और भी परेशानी होती है। सूखता नहीं। आग में सेंकेंगे तो मोम फट जायेगा। सारा बह निकलेगा। गर्मी के दिनों जैसा काम बरसात में नहीं हो पाता। शीत ऋतु में भी काम ठीक चलता है, किन्तु वर्षा के दिनों में तो काफी परेशानी होती है।

छपई मुँदी

घड़वा शिल्पी भागवती सागर अपने काम के विषय में कहती[117] हैं : हमारे घर में यह काम होता है। मेरे पति पंचूराम सागर जी करते हैं तो उनके साथ मुझे भी काम करना पड़ता है। वे कुछ काम बताते हैं तो उसे करना पड़ता है। तो इस तरह मैंने भी यह काम सीखा है। मुझे यों तो बैठे रहना अच्छा नहीं लगता था किन्तु जब पति काम कर रहे हों तो भला मैं कैसे चुप बैठी रहती? तो मैं मजबूरी में बैठा करती थी उनके साथ काम करने के लिये। लेकिन अब तो इस काम में मन लगने लगा है। शुरू-शुरू में मन को नहीं भाता था। तो भी इन्हें काम करता देख खुद को भी काम में बैठाना पड़ता था। यों तो मैं आरम्भ से ही कुटन बनाना जानती हूँ। उस पर माटी लगाना, मोम लगाना आदि सारा काम मैं जानती और करती हूँ। हाँ, धागा नहीं निकालती मैं। हमारे यहाँ धागा निकालने के लिये अब पिचकी की जगह एक नया उपकरण आ गया है। उसी से धागा निकालते हैं। लेकिन गाँवों में तो अभी भी पिचकी से ही धागे निकाले जाते हैं। बहुत मेहनत लगती है पिचकी से धागा निकालने में। कछुआ, चूड़ी आदि बनाये हैं मैंने। देवी-देवताओं की प्रतिमाएँ भी मैं बनाती हूँ। इसके साथ-साथ मैं अपने यहाँ काम करने वाले अन्य कारीगरों को भी मेरे पति की अनुपस्थिति में काम की समझाईश देती रहती हूँ। दरअसल मैं आभूषण डिजाइन करती हूँ। श्रृंगार का सारा काम मैं करती हूँ। मुझे यह काम करते बीसेक साल हो गये होंगे। विवाह के बाद से मैं यह काम लगातार कर रही हूँ।

एक प्रश्न के उत्तर में कि जो शिल्प आप तैयार करती हैं, उन पर आपका नाम होता है? वे कहती हैं : नहीं। हमारा नाम कहाँ से होगा? पति का नाम होता है। वे ही बाजार में ले जाते हैं, बेचते हैं। उनका ही नाम होता है। कारण, हम तो जाती नहीं बाजार में बेचने के लिये। बनाती जरूर हैं, किन्तु ढलाई हम नहीं करतीं। ढलाई में ही तो अधिक मेहनत लगती है। और ढलाई का काम तो पुरुष ही करते हैं। इसीलिये उनका नाम होता है। ढलाई ही तो इस काम में अत्यन्त महत्त्वपूर्ण और मुख्य है। सबसे अधिक मेहनत भी इसी चरण में लगती है। और फिर पति के होते पत्नी का नाम हो, यह ठीक भी तो नहीं है। पति का ही नाम तो पहले आयेगा न!

117. घड़वा शिल्पी श्रीमती भागवती सागर, तहसीलपारा, कोंडागाँव (बस्तर-छ.ग.) से दिनांक 21.08.05 को हुई बातचीत।

तो कभी ऐसा नहीं लगता कि हमारा भी नाम हो? इस प्रश्न के उत्तर में वे कहती हैं : मैंने ऐसा कभी सोचा ही नहीं है आज तक। मेरे पति का नाम हो, उन्हें यश मिले, यही मेरी कामना है। देखिये, इस पूरे काम में पुरुषों की मेहनत अधिक लगती है। वे आग के सामने रहते हैं। बैठे-बैठे बनाना अलग बात है और आग के सामने रह कर ढलाई करना बिल्कुल अलग बात। ढलाई का काम पुरुष ही कर सकते हैं, महिलायें नहीं।

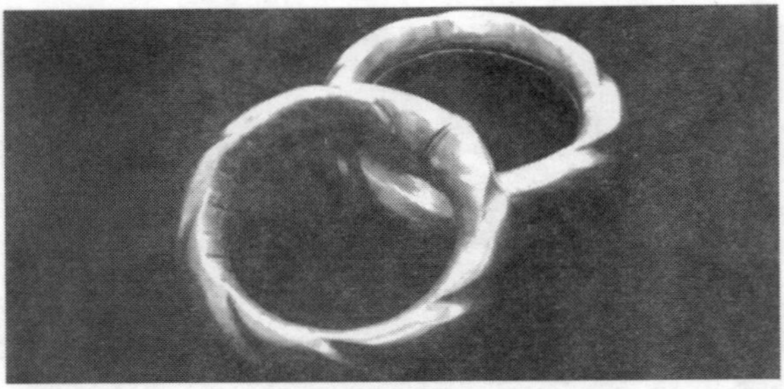

पोलका खाड़ू

क्या अलग-अलग शिल्पियों के काम में अन्तर होता है? इस प्रश्न के उत्तर में वे कहती हैं : हाँ, फर्क होता है। जैसा हम बनाते हैं वैसा दूसरे लोग नहीं बनाते। जैसे गुरु का साथ करने पर वैसा ही चेला भी बनता है। हमारे गुरु अच्छे हैं। अच्छा बनाते हैं तभी हम लोग भी अच्छा बना पाते हैं। उन्हीं से सीख कर। फिलहाल हमारी बराबरी दूसरे लोग नहीं कर सकते। यहाँ तक कि जो पुराने और बड़े कलाकार हैं वे भी मेरे जैसा अच्छा काम नहीं कर सकते। कारण यही है कि मुझे जो गुरु मिले हैं, वे बहुत ही अच्छे कलाकार हैं। उन्हीं से सीख कर मैं भी अच्छा काम कर पा रही हूँ। वैसे तो पहले से मेरे पिता भी जानते थे किन्तु मैं यह काम नहीं करती थी। देखती थी केवल। अब यहाँ आने के बाद यह काम कर रही हूँ।

इस शिल्प में महिलाओं के योगदान के विषय में राजेन्द्र बघेल कहते हैं[118] : हाँ, महिलायें भी इसमें पूरा काम करती हैं। इस शिल्प में कई चरण आते हैं काम के। अलग-अलग चरण होते हैं। जैसे भूसा, मिट्टी आदि के काम। तो हम लोग जब काम करते हैं तो हमारे बीवी-बच्चे भी हमारी सहायता करते हैं। विशेषतः पत्नी तो पूरी सहायता करती है। साथ में हाथ बँटाती है। आधा से ज्यादा काम महिलायें ही करती हैं।

जब इतना काम महिलायें भी करती हैं तो अभी तक किसी भी महिला का नाम क्यों नहीं आया? इस प्रश्न के उत्तर में राजेन्द्र बघेल कहते हैं : यहाँ, हमारे बस्तर के लोग पढ़े-लिखे बहुत कम होते हैं। हम लोग भी ज्यादा पढ़े-लिखे नहीं हैं। इसी तरह हमारी महिलायें भी पढ़ी-लिखी नहीं होतीं। लेकिन अब हम लोगों ने अपनी महिलाओं का नाम देना शुरू किया है। मैंने स्वयं अपनी पत्नी का नाम दिया है इस बार। दिल्ली, बाम्बे सभी जगह। सरकारी प्रदर्शनियाँ हैं, उनमें भी गये हुए हैं। दरअसल किसी महिला को, विशेषतः अनपढ़ महिला को कहीं बाहर भेजना सम्भव नहीं है। यही कारण है कि हम लोग उनके नाम देने में पीछे रह गये थे। किन्तु भविष्य में ऐसा नहीं होगा। कारण, यह जो नया युग है इसमें सभी लोग पढ़-लिख रहे हैं। हमारी बहू-बेटियाँ आदि सभी पढ़ी-लिखी हो गयी हैं। तो उन लोगों को आगे लाने का प्रयास हम करेंगे।

118. राष्ट्रीय पुरस्कार प्राप्त घड़वा शिल्पी श्री राजेन्द्र बघेल, भेलवाँपदर पारा, कोंडागाँव (बस्तर-छत्तीसगढ़) से दिनांक 22.08.05 को हुई बातचीत।

बस्तर के हस्तशिल्पों के उत्थान के प्रयास

बस्तर के पारम्परिक हस्तशिल्पों और शिल्पियों के उत्थान की बात पर जयदेव बघेल अपने और अपने साथियों द्वारा किये गये प्रयासों के विषय में बताते हैं[119] : मैंने 1981 में सोचा कि इतनी जगह मैं गया। सब देश-दुनिया घूमा। तो अब कोई ऐसी संस्था बने जिससे बस्तर के पूरे पारम्परिक हस्तशिल्प, यथा गड़वा कला, लौह शिल्प, मिट्‌टी शिल्प, बाँस शिल्प, चित्रकला, बुनकर शिल्प आदि का संरक्षण हो, उनका उचित प्रचार-प्रसार हो और हमारे बस्तर में इस कला का एक ऐसा मंच बने जिससे सारी दुनिया इन्हें जान-सुन और समझ सके। न केवल यह बल्कि इसके माध्यम से सब का सामूहिक विकास हो। इसी सोच के तहत 'पारम्परिक बस्तर शिल्पी परिवार' नामक एक संस्था का गठन किया गया। फिर इसी संस्था के माध्यम से सभी महानगरों में, सम्पूर्ण भारत में प्रदर्शनियों का विचार रखा गया। इस तरह भारत के सभी बड़े नगरों में प्रदर्शनियाँ होने लगीं। इस तरह बस्तर के शिल्प से न केवल देश बल्कि विदेशों के लोग भी परिचित होने लगे। इन्हें पूरे विश्व में प्रसिद्धि मिली है। इस तरह इस संस्था से जितने शिल्पी जुड़े, उन्हें रोजगार मिला। मेरे विचार से बस्तर में सभी शिल्पों के लगभग 15-16 हजार शिल्पी हैं। इनमें से कितने लोग कार्यरत हैं और कितने नहीं, यह एक अलग बात है। हमारे शिल्पी भाई शिक्षित हुए बिना भी किसी भी शिक्षित शिल्पी से ज्यादा अच्छा काम कर रहे हैं। कारण, उनमें जो समझदारी और विचार है वह बहुत ही अच्छा और सुलझा हुआ है। एक पढ़ा-लिखा कलाकार जो नहीं कर सकता वह काम ये लोग कर रहे हैं।

नाँगमोड़ी

बस्तर के हस्तशिल्पों तथा शिल्पियों के उत्थान की दिशा में कोंडागाँव के कुम्हारपारा में स्थित 'साथी' नामक समाजसेवी संस्था द्वारा भी उल्लेखनीय कार्य किये जा रहे हैं।

पारम्परिकता में परिवर्तन

इस शिल्प की पारम्परिकता में आये दिन जो परिवर्तन हो रहे हैं, उसके विषय में जयदेव बघेल कहते हैं[120] : पहले इस कला के अन्तर्गत कलौंजी, चाटू, कड़ाही आदि तथा विभिन्न आभूषण बनाये जाते थे। पहले के लोग घड़वों द्वारा बनाये गये आभूषण ही पहनते थे। सोना-चाँदी के आभूषणों का चलन आदिवासी संस्कृति में प्रायः नहीं था। देवी-देवताओं के

119. राष्ट्रीय पुरस्कार सहित अन्य कई पुरस्कार प्राप्त यशस्वी घड़वा शिल्पी श्री जयदेव बघेल से दिनांक 18.06.99, अप्रैल 03, 06.03.04 एवं 19.03.04 को हुई बातचीत।

120. राष्ट्रीय पुरस्कार सहित अन्य कई पुरस्कार प्राप्त यशस्वी घड़वा शिल्पी श्री जयदेव बघेल से दिनांक 18.06.99, अप्रैल 03, 06.03.04 एवं 19.03.04 को हुई बातचीत।

शृंगार तो पीतल-काँसा से ही बनाये जाते थे। इनके बदले में हमें गाय-बैल, बकरा-बकरी, मुर्गा, धान-चावल, शराब आदि मिलते थे। उस समय मोल-भाव नहीं हुआ करता था। कारण, उस समय किसी के पास उतना पैसा नहीं था। आज का समय अलग है। इसलिये हम लोग गाँव के लिये छोटी-छोटी चीजें बनाते हैं। अभी हम नया और पुराना मिला कर कलाकृतियाँ बना रहे हैं। 7-8 फीट की कलाकृतियाँ बना रहे हैं। ये कलाकृतियाँ बड़े-बड़े होटलों, कला-प्रेमियों आदि के लिये होती हैं। ये कृतियाँ पूरी तरह पारम्परिक नहीं हैं। इनमें हमने परम्परा के साथ आधुनिकता को भी स्थान दिया है। कारण, हम अगर केवल गाँव के हिसाब से बनायेंगे तो हम जिन्दा नहीं रह पाएँगे। हम, दोनों के हिसाब से बना रहे हैं। महुआ के वृक्ष को लेकर मैंने यह एक कलाकृति बनायी है। इसका नाम दिया है 'जीवन-वृक्ष'। इसके पीछे कारण है। वह यह कि महुआ हमारे आदिवासी जीवन में बहुत ही महत्त्वपूर्ण भूमिका निभाता है। विवाह के समय महुआ के पेड़ के नीचे की माटी खोद कर लायी जाती है और विवाह मण्डप की लिपाई-पोताई की जाती है। उसकी एक डाल विवाह मण्डप के बीचोबीच गाड़ी जाती है। इसका फूल एकत्र किया जाता है। इस फूल को सुखा कर बेचा जाता है। इससे उन्हें आर्थिक लाभ होता है। यह सूखा फूल उबाल कर खाया जा सकता है। इस तरह अकाल आदि के समय यह फूल भोजन का काम देता है। इसका फल जिसे टोरा कहते हैं, का छिलका सब्जी के रूप खाया जाता है जबकि गूदे से तेल निकाला जाता है। यह टोरा का तेल सब्जी बनाने के काम आता है। इसे आप घी की जगह भी ले सकते हैं। सूखे फूल से दारू बनायी जाती है। दारू यहाँ के जनजीवन में बहुत महत्त्वपूर्ण स्थान रखता है। बच्चे का जन्म हो तो खुशी में, मृत्यु में जो दुःख का अवसर है, उसमें भी मदिरा का सेवन किया जाता है। मँडई-मेला, विवाह, देवी-देवता की पूजा आदि में भी मदिरा का सेवन अनिवार्यतः किया जाता है।

ऐंठी या ऐंठई

पारम्परिकता में बदलाव के प्रश्न पर राजेन्द्र बघेल कहते हैं[121] : हम लोग पुराने समय में जो आभूषण तथा देवी-देवताओं की प्रतिमाएँ गाँव के लिये बनाया करते थे, वे आजकल नहीं बन रही हैं। यदि बन भी रही हैं तो बहुत कम। अब जो कुछ भी बन रहा है वह शहरों के हिसाब से बन रहा है। बाजार की माँग के हिसाब से। जो कलाप्रेमी हैं, उनके हिसाब से। लेकिन एक समय था जब आभूषण भी बनाया करते थे और देवी-देवताओं की प्रतिमाएँ

121. राष्ट्रीय पुरस्कार प्राप्त घड़वा शिल्पी श्री राजेन्द्र बघेल, भेलवाँपदर पारा, कोंडागाँव (बस्तर-छत्तीसगढ़) से दिनांक 22.08.05 को हुई बातचीत।

भी। वह ज्यादा जरूरी हुआ करता था। और शायद यही एक कारण है कि घड़वा शिल्पियों को गाँव में विशिष्ट दर्जा दिया जाता था। विशेष मान दिया जाता था। दन्तेसरी देवी, राव देव, बुढ़ा देव, डोकरी देव, झिटकू-मिटकू[122] आदि की प्रतिमाएँ बनायी जाती थीं। इनकी पूजा पहले भी होती थी और आज भी पूर्ववत् होती है। बस्तर के सभी लोग इन देवी-देवताओं को मानते हैं। यथासमय उनकी पूजा-अर्चना होती है।

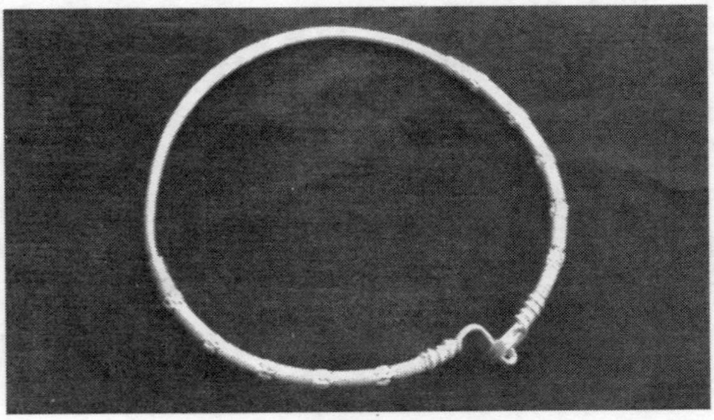
सुता

समस्याएँ

आपने अपनी बनायी कोई कृति किसी पुरस्कार आदि के लिये भेजी? इस प्रश्न के उत्तर में भगन्तिन नाग कहती हैं[123] : नहीं। नहीं भेजी है कभी। पता नहीं क्या होगा? कब भेजेंगे? हमारे बाद जिन लोगों ने काम सीखा वे हमसे ज्यादा अच्छे कलाकार हो गये। अब हम भेज ही देंगी, ऐसा हम कैसे कह सकती हैं? कब बनायें और कब भेजें? ये लोग जानने वाले हैं। पढ़े-लिखे लोग हैं इसलिये सारी चीजें जानते हैं। इस तारीख तक भेजना है, या इस तरह भेजना है आदि बातें। हम गाँव में रहते हैं, जहाँ न फोन है न बिजली। कुछ भी नहीं है वहाँ। हम बरकई गाँव में रहते हैं। वहाँ कोई सुविधा नहीं है। फिर जिसके पास पूँजी कम हो, वह भला महीना-पन्द्रह दिनों तक कैसे और क्या सोच कर बनायेगा और फिर उसे भेजेगा? हम लोग तो तुरन्त बनाते और तुरन्त बेचते हैं। तभी हमें दो पहर का भोजन मिलता है। हमारी मेहनत तक का तो सही दाम नहीं मिल पाता हमें। यदि राजा भी हमारे सामने आ कर नाचने लगे तो भी हम सिर उठा कर उसकी ओर नहीं देख सकते। ऐसा है हमारा काम। हमारे हाथ चलते रहेंगे, आँखें शिल्प पर टिकी रहेंगी। केवल बात कर सकते हैं किन्तु देख नहीं सकते किसी दूसरी ओर। लेकिन इतनी मेहनत और तल्लीनता के बाद भी कई बार शिल्प बिगड़ जाते हैं। ऐसे में हम लोगों को न तो भोजन राँधना अच्छा लगता है और न खाना ही। हमारा काम कुछ इस तरह का है कि हम उसी चीज को रोज बनाते हैं किन्तु प्रत्येक चीज ठीक वैसी ही नहीं बनती। कुछ-न-कुछ फर्क जरूर आता है। हमारे काम में जोखिम बहुत है। काम कई बार बिगड़ जाता है। ऐसे में हम सोचते हैं कि चलो कोई बात नहीं। आज का काम बिगड़ा तो क्या हुआ, कल शायद अच्छा बने। यही सोच कर, धैर्य रख कर हम लोग अपने काम में लगे रहते हैं। नींद आ रही हो तो भी हमें अपनी नींद को भी मारना पड़ता है।

122. झिटकू-मिटकू : अन्य कई लोगों के अनुसार झिटकू-मिटकी। मिटकी पेंडरावँडिन देवी का नाम था और झिटकू उनके लमसेना या घरजवाँई का। पेंडरावँड गाँव में आज भी पेंडरावँडिन देवी के पूर्वजों के वंशजों का घर है। उनके अनुसार पेंडरावँडिन देवी का नाम हीदो था (स्रोत : डमरू, पेंडरावँड, बस्तर-छ.ग.)।

123. घड़वा शिल्पी श्रीमती भगन्तिन नाग, ग्राम एवं पो. : बरकई, व्हाया : फरसगाँव, तहसील : कोंडागाँव (बस्तर-छ.ग.) से दिनांक 21.08.05 को हुई बातचीत

एक अन्य प्रश्न के उत्तर में वे कहती हैं : यह तो हमारे हाथों की कला और भीतर का ज्ञान है। इसे कोई भी हमसे नहीं छीन सकता। कोई दूसरी चीज होती तो शायद छीन भी लेते। अब देखिये, पहले गाँडा लोग कपड़ा बुनते थे। अब तो उनके बनाये कपड़ों से भी कहीं अधिक सुन्दर-सुन्दर कपड़े मिलों में बनने लगे हैं। हम लोग पहले बर्तन-भांडे बनाते थे। हमारे बाप-दादा बनाते थे। अंगुलियों में पहनने के लिये चुटकी, पाँवों में पहनने के लिये पयँड़ी, हाथों में पहनने के लिये करोली मुँदी, टोयली सरया आदि बनाते थे। करोली मुँदी को स्त्री-पुरुष दोनों ही पहनते थे। ऐंठी बनाये जाते थे। अब तो हम लोग भी चाँदी के ही गहने पहनने लगे हैं। पहले चाँदी के गहने भी हम लोग बनाया करते थे। कलाई के लिये चाँदी के खाड़ू, बाँहों के लिये बाँहटा, पोंहची (पहुँची) बनाते थे। महिलाओं के सारे श्रृंगार हम लोग ही बनाया करते थे। अभी चाँदी-सोना के खिलवाँ पहनते हैं। हम लोग पीतल के खिलवाँ और पुरुषों के लिये लुड़की और बारी बनाते थे। तो वो सारे श्रृंगार हमसे छीन लिये गये। अब जब लोगों के पास पैसे हो गये तब वे सोना-चाँदी के आभूषण पहनने लगे हैं। ऐसे में भला हमारे बनाये पीतल के आभूषण कौन खरीदेगा? हमारी बनायी हुई मूर्तियाँ दूसरे लोग नहीं बना सकते। यदि बना सकते तो ये कला भी हमसे छीन ली जाती। हम लोग तो गाँव-देहात के रहने वाले हैं। हिन्दी नहीं जानते। हल्बी में बात करते हैं। तो हमारी कला को यदि दूसरे लोग जानते, शहरों के लोग जानते तो वे इस कला को कब का हमसे छीन चुके होते। हमारे काम में बहुत मेहनत लगती है। लोग हमारे बराबर मेहनत नहीं कर सकते। बहुत ही धैर्य की आवश्यकता होती है हमारे इस काम में। लेकिन लोग हमारी मेहनत को सही नहीं आँकते। इस बात का बहुत दुःख होता है। कोई हमारी कार्यशाला में आ कर हमें काम करता देखे तो जानेगा कि इसमें कितनी मेहनत लगती है। लोग आज भी आज से वर्षों पहले की कीमत पर चीजें चाहते हैं किन्तु यह भूल जाते हैं कि सभी चीजों की कीमतें बढ़ गयी हैं। हमें भी पीतल, मोम और लकड़ी खरीदना पड़ता है। फिर मेहनत लगती है कई-कई दिनों की। इसे कोई नहीं देखता। यह अफसोस की बात है। हमें बाहर के लोग अनपढ़ बस्तरिया समझते हैं। वे कम-से-कम कीमत में हमारे शिल्प खरीदना चाहते हैं। हमारी मेहनत और जो कच्चा माल उसमें लगा है, उसकी ओर किसी का ध्यान नहीं जाता।

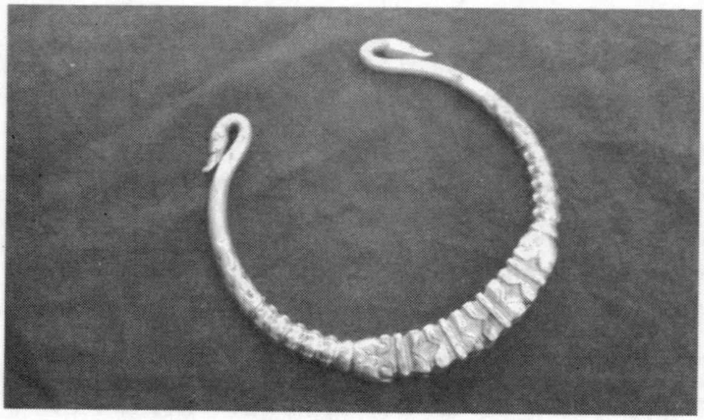

हँसली

इसी तरह की बात घड़वा शिल्पी भागवती सागर भी कहती हैं[124] : हम इस शिल्प के अन्तर्गत जितना काम करते हैं, जितनी मेहनत करते हैं, उस हिसाब से हमें पैसे नहीं

124. घड़वा शिल्पी श्रीमती भागवती सागर, तहसीलपारा, कोंडागाँव (बस्तर-छ.ग.) से दिनांक 21.08.05 को हुई बातचीत।

मिलते। हमने कितनी तकलीफें झेली हैं, वह तो हम ही जानते हैं। इस काम से जुड़े लोग ही इससे जुड़ी परेशानियों और तकलीफों को समझ सकते हैं, दूसरे नहीं। दूसरे लोग तो कह देते हैं कि इसमें थोड़ा सा तो काम है, फिर इनकी कीमत इतनी अधिक क्यों? बैठे-बैठे काम करते हैं फिर भला इसमें कौन सी मेहनत लगती है, आदि-आदि। कहना बड़ा आसान है। इसमें कितनी मेहनत लगती है, कितना धैर्य रखना पड़ता है और कितना नुकसान उठाना पड़ता है, इसे इस काम को करने वाले ही जानते हैं। शहरों के लोग हमें मूर्ख समझते हैं। वे हमें ठगने की कोशिश करते हैं।

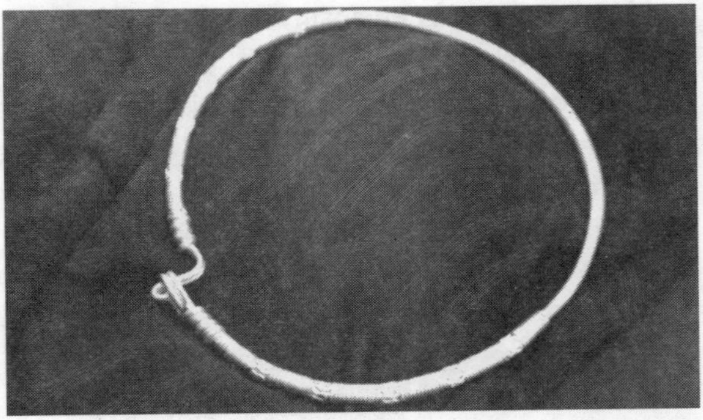

सुता

भगन्तिन नाग की बात को आगे बढ़ाते हुए पंचूराम सागर कहते हैं : इनकी अलग परिस्थिति है। ये लोग बनाते हैं और बेचते हैं तब शाम का चूल्हा जलता है। पूँजी नहीं है इनके पास। यही कारण है। मुख्य बात वही है। गाँव के लोगों के साथ परेशानी यही है कि उनके पास पर्याप्त पूँजी नहीं होती और वे राष्ट्रीय पुरस्कार के लिये अपनी प्रविष्टि नहीं भेज पाते। ऐसा नहीं है कि लोगों को प्रविष्टियाँ भेजने के विषय में कोई जानकारी नहीं है। वे जानते हैं। हम लोग बताते भी हैं। कई लोग भेजते हैं तो उनके लिये मैं आलेख लिख देता हूँ। उन्हें पूरा सहयोग करता हूँ। भेलवाँपदर के लोग हैं, लोहार लोग हैं, कुम्हार लोग हैं। सभी की मदद करता हूँ। वे मेरे पास आते हैं। कारण, उन्हें मालूम है कि इसने एक ही बार भेजा और एक ही बार में पुरस्कार मिल गया। तो मैं उनके लिये लिख देता हूँ। अब उनकी कलाकारी वे किस तरह करते हैं यह तो मुझे नहीं पता लेकिन बताते हैं कि हम अमुक चीज बना रहे हैं और आप इसके लिये स्क्रिप्ट लिख दें। तो मैं उसकी कहानी लिख देता हूँ।

पंचूराम फिर आगे कहते हैं : बाकी काम में 'वेस्टेज' नहीं होता जबकि इसमें 'वेस्टेज' की भारी गुंजाइश रहती है। ढलाई में काम सही निकलेगा इसकी कोई गारन्टी नहीं है। 50 बनाएँगे तो 10 बनेंगे बाकी खराब होगा। उसके पैसे तो मिलना ही नहीं है। तो पैसा भी गया, मेहनत भी गयी। 'रा मटेरियल' में पीतल बच जाता है किन्तु लकड़ी, मोम और मेहनत चली जाती है। पीतल में भी एक किलो में 100 ग्राम 'वेस्टेज' हो ही जाता है। बाकी काम में 'वेस्टेज' नहीं है। इसीलिये हम रोजी भी नहीं बता पाते कि हम दिन भर में कितना रोजी कमा पाते हैं। गाँव में यह स्थिति है कि यदि किसी कारीगर का कोई सामान ढलाई में खराब हो गया तो उसके घर में शाम का चूल्हा नहीं जलेगा। यह काम बहुत 'रिस्की' है और हमें उस 'रिस्क' के हिसाब से पैसा नहीं मिलता।

पंचूराम आगे जोड़ते हैं : काम बिगड़ जाने पर कई लोग भोजन नहीं करते। इतना दुःख होता है। हम लोग यह काम अपनी आत्मा की संतुष्टि के लिये कर रहे हैं। नहीं करेंगे तो चैन नहीं मिलेगा। दाम भी मिलता है, किन्तु जो काम बिगड़ गया उसके पैसे तो नहीं मिलते। लेकिन इसके बावजूद हम लोग अपनी परम्परा को बनाये हुए हैं। काम कर रहे हैं।

इस काम में जितनी लागत और मेहनत लगती है, क्या उसके हिसाब से दाम मिलते हैं? इस प्रश्न पर पंचूराम कहते हैं : नहीं। दाम नहीं मिल पाता। दाम मिलता ही नहीं है उसके हिसाब से। हाँ, दाम मिलता यदि हमारा काम सही निकलता। किन्तु काम बहुत बार बिगड़ जाता है। 'वेस्टेज' होता है। हमारे काम की कोई 'गारन्टी' नहीं है। पेट के बच्चे जैसा काम है। कारण, इसका साँचा हमारे पास 'परमानेन्ट' तो होता नहीं है। फिर नया साँचा तैयार करो। उतने ही 'स्टेज' में फिर काम करना पड़ता है। इसलिये उतना पैसा नहीं मिलता हमें। कोई दे ही नहीं पाता। कोई मानेगा ही नहीं। हाँ, जो एक बार सामने देखता है, उसे लगता है कि हाँ, काम मेहनत का है। हस्तशिल्पों में सबसे कठिन और अलग काम है यह काम।

तो इसका साँचा क्यों नहीं बनाया जा सकता? इस पर पंचूराम कहते हैं : साँचा हमारे पास बन ही नहीं सकता। कारण, साँचे में बनायेंगे तो 'फोटोकापी' की तरह होगा। काम की मौलिकता नहीं रहेगी। फिर वह हमारा उत्पादन होगा, कला नहीं। यह तो हस्तशिल्प है। हमारी सोच। दिमाग में सोच कर जो हाथ से, अन्दर से जो कला आती है और हम हाथ से जो उस कला को मूर्त रूप देते हैं वह बात नहीं होगी उसमें। फिर तो वह 'डाई' वाला काम हो जायेगा। जैसे टीकमगढ़ या मुरादाबाद में करते हैं। फिर वह कला नहीं रह जायेगी, उत्पाद बन जायेगा। हम रोज एक नया रूप देते हैं। सब कृतियाँ भिन्न-भिन्न होती हैं। इस कला का यही महत्त्व है। और इसी महत्त्व के कारण ही आज हमारी कला की माँग है। हमारा नाम है, पुरस्कार मिलते हैं। अगर हम साँचा वाला काम करेंगे तो हमारी पहचान खत्म हो जायेगी। देखिये, यह तो ऐसा है कि वह पहले से अच्छा बन जायेगा या फिर उससे भी खराब। ठीक एक जैसा तो नहीं बनता।

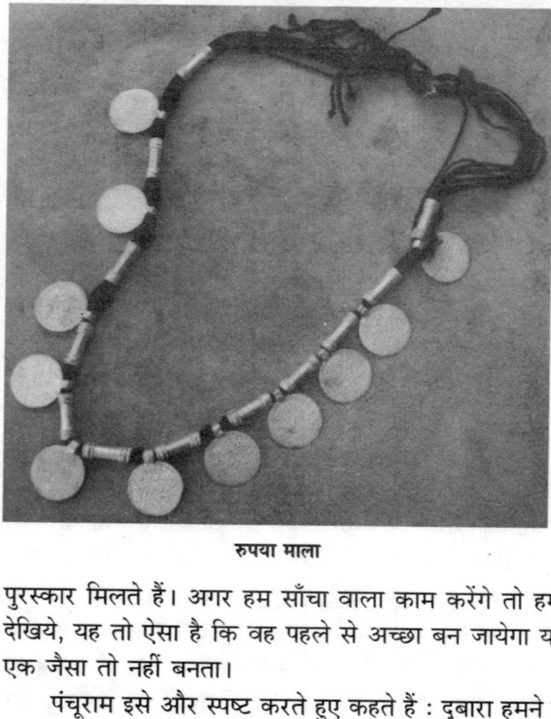

रुपया माला

पंचूराम इसे और स्पष्ट करते हुए कहते हैं : दुबारा हमने मोम को देख-देख कर बनाया। उसके ऊपर मिट्टी लगायी, ढलाई किया। उसके बाद अब वो कभी राम बनाने पर ढलाई में

रावण भी निकल जाता है। कारण, 'एक्यूरेट' नहीं बनता। कभी किसी का हाथ कहीं और होगा तो किसी की नाक खराब हो जायेगी। तो मिट्टी कभी फट गयी इधर तो उधर 'एक्सेस' पीतल आ जाता है। उसका 'डिजाइन' और भी बदल जाया करता है। 'एक्यूरेट' नहीं बन पाता। खास कर इसी काम को, इसी 'स्टेज' को मैंने खत्म करने की कोशिश की है। मेरे काम में 'डायरेक्ट कापी-टु-कापी' ढलाई आती है। यही मेरी पहचान है। मेरी इस पहचान को मेरे समाज के मेरे सारे कलाकार भाई जानते हैं। कारण, मैं जो काम करूँगा और मिट्टी लगाऊँगा वह 'एक्यूरेट' आता है और ढलाई में कम मात्रा में 'वेस्टेज' होता है। यह मेरे काम की पहचान है। इस बारे में सब लोग जानते हैं। वरना कई लोग जब मोम का काम करते हैं तब तो सुन्दर और चिकना दिखता है किन्तु ढलाई के बाद वही चीज खुरदुरी निकल आती है। कहीं पीतल भरा है तो किसी में कुछ खामी है। किन्तु मेरे काम में यह सब खामियाँ नजर नहीं आतीं। इस 'स्टेज' से आगे निकल गया हूँ मैं। 'रिसर्च' और रुचि तथा लगन के माध्यम से मैंने इसे 'डेवलप' किया है। इस चीज को मैं अन्य कलाकारों को बतलाता भी हूँ। और इस दिशा में काम हो भी रहा है। लोग कर भी रहे हैं, देख-देख कर।

शिल्पियों की समस्याओं की ओर ध्यान खींचते हुए राजेन्द्र बघेल कहते हैं[125] : यहाँ पर बेलमेटल के बहुत अच्छे-अच्छे कारीगर हैं। बारीकी से काम करने वाले हैं। राष्ट्रीय पुरस्कार से सम्मानित जयदेव बघेल जी हैं, सुखचन्द पोयाम जी हैं, पंचूराम सागर हैं। जगदलपुर के स्वर्गीय मानिक जी थे। वे खतम हो गये। सबसे पहले उन्हीं को मिला था राष्ट्रीय पुरस्कार। सौ साल पहले जो काम होता था, वह आभूषणों का काम होता था। आज तो आभूषणों का काम बहुत कम होता है। नहीं करते। लेकिन लोग उसे भूले नहीं हैं अभी। अभी भी वह काम करने वाले लोग हैं यहाँ। किन्तु उन्हें आगे बढ़ने का मौका नहीं मिल पा रहा है। मेरे कहने का मतलब यह है कि किसी कारण वे आगे नहीं बढ़ पा रहे हैं। बस्तर की आदिवासी और लोक संस्कृति को अपनी कला के माध्यम से रूपायित करने वाले लोग अभी भी हैं। जैसे जयदेव बघेल, सुखचन्द पोयाम, पंचूराम सागर, रामबिहार आदि तीन-चार लोग हैं जो बस्तर के ऊपर काम करते हैं। इनके साथ-साथ रामसिंह बेसरा, मोहन नेताम आदि दो-चार कारीगर हैं जो अभी भी आज से सौ साल पहले का काम करते हैं। ये लोग बहुत बारीकी से काम करते हैं। किन्तु एक जयदेव बघेल जी को छोड़ दें, तो बाकी लोगों की प्रगति कुछ रेखांकित करने लायक नहीं है। इन बाकी लोगों ने

पैंड़ी

125. राष्ट्रीय पुरस्कार प्राप्त घड़वा शिल्पी श्री राजेन्द्र बघेल, भेलवाँपदर पारा, कोंडागाँव (बस्तर-छत्तीसगढ़) से दिनांक 22.8.05 को हुई बातचीत।

काफी पहले प्रयास किया था। और मैं तो अभी नया हूँ। किन्तु मैंने देखा है। मेरी आँखों के सामने का काम है। इन्होंने उस समय भी बहुत काम किया था। दिल्ली-बम्बई का भी बहुत काम कर रहे थे। पैसा भी काफी कमाया है इन लोगों ने। वह तो ठीक है, लेकिन इन्हें जो सरकारी लाईन है, उसका या तो ज्ञान नहीं है या फिर ये लोग जान-बूझ कर नहीं करना चाहते। देखिये, जो निजी पार्टियाँ हैं, उनसे पैसे तो अच्छे मिल जाते हैं किन्तु पहचान और इज्जत नहीं मिलती। ये लोग सरकारी लाईन से हट कर निजी लाईन से जुड़ गये। इन्हें सरकारी लाईन दिखाने वाला कोई नहीं मिला। अभी ये लोग बुजुर्ग होने को आये किन्तु अभी तक इन्हें सरकारी मान्यता नहीं मिली। इन्हें अभी भी सरकारी लाईन दिखलाने की जरूरत है। यह बताने की जरूरत है कि सरकारी लाईन में इस तरह की बात होती है। यों मान्यता मिलती है आदि। विकास के रास्ते खुले हैं किन्तु उसकी जानकारी का होना जरूरी है। इस दिशा में हम लोगों ने अब प्रयास शुरू किया है। मेरे साथ अभी 25-30 लोग काम कर रहे हैं। हम लोग सब मिल कर काम करते हैं। जो कलाकृतियाँ हम मिल कर तैयार करते हैं, उन्हें हमारे ही बीच का कोई बाहर ले जाकर प्रदर्शित करता और बेचता है। बेचने का तो काम ही है हमारा। मैं अभी तक अपने बीच के 8-10 लोगों के नाम दर्ज करवा चुका हूँ। मुझसे जितना बन रहा है, मैं कर रहा हूँ।

ढोकरा शिल्प के नामकरण के विषय में वे कहते हैं : मैं यह कहना चाहता हूँ कि किताबों में हमारे इस शिल्प का नाम ढोकरा शिल्प आया है। किन्तु हम जब बाहर जाते हैं तब लोगों के इस प्रश्न का सामना करते हैं कि ढोकरा का अर्थ क्या है? बहुत लोगों को यह नहीं मालूम कि ढोकरा का मतलब क्या है? यह कला इतनी ख्याति प्राप्त कर चुकी है किन्तु इसके नाम के विषय में स्पष्टता नहीं है। सरकार को चाहिये कि वह इसकी जानकारी लोगों को दे। यह दरअसल ढोकरा नहीं बल्कि डोकरा शिल्प है। डोकरा का अर्थ है बूढ़ा। चूँकि यह कला काफी पुरानी है। किसी बूढ़े की तरह पुरानी है, इसलिये इसका नाम डोकरा शिल्प है जिसे ढोकरा कहा जा रहा है। बेहतर होगा कि इसका नाम बदल कर घड़वा शिल्प किया जाये या फिर डोकरा शिल्प किया जाये। ढोकरा शब्द हटाया जाना चाहिये। इसके साथ ही यह भी आवश्यक है कि इस शिल्प से जुड़े शिल्पियों को उचित सम्मान दिया जाये। स्थानीय एवं जिला प्रशासन द्वारा मान्यता दी जाये।

वे सरकारी खरीदी के विषय में कहते हैं : सरकारी खरीदी व्यापारी या मध्यस्थों की बजाय सीधे सम्बन्धित कारीगर से ही की जाये। जैसे आज मुझे फोन आया खादी ग्रामोद्योग से कि आपके यहाँ कोई सामग्री हो तो हमारी क्रय समिति खरीदी करने के लिये आयेगी। तो मैंने कहा कि हाँ, मेरे पास दो दिनों में हो जायेगा। लेकिन उनसे मैंने यह भी कहा कि आप दलालों से न खरीदें बल्कि सीधे कारीगर से खरीदें। इस पर उनका कहना है कि हम लोग कारीगरों से ही खरीदने जाते हैं किन्तु कारीगर के पास माल नहीं होता। इस पर मैंने कहा, यह सही है कि प्रत्येक कलाकार सक्षम नहीं है एक-दो दिन में कलाकृति दे पाने में। इसलिये आप 10-20 दिन पहले सूचना दें खरीदी की, ताकि हमारे कारीगर भाई कृतियाँ बना कर तैयार रख सकें। आज यहाँ आसपास 200 कलाकार हैं। उनमें से प्रत्येक एक-एक कलाकृति भी बनाता है तो 200 कृतियाँ मिल ही जायेंगी। उन्हें पैसे भी ठीक मिलेंगे। अब देखिये कि

सरकारी विभागों में लाखों रुपये के बजट होते हैं किन्तु इन कारीगरों के पास तैयार कृतियाँ नहीं मिल पाने पर वे मध्यस्थों से खरीद लेते हैं। और मध्यस्थ इसी बात का फायदा उठा लेता है। उसे पहले से ही मालूम होता है कि फलाने महीने में या फलानी तिथि को खरीदी होने वाली है। तो वह कारीगरों से सस्ते दामों में कृतियाँ खरीद कर रख लेता है और क्रय समिति को बेच देता है। यह इसलिये होता है क्योंकि मध्यस्थ की पहुँच होती है सरकारी विभागों के आला अफसरों तक। वह उनके सम्पर्क में रहता है। इससे उसे सारी बातें मालूम रहती हैं। और वह इसी आधार पर कारीगरों से सस्ते दामों में खरीद कर फिर महँगे दामों में बेच देता है। मैं नाम नहीं बताऊँगा किन्तु मेरे साथ भी ऐसा हुआ। किसी एक योजना के अन्तर्गत राष्ट्रीय पुरस्कार प्राप्त शिल्पियों से सामग्री खरीदने की बात थी। उस समय मेरे पास 12-13 मूर्तियाँ तैयार थीं। इसकी जानकारी मध्यस्थ को मिली। तो उसने मुझसे सम्पर्क किया और कहा कि मेरे पास इस तरह की बहुत अच्छी मूर्तियाँ हैं। उन्हें आप ले जायें और विभाग को बेच दें। इसका जो भी कमीशन होगा मैं आपको दे दूँगा। तो मेरे कहने का मतलब यह है कि इस तरह का गोरखधन्धा भी ये मध्यस्थ करते हैं। इस तरह की अनियमितताओं से बचने और बचाने के लिये सरकार को चाहिये कि कम-से-कम एक महीना पहले बतायें कलाकार को। उन्हें मालूम रहे कि फलाने महीने में क्रय किया जाता है। इससे कलाकार सामग्री तैयार रखेगा। वे क्रय कर के ले जायें। इससे सरकार को भी फायदा होगा और कलाकारों को भी। यदि 1000 की मूर्ति वे कलाकार से खरीदते हैं तो वही मूर्ति मध्यस्थ से वे 2000 में लेते हैं। इस तरह सरकार का घाटा है। इस तरह की खरीदी में सरकारी विभागों के अधिकारियों और कर्मचारियों की भी मिलीभगत होती है। जब एक दलाल अपने संग्रह की चीजें मेरे या मेरे जैसे ही अन्य राष्ट्रीय पुरस्कार प्राप्त कलाकारों के माध्यम से सरकारी विभाग को बेचने की बात कर सकता है तो वह अधिकारियों से भी कह सकता है कि आप हमसे हजार रुपये की चीज खरीदो और इसमें हम आपको व्यक्तिगत कमीशन देंगे। अभी 70-80 लाख रुपये की कलाकृतियाँ खरीदी गयी हैं सरकारी विभाग द्वारा। तो निश्चित ही इसमें भी कमीशन दिया गया है। तो वो कमीशन खा रहे हैं अधिकारी गण। कला के क्षेत्र में भी कमीशनखोरी!

यही सब चीजें न हों। दलालों को फायदा न हो बल्कि सीधे कलाकारों को ही फायदा हो; इसी बात को ले कर यहाँ दो संस्थायें बनी थीं। एक तो पहले सहकारी शिल्प समिति और एक संस्था बनी पारम्परिक बस्तर शिल्पी परिवार। ये दोनों ही संस्थायें पूरी तरह से शिल्पियों की ही संस्थायें थीं। अभी ये दोनों संस्थायें अस्तित्व में हैं या नहीं, या इनसे कुछ काम हो पा रहा है या नहीं? इस प्रश्न पर राजेन्द्र बघेल कहते हैं : अभी ये दोनों ही संस्थायें बन्द की स्थिति में हैं। न ही इनके पास बजट है और न ये किसी कलाकार की कोई सहायता ही कर रही हैं। इन दोनों ही संस्थाओं को पुनर्जीवित करना आवश्यक है। हम सभी कलाकार फिर से एकजुट हो कर इन संस्थाओं को जीवन-दान दें तो आज जो फायदा मध्यस्थों को हो रहा है वह थम जायेगा। वह फायदा सीधे हमें, हमारे कलाकार भाइयों को होगा। कलाकारों की मुख्य समस्या है, आर्थिक। पूँजी की कमी के कारण ही वे भरपूर काम नहीं कर पाते। थोड़ा-मोड़ा सामान बनाते हैं। उन्हें हर हफ्ते पैसे चाहिये। बहुत लोगों के पास, 80 प्रतिशत लोगों के पास

खेती-बाड़ी नहीं है। रोज काम करते हैं, रोज बेचते हैं और आजीविका चलाते हैं। तो इन्हें सहायता दे सरकार। विकास आयुक्त (हस्तशिल्प) द्वारा कलाकारों को आई कार्ड दिये गये हैं। उनकी ओर से एक कलाकार को एक ही बार प्रदर्शनी में भाग लेने का मौका दिये जाने की बात है। यहाँ तो दो-तीन सौ से अधिक कलाकार हैं। इस तरह एक कलाकार को एक वर्ष में केवल एक ही मौका मिलता है। अब सवाल यह उठता है कि वर्ष में एक बार बेच कर बाकी दिन क्या खायेगा वह कलाकार?

राजेन्द्र बघेल घड़वा समाज के साथ जुड़ी विडम्बना के विषय में कहते हैं : उस समय घड़ने का काम होता था। यह हाथ से घड़ने का काम था, इसलिये इस काम से जुड़े लोगों को घड़वा कहा गया। घड़वा हम लोगों की कोई जाति नहीं है। हम लोग यहीं के हैं। हमारे पूर्वज इस काम को करने लगे, इसलिये वे घड़वा कहलाये। घड़ रहा है, इसलिये घड़वा। लेकिन अभी भी हम लोगों को घसिया कहते हैं। हममें से कई लोग अपनी जाति घसिया लिखवाते हैं। तो वो हरिजन में आते हैं यहाँ पर अभी। जो घसिया हैं, वो लोग यह काम नहीं करते थे। पीतल आदि का, घड़ने का काम नहीं करते थे वे। लेकिन हम लोग काम करते थे घड़ने का, इसलिये हमें घड़वा कहा जाता था। घड़ने का काम। हम लोगों की जाति, हम लोगों के पूर्वज यहीं से हैं। हमारे पूर्वजों में से किसी ने घड़ने का काम चालू किया होगा। तो उस समय से उन्हें उनके घड़ने के काम के कारण घड़वा कह दिया गया। मेरे कहने का मतलब यह है कि बहुत से लोगों की जो धारणा है कि घसिया और घड़वा एक ही जाति है, यह सही नहीं है। जो पूर्वज यहाँ पर आये, वे राजा-महाराजा के यहाँ घास काटते थे। उन्हें घसिया कहा जाता था। लेकिन हमारा काम घड़ने का है, इसलिये हमें घड़वा कहा जाता है। घड़वा को माड़ में गडवा भी कहते हैं। अभी भी अपने प्रान्त में गडवा कहा जाये तो आदिवासियों में परिगणित हैं, घड़वा कहने पर पिछड़ा वर्ग में गिनती होती है और घसिया लिखवाने पर हरिजन में सम्मिलित होते हैं। इस तरह हम लोग तीन भागों में बँट गये हैं। यह बात हमारे लिये बहुत कठिन हो गयी है कि हम लोग अपने-आपको किस वर्ग में गिनें? घड़वा लिखवाने पर पिछड़ा वर्ग में सम्मिलित किये गये। और यहाँ जो हम लोग माड़ के हैं, हमारे पूर्वज माड़ के हैं। वहाँ आदिवासी लोग घड़वा को गडवा कहते हैं। 'घड़ुकलाय जानेसे ना, गडवा आय'[126]। तो उस हिसाब से हम लोग आदिवासी में परिगणित होते हैं। लेकिन यहाँ हम लोग पूरी तरह से दिग्भ्रान्त हो गये हैं। मतलब यह कि हम अपनी जाति घड़वा लिखें, घसिया लिखें या कि गडवा? समझ में नहीं आ रहा है। लेकिन यह सही है कि हमारे जो पूर्वज थे, वे घड़ने का ही काम करते रहे हैं।

जातीय भाषा

लोहार, पनका और चँडार जाति की ही तरह गड़वा या घड़वा समाज की भी जातीय भाषा है। इस जातीय भाषा को वे 'फारसी' कहते हैं। इसके विषय में पंचूराम सागर बताते हैं[127] : हमारे समाज की कूट भाषा भी है जिसे हम 'फारसी' के नाम से जानते हैं। यह हमारी जातीय भाषा

126. घड़ुकलाय जानेसे ना, गडवा आय : घड़ना जानता है जी, (वह) गडवा है।

127. राष्ट्रीय पुरस्कार प्राप्त घड़वा शिल्पी श्री पंचूराम सागर से दिनांक 21.08.05 को हुई बातचीत।

है जिसे हम गुप्त रखते हैं और जो विशेष परिस्थिति में हमें बचाने के लिये प्रयोग में लायी जाती है। यह कुछ इस तरह है :

फारसी	हल्बी	हिन्दी
झिला	मनुक	पुरुष
झिलिन	बायले/डवकी/मेहरार	महिला
गासरेसे	एयसे	आ रहा है/आ रही है
झिला गासरेसे	मनुक एयसे।	आदमी आ रहा है।
झिलिन गासरेसे	डवकी/बायले/मेहरार एयसे।	महिला आ रही है।
चिवलेसे	जायसे	जाता है/जाती है।
झिला चिवलेसे	मनुक जायसे।	आदमी जा रहा है।
तिगेसे	दखेसे	देख रहा है।
टोटकारेसे	गोठयायसे	बात कर रहा है/रही है।
ए झिलिन टोटकारेसे।	ए डवकी/बायले/मेहरार गोठयायसे।	यह महिला बात कर रही है।
खुलकावा	लुकावा	छिपाओ
गासरेसे, खुलकावा।	एयसे, लुकावा।	आ रहा है, छिपाओ।
फिराती	राती	रात
फिराती गासरेदे	राती एयदे	रात को आयेगा/आयेगी।
पखली	कुकड़ी	मुर्गी
पखला	कुकड़ा	मुर्गा
मेमची	बोकड़ी	बकरी
मेमचा	बोकड़ा	बकरा
खुड़ेल	डोकरा	बूढ़ा
खुड़ेलिन	डोकरी	बुढ़िया
लिचका	पिला/लेका	बच्चा/लड़का
लिचकी	लेकी	लड़की
निरवा	पानी	पानी
खेटाल	भात	भात
हरयारी	साग	साग
खिंयास	मास	मांस
लउद	बैला/भैंसा	बैल/भैंस
खिड़ला	बरहा	सुअर

लौह शिल्प

बस्तर के कई लौह शिल्पियों से बातचीत में यही बात उभर कर आयी कि सर्वप्रथम लोहे का उपयोग आखेट करने और आत्मरक्षा के लिये अस्त्र-शस्त्र बनाने में हुआ। इसके बाद बारी आयी घरेलू और कृषि प्रयोजनों के लिये लोहे से बने उपकरणों के प्रयोग की। फिर देवी-देवताओं के पूजन में उपयोगी वस्तुएँ भी इससे बनने लगीं और शान्ति-काल में संगीत तथा विवाह आदि संस्कारों में भी उपयोग हेतु इससे विविध प्रकार के उपकरण बनाये जाने लगे। लोहे को बस्तर में दुर्गा यानी शक्ति का अन्य रूप भी इसीलिये माना जाता रहा है क्योंकि यह संहारक होता है। शक्तिशाली होता है। लोहे से बने आभूषण पहनने का भी रिवाज रहा है। लोहे के आभूषण प्रायः तान्त्रिक और वैज्ञानिक कारणों से पहने जाते रहे हैं। लोहे की बालियाँ बिजली (गाज), जिसे बस्तर के हल्बी-भतरी परिवेश में 'बिज (बीज)' कहा जाता है, की प्रतिरोधी मानी जाती रही हैं। आज भी जब बिजली कड़कती है तब गाँवों में घर के आँगन या छत पर लोहे के कोई भी उपकरण या लोहे का टुकड़ा फेंकने की प्रथा है। लोक विश्वास है कि इससे गाज का असर आसपास नहीं होता।

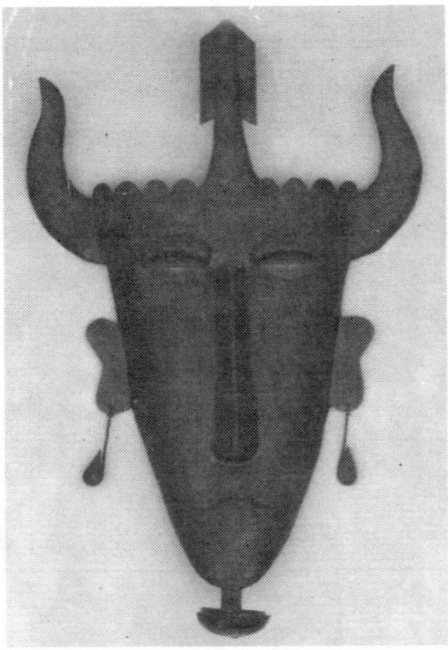

मुहड़ा (मुखौटा)

इसी तरह लोहे का 'सुता' विवाह के समय वर-वधू को बुरी दृष्टि और जादू-टोने के कुप्रभाव से बचाने के लिये पहनाने का चलन रहा है, तो लोहे के केश-काँटे सिर की पीड़ा से बचे रहने के उद्देश्य से महिलायें पहनती रही हैं। लोहे से बनी मुँदी (मुद्रिकाएँ) और कड़े भी बस्तर में प्रचलित रहे हैं। इनके पीछे भी तान्त्रिक कारण है। 'लोहा-गुआ (लोहे का मल)' की कीलें 'अमुस (हरियाली)' त्योहार पर प्रत्येक घरों की देहरी पर लोहारों द्वारा ठोंके जाने के पीछे भी भूत-प्रेत से परिहार ही मुख्य उद्देश्य रहा है[1]। यह भी धारणा है कि सावन के महीने में टोनही अपने आराध्य देवता या देवी को जागृत करती है तथा अपनी अनिष्टकारी तान्त्रिक प्रक्रिया का मार्जन करती है। जिसके घर 'कच्च पींग (लोहे का मल)' की कील दरवाजे पर गड़ी

1. स्रोत : लौह एवं काष्ठ शिल्पी धरमूराम लोहार, दहीकोंगा (बस्तर-छ.ग.) से 1987 में हुई बातचीत।

होती है, वहाँ वह प्रवेश नहीं कर पाती। यही कारण है कि गाँव का लोहार प्रत्येक घर के दरवाजे पर लौह-मल (लोहागुआ या कच्चपींग) से बनी कील ठोंकता है[2]। यह प्रथा आज भी जारी है। जैसा कि विभिन्न लौह शिल्पी बताते हैं, बस्तर में लोहा बाजार से नहीं खरीदा जाता था बल्कि पहाड़ी से लौह-अयस्क ला कर देसी तरीके से उसमें से लोहा निकाला जाता था। किन्तु लौह-अयस्क से देसी तरीके से लोहा निकालने की प्रक्रिया काफी जटिल और समय लेने वाली होती थी। जितनी मेहनत लगती थी उसके अनुपात में लोहा कम ही निकलता था। यही कारण है कि अब लोग पहाड़ी से लौह अयस्क ला कर उसमें से लोहा निकालना पसन्द नहीं करते। बाजार से खरीद लेना इन्हें अधिक सुगम और सरल लगता है। यही कारण है कि अब लौह शिल्पियों की नयी पीढ़ी लोहा निकालने की पारम्परिक पद्धति को भूल चुकी है। मध्य प्रदेश शासन के तुलसी सम्मान से विभूषित सुप्रसिद्ध एवं वरिष्ठ लौह शिल्पी चमरू राम बघेल[3] इस पारम्परिक पद्धति के लुप्त होते जाने और नयी पीढ़ी की इस पद्धति के प्रति विरक्ति को ले कर चिन्ता व्यक्त करते हैं।

लौह शिल्प के पारम्परिक उत्पादों को हम निम्न प्रमुख 6 वर्गों में बाँट सकते हैं। ये हैं :

(अ) घरेलू एवं कृषि उपकरण

(ब) देव-पूजन के उपकरण

(स) अस्त्र-शस्त्र

(द) वाद्य-यन्त्र

(य) सांस्कारिक सामग्री

(र) शृंगारिक वस्तुएँ

शिल्प के पारम्परिक उत्पाद

(अ) घरेलू एवं कृषि उपकरण

कुदारी : मिट्टी खोदने के काम आने वाला यह उपकरण 'कुदारी' कहलाता है। हिन्दी में इसे 'कुदाली' कहते हैं।

कडरी : 'कडरी' यानी छुरी। कडरी के विभिन्न प्रकार होते हैं। इनसे सलफी के डोंडा यानी फूल को बड़ी ही कोमलता के साथ काटने से ले कर सब्जी काटने तक का काम लिया जाता है।

कडरा : 'कडरी' यानी छुरी का बड़ा रूप होता है 'कडरा', अर्थात् छुरा। घरेलू उपयोग के अलावा यह आत्मरक्षा एवं आखेट के काम में भी आता रहा है।

कुस : मिट्टी खोदने के काम आने वाला यह 'कुस' सब्बल का छोटा रूप है।

साबल : गड्ढे खोदने के लिये यह 'साबल (सब्बल)' काम में लाया जाता है।

बारस : यह लकड़ी छीलने के काम आता है और बढ़ईगिरी का आवश्यक उपकरण है।

2. स्रोत : डॉ. रामसेवक शुक्ल, नारायणपुर (बस्तर-छ.ग.) से 1984 में हुई बातचीत।

3. मध्य प्रदेश सरकार के तुलसी सम्मान से विभूषित सुप्रसिद्ध लौह शिल्पी श्री चमरू राम बघेल, ग्राम : किड़ई छेपड़ा, पो. : पलारी, तहसील : कोंडागाँव (बस्तर-छ.ग.) से दिनांक 30.09.05 को हुई बातचीत।

गोली : यह ईंट जोड़ाई में जोड़ाई की सीध देखने के काम आने वाला उपकरण है।

फार : 'फार (फाल)' धारदार उपकरण है जिसे 'नाँगर (हल)' के निचले सिरे पर लगाया जाता है।

टँगेया (टयँगा): कुल्हाड़ी का स्थानीय नाम है 'टँगेया (या टयँगा अथवा टँगिया)'। यह लकड़ी काटने/चीरने के काम आता है।

कुढ़ार : यह 'टँगेया' का बड़ा रूप है। यह भी लकड़ी काटने/चीरने के काम आता है।

रापा : यह फावड़ा का स्थानीय नाम है।

कोड़की : गोड़ाई करने के काम आने वाला यह उपकरण 'कोड़की' कहलाता है।

चिमटा : लोहे से बना यह 'चिमटा (चिमठा)' रसोई के उपयोग में आता है।

चूल्हा : यों तो मिट्टी के चूल्हे ही आम तौर पर काम में लाये जाते हैं किन्तु लोहे से बना यह चूल्हा भी आकस्मिक उपयोग में लाया जाता है।

झारा : विवाह आदि के अवसर पर 'बोबो (रोटी)' भूँजने (भूनने) के काम आता है।

सोली : लोहे या टिन से बना यह मापक उपकरण है। इसमें लगभग आधा किलो अनाज आता है।

पयली : लोहे या टिन से बना यह मापक उपकरण है। इसमें लगभग दो किलो अनाज आता है।

पावँसी/पाँवसी: यह एक प्रकार की छुरी है। हल्बी-भतरी परिवेश में इसे 'पावँसी' या 'पावँसी छुरी' तथा छत्तीसगढ़ी परिवेश में 'पनकी' या 'पहँसुल' कहा जाता है।

निही : यह लोहार कारीगरों का औजार है।

रोखी रेंदा/रेंदा: यह बढ़ईगिरी का औजार है। इससे लकड़ी चिकनी बनायी जाती है।

बिंधना : यह औजार बढ़ईगिरी का है तथापि ग्रामीण अंचल में यह लगभग सभी के घर में पाया जाता है। लकड़ी में छेद करने के काम आता है।

हँसेया/ईरा : सब्जी काटने के काम में आने वाला यह उपकरण 'हँसेया' या 'हँसिया' कहलाता है। इसे 'ईरा' भी कहा जाता है।

कुसनी : 'कुस' यानी छोटे सब्बल का ही अति लघु रूप है यह 'कुसनी'।

दातकाटा हँसेया : धान आदि फसलों के पौधों को उसके ऊपरी हिस्से से काटने के लिये उपयोग में लाये जाने वाले इस उपकरण में दाँत बने होते हैं। इसी कारण यह 'दात काटा हँसेया (हँसिया)' कहलाता है।

कोड़का : यह उपकरण धान की मिंजाई के समय काम आता है। धान के पौधे से झड़ने से बचे धान की बालियों को छाँटने के लिये इसका उपयोग होता है।

मुसर मुहटा/
साम : लोहे से बना यह उपकरण 'मुसर' यानी मूसल के निचले सिरे पर लगा होता है।

चाटू : लोहे से निर्मित यह चाटू यानी चमचा भोजन पकाने का ही एक उपकरण है।

दार चाटू : दाल निकालने के काम आने वाला यह 'दार चाटू (दाल चमचा)' गहराई लिये होता है।

बेला/डुआ : 'बेला' या 'डुआ' नाम से जाना जाने वाला यह उपकरण 'पेज' अथवा पानी निकालने के लिये उपयोग में लाया जाता है।

सरोता : आम काटने के काम आने वाला सरौता।

काँड खिला : लोहे से बना यह खीला या कील 'काँड खिला' कहलाता है। कारण, इसे घर के 'काँडा' यानी 'राफ्टर' में ठोंका जाता है।

(ब) देव-पूजन के उपकरण

गाँज : इस नोकीले 'गाँज' पर देवी पट लेट कर अपनी प्रसन्नता प्रकट करती है।

काटा मुँदरा : देवी-देवताओं द्वारा इससे अपने शरीर पर प्रहार किया जाता है। यह उनके खेल की सामग्री है। चूँकि इसमें काँटे होते हैं इसलिये इसे 'काटा मुँदरा' कहा जाता है।

सिंगारी मुँदरा : 'सिंगारी मुँदरा' से भी देवी-देवताओं द्वारा अपने शरीर पर प्रहार किया जाता है, किन्तु इसमें काँटे नहीं होते। यह भी उनके खेल की सामग्री है।

काटा कुरची (देव कुरची) : लोहे की कीलों से युक्त यह काँटेदार कुर्सी देवी का आसन होती है। इसे 'काटा कुरची' या 'देव कुरची' भी कहा जाता है।

काटा झुलना : लोहे की कीलों से युक्त इस झूले पर देवी बैठ कर झूलती हैं।

देव खटऊ : लोहे की कीलों से युक्त यह खड़ाऊँ देवता द्वारा पूजा के समय पहना जाता है।

बाजूबँद : लोहा, गिलट या चाँदी से बना बाजूबन्ध देवताओं के लिये होता है। पूजा के अवसर पर इसे देवता पहनते हैं।

देव मकुट : लोहा, गिलट या चाँदी से बना यह मुकुट देवताओं के लिये होता है, जिसे वे पूजा के समय पहनते हैं।

तिरसुल : यह देवी का अस्त्र होता है, जिसे ले कर वह नृत्य करती है। कई बार वह इसे अपनी जीभ के आर-पार भी कर लेती है। यह देवी-देवताओं को भेंट-स्वरूप चढ़ाया जाता है।

बरछी देवी-देवताओं को भेंट-स्वरूप चढ़ायी जाती है। प्रमुखतः राव देव को।

भाला देवी-देवताओं को भेंट-स्वरूप चढ़ाया जाता है। प्रमुखतः राव देव को।

(स) अस्त्र-शस्त्र

काँड : 'काँड' यानी तीर। बस्तर में आत्मरक्षा एवं आखेट के लिये अन्य किसी भी हथियार की अपेक्षा 'काँड' यानी तीर अधिकांशतः उपयोग में आता रहा है।

भाला : यह आत्मरक्षा एवं आखेट के लिये उपयोग में लाया जाता रहा है। देवी-देवताओं की पूजा में भी इसे चढ़ौत्री के रूप में चढ़ाया जाता रहा है।

बरछी : बरछी भी आत्मरक्षा एवं आखेट के लिये उपयोग में लायी जाती रही है। देवी-देवताओं की पूजा में भी यह चढ़ौत्री के रूप में अर्पित की जाती रही है।

खाँडा : यह तलवार का स्थानीय नाम है। यह भी आत्मरक्षा एवं आखेट के लिये उपयोग में लाया जाता रहा है। देवी-देवताओं की पूजा में भी इसे चढ़ौत्री के रूप में चढ़ाया जाता रहा है।

टँगेया : कुल्हाड़ी का स्थानीय नाम है 'टँगेया' (या 'टयँगा' अथवा 'टँगिया')।

फरसा : परशु का स्थानीय नाम है फरसा। यह आत्मरक्षा एवं आखेट के लिये उपयोग में लाया जाता रहा है। देवी-देवताओं की पूजा में भी इसे चढ़ौत्री के रूप में चढ़ाया जाता रहा है।

फरसी : 'फरसा' का लघु रूप है 'फरसी'। यह भी आत्मरक्षा एवं आखेट के लिये उपयोग में लायी जाती रही है। देवी-देवताओं की पूजा में भी इसे चढ़ौत्री के रूप में चढ़ाया जाता रहा है।

बंडा : बंडा नामक यह अस्त्र भी आत्मरक्षा एवं आखेट के लिये उपयोग में लाया जाता रहा है।

टँगली : 'टँगिया' यानी कुल्हाड़ी का लघु रूप है 'टँगली'। यह प्रायः आत्मरक्षा के लिये प्रत्येक वनवासी के कन्धों पर, जब वह घर से बाहर जाता है, झूलता रहता है।

धरनी कडरी : यह है तो छुरी ही किन्तु इसे गोंड जनजाति के पुरुष प्रायः सदैव अपनी कमर से खोंसे रहते हैं। यह दिखने में बहुत ही कलात्मक होती है और आत्मरक्षा में सहायक।

(द) वाद्य-यन्त्र

नँगारा : 'नँगारा' यानी नगाड़ा। यह वाद्य प्रायः देवताओं की पूजा तथा मँडई (मेले) के अवसर पर ही बजाया जाता है। इसके वादक होते हैं गाँडा/ माहरा जाति के लोग।

चिटकोली : मँजीरानुमा यह लोकवाद्य 'चिटकोली' गोंड जनजाति की मुरिया शाखा में पाया जाता है। इसे गीत एवं नृत्य के समय युवतियाँ बजाती हैं।

झुमका बड़गी : यह भी एक लोक वाद्य है तथा गोंड जनजाति की ही मुरिया एवं गोंड शाखा में प्रचलित है। इसे नृत्य करते समय युवतियाँ लाठी की तरह ठकठकाती हैं। इससे मधुर संगीत उभरता है। यह 'झुमका बड़गी' के अलावा 'गुजरी बड़गा', 'झुमका बड़गा' तथा 'तिरडुड्डी' भी कहलाता है।

(य) सांस्कारिक सामग्री

खुट दिया : 'खुट दिया' नामक यह दीप-स्तम्भ मुरिया एवं अन्य जातियों में विवाह के अवसर पर मण्डप के नीचे रखा जाता है। इसकी साक्षी में विवाह सम्पन्न होता है।

सुता : गले के निचले हिस्से की गोलाकार हड्डी को 'सुता हाड़ा' कहा जाता है। इसी आकार का और इसी के पास पहना जाने वाला यह आभूषण इसी कारण 'सुता' कहलाता है। गोंड जनजाति का तो यह प्रिय तथा मांगलिक आभूषण है ही, इसके साथ ही, गोंड जनजाति के अलावा कलार, पनारा एवं अन्य जातियों में भी विवाह के समय वर एवं वधू दोनों को ही यह पहनाया जाता है। पहले यह लोहे से बना होता था फिर आया बेलमेटल से बने सुता का चलन और अब यह आभूषण गिलट या चाँदी का बना होता है। लोहे से बने सुता पहनने के पीछे धारणा थी कि इसे पहनने पर जादू-टोने के कुप्रभाव से बचा जा सकता है।

लामन दिया : 'खुट दिया' नामक दीप-स्तम्भ के अलावा 'लामन दिया' नामक यह दीप भी मुरिया एवं अन्य जातियों में विवाह के अवसर पर मण्डप के नीचे रखा जाता है। इसकी साक्षी में विवाह सम्पन्न होता है।

गड़ली दिया : 'खुट दिया' और 'लामन दिया' नामक दीप-स्तम्भों के अलावा 'गड़ली दिया' नामक यह दीप भी मुरिया एवं अन्य जातियों में विवाह के अवसर पर मण्डप के नीचे रखा जाता है। इसकी साक्षी में विवाह सम्पन्न होता है। बहुत महँगा होने के कारण अब इसका प्रचलन प्रायः नहीं रहा है।

(र) श्रृंगारिक वस्तुएँ

मुंदी : लोहे की मुँदी (मुद्रिकाएँ) स्त्री एवं पुरुष दोनों ही धारण करते रहे हैं।

केस-काटा : केश विन्यास के काम आने वाला 'केस-काटा' महिलाओं के उपयोग की सामग्री रही है।

उद्‌भव एवं विकास

लौह शिल्प का उद्‌भव कैसे और कब हुआ, इस सम्बन्ध में राष्ट्रीय पुरस्कार प्राप्त सुप्रसिद्ध लौह शिल्पी सोनाधर विश्वकर्मा[131] बताते हैं : पाषाण युग की बात है। तब आदिमानव पत्थर के अस्त्र-शस्त्र और औजार से काम चलाता था। हमेशा की तरह उस दिन भी आदिमानव जंगल के भीतर आखेट करने निकल पड़ा था। जंगल में एक खुट[132] था। उस खुट पर दीमक

131. राष्ट्रीय पुरस्कार प्राप्त लौह शिल्पी श्री सोनाधर विश्वकर्मा, ग्राम : कुसमा, पो. : बम्हनी, तहसील : कोंडागाँव, जिला : बस्तर, छत्तीसगढ़ से अप्रैल 2003 में हुई बातचीत।

132. खुट : पेड़ की ठूँठ।

लगा था। आदिमानव पत्थर का औजार ले कर शिकार करने निकला था। तभी उसकी निगाह उधर से गुजरते एक हिरन पर पड़ी। उस आदिमानव ने उसे देखा और उसने उस पर अपने पत्थर के शस्त्र से प्रहार किया। वहीं हिरन और उस आदिमानव के बीच वही खुट था, जिस पर दीमक का टीला बन गया था। पत्थर का औजार उसी टीले के ऊपरी भाग को छूता हुआ हिरन को जा लगा। हिरन वहीं पर गिर पड़ा। इसी के साथ टीले का कुछ भाग भी उस पत्थर के औजार से कट कर गिर पड़ा। तभी उसने देखा कि टीले के गिरने से वहाँ बिल बन गया है और वहाँ एक चूहा जा घुसा है। तब उसने चूहे के लालच में पत्थर का टुकड़ा उठा कर उस बिल के मुहाने पर रख दिया ताकि चूहा उस बिल से बाहर न निकल भागे, और हिरन को उठा ले गया अपनी गुफा में। कुछ दिनों बाद वह फिर शिकार के लिये निकला। उसे याद था कि उस बिल में चूहा घुसा हुआ है। उसने सोचा कि आगे क्यों जाया जाये, क्यों न आज उसी चूहे का शिकार किया जाये। यह सोच कर उसने उस बिल के मुहाने से पत्थर हटाया और उसमें लकड़ी-पत्ते आदि के सूखे टुकड़े डाल कर आग लगा दी और हवा करने लगा। इससे आग भड़क गयी। आग तेज होने पर ऊपर रखा पत्थर गल गया और पेड़ की ठूँठ जड़ सहित जल गयी। इस तरह उस पत्थर ने गल कर उस ठूँठ की जड़ का स्थान ले लिया। इस तरह पहली बार लोहे से आदिमानव का साक्षात्कार हुआ। यही कारण है कि आज भी हम लोग जिस विधि से पत्थर से लोहा निकालते हैं, उसमें उपयोग में आने वाले निचले हिस्से को 'घाना खुट' कहा जाता है। लोहा निकालने की प्रक्रिया इसी घटना के साथ ही शुरू हुई। 'दिया (दीया)' को हम लोगों ने इसीलिये 'दिया (दीया)' कहना शुरू किया क्योंकि इसी ने हमें प्रकाश उत्पन्न करने और लोहा निकालने का ज्ञान दिया। इसीलिये यह उपकरण 'दिया (दीया)' कहलाया। और यही कारण है कि हम पूजा के समय दीया जलाते हैं। हमें देख कर अन्य लोगों ने भी हमारा अनुसरण किया और हर घर में दीया जलाया जाने लगा। इस तरह दीया प्रकाश के साथ-साथ ज्ञान का भी प्रतीक बन गया। हमारे पूर्वजों ने इस दीये को 'खुट दिया' कहा। कारण, आदिमानव जंगल में रहते थे और 'खुट' में दीया जलाया जाता था। फिर जब लोहे से आदिमानव का साक्षात्कार हुआ तो उसने पहले तीर-कमान, भाला-बरछी आदि अस्त्र-शस्त्र बनाये। कृषि युग में नाँगर-फार, रापा-गैंती, कोड़की आदि कृषि उपकरण बनाने लगा। इसी तरह घरेलू उपकरण यथा चाटू, छुरी, चिमठा, कड़ाही आदि भी बनाने लगे। फिर एक समुदाय ही लोहे का काम करने वाला हो गया, जिसे कालान्तर में लोहार कहा गया।

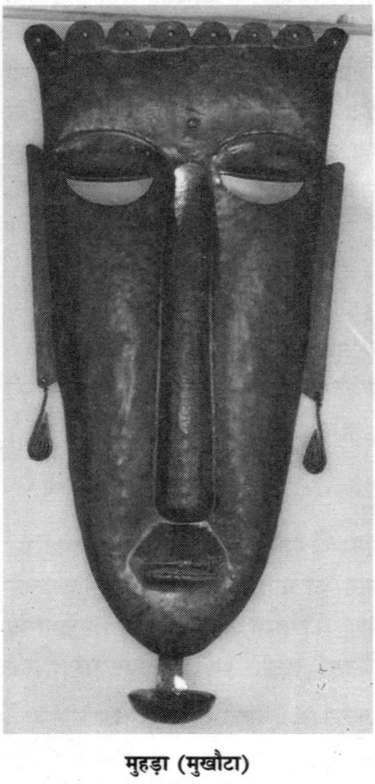

मुहड़ा (मुखौटा)

लौह शिल्प के उद्भव और विकास-यात्रा से सम्बन्धित एक मिथक अपने पूर्वजों के हवाले से लौह शिल्पी सुकनाथ विश्वकर्मा[133] भी बतलाते हैं : देवी दुर्गा माँ के द्वारा भैंसासुर[134] को मारने पर सारे देवी-देवता प्रसन्न हो गये। सारे देवी-देवता दुर्गा माँ के पास गये और अपनी प्रसन्नता व्यक्त करते हुए उनसे वरदान माँगा। तब देवी दुर्गा ने किसी को तिरसुल[135], किसी को तलवार और किसी को घोड़ा आदि दिये। इसी तरह उन्होंने सब को कुछ-न-कुछ दिया। यही कारण है कि देवी को लोहे के हथियार अर्पित किये जाते हैं और बस्तर में लोहे को भी देवी दुर्गा का अवतार माना जाता है। इसी दिन से हम लोगों (लोहारों) ने भी ये सारी चीजें बनाने का प्रयास किया। हम इसके साथ-साथ खेती और विवाह आदि के लिये भी सामान बनाने लगे।

इसी सन्दर्भ में सुकनाथ विश्वकर्मा एक और मिथकथा बतलाते हैं : पहले आदम लोग लकड़ी और पत्थर से शिकार करते थे। उस समय जंगल बहुत घना था। उस समय अनाज नहीं था। शिकार कर के जीते थे। कई दिन, कई साल बीत गये। पत्थर से शिकार करते-करते एक दिन किसी एक जानवर को मारते हुए दोनों पत्थरों में टक्कर हो गयी तो वहाँ से आग निकली। वहीं पर काफी लकड़ी सूखी पड़ी थी चट्टान के ऊपर। सूखी लकड़ी पा कर आग भड़क गयी। इससे चट्टान गलने लगी। गलने के बाद कोई चीज नीचे गिर कर सूख गयी। कुछ दिनों बाद वह व्यक्ति जब पुनः उधर गया तो उसने वह चीज देखी और उत्सुकतावश उसे पत्थर से तोड़ कर उठा लिया और कुछ विचार कर वहीं आग जलायी और उस टुकड़े को उस आग में तपाया। उसने देखा कि इससे वह वस्तु तप कर लाल हो गयी है। उसने उसे लकड़ी के सहारे खींचा और पत्थर से पीटने लगा। इससे उस वस्तु के आकार में परिवर्तन हुआ। इससे उसने सोचा कि यह वस्तु तो उसके काम की है। यानी यह वस्तु किसी औजार के रूप में उपयोगी हो सकती है। इससे उसने उस चट्टान के ऊपर फिर से आग लगा दी। फिर देखा कि उसी तरह की वस्तु फिर से निकली है। वह बहुत प्रसन्न हो गया और पत्थर से ही पीट-पीट कर उसने दूसरा औजार बनाया। इस तरह धीरे-धीरे उसने कई औजार बनाये।

मुहड़ा (मुखौटा)

समय के साथ वह, और फिर बाद में उसका परिवार, उस

133. लौह शिल्पी श्री सुकनाथ विश्वकर्मा, ग्राम : किड़ई छेपड़ा, पो. : पलारी, तहसील : कोंडागाँव, जिला : बस्तर, छत्तीसगढ़ से दिनांक 02.03.04 को हुई बातचीत।

134. भैंसासुर : महिषासुर।

135. तिरसुल : त्रिशूल।

कार्य से जुड़ता चला गया। और लोग भी उससे उसी तरह की वस्तुओं की माँग करने लगे। वह और उसका परिवार इसी कार्य से पूरी तरह जुड़ गये। औजारों के साथ-साथ घरेलू उपकरण भी बनने लगे। फिर जब कृषि युग आया तो कृषि-उपकरण बनाने लगे। चूँकि वे लोग लोहे के काम से जुड़े थे इसलिये वे लोहार कहलाये। कृषि युग में भी चूँकि वे लोग गाँव के अन्य लोगों की आवश्यकताओं की पूर्ति में ही लगे रहे इसलिये वे अपनी खेती के लिये समय नहीं दे सके। इस तरह वे भूमिहीन रह गये।

लौह शिल्प का उद्भव कैसे हुआ, इस सम्बन्ध में गागरा[136] कहते हैं : यह तो मुझे नहीं पता कि लौह शिल्प की उत्पत्ति कैसे हुई। कारण, मैंने कोई ग्रन्थ नहीं पढ़ा है। हो सकता है किसी ग्रन्थ में इसका उल्लेख हो। मुझे इसके विषय में नहीं मालूम। लेकिन जब जंगल-झाड़ी थी, तब हमारे लोहार लोग लोहा को पहचानते थे। अभी भी पहचानते हैं। इसी पहाड़ में लोहे का पत्थर है। इसमें दोनों किस्म के पत्थर हैं। अँडरा[137] भी और माई[138] भी। पत्थर भी मनुष्य जैसे ही होते हैं। अँडरा पत्थर जो होता है उसमें गुहा[139] अधिक नहीं निकलता बल्कि लोहा अधिक मिलता है जबकि माई पत्थर में गुहा अधिक निकलता है और लोहा कम मिलता है। अँडरा माने फुरसा[140]। अँडरा पत्थर काला-सा दिखता है और माई पत्थर थोड़ा फीका दिखता है। माई में पत्थर अधिक होता है, लोहा कम।

केसकाटा

लौह शिल्प के आरम्भिक चरण के विषय में लौह शिल्प के क्षेत्र में मध्यप्रदेश शासन के तुलसी सम्मान से विभूषित सुप्रसिद्ध लौह शिल्पी चमरू राम बघेल[141] कहते हैं : पहले तो हमारे बाप-दादा जंगल से कोयला लाते थे। पहाड़ से पत्थर निकाल कर लाते थे। उस समय घाना बना कर, उस घाना में पत्थर और कोयला डाल कर लोहा निकाला करते थे। लोहा निकाल कर हमारे बाप-दादा विभिन्न किस्म के उपकरण आदि बनाया करते थे। किसान भाइयों के लिये 'टयँगा-कोड़की'[142], माटी देव के लिये 'कडरी-फरसी'[143] आदि

136. लौह एवं काष्ठ शिल्पी श्री गागरा, ग्राम : देउरगाँव, पो. : बस्तर, तहसील : जगदलपुर, बस्तर-छत्तीसगढ़ से दिनांक 26.04.04 को हुई बातचीत।

137. अँडरा : पुरुष। इसे 'फुरसा' भी कहा जाता है।

138. माई : स्त्री।

139. गुहा : मैल। अन्य उच्चारण 'गुआ'।

140. फुरसा : पुरुष।

141. मध्य प्रदेश सरकार के तुलसी सम्मान से विभूषित सुप्रसिद्ध लौह शिल्पी श्री चमरू राम बघेल, ग्राम : किड़ई छेपड़ा, पो. : पलारी, तहसील : कोंडागाँव (बस्तर-छ.ग.) से दिनांक 30.09.05 को हुई बातचीत।

142. टयँगा-कोड़की : कुल्हाड़ी-कुदाली।

143. कडरी-फरसी : छुरी-फरसा (परशु)।

बनाया करते थे। तब छुरी से ही मुर्गी और बकरा काटते थे। फरसी से सुअर काटा करते थे लोग। फिर हल के फाल, लकड़ी काटने के लिये कुल्हाड़ी, देवी-देवताओं के लिये कडरी, त्रिशूल, सिकरा[144] आदि बनाते थे। सिकरा से देवी-देवता स्वयं अपने शरीर पर प्रहार करते हैं। सिकरा दो प्रकार के होते हैं। एक होता है 'गुड़ुद' और दूसरा होता है 'काटा सिकरा'। गुड़ुद का सिकरा अलग होता है और काटा सिकरा अलग होता है। इसी तरह कुँअर देव का सिकरा अलग होता है। माता देवी के लिये होती है काँटेदार साँकल। कुँअर देव का सिकरा सादा होता है। उसमें काँटे नहीं होते। मुँदरा सिकरा भी होता है। तो इस तरह सारी चीजें बनाया करते थे। इसी तरह आदिवासियों के विवाह के लिये सुता बनाया जाता था। लगन के समय वर-कन्या दोनों को सुता पहनाये जाते हैं। लगन के समय दीया भी रखे जाते हैं। ये दीया होते हैं 'लामन दिया', 'खुट दिया' और 'सुपली दिया'। आज भी यह सब हम लोग बनाते हैं।

वे आगे कहते हैं : पहले तो हमारे बाप-दादा लोहा-पत्थर से लोहा निकालते थे। पहले के लोग कपड़े नहीं पहनते थे। बेल-लताओं की डोर पहनते थे। वे लोग पहाड़ी से लोहा-पत्थर लाते थे और घर पर लोहा निकालते थे घाना बना कर।

चमरू राम बघेल लोहारी के उपकरणों में से एक 'चिमठा' की उत्पत्ति के विषय में एक मिथक बतलाते हैं : चिमठा नहीं था पहले जिससे लोहा निकालने में बड़ी मुश्किल होती थी। हाथ जल जाया करते थे। तो कहते हैं, हमारे पूर्वज गये भगवान के पास यह सोच कर कि चलो भगवान कुछ तो वरदान देंगे। वहाँ जाने पर भगवान ने उनसे कहा कि ठीक है, तुम लोग अब वापस जाओ। तुम्हें कुछ-न-कुछ अवश्य मिलेगा। यह सुन कर वे वापस होने लगे। तभी उन्हें रास्ते में एक कुत्ता अपने पाँव मोड़ कर सोया पड़ा मिला। तो उन्होंने उसे देखा और सोचा कि यही देन है भगवान की। उस कुत्ते ने जिस तरह से अपने पाँव मोड़ रखे थे, उसी आकार का उन्होंने चिमठा बनाया। वही चिमठा आज भी हमारे काम आता है। तब से हमारे लोग सारे उपकरण बनाते आ रहे हैं। किसानों के लिये भी और देवी-देवताओं के लिये भी। किसानों का काम कुल्हाड़ी-कुदाली के बिना नहीं चलता। वे जंगल जाते हैं तो कन्धे पर कुल्हाड़ी रखते ही हैं। इस तरह लोहे के बिना किसी का काम नहीं चलता। बच्चा जन्मता है तब भी लोहे के उपकरण की आवश्यकता पड़ती है। अभी तो रेजर ब्लेड है, पहले तो तीर से बच्चे की नाल काटी जाती थी। छुरी से काटी जाती थी। मृत्यु हो जाती है तब कब्र बनाने के

काँड (तीर)

144. सिकरा : साँकल।

लिये भी फावड़ा-गैंती की आवश्यकता पड़ती है। लकड़ी काटने के लिये कुल्हाड़ी की जरूरत होती है। तो हम लोग तब से बनाते आ रहे हैं और आज भी बना रहे हैं।

लोक विश्वास तथा मान्यताएँ

लौह शिल्प से जुड़े लोक विश्वास तथा मान्यताओं के विषय में सोनाधर विश्वकर्मा बतलाते हैं[145] : बस्तर की प्रायः सभी जनजातियों यथा गोंड, मुरिया, भतरा आदि में 'खुट दिया' की पूजा का प्रचलन है। इनके अलावा 'लामन दिया' की पूजा का प्रचलन आदिवासी समाज के साथ-साथ बस्तर के अन्य गैर आदिवासी किन्तु बस्तर की संस्कृति में रची-बसी जातियों में भी है। ये दीये बेटी को दहेज में भी दिये जाने की परम्परा है। 'खुट दिया' भी दहेज में दिये जाने की परम्परा है। 'खुट दिया' के विषय में कहा जाता है कि आदिकाल में जब मानव जंगल में, गुफाओं में रहता था तब वह प्रकाश के लिये लकड़ी के कटे हुए हिस्से यानी ठूँठ, जिसे हल्बी में 'खुट' कहा जाता है, में आग लगा देता था। इससे कई फायदे होते थे। एक तो यह कि आग से प्रकाश मिलता था, दूसरा यह कि हिंस्र पशु उनके पास नहीं फटकते थे और तीसरा, शीत के दिनों में उससे ताप मिलता था। कहते हैं कि इसी से उसे दीया बनाने का ज्ञान हुआ। अब आप देखेंगे कि 'खुट दिया' में हम विभिन्न पशु-पक्षियों या पेड़-पौधों आदि की आकृतियाँ बनाते हैं। तो इसके पीछे केवल यही कारण है कि आदिमानव इन सभी के बीच रहा करता था। तो ये उसी बात के प्रतीक हैं। इसके अलावा बस्तर की गोत्र कथाओं के अनुसार आदिवासियों के विभिन्न गोत्र हैं, जिनका उद्भव विभिन्न पशु-पक्षियों से ही हुआ माना जाता है। कच्छप गोत्र के लोग पोयाम या कश्यप कहलाते हैं, बाघ गोत्र के लोग बघेल कहलाते हैं, कुकुर गोत्र के लोग नेताम कहलाते हैं आदि। आज भी हमारा आदिवासी समाज अपने सहचरों और गोत्र को नहीं भूला है। यही कारण है कि ये सारी चीजें बस्तर की विभिन्न कलाकृतियों में रूपाकार प्राप्त करती आ रही हैं। 'खुट दिया' घर में स्थापित देव-स्थान, गाँव की देव गुड़ियों[146] तथा विवाह-मण्डप में स्थापित किये जाते हैं और इनकी पूजा की जाती है।

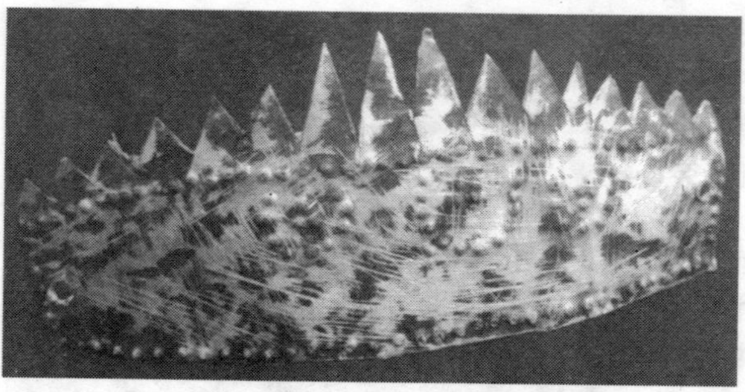

देव मकुट (मुकुट)

लौह शिल्पी नानजात विश्वकर्मा[147] 'खुट दिया' के विषय में और अधिक जानकारी देते हुए बतलाते हैं : 'खुट दिया' का चलन आदिवासियों के साथ-साथ राउत (यादव) कोस्टा

145. राष्ट्रीय पुरस्कार प्राप्त लौह शिल्पी श्री सोनाधर विश्वकर्मा, ग्राम : कुसमा, पो. : बम्हनी, तहसील : कोंडागाँव, जिला : बस्तर, छत्तीसगढ़ से अप्रैल 2003 में हुई बातचीत।

146. देव गुड़ी : मन्दिर, देवालय।

147. लौह शिल्पी श्री नानजात विश्वकर्मा, ग्राम : किड़ई छेपड़ा, पो. : पलारी, तहसील : कोंडागाँव, बस्तर-छत्तीसगढ़ से दिनांक 02 एवं 04 मार्च 04 को हुई बातचीत।

(देवांगन), आदि सभी समाजों में है। 'गड़ली दिया' का भी चलन है। लेकिन 'गड़ली दिया' की कीमत बहुत अधिक होती है जबकि 'खुट दिया' और 'सुपली दिया' की कीमत कम होती है। कारण, 'गड़ली दिया' में मेहनत कुछ अधिक लगती है। 'सुपली दिया' में थोड़ी कम तथा 'खुट दिया' में उससे भी कम। 'लामन दिया' में सबसे कम। इसीलिये गड़ली दिया सम्पन्न लोग ही लेते हैं। इसी तरह 'सुपली दिया' थोड़े कम सम्पन्न लोग लेते हैं जबकि 'खुट दिया' तो गरीब-से-गरीब लोग भी ले लेते हैं। चाहे दीया कोई भी हो किन्तु उसका होना जरूरी होता है। विवाह में सुपली दिया, खुट दिया या गड़ली दिया न बनाने पर विश्वकर्मा लोगों की मुक्ति नहीं होती, ऐसा कहा जाता है। तो सात, नौ या ग्यारह दीपकों वाले दीया हम बनाते हैं। दीपक को जला कर माँडो[148] में रखते हैं। भाँवर[149] घूमते समय इसी दीपक के चारों ओर भाँवर घूमे जाते हैं। प्रत्येक भाँवर पर उस दीपक को चावल अर्पित किया जाता है। दीया को भाँवर के समय ही माँडो के नीचे रखते हैं। बेटी की विदाई के समय वह खुट दिया या जो भी दीया है, उसे बेटी को दिया जाता है। देवांगन, यादव समाज आदि में देते हैं। लोहार समाज में भी यह प्रथा है। हाँ, कुछेक जातियों, जैसे बाम्हन-बैरागी में नहीं है।

बाजूबंद

वे विवाह में लौह शिल्प की उपस्थिति को और अधिक स्पष्ट करते हुए कहते हैं : विवाह के एकदम आरम्भ में कुस[150] की जरूरत होती है। उसी से हरदी काँडते[151] हैं। कुस लोहे का बना होता है। यह शुरुआत है। फिर माँडो[152] गाड़ते हैं तब भी कुस की जरूरत पड़ती है। खुट दिया रखते हैं माँडो में। गोतया लोग हमें बकरी देते हैं और एक सुपा धान, रसोई-चावल देते हैं। खाना-पीना भी देते हैं। मान-सम्मान करते हैं। मुर्गा, सुअर काटते हैं। कपड़े भी देते हैं।

दीयों के नामों को स्पष्ट करते हुए नानजात बतलाते हैं : दीया के नीचे खुट रहता है। सुपली दिया सुपली[153] के आकार का होता है तथा इसमें टँगनी लगी होती है। इसी तरह गड़ली दिया में चार चक्के होते हैं और वह रथ की तरह बना होता है। खुट दिया जमीन में गाड़ा जाता है। लामन दिया भी दाइज[154] में दिया जा सकता है। दाइज में कोई भी दीया दिया जा सकता है।

148. माँडो : मण्डप।
149. भाँवर : फेरा।
150. कुस : छोटा सब्बल।
151. काँडते : कूटते।
152. माँडो : मण्डप।
153. सुपली : बाँस से बना धान-चावल फटकने वाला उपकरण 'सुपा' कहलाता है। 'सुपली' इसी का छोटा रूप है।
154. दाइज : दहेज।

लोक नर्तक

चमरू राम बघेल एक अन्य दीये 'शिकारी दिया' के विषय में बताते हैं, जिसके लिये उन्हें तुलसी सम्मान से विभूषित किया गया था : शिकार खेलने का दृश्य इस दीया के साथ बनाया गया था। पहले बस्तर में पारद (आखेट) की परम्परा रही है। लोग पारद करते थे। उसी आखेट की ही अनुकृति इस दीपक के साथ बनायी गयी थी। दीपक था उसमें और शिकार करने के लिये जाता हुआ एक शिकारी जिसके हाथ में तीर-धनुष था। उसमें चीतल, सांभर, हिरण आदि बनाये गये थे। पहले जैसा हम देखते थे लोगों को शिकार पर जाते हुए या शिकार करते हुए तो उसी को मन में रख कर उसी की अनुकृति बनायी गयी थी।

क्या यह बस्तर की परम्परा में है? जैसा कि 'लामन दिया' या 'खुट दिया' है? इस विषय पर नानजात विश्वकर्मा[155] कहते हैं : जब कभी हम लोग अपने दैनिक काम से ऊब जाते थे तब शिकार करने के लिये जंगल में जाते थे। हम लोग बस्तर के हैं। मांस-मछली खाते हैं। पहले पँडकी, मयूर, कोडरी, चीतल आदि खाते थे। पहले तो जंगल विभाग वाले नहीं पकड़ते थे। तो हम लोग थोड़ी देर के लिये मनोरंजन करने की गरज से जंगल जाते थे और जंगली जीव-जन्तुओं, पक्षियों आदि का शिकार कर उन्हें खाते थे। शिकारी दिया देवी-देवता की पूजा में उपयोग में नहीं लाया जाता। यह केवल मनोरंजन के लिये होता है।

'गड़ली दिया' कैसा होता है? इस विषय में चमरू राम कहते हैं : गड़ली दिया इन सभी दीयों से अलग और बड़ा होता है। गड़ली दिया बनाने पर उसके बदले में एक बैल दिया जाता था हमें। वह दीया प्रत्येक या कोई छोटी-मोटी हैसियत का व्यक्ति नहीं बनवाता। गिने-चुने और हैसियतदार लोग ही बनवाया करते हैं। यह विवाह में काम आता है। इसमें चार चक्के लगे होते हैं। रथ की तरह। आज बहुत से लोग उसे बनाना ही नहीं जानते। कुछ ही लोग हैं जो उसे बनाना जानते हैं। कारण, अब वह प्रचलन में भी नहीं रह गया है।

गागरा लोहार[156] उपर्युक्त दीयों के अलावा एक और दीया के विषय में बताते हुए कहते हैं : एक होता है रायकाकन दीया[157]। विवाह में इसकी आवश्यकता होती थी। जब हम इस दीया को बना कर ले जाते थे तो हमें एक गाय और एक कपड़ा मिलता था। रसोई-चावल तो देते

155. लौह शिल्पी श्री नानजात विश्वकर्मा, ग्राम : किड़ई छेपड़ा, तहसील : कोंडागाँव (बस्तर-छ.ग.) से दिनांक 30.09.05 को हुई बातचीत।

156. लौह एवं काष्ठ शिल्पी श्री गागरा, ग्राम : देउरगाँव, तहसील : जगदलपुर, बस्तर-छत्तीसगढ़ से दिनांक 26.04.04 को हुई बातचीत।

157. रायकाकन दीया : इसे कुछ लोगों ने 'रनकाकन दीया' बताया।

ही थे। इसका उपयोग अधिकतर हल्बा, बाम्हन, पनारा जातियों में होता था।

क्या रायकाकन या रनकाकन दिया को चरठा दिया भी कहते हैं? इस सम्बन्ध में गागरा बताते हैं : नहीं, नहीं। वह तो पाँच बातियों वाला है। वह देवी में चढ़ता है। चरठा दिया विवाह में नहीं चढ़ता। वह तो माटी का बना होता है, लोहे का नहीं। वे खुट दिया के विषय में भी कुछ अलग हट कर जानकारी देते हैं : इसी तरह खुट दिया या तो लकड़ी का बना होता है या फिर पत्थर का। लोहे का नहीं बनता। उसे जमीन में गाड़ देते हैं और उसके ऊपर दीया रख देते हैं[158]।

खुट दिया

गड़ली दिया और सुपली दिया क्या होता है? पूछे जाने पर गागरा कह उठते हैं : अरे! यह तो मैं आज सुन रहा हूँ ऐसे दीया[159] का नाम। लेकिन 'रुखा दिया' जो होता है वो सतनारायन की कथा में या फिर किसी पूजा में उसे चारों कोनों में लगा कर चार दीपक जलाते हैं। सामने वाले दीपक में घी डालते हैं और बाकी में जाड़ा[160] तेल डाला जाता था। पण्डित मन्तर[161] पढ़ कर दीपक जलाता था। उसमें तिरनाथ[162] भगवान या सतनरायन[163] भगवान की पूजा या कि किसी का जनम दिन हुआ[164], उस दिन वह दिया जलाया जाता है। रायकाकन दिया तो यही है। (कहते हुए वे एक ऐसे दीये की ओर संकेत करते हैं, जिन्हें कोंडागाँव तहसील के आसपास खुट दिया के रूप में जाना जाता है[165])।

मुहड़ा (मुखौटा)

158. यह एक तरह की क्षेत्रीय भिन्नता है।

159. इसका यह अर्थ नहीं कि इस नाम के दीये नहीं होते। वस्तुतः जगदलपुर तहसील में इनका प्रचलन नहीं होगा, किन्तु कोंडागाँव तहसील में है।

160. जाड़ा : अरण्डी, अरण्ड। ध्यातव्य है कि जगदलपुर तहसील के कुछ गाँवों में जाड़ा का तेल दीपक जलाने के काम आता है किन्तु वहीं कुछ गाँवों में तथा कोंडागाँव एवं नारायणपुर तहसीलों के कई गाँवों में जाड़ा तेल का उपयोग पूजा के दीपक जलाने की बजाय किसी की मृत्यु होने पर उसके शव के पास जलाने में होता है।

161. मन्तर : मन्त्र।

162. तिरनाथ : त्रिनाथ।

163. सतनरायन : सत्य नारायण।

164. जनम दिन : जन्म दिन। किसी का जन्म होने पर या षष्ठी अथवा नामकरण के दिन।

165. यह भी एक तरह की क्षेत्रीय भिन्नता है।

लोहे से जुड़े सन्दर्भ तथा लोक विश्वास के विषय में सुकनाथ विश्वकर्मा[166] इस तरह बतलाते हैं : माँ-बाप का कुछ लोग तो बहुत सम्मान करते हैं और कुछ लोग नहीं करते। हम लोहार लोग हैं। लोहा ही हमारे माता-पिता हैं। कारण, हमारी आजीविका का साधन ही है लोहे का काम। कोई भी आदमी सोने का खीला न तो घर में लगायेगा न सोने का हल खेत में चलाएगा। उसे तो लोहे की ही जरूरत पड़ेगी। इसी तरह पहले जब रोशनी नहीं थी, अँधेरा था, तो लोगों ने सोचा कि अँधेरे को किस तरह दूर किया जाये? उन्होंने तय किया कि विवाह में दीया का होना आवश्यक है। इसीलिये लोहे का दीपक होना चाहिये। इस तरह हम लोगों ने दीया बनाना शुरू किया। वैसे तो दीया मिट्टी का बनाया जाता था। कुम्हार लोग बनाते थे इसे। आज भी वे ही बनाते हैं। किन्तु मिट्टी आएगी कैसे? मिट्टी खोदने के लिये औजार तो चाहिये, ना? आप लकड़ी से मिट्टी खोद नहीं सकते। तो मिट्टी खोदने के लिये भी लोहे का ही औजार चाहिये था। सो वो हम लोगों ने यानी हमारे लोहार समुदाय ने बनाया। पहले लोहे के दीये ही बनवाये जाते थे। लेकिन जब देखा गया कि लोहे के दीये बनाने में समय और मेहनत अधिक लगती है तब मिट्टी के दीये बनवाये जाने लगे। प्रायः एक गाँव में एक ही लोहार परिवार होता है। लोहारों की जनसंख्या बहुत ही कम है। अब तो एक गाँव में एक से पाँच परिवार तक होने लगे हैं। कहने का मतलब यह कि दीया बनाने का काम लोहारों और कुम्हारों के बीच बाँट दिया गया। कुम्हार लोग प्रायः हण्डी आदि बनाते रहे हैं।

लामन दिया

इसी बात को आगे बढ़ाते हुए चमरू राम कहते हैं : अमुस तिहार[167] के दिन हम लोग गाँव के प्रत्येक घर में जा कर उनके घर की ड्योढ़ी, देवता के पीढ़ा, मूसल, देव-बड़गी, देव-स्थान आदि में खीले[168] ठोंकते हैं। यह पहले से चला आ रहा है। परम्परा में है। ऐसा इसलिये ताकि बाहर से कोई भूत-प्रेत, बाहरी हवा आदि घर के भीतर प्रवेश न कर सके। बाहर से यदि आ भी जाये तो उस खीला के प्रभाव से वह हवा वहीं से वापस हो जाती है। घर के भीतर प्रवेश नहीं कर पाती। यही कारण है कि खीला ठोंका जाता है।

वर्षा के समय बिजली कड़कती है तब पहले लोग अपने घर के बाहर लोहे का कोई भी उपकरण या टुकड़ा फेंक

166. लौह शिल्पी श्री सुकनाथ विश्वकर्मा, ग्राम : किड़ई छेपड़ा, पो. : पलारी, तहसील : कोंडागाँव, बस्तर-छत्तीसगढ़ से दिनांक 02.03.04 को हुई बातचीत।

167. अमुस तिहार : हरियाली अमावश्या। यह 'हरेली तिहार' के नाम से भी जाना जाता है।

168. खीला : कील।

दिया करते थे। आज भी गाँवों में लोग ऐसा करते हैं। ऐसा क्यों? क्या कारण है इसके पीछे? इसे स्पष्ट करते हुए चमरू राम कहते हैं : ऐसा इसलिये किया जाता है ताकि बिजली घर के ऊपर या आसपास न गिरे। ऐसे समय में लोहे के टुकड़े या कोई भी औजार घर की छत पर डाल दिये जाते हैं। इससे बिजली वहाँ पर नहीं गिरती। किसी पेड़ आदि पर गिर जाती है। ऊपर से जो बिजली गिरती है, वह भी तो लोहे का ही रूप होती है। तो लोहे के ऊपर लोहा नहीं गिरता, ऐसा मानना है बड़े-बूढ़ों का। पुराने समय से ऐसा मानते रहे हैं लोग। आज भी यह मान्यता पहले की ही तरह बनी हुई है। इसी तरह कई लोग हाथ में लोहे का खाड़ू या अँगूठी आदि भी इसी कारण पहनते हैं।

क्या पहले लोहा का भी सुता बनता रहा है? इस जिज्ञासा को शान्त करते हुए चमरू राम बताते हैं : हाँ, पहले लोहे का भी सुता बनता रहा है। और अभी भी आँगा को लोहे का सुता पहनाया जाता है। पहले चाँदी नहीं मिलती थी। मिलती भी थी तो महँगी थी। लोगों के पास पैसे नहीं होते थे। तो लोहे के सुता का चलन था। लोग भी पहनते थे। देवी के लिये लोहे के पैंजना भी बनाये जाते थे। अभी भी जहाँ-जहाँ कुँअर देव हैं, वहाँ उनके लिये लोहे के ही सुता बने हुए हैं। माँग जोन[169] में आमा खापनी[170] मनाते हैं तब वहाँ कुँअर देव को ही स्मरण किया जाता है तथा उनकी पूजा की जाती है। देवी-देवता तो हम डुमा[171] को भी कहते हैं। जो लोग मर जाते हैं वे डुमा हो जाते हैं और जाग जाते हैं। उन्हें भी मानते हैं हम लोग। पलारी में ऐसा ही हुआ है। वह देव 'मैं हूँ कलार डुमा' कहता है। वह इस क्षेत्र के लिये बड़ा हो गया है। वह भी डुमा है। कलार डोकरा है। वह भी और रेवागड़िन कहते हैं, वह भी। भरदई कहते हैं, वह भी डुमा है। एक स्त्री का डुमा है।

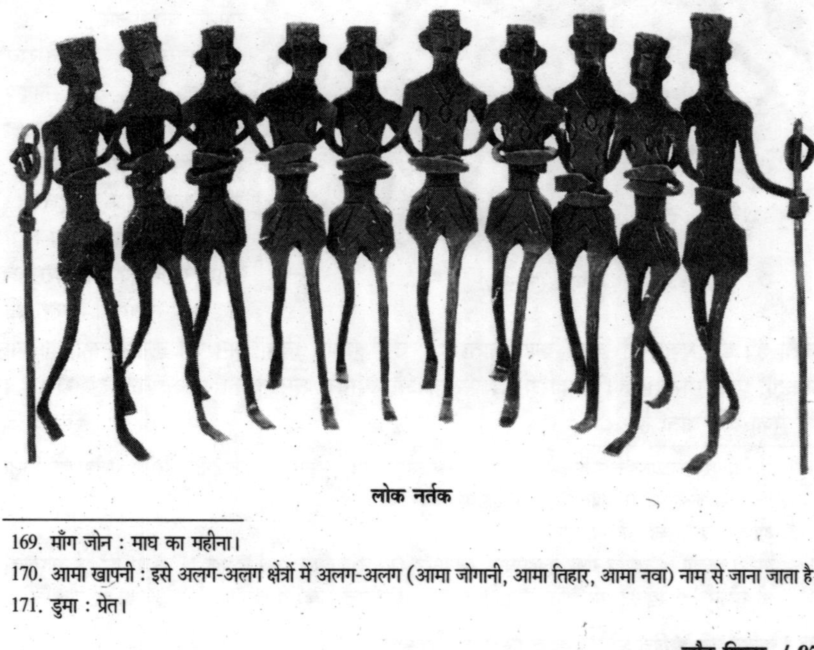

लोक नर्तक

169. माँग जोन : माघ का महीना।
170. आमा खापनी : इसे अलग-अलग क्षेत्रों में अलग-अलग (आमा जोगानी, आमा तिहार, आमा नवा) नाम से जाना जाता है।
171. डुमा : प्रेत।

शिल्प की भूमिका, स्थान एवं महत्त्व

आदिवासी एवं लोक संस्कृति-परम्परा में लौह शिल्प की भूमिका, स्थान और महत्त्व के विषय में लौह शिल्पी सोनाधर विश्वकर्मा बतलाते हैं[172] : बस्तर की जो आदिवासी और लोक परम्परा है, उसमें घोड़े को राव देव की सवारी माना जाता है। कहा जाता है कि यह देव फसल और बीमारियों से मानव समाज की रक्षा करता है। इसीलिये इसे खेत में, या आदन[173] के पेड़ के नीचे प्रतिष्ठित किया जाता है। गाँव का जो सँद होता है, यानी सीमा होती है, वहाँ इसे यानी लोहे से निर्मित घोड़े को राव देवता के नाम से रखा जाता है और इसकी पूजा की जाती है। राव देवता से विनती की जाती है कि वह किसी दूसरे गाँव की बीमारी को अपने गाँव में न आने दे। सँद यानी सीमा पर तैनात इस देवता को 'सँदया राव' कहा जाता है। बीज पुटनी तिहार के समय खेत में राव देव को घोड़ा अर्पित कर उसकी पूजा की जाती है। रोपा लगाने या निंदाई करने के पूर्व इसकी पूजा की जाती है। इसे 'भाजी खानी' कहा जाता है।

चितर (चीतल)

खेत में रहने वाले राव देव का नाम जहाँ सहदेव राना[174] 'टेमा राव' बतलाते हैं, वहीं सोमारूराम देवांगन[175] उसे 'खेत राव' कहते हैं। बहरहाल, फसल पक गयी और उसकी कटाई करना है तब भी खेतों में पूजा की जाती है। इस पूजा को 'चरु' कहा जाता है। 'चरु' मनाये बिना धान की कटाई नहीं की जा सकती, ऐसी मान्यता है। बीमारियों से फसल और मानव समाज की सुरक्षा के लिये राव देव की पूजा की जाती है।

---

172. राष्ट्रीय पुरस्कार प्राप्त लौह शिल्पी श्री सोनाधर विश्वकर्मा, ग्राम : कुसमा, पो. : बम्हनी, तहसील : कोंडागाँव, जिला : बस्तर, छत्तीसगढ़ से अप्रैल 2003 में हुई बातचीत।

173. आदन : साजा का स्थानीय नाम।

174. मिट्‌टी शिल्पी श्री सहदेव राना, कुम्हारपारा, कोंडागाँव (बस्तर-छत्तीसगढ़) से दिनांक 11.08.05 को हुई बातचीत।

175. श्री सोमारूराम देवांगन, सरगीपाल पारा, कोंडागाँव (बस्तर-छत्तीसगढ़) से दिनांक 13.08.05 को हुई बातचीत।

इसी सन्दर्भ में नानजात विश्वकर्मा बतलाते हैं[176] : शुरू में हम लोग नाँगर-फार[177], टँगिया[178], कोड़की[179], बरसुला[180], हँसिया बनाते थे। यह सब परम्परा की चीजें हैं। उसके साथ-साथ धीरे-धीरे कला से जुड़े। देवी[181] के लिये तिरसुल बनाये, बरछी, फरसी भी बनाये बलिदान देने के लिये। इसके साथ-साथ छुरी भी बनाये। छुरी के साथ-साथ तीर-धनऊ[182] भी बनाये। घोड़ा-हाथी, बन्दर बनाये। देवी के लिये सारी चीजें बनायीं। आजकल की कला के हिसाब से खरगोश, पक्षी आदि हर चीज बनाये। पहले हमारे दादा-परदादा पहाड़ से पत्थर लाते थे। जंगल से कोयला लाते थे। घाना, मतलब मिट्टी की भट्ठी बनाते थे। उसी से लोहा निकाल कर बरछी, टँगिया, फार आदि बनाते थे। अब दुकान से लाते हैं। पहले उसी से हर चीज बनाते थे। वही असली हुआ करता था। देवी-देवता के काम में, शादी-विवाह में दीया और मरनी-घर में मठ के लिये बनायी जाने वाली चीजों के लिये घाना लोहा का पहले भी मान था और आज भी लोग वही चाहते हैं। लेकिन अब कोयला बहुत ही महँगा हो गया है। सोना के भाव मिलने लगा है, इसलिये हम लोग दुकान से लोहा ला कर बनाते हैं। चेरँग गाँव के पास की पहाड़ी से अभी भी समय-समय पर हम लोहा-पत्थर लाते हैं। घाना से लोहा निकालने में बहुत मेहनत लगती है, इसलिये आजकल के बच्चे इसे नहीं कर पाते। वे इसे निकालना भी नहीं जानते। लगभग चौबीस घंटे लग जाते हैं। पत्थर तो अभी भी मिल जाता है लेकिन कोयला बहुत ही महँगा है। पाँच बोरा कोयला में एक घाना लोहा यानी अधिक से अधिक डेढ़-दो किलो लोहा निकाला जा सकता है, जो बहुत ही महँगा है। पहाड़

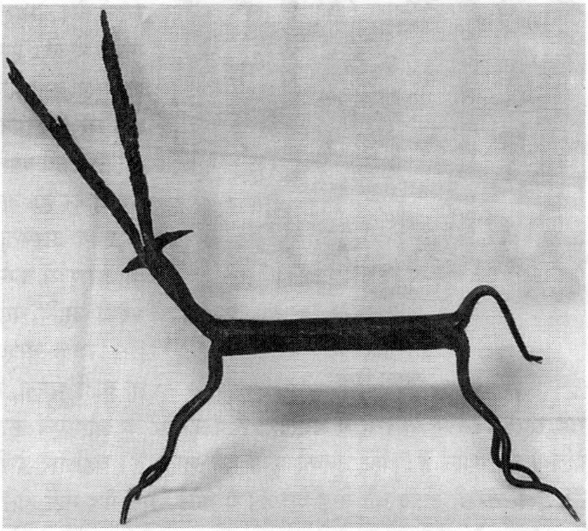

चितर (चीतल)

176. लौह शिल्पी श्री नानजात विश्वकर्मा, ग्राम : किड़ईछेपड़ा, पो. : पलारी, तहसील : कोंडागाँव (बस्तर-छ.ग.) से दिनांक 02 एवं 04 मार्च 2004 को हुई बातचीत।
177. नाँगर-फार : हल-फाल।
178. टँगिया : कुल्हाड़ी।
179. कोड़की : कुदाली।
180. बरसुला : बसुला।
181. देबी : देवी। बस्तर में देवी-देवता दोनों ही के लिये 'देबी' शब्द प्रचलित है। इससे यही ध्वनित होता है कि यहाँ मातृ-शक्ति की प्रमुखता रही है।
182. तीर-धनऊ : तीर-धनुष।

से लाना पड़ता है लोहा-पत्थर। पहले हम लोग चमड़े के धुकना (जतर)[183] से आग जला कर लोहा गलाते थे, अब तो पंखा हो गया है। लेकिन इसके बावजूद घाना लोहा से बने पहले के औजार (बरछी, भाला, कडरी, तिरसुल) आदि का मान आज भी है। किसी को कोई कष्ट होने पर आज भी इन्हीं पुराने औजारों को देवी के सम्मुख रख कर पूजा और विनती करने पर कष्ट दूर हो जाते हैं। आज भी इनका सत[184] बना हुआ है।

लामन दिया

वे आगे बतलाते हैं : दादा-परदादा सभी ने बनाये। तिरसुल बनाये झाड़[185] के नीचे देवी के स्थान में गाड़ने के लिये। मन्दिर में गाड़ने के लिए बनाये। बरछी भी झाड़ के नीचे गाड़ने के लिये बनाये। फरसी भी वहीं रखी जाती है। घोड़े भी वहीं रखे जाते हैं। झाड़ के नीचे राव देवी के आसन में। मन्दिर में भी रखते थे। बेमार[186] होने पर देवी से बिनती[187] करते थे कि हमारी बीमारी दूर हो जाये हम तिरसुल बना देंगे, मूर्ति बना देंगे। बीमारी दूर होने पर तिरसुल या मूर्ति बनवा कर देवी को अर्पित किये जाते थे। पहले जर-मुँड[188] बोलते थे, वो दूर हो जाया करते थे। पहले हम बस्तर के लोग अस्पताल वगैरह नहीं जाते थे। देवी के असर से कष्ट दूर होने पर तिरसुल, घोड़ा, बरछी आदि चढ़ाये जाते थे।

जगह-जगह, कई पेड़ों के नीचे कहीं फरसी तो कहीं भाला, कहीं त्रिशूल, कहीं छुरी आदि गड़े रहते हैं। इस सम्बन्ध में बतलाते हैं देउरगाँव के लौह एवं काष्ठ शिल्पी गागरा[189] : ये सब देवियों के स्थान हैं। वहाँ उनकी पूजा की जाती है। वहीं पर देवी के उस चिन्ह यानी कडरी, तिरसुल, बरछी आदि को गाड़ देते हैं। ये कोई खास पेड़ नहीं होते। किसी भी पेड़ के नीचे गाड़ दिया जाता है। वैसे पहले तो केवल सेमर, बड़ या आदन[190] के पेड़ों के नीचे गाड़े जाते थे। अब समय के साथ मान्यता कम होती जा रही है।

183. धुकना : धौंकनी। जतर : यन्त्र।
184. सत : सत्य।
185. झाड़ : पेड़।
186. बेमार : बीमार।
187. बिनती : विनती।
188. जर-मुँड : ज्वर एवं सिर में दर्द।
189. लौह एवं काष्ठ शिल्पी श्री गागरा, ग्राम : देउरगाँव, पो. : बस्तर, तहसील : जगदलपुर, (बस्तर-छत्तीसगढ़) से दिनांक 26.4.04 को हुई बातचीत।
190. सेमर : सेमल, बड़ : बरगद या वट, आदन : साजा।

क्या इससे वाकई कष्ट दूर हो जाते थे और लोगों को यह कैसे मालूम हुआ कि ऐसा करना चाहिये, यानी तिरसुल, बरछी या घोड़ा आदि देवी को अर्पित किये जाने चाहिये? इस सम्बन्ध में नानजात कहते हैं : बतलाते हैं कि या तो देवी लोगों को सपने में आदेश देती थी, या फिर कोई कष्ट होने पर लोग सिरहा[191] के पास जाते थे। सिरहा देवी का ध्यान करके बतलाता था या फिर सपने में स्वयं देवी भी कहती थी कि फलानी चीज बना कर चढ़ाओ तो कष्ट दूर होगा। तब ऐसा किया जाता था। इसके अलावा खरी बाचते[192] थे। देवता भी बिठाते[193] थे। तो देव बताता था। फिर देवता के बताये अनुसार कार्य करने पर कष्ट दूर हो जाता था। ज्यादा बीमार होने पर देवी बोलती थी कि मुझे तिरसुल, बरछी या घोड़ा दो, मैं तुम्हारे कष्ट दूर कर दूँगी। तब चढ़ावा चढ़ाया जाता था। चढ़ावे में देवी का बन्दूक भी चढ़ाते थे। लेकिन तिरसुल, बरछी, फरसी, छुरी और घोड़ा तो मुख्य हैं ही। ये चीजें देवी के चढ़ावे में जरूरी हैं। इनके साथ-साथ झुलना भी बनाते थे। माता झुलना।

वे आगे बतलाते हैं : पहले पारद[194] के लिये जंगल जाते समय राव से 'देखो पुरखे! तुम हमारा काम कर दो' ऐसी विनती करते थे। बदना बद कर[195] जाते थे। काम पूरा होने पर बरछी चढ़ा देते थे। जब पारद जाते थे तब मनौती मानते थे कि हे राव देव! पारद में मैं जनवार[196] मार कर आऊँ। जानवर मार कर आने पर मैं बरछी चढ़ाऊँगा। फिर जानवर मार कर आने पर बरछी चढ़ाते थे।

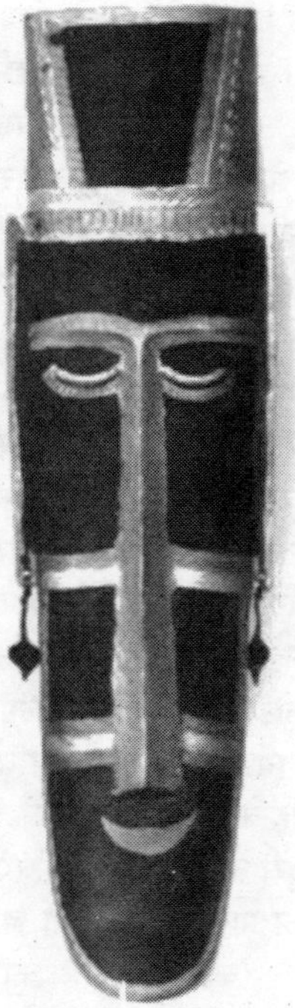

मुहड़ा (मुखौटा)

किस देवी को कौन-सी सामग्री चढ़ायी जाती है, इस सम्बन्ध में भी नानजात बतलाते हैं : माता देवी और लाडरी माता के लिये तिरसुल[197] लगता था। कंकालिन देवी, डोकरी देवी के लिये

191. सिरहा : जिस पर देवी की सवारी आती है।

192. खरी बाचना : लोक ज्योतिष की एक विधा। इसके अन्तर्गत चावल के दाने लकड़ी के पीढ़े पर रख कर कुछ गणना की जाती है। इस तरह की गणना कर भूत-भविष्य की बातें बताने वाले को 'गुनिया' (या 'गुनेया') कहा जाता है। लोक ज्योतिष की एक अन्य विधा भी है जिसे 'पाँजी दखतो' कहा जाता है। पाँजी का अर्थ है पंचांग। लोक पंचांग। इसके अन्तर्गत ताड़-पत्र (ताल-पत्र) पर लिखे पंचांग का अवलोकन किया जाता है। इस तरह के पंचांग को 'पाँजी-खुट' कहा जाता है और पाँजी देखने वाले को पँजेआर या पँजियार (स्रोत : खत्तूदास वैष्णव, ग्राम : खोरखोसा, तहसील : जगदलपुर, बस्तर-छत्तीसगढ़)।

193. देवता बिठाना : किसी समस्या के समाधान के लिये देव बिठाया जाता है। इसमें सिरहा तथा पुजारी की भूमिका प्रमुख होती है। पुजारी सिरहा पर देवी की सवारी के लिये देवी का आह्वान करता है। उसके आह्वान पर देवी सिरहा पर सवार होती हैं। तब समस्याग्रस्त लोग पुजारी के माध्यम से अपनी समस्याएँ देवी के समक्ष रखते हैं। देवी उनकी समस्याओं को सुन कर उनका समाधान बतलाती है। देवी द्वारा कही गयी बातें देवी का असर समाप्त होने पर सिरहा भूल जाता है तब पुजारी ही देवी द्वारा सुझाये अनुसार कार्य करता व समस्याग्रस्त लोगों को वैसा करने के लिये कहता है (स्रोत : खत्तूदास वैष्णव, ग्राम : खोरखोसा, तहसील : जगदलपुर, बस्तर-छत्तीसगढ़)।

194. पारद : आखेट।

195. बदना बद कर : मनौती मान कर।

196. जनवार : जानवर। इसके लिये 'जियाद-जन्तुर' शब्द भी प्रचलन में है।

197. तिरसुल : त्रिशूल।

भी त्रिशूल है। त्रिशूल प्रायः सभी देवियों की पूजा में लगता है। छुरी भी हर देवी की पूजा में लगती है। छुरी जरूरी है। बरछी राव देवी के लिये है। राव देव आदन और बड़ झाड़[198] में रहते हैं।

इस जानकारी में और इजाफा करते हुए गोपीराम विश्वकर्मा[199] बतलाते हैं : राव कई हैं, जैसे सँदया राव, झुलना राव, बुढ़ा राव, बाँडा राव, नाँगा राव, सोनया राव, बँदया राव, राजा राव आदि। सभी राव देव के लिये बरछी लगती है। केवल बरछी नहीं बल्कि और भी कई चीजों का बदना बदते थे। चाहे घोड़ा हो, बरछी हो, या भाला हो। केवल शिकार के लिये नहीं बल्कि बीमारी के लिये भी मनौती मानते हैं। किसी देवी का विश्वास होता है तो किसी का नहीं। जैसे सब आदमी का विश्वास एक बराबर नहीं होता वैसे ही देवी का भी होता है। जिस देवी का विश्वास अधिक होता है, लोग उसी के पास जाते हैं। वह अच्छा काम करती है तो उसे भेंट देते हैं। इस तरह भेंट देने पर देवी भी और अधिक अच्छा काम करती है। कोई भी, चाहे वह आदमी हो या देवी हो, सोचते हैं कि मेरी इतनी कमाई हो गयी इसलिये अब और काम करूँगा तो और कमाई होगी। इसीलिये वे अच्छा काम करते हैं और भेंट पाते हैं। विश्वास के ऊपर निर्भर करता है सब-कुछ। राव देव भी देवी-देवताओं के पुलिस बल या कोटवार की तरह काम करता है। जैसे कोटवार बरछी या भाला रखता है, उसी तरह राव देव भी बरछी या भाला रखते हैं। सवारी के लिये घोड़ा होता है। वे घोड़े पर सवारी कर दौरा करते हैं। घोड़ा राव की ही सवारी है, इसीलिये यह केवल इसी देव को चढ़ाया जाता है। घोड़ा, बरछी और भाला ही इस देव को चढ़ाये जाते हैं। छुरी तो प्रायः सभी देवियों में चढ़ायी जाती है। हाथी मावली के लिये होता है। लेकिन हाथी लोहे का प्रायः नहीं बनाया जाता। यह मिट्टी का ही बना होता है। कुम्हार लोग बनाते हैं इसे।

क्या सँदया राव का कोई खास काम होता है? यह जिज्ञासा शान्त करते हुए नानजात बतलाते हैं : सँदया राव एक देवता का नाम है। जो राव ज्यादा विश्वास देता है, उसे उतनी ही अधिक भेंट

मुहड़ा (मुखौटा)

198. झाड़ : पेड़।
199. लौह शिल्पी श्री गोपीराम विश्वकर्मा, ग्राम : किड़ईछेपड़ा, पो. : पलारी, तहसील : कोंडागाँव, बस्तर-छत्तीसगढ़ से दिनांक 2.3.04 को हुई बातचीत।

मिलती है। इसीलिये सँदया राव के पास औजार ज्यादा होते हैं। सँदया राव गाँव के सँद[200] में रहता है। एक गाँव के लोग दूसरे गाँव जाते हैं तो गाँव के सँद में स्थित सँदया राव देव को सुमरते[201] हैं।

गोपीराम इस देवता की पूजा-विधि के विषय में बतलाते हैं : सँदया राव की पूजा प्रायः शनिवार को की जाती है। विश्वास होने पर किसी भी दिन की जाती है। कोई खास दिन नहीं होता। साल में एक बार जो पूजा होती है, उसे जतरा कहते हैं। यह जतरा दिन के हिसाब से ही किया जाता है। जतरा सभी देवियों का होता है। किड़ई छेपड़ा में माता और कुँअर देव को ज्यादा मानते हैं। कुँअर देव को किड़ईछेपड़ा का खुटगोसया[202] कहते हैं। माता देवी यहाँ की तेलंगिन माता हैं। उनके अलावा भैरम हैं। इन तीनों को यहाँ बड़े समझते हैं। गाँयता-पुजारी[203] और मानया[204] सभी इन तीनों को बड़े समझते हैं। इनके अलावा घर-घर में कई देवी-देवता रहते हैं। उन्हें अलग मानते हैं सब अपने-अपने घर में। लेकिन प्रमुख देवी यही तीनों हैं। माता है, मावली है सभी के घर में। कोंडागाँव में जैसे सितला माता हैं, वैसे ही किड़ईछेपड़ा की देवी तेलंगिन माता हैं।

राव देव

क्या प्रत्येक गाँव की माता अलग-अलग होती हैं? इस सम्बन्ध में गोपीराम बतलाते हैं : एक ही भी होती है और कई जगह अलग-अलग भी। किन्तु मान तो अलग-अलग होता है। प्रत्येक गाँव में अलग-अलग ढंग से माना जाता है। देवी वही होती हैं किन्तु दूसरे गाँव की देवी को दी गयी बलि का भोग हम दूसरे गाँव वाले नहीं कर सकते। ऐसे ही किसी दूसरे गाँव का कोई व्यक्ति यहाँ की देवी को दी गयी बलि का भोग नहीं कर सकता।

नानजात बतलाते हैं : किड़ईछेपड़ा में माता देवी को प्रमुखता के साथ मानते हैं। सबसे बड़े देव वही हैं यहाँ के। इसलिये माता देवी का ज्यादा जतरा होता है। डोकरी देवी और माता देवी के जतरा में बाजा-मोहरी ज्यादा बजाते हैं। छोटी-छोटी देवियों का जतरा एक दिन में सम्पन्न हो जाता है।

---

200. सँद : सन्धि-स्थल, सीमा।
201. सुमरते : स्मरण करते, विनती करते।
202. खुटगोसया : वह देव या देवी जो ग्राम-प्रमुख हो।
203. गाँयता : गाँव को बसाने वाला या बसाने वाले के परिवार से सम्बन्धित व्यक्ति ही 'गाँयता' के पद पर सुशोभित होता है। यह गाँव का धार्मिक प्रमुख एवं 'माटी' का पुजारी होता है। गाँव के किसी भी धार्मिक या मांगलिक कार्य में माटी की पूजा इसी के द्वारा सम्पन्न की जाती है। इसीलिये इसे 'माटी गाँयता' भी कहा जाता है। विवाह-मण्डप के लिये लकड़ी, जिसे माँडो कहा जाता है, भी यही लाता है। पुजारी : यह ग्रामदेवी का पुजारी होता है।
204. मानया : मानने वाले लोग।

पारम्परिक पर्व एवं त्योहार में लौह शिल्प

पारम्परिक पर्व एवं त्योहारों से शिल्प के सम्बन्ध पर नानजात बतलाते हैं[205] : हमारे दादी[206] लोगों ने हमें बतलाया था सो हम लोग भी उसी तरह करते आ रहे हैं। अमुस तिहार में सवेरे खाली पेट रह कर लोहे की खुटी[207] बना कर लोहा गुआ[208] के साथ हम सवेरे से गाँव में घूमते हैं। घर-घर में जा कर ड्योढ़ियों में उस खीला और लोहा गुआ को ठोंकते हैं। तो वहाँ हमें रसोई दी जाती है। यथा शक्ति भेंट दी जाती है। फिर देव पीढ़ा, बाहना[209], मुसर[210] में तथा घर के पीछे भी खुटी[211] ठोंकते हैं। इससे बुरी शक्तियों का उस घर में प्रवेश नहीं होता। बुरे सपने भी नहीं आते। कष्ट दूर होते हैं। बैलों को इस दिन ओसो[212] खिलाया जाता है। राउत[213] जंगल से जड़ी लाता है और उसे उबाल कर गाँव के मवेशियों को खिलाता है। इसके बाद ही हम लोग खूँटी ठोंकने के लिये जाते हैं। गुड़ियों में भी खूँटी ठोंकते हैं। इसके बदले लोग हमें सुपा भर धान आदि भेंट में देते हैं। इसी तरह दियारी में भी हमें धान आदि देते हैं। नया त्योहार में हमारी जरूरत नहीं पड़ती। दसराहा (दशहरा) में रथ में भी हम खूँटी ठोंकते हैं। गाँव वाले इसके बदले हमें रसोई-चावल आदि भेंट करते हैं। गोन्चा रथ में भी खूँटी ठोंकते हैं। एक तख्ता रहता है। पीढ़ा कहते हैं उसे। उसमें खरी बाचते[214] हैं। उसमें भी चार खूँटियाँ ठोंकते हैं। गाँव का सिरहा भी खूँटी ठोंकता है। यह खूँटी घाना लोहा की ही बनी होती है।

राव देव

वे आगे बतलाते हैं : जतरा में भी हमारे बनाये सामान की आवश्यकता पड़ती है। तिरसुल, कडरी, फरसी आदि

205. लौह शिल्पी श्री नानजात विश्वकर्मा, ग्राम : किड़ईछेपड़ा, पो. : पलारी, तहसील : कोंडागाँव (बस्तर-छ.ग.) से दिनांक 2 एवं 4 मार्च 2004 को हुई बातचीत।
206. दादी : दादा, पितामह।
207. खुटी : खीला, कील।
208. लोहा गुआ : लोहा निकालने की पारम्परिक विधि से निकले लोहे का अवशिष्ट।
209. बाहना : जमीन में गड़ा ऊखल या ओखली।
210. मुसर : मूसल।
211. खुटी : खूँटी, कील।
212. ओसो : औषधि।
213. राउत : कहीं-कहीं राउत (रावत) जाति के लोग चरवाहे का काम करते हैं तो कहीं-कहीं यह कार्य गाँडा या माहरा जाति के द्वारा भी किया जाता है।
214. खरी बाचना : चावल बाँच कर किसी चीज की जानकारी करना।

बना कर ले जाना पड़ता है। वहाँ भी बलि दी जाती है। तब हमें भी प्रसाद के रूप में मांस और रसोई-चावल देते हैं। भोजन भी कराते हैं। इसी तरह बीज कुकड़ी तिहार के दिन भी हमें नयी छुरी बनाना ही पड़ता है। इसी छुरी से ही बीज कुकड़ी काटी जाती है। गाँयता इसी छुरी से मुर्गी काट कर पुजा[215] देता है। इसके बाद बीज निकालते हैं। लेकिन इस दिन चाहे तो वे हमें कुछ भेंट देते हैं, वरना नहीं भी देते। बीज कुकड़ी को ढेल कुकड़ी भी कहा जाता है[216]।

लामन दिया

यह बीज कुकड़ी या ढेल कुकड़ी क्या है? इसके विषय में वे बतलाते हैं : गाँवकारी लोग पूरे खेतों और देव-स्थानों की परिक्रमा करते हैं। प्रत्येक देव-स्थान, जैसे आदन या बड़ का पेड़, डोबरा, कुआँ, सँद आदि में पूजा करते हुए चलते हैं। सवेरे से निकलते हैं और लगभग ढाई-तीन बजे अपरान्ह में वे मुख्य स्थान पर पहुँचते हैं। मुख्य स्थान पर पहुँच कर मुख्य पूजा की जाती है। यहीं पर कुकड़ी[217] काटते हैं और अब हम लखिनबार[218] दिन से बीज निकाल रहे हैं, ऐसा कह कर देवता से विनती की जाती है। फिर वहीं पर भोजन पका कर खाते-पीते हैं। मदिरा भी टपकायी और पी जाती है। यहाँ का भोजन घर नहीं ले जाते। गुरुवार को ही बीज निकालने की परम्परा है। कारण, लखी[219] का वार है लखिनबार।

इसी तरह माटी तिहार[220] के विषय में भी नानजात बतलाते हैं : माटी तिहार जो बीज कुकड़ी के पहले होता है, में भी हमें एक नयी छुरी बना कर ले जाना पड़ता है। माटी तिहार के दिन सब किसान अपने-अपने घर से फरसा[221] के पत्ते में धान रख कर उसकी चिपटी[222] बना कर माटी कोट में ले जाते है। माटी तिहार के अवसर पर माटी कोट में ही इस बीज की पूजा होती है और इसके बाद सब किसान वह चिपटी ले कर अपने-अपने घर आ जाते हैं। बीज निकरानी के दिन यही बीज निकाल कर खेतों में बोया जाता है। बीज कुकड़ी माटी तिहार के लगभग एक महीने बाद होता है। बीज कुकड़ी के दिन इसी चिपटी का धान अपने-अपने खेतों में ले जा कर नेंग के लिये छिड़क दिया जाता है यानी सांकेतिक बोआई कर दी जाती है। बीज कुकड़ी मनाये बिना बीज नहीं बोया जा सकता।

215. पुजा : बलि।
216. वस्तुतः बीज कुकड़ी और ढेल कुकड़ी दो अलग-अलग त्योहार हैं। सम्भवतः श्री नानजात विश्वकर्मा ने भूलवश दोनों को एक बताया है।
217. कुकड़ी : मुर्गी।
218. लखिनबार : गुरुवार। अन्य उच्चारण 'लखिमबार'।
219. लखी : महालक्ष्मी।
220. माटी तिहार : मिट्टी (धरती) का त्योहार। इसके विषय में पर्व, उत्सव एवं अनुष्ठान शीर्षक से आगे चर्चा की गयी है।
221. फरसा : पलाश, टेसू।
222. चिपटी : पुड़िया।

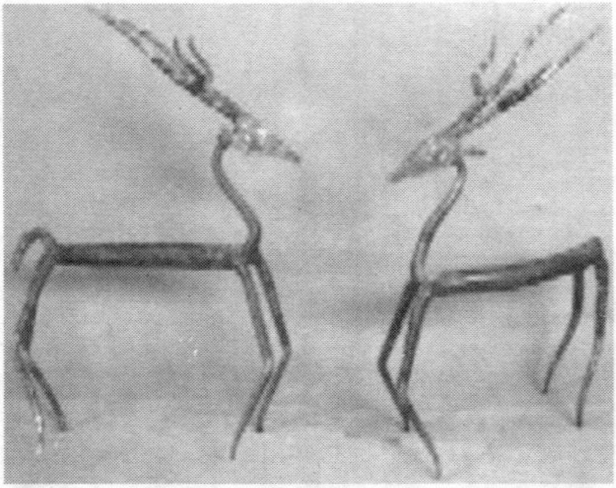

चितर (चीतल)

नानजात विश्वकर्मा देवी-देवताओं की पूजा-विधि के विषय में भी बतलाते हैं : ऐसा है कि बस्तर में पशु बलि तो लगभग सभी देवियों को दी जाती है। पशु बलि न देने पर देवता नाराज हो जाते हैं। वे परेशान करते हैं लोगों को। इसीलिए कुकड़ी-बोकड़ी-बरहा[223] आदि की बलि दी जाती है। कुछ समुदायों में तो बैल की भी बलि दी जाती है। सुअर-बोकड़ा[224] की भी बलि दी जाती है। पशु बलि के साथ-साथ थिपानी[225] भी जरूरी है। महू डोंगा[226] लगता ही है। न देने पर देवता उसकी माँग करता ही है। पशु-बलि तो अनिवार्य है ही। किन्तु यदि देने में सक्षम न हों तो नारियल-फूल-चावल और मदिरा चढ़ा कर विनती की जाती है कि इस समय तो आप इतने में ही सन्तोष कर लें, मान जायें। लेकिन यह केवल थोड़े समय के लिये होता है। अन्ततः कम-से-कम वर्ष में एक बार बलि तो देनी ही पड़ती है। जैसे हमारे गाँव में कुँअर देव खुटगोसया हैं। उन्हें तो सुअर की बलि देनी पड़ती है। कुँअर कई हैं। सोनकुँअर, फुलकुँअर आदि दो-तीन कुँअर हैं। हमारे गाँव में फुलकुँअर हैं।

चमरू राम लोहारों की कुलदेवियों के विषय में बताते हैं : हमारी कुलदेवी अलग-अलग गोत्र की अलग-अलग हैं। नेताम, पोयाम, सोड़ी, बघेल सभी की देवियाँ हैं। माता देवी होती हैं, माता-मावली होती हैं, कुँअर देव होते हैं।

दन्तकथाएँ

1. गाँज और पेंडरावँडिन देवी से सम्बन्धित दन्तकथा

लौह शिल्पी गागरा[227] पेंडरावँडिन[228] देवी के एक उपकरण गाँज[229] के विषय में बतलाते हैं : गाँज देवी की सवारी के काम आता है। जिस देवी के पास शक्ति है, गाँज उसी देवी का आसन होता

223. कुकड़ी-बोकड़ी-बरहा : मुर्गी-बकरी-सुअर। वस्तुतः कुकड़ी शब्द सामान्यतः मुर्गी-मुर्गा दोनों के लिये प्रयुक्त होता है, जबकि कुकड़ा का शाब्दिक अर्थ मुर्गा है। इसी तरह बोकड़ी शब्द सामान्यतः बकरी-बकरा दोनों के लिये प्रयुक्त होता है, जबकि बोकड़ी का शाब्दिक अर्थ बकरी और बोकड़ा का शाब्दिक अर्थ बकरा है।
224. बोकड़ा : बकरा।
225. थिपानी : मदिरा। वस्तुतः देवी के समक्ष मदिरा की कुछ बूँदें टपकायी जाती हैं इसलिये इसे थिपानी कहा गया है। थिपानी शब्द का शाब्दिक अर्थ है 'टपकायी जाने वाली'। थिपाना : टपकाना। इसे 'तरपनी' भी कहा जाता है, जो संस्कृत-हिन्दी के 'तर्पण' शब्द से बना है।
226. महू-डोंगा : भिगाया हुआ महुआ। महुए को भिगा कर उसका पानी टपकाया जाता है।
227. लौह एवं काष्ठ शिल्पी श्री गागरा, ग्राम : देउरगाँव, तहसील : जगदलपुर, बस्तर-छत्तीसगढ़ से दिनांक 26.04.04 को हुई बातचीत।
228. पेंडरावँडिन : अन्य उच्चारण 'पेंडराओंडिन'।
229. गाँज : यह लोहे की एक लम्बी और नोकीली भालानुमा किन्तु अपेक्षाकृत पतली छड़ होती है। इसकी तेज नोंक पर देवी अपनी नाभि के बल लेट कर प्रसन्नतापूर्वक लट्टू की तरह घूमती है। यह वस्तुतः देवी का आसन है।

है। और वह देवी है गोंडिन देव यानी गपागोसिन। उस देवी का मूल नाम हिदी[230] है। हिदी नाम की गोंडिन थी और झिटकू नाम का गोंड था उसका घरजुआँय[231]। हिदी गोंडिन के लिये झिटकू नाम का गोंड घरजवाँई हुआ। एक मुँडा[232] था वहाँ। वह पानी की अधिकता से हर साल फूट जाया करता था। हिदी गोंडिन के सात भाई थे। वे उस मुँडा को काफी प्रयासों के बाद भी बाँध नहीं सके। एक रात उन सात भाइयों में से बड़े भाई को सपना आया कि मुँडा में नर-बलि दो तब तुम्हारा यह काम पूरा होगा। ऐसा सपना देखने के बाद वे सातों भाई झिटकू नाम के उस घरजवाँई को वहाँ ले कर गये और उसकी बलि दे दी। उसे मार कर मुँडा की मेड़ में मिट्टी से दबा दिया। इससे उसी समय तालाब पानी से भर गया। काम निपटा कर सातों भाई घर वापस हो गये। हिदी ने देखा कि उसके सातों भाई तो वापस आ गये लेकिन उसका घरजवाँई नहीं आया। तब उसने अपने भाइयों से उसके विषय में पूछा। पूछने पर उन्होंने कहा कि वह नहा रहा था। उसे आने में थोड़ा समय लगेगा। तो वह काफी देर तक उसकी प्रतीक्षा करती रही। किन्तु जब काफी समय तक वह नहीं आया तो उसे चिन्ता हुई और वह उसे खोजने के लिये गयी। उसने देखा कि तालाब की मेड़ के पास पेंडरा के पेड़ के नीचे घरजवाँई की कुल्हाड़ी पड़ी है। वह आगे बढ़ी तो मेड़ पर घरजवाँई की अंगुली दिखलायी पड़ी। उसे समझते देर न लगी कि उसके भाइयों ने उसकी बलि दे दी है। उसने दुखी हो कर तत्काल उसी तालाब में कूद कर अपनी जान दे दी। उस समय वह मासिक धर्म की अवधि में थी। वह सती हो गयी। इसीलिये उसका नाम सती मायँ भी है। इन्हें ही गोंडिन देव, डोकरी देव, गपागोसिन, पेंडरावँडिन आदि नामों से जाना जाता है। सात बहिनी तेलंगिन नामक देवियाँ भी इन्हीं का रूप हैं, ऐसा बड़े-बूढ़े बताते हैं। बताते हैं कि उन्होंने सात बार शिव जी की तपस्या करके वर माँगा था कि मैं आपकी घरनी[233] बनूँ। तब शंकर जी ने उनसे कहा था कि ठीक है, मैं पृथ्वी पर एक गोंड के घर में झिटकू नाम से जन्म लूँगा और तुम्हारा जन्म होगा एक गोंड के घर में हिदी के नाम से। वहाँ हम-तुम पति-पत्नी होंगे। तब इस युग में वे इस रूप में जन्मीं। तो वही झिटकू है शिवजी का रूप तथा हिदी है पारवती का रूप। तो इन्हें इसीलिये सती कन्या भी कहा जाता है। झिटकू को कहा जाता है झिटकू डुमा। ये दोनों देव प्रसिद्ध हैं। तो जब हिदी और झिटकू देव

आदिवासी नर्तक

230. पेंडरावँड गाँव, जो विश्रामपुरी से 2-3 किलोमीटर पूर्व की ओर है, में आज भी पेंडरावँडिन के मायके के वंशज रहते हैं। मेरे द्वारा दिनांक 08.07.98 को उनके घर में जा कर बातचीत की गयी थी। उस बातचीत में उनके मायके के वंशज और पुजारी डमरू ने पेंडरावँडिन का नाम 'हिदो' बतलाया था।

231. घरजुआँय : घरजमाई। यह 'घरजावँ' तथा 'घरजियाँ' भी उच्चारित होता है। छत्तीसगढ़ी परिवेश में यह 'लमसेना' कहा जाता है।

232. मुँडा : तालाब।

233. घरनी : घरवाली, पत्नी।

रूप हो गये तो बाकी देवी-देवताओं ने उनसे पूछा कि तुम अपने-आपको देवी कहती हो तो इसका क्या प्रमाण है? ऐसा कह कर अन्य देवी-देवताओं ने लोहे का गाँज बनवाया और हिदी से उस पर चढ़ने को कहा। तब हिदी बड़ी ही आसानी से उस पर चढ़ गयी। तब देवी-देवताओं ने कहा कि ऐसे नहीं, बल्कि गाँज की नोक पर अपनी नाभि के बल लेटो। हाथ-पाँव कहीं और नहीं टिकने चाहिये। हिदी ने तब वैसा ही किया। वह गाँज की नोंक पर नाभि के बल पट लेट गयी और हाथ-पाँव खुले छोड़ कर उसी स्थिति में लट्टू की तरह घूम गयी। तब देवी-देवताओं ने उस पर थोड़ा-सा भरोसा किया। लेकिन वे इतने से नहीं माने। उन्होंने कोई और आधार तथा प्रमाण देने को कहा। तब हिदी (पेंडरावँडिन) ने बताया कि उस तालाब में मेरी जान गयी। उसी तालाब में मेरे पति के साथ यह हादसा हुआ, इसीलिये मैं सती हो गयी। उसके बाद मेरा देवी के रूप में पुनर्जन्म हुआ है। यह सुन कर देवी-देवताओं ने उनसे अपनी शक्ति दिखलाने के लिये कहा। तब पेंडरावँडिन ने उस गपा[234], जिसे ले कर वह अपने घरजवाँई को खोजने गयी थी, को मिट्टी के ऊपर ढँक दिया और देवी-देवताओं से उसे उठा कर देखने को कहा। देवी-देवताओं ने टोकना उठाया तो देखा कि वहाँ जीवित मोंगरी[235] मछलियाँ थीं। फिर पेंडरावँडिन ने अत्यन्त क्रोधित हो कर अपने कुस[236] से माटी खोदी तो वहाँ से कई प्रकार के काँदा निकल आये। तरगरया काँदा भी निकला। तब देवी-देवताओं ने कहा कि ठीक है, हम तुम्हें मान गये किन्तु तुम्हें हम अपने पास आसन नहीं देंगे। कारण, तुम सती होने के समय मासिक धर्म की अवधि में थीं। इसीलिये तुम्हें हमसे कुछ दूर बैठना होगा।

झुमका बड़गी लेकर नृत्य करती युवतियाँ

234. गपा : टोकरा।
235. मोंगरी : माँगुर।
236. कुस : छोटा सब्बल।

चिटकोली वादन के साथ नृत्य करती युवतियाँ

इसलिये पेंडरावँडिन का स्थान कुछ अलग हट कर होता है। माता देवी जहाँ रहती हैं वहाँ से थोड़ी दूरी पर ही डोकरी देव यानी पेंडरावँडिन देव को प्रतिष्ठित किया जाता है। जब माता देवी के स्थान पर डोकरी देव को लाया जाता है तब दूरी बनाये रखने के लिये दोनों के बीच में चावल के पिसान का घेरा बनाया जाता है। इससे पेंडरावँडिन देवी का छूत माता देवी को नहीं लगता। डोकरी देव के प्रतीक के रूप में गपा और कुस यानी सब्बल होते हैं तथा डोकरा देव यानी झिटकू डुमा के प्रतीक स्वरूप टँगिया होता है।

2. पेंडरावँडिन देवी से सम्बन्धित दन्तकथा

पेंडरावँडिन देवी की उत्पत्ति के विषय में लौह शिल्पी गोपीराम[237] भी कुछ इस तरह बतलाते हैं : माता के उपजास[238] के विषय में भला कौन बतायेगा? कई लोग कहते हैं कि उन्होंने पत्थर फोड़ कर अवतार लिया है। लेकिन मुझे उतनी जानकारी नहीं है। फिर भी, सुनी हुई बातों के अनुसार, कहते हैं कि पेंडरावँडिन के पाँच या सात भाई थे। पेंडरावँडिन एक बहिन थी। उसके लिये लमसेना[239] रखे। तो वे सातों भाई मुँडा बाँधने चले। बाँधते-बाँधते थक गये। तो वहाँ की कोई देवी थी जिसने कहा या कि अपने मन से उन लोगों ने कहा कि तुम्हें दुयगोड़या[240] देंगे, हमारा मुँडा बँध जाये। और इस तरह विनती कर वहाँ उस लमसेना की बलि दे दी गयी। थोड़ी

237. लौह शिल्पी श्री गोपीराम विश्वकर्मा, ग्राम : किड़ईछेपड़ा, पो. : पलारी, तहसील : कोंडागाँव (बस्तर-छ.ग.) से दिनांक 02 मार्च 2004 को हुई बातचीत।

238. उपजास : उत्पत्ति।

239. लमसेना : घरजमाई।

240. दुयगोड़या : देवी-देवताओं से सम्बन्धित क्रिया-कलाप में सांकेतिक या कूट भाषा का प्रयोग किया जाता है। इस सांकेतिक या कूट भाषा में मनुष्य को 'दुयगोड़या' (दो पैरों वाला) कहा जाता है।

देर बाद लमसेनिन[241] पेज ले कर गयी। उसने लमसेना को आवाज दी किन्तु उसका कहीं पता नहीं था। तब वह उसे खोजने लगी। खोजते-खोजते उसे लमसेना की कनिष्ठा अंगुली दिखलायी पड़ी मेड़ की मिट्टी में। तब उसे संदेह हुआ और उसने मिट्टी हटायी। देखा तो लमसेना था। यह देख कर उसने उसी बाँध में कूद कर अपनी जान दे दी। तब वही दोनों देव-रूप में जागे। तब उस दिन से उस देवी का नाम पेंडरावँडिन हुआ।

3. मानता सम्बन्धी दन्तकथा

क्या पहले ऐसी कोई घटना हुई थी कि जिसके कारण देवी-देवताओं को ये वस्तुएँ अर्पित की जाती हैं ? इस विषय में नानजात विश्वकर्मा एक दन्तकथा बतलाते हैं : सियान लोग बतलाते हैं कि पहले कुछ लोगों को बीमारी हो गयी। उस बीमारी से कुछ लोग मर गये और कुछ लोग बच गये। बचे हुए लोगों में से भी कुछ लोगों के मरने की बारी थी तो लोगों ने देव बिठाया। तब देवता ने कहा कि तुम मेरे नाम से त्रिशूल या बरछी अथवा भाला चढ़ा दो तब तुम बचोगे। तब देवी के कहे अनुसार त्रिशूल आदि चढ़ाये गये। इससे बाकी लोगों की जान बच गयी। कहते हैं, तभी से देवी-देवताओं को इस तरह की चीजें भेंट की जाने लगीं। इस तरह विभिन्न देवी-देवताओं को उनकी माँग और विश्वास के आधार पर बरछी, भाला, त्रिशूल, फरसी, छुरी आदि चढ़ाये जाने लगे। लेकिन बोली हुई चीज न चढ़ाने पर देवी लोगों को खा जाती थी। यह मान्यता आज भी यथावत् बनी हुई है।

जातीय भाषा

हल्बी बस्तर की सम्पर्क भाषा रही है किन्तु इसमें जातिगत विशेषताओं के कारण इसका स्वरूप अलग-अलग जातियों में अलग-अलग पाया जाता है। गड़वा या घड़वा, पनका, पारदी और चँडार जाति की ही तरह लोहार समाज की भी जातीय भाषा है। इस जातीय भाषा को वे 'फारसी' कहते हैं[242]। इसके विषय में लौह एवं काष्ठ शिल्पी गागरा कहते हैं : हमारे समाज की एक कूट भाषा है जिसे हम 'फारसी' कहते हैं। यह हमारी जातीय भाषा है जिसे हम गुप्त रखते हैं। यह भाषा विशेष परिस्थितियों में हमें बचाने के लिये उपयोग में लायी जाती रही है :

लोहारी (फारसी)	हल्बी	हिन्दी
खेराय	कुकड़ा	मुर्गा
किसकोदी	बरहा	सुअर
कडरी	कडरी	छुरी
बोजनऊ	टँगेया, टयँगा, टँगिया	कुल्हाड़ी
गुदाड़	कोड़की	कुदाली
ओनयाऊ	पेज	पेज
किलाय	भात	भात
चरको	साग	साग
खयरो	लोन, नोन	नमक

241. लमसेनिन : वह युवती जिसके लिये लमसेना (घरजमाई) रखा गया है। यहाँ 'पेंडरावँडिन'।
242. स्रोत : प्रस्तर, लौह एवं काष्ठ शिल्पी स्व. रैतू राम, प्रस्तर एवं काष्ठ शिल्पी श्रीमती शान्ति बाई, प्रस्तर, लौह एवं काष्ठ शिल्पी श्री गागरा (तीनों ग्राम : देउरगाँव, बस्तर-छ.ग.) एवं लौह शिल्पी श्री सोनाधर विश्वकर्मा (ग्राम : कुसमा, बस्तर-छ.ग.)।

लताड़ू	हरदी	हल्दी
झरऊ	मिरी	मिर्च
आमू	पानी	पानी
माक्	राती	रात
माक्	अँधार	अँधेरा
माक्	साँज	साँझ
मँडल	बिहान	सवेरा
मँडल	दिन	दिवस
मँडल	उजर	प्रकाश
नँजक जड़ँगी	बयला	बैल
बाय जड़ँगी	गाय	गाय
चिकल जड़ँगी	भैंसा	भैंस (नर)
बाय एड़ी	बोकड़ी	बकरी
नँजक एड़ी	बोकड़ा	बकरा
खेराय बोल्ली।	कुकड़ा बासली।	मुर्गा बोला।
खेराय बोल्ली, मँडल होली, उठा बे।	कुकड़ा बासली, बिहान (उजर) होली, उठा बे।	मुर्गा बोला, सवेरा हो गया, उठो।
काहाँ उरकसास?	केंव[243] जाहासाहास?	कहाँ जा रहे हो?
मयँ खेपू ने उरखेंसे।	मयँ घरे जायँसे।	मैं घर जा रहा हूँ
एबे काहाँ उरकू राहास?	एबे काहाँ जाऊ राहास?	अभी कहाँ गये थे?
काहाँ ले बरसास?	काहाँ ले एसास?	(आप) कहाँ से आ रहे हैं?
तुमचो काय नाव आय?	तुमचो काय नाव आय?	आपका नाम क्या है?
तुमचो पिड़ाड़ू-पड़यान कित झान बेचोत?	तुमचो कित झन पिला-झिला आसोत?	आपके कितने बाल-बच्चे हैं?
मोचो पिड़ाड़ू-पड़यान दुय झान बेचोत।	मोचो दुय झान बेटा-बेटी आसोत।	मेरे दो जन बेटा-बेटी हैं।
मोचो दुय झान पड़यान तिन झन पिड़ाड़ू बेचोत।	मोचो दुय झान लेकी (बेटी) आउर तिन झन लेका (बेटा) आसोत।	मेरे दो लड़की (बेटी) और तीन लड़के (बेटे) हैं।
तुमी कोन गाँव चो आहास?	तुमी कोन गाँव चो आहास?	आप किस गाँव के हैं?
तुमी कोन गाँव ले बरसास?	तुमी कोन गाँव ले इयासाहास?	आप किस गाँव से आ रहे हैं?

पारम्परिकता में परिवर्तन

क्या बदलते हुए परिवेश के साथ पारम्परिकता में कुछ परिवर्तन आया है? इस विषय में सोनाधर विश्वकर्मा कहते हैं[244] : पहले हम जो घोड़ा बनाते थे, देवी-देवताओं में चढ़ाने के लिये,

243. केंव : किधर। किन्तु यहाँ 'कहाँ' के अर्थ में प्रयुक्त हुआ है।

244. राष्ट्रीय पुरस्कार प्राप्त लौह शिल्पी श्री सोनाधर विश्वकर्मा, ग्राम : कुसमा, पो. : बम्हनी, तहसील : कोंडागाँव, जिला : बस्तर, छत्तीसगढ़ से अप्रैल 2003 में हुई बातचीत।

उनके दो पैर हुआ करते थे। ये घोड़े राव देव में चढ़ाने के लिये पारम्परिक रूप से बनाये जाते थे। इनके दोनों पाँवों को जमीन में गाड़ कर इनकी पूजा की जाती थी। खुट दिया और लामन दिया में विभिन्न आकृतियाँ बनायी जाती थीं। अब शो रूम या प्रदर्शनी आदि के लिये लोगों की माँग पर हम इन घोड़ों को चार पैरों वाला बना रहे हैं। कई लोगों ने कहा कि ये घोड़े दो पैरों में ठीक नहीं लगते। इन्हें रखने में भी सुविधा नहीं होती। तब मैंने इनके चार पैर बनाना शुरू किया। मुझे इसी घोड़े पर ही राष्ट्रीय पुरस्कार प्राप्त हुआ था 1987 में। लौह शिल्प में पूरे भारत में पहली बार मुझे ही राष्ट्रीय पुरस्कार प्राप्त हुआ। इसके बाद कई पुरस्कार मिलते गये।

सुकनाथ विश्वकर्मा[245] इस परम्परा से घाना लोहा के लुप्त हो जाने के विषय में कहते हैं : भले ही कोई एक हजार की जगह दो हजार रुपये खर्च कर दे किन्तु घाना लोहा का मिलना मुश्किल है। उतनी मेहनत से हम कहाँ से निकालें? लेकिन मिलेगा। नहीं मिलेगा ऐसी बात नहीं है। घाना लोहा निकालने में बहुत मेहनत लगती है। एक दिन तीन आदमियों को जंगल जाना पड़ेगा कोयला के लिये। अगले दिन पहाड़ से पत्थर लाने के लिये फिर से जाना पड़ेगा। वहाँ से पत्थर ला कर उसे फोड़ेंगे तब बाँस का बम्बू जिसे जतर कहते हैं, बनायेंगे। उसके लिये चमड़े का धुकना (धौंकनी) बनाएँगे। फिर भट्टी जला कर करीब चार बजे सुबह से शुरू कर के बारी-बारी से तीन आदमी उसमें लगे रहेंगे तब जा कर शाम के छह या सात बजे एक या डेढ़ किलो लोहा निकलेगा। इस तरह यदि लगातार काम चलता रहा तो 12-15 घन्टे लोहा निकालने में लग जाते हैं। कभी-कभार तो यह होता है कि कितनी भी मेहनत करें फिर भी उसका कोई मतलब नहीं होता।

सुकनाथ विश्वकर्मा की बात से सहमति जताते हुए नानजात विश्वकर्मा कहते हैं : इतनी कड़ी मेहनत से लोहा निकालने और कोई सामग्री बनाने के बाद हमें बदले में मिलता था रसोई चावल और गपा में धान। पैसा नहीं मिलता था। देवी के लिये सामग्री बनाने पर रसोई चावल मिलता था और कोई घरेलू औजार आदि बनाने पर धान मिलता था। पैसे मिलते ही नहीं थे। किन्तु अब बदलते समय के साथ इस परिपाटी में परिवर्तन हो गया है। अब धान नहीं देते; पैसे देते हैं। घाना लोहा बहुत कीमती होता है। पहले खेजा देते थे। देवी वगैरह का सामान बनाने पर गाय, छेरी[246], बकरा आदि भी देते थे। पहले गोतया कहते थे। लो जी गोतया, पैसा-कौड़ी तो नहीं है। गाय, धान या फिर बकरा-बकरी, सुअर आदि ले जाओ, कहते थे। तुमने हमारे पुरखौती के लिये चीजें बना दीं। तो इसलिये तुम भी इनमें से कोई चीज ले जाओ, कहते थे। तुम्हारी बनायी हुई चीज हम देवी को अर्पित करेंगे। इससे हमारे दुःख-कष्ट आदि छूट जायें, ऐसा कह कर लोग हमें सम्मानपूर्वक गाय आदि दिया करते थे। घड़वा, कुम्हार और लोहार किसानों के लिये परम्परा से औजार तथा कई किस्म की चीजें बनाते थे और बदले में किसानों से प्राप्त धान आदि से अपना गुजारा करते थे। पहले हम पैदल ही जाया करते थे। गाड़ी-मोटर हमारे पुरखों ने देखा नहीं था।

सोनाधर विश्वकर्मा भी इस सम्बन्ध में कहते हैं : कभी-कभी इसी विधि से निकालते हैं किन्तु अब जो नियम-कानून बन गये हैं उसके चलते हमें पहाड़ी से लोहे का पत्थर और कोयला आदि लाने में अड़चनों का सामना करना पड़ता है। इसलिये अब बाजार से खरीदते हैं।

---

245. लौह शिल्पी श्री सुकनाथ विश्वकर्मा, ग्राम : किड़ईछेपड़ा, पो. : पलारी, तहसील : कोंडागाँव (बस्तर-छ.ग.) से दिनांक 02.03.04 को हुई बातचीत।

246. छेरी : बकरी।

पारम्परिकता में आये बदलाव के सम्बन्ध में गागरा लोहार[247] कहते हैं : पहले गिलट (गिल्ट) और जरबन (एल्यूमिनियम) का भी सामान बनता था। चाटू, बेला (डुआ) आदि। हम लोग भी बनाते थे और घड़वा लोग भी बनाते थे। गिलट मुलायम होता है और जरबन कड़ा। तो हम लोग बनाते थे गिलट से। ठोक-पीट कर। जरबन को घड़वा लोग गला कर मोम की सहायता से बनाते थे। गिलट से हम लोग चाटू, बेला, खाड़ू, पयँड़ी, सुता भी बनाते थे। नाँगमोड़ी घड़वा लोग बनाते थे। हम लोग बनाते थे पट्टा। चूड़ी के साथ पहनते हैं, वो पट्टा। इसी तरह लौह शिल्प में हम लोग बनाते थे गाँज, काटा मुँदरा, सिंगारी मुँदरा, काटा कुरची, देव कुरची, काटा झुलना, धरनी कडरी, चिटकोली, मुसर मुहटा वगैरह। अभी भी बनाते हैं देव के लिये। देव का बाजूबन्द भी हम लोग बनाते थे। ये चाँदी से बनता था। हम लोग चाँदी का काम भी करते थे। चाँदी का पट्टा, चाँदी का खाड़ू, चाँदी का बाँहटा, चाँदी का सुता आदि हम लोग बनाते थे। देव मकुट, बाजूबँद, तरास भी हम लोग बनाते थे। लेकिन अब इसमें काफी बदलाव आता जा रहा है। चाँदी का काम अब हम लोग नहीं करते। केवल लोहे का काम कर रहे हैं।

महिलाओं की सहभागिता

लौह शिल्प के काम में पुरुषों के साथ-साथ महिलाओं की भी सहभागिता होती है। इस विषय में चमरू राम कहते हैं : महिलाओं का प्रमुख काम होता है, पंखा घुमाना। वे पहले भी जतर चलाया करती थीं। उनकी बात को आगे बढ़ाते हुए ललिता बघेल[248] कहती हैं : हम लोग भी काम करती हैं। हम पंखा घुमाती हैं। पंखा घुमाने का काम आराम से हो जाता है। यह उतनी मेहनत का काम नहीं है। पंखा घुमाने के अलावा कभी-कभार लोहा काटने का काम या फिर बनी हुई कलाकृति में तेल लगाने का काम भी हम लोग करती हैं। हाँ, लोहा पीटने का काम हम लोग नहीं करतीं। वे आगे कहती हैं : अभी तो पंखे का चलन हो गया है किन्तु पहले पंखा नहीं हुआ करता था। पंखे की जगह था जतर। उसे हमें पाँवों से खूँदना पड़ता था। जतर से हवा की जाती थी। जतर में बहुत मेहनत लगती थी। पंखा में तो आराम से हो जाता है। जैसे हम पैदल चलते हैं काफी दूर तक तो पाँव तो थकते ही हैं। ऐसे ही जतर में भी पाँव थकते हैं। शरीर थक जाता है। किन्तु पंखा हाथ से घुमाने का है और सरल है। जब काम रहता था तो दिन-दिन भर भी करना पड़ता था और जब काम नहीं रहता था अधिक तो उसी हिसाब से थोड़ी देर किया करते थे। यह तो काम के ऊपर निर्भर करता था।

महिलाएँ जतर या पंखे से हवा करने के अतिरिक्त जंगल से लकड़ी या कोयला लाने में भी पुरुषों की सहायता करती रही हैं। ललिता कहती हैं : हाँ, यह भी किया करती थीं हम लोग। जाती थीं अपने पति या पिता और भाई के साथ जंगल में लकड़ी और कोयला के लिये। पुरुष लकड़ी काटते हैं तब हम उसे घर तक लाने में सहायता करती थीं। मिल-जुल कर काम करते थे और अभी भी मिल-जुल कर करते हैं।

---

247. लौह एवं काष्ठ शिल्पी श्री गागरा, ग्राम : देउरगाँव, तहसील : जगदलपुर, बस्तर-छत्तीसगढ़ से दिनांक 26.04.04 को हुई बातचीत।

248. लौह शिल्पी श्रीमती ललिता बघेल, ग्राम : किड़ईछेपड़ा (कोंडागाँव, बस्तर-छ.ग.) से दिनांक 30.09.05 को हुई बातचीत।

समस्याएँ

लौह शिल्प के काम में शिल्पियों की समस्याओं के विषय में चर्चा करते हुए चमरू राम कहते हैं कि सबसे बड़ी समस्या है आज के बच्चों को अपनी परम्परा का ज्ञान न होना। वे पुराना काम नहीं जानते।

तीजूराम बघेल[249] के विचार से इसके अतिरिक्त और भी समस्याएँ हैं। वे कहते हैं : कुछ तो कठिनाइयाँ हैं हमारे काम में। जैसे कि कोयला की समस्या है। कोयले की बड़ी समस्या हो जाती है। यह आसानी से नहीं मिलता। बहुत कष्ट होता है। कभी-कभी तो कोयला के ही कारण हमारा काम भी रुक जाता है। बाजार में नहीं मिलता कोयला। डिपो से लकड़ी लाते हैं तो वह महँगा पड़ता है। जंगल से लायें तो जंगल वाले पकड़ते हैं। इस तरह हमें बड़ी कठिनाई का सामना करना पड़ता है। जड़ों को खोद कर हमें कोयला बनाना पड़ता है। कोयले की बहुत खपत होती है हमारे काम में। कोयले की किल्लत के कारण हमारा काम समय पर नहीं होता।

तीजूराम की ही बात को आगे बढ़ाते हुए ललिता बघेल कहती हैं : काम में तो खैर उतनी कठिनाई नहीं है किन्तु कोयला की समस्या जरूर है। इसी तरह लोहे की भी समस्या है। बाजार में लोहे की कीमत बहुत अधिक हो गयी है। यों तो बाजार से लेना पहले की अपेक्षा सरल इसलिये होता है कि पहले जब हम जंगल से लोहा-पत्थर ला कर घर पर लोहा निकालते थे तो बहुत अधिक मेहनत लगती थी, समय भी काफी लगता था और लोहा भी बहुत कम निकलता था। उसमें अधिक मेहनत लगती थी। उसमें कोयले की बहुत खपत होती थी। अब लोहा का उत्पादन नहीं करते। अब खरीद कर लाते हैं तो मेहनत बचती है किन्तु पैसे लगते हैं।

तो इस समस्या का समाधान कैसे हो सकता है? इस प्रश्न के उत्तर में तीजूराम कहते हैं : हम चाहते हैं कि कारीगर को निस्तार डिपो से कम दर पर लकड़ी दी जाये। लकड़ी मिलने पर हम कोयला स्वयं लेते। कम दर पर लकड़ी मिलती तो हमें बहुत आसानी हो जाती। हमने राज्यपाल महोदय से इस सम्बन्ध में चर्चा की थी। उन्होंने हमें बुलाया भी था। हम गये भी थे। लेकिन वहाँ से हमें बाद में आने को कहा गया। उन्होंने हमें बारम्बार बुलाया भी किन्तु हम नहीं जा पाये। गलती हमारी थी।

वे आगे कहते हैं : इसके साथ ही जब हम बाहर जाते हैं तब हमारे साथ बहुत से सामान होते हैं। कलाकृतियाँ होती हैं। ऐसे में हमें बहुत कठिनाई होती है। पुलिस वाले डाँट-डपट करते हैं। गाँव से गये हुए कारीगर होते हैं हम लोग। हमें उतनी जानकारी तो होती नहीं। इसलिये लोग हमें डराते हैं। यह क्या सामान है? कहाँ ले जा रहे हो? आदि। और इस तरह वे हमसे पैसे ऐंठने की जुगत लगाते हैं। रेल्वे में भी। रेल्वे के बाबू कम सामान का भी अधिक पैसा ले लेते हैं। कम सामान की बिल्टी बनाते हैं लेकिन पैसे अधिक ले लेते हैं। रेल्वे पुलिस वाले भी बहुत लूटते हैं। कुली भी हमें बहुत परेशान करते हैं। जब तक हम अपने ठिकाने पर नहीं पहुँच जाते तब तक हमें परेशानियों का सामना करना पड़ता है। और फिर वहाँ भी पहुँचने के बाद बिक्री होती है या नहीं, इसका भी कोई ठिकाना नहीं होता। बड़े शहरों में हमारी पहचान तो किसी से होती नहीं। हम वहाँ किसी विपत्ति में फँस जायें तो जायेंगे कहाँ? वहाँ मुसीबत में हमारा साथ देने वाला भी तो कोई नहीं है।

---

249. लौह शिल्पी श्री तीजूराम बघेल, ग्राम : किड़ईछेपड़ा (कोंडागाँव, बस्तर-छ.ग.) से दिनांक 30.09.05 को हुई बातचीत।

लोहे एवं काष्ठ से निर्मित कुछ घरेलू एवं कृषि उपकरण

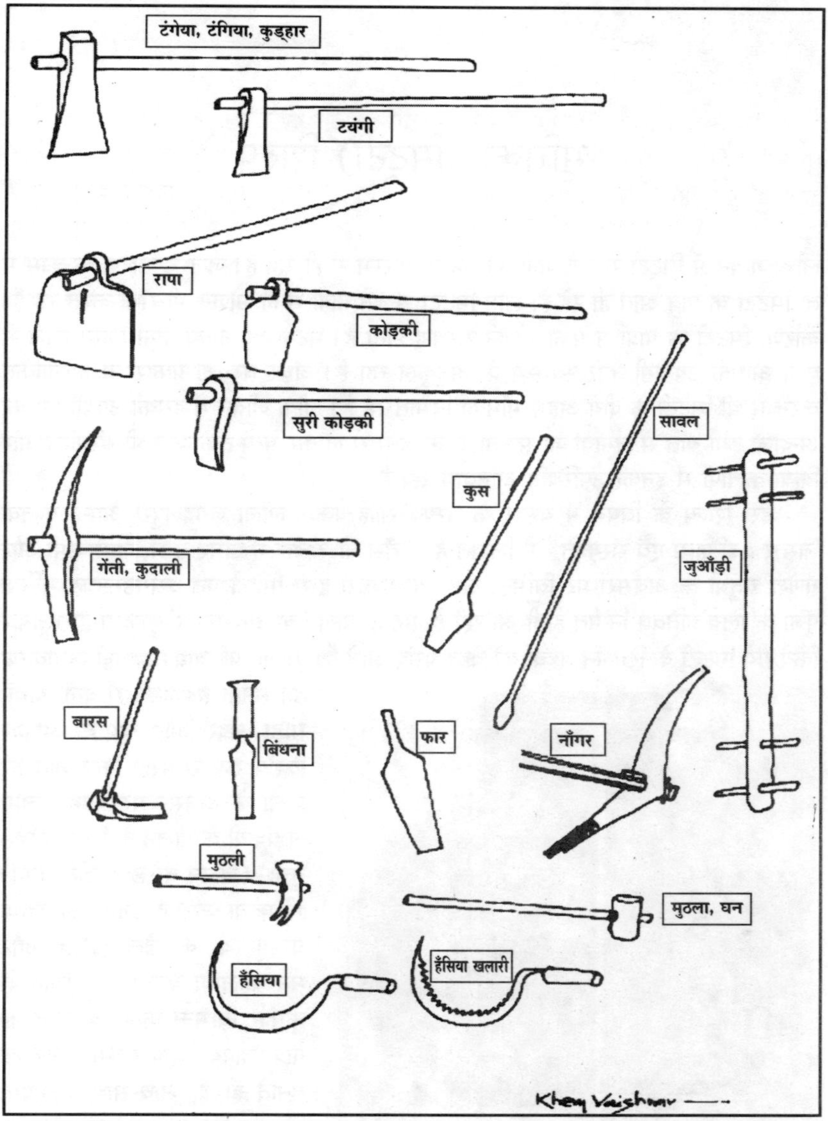

मृत्तिका (मिट्टी) शिल्प

लोक जीवन में मिट्टी से बने पात्रों की महत्ता आरम्भ से ही रही है। जल-भण्डारण के काम में तो मिट्टी के पात्र आते ही रहे हैं, लोग मिट्टी से बने पात्रों में ही भोजन भी राँधा करते रहे हैं। कारण, मिट्टी के पात्रों में पका भोजन सुस्वादु होता है। मटके का ठण्डा पानी किसी फ्रिज से कहीं अधिक उपयोगी और स्वास्थ्य के अनुकूल रहा है। अँधेरे घर को प्रकाश से आलोकित करने में भी मिट्टी के दीये अहम भूमिका निभाते रहे हैं। लोक जीवन में इसकी उपयोगिता का अन्दाजा इसी बात से लगाया जा सकता है कि जन्म से ले कर मृत्यु तक के सभी संस्कारों और क्रिया-कलापों में इनकी उपस्थिति अनिवार्य रही है।

इस शिल्प के विषय में बस्तर के वरेण्य साहित्यकार लाला जगदलपुरी अपनी पुस्तक 'बस्तर : इतिहास एवं संस्कृति'[1] में लिखते हैं : "वैसे तो अंचल में खमर-छठ[2], जन्माष्टमी और गणेश चतुर्थी के अवसरों पर विभिन्न लोक कलाकारों द्वारा मिट्टी की अनगढ़-सुघड़ मूर्तियाँ पूजा के लिये प्रतिवर्ष निर्मित होती आ रही हैं, परन्तु 'पोला' के अवसर पर कुम्हारों द्वारा तैयार किये गये मिट्टी के खिलौने बच्चों को बेहद पसंद आते हैं। 'पोला' प्रतिवर्ष भादों की अमावश्या को मनाते हैं। पोला में बैल, हाथी, घोड़ा, बंदर और चूहे के आकार विशेष रूप से पसंद किये जाते हैं। पोला के अवसर पर कुम्हार लोग लड़कियों के खेलने के लिये 'कोंडी-बुची' (खेलने के छोटे-छोटे बर्तन) भी मुहैया करते हैं, जिनसे लड़कियाँ घर-गृहस्थी के खेल खेलतीं और मन बहलाया करती हैं। अंचल के कुम्हार विभिन्न प्रकार के मृत्तिका-पात्र, दीपक, दीप-स्तम्भ आदि तो बनाते ही हैं, साथ-साथ वे मृदंग, ढोलक, नगाड़ा आदि वाद्यों के ढाँचे भी मिट्टी से तैयार करते हैं। खेतों

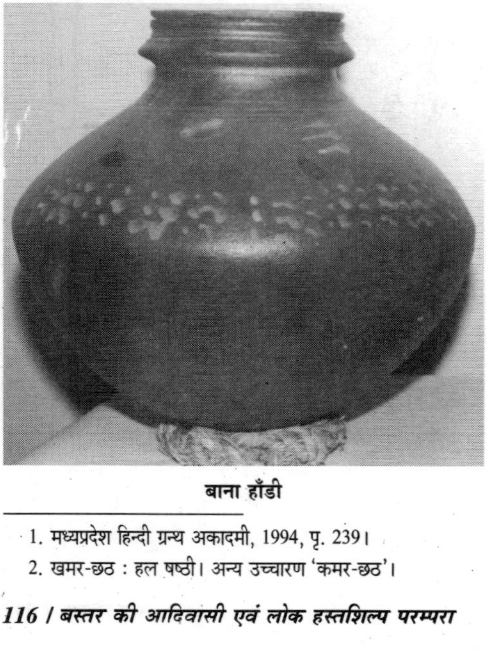

बाना हाँडी

1. मध्यप्रदेश हिन्दी ग्रन्थ अकादमी, 1994, पृ. 239।
2. खमर-छठ : हल षष्ठी। अन्य उच्चारण 'कमर-छठ'।

की रखवाली के लिये बने ऊँचे मचान पर रात गुजारने वाले खेतिहर-रखवाले के लिये वे तोड़ी (तुरही) भी बनाते हैं, जिसे बजा-बजा कर रखवाला अपनी उपस्थिति और सजगता की सूचना रह-रह कर ध्वनित करता रहता है।"

शिल्प के पारम्परिक उत्पाद

जैसा कि ऊपर कहा जा चुका है, मिट्टी शिल्प की उपयोगिता आदिवासी एवं लोक जीवन में आरम्भ से ही रही है और आज भी यह अपनी अनिवार्य उपस्थिति मनुष्य के जन्म से ले कर मृत्यु तक के सभी प्रसंगों में दर्ज कराता है। कुछ पात्रों का संक्षिप्त विवरण निम्नानुसार है :

भात हाँडी : भात राँधने के लिये जो पात्र होता है उसे 'भात हाँडी' कहा जाता है। यह भिन्न-भिन्न आकारों में उपलब्ध होता है।

तेलानी : साग राँधने और रोटी (बड़ा, बोबो) आदि तलने के लिये उपयोग में लाया जाने वाला पात्र 'तेलानी' अथवा 'तेलई' कहलाता है।

पेज हाँडी (मड़की) : पेज[3] यानी 'पेय' राँधने के काम आने वाला पात्र 'पेज हाँडी' या 'मड़की' कहलाता है। यह आकार में छोटा होता है।

कोंडी : यह 'हाँडी' का अत्यन्त लघु रूप है और 'कोंडी' कहलाता है। इसमें हल्दी आदि रखी जाती है।

कलँजी : यह 'हाँडी' प्रजाति का ही मिट्टी का पात्र है। इसे 'कलोंजी' या 'तेलई' भी कहा जाता है। इसमें दाल या सब्जी पकायी जाती है। इसके ऊपर के ढक्कन को 'परई' कहा जाता है।

करसा हाँडी : इसे 'करसा हाँडी' के अतिरिक्त 'कलसा टाँडी' भी कहा जाता है। विवाह के समय यह कलश के रूप में स्थापित किया जाता है तथा दुल्हन के हाथों में भी इसे दिया जाता है।

तुती हाँडी : इसे 'तुती हाँडी' के अतिरिक्त 'तुतु हाँडी' के नाम से भी जाना जाता है। इसमें नीचे एक बहुत ही बारीक छेद होता है, जिससे पानी टपकता रहता है। 'भाँवर (फेरे)' के समय इसे ले कर 'भाँवर' घूमा जाता है (फेरे लगाये जाते हैं)।

---

3. चावल के टूटे दाने जिन्हें 'कनकी' कहा जाता है को उबाल कर बनाया जाने वाला पेय। यह पेय 'कनकी पेज' तथा ग्रीष्म ऋतु में 'मँडेया' नामक अन्न का आटा मिला कर बनाया जाने वाला पेय 'मँडेया पेज' कहा जाता है। बस्तर के लोक जीवन में 'पेज' का महत्त्वपूर्ण स्थान है। 'पेज' पर इन पंक्तियों के लेखक की एक गीत-रचना यहाँ प्रसंगवश उल्लेखनीय है

अटपट है गरमी, लो धूप हुई तेज। ऐसे में भाता है, मँडिया का पेज।।
बड़ा बुरा हाल है, गरमी के मारे। पहुँचाये ठण्डक तब, हियरा के द्वारे।
आमा की चटनी हो, अमटाया पेज। ऐसे में भाता है, मँडिया का पेज।।
डोकरा हो डोकरी कि, नोनी या नोना। सभी ढाल लेते हैं, दोने पर दोना।
नहीं कोई ऐसा, ज्यों मँडिया का पेज। ऐसे में भाता है, मँडिया का पेज।।
घर आये पहुना को, चाय नहीं भाती। पेज भरे दोना को, अँखियाँ ललचातीं।
जुड़ाता है जियरा को, मँडिया का पेज। ऐसे में भाता है, मँडिया का पेज।।

नानी टाँडी : ये छोटी हण्डियाँ विवाह के समय दुल्हन के सिर पर पानी डालने के काम आती हैं।

रुखी : यह दीपक रखने का एक उपकरण (दीपक-स्टैंड) है। इसे 'रुखी' कहा जाता है।

बय टाँडी : इसे 'बय हाँडी' भी कहा जाता है। विवाह के सारे दिनों तक ये हण्डियाँ मण्डप के चारों स्तम्भों के नीचे सजा कर रखी जाती हैं। इन्हें धागों से लपेटा जाता है तथा इनकी पूजा की जाती है।

घगरी : 'घगरी' यानी गगरी। मिट्टी से निर्मित इस गगरी का उपयोग पानी रखने में होता है।

मँद हाँडी : मिट्टी से बने इस मटके का उपयोग 'मँद' यानी मदिरा बनाने के लिये होता है[4]।

इस शिल्प के पारम्परिक उत्पादों का वर्गीकरण निम्नानुसार किया जा सकता है :

दीया

(अ) दैनिक उपयोग के उत्पाद :

भात हाँडी, कलँजी (कलौंजी), तेलानी, पेज हाँडी (मड़की), घगरी (घगरी हाँडी), पास हाँडी, लँदा हाँडी, मँद हाँडी, छच, छच ढाकना हाँडी, बाना घगरी, बाना हाँडी, टोकसी।

(ब) देव-पूजन में उपयोगी उत्पाद :

आरती (हुमनी), रुखी, दीया, हाथी, घोड़ा, बेंदरी।

(स) त्योहारों (पोरा तिहार, नयाखानी तिहार) में उपयोगी उत्पाद :

कोंडी (भात हाँडी), टोकसी (साग हाँड़ी), बड़े कोंडी (पानी हाँडी), कढ़ई, बेंदरी, बयला, जता, चूल्हा, बुची।

(द) हिन्दू विवाह में उपयोगी उत्पाद :

रुखी (8), दीया (8), कलसा टाँडी (2), पाँच बाती दीया, चरठा दीया (1), टाठा परई (2), तुती हाँडी (2), झोरया टाँडी (1), बय टाँडी (19)।

(य) आदिवासी विवाह में उपयोगी उत्पाद :

रुखी (4), दीया (4), कलसा टाँडी (1), महुड़ बोरतो कलँजा (1), हरदी घोरतो कलँजा (1), हरदी पिसान टाँडी (कुँडरी) (2), दोसी कोंडी (2), झोरया टाँडी (1), तुती टाँडी (1)।

4. यहाँ प्रत्येक पात्र के विषय में विवरण नहीं दिया गया है। कारण, आगे के पृष्ठों में यथा-प्रसंग उनका विवरण आया है।

(र) मृत्यु संस्कार में उपयोगी उत्पाद :

भात हाँडी, पानी घगरी, भाजना (बड़ी हाँडी) आदि।

उद्‌भव एवं विकास

कुम्हारी कला के उद्‌भव के विषय में सहदेव राना[5] कहते हैं : जहाँ तक कुम्हारी कला के शुरुआत की बात है हमने अपने सियान[6] लोगों से ही सुना है। कहते हैं कि पहले कच्ची मिट्‌टी के कुम्भ (घड़े) बनाये जाते थे। उनमें पानी रखा जाता तो वे कुम्भ घुल जाया करते थे। इसी बीच एक घटना हुई। एक बड़ा सा लट्‌ठ पड़ा था। उस लट्‌ठ में दीमक लग गया था। उसी लट्‌ठ में संयोग से आग लग गई और वह लट्‌ठ जल कर राख हो गया। जिस जगह में दीमक लगा था वहाँ उस दीमक की मिट्‌टी ने एक गोल आकार ले लिया था। वह आग से पका हुआ था। उसे देखा कुछ लोगों ने और पाया कि आग में पक कर मिट्‌टी सख्त हो गयी है। उसे वे लोग उठा ले गये और उसमें पानी रखा। देखा, अब वह मिट्‌टी नहीं घुलती और उसमें रखा पानी भी बाहर नहीं बहता। बस! मिल गयी लोगों को मिट्‌टी पकाने की विधि! कहते हैं कि उसी दिन से मिट्‌टी को पकाने के लिये उसी विधि का प्रयोग होने लगा। किन्तु अभी भी कुछ पेंच बाकी रह गया था। वे मिट्‌टी के घड़े बना कर पकाते किन्तु कभी वह काला हो जाता तो कभी और कुछ। लेकिन लोग अपनी चेष्टाओं से पीछे नहीं हटते। इसी तरह उन्हीं में से एक व्यक्ति ने मिट्‌टी के ढेर सारे कुम्भ बना कर घर पर रखे हुए थे। उन्हें अभी पकाना बाकी था। अन्य लोगों की तरह वह भी उन्हें पका-पका कर परेशान था। घड़े ठीक से पकते ही नहीं थे। इसी बीच वह अपने परिवार के साथ कहीं बाहर गया हुआ था कि उसके घर में आग लग गयी। लकड़ियों से बना और फूस की छत वाला घर! उसे जलते जरा भी देर न लगी। धू-धू करके सारा घर जल कर राख हो गया। वे जब वापस आये तो देखा घर के सारे सामान जल गये हैं। उन्हीं में वे कच्चे घड़े भी थे। अब वे उस आग में जल कर पक गये थे। घर तो जल गया किन्तु उस व्यक्ति को मिट्‌टी के घड़ों को पकाने की युक्ति सूझ गयी। तब उसने मिट्‌टी के कच्चे घड़ों को पुआल से ढँक दिया और उसमें आग लगा कर पकाने लगा। देखा, अब बर्तन सही ढंग से पक गये हैं। बस! वहीं से पकाने की यह विधि सभी के बीच प्रचलित हो गयी।

तेलई-परई

इस तरह से घड़े बनाये जाने लगे। जब बाकी लोगों ने, जो इस काम में संलग्न नहीं थे, उस व्यक्ति से अपने लिये भी घड़े माँगे तो उसने उन्हें भी बना कर दिये। वह उनके बदले उनसे

5. मिट्‌टी शिल्पी श्री सहदेव राना, कुम्हारपारा (कोंडागाँव, बस्तर-छ.ग) से दिनांक 11.08.05 को हुई बातचीत।

6. सियान : सयाना, बुजुर्ग।

कोई मेहनताना नहीं लिया करता था। कहते हैं कि वह जिन्हें घड़े दिया करता, उनकी पीठ पर हण्डी पीटने वाले 'पिटना' से दो वार किया करता। इसी बीच भगवान को भी किसी काम के लिये घड़ों की आवश्यकता हुई। तब भगवान भी उस व्यक्ति के पास आये जिसे अब कुम्भ बनाने के कारण कुम्भकार नाम दे दिया गया था। कुम्भकार से उन्होंने अपने लिये घड़े की माँग की। तब उस कुम्भकार ने उन्हें भी घड़े दिये और अपनी आदत के मुताबिक उनकी पीठ पर भी 'पिटना' से दो वार किये। इस पर भगवान ने उसे शाप दिया कि तुमने माटी की कमाई के बदले मुझे पिटना से पीटा, इसलिये जाओ माटी का माल माटी हो जायेगा। कहते हैं, यही कारण है कि जी तोड़ मेहनत करने पर भी कुम्हारों की आर्थिक स्थिति जस-की-तस बनी हुई है। वे धनवान कभी भी नहीं होते।

कोंडी

कुम्हार लोग घड़ों के अलावा पोरा के सामान भी बनाया करते थे। नवाखानी आदि त्योहारों के लिये भी सामान बनाया करते थे। तो इसी तरह बना कर वे उन्हें घर के भीतर रख दिया करते थे। जैसे बैल, बेन्दरी[7] आदि। तो वे बैल आदि साँझ होते-होते जीवित हो कर भागने लगते। प्रायः भोजन करने के समय वे भागने लगते। एक दिन की बात! रोज की तरह वे मिट्टी के बैल जीवित हो कर भाग ही रहे थे कि एक कुम्हार ने जूठे हाथों से उनकी पीठ पर चपत मार दी। इससे बैलों का जीवित होने का क्रम टूट गया। यही कारण है कि वे अब तक जस-के-तस निष्प्राण रहते हैं। ऐसा हुआ करता था पहले। फिर लोगों की माँग पर देवी-देवताओं को अर्पित किये जाने के लिये हाथी-घोड़े[8] आदि की भी प्रतिमाएँ बनायी जाने लगीं। इस तरह कुम्हारी का काम चलता रहा।

एक दिन की बात! अभी कुम्हार अपना काम कर ही रहा था कि भगवान फिर से उसके पास आये। उन्हें कुम्हार द्वारा 'पिटना' से पीटे जाने का मलाल था। वे कुम्हार को सबक सिखाना चाहते थे। बहरहाल, जब वे आये तब कुम्हार हण्डी बना रहा था। तब भगवान कुम्हार के काम में विघ्न डालने के लिये कुछ-का-कुछ कहते किन्तु कुम्हार अपने काम में मगन! वह बनाता हण्डी और भगवान कहते टाँडी, किन्तु बनती कुम्हार के ही मन की चीजें। तब भगवान ने कुम्हार का धागा छिपा दिया कि अब वह कैसे बर्तनों को चाक पर से काट कर अलग

7. बेन्दरी : बँदरिया।

8. ग्राम जैतगिरी (जगदलपुर तहसील, बस्तर-छ.ग.) के पास धौंड़ाबीर-मन्दिर के पुजारी श्री शत्रुघन ने उनसे अप्रैल 2003 में हुई बातचीत में बताया कि हाथी दन्तेश्वरी देवी के पति भैरम देव का प्रतीक है जबकि घोड़ा राव देवता का। धौंड़ाबीर के मन्दिर में भैरम देव के प्रतीक के रूप में पत्थर से बने हाथी प्रतिष्ठित हैं।

करेगा? किन्तु कुम्हार इससे घबराया नहीं। उसने जो जनेऊ पहन रखा था, उसी जनेऊ से उसने धागे का काम लेते हुए बर्तन चाक पर से काट कर अलग किये। तब भगवान भी उससे हार गये। उन्होंने उससे कहा कि वह जैसा चाहता है वैसा ही गढ़ लेता है। ऐसा कह कर उसे ब्रह्मा की तरह मान दिया और प्रजापति की संज्ञा दी।

कुम्हारी कला की उत्पत्ति के विषय में इसी तरह की कथा बनऊराम नाग[9] भी बताते हैं : पुराने सियानों से सुनी हुई बात है। पुराने जमाने में, आदिकाल में जब आदमी के पास कोई साधन नहीं था। चावल कहाँ से लाना है, चावल को कैसे पकाना है और सब्जी का कैसे उत्पादन करना है, कैसे बनाना है? जब इनके विषय में कुछ भी नहीं मालूम था, उस जमाने में लोग घास-फूस का घर बनाते थे जंगल में और वहीं रहते थे। जंगल के जानवरों का मांस काट-काट कर खाते थे। एक बार की बात है। जंगल में आग लगने पर कोई एक वन्य पशु उस आग में जल गया। तब उस पशु के जले हुए शरीर को कुछ लोगों ने देखा और उस मांस को खाया। वह जला हुआ मांस उन्हें स्वादिष्ट लगा। इसी घटना के बाद लोग जानवरों को भून कर खाने लगे। मांस के अलावा जंगल के कंद-मूल और जड़ी-बूटी आदि खा कर भी लोग जीते थे। घास की कुटिया में रहते थे। नदी-नाले या डबरों का पानी पीते थे।

बनऊराम नाग आगे बताते हैं : जहाँ से ये लोग पानी पीते थे, उसी डबरी में हाथी डूब कर खेला करते थे। उन्हीं में से एक हाथी ने खेलते-खेलते अपनी सूँढ़ पर मिट्‌टी ले कर अपने ही सिर पर डाल दिया[10]। वह माटी उसके सिर पर चिपक गयी। फिर बाद में जब वह माटी सूख गयी तो उसके मस्तक से नीचे गिर पड़ी। कुछ दिनों में उस कुटिया में आग लग गयी। कुटिया जल गयी। इससे वहीं पास में गिर पड़ी वह माटी भी जल गयी। आग बुझने के बाद लोगों ने उसे देखा तो उन्हें उस सूखी माटी में हाथी के सूँढ़ का चिन्ह दिखलायी पड़ा। वह गोलाकार तथा गहरा था। उन्होंने उसमें पानी रखा। इससे उन्हें मिट्‌टी का घड़ा बनाने का ज्ञान हुआ। फिर लोगों ने वैसा ही बनाया और आग में जलाया। पाया कि वह पानी आदि रखने का पात्र बन गया। फिर उसमें सुधार आता गया।

वे आगे कहते हैं : इसके अलावा हमारे सियानों का कहना था कि एक बार भगवान शंकर ने अपने विवाह के समय कहा कि जो सबसे पवित्र वस्तु है उसी से बना कलश ही मेरे विवाह में उपयोग में लाया जायेगा। फिर एक कुम्हार से उसे बनाने को कहा गया। तब कुम्हार ने कहा कि सबसे पवित्र वस्तु आपकी निगाह में क्या है, हम नहीं जानते। हम तो मिट्‌टी से ही मटके

9. मिट्‌टी शिल्पी श्री बनऊराम नाग, कुम्हारपारा (कोंडागाँव, बस्तर-छ.ग) से दिनांक 11 एवं 15.08.05 को हुई बातचीत।

10. इस मिथ कथा से मिलते विचार सुप्रसिद्ध कुम्हारी कला विशेषज्ञ एस. के. मिरमिरा अपनी पुस्तक 'भारतीय कुम्हारी कला' (2004) में व्यक्त करते हैं : प्राचीन काल में भी ऐसा हुआ होगा कि इन हाथियों ने खेलते-खेलते मिट्‌टी वाले पानी को अपने माथे पर उँडेला हो और कुछ समय बाद सूखने से उनके माथे के आकार के बर्तन जैसे रह गये होंगे। मनुष्य को माथे की इस सूखी मिट्‌टी में पड़े बर्तन जैसे आकार देख कर लगा होगा कि अनाज या पानी वगैरह भर कर रखने में बर्तनों जैसा उपयोग किया जा सकता है। पुराणों की कथा में ऐसा ही कुछ सार मिलता है। संस्कृत में हाथी के माथे को 'कुम्भा' कहते हैं। तो इस तरह से बनाये बर्तनों को 'कुम्भ' नाम दिया गया। इसके बाद जब मनुष्य ने वैसे बर्तन मिट्‌टी से बनाये तो मिट्‌टी के बर्तनों को बनाने वाले को 'कुम्हार' कहने लगे। धान्य आदि जमा करने के लिये मिट्‌टी के उपयोग की शुरुआत के बारे में एक और कथा भी प्रसिद्ध है। कहा जाता है कि सृष्टिकर्त्ता ब्रह्मा ने मिट्‌टी को मनुष्य रूप दिया और उसमें प्राण फूँक दिये। इसी वजह से कुम्हार को 'प्रजापति' भी कहते हैं।

आदि बनाते हैं। इस पर भगवान शंकर ने अपने योगबल से एक व्यक्ति को जन्म दिया[11] और उससे वही बात कही। तब उस व्यक्ति ने कहा कि जिस तरह का कलश आप बनवाना चाहते हैं, वह तो आज ये कुम्हार लोग जिस तरह हाथ से बनाते हैं, उस तरह नहीं बन पाएगा। इस पर भगवान विष्णु ने अपना सुदर्शन चक्र प्रदान किया, जिसे उस व्यक्ति ने 'चाक' बनाया और कलश का निर्माण किया। तब वह कलश भगवान शंकर के विवाह में प्रयुक्त हुआ[12]। इस तरह उस दिन से मिट्टी का दीया और कलश ही विवाह के समय उपयोग में लाये जाते हैं। इससे यह भी मालूम हुआ कि संसार में सबसे पवित्र वस्तु माटी ही है। सभी का जन्म माटी से ही हुआ है।

तेलई-परई

वे आगे और कहते हैं : समुद्र-मन्थन से ही कलश[13] निकला है। राक्षस और देवताओं ने जब समुद्र-मन्थन किया तब उसमें से जो पाँच पदार्थ निकले, उनमें एक कुम्भ भी था जिसमें लक्ष्मीजी खीर ले कर प्रगट हुई थीं। तो उसी कुम्भ को देख कर ही मटके बनाने का काम शुरू

---

11. कुम्हारों के जन्म के विषय में एस. के. मिरमिरा अपनी पुस्तक 'भारतीय कुम्हारी कला' (2004) में लिखते हैं : शिवजी को सती के साथ विवाह करना था। उन दिनों विवाहादि समारोहों में उपयोग के लिये मटके नहीं मिलते थे। शिवजी ने अपनी माला में से एक गुटका निकाला और उसमें से एक पुरुष और एक स्त्री बनायी और उनसे कहा कि विवाह के लिये वे एक कुम्भ बनायें। इस प्रकार कुम्हारों का जन्म बंगाल में हुआ। इसलिये बंगाल में ये कुम्भार कहे जाते हैं।
12. इसी कथा से मिलती एक अन्य कथा का जिक्र रसेल और हीरालाल के हवाले से एस. के. मिरमिरा अपनी पुस्तक 'भारतीय कुम्हारी कला' (2004) में लिखते हैं : सतयुग में महेश्वर हेमवन्त की लड़की से विवाह करना चाहते थे। उस समय देव और असुरगण कैलास में एकत्र हुए। विवाह-समारोह में आवश्यक बर्तन कौन बनाये, यह प्रश्न था। तब कुलालका नामक ब्राह्मण को इन बर्तनों को बनाने की आज्ञा दी गयी। कुलालका ने खड़े हो कर हाथ जोड़े और विनती की कि इसके लिये आवश्यक औजारों की व्यवस्था की जाये। तब विष्णु ने चाक के रूप में अपना सुदर्शन चक्र दिया और उस चक्र को खड़ा करने के लिये केन्द्र बिन्दु पर खड़े रहने के लिये लकड़ी के रूप में मन्दार पर्वत को दिया। खुरचने के लिये आदि कूर्म (कच्छप) और वर्षा के बादल को पानी के टब के रूप में दिया। फिर कुलालका ने महेश्वर के विवाह के लिये बर्तन बना दिये। तब से उस कुलालका के अनुयायी कुम्हार कहे जाने लगे।
13. सबसे पहले कलश कैसे बना, इसकी कथा टी. एन. मुखर्जी के हवाले से एस. के. मिरमिरा अपनी पुस्तक 'भारतीय कुम्हारी कला' (2004) में बताते हैं : श्री टी. एन. मुखर्जी का कहना है कि सर्वप्रथम मटके की गढ़ाई के बारे में एक दिलचस्प कहानी है। चूँकि पहले से ही कुछ जमा करने लायक था और संग्रह करने वाला भी, इसलिये चीजों के आरम्भिक काल से ही मटके की आवश्यकता महसूस की गयी थी। देव और असुरों ने मिल कर सम्पत्ति के लिये समुद्र-मन्थन किया था। इस भयंकर मन्थन के फलस्वरूप अनेक बहुमूल्य वस्तुएँ मिलीं। देवताओं को हमेशा के लिये अमर बना देने वाला अमृत भी उसमें से एक बहुमूल्य वस्तु था। उस अमृत को रखने के लिये किसी बर्तन की आवश्यकता थी। स्वर्ग के कलाकार विश्वमित्र ने सोच-विचार कर वहाँ एकत्र प्रत्येक देवता के शरीर में से थोड़ी-थोड़ी कला या तेज मिला कर उन्हें एक घड़े में परिवर्तित कर दिया। इसी कला शब्द से 'कलश' बना।

हुआ। यह तो पुराण की कथा है। कुम्भ बनाने वालों को कुम्भकार कहा गया। पहले गाँवों में मिट्टी के बर्तनों के अलावा और कोई बर्तन नहीं हुआ करते थे। मिट्टी के ही बर्तनों में पानी रखे जाते थे, भोजन पकाये जाते थे।

घस्सूराम चक्रधारी मिट्टी शिल्प की उत्पत्ति के विषय में किसी भी तरह की जानकारी से अनभिज्ञता प्रकट करते हैं। इसी तरह देवनाथ चक्रधारी पांडे[14] का भी कहना है : मुझे तो इस विषय में कोई जानकारी नहीं है कि मिट्टी शिल्प की उत्पत्ति कैसे हुई या कुम्हारों का जन्म कैसे हुआ? मैं नहीं जानता इस विषय में। हो सकता है इसकी कोई कथा हो, किन्तु मेरी जानकारी में नहीं है। पहले हमारे पिता-दादा आदि बनाते थे बैल। छोटे-छोटे बैल बनाते थे वे। किन्तु अधिक लोग हाथी-घोड़े नहीं बनाते। मैंने धनोरा बनियागाँव से हाथी-घोड़े बनाना सीखा। वहाँ से यहाँ आने के बाद यहाँ भी बनाने लगा।

तेलई

पारम्परिक पर्व एवं त्योहार तथा उनसे शिल्प का सम्बन्ध

बस्तर में कई ऐसे पर्व एवं त्योहार हैं जिनका सम्बन्ध मृत्तिका शिल्प से जुड़ता है। देवनाथ के अनुसार पोरा त्योहार में माटी के बैलों की पूजा होती है। यह पूजा खेत में भी की जाती है। खेत में बैलों को प्रतिष्ठित किया जाता है फिर चावल-फूल आदि उन पर चढ़ाये जाते हैं। आरती की जाती है। इन बैलों को 'नँदिया बैला' कहा जाता है। इसी तरह नवाखानी तिहार में भी मिट्टी शिल्प की अहम भूमिका होती है। ऐसे ही कुछ त्योहार और उनसे जुड़े शिल्प इस तरह हैं :

1. दसेरा[15] का हाथी

देवनाथ के बनाये श्रृंगार-पूर्ण मिट्टी के हाथी काफी प्रसिद्ध रहे हैं। बस्तर की परम्परा से यह हाथी किस तरह जुड़ता है, इसे देवनाथ तथा उनके पुत्र बहादुर सिंह[16] बताते हैं : जैसा कि हमने अपने सियानों से सुना है, दसेरा के समय बस्तर महाराजा हाथी पर सवार हो

14. मिट्टी शिल्प के सुप्रसिद्ध एवं वरिष्ठतम शिल्पी श्री देवनाथ चक्रधारी पांडे, ग्राम : एड़का (नारायणपुर, बस्तर-छ.ग.) से दिनांक 03.11.05 को हुई बातचीत।

15. दसेरा : दशहरा पर्व। अन्य उच्चारण 'दसराहा', 'दसेला'।

16. मिट्टी शिल्प के सुप्रसिद्ध एवं वरिष्ठतम शिल्पी श्री देवनाथ चक्रधारी पांडे, एवं उनके पुत्र श्री बहादुर सिंह चक्रधारी पांडे, ग्राम : एड़का (नारायणपुर, बस्तर-छ.ग.) से दिनांक 03.11.05 को हुई बातचीत।

कर रथ तक पहुँचते थे। उस हाथी को बड़े ही सुन्दर ढंग से सजाया जाता था। घन्टियाँ बँधी होती थीं उसकी पीठ पर। फिर बाद में वे हाथी पर से उतर कर रथ पर सवार होते थे। तब वह रथ प्रजा द्वारा खींचा जाता था। हम उसी हाथी की अनुकृति बनाते रहे हैं। यह तो बस्तर की परम्परा में रहा है। हम भी उसी परम्परा को रूपायित कर रहे हैं।

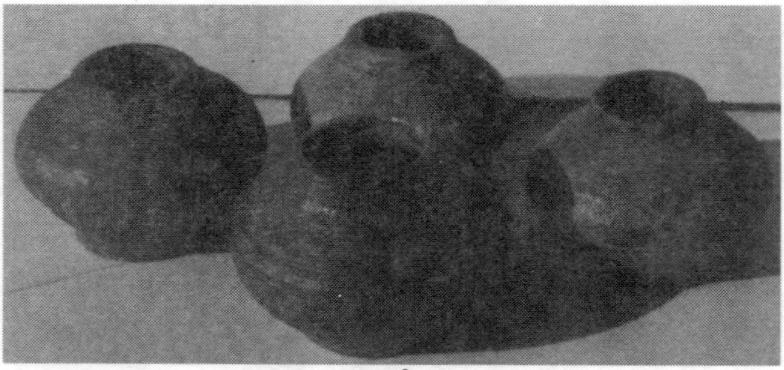

चुकी

2. पोरा[17] के नँदिया, जता, कोंडी-बुची

वर्ष[18] में एक बार भाद्रपद अमावश्या के दिन मनाये जाने वाले पोरा तिहार[19] के दिन छोटी-छोटी लड़कियाँ कोंडी-बुची[20], जता आदि खेलती हैं और लड़के नँदिया[21] खेलते हैं। यह सारी सामग्री मिट्टी से ही बनी होती है। यह त्योहार देवी-दुर्गा की पूजा के साथ-साथ बच्चों के खेलने का भी त्योहार है। इसके साथ-साथ देवी-दुर्गा में भी ये चीजें चढ़ायी जाती हैं। प्रमुख रूप से 'नँदिया' और बेन्दरी[22] चढ़ाये जाते हैं। 'माता मावली' के लिये 'नँदिया' और 'डोकरी देव' के लिये 'बेन्दरी' चढ़ाये जाने की परम्परा है। आदिवासियों एवं कुछ गैर आदिवासियों में भी इस त्योहार के दिन खेत में बैल और बेन्दरी चढ़ाये जाने और उनकी पूजा की जाने की प्रथा है। 'पोरा' में पहले ये चीजें देवी-देवताओं को अर्पित की जाती हैं और फिर 'नयाखानी' में भी उनकी पूजा करते हैं।

रुखी

पं. केदारनाथ ठाकुर द्वारा 1908 में लिखित ग्रन्थ 'बस्तर भूषण' (पृ.99) में यह उल्लेख मिलता है कि इस त्योहार में बस्तर महाराजा के द्वारा माँ दन्तेश्वरी के मन्दिर (दन्तेवाड़ा) में मिट्टी के बैल (नन्दी), जिन्हें नँदिया कहा जाता है, भेजे जाते थे। वे लिखते हैं : "पोरा अमावस

17. पोरा : अन्य उच्चारण 'पोला'।
18. मिट्टी शिल्पी श्री जगदेव, कुम्हारपारा (कोंडागाँव, बस्तर-छ.ग) से दिनांक 15.04.04 को एवं मिट्टी शिल्पी श्री देवनाथ चक्रधारी पांडे, ग्राम : एड़का, (नारायणपुर, बस्तर-छ.ग.) से दिनांक 03.11.05 को हुई बातचीत।
19. पोरा तिहार : पोला त्योहार।
20. कोंडी-बुची : नन्हीं-नन्हीं हण्डियाँ।
21. नँदिया : नाँदिया, नन्दी।
22. बेन्दरी : बन्दरिया।

को मानते हैं। नया कपड़ा देवी को पहिनाते हैं। बकरा बलिदान करते हैं, खुरमा वगैरह कलेवा बना कर भोग लगाते हैं। राजा साहेब के यहाँ से 6 साड़ी, दो धोती, कई मिट्टी के बैल व मोती वगैरह देव-देवी के लिये इसं रोज जगदलपुर से दन्तेवाड़ा भेजे जाते हैं। भोग का प्रसाद दूसरे रोज बस्ती वालों को बाँटा जाता है।"

कुम्हाररास (दन्तेवाड़ा) निवासी बलदेव, नड़गूराम और झाड़ूराम के अनुसार[23] कुम्हारों द्वारा बनाये गये मिट्टी से बने बर्तन आदि माई दन्तेश्वरी को प्रत्येक तीज-त्योहार के पूर्व अनिवार्यतः अर्पित किये जाने की परम्परा रही है। उनका कहना है कि प्रत्येक त्योहार के पूर्व माटी के बर्तन माँ दन्तेश्वरी को अर्पित किये जाने के बाद ही वे लोग उन सामानों की बिक्री करते हैं।

3. नयाखानी[24] के बैल, बेंदरी, हाथी आदि

'नयाखानी' त्योहार के लिए छोटे-छोटे बैल, बेन्दरी, हाथी, घोड़ा, चुकी, बुची, चूल्हा, चाटू आदि सब बनाये जाते हैं। नयाखानी में इन सब की पूजा की जाती है। नये धान को पीस कर उसमें गुड़ डाल कर इन सब की पूजा की जाती है। पोरा में पहले ये चीजें देवी-देवताओं को अर्पित की जाती हैं और फिर नयाखानी में भी उनकी पूजा करते हैं । इसी तरह इस त्योहार के दिन 'बाल भाँजतो हाँडी'[25] लगती है। 'बाल बुची'[26] लगती है मुरिया जनजाति के लोगों के लिये। बाकी लोगों के लिये नहीं। मुरिया जनजाति के लोग इन्हीं बाल बुचियों में धान की बाली रखते हैं और अपने देवी-देवताओं को अर्पित करते हैं। कुछ लोग एक ही 'बाल बुची' से काम चला लेते हैं जबकि कुछ लोग दो या तीन की माँग करते हैं।

कलसा-टाँडी (करसा-टाँडी)

4. दियारी[27] की खिचड़ी हाँडी

दियारी तिहार के लिये एक 'खिचड़ी हाँडी' और एक हाँडी सब्जी बनाने के लिये आवश्यक होती है, जिसे 'कलँजी[28]' कहते हैं। पाँच-दस दीये लगते हैं। एक 'करसा-टाँडी'[29] भी लगती है, लछमी[30] की पूजा करने के लिये। इस समय भी कुम्हारों को एक सुपा धान, रसोई आदि दी जाती है।

---

23. दिनांक 27.08.08 के 'दैनिक भास्कर' समाचार पत्र में प्रकाशित समाचार।
24. नयाखानी : यह नवाखानी, नवा तिहार, नुआ, और नवाखाई के नाम से भी जाना जाता है।
25. बाल भाँजतो हाँडी : नये चावल के दानों को भूनने के लिये हण्डी।
26. बाल बुची : नये धान की बालियाँ रखने के लिये हण्डीनुमा छोटा-सा पात्र।
27. दियारी : दीपावली। किन्तु दियारी का अर्थ अन्नकूट से लिया जाता है।
28. कलँजी : अन्य ध्वनियाँ 'कलौंजी', 'कलोंजी'।
29. करसा टाँडी : कलश के लिये काम आने वाली छोटी हाँडी।
30. लछमी : लक्ष्मी।

लोक जीवन में शिल्प की भूमिका, स्थान एवं महत्त्व

बस्तर के लोक जीवन में मिट्टी शिल्प की अत्यन्त महत्त्वपूर्ण भूमिका रही है। यहाँ मिट्टी के पात्र यदि भोजन पकाने और पानी रखने आदि दैनिक उपयोग के काम आते रहे हैं तो वहीं इनका महत्त्व विशिष्ट अवसरों पर भी रहा है। पर्व एवं त्योहार तथा जन्म, विवाह एवं मृत्यु संस्कार में भी इनकी उपस्थिति अनिवार्य बनी रही है। रुखी-करसा[31] विवाह में उपयोग में लाये जाते हैं जबकि पोरा-जता[32] पोरा त्योहार में।

लोक जीवन में मिट्टी शिल्प की भूमिका, स्थान एवं महत्त्व को कुछ इस तरह वर्णित किया जा सकता है :

1. दैनिक जीवन में शिल्प की भूमिका, स्थान एवं महत्त्व

मिट्टी के पात्रों की भूमिका के विषय में जगदेव कुम्हार[33] पहले दैनिक उपयोग की वस्तुओं के विषय में बतलाते हैं : आरम्भ से ही हम लोग हाँडी-कुँडरी[34] बनाते आ रहे हैं। हाथी-घोड़ा भी बनाते थे किन्तु अब जैसा प्रचार पहले नहीं था। पहले देवी-दुरगा[35] के लिये, जो लोग बनवाना चाहते थे, उन्हीं के लिये हम बनाते थे। हाँडी तो सभी काम में उपयोग में लायी जाती थी। मरनी-जिवनी[36], बर-बिहाव[37], जतरा-पानी[38] में, सब में कुम्हारों द्वारा बनाये गये मिट्टी के बर्तन लगते थे। अभी भी लगते हैं। अब हाथी-घोड़ा अधिक हो गये हैं। इनका प्रचार बड़े शहरों में भी हो गया है। प्रदर्शनियाँ भी लगने लगी हैं।

माड़िया-माड़िन

फिर वे अलग-अलग पात्रों के विषय में बतलाते हैं : 'भात हाँडी' अलग-अलग आकार की होती है। इसका मुँह चौड़ा होता है। एक सोली[39] चावल पकने की समायत से ले कर पाँच-सात पयली[40] चावल पकने की समायत के लायक हण्डियाँ बनती हैं।

31. रुखी : दीपस्तम्भ। करसा : कलश।
32. पोरा : पोरा त्योहार के अवसर पर बच्चों के खेलने एवं देवी-देवताओं को अर्पित किये जाने के लिये निर्मित समस्त सामग्री का समवेत नाम। जता : चक्की।
33. मिट्टी शिल्पी श्री जगदेव, कुम्हारपारा (कोंडागाँव, बस्तर-छ.ग) से दिनांक 15.04.04 को हुई बातचीत।
34. हाँडी : बड़ी हण्डी। कुँडरी : छोटी व थोड़े चौड़े मुँह वाली गगरी।
35. देवी-दुरगा : देवी-देवता।
36. मरनी-जिवनी : जन्म-मृत्यु।
37. बर-बिहाव : विवाह।
38. जतरा-पानी : देवताओं की पूजा।
39. सोली : एक मापक। 1 सोली = लगभग 500 ग्राम।
40. पयली : पायली। एक मापक। 1 पयली = लगभग 2 किलोग्राम।

इसमें चूँकि चावल पकाया जाता है, इसलिये इसका नाम 'भात हाँडी' है। इसे 'भात-भतई' या 'भतई' भी कहा जाता है। पहले हाँडी में ही भात पकाया जाता था। पेज भी हाँडी में ही पकाया जाता था। अभी भी हमारे आदिवासी भाई लोग हाँडी में ही भात-पेज पकाते हैं। पहले तो सभी लोग हाँडी में राँधा करते थे। पहले धातु के बर्तनों का उपयोग प्रायः नहीं हुआ करता था। हाँडी-कुँडरी में ही भोजन राँधा जाता था। हाँडी का राँधा हुआ भोजन न केवल बड़ा स्वादिष्ट, बल्कि पौष्टिक भी हुआ करता था। आज भी जो लोग हाँडियों में भोजन पकाते हैं, आप वहाँ जा कर उनके उस भोजन का स्वाद चख कर देखिये और आप-हम जो धातु के बर्तनों में भोजन पकाते हैं उससे उसकी तुलना कीजिये तो आप पाएँगे कि हाँडियों में पके भोजन का स्वाद एकदम अलग और मीठा है। धातु के बर्तनों में पके भोजन खाने पर ही हम लोग जल्दी बीमार पड़ जाते हैं, जबकि हण्डियों में पके भोजन खाने वाले आदिवासी जन को बहुत कम बीमार होते देखा गया है। वे शरीर से भी हृष्ट-पुष्ट होते हैं, जबकि हम लोगों के शरीर नहीं। यही कारण है कि पहले के लोग प्रायः न तो जल्दी बीमार होते थे और न जल्दी उनकी मृत्यु ही होती थी। काफी साल तक स्वस्थ रहते हुए जीते थे। देह में शक्ति और स्फूर्ति बनी रहती थी। भोजन पकाने व पानी रखने के लिये हाँडियों का उपयोग बड़ा ही शुद्ध और पवित्र माना जाता रहा है।

इसी तरह एक होती है 'टाँडी'। हाँडी बड़ी होती है जबकि टाँडी आकार में छोटी। एक होती है 'कलँजी (कलौंजी)'। कलँजी में सब्जी पकायी जाती है। जैसा कि मैंने पहले ही बताया, मिट्टी के बर्तन में पके भोजन का स्वाद ही कुछ और होता है। तो 'कलँजी' में बनी सब्जी बड़ी सुस्वादु और पौष्टिक होती है। 'कलँजी' आकार में चौड़ी और कम गहरी होती है। इसे छत्तीसगढ़ी परिवेश में 'कलौंजी' कहा जाता है। 'पेज हाँडी' भी 'भात हाँडी' की ही तरह होती है। इसका मुँह भी चौड़ा होता है। अलग-अलग आकार की होती है। इसे 'मड़की' भी कहा जाता है। इससे बड़ी हाँडी जो बहुत से लोगों के लिये पेज पकाने के काम में आती है, उसे 'भाँजना' या 'भाँजना हाँडी' कहा जाता है। 'भाँजना' में धान भी उबाला जाता है। 'घगरी'[41] का मुँह सँकरा होता है। यह सुराही जैसी होती है। यह पीने का पानी रखने के काम आती है। 'पास हाँडी' भी 'भाँजना हाँडी' की तरह बड़ी होती है। इसमें महुआ को भर कर उबाला जाता है। उबले महुए को पास कहते हैं। इसी को भट्टी में चढ़ाया जाता है। इसे 'मँद हाँडी' भी कहते हैं। 'मँद हाँडी' के ऊपर रखी जाती है 'छच हाँडी'। 'छच हाँडी' में दो छेद रहते हैं। नीचे के छेद से पानी निकल जाता है और बीच के छेद में बनी टोंटी से मदिरा निकल आती है। 'छच हाँडी' बनाना हम लोग नहीं जानते थे। हमें मदिरा बनाने वालों

बाग

41. घगरी : गगरी।

ने ही बताया कि इस तरह की हण्डी बना दो। तब हम लोगों ने इस तरह की हण्डी बना कर दी। 'छच हाँडी' के साथ-साथ 'ढाकना हाँडी' भी होती है। यह 'छच हाँडी' के ऊपर ढँकी जाती है, इसी से इसे 'ढाकना हाँडी' या 'छच-ढाकना हाँडी' कहते हैं। इसी तरह एक हण्डी होती है 'लँदा हाँडी'। यह भी अलग-अलग आकार की होती है। 'लँदा' चावल और मँडिया[42] के पिसान[43] से बनाया जाता है। यह मादक पेय है। पेज की तरह इसे पीया जाता है। इससे पेट तो भरता ही है, नशा भी होता है। 'बाना घगरी' एक विशेष प्रकार की हण्डी को कहा जाता है। दरअसल सामान्य हण्डी पर बाना-चिना लिख देने यानी चित्रांकन कर देने पर वह 'बाना घगरी' कहलाती है। अंगुली के निशान बना देते हैं, फूल बना देते हैं। इस तरह श्रृंगारपूर्ण होती है यह 'घगरी'।

जगदेव कहते हैं : केवल मिट्टी के पात्र ही नहीं बल्कि विभिन्न प्रकार के दीये भी बनाये जाते रहे हैं। दीयों की आवश्यकता न केवल दैनिक उपयोग में बल्कि जन्म, विवाह एवं मृत्यु होने पर भी पड़ती है। देवी-देवताओं के पूजन में भी। 'हुमनी' या आरती भी हम लोग बनाते रहे हैं। 'हुमनी' या 'आरती', यानी आरती करने के लिये एक पात्र, जिसमें अंगार रख कर धूप आदि जलाये जाते हैं। इसी तरह एक होती है 'रुखी'। यह दीपक रखने के काम आती है। लगभग छह से आठ इंच ऊँची होती है यह। एक 'रुखी' के ऊपर एक दीया रखा होता है। मैंने सुना है कि बहुत पहले माटी का दीया नहीं बनता था। लोहे के दीये बनते थे। माटी से दीये बनाने की परम्परा बाद में आरम्भ हुई।

इस सम्बन्ध में बनऊराम नाग कहते हैं : कुम्हार काफी पुराने जमाने से समाज में प्रमुख भूमिका निभाते आ रहे हैं। विशेषतः बस्तर के आदिवासी समाज में। कारण, आदिवासी लोग अपने देवी-देवता को अर्पित करने के लिये बैल, बेन्दरी, हाथी-घोड़ा आदि तथा पर्व व त्योहारों और दैनिक उपयोग के लिये भी मिट्टी की हाँडी, परई, टाँडी आदि कुम्हारों से लेते रहे हैं। पानी रखने के लिये हण्डियाँ, भोजन राँधने के लिये भतई, हाँडी आदि। गोतिया की प्रथा चलती रही है बस्तर में। बर्तनों के बदले वर्ष में एक बार, धान की मिंजाई के बाद कोठार-धान दिया करते थे आदिवासी लोग कुम्हारों को। बच्चे का जन्म हो, किसी का विवाह हो या फिर मृत्यु। सभी संस्कारों में मिट्टी के बर्तनों और दीपकों आदि का उपयोग होता रहा है।

गणपति

42. मँडिया : एक प्रकार का स्थानीय गौण अनाज।

43. पिसान : पिसा अन्न, आटा।

2. जन्म संस्कार में शिल्प की भूमिका, स्थान एवं महत्त्व

घस्सूराम चक्रधारी[44] कहते हैं : बच्चे का जन्म होने पर उसकी छठी आदि के लिये दीये की आवश्यकता होती है। ककई[45] पानी उबालने के लिये नयी हाँडी लगती है। 'ककई' जड़ी उबालने के लिये नयी हाँडी अनिवार्यतः लगती है। पुरानी हण्डी में 'ककई' नहीं उबाली जाती। इसी तरह माना जाता है कि गर्भवती स्त्री प्रसव के बाद अशुद्ध हो जाती है तब उसे बच्चे के छठी संस्कार के दिन नयी हाँडी का स्पर्श करा कर उसका शुद्धिकरण किया जाता है। प्रसूता को नयी हण्डी का स्पर्श कराने का कार्य बच्चे की बुआ करती है और वह उस ककई हाँडी को धोती भी है। इसके लिये उसे बच्चे के पिता या परिवार जन द्वारा कपड़े आदि भेंट किये जाते हैं।

दीया भी यों तो नया ही होना चाहिये किन्तु यदि नये दीपक की व्यवस्था न हो सके तो पुराने से भी काम चल जाता है किन्तु हण्डी नयी ही होना चाहिये।

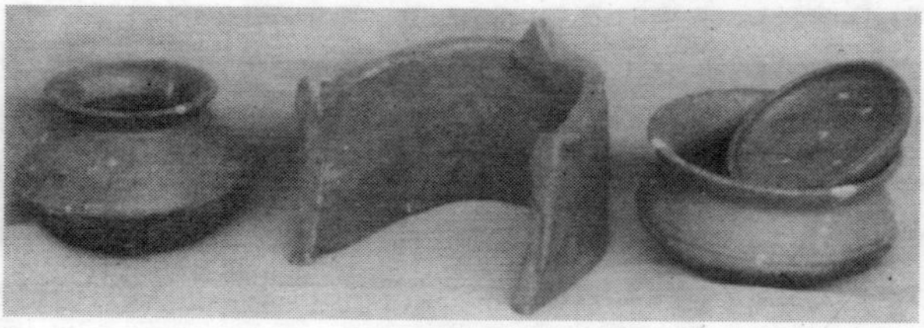

कोंडी-बुची

3. पर्व एवं त्योहार में शिल्प की भूमिका, स्थान एवं महत्त्व

छत्तीसगढ़ी परिवेश के साथ-साथ हल्बी परिवेश में भी भाद्रपद अमावश्या के दिन मनाये जाने वाले 'पोरा' त्योहार में बच्चे मिट्टी से बनी छोटी-छोटी हण्डियों, चूल्हा-चक्की, बैल आदि से खेलते हैं। पं. केदारनाथ ठाकुर द्वारा 1908 में लिखित ग्रन्थ 'बस्तर भूषण' (पृ.99) में यह उल्लेख मिलता है कि इस त्योहार में बस्तर महाराजा के द्वारा माँ दन्तेश्वरी के मन्दिर (दन्तेवाड़ा) में मिट्टी के बैल (नन्दी), जिन्हें नँदिया कहा जाता है, भेजे जाते थे। वे लिखते हैं–"पोरा अमावस को मानते हैं। नया कपड़ा देवी को पहिनाते हैं। बकरा बलिदान करते हैं, खुरमा वगैरह कलेवा बना कर भोग लगाते हैं। राजा साहेब के यहाँ से 6 साड़ी, 2 धोती, कई मिट्टी के बैल व मोती वगैरह देव-देवी के लिये इस रोज जगदलपुर से दन्तेवाड़ा भेजे जाते हैं। भोग का प्रसाद दूसरे रोज बस्ती वालों को बाँटा जाता है।"

जगदेव बतलाते हैं : साल में एक बार मनाये जाने वाले पोरा तिहार[46] के दिन छोटी-छोटी लड़कियाँ कोंडी-बुची[47] खेलती हैं और लड़के नँदिया[48] खेलते हैं। यह सारी सामग्री मिट्टी से ही बनी होती है। दरअसल यह त्योहार देवी-दुरगा की पूजा के साथ-साथ बच्चों के खेलने का भी

---

44. मिट्टी शिल्पी श्री घस्सूराम चक्रधारी, कुम्हारपारा (कोंडागाँव, बस्तर-छ.ग) से दिनांक 11 एवं 15.08.05 को हुई बातचीत।
45. ककई : एक जंगली जड़ी। इसे 'काके' तथा 'कसा' भी कहा जाता है।
46. पोरा तिहार : पोला त्योहार।
47. कोंडी-बुची : नन्हीं-नन्हीं हण्डियाँ।
48. नँदिया : नाँदिया, नन्दी।

त्योहार है। इसके साथ-साथ देवी-दुर्गा में भी ये चीजें चढ़ायी जाती हैं। प्रमुख रूप से नँदिया और बेन्दरी चढ़ाये जाते हैं। माता मावली के लिये नँदिया और डोकरी देव के लिये बेन्दरी चढ़ाये जाने की परम्परा है। आदिवासियों में इस त्योहार के दिन खेत में भी बैल और बेन्दरी चढ़ाये जाने और उनकी पूजा की जाने की प्रथा है, किन्तु हम लोगों में नहीं। हमारी जाति में केवल गुड़ी में चढ़ाने और पूजा करने की प्रथा है। हम लोग खेत में नहीं चढ़ाते। इस पूजा के पीछे क्या कारण है, यह मुझे नहीं मालूम।

जगदेव से अलग हट कर देवनाथ कहते हैं : पोरा तिहार में हम लोग, विशेषतः कुम्हार लोग बैल की पूजा खेत में करते हैं। खेत में बैलों को प्रतिष्ठित किया जाता है फिर चावल-फूल आदि उन पर चढ़ाये जाते हैं। आरती की जाती है। इन बैलों को 'नँदिया बैला' कहा जाता है। दूसरी जातियों के लोग करते हैं या नहीं, मुझे नहीं मालूम।

जगदेव इन कोंडी-बुची के विषय में बतलाते हैं : कोंडी बच्चों के खेलने की छोटी-सी हण्डी होती है। बिल्कुल छोटी। इसमें बच्चे भात राँधते हैं और 'टोकसी' नामक एक बर्तन में सब्जी बनाते हैं। इसी तरह कढ़ई[49] में रोटी-बड़ा बनाते हैं। एक होती है, पानी घगरी। यह अलग होती है। इसी तरह बनता है जता[50] दाल दलने, मँडिया पीसने आदि के लिये। भोजन राँधने के लिये चूल्हे भी बनाये जाते हैं। पोरा तिहार के दिन कोंडी-बुची, जता-चूल्हा खेलने के पीछे क्या कारण है, यह तो पता नहीं। बस! परम्परा से यह सब चला आ रहा है। बच्चे कहते हैं, लो हमने नया खा लिया अब भोजन राँधें। इस तरह वे खेलते हैं। लड़के बैल (नँदिया) से खेलते हैं।

वे आगे बतलाते हैं : इसी दिन गुड़ी में मिट्टी के बने नँदिया और बेंदरी[51] चढ़ाये जाते हैं। कारण, यह भी हमारी परम्परा में है। माता मावली को बैला[52] अर्पित किया जाता है जबकि डोकरी देव को बेंदरी। सेवा-चाउर[53], बाल[54] छिटकते हैं देवी पर और उन्हें बैला तथा बेंदरी चढ़ा कर[55] घर आते हैं और रोटी-बड़ा बना कर सब मिल कर खाते हैं। इसी तरह एक और त्योहार है, दियारी। इसके लिये एक 'खिचड़ी हाँडी' और एक हाँडी सब्जी बनाने के लिये आवश्यक होती है, जिसे 'कलँजी' कहते हैं। पाँच-दस दीये। एक 'कलसा-टाँडी' भी लगती है। लछमी[56] की पूजा करने के लिये। इस समय भी हमें एक सुपा धान, रसोई आदि दी जाती है। इसी तरह 'नवा तिहार' के दिन 'बाल भाँजतो हाँडी' लगती है। 'बाल बुची' लगती है मुरिया जनजाति के लोगों के लिये। बाकी लोगों के लिये नहीं। मुरिया जनजाति के लोग इन्हीं बाल बुचियों में धान की बाली रखते हैं और अपने देवी-देवताओं को अर्पित करते हैं। कुछ लोग एक ही 'बाल बुची' से काम चला लेते हैं जबकि कुछ लोग दो या तीन की माँग करते हैं।

---

49. कढ़ई : कड़ाही।
50. जता : चक्की। छत्तीसगढ़ी परिवेश में इसे 'जाँता' कहा जाता है।
51. बेंदरी : बँदरिया। बेंदरा : बन्दर।
52. बैला : बैल।
53. सेवा-चाउर : देवी की पूजा हेतु चावल।
54. बाल : नये धान की बाली।
55. चढ़ा कर : अर्पित कर।
56. लछमी : लक्ष्मी।

इस सिलसिले को आगे बढ़ाते हुए सोमारूराम कुम्हार[57] कहते हैं : हम लोग परम्परागत रूप से हण्डियाँ तथा 'नयाखानी' त्योहार के लिए पोरा, बैला, बुची, चुकी आदि बनाते थे। नयाखानी के लिये छोटे-छोटे बैंला, बेन्दरी, हाथी, घोड़ा, चुकी, बुची, चूल्हा, चाटू आदि सब बनाते हैं। नयाखानी में इन सबकी पूजा की जाती है। नये धान को पीस कर उसमें गुड़ डाल कर हमारे कुम्हार लोगों द्वारा बनाये गये बैला, बेन्दरी, हाथी, घोड़ा, बुची, चुकी, चूल्हा, जाता आदि की पूजा की जाती है। पोरा में पहले ये चीजें देवी-देवताओं को अर्पित की जाती हैं और फिर नयाखानी में भी उनकी पूजा करते हैं। पोरा के समय मिट्टी के बैलों की पूजा खेतों में नहीं की जाती। घर पर और देव-स्थान में की जाती है। हमारे समाज में बिसकरमा की पूजा साल में एक बार करते हैं। वो निर्माण के देवता हैं।

टाँडी-परई

4. विवाह संस्कार में शिल्प की भूमिका, स्थान एवं महत्त्व

विवाह संस्कार में मिट्टी के पात्रों का विशेष स्थान रहा है। इनमें भिन्न-भिन्न तरह के पात्र उपयोग में लाये जाते रहे हैं। इन पात्रों के विषय में जगदेव बतलाते हैं : माँडो के बीचों-बीच गड़ी माँडो-डेरी[58] के नीचे 'कलसा टाँडी' रखी जाती है। यह वस्तुतः कलश है। इस टाँडी के भीतर पानी भरा होता है। आम के पत्ते इसमें रखे जाते हैं और ऊपर रखा जाता है 'चरठा दिया'। इस दीया में पाँच बातियाँ होती हैं। इसे पहले 'रनकाकन दिया' भी कहा जाता था। इसी तरह बाकी चार डेरियों के नीचे रुखी के ऊपर चार दीये रखे जाते हैं।

नँदिया

परई तीन प्रकार की होती हैं। पहली केवल 'परई' कहलाती है। यह वस्तुतः हण्डी का ढक्कन होती

57. मिट्टी शिल्पी श्री सोमारूराम कुम्हार, ग्राम-पो. : नगरनार (तहसील : जगदलपुर, बस्तर-छ.ग) से दिनांक 26.04.04 को हुई बातचीत।
58. माँडो-डेरी : मण्डप का खम्भा।

है। यह आकार में छोटी होती है। दूसरी और तीसरी परई 'टाठा परई' कहलाती हैं। यही 'टाठा परई' विवाह में आवश्यक होती है। 'टाठा परई' आकार में 'परई' से बड़ी और दो तरह की होती है। एक तो वह होती है जिसे दूल्हा-दुल्हन के सामने रखा जाता है। इस 'टाठा परई' में हल्दी-चावल रखा होता है। इसी हल्दी-चावल का टीका लोग दूल्हा-दुल्हन के माथे पर लगाते हैं। दूसरी 'टाठा परई' होती है महुड़[59] डुबाने[60] के लिये। ये दोनों ही 'टाठा परई' वैवाहिक संस्कार में अत्यन्त आवश्यक होती हैं।

'तुती टाँडी' एक छोटे आकार ही हाँडी होती है। छोटे आकार की हाँडी को ही 'टाँडी' कहते हैं। इसमें एक छेद बना होता है। इस हाँडी में हल्दी घोल कर दूल्हा-दुल्हन को नचाते समय आपस में एक-दूसरे पर डालते हैं। दूल्हा और दुल्हन पर भी डालते हैं[61]।

घोड़ा

इसी तरह एक होती है 'झोरया टाँडी'। इसे एक सिका[62] में टाँगा जाता है माँडो के ऊपर। इसमें पानी रहता है। इस पानी को दूल्हा-दुल्हन के ऊपर डाला जाता है। यह पानी 'मायपानी' भी कहलाता है। कुछ लोग घगरी हाँडी ले कर जाते हैं और पानी कँवड़िया से उस घगरी में पानी मँगवाते हैं। फिर पानी से भरी उस घगरी को दादरा बाँध[63] कर रखा जाता है। इसके बाद दूल्हा की माँ और दुल्हन की माँ जा कर दादरा को छेद करती हैं और वहाँ घड़ी-बाना लिख[64] कर उस पानी को एक टाँडी में, जिसे 'झोरया टाँडी' कहते हैं, भर कर आपस में भेंट-जोहार कर माँडो में लाती हैं।

'बय टाँडी' लगिन[65] के दिन काम आती है। बीच के मण्डप-डेरी में सात टाँडियाँ एक के ऊपर एक बाँधी जाती हैं।

59. महुड़ : खजूर प्रजाति के छींद नामक पौधे के कोमल पत्तों से बनाये गये मुकुट। ये महुड़ प्रायः पनारा (मरार) जाति के लोगों द्वारा ही परम्परागत रूप से बनाये जाते रहे हैं। महुड़ के भी कई प्रकार होते हैं, यथा : कोपरेया महुड़, लगिन महुड़, तेल महुड़, माँडो महुड़ आदि। ये सभी महुड़ विवाह की अलग-अलग रस्मों में उपयोग में लाये जाते हैं।

60. डुबाने : भिगोने। टाठा परई में हल्दी मिला पानी रख कर उसमें महुड़ को डुबा दिया जाता है। इससे महुड़ में ताजगी बनी रहती है तथा उसका रंग भी खिल उठता है।

61. तुती टाँडी : इसे 'तुतु टाँडी' भी कहते हैं।

62. सिका : टँगनी।

63. दादरा बाँधना : हण्डी या बर्तन के मुँह को पत्तों से ढँक कर उसे बाँध देना।

64. घड़ी-बाना लिखना : चावल के आटे से जमीन पर गोलाकार एवं अन्य प्रकार से रेखांकन करना। यह भी लोकचित्र का एक रूप है।

65. लगिन : लग्न, पाणिग्रहण। इसे 'हात लगिन' भी कहा जाता है।

बाकी चारों कोनों की डेरियों में तीन-तीन टाँडियाँ बाँधी जाती हैं। कहते हैं कि पहले इसी विधि से इन जैसी हण्डियों में सोना-चाँदी आदि द्रव्य भर कर रखे जाते थे, जो दुल्हन की विदाई के समय उसे दे दिये जाते थे। इसी के चलते आज भी 'बय टाँडी' बनवायी और रखी जाती है। 'कलँजा' भी एक तरह का मिट्टी का पात्र होता है। इसका मुँह चौड़ा होता है तथा गहराई कम होती है। एक कलँजा में हल्दी घोली जाती है और एक में महुड़ डुबा कर रखे जाते हैं। इसी घोली हुई हल्दी को भण्डारी[66] से माँग-माँग कर लड़के-लड़कियाँ ले जाते हैं और एक-दूसरे पर डालते हैं।

यह आदिवासी-गैर आदिवासी दोनों ही समाजों में प्रचलित है। इसी तरह 'दोसी कोंडी' एक छोटी-सी हँडिया होती है। इसमें 'मँद'[67] भर कर इसे 'माँडो' के ऊपर रखा जाता है। लगिन के दिन माँडो डेरी में चढ़ कर दूल्हा और दुल्हन के पिता उस मदिरा को पीते हैं और वहाँ से उतरने के बाद दूल्हा-दुल्हन का हाथ पकड़ा कर लगन किया जाता है।

सोमारूराम झोरया पानी के विषय में बतलाते हैं : इसे हमारे समाज में 'डिंडा पानी' कहा जाता है। 'मायपानी' भी कहते हैं। दूल्हा और दुल्हन की माँ अलग-अलग हण्डियों में किसी भी जलस्रोत से पानी ले कर आती हैं। इस समय बाजे बजाये और गीत गाये जाते हैं। पानी लाते समय उन्हें परदे से ढँका जाता है। दुल्हन के मण्डप में दुल्हन की माँ तथा दूल्हे के मण्डप में दूल्हे की माँ उस पानी को ले कर जाती है। दुली-दुला[68] को माँडो में उसी पानी से नहलाया जाता है।

नँदिया-बेंदरी

घस्सूराम चक्रधारी[69] कहते हैं : विवाह के समय पानी के लिये चार गगरियाँ लगती हैं। राउत पानी लाता है। इसी तरह भात राँधने के लिये चार भतई हाँडी लगती हैं। पानी रखने के लिये बड़ी हाँडी जिसे 'गोड़म' कहते हैं, भी लगती है। इसे बड़े हाँडी भी कहा जाता है। मड़का भी कहते हैं।

महुड़ डुबाने के लिये कलँजा लगता है। इसी तरह टाठा लगता है चावल रखने के लिये। इसी टाठा में चावल रख कर उसे दूल्हा-दुल्हन को टीका जाता है। दुल्हन पक्ष के लिये चार रुखी और दूल्हा पक्ष के लिये भी चार रुखी लगते हैं। इसी तरह दोनों पक्षों के लिये चार-चार दीये भी लगते हैं। कलसा-कोंडी लगती है। कलसा-कोंडी में चरठा दिया, जिसमें पाँच बत्तियाँ होती हैं, जलाये जाते हैं।

---

66. भण्डारी : विवाह के समय घर में भण्डारित सामग्री की देख-रेख करने और यथा आवश्यक उसका वितरण करने वाला व्यक्ति। इसे हल्बी-भतरी परिवेश में 'भण्डारी' के अलावा 'भँडारसारेया' भी कहा जाता है।

67. मँद : मदिरा।

68. दुला-दुली : दूल्हा-दुल्हन।

69. मिट्टी शिल्पी श्री घस्सूराम चक्रधारी, कुम्हारपारा (कोंडागाँव, बस्तर-छ.ग) से दिनांक 11 एवं 15.8.05 को हुई बातचीत

भात राँधने की भतई पर पहले हाता[70] दिये जा कर उसकी पूजा की जाती है तब उसमें भोजन पकाया जाता है। पहले भतई में भात राँधना जरूरी होता है। उसके बाद भले ही धातु के बर्तनों में भोजन पकाये जा सकते हैं। कहते हैं कि हाँडी में भात राँधे बिना मनुष्य की मुक्ति नहीं होती।

5. मृत्यु संस्कार में शिल्प की भूमिका, स्थान एवं महत्त्व

मिट्टी के पात्र केवल विवाह संस्कार में ही आवश्यक हों, ऐसी बात नहीं है। इनकी आवश्यकता किसी की मृत्यु होने पर भी पड़ती है। इस सम्बन्ध में जगदेव बतलाते हैं : मरनी-घर में भात हाँडी, पानी घगरी और भाँजना लगते हैं। भात हाँडी भात राँधने, पानी घगरी पानी भरने और भाँजना अधिक लोगों के लिये भात-पेज राँधने के लिये लगते हैं। पात्रों के अलावा दीयों की भी आवश्यकता होती है। अर्थी के आगे चलने वाला व्यक्ति भी मिट्टी के ही पात्र में अंगार ले कर चलता है।

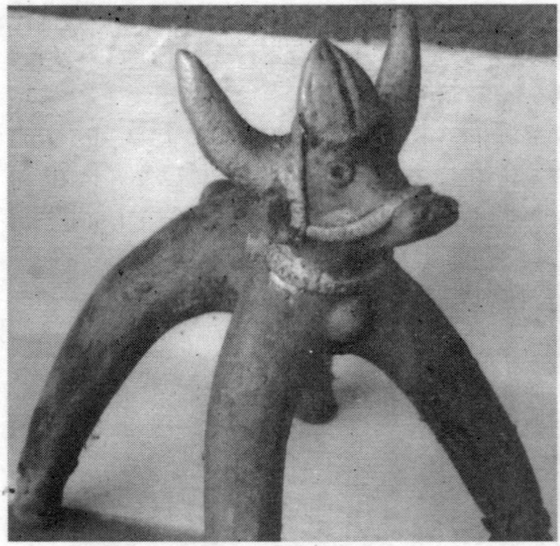

नँदिया

सोमारूराम कहते हैं : किसी की मृत्यु होने पर भोजन पकाने की हाँडी बाहर निकाल कर फेंक दी जाती है। इसे 'हाँडी हेड़तो[71]' कहा जाता है। जब समाज की महिलाएँ स्नानादि से निवृत्त हो कर आती हैं तब भोजन राँधने की हाँडी बाहर निकाल कर फेंक दी जाती है। कारण, मान्यता है कि मृत्यु होने पर उस घर में छूत लग जाती है। सारी सामग्री अशुद्ध हो जाती है। इसीलिये हण्डी को बाहर निकाल दिया जाता है। जब मनुष्य का जन्म होता है तब भी छूत लगती है और मृत्यु होती है तब भी। छठी और मरनी दोनों में ही केश काटे जाते हैं। दसनाहनी[72] में बाल बनवाये जाते हैं। जलाने पर तीज नहानी होती है और दफनाये जाने पर दसनाहनी होती है। छमासी नहीं करते, सीधे बरसी ही होती है। साल में। साल भर तक तेल से बनी चीजें नहीं खायी जा सकतीं। बरसी के दिन सगा लोग तेल की रोटी बनाते हैं और हमें खिलाते हैं, स्वयं भी खाते हैं। तब इस दिन से तेल से तली चीजें खायी जा सकती हैं।

---

70. हाता : हथेली की छाप। चावल के पिसान को घोल कर उसमें हथेलियाँ डुबायी जाती हैं तथा उन्हीं हथेलियों की छाप लगायी जाती है।

71. हाँडी हेड़तो : हण्डी निकालना।

72. दसनाहनी : दशगात्र।

घस्सूराम चक्रधारी कहते हैं : मरनी के काम में भी हाँडी लगती है। घर से एक हाँडी बाहर निकाल कर फेंकी जाती है। दीया जलाते हैं शव के सिरहाने। यों तो नया दीया ही लगता है किन्तु यदि व्यवस्था न हो सके तो पुराने दीये से भी काम चलाया जाता है। हण्डी की भी जरूरत पड़ती है। एक नयी और एक पुरानी हण्डी घर से निकाल कर फेंकी जाती है।

बेंदरी

किसी की मृत्यु पर हण्डी क्यों निकाली जाती है? इस विषय में सहदेव राना का कहना है : कहते हैं कि जिसकी मृत्यु हो गयी है, उसके भोजन पकाने के लिये हाँडी निकाल कर फेंकी जाती है। इसी हाँडी में मृतक की आत्मा अपने लिये भात राँधती है। ऐसी मान्यता है। यदि ऐसा न किया जाये तो उसकी आत्मा भटकती रहती है और घर में आ कर लोगों को परेशान करती है। हण्डी निकालने का मतलब आत्मा की मुक्ति से है। मृतक के (दादा-भाई[73] के) घर से हाँडियाँ निकाल कर फेंकी जाती हैं न कि सगा[74] के घरों से। इसी तरह हाँडी निकालने की रस्म स्वयं घर वाले नहीं करते बल्कि सगा लोगों के द्वारा की जाती है।

6. देव पूजन में शिल्प की भूमिका, स्थान एवं महत्त्व

दैनिक उपयोग, विवाह एवं मृत्यु होने पर तो मिट्टी के पात्रों की आवश्यकता होती ही है, इसके साथ ही देवी-देवता की पूजा में मिट्टी से बनी विभिन्न प्रतिमाओं की भी आवश्यकता होती है। इस सम्बन्ध में जगदेव[75] बतलाते हैं : देवी-देवताओं की पूजा के लिये हम हाथी और घोड़ा बनाते थे। मावली देव के लिये घोड़ा बनाये जाते थे, माता देव के लिये हाथी तथा डोकरी देव के लिये बेन्दरी बनाते थे। आज भी यह सब बनाये जाते हैं। कहते हैं कि माता की सवारी है हाथी, मावली की सवारी है घोड़ा। इसी तरह डोकरी देव की सवारी है बेन्दरी। घोड़े की बात से मुझे याद आ रहा है कि राव की सवारी भी तो घोड़ा ही है।

---

73. दादा-भाई : इसके अन्तर्गत पिता-माता, काका-काकी व उनके बेटा-बहू, ताऊ-ताई व उनके बेटा-बहू, अविवाहित बेटी, अविवाहित बहिन, दादा-दादी एवं भाई-भौजाई व उनके बेटा-बहू आते हैं।
74. सगा : इसके अन्तर्गत मामा-मामी एवं उनके बच्चे, बुआ-फूफा व उनके बच्चे, सास-ससुर, साला-साली एवं उनके बच्चे, पत्नी की बड़ी बहिन व उसके पति तथा बच्चे, विवाहित बहिन व उसके पति, विवाहित बेटी व उसके पति तथा बच्चे एवं अन्य आते हैं।
75. मिट्टी शिल्पी श्री जगदेव, कुम्हारपारा (कोंडागाँव, बस्तर-छ.ग) से दिनांक 15.4.04 को हुई बातचीत।

हाथी

अलग-अलग राव की अलग-अलग सवारी है। डरहा डोलहा की भी सवारी घोड़ा ही है। किसी-किसी डाँड की सवारी बाग के साथ-साथ घोड़ा भी है। बाघ दुर्गा माता की भी सवारी है। तो ये सब इन देवी-देवताओं को चढ़ाये जाते हैं क्योंकि ये उनकी सवारियाँ हैं। मनौती मानते हैं लोग। और जब मनौती पूरी हो जाती है तब ये चढ़ावे चढ़ाये जाते हैं। मनौती बीमारी या किसी भी समस्या के समाधान आदि के लिये मानी जाती है। समस्या का समाधान होने पर ये चढ़ावे चढ़ाये जाते हैं।

जगदेव आगे बतलाते हैं : इन सारी चीजों के बदले हमें कोई गाय, कोई धान-चाउर[76], कोई छेरी-बोकड़ा[77] आदि कई किस्म की चीजें देते रहे हैं। कोई पैसे भी देते हैं। किन्तु पहले पैसे नहीं देते थे। कोई वस्तु (धान-चावल, उड़द-हरवाँ आदि दाल, साग-सब्जी आदि) या गाय-बैल आदि दिया करते थे। यह हमें गोतया हिसाब में दिये जाते थे। बाजार में ले जा कर बेचने पर पैसे मिलते थे, आज भी मिलते हैं। लेकिन पैसों का महत्त्व अधिक नहीं हुआ करता था। महत्त्व हुआ करता था सम्मान का और प्रेम-व्यवहार का। धान की मिंजाई के बांद 'कोठार सारनी' के समय किसान लोग हमसे हाँडी आदि मँगाते थे और सुपा धान दिया करते थे। आज भी गाँवों में यह परम्परा जारी है।

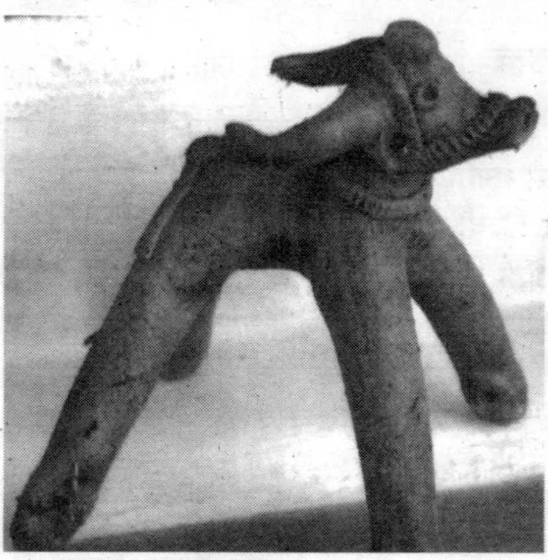

नँदिया

पेंडरावँडिन देवी को बेन्दरी चढ़ाये जाने के पीछे के कारण को स्पष्ट करते हैं बनऊराम नाग[78] : पेंडरावँडिन अक्सर जंगल में ही घूमा करती थीं। जंगल में बन्दरों से उनकी कुछ अधिक ही निकटता थी। बन्दर उन्हें फल आदि भी ला कर देते थे। इसलिये उन्हें बन्दर अधिक प्रिय थे। यही कारण है कि लोग उन्हें बन्दर अर्पित करते हैं। ऐसा सियानों का कहना है। इसी कड़ी में मैं एक और नियम की

76. चाउर : चावल।

77. छेरी-बोकड़ा : बकरी-बकरा।

78. मिट्टी शिल्पी श्री बनऊराम नाग, कुम्हारपारा (कोंडागाँव, बस्तर-छ.ग) से दिनांक 11 एवं 15.8.05 को हुई बातचीत।

बात बताऊँ। किसी एक विशिष्ट जाति में, अभी कुछ वर्षों तक विवाह के समय बिल्ली को मारने का नियम था। यह नियम एक घटना विशेष के कारण बना था।

घटना यों है : किसी एक परिवार में एक लड़के का विवाह हो रहा था। विवाह के उपलक्ष में मिठाइयाँ बनायी जा रही थीं। तभी एक बिल्ली बारम्बार उन मिठाइयों तक पहुँच जाती। तब उस बिल्ली से परेशान हो कर परिवार के ही किसी सदस्य ने उस बिल्ली को पकड़ कर घर के भीतर एक हण्डी में ढँक दिया। दो दिनों बाद जब लगन हो रहा था, घर के भीतर से दुर्गन्ध आने लगी। किसी की समझ में नहीं आया कि बात क्या है? तब वर का पिता घर के भीतर घुसा और यहाँ-वहाँ देखने लगा। इतने में उसे एक बन्द हण्डी में एक मरी हुई बिल्ली मिली। उसने उस बिल्ली को वहाँ से निकाल कर बाहर फेंक दिया। जब वह उस बिल्ली को बाहर फेंक रहा था तब उसके बेटे की निगाह उस पर पड़ी। उसने समझ लिया कि उनके परिवार में लगन के समय बिल्ली को मार कर फेंकने की प्रथा है। विवाह निपट गया। कुछ समय बाद उसका पिता मर गया और वह स्वयं बच्चों का पिता बन गया। जब उसके बेटों का विवाह हुआ तब उसने भी लगन के समय बिल्ली मारी। इस तरह उस परिवार में यह एक प्रथा बन गयी। यह प्रथा उस परिवार में काफी समय तक बनी रही लेकिन अभी-अभी कुछ वर्षों पहले यह प्रथा उस विशिष्ट जाति में बन्द हुई है।

जातीय देवी, उनकी पूजा का विधान तथा अवसर

जातीय देवी-देवताओं के विषय में बनऊराम नाग बताते हैं : हमारे समाज को प्रजापति कहते हैं। कुम्हारों को ब्रह्मा का परिवार माना गया है। जैसे ब्रह्मा ने सृष्टि की रचना की, उसी तरह घड़े की रचना कुम्हार ने की। इसीलिये ब्रह्मा का परिवार मान कर कुम्हारों को प्रजापति भी कहा गया है। एक बार की बात है। हिरण्यकशिपु और हिरण्याक्ष ये दो भाई थे। राक्षस। इनके उत्पात काफी बढ़ गये। हिरण्यकशिपु का पुत्र प्रह्लाद था जो भगवान का परम भक्त था। कहते हैं कि उसे भगवान पर आस्था तो थी किन्तु कभी-कभी वह विचलित भी हो जाया करता था। उसका विश्वास डिग जाया करता था। तो उसी राज्य में कुआ नामक एक कुम्हार था। वह कुम्हार भी भगवान का परम भक्त था। वह कुम्हार जब भट्टी जलाने की तैयारी कर रहा था कि तभी एक छोटी-सी बिल्ली हण्डी में घुस गयी। कुम्हार को इस बात का पता तब लगा जब आग लगाने के बाद उसे बिल्ली की आवाज सुनायी पड़ी। तब वह कुम्हार बड़े ही धर्मसंकट में पड़ गया। मान्यता थी, अब भी है कि बिल्ली को मारने पर बहुत पाप लगता है। वह कुम्हार आर्त्त स्वर में भगवान से उस बिल्ली की प्राण-रक्षा की प्रार्थना करने लगा। तभी प्रह्लाद वहाँ पहुँच गये। उन्होंने कुम्हार से पूछा तो कुम्हार ने सारी कहानी कह सुनायी। दूसरे दिन जब भट्टी ठण्डी हो गयी और बर्तन बाहर निकाले गये तो सब यह देख कर आश्चर्यचकित थे कि बिल्ली जीवित थी। यह देख कर प्रह्लाद के मन की सारी शंका जाती रही और भगवान के प्रति उनका विश्वास दृढ़ से दृढ़तर हो गया। बाद में जब हिरण्यकशिपु के अत्याचार बढ़ गये और भगवान ने नरसिंह अवतार ले कर हिरण्यकशिपु का वध किया तब कुम्हारों ने भी इस आशय से कि भक्त प्रह्लाद को भगवान के प्रति पूरी निष्ठा कुम्हारों के घर से हुई और उन्हीं भक्त प्रह्लाद की प्राण-रक्षा के लिये नरसिंह भगवान ने अवतार लिया, नरसिंह भगवान की पूजा की। इसी दिन से कुम्हारों में नरसिंह की पूजा की प्रथा प्रचलित हो गयी।

कोंडी-बुची

बस्तर के कुम्हार आज भी वैशाख पूर्णिमा के दिन नरसिंह जयन्ती मनाते हैं। छत्तीसगढ़ के कुम्हार अम्बा देवी की आराधना करते हैं। कहते हैं कि अम्बा देवी आदि प्रजापति की बेटी हैं।

देवनाथ इस तरह की किसी कथा से अनभिज्ञता प्रकट करते हैं और कहते हैं : हाँ, हमारे समाज में भगवान नरसिंह की पूजा होती है। किन्तु यह प्रथा अभी-अभी आरम्भ हुई है। इसके पीछे कौन से कारण हैं, यह भी मैं नहीं जानता। पहले यह प्रथा नहीं थी।

महिलाओं की सहभागिता

मिट्टी शिल्प के काम में महिलाओं की भागीदारी के विषय में घस्सूराम चक्रधारी और भेसबाई चक्रधारी[79] का कहना है कि हाँ, मेहनत तो बहुत लगती है। काफी दूर जाना पड़ता है मिट्टी के लिये। वहाँ गड्ढा खोद कर मिट्टी निकालते हैं। उसे लाते हैं घर में और गूँदते हैं, छीलते हैं। उसी तरह रेत के लिये नदी में जाते हैं। फिर लकड़ी के लिये भी जंगल जाना पड़ता है। पुरुष तो केवल आवाँ के दिन ही जंगल जाते हैं लकड़ी के लिये। बाकी दिन तो महिलाओं को ही जाना पड़ता है। लगभग 75 प्रतिशत काम तो महिलायें ही करती हैं। इस तरह से महिलाओं को काफी मेहनत करनी पड़ती है।

नँदिया-बेंदरी

तो क्या माटी खोदने और निकालने का काम भी महिलाओं को ही करना पड़ता है? इस प्रश्न का उत्तर देते हैं घस्सूराम : हाँ। महिलायें ही गड्ढे से माटी निकाल कर लाती हैं। वे ही उसे गूँदती और छीलती हैं। गोटियाँ (कंकड़-पत्थर) भी वही बीनती हैं। काड़ी-कचरा कुछ रह जाये तो उसे भी वे ही लोग साफ करती हैं। किन्तु ऐसा नहीं है कि यह काम केवल महिलाओं का ही है। कभी यदि महिला घर पर न हो, गाँव गयी हो या अशक्त हो तो पुरुष भी यह सब काम करते हैं। इसमें कोई कठोर

79. मिट्टी शिल्पी श्री घस्सूराम चक्रधारी एवं श्रीमती भेसबाई चक्रधारी, कुम्हारपारा (कोंडागाँव, बस्तर-छ.ग.) से दिनांक 15.08.05 को हुई बातचीत।

नियम नहीं है। किन्तु हाँ, सामान्यतः यह काम महिलाओं के ही जिम्मे होता है। महिलाओं की सहभागिता को और अधिक असरंदार तरीके से व्याख्यायित करने के लिये घस्सूराम बहुत ही विस्तार से बताते हैं :

देखिये, यह है हाँडी माटी। किन्तु इसे हाँडी कहने का यह तात्पर्य नहीं कि इस माटी से केवल हाँडी ही बनती है। मिट्टी के सारे पात्र एवं प्रतिमाएँ भी बनती हैं। किन्तु कोई एक नाम तो देना ही था। सो एक नाम दे दिया, हाँडी माटी। यह नाम केवल कुम्हार-समाज के लिये ही है। इसे सामान्यतः 'कली माटी' के नाम से जाना जाता है। बहुत चिकनी होती है यह माटी। कुछ लोग इसे 'कुम्हार माटी' भी कह लेते हैं। बहुत गहरा गड्ढा खोदना पड़ता है। ऊपर की सारी माटी हटा दी जाती है। इसके बाद भी भीतर की माटी पुनः बाहर निकाल कर फेंक दी जाती है। कारण, यह कीचड़-युक्त होती है। कीचड़-युक्त माटी को अलग कर फिर से खोदा जाता है। तब जो माटी निकलती है, वह काम के लायक होती है। उस माटी को उसी गड्ढे में पाँवों से गूँदा जाता है। फिर उसके लोंदे बनाये जाते हैं। यही मिट्टी हम घर लाते हैं। घर में लाने के बाद इस माटी को फिर से पाँवों से गूँदा जाता है। लेकिन इसके पहले माटी के लोंदे को छीला जाता है। रेत छानी जाती है। नदी से लाते हैं रेत। रेत छानने के बाद उसे उस छीली हुई माटी के साथ मिलाते हैं और फिर से गूँदते हैं। बैल, बेंदरी, कोंडी-बुची आदि बनाने के लिये। हाँडी बनाने के लिये। माटी छीलने पर उसमें बचा-खुचा कचरा, कंकड़-पत्थर आदि जो कुछ भी अवांछित चीजें होती हैं, वे सब बाहर निकल आती हैं। यदि माटी में रेत न मिलायी जाये तो उस बिना रेत मिली माटी से बने बर्तन नहीं टिकते। इसीलिये रेती के साथ माटी को मिला कर गूँदा जाता है। दो-दो तीन-तीन बार गूँदते हैं। फिर उसे पलटते हैं, पतला गूँदते हैं। उसके बाद रेत छिड़क कर फिर से गूँदते हैं। यह सारा काम महिलाओं के जिम्मे होता है। किन्तु यदि महिला घर पर नहीं है, या कोई विशेष परिस्थिति है तब पुरुष भी कर लेते हैं।

कोंडी-बुची

महिलाएँ मिट्टी खोद कर लाती हैं, नदी से रेत लाती हैं और उसे छानती हैं, फिर माटी भी छीलती हैं। तब फिर इसके बाद पुरुषों के लिये कौन सा काम बचा रह जाता है? इस प्रश्न के उत्तर में भेसबाई कहती हैं : पुरुष ओना मारते हैं। ओना बना कर गढ़ते हैं। फिर चाक में घड़ने का काम होता है। हाँडी बनाते हैं। चिकना बना कर घानी में घुमा-घुमा कर पगही बनाते जाते हैं। गढ़ कर पगही को ले जा कर सुखाते हैं। धूप में सुखा कर फिर से

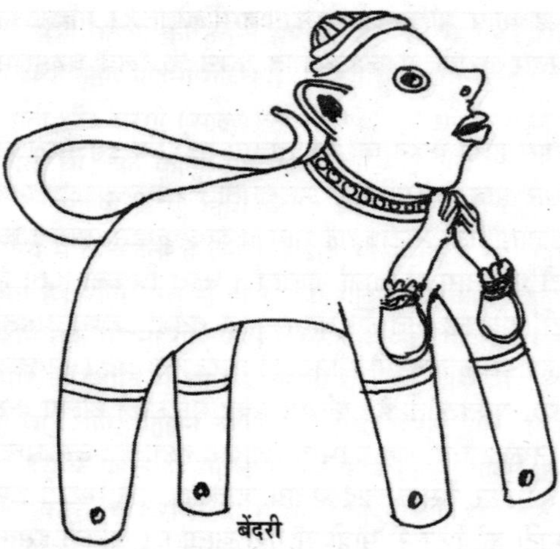

बेंदरी

लाते हैं और पेटना में हाँडी को पीटते हैं। यह काम पुरुषों का होता है। पीट कर चिकना बनाया जाता है। फिर भीतर रख दिया जाता है। एकाध सप्ताह बाद लकड़ी और पैरा ला कर भट्टी जलायी जाती है। हण्डी, परई, टोकसी आदि कई किस्म के बर्तन आदि बनाये जाते हैं। यह सही है कि इस काम में महिलाओं को काफी मेहनत करनी पड़ती है। खोदना, गड्ढे से निकालना, सिर पर लाद कर लाना, फिर गूँदना। पुरुषों को उतनी मेहनत नहीं करनी पड़ती। वे केवल गढ़ने का काम करते हैं।

घस्सूराम आगे बताते हैं : हम जो माटी खेतों से खोद कर लाते हैं, उसके लिये हमें खेत-मालिक से पूछना पड़ता है। बदले में वह हमसे कुछ नहीं लेता। हाँ, उसके खेत की जरूरत के मुताबिक मिट्टी निकल जाने के बाद वह मिट्टी निकालना बन्द करवा देगा। किन्तु इससे दोनों को फायदा होता है। मतलब यह कि माटी खोदने से खेत गहरा हो जाता है। इससे एक तरफ तो हमें माटी मिल जाती है और दूसरी ओर खेत वाले को अपने खेत गहरा करने के लिये मजदूरी नहीं देनी पड़ती। हम लोगों को सरकार की ओर से माटी निकालने का स्थान बताया गया था किन्तु हम लोगों ने मना कर दिया। कारण, वह स्थान यहाँ से काफी दूर है। उधर। काफी दूर जाना पड़ता।

आपसी सहयोग : बेठया[80] प्रथा

बेठया प्रथा एक आपसी सहयोग की प्रथा है, जो बस्तर के ग्रामीण अंचल में काफी पहले से चली आ रही है। इस प्रथा के चलते साहूकार और गरीब दोनों ही किस्म के लोगों के काम बहुत ही आसानी से हो जाते रहे हैं। अब चाहे वह काम खेती-किसानी का हो या कि कोई निर्माण कार्य आदि। कुम्हारों का काम भी इसी प्रथा के सहारे बहुत ही सुगमता से सम्पन्न हो जाता है। इस सम्बन्ध में घस्सूराम विस्तार से बताते हैं :

हमारा काम बेठया प्रथा के द्वारा किया जाता है। जैसे कल मेरे यहाँ गढ़ने का काम होना है। तो इस सम्बन्ध में यहाँ के कुम्हार समाज के सभी लोगों को पहले से ही सूचना दे दी गयी है। कल होगा गढ़ने का काम। दिन भर बनायेंगे हमारे सभी जाति-भाई लोग मिल कर। शाम को भोजन कर वापस हो जायेंगे अपने-अपने घर। दो पहर भोजन कराना पड़ता है। एक तो दोपहर में और दूसरा रात में। उनकी मेहनत के बदले कुछ रुपये-पैसे नहीं दिये जाते। मात्र भोजन कराया जाता है। रोटी-बड़ा खिलाया जाता है। कुछ लोग अपनी हैसियत के मुताबिक मांस आदि भी

80. बेठया : अन्य उच्चारण 'बेठेया', 'बेठिया'।

खिलाते हैं। यह ऐसा है कि जैसे हमारे घर में काम हुआ तो हम गाँव-मोहल्ले के अपने सभी जाति-भाइयों को उस काम के लिये बुलाते हैं। वो लोग आ कर हमारे काम में सहयोग करते हैं। इसी तरह उनके घर में काम होने पर हम लोग भी जाते हैं और सहयोग करते हैं। मतलब सहयोग के बदले सहयोग। बेठया में मजदूरी नहीं दी जाती। भोजन कराया जाता है। पीने वालों को पिलाया भी जाता है। भोजन दोनों तरह के हो सकते हैं, मांसाहारी भी और शाकाहारी भी। यह हैसियत पर निर्भर करता है कि वह मांसाहारी भोजन कराता है या शाकाहारी। इसमें कोई कुछ कहता नहीं है। यह तो बेठया करवाने वाले के ऊपर निर्भर करता है। अब कल सहदेव के घर में हम सब लोगों ने मिल कर उसे सहयोग दिया। उसके लिये सामान बनाये। आज वह भी हमारे घर आयेगा और सहयोग करेगा। कल किसी दूसरे के घर जायेंगे, परसों किसी और के घर। इस तरह चलता है हम लोगों का काम आपसी सहयोग के आधार पर। जिसके घर का काम होगा वही जा कर चाक लायेगा और काम समाप्त होने पर वापस भी पहुँचा देगा।

भैंसा

मिथ कथाएँ

1. नरसिंह जयन्ती से सम्बन्धित मिथ कथा

कुम्हारों में नरसिंह (नृसिंह) भगवान की पूजा की जाती है। इस सम्बन्ध में जगदेव[81] कहते हैं : कुम्हारों में नरसिंह भगवान को पूजने की परम्परा है। नरसिंह जयन्ती के दिन पूजा की जाती है। इस दिन हम लोग अपने कुम्हारी काम को विराम देते हैं एक दिन के लिये। नरसिंह भगवान को मानने के पीछे एक मिथ कथा बतायी जाती है। वह इस प्रकार है :

असुरराज हिरण्यकशिपु के राज्य की बात है। एक कुम्हार ने आवाँ दिया हुआ था। तभी एक बिल्ली उस आवाँ के भीतर

घोड़ा

81. मिट्टी शिल्पी श्री जगदेव, कुम्हारपारा (कोंडागाँव, बस्तर-छ.ग) से दिनांक 15.4.04 को हुई बातचीत।

जा कर फँस गयी। कुम्हार ने उसे नहीं देखा और आग लगा दी। तब बिल्ली रोने लगी। यह सुन कर कुम्हार अपनी पत्नी के साथ घर से बाहर आया और चिन्ता में पड़ गया कि यदि आग नहीं बुझायी गयी तो निरीह बिल्ली मर जायेगी और यदि आग बुझाने के लिये पैरा[82]-लकड़ी आदि को तितर-बितर किया गया तो भारी आर्थिक नुकसान होगा। वे धर्मसंकट में फँस गये। वे दोनों भगवान से विनती करने लगे। तभी उनकी यह आवाज राजा हिरण्यकशिपु के कानों तक गयी। उसने उन्हें अपने दरबार में बुला भेजा और डाँट-फटकार लगायी। तब कुम्हार ने सारी घटना बयान कर दी। वहीं पर था हिरण्यकशिपु का बेटा प्रह्लाद। उसने उनसे कहा कि यदि उनके राम-नाम के जाप से बिल्ली जीवित बच गयी तो उन्हें जीवन-दान दे दिया जायेगा और मर गयी तो प्राण-दण्ड! जैसे-तैसे दिन बीता, रात बीती। फिर कुछ दिन और बीते। यथा समय कुम्हार ने आवाँ खोला तो सबने देखा कि बिल्ली जीवित थी। तब प्रह्लाद ने उन्हें जीवन-दान दे दिया।

कहते हैं कि इसी दिन से प्रह्लाद ने राम-नाम का जाप करना आरम्भ किया। इस घटना से सारा कुम्हार समाज प्रह्लाद का आभारी हो गया और बाद में जब भगवान नरसिंह ने आततायी हिरण्यकशिपु को मार कर भक्त प्रह्लाद की रक्षा की तो पहले से ही राम-नाम में विश्वास रखने वाले और राम-नाम की महिमा से साक्षात्कार करने वाले कुम्हारों के समाज में नरसिंह भगवान का विशेष स्थान हो गया और वे उन्हें कुटुम्ब-देवता के रूप में पूजने लगे। कारण, यदि भगवान ने उनकी पुकार न सुनी होती और आवाँ के भीतर फँसी बिल्ली को जीवित न रखा होता तो हिरण्यकशिपु निश्चित ही कुम्हारों का इस सृष्टि से ही नामो-निशान मिटा देता।

हाथी

2. गोरा कुम्हार से सम्बन्धित मिथ कथा

एक था गोरा कुम्हार। कुम्हार समाज में उस गोरा कुम्हार की कथा तथा उसकी भक्ति बहुत ही आदर के साथ याद की जाती है। उस गोरा कुम्हार से सम्बन्धित एक मिथ कथा बताते हैं बनऊराम नाग[83] :

82. पैरा : पुआल।

83. मिट्टी शिल्पी श्री बनऊराम नाग, कुम्हारपारा (कोंडागाँव, बस्तर-छ.ग) से दिनांक 11 एवं 15.8.05 को हुई बातचीत।

गोरा कुम्हार की व्यथा-कथा महाभारत में वर्णित है। गोरा कुम्हार भी कुआ कुम्हार की तरह ही बहुत बड़ा भक्त था और अपने कुम्हारी के काम में निमग्न रहते हुए भी भगवान के ध्यान में एकदम तल्लीन रहा करता था। एक दिन की बात है। गोरा कुम्हार मिट्टी की लोंदी बना रहा था। उसी समय उसका एक छोटा-सा बच्चा घुटनों के बल चलते हुए उस तक पहुँचा। गोरा कुम्हार के हाथ मिट्टी के लोंदे बना रहे थे किन्तु मन भगवान में रमा था। उसे पता ही नहीं चला कि कब उसके हाथ अपने उस बच्चे तक पहुँच गये और वह उस बच्चे को भी मिट्टी ही समझ कर उसी मिट्टी में मिला कर लोंदे बनाने लगा। उसका वह बच्चा मर गया। इतने में बच्चे को खोजती उसकी पत्नी बाहर आयी। उसने देखा कि गोरा कुम्हार उस बच्चे को भी मिट्टी के लोंदे में मिला चुका है। उसने यह देखा तो दहाड़ें मार कर रोने लगी। उसका रोना सुन कर गोरा कुम्हार का ध्यान टूटा। किन्तु रोने-धोने से कोई लाभ था नहीं। गोरा कुम्हार की पत्नी का दुर्भाग्य कि उस एक बच्चे के अतिरिक्त न तो उसकी कोई और सन्तान थी और न पुनः किसी सन्तान की आशा ही। तब उसने अपनी छोटी बहिन का विवाह अपने पति से करवा दिया। गोरा कुम्हार की उस नयी पत्नी और उसके माता-पिता ने शर्त रखी कि वह उसे भी उसकी पहली पत्नी की ही तरह रखेगा। गोरा कुम्हार मान गया। अब गोरा कुम्हार चूँकि भगवद्भक्ति में लीन रहता और इस कारण उसका मोह राग-रंग से टूट चुका था, अतः वह विरागियों की भाँति रहा करता। उसकी पहली पत्नी भी बच्चे की मृत्यु के कारण विरागी हो गयी थी। इस तरह गोरा कुम्हार का न तो पहली पत्नी के साथ शारीरिक संसर्ग हो पाता और न ही नयी पत्नी के साथ। ऐसे में उसकी नयी पत्नी से भी कोई सन्तान पैदा नहीं हुई।

3. जनेऊ (यज्ञोपवीत) से सम्बन्धित मिथ कथा

बनऊराम नाग कहते हैं कि कुम्हार लोग पहले जनेऊ धारण किया करते थे। किन्तु बाद में अपनी एक भूल और उस भूल के दण्ड-स्वरूप भगवान के शाप से उनसे उनका जनेऊ धारण करने का अधिकार छिन गया। वे इससे सम्बन्धित एक मिथ कथा बताते हैं :

एक बार की बात है। एक कुम्हार जब चाक पर से घड़ा काट रहा था कि उसका वह धागा गुम गया। तब उसने इधर-उधर काफी तलाश की धागे की। किन्तु वह नहीं मिला। तब उसने अपने यज्ञोपवीत के एक धागे को तोड़ कर घड़े को चाक पर से काट लिया। तब भगवान उस पर नाराज हो गये और शाप दिया कि तुमने अपना जनेऊ तोड़ दिया। चूँकि तुम जनेऊ के नियमों का पालन नहीं कर सकते इसीलिये आज से जनेऊ पहनने का तुम्हें कोई अधिकार नहीं है। इस तरह कुम्हार जनेऊ से वंचित हो गये।

4. पेंडरावँडिन देवी से सम्बन्धित मिथ कथा

बस्तर में बहुपूजित पेंडरावँडिन देवी ओड़िसा के कुछ भाग में भी बहुपूजित हैं। इनसे सम्बन्धित मिथ कथाएँ अलग-अलग लोगों द्वारा अलग-अलग ढंग से बतायी जाती हैं। ऐसी ही एक मिथ कथा सहदेव[84] भी बताते हैं :

---

84. मिट्टी शिल्पी श्री सहदेव राना, कुम्हारपारा (कोंडागाँव, बस्तर-छ.ग) से दिनांक 11.8.05 को हुई बातचीत।

पेंडरावँड में थे घरजियाँ और घरजिइँन[85]। वह घरजियाँ था उस लड़की के लिये। अब उसे वहाँ रहते-रहते एक या दो साल बीत गये। वे दोनों बहुत प्यार से रहते थे। साथ में काँदा खोदने जाते, साथ में सारे काम करते, मजे से जीवन जी रहे थे। किन्तु एकाएक पता नहीं क्या हुआ कि दोनों में किसी बात पर तकरार हो गयी। इससे वह रूठ गयी और एक तालाब में कूद कर उसने अपने प्राण त्याग दिये। उसकी आत्महत्या की बात सुन कर वह घरजियाँ भी रह नहीं पाया और उसने भी उसी तालाब में कूद कर आत्महत्या कर ली। इसके बाद साल-दो साल के बाद वह घरजिइँन डुमा के रूप में जाग गयी। जाग कर वह गाँव के लोगों को सताने लगी। लोग मरने लगे। तब लोगों ने सिरहा को देव बिठाया। देव ने बताया कि यह तो उसी घरजिइँन की आत्मा है जो अब प्रेत रूप में जाग गयी है। तब लोगों ने उसकी पूजा-अर्चना की और उसके लिये एक गुड़ी का भी निर्माण करा दिया। इस पर वह शान्त हो गयी। इस तरह उस दिन से उसकी पूजा देवी के रूप में की जाने लगी। आज वह देवी न केवल बस्तर में बल्कि ओड़िसा में भी समान रूप से आदिवासी और गैर आदिवासियों सभी के बीच पूजी जाती हैं। यह देवी काफी प्रसिद्ध हैं।

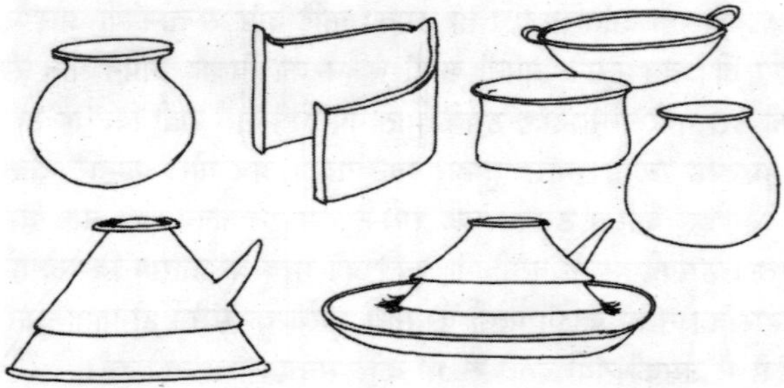

कोंडी-बुची

5. कुँअर देव से सम्बन्धित मिथ कथा

बस्तर में अनेक देवी-देवता हैं। ऐसी धारणा है कि इन देवी-देवताओं की संख्या तैंतीस कोटि है। कुछ लोगों के अनुसार इनकी संख्या छप्पन कोटि है। बहरहाल, इन्हीं में से एक देवता कुँअर देव से सम्बन्धित रोचक मिथ कथा सहदेव बताते हैं :

एक हैं कुँअर देव। ये भी प्रत्येक गाँव में पूजे जाते हैं। कहते हैं कि कुँअर बाबा राजा के अंगरक्षक हुआ करते थे। पहले राजा की सवारी डोला पर हुआ करती थी। लोग उनकी डोली कन्धे पर उठा कर लाते-ले जाते थे। तो महाराजा के आगमन के पहले कुँअर बाबा घोड़े पर सवार हो कर पहुँचते थे और गाँव वालों को ताकीद किया करते थे। प्रत्येक गाँव में काँवर उठाने

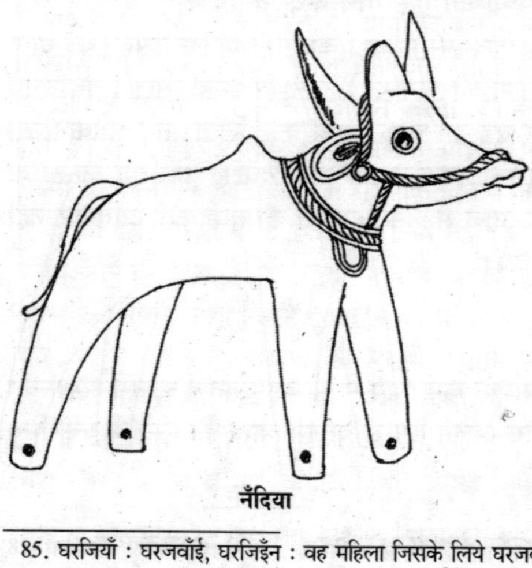

नँदिया

85. घरजियाँ : घरजवाँई, घरजिइँन : वह महिला जिसके लिये घरजवाँई रखा गया है।

वाले बदल जाया करते थे। कुँअर बाबा बहुत शक्तिशाली थे। अँग्रेज लोग उनकी शक्ति से भयभीत रहा करते थे। कुँअर बाबा घोड़े को उड़ा ले जाते थे। तो अँग्रेज उनकी शक्ति को नष्ट करने के उद्देश्य से उन्हें बस्तर के बाहर ले गये। बाहर ले जा कर एक गाय मारी और उसका चमड़ा बिछा कर उस पर कुँअर बाबा के लिये आसन बनाया। उसी आसन पर वे कुँअर बाबा को बिठाना चाहते थे ताकि गाय के चमड़े से स्पर्श होने पर कुँअर बाबा की दैवीय शक्तियाँ अशुद्ध हो कर समाप्त हो जायें। कुँअर बाबा उनकी यह चाल जान गये थे। सो उन्होंने अपने साथ रखे मँडेया[86] या सरसों के दाने उस आसन पर छिटक दिये। जैसे ही उन दानों ने उस आसन का स्पर्श किया वे लाई की तरह फूटने लगे। कुँअर बाबा उस आसन पर नहीं बैठे। इस तरह उनकी शक्ति बची रह गयी। तब वे वहाँ से अपने घोड़े पर सवार हो कर आकाश मार्ग से बस्तर लौट रहे थे कि रास्ते में काँकेर रियासत के राजा की बहिन जिसका नाम सुकई धनी था, ने उन पर शक्ति वाण चला दिया। यह वाण सीधे कुँअर बाबा की छाती में जा लगा और वे विश्रामपुरी[87] के पास घोड़े सहित गिर पड़े। वहीं उनकी मृत्यु हो गयी। वहीं विश्रामपुरी में ही उन्हें दफनाया गया। फिर लगभग साल भर के बाद कुँअर बाबा वहाँ देवता के रूप में जाग गये। वे आसपास के गाँव वालों को सताने लगे। तब सिरहा बिठाया गया। उसने बताया कि कुँअर बाबा जाग गये हैं। तब आसपास के गाँव वालों ने उनकी पूजा की। उस दिन से बस्तर भर में कुँअर बाबा की पूजा की जाने लगी।

रुखी-कलसा

वे आगे कहते हैं : बताते हैं कि पुराने समय में जब हमारा घर उस मोहल्ले में था तब वहाँ हमारे सियान लोग गाँजा पिया करते थे और कुँअर बाबा उस समय जब उधर से गुजरते तो हमारे घर में जरूर आते थे। एक बार की बात है। हमारे सब सियान बैठ कर गाँजा पी रहे थे। आधी रात की बात है। इतने में बाहर से आवाज आयी। सियान ने निकल कर देखा तो कुँअर बाबा थे। तब उन्हें सम्मान के साथ भीतर बुलाया गया। सबने साथ बैठ कर चिलम चढ़ायी। बाद में वे अपने रास्ते चले गये। कुँअर बाबा गाँव में होने वाली बीमारियों से रक्षा करते हैं। वह बीमारी चाहे मवेशियों की हो या मनुष्यों की। कुँअर बाबा की कोई मूर्ति तो नहीं है किन्तु हाँ, सादा खुटा[88] अवश्य हैं प्रत्येक गाँव में।

86. मँडेया : एक गौण अन्न जिसके आटे से पेज बनाया जाता है। अन्य ध्वनियाँ, 'मँडया', 'मँडिया'।

87. विश्रामपुरी : काँकेर-कोंडागाँव के बीच केसकाल नामक गाँव से लगभग 20 किलोमीटर पूर्व दिशा में स्थित एक गाँव।

88. खुटा : खूँट (ठूँठ)।

6. राव देव से सम्बन्धित मिथ कथा

राव देवों की संख्या कुछ लोगों के अनुसार 12 है। राव देव को खेती तथा गाँव के रक्षक के रूप में माना और जाना जाता है। इनका प्रतीक होता है घोड़ा। सम्भवतः इसीलिये कि घोड़ा ही इनकी सवारी हुआ करता था। राव देव खेती के रक्षक हैं।

सजावटी वस्तु

सहदेव कहते हैं : राव देव की उत्पत्ति कैसे हुई यह तो मैं नहीं जानता किन्तु यह सुना है कि राव कई हैं। वे खेती के रक्षक हैं, गाँव के भी रक्षक हैं। ये हैं राजा राव, झुलना राव, टेमा राव और बुढ़ा राव आदि। टेमा राव खेती के रक्षक हैं। इसके साथ ही एक होता है डाँड जो सीमा पर रहता है। उसी डाँड के साथ मिल कर टेमा राव रक्षा करते हैं। कीड़े-मकोड़ों से खेती की रक्षा करना इनका प्रमुख काम होता है। इनकी पूजा खेत में ही की जाती है। गरब चरू, गरब राव भी देवता हैं। इन सबकी पूजा वहीं खेत में की जाती है। वे इन्हीं में से दो राव देवताओं, टेमा राव और गरब राव से सम्बन्धित मिथ कथा बताते हैं :

एक बार की बात है। टेमा राव और गरब राव दोनों भाई घूमने निकले। वे घोड़ों पर सवार हो कर जा रहे थे। दोनों आपस में किसी को मारने की बात कर रहे थे : तुम मारोगे या मैं मारूँ? वे दोनों आपस में इस तरह बातें कर रहे थे। गाँव में एक बाड़ी के भीतर एक महिला सरसों भाजी तोड़ रही थी। वे दोनों राव उसी औरत को मारने की बात कर रहे थे। शायद उस औरत से कोई गलती हो गयी हो।

उसी समय उसी गाँव का एक व्यक्ति आखेट करने के लिये गया हुआ था जंगल में। वह जानवरों की बाट देखता छिप कर बैठा था। उसने सुनी इन दोनों भाइयों की यह बात। इतने में दोनों भाइयों में से एक ने अपना वाण उस औरत पर चला दिया। वह औरत खून की उल्टी करती वहीं पर ढेर हो गयी। यह देख कर वह व्यक्ति वहाँ से बगटुट भागा। निश्चय किया कि अब उधर का रुख कभी भी नहीं करेगा।

फूलदान

समस्याएँ

मिट्टी शिल्पी पदुम सिंह[89] अपनी शिल्पगत समस्या के विषय में कहते हैं : काम में समस्या तो है ही। जैसे यहाँ मिट्टी की बहुत तकलीफ है। बहुत दूर से मिट्टी लाना पड़ता है। लकड़ी और पैरा की भी समस्या है। रेती भी नहीं मिलती यहाँ। नदी नहीं है यहाँ आसपास। इसके अलावा यह कि यदि हम हाथी बनाते हैं तो वे यहाँ बिकते नहीं। न बिकने के कारण भी हम लोग हाथी नहीं बनाते अब। इनकी बिक्री अधिकांशतः शहरों में होती है। जैसे यहाँ से हम कोंडागाँव ले गये तो वहाँ इनकी बिक्री हो जायेगी किन्तु यहाँ नहीं हो पाती। हम यहाँ से नहीं ले जाते। स्थानीय स्तर पर सरकारी लोग मँगाते हैं तो हम पहुँचा देते हैं। वे पहले एडवान्स देते हैं और बनाने को कहते हैं तो बना कर हम पहुँचा देते हैं। यहाँ से बना कर नारायणपुर ले जाना पड़ता है। एड़का में बहुत समस्या है। यहाँ यदि एक शो रूम हो जाता तो अच्छा होता। बखरुपारा में कपिल तिवारी जी ने बनवाया है शो रूम। किन्तु वह अभी चालू नहीं हुआ है। इसीलिये अभी तो दिक्कत है ही।

हाथी

कचिम (कछुआ)

89. मिट्टी शिल्पी श्री पदुम सिंह, ग्राम : एड़का (नारायणपुर, बस्तर-छ.ग.) से दिनांक 03.11.05 को हुई बातचीत।

बुनकर शिल्प

1 : पनका बुनकर शिल्प

बस्तर में पहले गाँडा[90], माहरा[91], कोस्टा[92] (देवांगन), पनका[93] और चँडार[94] समाज के लोग बुनकर का काम किया करते थे। यहाँ के आदिवासी एवं लोक जीवन में गाँडा लोगों द्वारा बनाये गये कपड़े विशेष लोकप्रिय हुआ करते थे[95]। इन्हें पवित्र वस्त्र माना जाता था और विवाह संस्कार में ये वस्त्र अनिवार्य तथा प्रमुख भूमिका निभाते रहे हैं। किन्तु पिछले लगभग 20-25 वर्षों से गाँडा एवं कोस्टा समाज के लोगों ने बुनकर का काम छोड़

ग्राम बड़े कनेरा का बुनकर शिल्पी

90. स्रोत : सुकदई कोराम (जाति : गाँडा), सरगीपालपारा, कोंडागाँव। इसके अतिरिक्त इसी मोहल्ले में रहने वाले सोली गाँडा को भी मैंने वर्षों पूर्व 1971-77 के बीच कपड़े तथा जाल बुनते देखा था। इसी तरह इसी मोहल्ले में रहने वाले चरन गाँडा को भी जाल आदि बुनते हुए मैंने अभी 2002 तक देखा था।
91. माहरा : कुछ लोगों के अनुसार गाँडा और माहरा एक ही जाति के दो नाम हैं, तो कुछ के अनुसार ये दोनों अलग-अलग जातियाँ हैं। जगदलपुर तहसील में माहरा निवास करते हैं जबकि कोंडागाँव तहसील में गाँडा। दिनांक 19.02.2005 को ग्राम : खोरखोसा, तहसील : जगदलपुर (बस्तर-छ.ग.) के श्री रतन माहरा ने उनसे हुई बातचीत में बताया कि गाँडा और माहरा दोनों एक ही जाति के अलग-अलग नाम हैं। उनके अनुसार उनके पूर्वज भी बुनकर शिल्प से जुड़े थे।
92. सरगीपालपारा, कोंडागाँव में मेरे घर के ठीक सामने रहने वाले सोमारूराम देवांगन के पिता को भी मैंने वर्षों पूर्व 1971-1980 के बीच कपड़े तथा जाल आदि बुनते देखा था।
93. पनका : छत्तीसगढ़ी परिवेश में यह 'पनिका' उच्चारित होता है।
94. चँडार : ओड़िसा से लगे क्षेत्रों में यह जाति 'चँडरा' नाम से जानी जाती है।
95. सुकदई कोराम द्वारा गाये गये 'लछमी जगार' (वाचिक परम्परा के सहारे मुखान्तरित होते बस्तर की हल्बी बोली के अद्भुत लोक महाकाव्य) में भी ऐसा प्रसंग आया है जिसमें गाँडा जाति द्वारा बनाये गये कपड़ों का उल्लेख हुआ है। इस लोक महाकाव्य का पहली बार प्रकाशन 2003 में आस्ट्रेलियन नेशनल यूनीवर्सिटी, कैनबरा, आस्ट्रेलिया के सहयोग से हुआ है। (देखें : "गुरुमायँ सुकदई द्वारा प्रस्तुत बस्तर की धान्य देवी की कथा : लछमी जगार" : 2003 : 84 : सम्पादक : हरिहर वैष्णव एवं सी.ए.ग्रेगोरी)।

दिया है। इधर मिल के कपड़ों ने भी कुछ ऐसी स्थिति पैदा कर दी है कि अब पनका तथा चँडार जाति के लोग भी अपने इस पारम्परिक व्यवसाय से दूर होते चले जा रहे हैं। कारण, इनके बनाये कपड़े मिल के कपड़ों की तुलना में महँगे होते हैं। दूसरे, लोगों में चमक-दमक पसंद की जाने लगी है, जबकि इनके बनाये वस्त्र चमक-दमक की दृष्टि से पिछड़ जाते हैं। नयी पीढ़ी तो अपने इस पारम्परिक व्यवसाय का क, ख, ग भी नहीं जानती और न जानना चाहती है। उनमें वितृष्णा घर कर गयी है।

इस शिल्प पर सबसे पहला प्रहार हुआ महाराजा भैरमदेव के काल में। 1880 के आसपास। शुरू में हनुमान दीक्षित नामक व्यक्ति रायपुर की ओर से कुछ कपड़े ले कर आया। उसे उन कपड़ों से काफी फायदा हुआ। वह साहूकार बन गया। तब उसकी देखा-देखी भैंरो लाल त्रिवेदी तथा शेखलाल और हाजी दिलावर मोहम्मद के पूर्वज भी कपड़े ले आये। उन्हें भी इससे काफी मुनाफा हुआ। वे लोग भी साहूकार बन गये। महाराजा भैरमदेव उस पर प्रसन्न हो गये और उसे बहुत से गाँव मालगुजारी में दे कर जगदलपुर का सबसे बड़ा साहूकार बना दिया[96]। किन्तु इसके बावजूद पारम्परिक बुनकर जीवट का परिचय देते हुए अपने पैतृक व्यवसाय से जुड़े रह कर संघर्ष करते रहे। उनका वह संघर्ष अभी भी जारी है किन्तु वे अब टूट कर बिखरने लगे हैं। यदि समय रहते इनके संरक्षण और विकास के ठोस व रचनात्मक उपाय नहीं किये गये तो इस शिल्प को लुप्त होने से कोई भी नहीं बचा पायेगा।

ग्राम राजागाँव का बुनकर शिल्पी

शिल्प के पारम्परिक उत्पाद

इस शिल्प के पारम्परिक उत्पादों में बन्दी, बर-पिछोरी, सुँडी अँगोछी, बन्दी तुआल, ठेकरा तुआल, आमाचानी पाटा (आमाखापी पाटा), चन्दई धोती, खमया पाटा, खरवा लुगा, चितरँगी साफी, ठेकरा साफी, सुन्दरमनी धोती, नखी धोती, ठेकरा चन्दई, बानारासी साड़ी, ठेकरा पाटा, लगिन पिछोरी, साफा, अँगोछी, मायलुगा, काँसबन्दी बागचौड़ा, तड़प पाटा, ठेकरा अँगोछी, बन्दी पाटा, पटका आदि वस्त्र आते हैं।

बानारासी साड़ी : बाना का अर्थ है चित्र और रासी यानी समूह। इस तरह बानारासी का अर्थ हुआ चित्रों का समूह। चित्र बहुल साड़ी को 'बानारासी साड़ी' कहा गया है। किन्तु कुछ लोगों के अनुसार यह बनारसी साड़ी की प्रतिकृति है और इसी वजह से यह अपभ्रंश रूप में बानारासी कहलाती है।

96. स्रोत : पं. केदारनाथ ठाकुर (बस्तर भूषण, 1908 : 88)।

ठेकरा पाटा	: 'टेकरा पाटा' या 'ठेकरा पाटा' नाम से जाना जाने वाला यह पारम्परिक वस्त्र पनका जाति के बुनकरों द्वारा बनाया जाता है। 'ठेकरा पाटा' गोंड़ जनजाति की महिलाओं का प्रिय वस्त्र रहा है।
लगिन पिछोरी	: 'लगिन पिछोरी' नाम से जाना जाने वाला यह पारम्परिक वस्त्र पनका जाति के बुनकरों द्वारा बनाया जाता है। 'लगिन पिछोरी' आदिवासी एवं अन्य लोगों के विवाह में उपयोग में लाया जाता है। इसे लग्न यानी पाणिग्रहण के समय दूल्हे को पहनाया जाता है।
साफा	: 'साफा' या 'पटका' नाम से जाना जाने वाला यह पारम्परिक वस्त्र पनका जाति के बुनकरों द्वारा बनाया जाता है। यह वस्त्र आदिवासी एवं अन्य लोगों के बीच समान रूप से उपयोग में लाया जाता है।
अँगोछी	: 'अँगोछी' एवं 'सुँडी अँगोछी' दो अलग-अलग तरह के अंगवस्त्र होते हैं। ये पारम्परिक वस्त्र भी पनका जाति के बुनकरों द्वारा बनाये जाते हैं। इनका उपयोग भी समान रूप से सभी लोगों द्वारा किया जाता है।
मायलुगा	: विवाह के समय वर पक्ष द्वारा वधू की माँ को दिया जाने वाला यह 'मायलुगा' पारम्परिक वस्त्र है और पनका जाति के बुनकरों द्वारा बनाया जाता है। लोक जीवन में 'मायलुगा' का बहुत ही महत्त्व है। सभी जातियों में इसे समान रूप से व्यवहार में लाया जाता है। छत्तीसगढ़ी परिवेश में इसे 'मायसारी' कहा जाता है।
काँसबन्दी बागचौड़ा	: वस्त्र बुनाई के पारम्परिक कार्य से जुड़े पनका जाति द्वारा ये कपड़े बनाये जाते हैं। इस साड़ी को 'काँसबन्दी बागचौड़ा' कहा जाता है। यह विशिष्ट साड़ी होती है तथा सम्पन्नता का प्रतीक हुआ करती थी।
तड़प पाटा	: वस्त्र बुनाई के पारम्परिक कार्य से जुड़े पनका जाति द्वारा ये कपड़े बनाये जाते हैं। इस साड़ी को 'तड़प पाटा' कहा जाता है।
ठेकरा अँगोछी	: 'ठेकरा अँगोछी' नामक यह अंगवस्त्र पुरुषों द्वारा धारण किया जाता है। इसे भी पनका जाति के पारम्परिक बुनकरों द्वारा ही बनाया जाता है।
बन्दी पाटा	: 'बन्दी पाटा' नामक यह साड़ी महिलाओं द्वारा धारण की जाती है। इसे भी पनका जाति के पारम्परिक बुनकरों द्वारा ही बनाया जाता है।
पटका	: पुरुषों द्वारा धारण किया जाने वाला यह पारम्परिक वस्त्र 'पटका' या 'साफा' कहलाता है। इसे भी पनका जाति के पारम्परिक बुनकरों द्वारा ही बनाया जाता है।

शिल्प का उद्‌भव एवं विकास

बुनकर शिल्प का उद्‌भव एवं विकास कैसे हुआ, इस सम्बन्ध में पनका बुनकर लैखन दास मानिकपुरी[97] बतलाते हैं : जैसा मैंने सुना है। यह काफी पहले की बात है। कपड़े की सृष्टि

97. श्री लैखनदास मानिकपुरी, ग्राम : राजागाँव (मातापारा), पो. : दहिकोंगा, तहसील : कोंडागाँव (बस्तर-छत्तीसगढ़) से दिनांक 14.04.04 को हुई बातचीत।

कबीर दास जी ने की। दामाखेड़ा के कबीर दास जी ने। कबीर दास जी ने कहा कि कपड़ा नहीं है उनके शरीर में। पूरी पृथ्वी के लोगों के पास कपड़े नहीं हैं। सब बिना कपड़ों के हैं। तो उनके शरीर को ढँकने के लिये कपड़ा बनाना चाहिये। बतलाते हैं कि उस समय पूरी दुनिया के लोग बिना कपड़ों के थे। सब नंगे थे। तब कबीर दास जी ने जुलाहा दास नाम के एक व्यक्ति से कहा कि हम सब बिना कपड़ों के हैं। सब नंगे हैं। भला इस तरह नंगे कैसे रहेंगे दुनिया के लोग? इसका कोई समाधान ढूँढ़ा जाये। इस तरह जुलाहा दास और कबीर दास जी ने आपस में विचार-विमर्श किया। तब जुलाहा दास ने कबीर दास जी से कहा कि उनका हुकुम होने और विद्या दान मिलने पर वे सवा हाथ[98] का कपड़ा बनायेंगे। ऐसा सुन कर कबीर दास जी ने जुलाहा दास से कहा कि वह कापस[99] का धागा निकाले, चरखा बनाये और कपड़े बुने। तब ऐसी आज्ञा और विद्या पा कर जुलाहा दास ने कबीर दास जी के बताये अनुसार चरखा और कपास से सूत बनाया। उन्होंने कबीर दास जी के ही निर्देश पर बुनकरी के सारे उपकरण मँगठा, कुची, फनी, मोड़, मस्तर, डाँडी, मेंडकी आदि बनाये। फिर सारे उपकरण बना कर उन्होंने कपड़े बुनना शुरु किया। उसी दिन से इस संसार में कपड़ों का चलन हुआ और लोग अपने शरीर कपड़ों से ढँकने लगे। चँडरा (चँडार) लोग भी कपड़े बुनते हैं लेकिन उनकी और हमारी बुनाई में बहुत अन्तर है। दोनों की गुणवत्ता में भी फर्क है। हालाँकि उनके सामान भी वही सब हैं।

बुनकर

इसी क्रम को आगे बढ़ाते हुए भादूदास मानिकपुरी[100] पनका समाज के दामाखेड़ा से बस्तर आगमन के विषय में बतलाते हैं : कपड़े बनाने का काम हमें हमारे धर्मगुरु जुलाहादास ने सिखलाया। वे धर्मद्वार दामाखेड़ा के रहने वाले थे। रायपुर से बिलासपुर मार्ग पर है यह स्थान। पहले पृथ्वी में किसी के पास कपड़ा नहीं था। सभी लोग बिना कपड़ों के थे। नंगे रहते थे। जुलाहादास ने हमें करघा बनाना और बुनाई करना सिखाया। पहले बाँस का करघा बनाया उन्होंने। उसी करघे से उन्होंने कपड़े बुने और हमें दिखलाया। उन्होंने अपने दिमाग से यह काम किया। कबीर दास के शिष्य थे जुलाहादास। कबीर दास जी ने जुलाहादास को बताया और तब जुलाहादास ने यह काम शुरु किया।

98. हाथ : लम्बाई नापने के लिये बस्तर के ग्रामीण अंचल में प्रचलित एक मापमान। 1 हाथ = लगभग 1.5 फीट

99. कापस : कपास।

100. श्री भादूदास मानिकपुरी एवं उनकी पत्नी श्रीमती जानकी, ग्राम-पो. : बड़े कनेरा (राजापारा), तहसील : कोंडागाव (बस्तर छत्तीसगढ़) से दिनांक 16.04.04 को हुई बातचीत।

लोक जीवन में वस्त्र की भूमिका

बुनकर शिल्प के अन्तर्गत बनाये जाने वाले कपड़ों और उनकी भूमिका आदि के विषय में लैखन दास बतलाते हैं : हमारे द्वारा बनाये जाने वाले कपड़ों की बस्तर की आदिवासी एवं लोक संस्कृति में बहुत ही अहम भूमिका रही है। बुनकरों के हाथ के कपड़े मांगलिक कार्यों में बहुत पवित्र तथा शुभ माने जाते रहे हैं। हमारे द्वारा बनाये जाने वाले कपड़ों में प्रमुख रहे हैं काँसबन्दी, बागचौड़ा, बन्दी, मायलुगा, बर-पिछोरी, ठेकरा पाटा, सुँडी अँगोछी, बन्दी तुआल, ठेकरा तुआल, आमाचानी पाटा[101], चन्दई धोती, बन्दी पाटा, तड़प पाटा, खमया पाटा, खरवा लुगा, ठेकरा अँगोछी, चितरँगी साफी, ठेकरा साफी, लगिन पिछोरी, सुन्दरमनी धोती, नखी धोती, ठेकरा चन्दई आदि।

1. दैनिक जीवन में वस्त्र की भूमिका

दैनिक जीवन में पाटा, अँगोछी, ठेकरा पाटा (या टेकरा पाटा), साफा, साफी, तुआल, चितरँगी छापी, आदि काफी पहले से पारम्परिक रूप से आदिवासी एवं गैर आदिवासियों के बीच उपयोगी रहे हैं। जहाँ पाटा एवं चन्दई धोती नामक वस्त्र महिलाएँ पहनती रही हैं, वहीं अँगोछी प्रत्येक पुरुष के कन्धे की शोभा बनी रही है। दैनिक जीवन के अतिरिक्त बाजार या मँडई-मेले में जाते वक्त भी अँगोछी का पुरुषों के कन्धों पर लहराना देखा जाता रहा है। आज भी यह चलन बरकरार है। साफा का चलन पगड़ी के रूप में रहा है। छोटे से साफा से ले कर बड़े-बड़े साफे पुरुषों के सिर पर सजते रहे हैं और उनकी शान बढ़ाते रहे हैं। इसी तरह टेकरा पाटा महिलाओं के दैनंदिन उपयोग का वस्त्र रहा है। साफी प्रेमी-प्रेमिका के बीच प्रेम के आदान-प्रदान का जरिया रहा है। चितरँगी छापी के नाम से जानी जाने वाली साफी तो प्रेम का प्रतीक ही रही है।

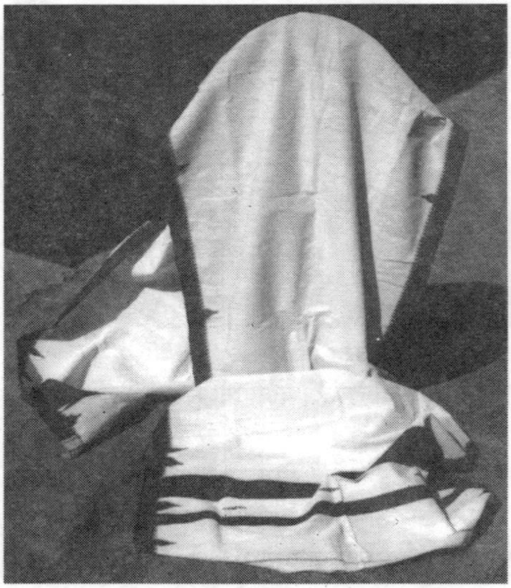

पाटा

2. पर्व एवं त्योहार में वस्त्र की भूमिका

दैनंदिन जीवन के अतिरिक्त पर्व एवं त्योहारों में भी बुनकरों द्वारा बुने गये वस्त्र महत्त्वपूर्ण भूमिका निभाते रहे हैं। उनकी महत्ता बनी रही है। नयाखानी एक ऐसा त्योहार है जिसमें बस्तर का जन नये कपड़े अनिवार्यतः पहनता-पहनाता रहा है। नये कपड़े पहन कर नवान्न का भोग किया जाता है। धारणा है कि नये कपड़े पहन कर ही नयी फसल का स्वागत किया जाना चाहिये। यही कारण है कि वर्ष भर भले ही पुराने कपड़ों में बीत जाये, इसका मलाल नहीं किन्तु नयाखानी त्योहार

101. आमाचानी पाटा : नगरनार के श्री लिमदास चँडार ने इसे 'आमाखापी पाटा' कहा है।

में नये कपड़ों का होना अनिवार्य रहा है। यदि नयाखानी के समय नये कपड़े न पहन पायें तो इससे बड़ा दुःख सम्भवतः और कोई नहीं हो सकता।

विवाह हेतु माँगी गयी (सगाई की हुई) कन्या को प्रत्येक वर्ष नवाखानी त्योहार के समय अपने घर लाने और उसे नये कपड़े देने का रिवाज आदिवासी समाज के साथ-साथ गैर आदिवासी समाज में भी रहा है। आज भी, ग्रामीण अंचल में यदि किसी परिवार ने इस रिवाज का पालन नहीं किया तो उसे हँसी का पात्र बनना पड़ सकता है।

दियारी त्योहार में खिचड़ी[102] के दिन बैलों के सींग पर यदि सिंगबाँधा[103] बाँधा जाता है तो इसी दिन धोरई[104] के सिर पर भी मुँडबाँधा[105] बाँध कर उसका सम्मान किया जाता है।

3. देव-पूजन में वस्त्र की भूमिका

विभिन्न देवी-देवताओं के परिधान के रूप में भी इन वस्त्रों का उपयोग होता रहा है। डोकरी देव का विशेष परिधान होता है ठेकरा पाटा और बन्दी पाटा नामक वस्त्र। पहले ये वस्त्र केवल डोकरी देव[106] के लिये हुआ करते थे। कहते हैं कि बाद में देवी की अनुमति से गोंड-मुरिया जनजाति की महिलायें भी धारण करने लगीं। फिर आगे चल कर अन्य समाजों की महिलाओं ने भी देवी की ही अनुमति से धारण करना आरम्भ किया। इसी तरह भिन्न-भिन्न देवी-देवताओं को भिन्न-भिन्न वस्त्र यथा-समय अर्पित किये जाने की परम्परा रही है।

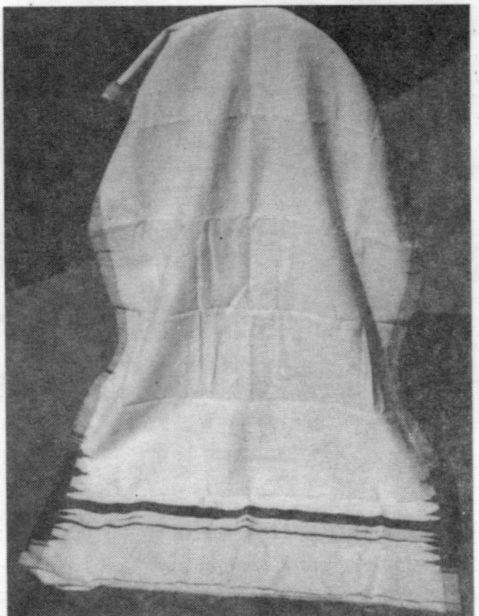

टेकरा पाटा

4. जन्म संस्कार में वस्त्र की भूमिका

लोक जीवन में बच्चे के जन्म पर जच्चा और बच्चा दोनों के लिये नये कपड़े दिये जाते हैं। विशेषतः छठी के दिन परिवार की तरफ से तथा आमन्त्रितों द्वारा भी दोनों को नये वस्त्र भेंट किये जाते हैं। बच्चे और जच्चे के अतिरिक्त दाई को भी वस्त्र भेंट कर उसका सम्मान किया जाता रहा है।

5. विवाह संस्कार में वस्त्र की भूमिका

आदिवासी एवं लोक जीवन में विवाह एक ऐसा प्रसंग है, जिसमें वस्त्रों का सर्वाधिक उपयोग होता है। चुड़ी-पाटा या माहला अथवा फलदान से ले कर बेटी की विदाई और उसके बाद भी

102. खिचड़ी : अन्नकूट।
103. सिंगबाँधा : सींगों पर बाँधा जाने वाला वस्त्र।
104. धोरई : चरवाहा।
105. मुँडबाँधा : सिर पर बाँधा जाने वाला कपड़ा, पगड़ी। समानार्थी 'पागा'।
106. डोकरी देव : यह देवी गपागोसिन, पेंडरावँडिन, सती माय, गोंडिन देव आदि नामों से भी जानी जाती हैं।

आमन्त्रित अतिथियों की विदाई तक वस्त्र देने-लेने का क्रम चलता रहता है। गाँव के कुछ धार्मिक-प्रमुख एवं ग्राम-प्रमुखों तथा बुजुर्गों को भी कपड़े दिये जाने की प्रथा है। इसी तरह यदि माँडो लाने और गाड़ने वाले गाँयता[107] को अँगोछी दी जाती है, तो बजनेया-मोहरेया[108] को भी अँगोछी या धोती आदि दिये जाते हैं। चुलमाटी[109] के लिये जाते समय 'कुस'[110] पर भी एक नया कपड़ा बाँधा जाता है। देव-तेल के लिये देव-गुड़ी में जायें या गाँयता अथवा पुजारी के घर पर, नया वस्त्र वहाँ भी देवी के लिये अर्पित किया जाता है। तेल चढ़ाने में भी नये वस्त्र का उपयोग होता है। दुल्हन की माता के लिये मायलुगा[111] अनिवार्य होती है। और यदि सात सुवासिनों के लिये साड़ी नहीं दी गयी तब तो गजब ही हो जायेगा। लगन में तो नयी साड़ी और धोती, बर-पिछोरी अनिवार्य होती ही है। विदाई में भी वस्त्र दिये जाते हैं। इस तरह विवाह की लगभग सभी रस्मों में कपड़ों की अनिवार्यता बनी रही है।

बानारासी लुगा

107. गाँयता : गाँव को बसाने वाला या बसाने वाले के परिवार से सम्बन्धित व्यक्ति ही 'गाँयता' के पद पर सुशोभित होता है। यह गाँव का धार्मिक प्रमुख एवं 'माटी' का पुजारी होता है। गाँव के किसी भी धार्मिक या मांगलिक कार्य में माटी की पूजा इसी के द्वारा सम्पन्न की जाती है। इसीलिये इसे 'माटी गाँयता' भी कहा जाता है। विवाह-मण्डप के लिये लकड़ी, जिसे माँडो कहा जाता है, भी यही लाता है।

108. बजनेया : बाजा बजाने वाले। मोहरेया : मोहरी फूँकने वाले। लोक संगीतकार।

109. चुलमाटी : 'चुल' और 'माटी' इन दो शब्दों से बना है 'चुलमाटी'। कुछ लोगों के अनुसार 'चुल' यानी चूल्हा तथा कुछ लोगों के अनुसार केश, और 'माटी' यानी मिट्टी। बस्तर की लोक संस्कृति में विवाह की इस रस्म के अन्तर्गत गोठान या दोराहे से माटी समारोहपूर्वक लायी जाती है, जिसका उपयोग मण्डप लीपने एवं झोका (चूल्हा) बनाने में होता है। किन्तु अपवाद स्वरूप कुछ जातियों में इस माटी का उपयोग केवल मण्डप लीपने में ही होता है न कि चूल्हा बनाने में भी। 'चुलमाटी' का बस्तर के बाहर भी विवाह में अत्यन्त महत्त्वपूर्ण स्थान है। यह अलग-अलग क्षेत्र में अलग-अलग नामों से जाना जाता है। छत्तीसगढ़ी परिवेश में भी इसे इसी नाम से जाना जाता है। यद्यपि इसे बघेलखण्ड में 'माटी-माँगर', बुन्देलखण्ड में (भी) 'माटी माँगर', 'मटयावनो' या 'छेई माटी' तथा मालवांचल के निमाड़ क्षेत्र में 'खनमाटी' के नाम से जाना जाता है तथापि इस रस्म के मूल-भाव तथा निमित्त में साम्य हैं। 'मध्य प्रदेश का लोक संगीत' शीर्षक अपनी पुस्तक में शरीफ मोहम्मद ने इनका विवरण इस तरह दिया है : "विवाह में 'माँगरमाटी' भी एक महत्त्वपूर्ण रस्म होती है, जिसे बुन्देलखण्ड में कहीं 'मटयावनो' या कहीं 'छेई माटी' भी कहा जाता है। इस अवसर पर महिलाएँ रात्रि के प्रथम पहर में सामूहिक रूप से बाजे-गाजे के साथ गाँव के बाहर जाती हैं। किसी स्वच्छ स्थान से मिट्टी खोदने का दस्तूर होता है। इस दस्तूर में मानदान की भी अनिवार्य भूमिका होती है। मिट्टी खोदने का नेग मानदान को दिया जाता है। बुन्देलखण्ड में मानदान का अर्थ दूल्हा या दुल्हन की फुफ्फी और फुफ्फा होता है। 'माँगरमाटी' के इस दस्तूर में स्त्रियाँ तरह-तरह की अश्लील गारी गा कर मनोविनोद करती हुई मिट्टी ले कर आती हैं।" इसी तरह उन्होंने छत्तीसगढ़ की "चुलमाटी" का विवरण इस तरह दिया है :

6. मृत्यु संस्कार में वस्त्र की भूमिका

मृत्यु संस्कार में वस्त्र की सबसे पहले आवश्यकता पड़ती है शव को ढँकने के लिये। यानी कफन। जितने भी लोग मृतक के अन्तिम दर्शनों के लिये या काठी में शामिल होने के लिये आते हैं, वे अपने साथ एक नया सफेद कपड़ा अवश्य ही लाते हैं। वह कपड़ा वे शव पर ओढ़ा देते हैं। इसके बाद नये कपड़े की आवश्यकता होती है पगबन्दी[112] के दिन। मृतक यदि परिवार का मुखिया हुआ तो पगबन्दी की रस्म सगे लोगों के द्वारा अदा की जाती है और उत्तराधिकारी को नये कपड़े भेंट किये जाते हैं। उत्तराधिकारी यदि पुरुष हुआ तो पगड़ी बाँधी जाती है और यदि महिला हुई तो सफेद साड़ी उसके कन्धे पर डाल दी जाती है।

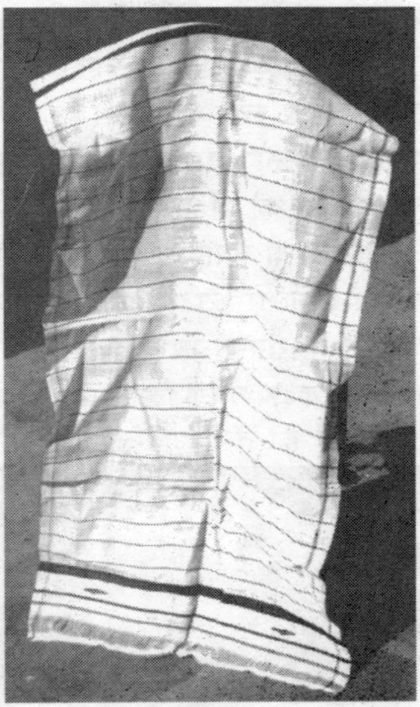

तुआल

विभिन्न वस्त्र और लोक जीवन में उनकी अर्थवत्ता

जैसा कि ऊपर कहा जा चुका है, बुनकरों द्वारा बनाये गये विभिन्न वस्त्रों की उपयोगिता एवं अर्थवत्ता अलग-अलग अवसरों पर अलग-अलग रही है। भादूदास मानिकपुरी और लैखनदास मानिकपुरी प्रत्येक कपड़े के विषय में विस्तार से बतलाते हैं : 'बन्दी पाटा' 9 हाथ[113] का होता है। 'सुँदरमनी' भी 9 हाथ का है, 'नखी धोती' भी 9 हाथ की होती है। 'बन्दी पाटा' माता लोग यानी महिलायें पहनती हैं। इसमें रंग लगता है। इसलिये इसका नाम 'बन्दी' है।

"छत्तीसगढ़ की वैवाहिक परम्परा में चुलमाटी का विशेष और आध्यात्मिक महत्त्व होता है। इस लोकाचार के अन्तर्गत घर की स्त्रियाँ, ढेड़हिन (सुवासिनें) तथा गाँव की अन्य महिलाओं के साथ नये परिधान पहिन कर सुवासिनें पर्रा में दिये जला कर किसी देव-स्थल या जलाशय के पवित्र स्थान से कुँआरी मिट्टी लाने के लिये जाती हैं। इस अवसर पर ढेड़हा (सुवासा) की भी विशेष भूमिका रहती है। घर से जाने और आने तक के मार्ग में महिलाएँ 'चुलमाटी गीत' गाती हैं। उल्लेखनीय है कि शास्त्रों के अनुसार कुँआरी मिट्टी (धरती) उसे माना गया है, जिस पर इन्द्र द्वारा बरसाये गये पानी की एक भी बूँद न पड़ती हो। चुलमाटी या कुँआरी मिट्टी का भावनात्मक महत्त्व यह होता है कि ऐसे स्थान से लायी गयी मिट्टी से निर्मित चूल्हे में बनाये गये भोजन से भावी जीवन लाभदायक एवं सुखद होता है।" बघेलखण्ड में 'माटी माँगर' के नाम से निभाई जाने वाली इस रस्म के बारे में विवरण है : "तिलक के पश्चात् सामान्यतः विवाह प्रारम्भ होने के तीन-चार दिन पूर्व वर तथा कन्या पक्ष में 'माटी माँगर' या 'मेटीमगरा' का दस्तूर होता है। सामाजिक रीति-रिवाज के अनुसार महिलाएँ घर के पूर्व या उत्तर दिशा से मिट्टी खोद कर लाती हैं। इस अवसर पर महिलाएँ समवेत स्वरों में हास्य-विनोद के गीत गाती हैं।" मालवांचल के निमाड़ क्षेत्र में 'खनमाटी' के नाम से जाने जाने वाले इस दस्तूर के विषय में भी लेखक विवरण देता है : "विवाह निश्चित हो जाने के पश्चात् 'खनमाटी' का दस्तूर सम्पन्न किया जाता है। महिलाएँ बाजे-गाजे के साथ गाँव के बाहर किसी स्वच्छ स्थान से हाथ से खोदी हुई मिट्टी लाती हैं। इस मिट्टी से विवाह के लिये प्रयोग किए जाने हेतु चूल्हे व कोठियाँ निर्मित की जाती हैं। इस अवसर पर प्रायः हास्य-व्यंग्य पूरित विवाह गीत गाया जाता है।"

110. कुस : छोटा सब्बल।
111. मायलुगा : छत्तीसगढ़ी परिवेश में 'मायसारी'।
112. पगबन्दी : पगड़ी।
113. हाथ : एक मापमान। 1 हाथ = लगभग 1.5 से 1.75 फुट।

'पाटा' का अर्थ कपड़ा है। इसे रोज नहीं पहना जाता। किसी खास मौके पर ही यह पहना जाता है। मँडई-बाजार, सगा-सिल कहीं जाना होता है तभी इसे पहना जाता है। बाकी समय में 'चन्दई धोती' पहनते हैं। यह एक तरह से सादा कपड़ा होता है। यह भी 9 हाथ का होता है। धोती का मतलब पुरुषों की धोती और महिलाओं की साड़ी भी है।

वे आगे बतलाते हैं : 'बन्दी पाटा' ज्यादातर मुरिया जनजाति के लोग पहनते हैं। कोयतोर लोग। कलार लोग भी पहनते हैं। रवतिन, मानिकपुरी, हरिजन लोग भी, गोंड-मुरिया लोग भी पहनते हैं। पठान, मारवाड़ी वगैरह नहीं पहनते। 'मायलुगा' विवाह के अवसर पर दुल्हन की माँ को दूल्हे की माँ द्वारा लगन के समय मण्डप में दी जाती है। यह 'लगिन-जोड़ा'[114] के साथ अनिवार्यतः दी जाती है। दुल्हन की माँ इसे लगन के समय पहनती है। 'मायलुगा' 16 हाथ की होती है। कलार, राउत, पनका, मुरिया, नाहार, गाँडा आदि जातियों में इस 'मायलुगा' का चलन है। गरीब-से-गरीब व्यक्ति भी 'मायलुगा' देना नहीं भूलता। 'मायलुगा' में विशेष और सुन्दर डिजाइन होते हैं। यह साड़ी विवाह की सभी साड़ियों में सबसे सुन्दर, महँगी, लम्बी और श्रेष्ठ होती है। तेली और ब्राह्मणों में बुनकरों द्वारा बनाये गये इस कपड़े का चलन नहीं है। छत्तीसगढ़ी परिवेश में इसे 'मायसारी' कहते हैं। यदि 'मायलुगा' न दें तो भी कुछ खास फर्क तो नहीं पड़ता किन्तु यह एक तरह से दुल्हन की माँ के सम्मान स्वरूप उसे भेंट की जाती है। धारणा यह है कि माँ ने बेटी को जन्म दिया, उसे पाल-पोस कर बड़ा किया तो उसके विवाह के अवसर पर कम-से-कम एक अच्छी-सी साड़ी तो उसे मिलनी ही चाहिये। इसलिये 16 हाथ का 'मायलुगा' उसे देना जरूरी है। परम्परा से चला आ रहा है। इसके साथ ही 'सास-पाटा' का भी रिवाज कुछेक जनजातियों एवं जातियों में है। यह वधू की बड़ी बहिन के लिये दी जाती है। यदि कहीं भूल से 'सास-पाटा' नहीं दी गयी तो दुल्हन की बड़ी बहिन दूल्हे के सामने अपना सिर नहीं ढँकती। सिर ढँकने का अर्थ होता है, सम्मान देना जबकि सिर न ढँकने का अर्थ हुआ सम्मान न देना।

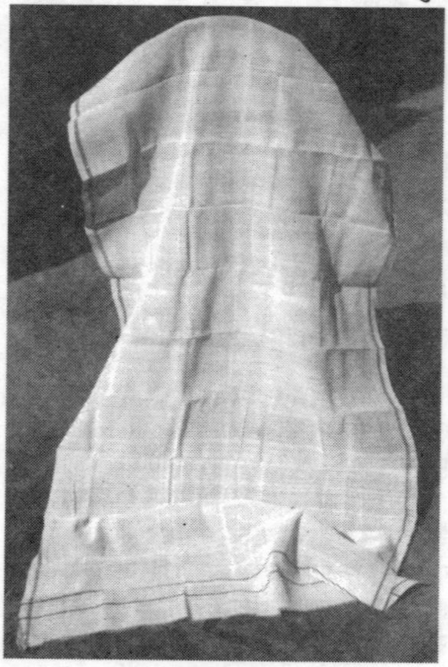

पिछोरी

'बर-पिछोरी' लगन का 'गठ'[115] है। इसकी लम्बाई 10 हाथ तथा चौड़ाई डेढ़ हाथ होती है। 'बर-पिछोरी' का अर्थ है 'वर की पिछौरी'। इसे 'लगिन-पिछोरी' भी कहा जाता है। बस्तर क़ी लोक संस्कृति में इसका चलन है। इसे विवाह का सबसे प्रमुख एवं महत्त्वपूर्ण कपड़ा माना जाता है। लगन के समय मण्डप में इसे बीच से फाड़ कर 5-5 हाथ के दो टुकड़े किये जाते हैं और पुजारी से उसे सिलवाते हैं। पुजारी उन दोनों टुकड़ों को चौड़ाई में सी कर फिर से जोड़ देता है।

114. लगिन-जोड़ा : लग्न की सामग्री जिसमें वस्त्राभूषण होते हैं। यही वस्त्राभूषण लग्न के समय वधू को पहनाये जाते हैं।
115. गठ : गाँठ।

इस तरह 10 हाथ लम्बा यह कपड़ा पाँच हाथ लम्बा तथा तीन हाथ चौड़ा हो जाता है। इसके बाद इसी कपड़े का एक सिरा वर के कन्धे पर डाला जाता है तथा दूसरे सिरे को दुल्हन की साड़ी से गाँठ बाँध कर जोड़ दिया जाता है। 10 हाथ की 'बर-पिछोरी' के भिन्न-भिन्न अर्थ बताये जाते हैं। पहला यह, कि भगवान ने वर और वधू को दसों दिशाओं के स्वामी की तरह सामर्थ्यवान बनाया है, और दूसरा यह कि वे एक-दूसरे के लिये ही बनाये गये हैं। अर्थात् भगवान ने पहले ही दोनों की जोड़ी तय कर दी। तीसरा अर्थ यह है कि सुखी दाम्पत्य जीवन के लिये वर और वधू को एक-दूसरे के दस-दस अपराध क्षमा करने होंगे। फिर इसे 5-5 हाथ के दो टुकड़ों में अलग करने का मतलब है वर और वधू का जन्म अलग-अलग घर में हुआ। इसका एक अर्थ यह भी है कि वर और वधू दोनों सुख-दुःख के बराबर के भागीदार हैं। दोनों बराबर हैं। दोनों में से कोई भी कम या छोटा नहीं है। फिर इसके बाद इसे पुजारी द्वारा सी कर जोड़ने का अर्थ है भगवान द्वारा बनायी जोड़ी को लोकाचार के अन्तर्गत भगवान के सेवक या प्रतिनिधि यानी पुजारी द्वारा विधिपूर्वक मिलाना। वर के कन्धे में एक सिरा देने का अर्थ है उस पर वधू के सुख-दुःख तथा उसके भरण-पोषण की जवाबदारी सौंपना जबकि उसके एक सिरे को दुल्हन की साड़ी के छोर से बाँधने का अर्थ है दूल्हा-दुल्हन के बीच एक-दूसरे का साथ निभाने की वचनबद्धता। इस तरह जोड़ने के बाद भाँवर[116] लगवाये जाते हैं। सात या नौ भाँवर होते हैं। 'ठेकरा पाटा' महिलाएँ पहनती हैं। महिलाओं के अलावा देवी भी पहनती है। डोकरी देव नामक देवी इसे पहनती है। वस्तुतः यह कपड़ा मुरिया महिलाओं का ही परिधान है। यह कपड़ा सामान्यतः रोज नहीं पहना जाता। यह विशेष अवसरों पर, जैसे मँडई-मेला या किसी के घर अतिथि बन कर जाना हो तब पहना जाता है। यह 9 हाथ का होता है। भतरा, कलार, गोंड, गाँडा आदि जातियों में भी इसे पहनने का चलन है। 'सुँडी अँगोछी' की लम्बाई 6 हाथ होती है। यह पुरुषों का परिधान है। यह किसी खास अवसर पर ही पहना जाये, ऐसा नहीं है। इसे किसी भी समय पहना जा सकता है। मोटा कपड़ा होता है। सम्भवतः इसे पहले केवल सुँडी लोग ही पहनते रहे हों। सुँडी ओड़िसा की एक जाति है। लेकिन बाद में इसे बाकी लोग भी पहनने लगे। 'बन्दी तुआल' एक 'तुआल'[117] है। कन्धे पर रखा जाता है। पुरुष इसे अपने कन्धे पर रखते हैं। इसकी लम्बाई साढ़े 3 से 4 हाथ तक होती है। यह पुरुषों के कन्धों की शोभा है। यह विशेष डिजाइन में बना होता है और बड़ा ही सुन्दर दिखलायी पड़ता है। इसकी शोभा के कारण इसे धारण करने वाले पुरुष की भी शोभा बढ़ जाती है। 'बन्दी तुआल' में 'कुम' बनाना पड़ता है, इसमें

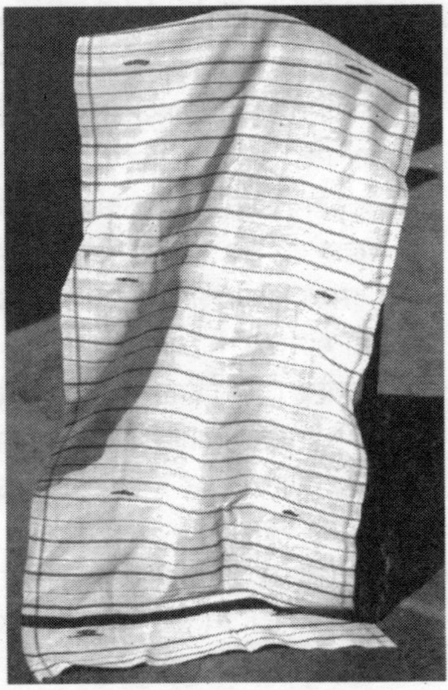

पंछा

116. भाँवर : फेरे।

117. तुआल : तौलिया।

'कना' लगाना पड़ता है। 'बन्दी' को तरह-तरह से सजाया जाता है। उसमें चिड़िया, बिच्छू, फरसी, टँगिया, नाँगर-बैला आदि चित्रित किये जाते हैं।

'ठेकरा तुआल' भी एक तरह का 'तुआल' ही है। इसकी लम्बाई साढ़े 3 हाथ होती है। यह भी पुरुषों द्वारा कन्धे पर धारण किया जाता है। किन्तु यह 'बन्दी तुआल' की तुलना में कम सुन्दर होता है। इसी के हिसाब से यह सस्ता होता है, जबकि 'बन्दी तुआल' इससे थोड़ा महँगा। यह सादा होता है, इसमें कोई डिजाइन नहीं होती। 'ठेकरा तुआल' मोटा कपड़ा है। इसे भी विशेष अवसरों पर ही धारण किया जाता है। 'बन्दी तुआल' और 'ठेकरा तुआल' में एक अन्तर यह भी है कि 'बन्दी तुआल' धनी लोगों द्वारा धारण किया जाता है जबकि 'ठेकरा तुआल' सामान्य लोगों द्वारा। 'आमाचानी-पाटा' महिलाएँ पहनती हैं। इसकी लम्बाई 9 हाथ होती है। यह यों तो विशेष अवसरों पर ही पहनी जाती है तथापि दैनिक परिधान की तरह भी इसे पहन लिया जाता है। विशेष कर इसे मँडई-मेले, त्योहार आदि के समय पहना जाता है। इसमें डिजाइन बने होते हैं। डिजाइन के कारण यह बड़ी ही खूबसूरत दिखलायी पड़ती है। इसकी 'आँछी (आँचल)' का रंग आम-सा हरा होता है। 'चन्दई धोती' में 'कना' बनाना पड़ता है, 'कुम' बनाना पड़ता है, 'कासी' बनाना पड़ता है। 'चानी' भी बनाना पड़ता है। यह 9 हाथ की होती है और इसे महिलाएँ पहनती हैं। नाम इसका 'चन्दई धोती' है, किन्तु है यह साड़ी ही। इसे पहनने का कोई खास अवसर तय नहीं होता। इसे चाहें तो दैनिक परिधान की तरह भी पहना जा सकता है और चाहें तो विशेष अवसर पर भी।

'बन्दी पाटा' के बारे में कहा जाता है कि यह विशेषतः डोकरी देव नामक देवी का परिधान है। इसे महिलाएँ भी पहनती हैं। इसे विशेष अवसरों पर ही पहना जाता है। अब तो इसे महिलाएँ पहनने लगी हैं, वरना इसे मूलतः डोकरी देव ही पहनती थी। बाद में देवी की अनुमति से इसे मुरिया जाति की महिलाओं ने पहनना शुरु किया। फिर आगे चल कर मुरिया जनजाति के अलावा बस्तर की अन्य जनजातियों और जातियों की महिलाएँ भी पहनने लगीं। इसकी लम्बाई होती है 9 हाथ। 'तड़प पाटा' की भी लम्बाई 9 हाथ होती है। 'तड़प पाटा' आदिवासियों को छोड़ कर बस्तर की शेष अन्य जातियों की महिलाएँ पहनती हैं। यह एक तरह से 'मायलुगा' ही है किन्तु इसका चलन कलार, तेली, मानिकपुरी, राउत आदि गैर आदिवासी समाज में है। मुरिया जनजाति में 'तड़प' की जगह 'मायलुगा' का चलन है। 'खमया पाटा' भी साड़ी ही है। यह 9 हाथ लम्बी होती है। यह दैनिक परिधान की तरह और विशेष अवसरों पर पहने जाने वाले परिधान की तरह भी पहनी जाती है। 'खरवा लुगा' बहुत मजबूत साड़ी होती है। यह सबसे ऊँची साड़ी है। इसकी खासियत यह है कि इसे महिला और पुरुष दोनों ही पहन सकते हैं तथापि महिलाओं में ही इसका ज्यादा चलन है। यह भी 9 हाथ लम्बी होती है। यह विशेष अवसरों पर ही पहनी जाती है। 'ठेकरा अँगोछी' पुरुषों का परिधान है। यह 6 हाथ लम्बा होता है। यह दैनिक उपयोग में लाया जाता है। 'चितरँगी साफी' एक प्रकार का 'तुआल' है। पुरुष इसे अपने कन्धे पर धारण करते हैं। इसे 'धरना तुआल' कहते हैं। नाम के अनुरूप यह रंगीन होती है। इसी तरह 'बन्दी साफी', 'ठेकरा साफी', 'लालधड़ी साफी' आदि सभी गमछे हैं। इन सभी को 'धरना तुआल' कहा जाता है। खास अवसरों पर ही इन्हें धारण किया जाता है। इससे व्यक्ति की शोभा बढ़ जाती है। इनकी लम्बाई प्रायः साढ़े 3 हाथ होती है। 'सुन्दरमनी धोती' महिलाओं का परिधान है।

इसकी लम्बाई 9 हाथ होती है और विवाह आदि विशेष अवसरों पर यह पहनी जाती है। इसमें काफी डिजाइन होते हैं। इसमें 'कना' करना पड़ता है, 'बुँदकी' बनाना पड़ता है, फूल आदि बनाये जाते हैं, 'कुम' किया जाता है। जैसा कि इसका नाम है वैसी ही यह साड़ी भी सुन्दर होती है। 'नखी धोती' भी 9 हाथ लम्बी होती है और इसे महिलाएँ पहनती हैं। इसे भी विशेष अवसरों पर ही पहना जाता है। मुरिया जनजाति में यह अधिक प्रचलित है।

'ठेकरा' 'चन्दई धोती' है। 9 हाथ लम्बी होती है और इसे महिलाएँ पहनती हैं। विशेष अवसरों पर ही यह पहनी जाती है। लगन के समय 'सुन्दरमनी' साड़ी पहनती थी दुल्हन। लेकिन अब तो दुकान से मिल की साड़ी लेते हैं लोग। अब हमसे प्रायः 'मायलुगा' और 'बर-पिछोरी' अधिक लेते हैं। इसी तरह 'तुआल' भी खरीदते हैं। इसी तरह 'तेल धोती' होती है। यह 14 हाथ लम्बी होती है।

लैखन दास आगे बतलाते हैं : पहले विवाह के समय में 'तेल धोती' या 'तेल पाटा', 'तेल अँगोछी' की जरूरत पड़ती थी। आज भी जरूरत पड़ती है। दुल्हन के लिये 'तेल पाटा' और दूल्हे के लिये 'तेल अँगोछी' होती थी। 'तेल धोती' या 'तेल पाटा' 14 हाथ लम्बी होती है। इसके भी 7-7 हाथ के दो टुकड़े किये जाते हैं। इन्हीं कपड़ों को उन्हें पहना कर तेल चढ़ाया जाता है। तेल उतारने के लिये किसी खास साड़ी की आवश्यकता नहीं होती। 'तेल धोती' को ही पहना कर तेल उतारा जाता है।

वे कहते हैं : अब देखिये। जैसे लगिन के लिये 'सुन्दरमनी पाटा' और 'बर-पिछोरी' की जरूरत होती है, इसी तरह 'देव-तेल' के लिये जाते वक्त भी कपड़े की आवश्यकता होती है। लगन के समय वर-पक्ष को लगता है। उसे दो-चार अँगोछियाँ लगेंगी। इन्हें 'पटका' कहते हैं। ये 3-3 हाथ लम्बे होते हैं। एक दिया जाता है पुजारी को, एक बाजा वाले को और एक गमछा गाँव के किसी सियान को। 'माँडो' के समय में एक की जरूरत होती है। पुजारी के लिये। वर-पक्ष की ओर से दिया जाता है यह। यह असल में 'कुस' पर बाँधा जाता है, जो बाद में पुजारी का हो जाता है। कई लोग 'कुस' पर बाँधने के अलावा पुजारी को भी अलग से एक 'पटका' दे देते हैं। ऐसे में 'कुस' पर बाँधा जाने वाला 'पटका' गाँयता का हो जाता है। इसे मुँडबाँधा[118] के नाम से जाना जाता है। 'चुलमाटी' के लिये जाते समय एक गमछा लगता है। यह भी कुस पर बाँधा जाता है। इसे गपा अँगोछी[119] कहा जाता है। यह दूल्हा तथा दुल्हन दोनों पक्षों के दो कुसों[120] में बाँधा जाता है। दूल्हा-दुल्हन के पक्ष के लोग आपस में साथ में मिल कर 'चुलमाटी' के लिये जाते हैं। यह माटी गाय गोठान से लायी जाती है। कहते हैं कि गाय गोठान की माटी पवित्र होती है और इससे ही वर-वधू तथा उनके परिवार वालों का शुद्धिकरण तथा मुक्ति होती है। ऐसी परम्परा है। दूसरी जगह की माटी नहीं लायी जाती[121]। इस माटी से माँडो के नीचे भौंती[122] बनायी जाती है और उसके ऊपर कुम्हारों द्वारा बनाये गये 'रुखी-कलसा' रखे जाते हैं। 'रुखी-कलसा' पर लाली आदि लगा कर उसकी पूजा की जाती है।

118. मुँडबाँधा : पगड़ी।

119. गपा अँगोछी : इसे कुछ लोग 'गपा पागी' भी कहते पाये गये हैं।

120. कुस : छोटा सब्बल।

121. यह मिट्टी प्रायः महुआ के पेड़ के नीचे से खोद कर लायी जाती है। गोठान में महुए के पेड़ प्रायः पाये जाते हैं।

122. भौंती : चबूतरा। वेदी।

वे आगे बतलाते हैं : विवाह में विभिन्न अवसरों पर अतिथियों को कपड़े दिये जाते रहे हैं। ये कपड़े बुनकरों द्वारा ही बनाये गये होते हैं। गाँव के सियान-सजन को भी दिये जाते हैं। देवी-दुरगा को भी अर्पित किये जाते हैं। बाजा वालों को, भोजन राँधने वाले धँगड़ा रासी[123] को भी कपड़े दिये जाते हैं। जब भोजन तैयार करने के लिये झोका[124] बनाते हैं तब 'झोका' की पूजा में भी एक कपड़ा लगता है। सवा हाथ का सादा कपड़ा इस पूजा में दिया जाता है। यह कपड़ा रंगीन नहीं होता। सादा-सफेद होता है। 'झोका' 'चुलमाटी' लाने के पहले बनता है या बाद में भी बनाया जाता है। 'चुलमाटी' से माँडो में भौंती बनाते हैं। उसी माटी से 'माँडो' की लिपाई की जाती है और उसी माटी से तेल भी उतारा जाता है। ध्यान देने की बात है कि 'चुलमाटी' का चूल्हा से कोई सम्बन्ध नहीं है। इससे चूल्हा नहीं बनाया जाता। तेल उतारने के बाद ही लगिन होता है। तेल उतारने के लिये अलग से कोई कपड़ा नहीं लगता। जिस कपड़े को पहना कर तेल चढ़ाया जाता है, वही कपड़ा तेल उतारने के भी काम आता है।

इस क्रम को आगे बढ़ाते हुए भादूदास मानिकपुरी बतलाते हैं : अब तो केवल विवाह के अवसर पर देने-लेने और पहनने के लिये ही आदिवासी-गैर आदिवासी सभी लोग लेते हैं। विवाह में कई संस्कार होते हैं, जिनमें कपड़े लगते हैं। ऐसे ही कपड़े बिकते हैं। विवाह के लिये कई प्रकार के कपड़े बनाये जाते रहे हैं। 'बर-पिछोरी' बनाते हैं। दुल्हन के लिये साड़ी बनाना पड़ता है। 'ठेकरा पाटा' या फिर 'बोड़धड़ी पाटा' या फिर 'काँसबन्दी'। दूल्हा के लिये 6 हाथ लम्बी 'अँगोछी' बनाते हैं। दुल्हन की माँ को देने के लिये 'मायलुगा' बनाते हैं। दूल्हे की माँ देती है दुल्हन की माँ को यह 'मायलुगा'। यह 'लगिन-जोड़ा' के साथ पहुँचायी जाती है। यह सामग्री मण्डप में पहुँचायी जाती है। तब वह साड़ी सारे कुटुम्ब को दिखायी जाती है। साड़ी और सारे सामान को देख कर वहाँ उपस्थित लोग दुल्हन के माता-पिता से कहते हैं कि देखो, तुम्हारी बेटी के लिये इतना सब-कुछ सामान इन लोगों ने दिया है, अब तुम अपनी बेटी को लग्न-मण्डप में ले आओ। ऐसा कह कर समाज के अन्य लोग उस साड़ी को दुल्हन की माँ को दे देते हैं। दुल्हन की माँ उस कपड़े को अपने आँचल में लेती है।

वे आगे बतलाते हैं : एक होता है 'तड़प पाटा'। 'तड़प पाटा' 'पाटा' है। यह पाटा का एक डिजाइन है। 'पाटा' और लुगा में फर्क है। कंघी में फर्क है। चौड़ाई और लम्बाई में। 'पाटा' की चौड़ाई व लम्बाई कम होती है, जबकि 'लुगा' की लम्बाई-चौड़ाई अधिक होती है। 'बर-पिछोरी' 10 हाथ की होती है। इसे 'लगिन' के पहले बीच से काट कर 5-5 हाथ के दो टुकड़े किये जाते हैं। इसके बाद इन दोनों टुकड़ों को फिर से सिला जाता है। फिर इन्हें हल्दी में डुबा कर सुखा दिया जाता है। इन्हें सिलता है भण्डारी। बदले में उसे गुड़-लाई या चिवड़ा आदि दिये जाते हैं। आदिवासियों में यह कार्य पुजारी द्वारा किया जाता है। यदि इसे आपस में नहीं जोड़ेंगे तो दूल्हा-दुल्हन की जोड़ी भी सदा अलग-अलग रहेगी। मतलब उनमें एका नहीं रह पायेगा, ऐसी मान्यता है। लगन के समय इसका एक छोर दूल्हे के कन्धे पर डाला जाता है तथा दूसरे छोर को दुल्हन की साड़ी से बाँधा जाता है। गठ-बन्धन किया जाता है। इसी

---

123. धँगड़ा रासी : नवयुवक गण।

124. झोका : जमीन में लगभग 4 से ले कर 10 फीट तक लम्बा, 2.5 से 3 फीट गहरा तथा लगभग 1.5 फीट चौड़ा गड्ढा किया जाता है। इसी में आग जला कर समूह के लिये भोजन पकाया जाता है। इसे 'जोखा' या 'चुल' भी कहा जाता है।

तरह एक होती है 'सुण्डी अँगोछी'। सुण्डी एक जाति है ओड़िसा की। कुछ लोगों के अनुसार यह जाति बस्तर की कलार जाति से साम्य रखती है तो कुछ लोगों के अनुसार कलार जाति से इसका कोई साम्य नहीं है। बहरहाल, पहले ये लोग जिस अंगवस्त्र को धारण करते थे, उसे 'सुण्डी अँगोछी' कहा जाता था। बाद में यह कपड़ा अन्य लोगों द्वारा भी धारण किया जाने लगा। यह एक विशेष प्रकार की अँगोछी होती है। आदिवासियों के विवाह में यह दूल्हे को पहनायी जाती है। 'ठेकरा अँगोछी' भी विवाह के समय उपयोग में लायी जाती है। सामान्य समय में भी इसे पहना जा सकता है।

लोक गीतों में वस्त्र की उपस्थिति

लोक जीवन की तरह लोक गीत भी इन वस्त्रों की उपस्थिति से अछूते नहीं रहे हैं। लोक गीतों में इन वस्त्रों की उपस्थिति कुछ इस रूप में है :

1. लेजा गीत में वस्त्र की उपस्थिति[125]

चितरंगी छापी (बहुरंगी साफी) प्रेमी-प्रेमिका के बीच प्रीत के आदान-प्रदान का प्रतीक रही है। 'लेजा' नामक लोक गीत में चितरँगी छापी (बहुरंगी साफी) का जिक्र कुछ इसी रूप में आया है :

होय़ नईं काय **चितरँगी छापी**,	अरे हाँ ओ चितरँगी छापी[126]
साग दिया-दियी होतू बे रे, घर होली लाफी	आपस में साग देते-लेते[127] (किन्तु क्या करें), घर है दूरी पर
लेजा रे पापा पिला घर होली लाफी।	लेजा रे नन्हीं पापा[128], घर है दूरी पर

2. खेल गीत में वस्त्र की उपस्थिति[129]

एक समय था जब जगदलपुर तहसील का नानी आमाबाल नामक गाँव अपने तुआल के लिये काफी प्रसिद्ध रहा है। यह तथ्य एक अन्य लोक गीत जिसे 'खेल गीत' के नाम से जाना जाता है, में इस तरह मुखर हुआ है :

आहा लिपा-लिपा बेड़ार झिपा	अहा! सुन्दर-सुन्दर से खेत की झिपा
मुँड कोरा सिप-सिपा रे लेकी राना बेलो	ठीक से सिर सँवारो री लड़की जंगल की
बला बाली फुलो	लता की तरह बाली फूल कहो
चकड़ चक् ढाय करे	चकड़ चक् ढाय करता है बाजा
सुँदर ***तुआल*** बनू आय रे नानी आमाबाले।	सुन्दर तुआल बनते हैं नानी आमाबाल नामक गाँव में।

---

125. गीत-स्रोत : फूलबती, भुकई एवं सनपती, सरगीपालपारा, कोंडागाँव (बस्तर-छ.ग.)।
126. चितरँगी छापी : बहुरंगी साफी।
127. आपस में साग का लेना-देना : प्रेम का आदान-प्रदान।
128. पापा : बाला।
129. गीत-स्रोत : फूलबती, भुकई एवं सनपती, सरगीपालपारा, कोंडागाँव (बस्तर-छ.ग.)।

3. भुँआर गीत में वस्त्र की उपस्थिति[130]

वधू की माता को 'मायसारी' दे देने का अर्थ है वधू पर वर का पूर्ण अधिकार। सम्भवतः इसी अर्थ में 'मायसारी' देने की बात वर द्वारा वधू से भाँवर (फेरे) के समय इस 'भुँआर गीत' नामक लोक गीत में कही गयी है :

छोड़ो राजा छोड़ो राजा मोरे चिनी अँगरी राजा हो, मोर दाई ला तो भेट करे ला जाहूँ।	काईं बर छोड़ों रानी तोरे चिनी अँगरी तोर दाई ला दियेवँ रानी **मायसारी** के लोभी।
छोड़ो छोड़ो राजा मेरी कनिष्ठा अंगुली राजा जी, मेरी माँ से भेंट करने जाऊँगी।	किसलिये छोड़ूँ रानी तुम्हारी कनिष्ठा अंगुली तुम्हारी माँ को दिया है रानी ***मायसारी*** (की वह लोभी)।

देवी के लिये बनाये जाने वाले कपड़े में निषेध

'काँसबन्दी' एक प्रकार का 'पाटा' है। यह बनाया जाता है धुरवा, परजा गोंड आदि जनजातियों के नर्तकों के लिये। इसमें कई डिजाइन बनाये जाते हैं। कई रंग होते हैं। 'बागचौड़ा' एक अलग तरह का 'पाटा' होता है। 'बागचौड़ा' 'पाटा' के साथ एक खास बात यह है कि इसे पूरी तरह से अच्छा नहीं बनाया जाता। इसमें कहीं-न-कहीं कुछ-न-कुछ कमी रखनी पड़ती है। ऐसा कहा जाता है कि यदि यह पूरी तरह से अच्छा बन गया तो बाग[131] इस साड़ी पर रीझ जायेगा और इसे बनाने वाले को खा जायेगा। इसी तरह यदि देवी के लिये कोई 'पाटा' बनाया जाता है तो उसमें भी कुछ-न-कुछ कमी रहने दी जाती है। मान्यता है कि यदि देवी का कपड़ा पूरी तरह से अच्छा बना है तो देवी उस कपड़े पर रीझ जाती है और उसे बुनने वाले को खा जाती है। इसलिये जब कोई कहता है कि उसे कोई 'पाटा' देवी के लिये चाहिये तो बुनकर उस साड़ी में जान-बूझ कर थोड़ी-न-थोड़ी कमी अवश्य रखता है। लेकिन यदि ग्राहक उसे यह न बताये कि यह 'पाटा' देवी के लिये है और वह उसे बनवा कर देवी को अर्पित कर देता है तो इससे देवी बुनकर का कुछ नहीं बिगाड़ती। इसी तरह किसी के घर से खटला[132] निकाला जाता है यानी जब किसी देव या देवी को हम नहीं मानना चाहते और उसे घर से बाहर निकालना चाहते हैं तब वह देवी उस घर वाले से कई चीजें माँगती है। प्रायः डोकरी देव को 'लटही देव' कहा जाता

130. गीत-स्रोत : फूलबती, भुकई एवं सनपती, सरगीपालपारा, कोंडागाँव (बस्तर-छ.ग.)।

131. बाग : बाघ।

132. खटला : बुरी, अनपेक्षित या विपरीत प्रभाव करने वाली शक्तियों को घर से बाहर निकालने के लिये देवी की पूजा की जाती है। इससे देवी उस बुरी या अनपेक्षित शक्ति को घर से बाहर कर देती है। सिरहा उस शक्ति के प्रतीक के रूप में कई बार पुतला बनाता है या फिर पुतले न बना कर कोई भी एक प्रतीक बना लेता है और उस पुतले या प्रतीक में मन्त्र-बल से उस बुरी या अनपेक्षित शक्ति को कैद कर लेता है। इसके बाद वह अपने सहयोगी के साथ गाँव के बाहर किसी चौराहे या दोराहे में उसे ले जा कर या तो फेंक देता है या फिर जमीन में गाड़ देता है। वहाँ मुर्गी की बलि दे कर और मदिरा टपका कर उस बुरी या अनपेक्षित शक्ति को इस ताकीद के साथ कि वह दुबारा उस घर में प्रवेश करने का साहस न करे, विदाई दी जाती है। घर का कोई भी व्यक्ति सिरहा के साथ चौराहे या दोराहे तक नहीं जाता।

है। लटही यानी जिद्दी। आसानी से वह कोई बात नहीं मानती। तो वह कुस माँगती है, गपली, कपड़ा माँगती है। तब घर वाला बुनकर के पास आता है और उसे यह बताता है कि उसे खटला निकालने के लिये 'पाटा' की जरूरत है। तब बुनकर 'हाँ' कहता है। वह 'नहीं' नहीं कहता। फिर बुनकर उसके लिये कपड़ा बना देता है किन्तु उसमें कहीं-न-कहीं कोई-न-कोई खामी जरूर रख देता है। यह सब बातें हमारे पुरखों ने हमें बता रखी हैं। इस तरह जब कभी देवी कपड़े माँगती है, तब लोग हमारे पास आ कर बताते हैं कि उन्हें देवी के लिये इस तरह के कपड़े चाहिये। तब हम बना कर देते हैं।

जातीय देवी-देवता

भादूदास जी पनका समाज में माने जाने वाले देवी-देवताओं के विषय में बतलाते हैं : जैसा देस वैसा भेस। हमारे समाज की कोई खास देवी तो नहीं है लेकिन चूँकि यहाँ आ कर बस गये हैं इसलिये यहाँ के देवी-देवताओं को हम भी मानने लगे हैं। लेकिन हम लोग मांस-मदिरा का सेवन नहीं करते। न तो किसी देवी-देवता के पूजन के प्रसाद रूप में और न ऐसे ही सामान्य समय में।

घासी-खुजी राउड़ देव सम्बन्धी दन्तकथा

राजागाँव में रहने वाले पनका जाति के लोग स्थानीय देवी-देवताओं को तो मानते ही हैं किन्तु उनके अपने जातीय देव भी हैं। वे गाँव की देवी को भी मानते हैं। गाँव की देवी हैं, माँ दन्तेसरी। इनके अलावा अन्य देवी-देवता हैं देवडोंगरया राव, कमुरनारया राव और बैहाकुँअर। इनके कुटुम्ब-देवता का नाम है घासी-खुजी राउड़।

इस देवता के विषय में प्रेमदास मानिकपुरी[133] यह मिथक बतलाते हैं : पहले यहाँ न तो कोई गाँव था न कोई आदमी। उस समय घासी और खुजी दो भाई थे। वे दोनों देव हो गये हैं। वे दोनों भाई राजा के घर में थे। वहाँ से आकर वे यहाँ बस गये। उस समय यहाँ कोई बस्ती नहीं थी। यह बस्ती उन्हीं की बसायी हुई है। वे ही हमारे देवता हैं। हम सूर्यवंशी हैं। राजा का भी वही वंश है। वे दोनों भाई राजा के घर में पानी भरा करते थे। दरअसल हमारे पुरखे राउत जाति के थे। हम लोग आरम्भ में पनका नहीं थे। अब पनका हो गये हैं। तो उस समय वहाँ पानी भरने वालों की जाति की जाँच हुई। राजा ने की जाँच। यह उस समय की बात है जब किसी भी अपराधी को बहुत ही बड़ी सजा दी जाती थी। तो राजा ने जब जाँच की और वंश-वर्ग पूछा तो हमारे इन पुरखों ने बताया कि वे सूर्यवंशी हैं। यह सुन कर राजा बहुत नाराज हुआ और यह कह कर कि तुम सूर्यवंशी हो कर मुझे पानी पिलाते हो, मुझे स्नान करवाते हो, उन्हें सजा सुनायी। सजा सुन कर वे दोनों भाई बहुत डर गये और रातों-रात वहाँ से भाग कर यहाँ आ गये और पनका बन कर यहाँ रहने लगे। बाद में जब उनकी मृत्यु हो गयी तो वे दोनों देवता हो गये।

---

133. श्री प्रेमदास मानिकपुरी, ग्राम : राजागाँव (मातापदर पारा), तहसील : कोंडागाँव (बस्तर-छत्तीसगढ़) से दिनांक 14.04.04 को हुई बातचीत।

जातीय पर्व एवं त्योहार

लैखन दास बतलाते हैं : जुलाहा दास तो कबीर साहब के साथी हैं। दामाखेड़ा वाले। रायपुर के पास है दामाखेड़ा। बेमेतरा और कवर्धा[134] के पास। दामाखेड़ा में ही हमारी गुरु-ग।दी[135] है। हम लोग वहाँ जाते रहते हैं। इस साल भी गये थे। सत्पुरुष वहीं है हमारा। निराकार! हमारे समाज के अलग से दो त्योहार हैं, 'कबीर जयन्ती' और 'चौंका पूर्णिमा'। हम इस त्योहार में दीपक जलाते हैं और कबीर साहब की पूजा करते हैं। इस पूजा में हम दही-दूध, फल-फूल चढ़ाते हैं। 'चौंका' भी कबीर साहब का पूजन है। चाहें तो हम इसे रोज भी कर सकते हैं।

पर्व एवं त्योहारों से शिल्प का सम्बन्ध

पर्व एवं त्योहारों में बुनकरों द्वारा बनाये गये कपड़ों की आवश्यकता के विषय में लैखन दास मानिकपुरी बतलाते हैं : हमारे समाज के त्योहार कबीर जयन्ती और चौंका पूर्णिमा के अवसर पर सफ़ेद कपड़े की चाँदनी टाँगी जाती है। पहले तो यह हम स्वयं ही बनाते थे लेकिन आजकल लोग दुकान से खरीद लाते हैं। चौंका में भी कपड़े की आवश्यकता पड़ती है। कथा के समय कपड़े लगते हैं। जगार (लछमी जगार) में भी कपड़ों की जरूरत पड़ती है। गुरुमायँ को देना पड़ता है। पुजारी-गाँयता, सरपंच, सियान-सजन को देना पड़ता है। लछमी जगार में विवाह होता है। माहालखी और सतनरायन भगवान का विवाह होता है। भिमा का भी विवाह होता है। इन विवाहों में सचमुच के विवाह जैसी सारी रस्में पूरी की जाती हैं। इन सभी रस्मों में कपड़े दिये-लिये जाते हैं।

जातीय गीत

पनका जाति में शव को अन्तिम क्रिया के लिये श्मशान-घाट ले जाते समय मृत्यु-गीत गाने की प्रथा है। देह की नश्वरता और आत्मा की अनश्वरता को रेखांकित करता हुआ सधुक्कड़ी मिश्रित छत्तीसगढ़ी भाषा का यह गीत इस तरह है[136] :

चोला में प्राण साहेब, घंटहि में प्राण,
हन्सा के ता दिन रइबो[137] साहेब चोला में प्राण।
एहो पइँया जब कहयँ साहेब, गंगा जाहूँ कहिके
हात[138] जो कइहों साहेब देई देतेवँ दान,
हन्सा के ता दिन रइबो साहेब चोला में प्राण।
मुख जो कइहों साहेब, खट्टा-मीठा खाहूँ कहिके
दाँत जो कइहों साहेब चाबे बीड़ा पान,

134. रायपुर-बिलासपुर मार्ग पर सिमगा और बिलासपुर के बीच यह दामाखेड़ा नामक स्थान है।
135. गुरु-गादी : गुरु की गद्दी।
136. गीत-स्रोत : श्री भादूदास मानिकपुरी (बड़े कनेरा)।
137. रहिबो।
138. हाथ।

हन्सा के ता दिन रइबो साहेब चोला में प्राण।
अँखिया जो कहें साहेब, नयना लुभाहूँ कहिके
कान जो कइहों साहेब सुनी लेतेवँ नाम,
हन्सा के ता दिन रइबो साहेब चोला में प्राण।
नाम कबीरा हो सुनो धरमेदास
आसा हों सारा छोड़ि जाया हो,
हन्सा के ता दिन रइबो साहेब चोला में प्राण।

निरगुनिया भजन

पनका जाति में जो कबीर पन्थ का अनुसरण करता है, निर्गुण भजन गाने की परम्परा है। भादूदास मानिकपुरी अपने सम्प्रदाय के गुरु धर्मदास[139] के निरगुनिया भजनों में से एक भजन की कुछ पंक्तियाँ गा कर सुनाते हैं :

मोरे पिया निकली चलयँ हो बड़ा दुरिया
बेवरी नँदी मोर धीरे चलो
गंगा एक निकलयँ हो जमुना मिले अहो साधु हे
बोही चले सारो हो निज धारा
बेवरी नँदी मोर धीरे चलो
कवने काट के डोंगा जो बने अहो साधु हे
धर्मदास भये हो घटवारी
बेवरी नँदी मोर धीरे चलो
चन्दन-काट के डोंगा जो बने अहो साधु हे
धर्मदास भये हो असवारी
बेवरी नँदी मोर धीर चलो
सुगरना होई के हो नाहकी जो चले अहो साधु हे
निंगरह पड़ल मँजधार
बेवरी नँदी मोर धीरे चलो

139. छत्तीसगढ़ में ज्ञानाश्रयी निर्गुण धारा के प्रारम्भिक संत कवियों में धर्मदास प्रमुख थे। वे बांधवगढ़ के थे तथा संत कबीर के अनुयायी के रूप में उन्होंने छत्तीसगढ़ में कबीर पंथ की स्थापना की। इस पंथ का छत्तीसगढ़ में आज भी बड़ा प्रभाव है। इसका प्रमुख केन्द्र दामाखेड़ा है। धर्मदास का जीवन वृत्तांत अभी भी शोध की अपेक्षा रखता है। विद्वानों ने उनका जन्म संवत् 1475 से 1490 के बीच माना है। जनश्रुति है कि धर्मदास बनिया थे और युवावस्था में जब वे एक बार मथुरा गये तब वहाँ उनकी भेंट कबीरदास से हुई। 'अमर सुख निधान' में इस भेंट का विवरण विस्तार से दिया गया है। संत कबीर के सादगीपूर्ण जीवन और उच्च विचारों ने धर्मदास को अत्यधिक प्रभावित किया। वे अपने परिवार सहित कबीर के शिष्य हो गये। अपनी सारी सम्पत्ति का दान दे कर कबीर मत में दीक्षित हो गये थे। उनके निधन के बाद उनकी गद्दी के अधिकारी बने तथा लगभग 20 वर्षों तक उस पर स्थित रहे (स्रोत : छत्तीसगढ़ की भक्ति काव्य परम्पराएँ : डॉ. ब्रजभूषण सिंह 'आदर्श', छत्तीसगढ़ : संस्कृति एवं परिवेश, सम्पादक द्वय : डॉ गीता तिवारी एवं डॉ. आभा तिवारी, 2003, 10)।

मोर पिया निकरी चलयँ हो बड़ा दुरिया
बेवरी नँदी मोर धीरे चलो
नाम कबीरा हो सुन धर्मदास साधु हे
हन्सा मोरे लोके सिदय
बेवरी नँदी मोर धीरे चलो।

कासीनाथ मानिकपुरी[140] भी निरगुनिया भजन की कुछ पंक्तियाँ गा कर सुनाते हैं :

कोई गऊ चरन चित लाई, कोई हरि चरन चित लाई
यहा भवसागर माया फाँदा नाम जपो रे भाई।
पहले में आवे अनबिधि के दुयतावल पानी
देखो सतगुरु घट भीतर में अगम पुरुस निरबानी
कोई गऊ चरन चित लाई, कोई हरि चरन चित लाई
यहा भवसागर माया फाँदा नाम जपो रे भाई।
कोई बिना धरती के महल बनावै बिना सरियर के पानी
कोई बिना धरती के महल बनावै बिना सरियर के पानी
कोई बिना दीपक के मंदिल उजियारा कोऊ गुरु मुख बानी
कोई हरि चरन चित लाई, कोई गऊ चरन चित लाई
यहा भवसागर माया फाँदा नाम जपो रे भाई।
कोई धोती नरियर ले अई के हो गुरु के सीस नवाई
कोई रोटी नरियर ले अई के हो गुरु के सीस नवाई
कोई गुरु के बात चेला नईं माने
गुरु के बात चेला नईं माने दिन हक ना साजाई
कोई गऊ चरन चित लाई, कोई हरि चरन चित लाई
यहा भवसागर माया फाँदा नाम जपो रे भाई।
कोई यहा भवसागर भोग सेंदुर हैं देखि के मत भूलो भाई
कोई यहा भवसागर भोग सेंदुर हैं देखि के मत भूलो भाई
कोई कंचन काया बिगड़ गया है हंस मुक्ता ई जीव रे भाई
कोई गऊ चरन चित लाई, कोई हरि चरन चित लाई
यहा भवसागर माया फाँदा नाम जपो रे भाई।
कोई कहें कबीर सुनो भाई साहेब यह भजन निरबानी
यही भजन को निन्दा करिले वोई है अकल हरामी
कोई गऊ चरन चित लाई, कोई हरि चरन चित लाई
यहा भवसागर माया फाँदा नाम जपो रे भाई।

---

140. श्री कासीनाथ मानिकपुरी, ग्राम : काकड़गाँव, पो. : बंजोड़ा, व्हाया : दहिकोंगा, तहसील : कोंडागाँव (बस्तर-छत्तीसगढ़) से दिनांक 20.12.97 को ध्वन्यांकित।

जातीय भाषा

पनका जाति यों तो हल्बी बोली ही बोलती है, किन्तु इस हल्बी में काफी अन्तर है। इसे जानने के लिये पनकी-हल्बी-हिन्दी के कुछ वाक्य यहाँ दिये जा रहे हैं[141] :

पनकी	हल्बी	हिन्दी
भात खेलू।	भात खादलू।	(हमने) भात खाया।
पेज पिलू।	पेज पिवलू।	(हमने) पेज पी।
काय साग खेलास?	काय साग खादलास?	(तुमने/आपने) कौन सी सब्जी खायी?
काहाँ जाहा रलास?	केंव जाऊ रलास?	(तुम/आप) कहाँ गये थे?
खेलिस?	खादलिस?	(तुमने) खाया?
पेज पिलिस?	पेज पिवलिस?	(तुमने) पेज पी?
काहाँ जायसाय?	केंव जासिस?	कहाँ जाते हो?
ए बाटे जायँदे आय।	ए बाटे जायँसे।	इधर जाता हूँ।
मयँ भात खेले।	मयँ भात खादले।	मैंने भात खा लिया।
आज तुय काय साग खेलिस?	आज तुय काय साग खादलिस?	आज तुमने कौन सी सब्जी खायी?
मैं आलू आय जिरा आय खेले।	मयँ आलू आय जिरा आय खादले।	मैंने आलू और जीरा खाया।
तुय पानी काहाँ ले आनसाय?	तुय पानी कोन थान ले आनुआस?	तुम पानी कहाँ से लाते हो?
मैं बोरिंग ले पानी आनदे आय।	मयँ बोरिंग ले पानी आनुआयँ।	मैं बोरिंग से पानी लाता हूँ।
साहब, तुम काहाँ ले इयासाय?	साहब, तुमी कोन थान ले इयासाहास?	साहब, आप कहाँ से आ रहे हैं?
मयँ कोंडागाँव ले इंदे आय।	मयँ कोंडागाँव ले इलसे।	मैं कोंडागाँव से आया हूँ।
मयँ कनेरा जायँदे आय।	मयँ कनेरा जाउआयँ।	मैं कनेरा जाऊँगा।
साँगा काय,	साँगा काय,	अच्छा तो बताइये,
काय काजे इलासाय जाले?	काय काजे इलासाहास जाले?	किसलिये आये हैं?
असने इलूँ आवँ बसुकलाय।	असने इलू आवँ बसुकलाय।	यों ही आये हैं बैठने के लिये।
एमन काय काजे इला आय?	एमन काय काजे इलासोत?	ये लोग क्यों आये हैं?
एमन इला आय काहीं-काहीं असने पुछतो, काहीं गोठ-बात के सुनतो।	एमन इलासोत असने पुछतो, काहीं गोठ-बात के सुनतो।	ये लोग आये हैं यों ही पूछने, कुछ बात-चीत को सुनने।
घर-कुड़या के बले देखलू आवँ।	घर-कुड़या के बले दखलुसे।	घर-द्वार भी (हमने) देखा है।
काली चो गोठ-बात रहे गुनुक हामी तुमचो घरे इया रलू।	काली चो गोठ-बात रहे गुनुक हामी तुमचो घरे एऊ रलू।	कल की बातचीत थी इसलिये हम आपके घर आये थे।
ए सुकरू काहाँ जाहा राहा,	ए सुकरू काहाँ जाऊ रहे,	यह सुकरू कहाँ गया था,
पुछा दखा।	पुछुन दखा।	पूछ कर देखो।
काहाँ जाहा रहिस हो?	काहाँ जाऊ रहिस हो?	कहाँ गये थे जी?
तुय काहाँ रहिस?	तुय काहाँ रहिस?	तुम कहाँ थे?
बुताय मे जाहा रयँ।	बुताय ने जाऊ रयँ।	काम में ही गया था।

141. स्रोत : श्री कासीनाथ मानिकपुरी (काकड़गाँव, दिनांक : 20.12.97), श्री लैखनदास मानिकपुरी एवं उनके साथी (राजागाँव, दिनांक : 15.4.04), एवं श्री भादूदास मानिकपुरी तथा उनकी पत्नी श्रीमती जानकी (बड़े कनेरा, दिनांक : 15.4.04)।

सादाय जाउआयँ मयँ?	सादाय जाउआय मयँ?	बिना काम के भला मैं जाऊँगा?
असन जया थोड़े आयँ!	असन जातो बिता थोड़े आयँ!	ऐसे ही जाने वाला थोड़े ही हूँ मैं!
कामे में जाहा रहिस बे।	कामे ने जाऊ रहिस बे।	काम में ही गये थे न।
कसन बलसाय तो फेर हुसन।	कसन बलसिस?	कैसे कह रहे हो?
तुमी काहाँ इलासाय?	तुमी काहाँ इलासाहास?	आप कहाँ आये हैं?
मयँ भात खायँदे आय।	मयँ भात खायँदे।	मैं भात खाऊँगा।
काहाँ जाहा राहास मामा?	काहाँ (केंव) जाऊ राहास, मामा?	कहाँ (किधर) गये थे, मामा?
मयँ, बाबू मन लगे जाहा रहें।	मयँ बाबू मन लगे जाऊ रहें।	मैं बाबू के पास गया था।
केलदायँ इलास?	किदलदायँ इलास?	किस समय आये?
खेलास?	खादलास?	(आपने) खाया?
खेलू।	खादलू।	(हमने) खा लिया।
केतरे के आनलास?	कितरो चो आनलास?	कितने का लाये?
केलदायँ खेला?	किदलदायँ खाउआहास?	(आप) किस समय खायेंगे?
केलदायँ एउआय?	किदलदायँ एउआय?	किस समय आयेगा?
एबे इँदे बला गेलो आय।	एबे एयँदे बलुन गेलो आय।	अभी आऊँगा कह कर गये हुए हैं।
लाई घेना खातो काजे।	लाई घेनुन खातो काजे।	लाई खरीद कर खाने के लिये।
काल हाट जाहा रहोत।	काली हाट जाऊ रहोत।	कल हाट गये थे।
गाय-बैला हरवाँ के खेला।	गाय-बैला हरवाँ के खादला।	गाय-बैलों ने हरवाँ[142] को खा डाला।
परबत के बले खेला,	परबत के बले खादला,	परबत[143] को भी खा लिया,
मँडेया के खेला,	मँडेया के खादला,	मँडेया[144] को खाया,
सब के खेला।	सब के खादला।	सब को खा लिया।
धान के आदो के नाजुन मिंजूँ,	धान के आदो के नाजुन मिंजूँ,	आधे धान को नहीं मींजा है,
आदो के मिंजलूँआवँ।	आदो के मिंजलुँसे।	आधे को मींज लिया है।
मयँ खेले भात।	मयँ भात खादले।	मैंने भात खा लिया।
मयँ पीले पेज।	मयँ पेज पिवले।	मैंने पेज पी ली।

2 : चँडार बुनकर शिल्प

जैसा कि पहले ही कहा जा चुका है, बस्तर में बुनकर के व्यवसाय से पनका जाति के अलावा चँडार जाति भी जुड़ी रही है। यह अलग बात है कि कोंडागाँव तहसील के भगदेवा और जगदलपुर तहसील के देवड़ा तथा अन्य कुछ जगहों में अधिकांश चँडार परिवारों ने अपने इस पारम्परिक व्यवसाय से अपने को अलग कर लिया है। इसी सन्दर्भ में यहाँ यह जानना रोचक होगा कि पनका बुनकरों द्वारा बनाये गये कपड़ों की ही तरह चँडार बुनकरों द्वारा बनाये गये कपड़ों की भी लोक जीवन में महत्त्वपूर्ण भूमिका रही है।

142. हरवाँ : एक प्रकार का दलहन। इसे छत्तीसगढ़ी परिवेश में 'कुल्थी' कहते हैं।

143. परबत : बड़ी तिल।

144. मँडेया : एक प्रकार का गौण अनाज। इसके आटे से पेज बनाया जाता है। इसकी तासीर ठण्डी होती है।

लोक जीवन में शिल्प की भूमिका, स्थान एवं महत्त्व

लोक जीवन में चँडार बुनकरों द्वारा बनाये गये कपड़ों की भूमिका आदि के विषय में लिमदास[145] बतलाते हैं : मेरा नाम लिमदास है। मैं चँडार समाज का हूँ और नगरनार में रहता हूँ। चँडार समाज आरम्भ से ही बुनकर शिल्प से जुड़ा रहा है। यह हमारा पैतृक व्यवसाय रहा है। वैसे तो हमारे अलावा गाँडा, कोस्टा और पनका लोग भी इस व्यवसाय से जुड़े रहे हैं। किन्तु अब गाँडा और कोस्टा जाति के लोग लगभग इस व्यवसाय से अलग हट गये हैं। नगरनार गाँव के सभी चँडार बुनकर व्यवसाय से जुड़े हुए हैं। हम लोग बस्तर के ही रहने वाले हैं। बाहर से नहीं आये हैं। हम अभी भी परम्परागत कपड़े बनाते हैं, लेकिन उनकी माँग कम हो गयी है।

वे कहते हैं : पहले जैसे नयाखानी त्योहार होता था तो सब के लिये कपड़े बनाते थे। बच्चे और बूढ़े सब के लिये बनाते थे। लड़कियों के लिये 5 हाथ का 'पाटा' बनाते थे और लड़कों के लिये 5 हाथ की 'अँगोछी'। छोटे-छोटे बच्चों के लिये 3-4 हाथ की 'पिछोरी' बनाते थे। अब वो सब छूट गये। अब तो दुकान से कपड़े लेने लगे हैं लोग। कभी-कभार कोई कहता है तो बुन देते हैं। कभी जगदलपुर बाजार में ले जाते हैं।

फिर वे एक-एक कर कपड़ों के विषय में बतलाते हैं : 'सुँडी अँगोछी' बनती थी। सादे समय में पहनने के लिये यह 6 हाथ का और विवाह के लिये 7 हाथ लम्बा बनाया जाता था। इसका नाम 'सुँडी अँगोछी' है किन्तु ऐसा नहीं है कि इसे केवल सुँडी जाति के लोग ही पहनते हों। इसे सब लोग पहनते हैं। 'सुँडी अँगोछी' में 'बाना' भी रहता है और बीच में थोड़े से दाने रहते हैं। इसे 'सुँडी अँगोछी' तो कहते ही हैं, साथ ही 'साड़ी अँगोछी' भी कहा जाता है। इसी तरह 'ठेकरा अँगोछी' अलग होती है। इसमें दो इन्च चौड़ा 'बाना' रहता है। एक होती है 'नखी अँगोछी'। यह दो प्रकार की होती है। एक छोटी होती है और एक बड़ी। 'तड़प पाटा' विवाह की साड़ी होती है। महिलाएँ पहनती हैं। कुछ लोग इसे ऐसे ही शौक से भी पहन लेते हैं। लगन के समय दुल्हन पहनती है। दूल्हे के लिये 'साड़ी अँगोछी' और दो 'पिछोरी' लगती है। दस हाथ की। 'मायलुगा' और 'तड़प पाटा' एक ही है। किन्तु दोनों की लम्बाई में अन्तर होता है। 'मायलुगा' 16 हाथ का होता है जबकि 'तड़प' होता है 9 हाथ का। दोनों में से किसी भी एक को 'मायलुगा' के रूप में काम में लाया जा सकता है। सुँडी और पनारा लोग 'बोरोती' कहते हैं। यह 12 हाथ का होता है। 12 हाथ की 'बोरोती', 16 हाथ का 'मायलुगा', 9 हाथ का 'बिहा पाटा'। ऐसे नाम हैं इनके। 'बर पिछोरी' की लम्बाई होती है 10 हाथ। इसी तरह 7 हाथ का 'अँगोछा' और 9 हाथ का 'पाटा'। 10 हाथ की 'बर पिछोरी' की चौड़ाई डेढ़ हाथ होती है। इससे शरीर नहीं ढँका जा सकता, इसीलिये लगन के पहले इसके दो बराबर टुकड़े कर चौड़ाई में सिला जाता है ताकि यह 3 हाथ चौड़ा और 5 हाथ लम्बा हो सके। इसे कोई भी व्यक्ति सिल सकता है। सिलाई के लिये नेंग के बतौर उसे एक बोतल मँद और लाई दी जाती है। इसे बजनेया-मोहरेया भी सिल सकते हैं। 'काँसबन्दी' और 'बागचौड़ा' अलग-अलग कपड़ों के नाम हैं। 'बागचौड़ा' अब कोई भी नहीं बिनता। हमारी जाति में, नगरनार में एक आदमी जिसका नाम भालूलेंडी था, वह बिनता

145. श्री लिमदास चँडार, ग्राम-पो. : नगरनार, तहसील : जगदलपुर (बस्तर-छत्तीसगढ़) से दिनांक 26.04.04 को हुई बातचीत।

था। वह मर गया। अब कोई नहीं बिनता। इसे बिनना बड़ा ही कठिन था। 'काँसबन्दी' 10 हाथ का होता है। धुरवा, गोंड आदि आदिवासी नृत्य करते समय 'अड़ेहता फनी' का 10 हाथ 'काँसबन्दी' पहनते हैं दुगुना करके। इस समय वे 'फेटा' भी बाँधते हैं, जिसकी लम्बाई 10 हाथ होती है। अड़ेहता का मतलब है ढाई हाथ और दुयहती का मतलब है 2 हाथ चौड़ा। इसी तरह 'रेकू' 2 हाथ 4 इन्च चौड़ा होता है। ठेंगी फनी का मतलब 1 हाथ चौड़ा। फनी कंघी का नाप है, जिसमें हम कपड़े बुनते हैं।

वे आगे बतलाते हैं : एक 'आमाखापी'[146] पाटा होता है। कपड़ों के नाम बतलाऊँ आपको, 'ठेकरा', 'बोड़धड़ी', 'सेवती बोड़धड़ी', 'खोमया', 'तड़प'। 'तड़प' में चारों 'पाटा' बनते हैं। 'तड़प' सबसे बड़ा होता है। 'आमाखापी' के बीच में एक ही धागा, मतलब सफेद धागा रहता है और दोनों ओर बराबर आँछी[147] रहती है। बीच में खापा[148] हो गया, इसलिये उसे कहते हैं आमाखापी। दरअसल 'आमाखापी' को 'खोमया पाटा' कहा जाता है।

कपड़ों के बदले बुनकरों को क्या मिलता था, इस विषय में लिमदास बतलाते हैं : पहले मात्र दस रुपया था। धागा बहुत मिलता था। 3 रुपये का धागा एक बंडल मिलता था। तब उसमें 10-15 रुपया देते थे, थोड़ा धान देते थे, रसोई देते थे। अभी भी देते हैं।

लिमदास बतलाते हैं कि चँडार समाज के लोग भी जोलाहादास को ही अपना गुरु मानते हैं। किन्तु पनका समाज के साथ इस समाज का रोटी-बेटी का कोई सम्बन्ध नहीं रहा है। उनका कहना है कि दोनों ही जातियाँ अलग-अलग हैं।

दन्तकथाएँ

1. ग्रहण सम्बन्धी कथा

चन्द्र ग्रहण और सूर्य ग्रहण लगने पर बस्तर के लोक जीवन में "छोड़-छोड़" कहने की प्रथा है। इसके साथ ही सूतक लगने से मोक्ष तक की अवधि में भोजन पकाने या खाने की मनाही होती है। लोग राहू और केतु को सम्बोधित कर सूर्य और चन्द्र को छोड़ देने के लिये कहते हैं। किन्तु इसके विपरीत चँडार जाति में 'धर-धर[149]' कहने तथा आनन्दपूर्वक भोजन पकाने और खाने की प्रथा है। इसके साथ ही चँडार जाति अमरिका नामक अपने पूर्वज के ही वंशज से कहती है कि वह सूर्य और चन्द्र को न छोड़े बल्कि पकड़ कर रखे। उनका कहना है कि अपने पूर्वज अमरिका द्वारा भगवान को दिये गये ऋण की वापसी के सिलसिले में ही अमरिका के ही वंशज सूर्य और चन्द्र को समय-समय पर पकड़ लेते हैं। जब कभी ऋण की बात पर कोई विवाद होता है तब लोक जीवन में कहावत की तरह प्रायः कहा जाता है कि किसने ऋण नहीं लिया है भला? चन्द्र-सूर्य ने भी तो ऋण लिया है और उन्हें भी ग्रहण लगता है फिर मनुष्य जाति की क्या औकात?

146. आमाखापी : राजागाँव के श्री लैखन दास मानिकपुरी ने इसे 'आमाचानी पाटा' कहा है।
147. आँछी : आँचल। अन्य ध्वनि 'आँची'।
148. खापा : चीर कर या फाड़ कर दो हिस्सों में बाँटना।
149. धर-धर : पकड़-पकड़।

लिमदास कहते हैं : जब ग्रहण लगता है तब सारे लोग मानते हैं कि सूर्य और चन्द्र भगवान को ग्रहण लग गया है इसलिये हम इस अवधि में भोजन नहीं करेंगे। किन्तु हम लोग[150] उस दिन आनन्दित हो, स्नानादि से निवृत्त हो कर एक लकड़ी के मान[151] को बाधा[152] बना कर उसमें आधा धान भर कर छोड़ देते हैं। ग्रहण छूटने के बाद हम उसकी आरती कर देखते हैं, तो मान धान से भरा होता है।

लिमदास इस सन्दर्भ में प्रचलित एक मिथक बतलाते हैं : बुजुर्ग बतलाते हैं कि आरम्भ में, जब कुछ भी नहीं था, भगवान ने पृथ्वी तथा मनुष्यों की सृष्टि तो कर दी किन्तु उनके भोजन की व्यवस्था वे नहीं कर पाये थे। तब उन्होंने सोचा कि हमने मनुष्य जाति तो बना दी किन्तु उसके भोजन की कोई व्यवस्था नहीं की है। तब भला मनुष्य क्या खा कर जीवित रहेगा? उन्होंने सोचा कि खाने के लिये धान की व्यवस्था तो करनी ही पड़ेगी। सो उन्होंने नारद को भेजा धान खोजने के लिये। नारद को अमरिका नामक चाण्डाल के घर में धान मिला। अमरिका नामक वह चाण्डाल राजा के शौचालय की सफाई किया करता था। सो वह पता नहीं कहाँ से धान का एक बीज पा गया था। उसे उसने बोया और उससे उसे ढेर सारे धान की प्राप्ति हुई थी। नारद ने देखा उसे और यह धान किसका है, कह पूछा तो लोगों ने बताया कि यह अमरिका का है। यह सुन कर नारद ने उसे बुलाया और उससे धान माँगा। अमरिका ने कहा कि मैं धान दूँगा, किन्तु मैं 1 खण्डी[153] धान पर 5 पयली धान ब्याज लेता हूँ। किन्तु मैंने अब ब्याज पर धान देना बन्द कर दिया है। मेरी एक शर्त है। वह यह कि मेरी एक लड़की है अरन्धुती[154] नाम की। तो जो उससे विवाह करेगा मैं उसे बिना ब्याज के धान दे दूँगा। नारद ने सुना और वापस आ कर भगवान से अमरिका द्वारा कही गयी बात बतलायी और कहा कि वह चाण्डाल है, भला मैं उसकी बेटी से कैसे विवाह कर लूँ? भगवान बोले, 'कर लो बेटे। कुछ नहीं होता।' लेकिन नारद नहीं माने। तब भगवान ने वसिष्ठ मुनि को बुलाया और उनसे पूछा तो वसिष्ठ तैयार हो गये। तब भगवान अमरिका के पास गये और वहाँ उसकी बेटी से वसिष्ठ के विवाह का प्रस्ताव रखा। उस समय अरन्धुती रसोई बाहर[155] थी। तो भगवान ने कहा कि कुछ नहीं होता। हल्दी-तेल लगा कर उसे स्नान करने को कहो। तो वैसा ही किया गया। इसके बाद उसका विवाह हुआ और भगवान अमरिका के घर से सारा धान उठा लाये। इस सारी घटना के गवाह और जमानतदार थे सूर्य और चन्द्रमा। अमरिका ने सूर्य और चन्द्र से कहा कि तुम दोनों गवाह और जमानतदार हो। यदि भगवान मेरा धान यथा समय वापस नहीं कर सके तो मैं यह धान तुमसे वसूल करूँगा। कहा जाता है कि भगवान ने आज तक अमरिका से लिया गया धान उसे वापस नहीं किया है। इसीलिये उसी धान की वापसी के लिये अमरिका का कोई वंशज ही सूर्य और चन्द्र को पकड़ता है। इसे ही चन्द्र और सूर्य ग्रहण कहा जाता है। यही कारण है कि जब ग्रहण लगता है तब बाकी सभी लोग तो 'छोड़-छोड़' चिल्लाते हैं जबकि हमारी जाति के लोग 'धर-धर' कह कर

---

150. चँडार जाति।

151. मान : एक मापक। यह लोहे से बनी पायली की ही तरह होता है।

152. बाधा : चित्रांकन।

153. खण्डी : एक मापमान। एक खण्डी में 20 पयली धान या चावल आदि अन्न की समायत होती है। 1 पयली में 4 सोली अन्न की समायत होती है। 1 सोली लगभग 500 ग्राम के बराबर होता है।

154. अरन्धुती : कुछ लोग इसे 'अरुन्धती' कहते हैं।

155. रसोई बाहर होना : मासिक धर्म की अवधि में महिलाओं का रसोई प्रवेश वर्जित होता है।

चिल्लाते हैं। इस दिन हमारी जाति के कुछ लोग खतकुड़ा[156] को डण्डे से पीटते भी हैं। इस दिन हम लोग आनन्दित होते हैं। हम सोचते हैं कि हमें कुछ मिलेगा। पहले हम लोगों को उस दिन कुछ-न-कुछ मिलता भी था। सन् 1950 की बात है। जगदलपुर में रामदयाल के घर में धागा मिलता था। सब लोग वहाँ गये थे। उस समय ग्रहण लगा था। तो रामदयाल के घर में किसी ने पूछा कि ग्रहण-दान किसे देना है? तो रामदयाल और बाकी सेठ लोग लोग बोले कि ये चँडार लोग हैं, इन्हीं को दो। तब सभी सेठ-साहूकारों ने हमें ग्रहण-दान दिये।

2. लक्ष्मी सम्बन्धी कथा

चँडार जाति में अपनी गरीबी के सम्बन्ध में एक कथा प्रचलित है। इस कथा के अनुसार इस जाति की पूर्वज सिरिया चाण्डालिनी अमरता का वरदान तो नहीं ही पा सकी किन्तु इसके साथ-ही-साथ वह धन-धान्य से भी वंचित रह गयी। चँडार जाति में यही धारणा है कि सिरिया द्वारा धन-धान्य की अपेक्षा न कर अमरता का वरदान माँगने की भूल ही इस जाति की गरीबी का एकमात्र कारण है।

लिमदास बतलाते हैं : यह पुरातन काल की बात है। गुरुवार का दिन था। चन्द्रोदय के बाद का 10वाँ दिन। तो उस दिन धरती के सारे लोगों ने व्रत रखा था। लछमी[157] जी ने भगवान से कहा कि मैं घूमने जाऊँगी। आप मुझे अनुमति दें। भगवान ने कहा, जाओ लेकिन जल्दी आना। तब लछमी गयीं सब घरों में लेकिन किसी भी घर में न तो साफ-सफाई थी और न शुद्धता। तब वे घूमते-घूमते एक ब्राह्मणी के घर गयीं। वह ब्राह्मणी प्रति दिन ब्रह्म मुहूर्त में उठ कर घर-द्वार की साफ-सफाई, लिपाई-पोताई कर स्नानादि से निवृत्त हो दीप आदि जलाती और पूजा-पाठ करती थी। दुर्योग से उस दिन उसकी नींद जल्दी नहीं खुली और वह देर तक सोती रह गयी। तब लछमी उसके घर न रुक कर सिरिया नामक एक चाण्डालिनी के घर की ओर बढ़ गयीं। सिरिया चाण्डालिनी दो बजे रात में उठ कर गाय का गोबर ला, घर की लिपाई-पोताई आदि कर लछमी की पूजा कर रही थी। उसी समय लछमी जी वहाँ पहुँचीं। उसका साफ-सुथरा घर और पूजा आदि देख कर उन्हें बड़ा अच्छा लगा। उन्होंने उस पर प्रसन्न हो कर उससे वर माँगने को कहा। तब सिरिया ने कहा, मुझे अमरता का वरदान दीजिये। इस पर लछमी ने कहा कि वे यह वरदान नहीं दे सकतीं, किन्तु हाँ, इस वरदान के अलावा और जो वर वह चाहे वे दे सकती हैं। धन-धान्य दे सकती हैं। किन्तु सिरिया ने कहा कि उसे अमरता के वर के अतिरिक्त कोई दूसरा वर नहीं चाहिये। ऐसा कह उसने लछमी जी के पाँव पकड़ लिये। तब लछमी जी बड़ी मुश्किल से अपने पाँव छुड़ा कर वहाँ से वापस हो गयीं। इस तरह सिरिया को न तो अमरता का वरदान मिला और न धन-धान्य ही।

इसी कथा का दूसरा भाग चाण्डालिनी के घर जाने के आरोप में लछमी जी को बलराम द्वारा घर से निकालने और बदले में लछमी जी द्वारा कृष्ण-बलराम को दण्डित करने से जुड़ा हुआ है। कथा[158] इस प्रकार है : जब लछमी जी सिरिया चाण्डालिनी के घर पहुँचीं और सिरिया ने उनके पाँव पकड़ लिये, उसी समय बलराम मृगया के लिये निकले हुए थे। उन्होंने लछमी जी

156. खतकुड़ा : घूरा।

157. लछमी : लक्ष्मी।

158. स्रोत : श्री खत्तूदास वैष्णव, ग्राम-पो. : खोरखोसा, तहसील : जगदलपुर (बस्तर-छ.ग.), दिनांक : 18.04.80।

को सिरिया के घर पर देख लिया। जब किसी तरह सिरिया चाण्डालिनी से अपने पाँव छुड़ा कर लछमी जी वापस आयीं तो बलराम ने उन्हें यह कह कर महल में प्रवेश करने से रोका कि उन्होंने एक चाण्डालिनी का स्पर्श किया है और इसलिये वे अपवित्र हो गयी हैं। लछमी जी ने कृष्ण को उस वचन की याद दिलायी जो उनके पिता ने उनके विवाह के समय कृष्णजी से लिया था। कृष्ण ने इस पर लछमी का पक्ष लेते हुए बलराम से चिरौरी की कि वे लछमी के इस अपराध को क्षमा कर दें और उन्हें महल में प्रवेश करने दें। किन्तु बलराम ने किसी की एक न मानी और कृष्ण पर पत्नी का पक्ष लेने का आरोप लगाते हुए उन्हें भी भला-बुरा कहा। इस पर कृष्ण चुप हो गये। अन्ततः लछमी को निष्कासित होना पड़ा। लछमी के निष्कासित होते ही उनके सारे अनुचर (धन-धान्य आदि) भी उन्हीं के साथ चल पड़े। जैसे ही उन सब ने महल छोड़ा, कृष्ण-बलराम पर विपत्तियों के पहाड़ टूट पड़े। वे दाने-दाने के लिये तरसने लगे। वे भूखे-प्यासे यहाँ-वहाँ भटकते अन्ततः लछमी के ही घर जा पहुँचे जहाँ लछमी ने यह कह कर कि यह घर तो एक चाण्डालिनी का है, उन्हें भोजन के लिये पूछा। तब कृष्ण-बलराम ने कहा कि जाति को चिपका कर रखने से तो वे बिना भोजन के मर जायेंगे। अतः चाहे चाण्डालिनी का घर हो या कि ब्राह्मणी का, उन्हें इससे कोई मतलब नहीं। भोजन से मतलब है। तब लछमी ने उन्हें भोजन कराया और अन्त में अपनी वास्तविकता प्रगट की।

जातीय भाषा

पनका जाति की ही तरह चँडार जाति की भी एक अलग जातीय भाषा है। इसे चँडारी भाषा कहा जाता है। इस भाषा में हल्बी, भतरी, छत्तीसगढ़ी और मराठी के शब्द मिलते हैं। कहीं-कहीं मगही और नेपाली के शब्दों का भी भान होता है। यहाँ चँडारी भाषा के साथ-साथ हल्बी-हिन्दी के भी कुछ वाक्य तुलनात्मक दृष्टिकोण से दिये जा रहे हैं :

चँडारी	हल्बी	हिन्दी
एय, ए बाटे आव ना।	एय, ए बाटे आव ना।	ऐ, इधर आओ।
एतास कसन?	एसिस कसन?	आते हो या नहीं?
काहाँ जाई रस ना?	केंव जाऊ रहिस ना?	कहाँ गये थे जी?
ए बाटे जाताचूँ।	ए बाटे जायँसे।	इधर जाता हूँ।
काय करतास ना?	काय करसिस ना?	क्या करते हो जी?
मयँ कपड़ा बिनताचूँ।	मयँ कपड़ा बिनेंसे।	मैं कपड़ा बिन रहा हूँ।
काहाँ जातास ना?	केंव जासिस ना?	कहाँ जाते हो जी?
मुँई गाँव जाताचूँ।	मयँ गाँव जायँसे।	मैं गाँव जाता हूँ।
ए ना एय, कसन बसलिआस?	ए ना एय, कसन बसलिसिस?	ऐ जी, कैसे बैठे हो?
एस नीं खाय ला।	आव नईं खातो काजे।	आओ न खाने के लिये।
एबे नीं खाऊ ता मुँई,	मयँ एबे नीं खायँ ता,	मैं अभी नहीं खाऊँगा,
डँडिक ले खाऊआवँ,	डँडिक ले खाउआयँ,	थोड़ी देर बाद खाऊँगा,
खाहा। एताचूँ।	खाहा। एयँसे।	खा लो। आता हूँ।

समस्याएँ

भादूदास एवं लैखन दास कहते हैं : हम लोग दामाखेड़ा से यहाँ आये हैं। दामाखेड़ा में हमारा धर्म-द्वार है। हम लोगों का समाज शुरु से ही कपड़े बनाता आ रहा है। पहले आदिवासी लोग दुकान के कपड़े नहीं खरीदते थे। पहले सभी लोग बुनकरों के बुने कपड़े ही लेते और पहनते थे। उस समय हम लोगों को फुर्सत ही नहीं मिलती थी। तो इससे हम लोग खेती की ओर ध्यान नहीं दे पाये। कारण, हमारा मुख्य व्यवसाय ही कपड़े बुनना था। लेकिन जब से दुकान के कपड़े फेरी वालों के जरिये गाँव-हाट में आने लगे तब से हमारा काम कमजोर हो गया। लोग दुकान के चमक-दमक वाले कपड़ों के प्रति आकर्षित होते गये। धागों के दाम बढ़ते गये। दाम ज्यादा दे कर भी अच्छा धागा नहीं मिलता। कुछ कपड़े बना कर रखें तो उसे खरीदने वाले नहीं।

काष्ठ शिल्प

लौह शिल्प से लोहार जाति के लोग, घड़वा शिल्प से घड़वा जाति के लोग, बुनकर शिल्प से पनका एवं चँडार जाति के लोग जुड़े हुए हैं किन्तु काष्ठ शिल्प के साथ ऐसी बात नहीं है। काष्ठ शिल्प से कोई जाति विशेष नहीं जुड़ी है बल्कि इस शिल्प से मुरिया, हल्बा, लोहार आदि कई जातियाँ सम्बद्ध हैं। गाँव का कोई भी व्यक्ति इस शिल्प से जुड़ा हो सकता है। तो भी, कोंडागाँव एवं जगदलपुर तहसीलों के अधिकांश भाग में विशेषतः लोहार जाति का इस शिल्प से कुछ अधिक ही जुड़ाव परिलक्षित होता है। कारण, सम्भवतः लौह शिल्प के कई औजारों का काष्ठ शिल्प में भी उपयोगी पाया जाना हो। जहाँ व्यवसाय के आधार पर विभिन्न जातियाँ, यथा सोने-चाँदी के काम से जुड़ी जाति सोनार, बागवानी से जुड़ी जाति माली (मरार या पनारा), तेल निकालने के काम से जुड़ी जाति तेली, वाणिज्य से जुड़ी जाति बनिया आदि कहलाती है, वहीं काष्ठ शिल्प या बढ़ईगिरी के काम से जुड़े लोगों को किसी जाति विशेष में नहीं रखा जाना आश्चर्य का विषय हो सकता है। सम्भवतः इसका कारण यह हो कि काष्ठ शिल्प या बढ़ईगिरी का कार्य लोगों को विरासत में नहीं मिलता रहा होगा। अभी भी यह कार्य विरासत में नहीं मिलता दिखलायी देता है।

आँगा

काष्ठ शिल्प का अद्भुत नमूना हैं जगदलपुर एवं दन्तेवाड़ा के बीच मृतकों की स्मृति में गाड़े गये 'माड़ेया खमा' यानी मृतकों की स्मृति में गाड़े गये स्मृति-स्तम्भ। इन स्मृति-स्तम्भों में उकेरे गये चित्र सजीव लगते हैं। मृतक-स्तम्भों के ऊपर पक्षी अवश्य ही बनाया जाता है। इन स्मृति-स्तम्भों में घोड़े, बकरी, शेर, पेड़-पौधे, नृत्य करते आदिवासी युवक-युवती इत्यादि दर्शाये जाते हैं। इसी तरह आधुनिक समय में जो स्मृति-स्तम्भ बन रहे हैं, उनमें हेलीकाप्टर, हवाई जहाज इत्यादि का भी अंकन किया जाने लगा है। कलाकार अपनी कल्पना-शक्ति से इन मृतक-स्तम्भों को बनाता है। रायकोट से ले कर गीदम तक के स्मृति-स्तम्भ प्रायः लकड़ी और पत्थर पर बने हुए हैं।

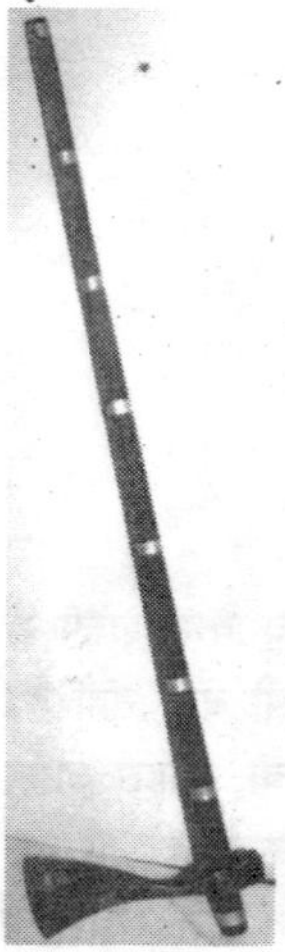

टँगिया

इसी तरह कोंडागाँव तहसील के अमरावती नामक गाँव से आगे देवगाँव नामक गाँव के पास भी स्मृति-स्तम्भ दिखलायी पड़ते हैं। किसी मृतक की स्मृति में गाड़े जाने वाले इन स्मृति-स्तम्भों की परम्परा गोंड जनजाति की माड़िया शाखा में प्रचलित है। ये स्तम्भ दरअसल पत्थर और लकड़ी के ही हुआ करते थे किन्तु अब सीमेन्ट के स्तम्भ भी बनाये जाने लगे हैं। इन सभी स्मृति-स्तम्भों के शिल्पी किलेपाल क्षेत्र से पखना कोंगेरा नामक गाँव में आ बसे कलाकार बोर्रा मण्डावी हैं। इस क्षेत्र में बसे माड़िया जनजाति के लोगों के यहाँ जब किसी की मृत्यु होती है और उनकी स्मृति में स्मृति-स्तम्भ बनाने की बात होती है तब इन्हीं बोर्रा मण्डावी की सेवायें ली जाती हैं।

इन स्तम्भों पर उकेरी गयी आकृतियाँ बतलाती हैं कि मानव योनि में आने के पूर्व जीवात्मा को कई मानवेतर योनियों से गुज़रना पड़ता है। मानव जीवन अद्भुत है। इसी जीवन में राग-विराग, हर्ष-उल्लास, सुख-दुःख आदि का अहसास होता है और उसे व्यक्त करने के माध्यम भी होते हैं। किन्तु अन्ततः जीवात्मा इस शरीर को भी छोड़ कर किसी चिड़िया की भाँति फुर्र हो जाती है। रायकोट के पास गड़े एक स्मृति-स्तम्भ में अंकित इस चित्र में मृतक से कहा गया है कि तुम बड़े ही भाग्यशाली हो कि तुम्हें मानव योनि में जन्म मिला। तुमने मानवोचित कर्तव्य पूरे किये और सद्गति को प्राप्त हो गये। तुम हमें भी ऐसा ही आशीर्वाद दो ताकि हम भी तुम्हारी ही तरह अपने सारे कर्तव्यों का भली-भांति निर्वहन कर अन्त में सद्गति को प्राप्त हो जायें। जनजातीय समुदाय इसे 'गाता पखना' के नाम से जानता है। वस्तुतः इस शैली के आरम्भिक चरण में चित्र का कोई स्थान नहीं था। गोंड जनजाति की इस शाखा में किसी सम्मानित या बुजुर्ग मृतक की स्मृति में गाँव से बाहर किसी निर्धारित स्थल पर या मार्ग के किनारे एक पत्थर गाड़ने की प्रथा है। रास्ते से आते-जाते लोग इस मृतक-स्मृति-स्तम्भ को मृतक का प्रतिनिधि मान कर उसे 'धुँगिया' अर्थात् तम्बाकू अर्पित कर मृतक के प्रति अपना सम्मान व्यक्त करते हैं। धारणा है कि ऐसा करने पर मृतात्मा प्रसन्न होती है और बदले में आशीर्वाद देती है। इन स्मृति-स्तम्भों पर कोई चित्रांकन नहीं होता था। इधर कुछ वर्षों से इन प्रस्तर स्तम्भों पर, जिन्हें वस्तुतः 'गाता पखना' कहा जाता है, चित्रांकन करने की शुरुआत हुई है। इसीलिये इन स्मृति-स्तम्भों को 'स्तम्भ-चित्र' की श्रेणी में रखा जाना चाहिये। मावलीभाटा से बैलाडिला तथा लोहंडीगुड़ा आदि क्षेत्र में मृतक-स्मृति-स्तम्भ के रूप में लकड़ी के स्तम्भ लगाने की प्रथा है। इन काष्ठ-स्तम्भों में

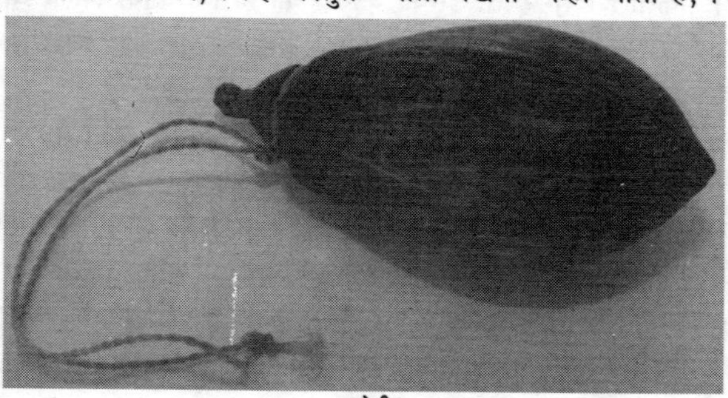

चुनोटी

मृतक का जीवन-चरित्र उत्कीर्ण होता है। पिछले कुछ वर्षों से काष्ठ-स्तम्भों पर चित्र उत्कीर्ण करने की बजाय उन पर या पत्थर के स्तम्भों पर चित्रांकन की परम्परा आरम्भ हुई है।

वेरियर एल्विन की किताब 'द ट्राइबल आर्ट ऑफ मिडिल इंडिया' में दिये गये कुछ विवरणों के अनुसार ओड़िसा की सँवरा जनजाति, झाबुआ की भील जनजाति तथा बिहार की मुण्डा जनजाति में भी सम्मानित व्यक्ति की स्मृति में इसी तरह के प्रस्तर एवं काष्ठ-स्मृति-स्तम्भ गाड़ने की प्रथा है। भीली में भी इसे 'गाता' के नाम से जानते हैं। इन स्तम्भों पर पक्षी को जीवात्मा के प्रतीक के रूप में चित्रित किया जाना जनजातीय समाज की दार्शनिक समझ और अभिव्यक्ति-शक्ति को दर्शाता है। सम्भवतः सूर्य और चन्द्र की आकृतियों का भी इन स्तम्भों पर स्थान पाना कहीं यही तो नहीं दर्शाता कि सूर्य और चन्द्र ताप और शीतलता के प्रतीक हों और सम्भवतः इस बात के भी कि जब तक सूर्य और चन्द्रमा का अस्तित्व है तब तक मृतक की कीर्त्ति बनी रहे? अबूझमाड़ी जनभाषा और उसके लोक साहित्य के अध्येता डॉ. रामसेवक शुक्ल इस सम्भावना से इन्कार नहीं करते।

पनेया (पनिया)

यहाँ हमें यह ध्यान रखना होगा कि न केवल बस्तर अपितु सम्पूर्ण भारतीय परिवेश में लोकचित्रों में नक्षत्र प्रतीकों में सूर्य एवं चन्द्र प्रमुख हैं। प्रायः प्रत्येक लोकचित्र में ऊपर दायीं ओर सूर्य और बायीं ओर चन्द्र की स्थिति अनिवार्य-सी लगती है। इस रूप में वे जीवन की शाश्वतता के प्रतीक हैं। औपनिषदिक दर्शन में वे पुरुष और स्त्री के प्रतीक हैं, जिनसे सृष्टि चलती है। पशु-पक्षी प्रतीक भी लोकचित्रों की कथावस्तु में स्थान पाते हैं पर या तो वे किसी कथा के अंग बन कर कथापरक अर्थ देते हैं या शुभ शकुन के रूप में ग्रहण किये जाते हैं। उदाहरण के तौर पर हाथी ऐश्वर्य, शक्ति और दृढ़ता का, शुक और मोर प्रेम के, मछली सम्पन्नता तथा प्रजननशीलता का, घोड़ा गति और शक्ति का प्रतीक माना जाता है। इसी तरह फल-फूल प्रतीकों का चित्रण भी शुभाशुभ के लिये किया जाता है। घर के प्रवेश-द्वार पर अंकित कमल का फूल मन-प्राण और प्राण-शक्ति का प्रतीक माना गया है। आयुध प्रतीकों का चित्रण भी लोकचित्रों में होता रहा है। धनुष-वाण रक्षा एवं संहार के प्रतीक हैं। लोक मानस भी कहीं-न-कहीं दर्शन को छूता अवश्य है। यह अलग बात है कि लोक बहुत मुखर नहीं हो पाता किन्तु उसकी मुखरता उसकी चुप्पी में ही दीख पड़ती है। ज़रूरत है उस चुप्पी के भीतर की मुखरता को खोज और परख पाने की। अब मकड़ी के चित्रण को ही लीजिये। कितना प्रतीकात्मक चित्रण है इसका लोक शैली में। बिम्ब-विधान मात्र नागर कला या साहित्य में ही

नहीं अपितु लोक कला एवं साहित्य में भी पूरी तरह विद्यमान है। और यह निर्विवाद सत्य है कि लोक कला या साहित्य ही नागर कला और साहित्य की जननी है।

शिल्प के पारम्परिक उत्पाद

(अ) घरेलू एवं कृषि उपकरण

दरवाजे : घर एवं देवगुड़ियों के दरवाज़े बड़े ही कलात्मक बनाये जाते हैं।

पीढ़ा : बैठने के काम आने वाला यह पीढ़ा नामक उपकरण सादा तथा नक्काशीदार दोनों ही तरह का होता है।

माची : मचिया को स्थानीय भाषा में माची कहा जाता है। माची प्रायः बाजार में पसरा लगाने वाली महिलाओं के बैठने के काम आता है। इसके साथ ही इसका उपयोग धनकुल गीत गाने वाली गायिकाएँ जिन्हें गुरुमायँ कहा जाता है, भी गायन के समय बैठने के लिये करती हैं। ये माचियाँ नक्काशीदार और सादा दोनों ही तरह की हो सकती हैं।

नाँगर : हल को स्थानीय भाषा में नाँगर कहा जाता है जो एक कृषि उपकरण है।

जुआँड़ी : बैलों को जोतने के लिये उपयोग में लाया जाने वाला जुआ ही हल्बी तथा भतरी परिवेश में जुआँड़ी तथा छत्तीसगढ़ी परिवेश में जुआरी कहा जाता है।

लगड़ा : बक्खर को हल्बी तथा भतरी परिवेश में लगड़ा कहा जाता है। यह एक कृषि उपकरण है।

माँजन खोटला : धान मींजने के काम आने वाला लट्ठा ही माँजन खोटला कहा जाता है। यह भी एक कृषि उपकरण है।

पिरी या पेरी : तेल पेराई के काम आने वाला यह उपकरण पिरी या पेरी कहलाता है।

खुट दिया : काष्ठ निर्मित दीपक खुट दिया कहलाता है। यह घर में प्रकाश व्यवस्था का एक अंग रहा है। यह दीपक इन दिनों लोहे से बनाया जाने लगा है।

डुआ : भोज्य सामग्री पेज अथवा पानी निकालने के काम आने वाला यह उपकरण डुआ अथवा बेला भी कहलाता है और काष्ठ के अतिरिक्त गिल्ट अथवा बेलमेटल का भी बना हो सकता है।

(ब) देव-पूजन सम्बन्धी

डुमर पयली[159]: डुमर यानी गूलर की लकड़ी से बने एक मापक को जिसमें लगभग दो किलोग्राम अनाज की समायत होती है, पयली कहते हैं। यह विशिष्ट तौर पर बस्तर के हल्बी-भतरी परिवेश में आयोजित होने वाले लछमी जगार उत्सव के लिये तैयार किया जाता है।

---

159. डुमर पयली : डुमर (गूलर) की लकड़ी से बनी 'पयली' नामक मापक। बस्तर का (और छत्तीसगढ़ का भी) लोकमानस गूलर और उसके वृक्ष में लक्ष्मी का वास मानता है। यही कारण है कि इसे पवित्र माना जाता है। बस्तर के लोक महापर्व 'लछमी जगार' में गूलर की लकड़ी की ही पयली बनायी जाती है जिसमें धान भर कर आयोजन पर्यन्त आयोजन-स्थल पर रखा जाता है और उसकी पूजा-अर्चना की जाती है। गूलर की पयली में रखा धान ही लक्ष्मी का प्रतीक होता है।

डुमर सोली : डुमर यानी गूलर की लकड़ी से बने एक मापक को जिसमें लगभग आधा किलोग्राम अनाज की समायत होती है, सोली कहते हैं। यह विशिष्ट तौर पर बस्तर के हल्बी-भतरी परिवेश में आयोजित होने वाले लछमी जगार उत्सव के लिये तैयार किया जाता है। इसमें इस उत्सव के दौरान मँडिया (मँडेया या मँडया) नामक अन्न रख कर उसकी पूजा की जाती है।

आँगा : आँगा अर्थात् देवताओं के अंग। नीम और आदन (साजा) की गोल लकड़ियों के संयोजन से 'पाट' देवताओं के प्रतीक बनाये जाते हैं, जिन्हें आँगा कहा जाता है। ऐसे देवों में 'पाट देव' के ही 'आँगा' होते हैं, जैसे सोनकुँअर, बनकुँअर, फूलकुँअर, बाबीकुँअर आदि। इन पाट देवताओं के कोई प्रतीक नहीं हैं। सब के 'आँगा' होते हैं।

डोली : देवियों के लिये लकड़ी की कलात्मक डोली बनायी जाती है। यह डोली ही देवियों की प्रतीक होती है।

देव पीढ़ा : देवताओं के बैठने के लिये लकड़ी के पीढ़े (आसन) बनाये जाते हैं। ये पीढ़े विशिष्ट प्रकार के और सुसज्जित होते हैं।

देव कुरची : कतिपय देवी और देवताओं के आसन के रूप में कुर्सी का प्रचलन है। कुछ कुर्सियाँ तो सादी होती हैं किन्तु कुछ कुर्सियों में कीलें लगी होती हैं। इसके साथ ही ये कुर्सियाँ कलात्मक होती हैं।

देव झुलना : कतिपय देवी-देवता झूला झूलते हैं। ऐसे देवी-देवताओं के लिये झूले बनाये जाते हैं। ये झूले भी दो प्रकार के होते हैं। एक सादा झूला और दूसरा काँटेदार झूला। ये झूले नक्काशीदार होते हैं।

देव खटऊ : देवताओं के लिये बनाये जाने वाले खड़ाऊँ भी दो तरह के होते हैं। एक सादा और दूसरा काँटेदार। इसके साथ ही ये खड़ाऊँ कलात्मक होते हैं।

देव ठेंगरी : देवता द्वारा हाथ में पकड़े जाने के लिये देव ठेंगरी बनाया जाता है। यह विभिन्न आकारों का और बहुत ही कलात्मक होता है।

(स) पर्व एवं त्योहारों से सम्बन्धित

गेड़ी : गेड़ी बाँस अथवा लकड़ी के अलग-अलग 2 लम्बवत् टुकड़ों की एक तिहाई ऊँचाई पर लकड़ी या बाँस के गुटकों को बाँध कर बनायी जाती है। इन्हीं गुटकों पर साध कर पाँव रखे जाते हैं। गेड़ी पर चढ़ना प्रत्येक के वश की बात नहीं होती। इस पर केवल युवक अथवा बालक ही चढ़ते और नृत्य करते हैं। बालकों के लिये अलग ऊँचाई की और युवकों के लिये अलग ऊँचाई की गेड़ियाँ बनती हैं।

दसराहा रथ : श्रावण मास की अमावश्या से आरम्भ हो कर कार्तिक कृष्ण पक्ष द्वितीया तक यानी कुल 106 दिनों तक चलने वाले बस्तर के दसराहा (दशहरा) उत्सव के लिये रथ का निर्माण किया जाता है।

गोन्चा रथ : आषाढ़ मास की शुक्ल पक्ष द्वितीया से आरम्भ हो कर आषाढ़ शुक्ल एकादशी को सम्पन्न होने वाले गोन्चा पर्व के लिये रथ का निर्माण किया जाता है।

(द) विवाह सम्बन्धी

पीढ़ा : विवाह-वेदी के काम आने वाला यह उपकरण सादा तथा नक्काशीदार दोनों ही तरह का होता है।

(य) मृत्यु संस्कार सम्बन्धी

माड़ेया खमा : गोंड जनजाति की माड़िया शाखा में मृतक की स्मृति में काष्ठ के स्मृति-स्तम्भ बनाने की प्रथा है। ये स्तम्भ कलात्मक होते हैं।

(र) श्रृंगार सम्बन्धी

पनेया[160] : एक विशेष प्रकार की कलात्मक ग्रामीण कंघी। गोंड जनजाति के सजे-सँवरे युवक-युवतियों को इसे अपने सिर में खोंसे हुए देखा जा सकता है।

(ल) अन्य

खम्भे : घोटुल और देवगुड़ियों में कलात्मक खम्भों का निर्माण किया जाता है।

चुनोटी : तम्बाकू रखने के लिये कलात्मक चुनोटियाँ बनायी जाती हैं।

खटऊ : लकड़ी के कलात्मक खड़ाऊँ बनाने का भी चलन है।

माँदर : माँदर गोंड जनजाति का वितत वाद्य है। यह वाद्य तो होता ही है किन्तु इसकी कलात्मकता भी इसकी विशिष्टता होती है।

कोटोड़ : कोटोड़ या ठुड़का अथवा ढुडरा नामक यह घन वाद्य लकड़ी को पोला करके बनाया जाता है। इसके ऊपर और निचले हिस्से में कलाकृतियाँ उकेरी जाती हैं।

ढोल : वितत वाद्य ढोल भी कलात्मक होता है।

टुड़बुड़ी : यह एक छोटा सा वाद्य होता है। इसे दो पतली कमचियों से बजाया जाता है। यह भी कलात्मक होता है।

प्रतिमाएँ : विभिन्न प्रतिमाएँ भी काष्ठ शिल्प का अंग हैं।

उद्‌भव एवं विकास

काष्ठ शिल्प का उद्‌भव कैसे और कब हुआ या इसने विकास के कौन-कौन से चरण कैसे-केसे तय किये, इस सम्बन्ध में इस शिल्प से जुड़े कई शिल्पियों से पूछने पर भी कोई विशेष जानकारी उपलब्ध नहीं हो पायी तथापि 'माड़िया खमा'[161] जिसे पहले 'गाता पखना' के नाम

160. पनेया : यह 'पनिया' और 'पनया' भी उच्चारित होता है।

161. माड़िया खमा : माड़िया खम्भा। यह 'माड़ेया खमा' भी उच्चारित होता है।

से जाना जाता था, के विषय में बताया गया कि गोंड जनजाति की माड़िया शाखा में किसी बुजुर्ग की मृत्यु होने पर उसकी स्मृति में मार्ग के किनारे एक पत्थर गाड़ दिया जाता था और आते-जाते लोग उस स्मृति-स्तम्भ पर तम्बाकू अर्पित किया करते थे। सम्भवतः इसी गाता पखना ने आगे चल कर काष्ठ-स्तम्भों का रूप लिया हो। जगदलपुर से पश्चिम दिशा में उसरीबेड़ा के आसपास इस तरह के प्रस्तर-स्तम्भ अभी भी दिखलायी पड़ते हैं। जगदलपुर से दक्षिण-पश्चिम में मावलीभाटा से गीदम तक जगह-जगह पर प्रस्तर-स्तम्भ, काष्ठ स्तम्भ और अब आधुनिकता के प्रभाव से सीमेन्ट-स्तम्भ भी दिखलायी पड़ते हैं। नारायणपुर से सोनपुर आदि के रास्ते में छोटे-छोटे प्रस्तर-स्तम्भ जगह-जगह पर मिलते हैं। यह आश्चर्यजनक है कि कोंडागाँव तहसील के कुछ भाग में गोंड जनजाति की मुरिया शाखा में इस तरह के स्मृति-स्तम्भों की परिपाटी दिखलायी नहीं पड़ती।

चुनोटी

काष्ठ शिल्प के उद्भव के विषय में सुप्रसिद्ध काष्ठ शिल्पी सुकपाल धुरवा[162] कहते हैं : मुझे इस विषय में बहुत अच्छी जानकारी तो नहीं है किन्तु मुझे लगता है कि इसका उद्भव माड़ेया खमा से ही हुआ होगा। माड़िया जनजाति में किसी सयाने की मृत्यु होने पर उसकी स्मृति में एक लकड़ी गाड़ने की प्रथा पहले से चली आ रही है। इसके साथ ही देव-गुड़ी आदि में जो दरवाजे लगाये जाते हैं, उनमें में खुदाई का काम होता रहा है। फूल, मछली, शेर का सिर आदि की आकृतियाँ उकेरी जाती रही हैं। आज हम उन्हीं को देख कर उसका अनुसरण कर रहे हैं। वैसी ही चीजें बना रहे हैं।

काष्ठ शिल्पी पंडीराम मण्डावी[163] इस विषय में कहते हैं : आज से 30 साल पहले के काम के बारे में मैं बताऊँगा। लकड़ी के काम की जहाँ तक बात है, हम लोग खेती-किसानी के लिये नाँगर आदि तो बनाते ही रहे हैं। कारण, खेती तो हमारा व्यवसाय ही रहा है। इसके अलावा हम लोग चौखट-दरवाजों पर नक्काशी करते रहे हैं। घर के दरवाजों पर, देव-गुड़ियों के दरवाजों पर। अपनी पसन्द का काम करते रहे हैं हम। देव-गुड़ियों में खम्भे लगते हैं। उसमें कुछ कला का प्रदर्शन किया। घोटुल के खम्भों में कला दिखायी। घर के खम्भों को भी कलात्मक बनाते रहे हैं। जो कुछ अच्छा लगा, उसे उन खम्भों या चौखट-दरवाजों

162. सुप्रसिद्ध काष्ठ शिल्पी श्री सुकपाल धुरवा, कला परिसर, देउरगाँव, पो. : बस्तर (जगदलपुर, बस्तर-छ.ग.) से दिनांक 15.11.05 को हुई बातचीत।

163. सुप्रसिद्ध काष्ठ शिल्पी श्री पंडीराम मण्डावी, गढ़ बेंगाल (नारायणपुर, बस्तर-छ.ग.) से दिनांक 3.11.05 को हुई बातचीत।

पर उकेर दिया। कभी कोई चिड़िया बना दी या और कुछ आकृति उकेर दी। इस तरह थोड़ा-बहुत किया करते थे। और माड़िया खम्भा तो बनाते ही रहे हैं। लेकिन इधर के लोगों में लकड़ी का खम्भा गाड़ने की प्रथा नहीं है। किसी व्यक्ति की मृत्यु होने पर स्मृति-स्तम्भ गाड़ने की प्रथा जगदलपुर की तरफ है। इधर नारायणपुर की तरफ हम लोग केवल पत्थर गाड़ते हैं। वस्तुतः हम तो अपने लिये ही बनाते रहे हैं सब-कुछ। किन्तु आगे चल कर लोगों को ये मालूम हुआ कि ऐसी भी कला इधर है। तो इसका प्रचार हुआ। लोगों ने इस ओर रुचि ली और अब यह काफी चर्चित हो गयी है।

कोटोड़ (पिटोड़का, ढुडरा)

लोक विश्वास तथा मान्यताएँ

काष्ठ शिल्पी गागरा[164] मूलतः लोहार हैं। वे काष्ठ शिल्प के साथ-साथ लौह शिल्प पर भी काम करते आ रहे हैं। मूलतः लोहार जाति से सम्बद्ध गागरा लौह शिल्प से काष्ठ शिल्प तक की अपनी यात्रा के विषय में बतलाते हैं : मेरा नाम गागरा है। मैं लोहार जाति का हूँ। हमारी परम्परा तो लोहे के काम से जुड़ी है। पहले से, लौह शिल्प ही हमारा खानदानी काम रहा है। अब तो जंगल-झाड़ी भी खत्म हो गये। कोयला बनाना अब बहुत ही कठिन हो गया है। सरगी[165] की पुरानी लकड़ी से ही अच्छा कोयला बनाया जाता था। उसी कोयले से लोहा सही गलता था। अभी जो पेड़ लगाये जा रहे हैं, उनसे बने कोयले से लोहा सही नहीं गलता। सरगी के पेड़ तो अब खत्म हो गये। इसीलिये हम लोग लोहे का काम छोड़ कर लकड़ी और पत्थर की ओर मुड़ गये। पत्थर का काम भी हमने बहुत किया। पहले की चीजें कुछ और थीं, अभी की चीजें कुछ और हैं। हम लोग बनाते थे पहले लम्बा हाथ, छोटा पाँव आदि। तो एक साहब आया बाहर से और वो हम लोगों को नाप सिखाया। तो नए सामान में, लकड़ी में जो हम लोग बना रहे हैं वह नाप कर बनाया जा रहा है। अब पुराने तरीके का काम नहीं चलता।

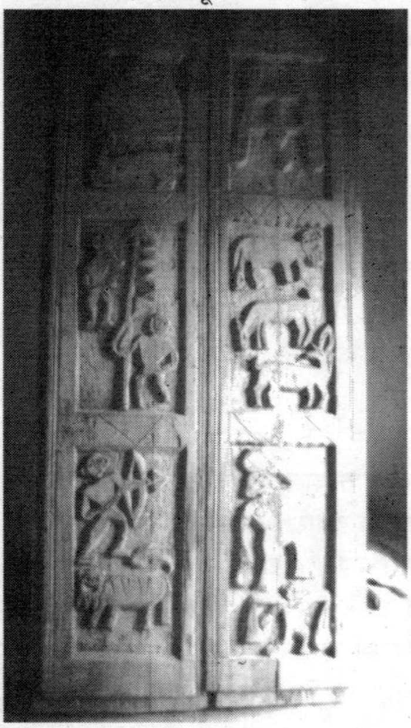

कपाट

164. श्री गागरा, देउरगाँव, पो. : बस्तर, तहसील : जगदलपुर, बस्तर-छत्तीसगढ़ से दिनांक 26.04.04 को हुई बातचीत।
165. सरगी : साल।

वे आगे कहते हैं : हम पहले आँगा, डोली, माची, चुनोटी, डुमर पयली, देव ठेंगरी, पीढ़ा, देव पीढ़ा, देव कुरची, देव झुलना, देव खटऊ आदि बनाते थे। सारी सामग्री गाँव के लिये हुआ करती थी। आँगा देव का होता है। देवता पुरुष होता है। देवी माता होती है। पुरुष देवता में एक आँगा खोटला बनाते हैं। उसे चार लोग कन्धों पर उठाते हैं। उसे 'पिला पाट' कहते हैं। 'पिला पाट' भाचा[166] है और जिसे 'आँगा खोटला' कहते हैं वह मामा है। दोनों मामा-भाचा का यह नियम है। यह नियम क्यों बना, यह बहुत ठीक से नहीं मालूम। यानी एक बना नीम का और एक बना आदन का, तो ऐसा क्यों हुआ, पता नहीं। आदन की लकड़ी दाहिनी ओर और नीम की लकड़ी बायीं ओर रहती है। 'पिला पाट' भाचा है और 'आँगा पाट' मामा है। कुछ लोगों के अनुसार यह आदम और हव्वा की कहानी से साम्य रखता है। फिर एक बालक का जन्म हुआ। उसका नाम हुआ बाबू कुँअर। फिर उसके बाद आँगा का जन्म हुआ। तो इस तरह ये दोनों मामा-भाचा हैं। इसीलिये मावली माता हैं हव्वा और आदम जो है वह पाट है। बड़े पाट। डोकरा। उन्हें कहते हैं भैरव (भैरम) बाबा। वही शंकर-पार्वती की लीला है। कहते हैं कि देवी महिसासुरमर्दिनी का शव हमारे बस्तर में फेंक दिया गया था आकाश से। उसी दिन से यहाँ विविध देवियों का अवतार हुआ। इनमें नकटी मावली, खोड़या देव आदि का अवतार हुआ। पाँव टूट जाने के कारण जिस देव का जन्म हुआ उन्हें खोड़या (लँगड़ा) देव कहा गया। जिसकी नाक नहीं है उन्हें मोरकी मावली कहते हैं। जिनके कान नहीं है, वो भी मावली हैं। इस तरह कई नाम हैं माता के। किन्तु पारवती एक ही हैं। जैसा कि मैंने अभी बताया, दाहिने और बायीं ओर नीम और आदन की लकड़ी लगती है। इनमें से एक भाचा है और एक मामा। इनके नाम क्रमशः 'पिला पाट' और 'आँगा' हैं। किन्तु आँगा के बीच में जो दो आड़ी लकड़ियाँ होती है, वे केवल नीम और आदन की लकड़ी को आपस में जोड़े रखने के लिये होती हैं या कोई और भी कारण है, इसे मैं अच्छे से नहीं जानता। इन आड़ी लकड़ियों में एक हंस या शेर की आकृति बनायी जाती है। इसे 'कोको' कहा जाता है। यह 'कोको' ही 'आँगा' का वाहन कहलाता है। ऐसी मान्यता है कि यदि किसी 'आँगा' में 'कोको' नहीं है तो समझ लीजिये कि उस आँगा में देवी नहीं है। जहाँ तक 'आँगा' में मयूर पंख के गुच्छे लगे होने का मतलब है, मेरी समझ में यह केवल सुन्दरता के लिये है।

कपाट

166. भाचा : भान्जा।

गागरा आगे कहते हैं : 'पाट देव' के ही 'आँगा' होते हैं, जैसे सोनकुँअर, बनकुँअर, फूलकुँअर, बाबीकुँअर आदि जो भी होते हैं, वे सब एक ही हैं। 'पाट' के अन्तर्गत आते हैं सब। उनका अलग से कोई प्रतीक नहीं हैं। सब के 'आँगा' होते हैं। इसी तरह 'डोली' होती है। 'डोली' माता की होती है। देव की डोली नहीं होती, देवी की होती है। देवी-देवता के छतर भी होते हैं। छतर जो होता है, वह पूजा के लिये, सुन्दरता के लिये होता है। जिसके पास धन होता है वे छतर बनवाते हैं। माता कमाती है। उसे कौन खा कर पचा सकता है भला! वह तो देवी है। तो जब उसकी कमाई बढ़ जाती है, उसके पास जब अधिक धन हो जाता है तब छतर बनवा देते हैं। छड़ी आदि बनवा देते हैं। इसी तरह देवी-देवता का 'तरास' होता है। इसमें चन्द्रमा और सूर्य बनाये जाते हैं।

वे कहते हैं : इस सम्बन्ध में कहा जाता है कि पिछले जन्म में सूर्य और चन्द्रमा भगवान के साथ थे। शंकर जी की जटा में थे चन्द्रमा। इसीलिये उन्हें 'तरास' में स्थान दिया गया है। इसके साथ ही 'आँगा' के दोनों सिरों पर भी 'तरास' और सूर्य बना होता है। इसीलिये 'आँगा खोटला' में भी और 'तरास' में भी इसे बनाते हैं। बेर यानी सूर्य इसीलिये रहता है क्योंकि वह तो दिनकर नाथ है। वही तो राजा है, देवी-देवताओं का। इसीलिये उनके पास पारिजात फूल है, अन्यथा नहीं रहता। वह चिन्ह अभी तक देवी के पास है। वही लगाने के कारण हम लोग अब देवी को नहीं देख सकते, वरना मनुष्य जाति देवी-देवताओं को देख सकती थी। और काम बिगड़ने पर उन्हें डाँट भी सकती थी। मारते भी थे लोग देवी-देवताओं को। कारण, देवी-देवता मनुष्य जाति को पकड़ लेते और तंग करते थे। देवी-देवताओं ने भगवान विष्णु के पास निवेदन किया कि हे भगवान! मनुष्य जाति समय-समय पर जब उनका कोई काम बिगड़ जाता है तो हमें मारने-पीटने लगती है। तो आप कोई उपाय करें। तब भगवान विष्णु ने देवी-देवताओं के माथे पर सिन्दूर लगा दिया। सिन्दूर लगा देने पर वे मनुष्य जाति के लिये अदृश्य हो गये। उसी दिन से मनुष्य जाति देवी-देवताओं को नहीं देख पाती। ऐसा बताते थे पुराने लोग।

माड़ेया खमा (मृतक-स्मृति-स्तम्भ)

बस्तर की संस्कृति में काष्ठ शिल्प से सम्बन्धित लोक विश्वास एवं मान्यताओं के विषय में सुकपाल धुरवा कहते हैं : मैंने यह काम देवगुड़ी में ही सीखा था। बस्तर की आदिवासी एवं लोक संस्कृति में काफी पहले से देवी-मन्दिर में, डोली में, झूले पर, दरवाजों पर नक्काशी का

काम होता रहा है। आँगा भी बनाते हैं। मैंने भी बनाया है आँगा देव। इसके पीछे यही लोक विश्वास है कि देवी-देवताओं के लिये जो वस्तुएँ बनायी जायें वे उन्हें रिझाने वाली हों। किन्तु वे इतनी भी खूबसूरत न हों कि देवी उस वस्तु के साथ-साथ उसे बनाने वाले शिल्पी पर ही रीझ जाये। यदि ऐसा हुआ तो वह उस शिल्पी को इस दुनिया में नहीं रहने देती। उसे उठा लेती है। इसीलिये पिताजी कहते थे कि आवश्यकता से अधिक सुन्दर चीजें नहीं बनाना चाहिये। अभी कुछ ही वर्षों पहले की घटना है। नगरनार के एक कुम्हार ने मावली गुड़ी के लिये एक मूर्ति बनायी थी। वह कुम्हार आस्ट्रेलिया भी गया था। उस समय की बात है। आस्ट्रेलिया से लौटने के बाद गाँव वालों ने उससे मूर्ति बनाने को कहा। इस पर उसने एक बड़ी सुन्दर मूर्ति बनायी। घोड़ा और हाथी की मूर्ति बनायी। बहुत ही सुन्दर। किन्तु 8 दिनों के भीतर उसकी मृत्यु हो गयी। तो इस तरह से मावली आदि जितने भी बड़े देवी-देवता हैं, उनके लिये सुन्दर मूर्तियाँ बनाने पर उन्हें बनाने वाले शिल्पी की मृत्यु हो जाती है। यही कारण है कि हमारे पिताजी बहुत सुन्दर मूर्तियाँ बनाने के लिये मना किया करते थे।

माड़ेया खमा (मृतक-स्मृति-स्तम्भ)

किन्तु कोई एक बहुत अच्छा कलाकार है और वह देवी-देवताओं को प्रसन्न करने के लिये उनकी कोई सुन्दर-सी मूर्ति बनाता है तो इस पर तो भगवान को या देवी-देवता को प्रसन्न ही होना चाहिये न? फिर वह उसे बनाने वाले को उठा क्यों लेता है? इस जिज्ञासा को शान्त करते हुए सुकपाल कहते हैं : नहीं। उसका मर्म यह है कि भगवान यह सोचते हैं कि यह व्यक्ति मेरे साथ रहेगा। यह सोच कर उसे उठा लेते हैं। ऐसा बुजुर्ग लोग बताते हैं। किन्तु अब तो सभी लोग बनाते हैं और मूर्तियाँ बनाने के कारण उनकी मृत्यु होती हो, ऐसा अब नहीं होता। अब इसके पीछे क्या कारण है, यह मैं नहीं जानता। क्या अब देवी-देवताओं का अस्तित्व नहीं है या कुछ और बात है, यह समझ से परे है। किन्तु यह सही है कि पहले तो ऐसा ही हुआ करता था। हो सकता है कि अब देवी-देवताओं का सत्य खण्डित हो गया हो। कारण, अब कई प्रकार की बीमारियाँ होने लगी हैं। प्राकृतिक आपदाएँ आने लगी हैं। यह सब देख कर तो यही लगता है कि देवी-देवताओं का सत्य अब खण्डित हो चला है। यह बात आप कपड़ा बुनने वाले पनका लोगों से भी सुन सकते हैं। वे लोग भी कहते थे कि यदि देवी के लिये खूबसूरत कपड़ा बन गया तो उस कपड़े को बनाने वाला अधिक दिनों तक जीवित नहीं रह पाता। चाहे जो हो, किन्तु यह तो सही है कि पहले के लोग देवी-देवताओं के लिये सुन्दर वस्तुएँ बनाने से मना कर दिया करते थे।

लोक जीवन में शिल्प की भूमिका, स्थान एवं महत्त्व

1. दैनिक जीवन में शिल्प की भूमिका, स्थान एवं महत्त्व

काष्ठ शिल्पी सुकपाल धुरवा कहते हैं : बस्तर की लोक संस्कृति में काष्ठ शिल्प के अन्तर्गत आँगा और डोली हैं। इनके अलावा माड़ेया खमा, देव-झूला, माता-झूला आदि बनाये जाते हैं। कपाट बनाये जाते हैं देवगुड़ियों के लिये। उन पर खोदाई का काम होता रहा है। यह तो विशेष अवसर पर बनते हैं। किन्तु इनके अतिरिक्त भी काष्ठ शिल्प यहाँ के दैनंदिन जीवन में भी दिखलायी पड़ता है। उदाहरण के लिये नाँगर को लें। बस्तर तो कृषि-प्रधान अंचल है। कृषि-कार्य के लिये काष्ठ के उपकरणों की आवश्यकता पड़ती ही है। नाँगर, जुआँड़ी, बैलगाड़ी, डाँडी आदि। इनके बिना खेती का काम नहीं हो सकता। घर के चौखट-फाटक भी लकड़ी के ही बनाये जाते हैं।

देव खटऊ

डोली और आँगा देवी-देवताओं की चीजें हैं। उनको पूजा के काम आती हैं। पहले बढ़ई लोग दागी-दागी कर के फाटक बना देते थे। फूल या मछली आदि के चित्र उकेरे जाते थे। आज उस तरह का काम नहीं होता।

काष्ठ शिल्पी पंडीराम मण्डावी कहते हैं : 'चुनोटी' या जिसे हम लोग 'गोटा' कहते हैं, बनायी जाती है लकड़ी की। मोदे लकड़ी की बनती है चुनोटी। इसी तरह पनेया बनाते हैं महुआ की सार लकड़ी से। घोटुल के नक्काशीदार खम्भे बनाये जाते हैं। ये सब हमारे दैनंदिन उपयोग की वस्तुएँ हैं। पनेया विशुद्ध रूप से हमारे व्यक्तिगत उपयोग के लिये हुआ करता था। यह काम आज का नहीं है। हम यह काम पहले से ही करते रहे हैं। हाँ, यह अलग बात है कि इसका प्रचार पहले नहीं था। आज लोगों के बीच इसका प्रचार हो गया है और माँग बढ़ गयी है।

वे आगे कहते हैं : पहले हम अपने उपयोग के लिये जो दरवाजे बनाया करते थे, उनमें अपनी इच्छानुसार नक्काशी किया करते थे। मन हुआ तो किया नहीं तो कोई बात नहीं। सादे दरवाजे भी काम में लाये जाते थे। इसी तरह खम्भों में कुछ चित्र उकेर दिये गये। सुन्दर दिखलायी पड़े, यह अभिप्राय हुआ करता था। आज भी ऐसा ही है। कभी तूम्बा में कुछ कलाकारी कर दी गयी। तूम्बा में भी कुछ कलात्मक काम किया करते थे। उसमें भी कोई चीज, जैसे मछली बना दी, कोई आदिवासी डिजाइन बना दिया, कछुआ बना दिया, कोई पक्षी बना दिया, कोई जानवर बना दिया। एक पतली सींक ले ली बाड़ी की। उसे तोड़ा और कच्चे तूम्बा में सींक से कोई आकृति, जो मन को अच्छा लगे, बना दी। वह सूख गया तो पक्का हो गया। फिर उसे धान के भूसे में पकाते थे, भूनते थे। इससे वह आकृति पक्की हो जाया करती थी। अब उस तूम्बे में आप सल्फी रखो और पीयो या पेज रखो।

गरमी के दिनों में उस तूम्बा में पेज रखते हैं। उसमें बहुत ठण्डा रहता है। फ्रिज जैसा। तो यह तो हमारे दैनिक उपयोग की वस्तुएँ हैं। इन्हें हम कलात्मक बनाते रहे हैं।

पेरी (पिरी)

पंडीराम आगे कहते हैं : चुनोटी भी हम अपने निजी और दैनिक उपयोग के लिये बनाते थे। उस समय इसका कोई व्यवसाय तो होता नहीं था पुराने जमाने में। जो चुनोटी बनाता था वह उसके अपने उपयोग के लिये होती थी। उसमें डिजाइन होते थे। यदि कोई बनाना जानता है तो लोग उससे अपने लिये भी बनाने को कहते हैं और वह बना भी देता है। इसका भी कोई व्यवसाय नहीं है। चुनोटी विभिन्न आकार-प्रकार की बनायी जाती हैं। उसमें भी विभिन्न कलाकृतियाँ उकेरी जाती रही हैं। सुन्दर-से-सुन्दर चुनोटी बनाने की परिपाटी रही है। ऐसे शिल्पियों को समाज का सम्मान भी प्राप्त होता रहा है। चुनोटी मोदे की लकड़ी से बनती है। उसके भीतर का जो सार होता है, लाल रंग का, उससे। मैंने भी चुनोटियाँ बनायीं। बड़े-बुजुर्गों को भेंट भी कीं।

2. घोटुल में शिल्प की भूमिका, स्थान एवं महत्त्व

पनेया भी अपने उपयोग के लिये बनाये जाते थे। अब तो प्लास्टिक की कंघी बनने लगी है। पंडीराम मण्डावी कहते हैं : उस समय महुआ की लकड़ी के सार का पनेया बनाते थे बुजुर्ग लोग। और घोटुल प्रथा थी। आज भी है किन्तु यह प्रथा लगभग समाप्त-सी होती जा रही है। तो जब लड़के घोटुल में जाते थे तो वे लड़कियों के लिये पनेया तैयार करते थे। लड़कियाँ लड़कों के लिये माला बनाती थीं, सिर में बाँधने के लिये, गले में पहनने के लिये। उस समय कोई व्यवसाय तो था नहीं। यह तो अपने उपयोग के लिये बनाये जाते थे। मैंने भी लड़कियों के लिये बनाये। मैं भी जाता था घोटुल में। लड़कियाँ पनेया के बदले महुआ पिलाती हैं। जैसे किसी लड़की ने मुझे पनेया तैयार करने के लिये कहा। वो भी मेरे रिश्ते की लड़की होगी। मेरी महिला-मित्र होगी। तो वह पनेया के लिये कहेगी। तब जैसे मैंने उसके लिये पनेया बना दिया तो वह महुआ या सल्फी ला कर मुझे पिलायेगी। दोनों बैठ कर पीयेंगे। ऐसा होता था घोटुल के नियमानुसार। घोटुल जाना हमारे समाज के दैनिक क्रिया कलाप में सम्मिलित रहा है।

वे बताते हैं : पनेया बनाया जाता है महुआ की लकड़ी के सार से। लाल लकड़ी भीतर से जो निकलती है, उससे। वह मजबूत होती है। उससे बनाते थे। उस समय कंघी-वंघी का चलन नहीं था। लड़कियाँ तो पनेया का उपयोग करती ही थीं, साथ-साथ लड़के भी अपनी पगड़ी में खोंसते थे। जैसा कि मैंने पहले बताया, लड़के बनाते थे लड़कियों के लिये। और लड़कियाँ बनाती थीं माला। लड़के भी, एक-दो जने खोंसते थे अपनी पगड़ी में। लड़के स्वयं अपने लिये भी बनाते हैं। वो लड़कियों के लिये तो बनाते ही हैं, अपने लिये भी बनाते हैं। मैंने भी बहुत पनेया बनाये। 10-20 लड़कियों के लिये बनाये मैंने। बदले में उन लोगों ने मुझे मालाएँ बना कर दीं।

काटा कुरची

क्या आज भी घोटुल में यह परम्परा बनी हुई है? इस प्रश्न के उत्तर में पनकूराम सोड़ी[167] कहते हैं : हाँ, आज भी यह परम्परा बनी हुई है। पहले भी बनाते थे और आज भी लड़के पनेया बनाते हैं। महुआ लकड़ी के भीतर के सार का। महुआ लकड़ी के सार को कम-से-कम आठ-पन्द्रह दिन तक पानी में भिगाना पड़ता है। फिर उसे ला कर कुचला जाता है। कुचल कर उसे बराबर छीला जाता है। फिर रेती में उसे बराबर किया जाता है। नाप-जोख की जाती है। तब फिर उससे पनेया बनाते हैं। पनेया बना कर एक सूजा में उसे फिर से बराबर किया जाता है। फिर काटना पड़ता है। इसके बाद उसमें चित्र बनाये जाते हैं। अब बन गया पनेया। इस तरह बना कर ले जाते हैं घोटुल में। तब वहाँ लड़कों की जाँच की जाती है कोटवार, पटेल, देवान, मुकवान, तसिलदार, हवलदार, कानिसबिल आदि के द्वारा। तुमने बनाया? पूछा जाता है। जिसने बनाया हो वह तो 'हाँ' कहता है और जिसने नहीं बनाया हो वह 'नहीं' कहता है। तब उससे किसी की जमानत देने के लिये कहा जाता है। उसे दण्ड दिया जाता है। उससे 10-15 लकड़ियाँ दण्ड-स्वरूप ली जाती हैं। यदि वह तत्काल दे सका तो ठीक वरना वह कबूलता है कि फलाने दिन पनेया और लकड़ी दोनों ही ले कर आयेगा।

झुलना

पनकूराम आगे बताते हैं : इसके बाद आती है लड़कियों की बारी। उन्हें लड़कों को कंघी करना होता है उसी पनेया से। तब लड़कियों को कंघी करने के लिये बुलाया जाता है। इनमें से किसी लड़की के पास यदि पनेया नहीं हुआ तो वह कहती है कि उसके पास पनेया नहीं है क्योंकि लड़के ने, जिसकी कंघी उसे करना है, उसे पनेया नहीं दी है। तो मैं किस से कंघी कर दूँ? तब फिर से उस लड़के से पूछताछ की जाती है। कई बार लड़के अपना पनेया गुम जाने का भी बहाना करते हैं। ऐसे में उससे दूसरा पनेया बना कर देने के

167. श्री पनकूराम सोड़ी (गोंड) ग्राम : बालेंगा (किबई बालेंगा), तहसील : कोंडागाँव (बस्तर-छ.ग.) से दिनांक 3.11.05 को हुई बातचीत

लिये कहा जाता है। तो इनमें से कुछ लड़के तो जल्दी ही पनेया बना देते हैं और कुछ समय पर नहीं बना पाते। तो ऐसे लोगों को दण्डित किया जाता है। किन्तु बारम्बार कहे जाने के बाद भी यदि कोई लड़का यथा-समय पनेया बना कर नहीं देता तो उसे घोटुल से निकाल दिया जाता है। हालाँकि ऐसे अवसर बहुत ही कम आते हैं। उससे कहा जाता है कि तुम अब घोटुल में मत आना। जाओ अपने घर में सोओ। फिर इमली की छड़ी से उसके पाँव पर पिटाई भी की जाती है और घोटुल से निष्कासित कर दिया जाता है। बात इतने पर ही समाप्त नहीं हो जाती। उसे अकेले छोड़ दिया जाता है। उसके घर के किसी भी काम में उसका साथ नहीं दिया जाता। यह नियम आज भी, यद्यपि घोटुलों के अस्तित्व पर खतरा मँडरा रहा है, तब भी जहाँ-जहाँ घोटुल हैं, वहाँ यथावत चल रहा है।

क्या पनेया के बदले लड़कियाँ भी कुछ बना कर देती हैं लड़कों को? पनकूराम कहते हैं : नहीं। लड़कियाँ नहीं बनातीं। कुछ नहीं बनातीं वे। हाँ, वे माला-मुंदी बनाती हैं। माला बनाती हैं। अपने लिये बनाती हैं। किन्तु यदि कोई लड़का उनसे माँग करता है तो उनके लिये भी बना कर देती हैं। किन्तु यह पनेया की तरह अनिवार्य नहीं होता। यह जो पनेया बनाते हैं लड़के वे लड़कियों के लिये तो बनाते ही हैं, स्वयं अपने लिये भी बनाते हैं।

लड़की से लड़के को कंघी करने के लिये कहा गया और उसने कहा कि उसके पास पनेया नहीं है। तो यदि उसके पास पनेया होती तो क्या वह उस पनेया से अपने सिर पर भी कंघी कर सकती है या कि केवल लड़के के ही सिर पर कंघी कर सकती है? पनकूराम कहते हैं : नहीं। लड़कियों के उपयोग के लिये अलग से होता है पनेया। लड़कों के उपयोग के लिये अलग से। लड़कियों के लिये बनाये जानेवाले पनेया को बड़ी ही खूबसूरती से बनाया जाता है, ताकि लड़की उस पर रीझे। अपने लिये कामचलाऊ भी बनाया जा सकता है। पहले राँगा लगाते थे पनेया में। सूजा से पनेया में चित्र उकेरे जाते हैं। महुआ की लकड़ी बहुत कड़ी होती है। इसीलिये उसे 10-15 दिनों तक पानी में भिगा कर रखना पड़ता है, उसके बाद ही बनाते हैं। इसके अलावा चुनोटी भी बनाते हैं। इसे गोटा कहते हैं। वह मोदे नामक लकड़ी से बनती है। किन्तु यह पनेया की तरह लड़कियों के लिये नहीं बनायी जाती।

3. संगीत में शिल्प की भूमिका, स्थान एवं महत्त्व

आदिवासी एवं लोक संगीत में काष्ठ शिल्प के विविध उत्पाद महत्त्वपूर्ण भूमिका निभाते रहे हैं। पनकूराम सोड़ी इस सम्बन्ध में कहते हैं : इनमें माँदर, कोटोड़[168] ढोल, निसान एवं टुड़बुड़ी वाद्य प्रमुख हैं। कोटोड़ को छोड़ कर शेष वाद्यों में चमड़े मढ़े होते हैं। माँदर और ढोल में दोनों ओर जबकि निसान और टुड़बुड़ी में एक ओर चमड़ा मढ़ा होता है।

माँदर गोंड जनजाति की मुरिया एवं माड़िया शाखा में प्रचलित है। इस वाद्य के नाम पर ही एक नृत्य को 'माँदर नाच' के नाम से जाना जाता है। घोटुल के अलावा विवाह तथा अन्य पर्व एवं त्योहारों पर माँदर नृत्य होता है। इसी तरह कोटोड़ और ढोल भी माँदर नृत्य में सह वाद्य के रूप में बजाये जाते हैं। ढोल किसी बुजुर्ग की मृत्यु पर भी बजाया जाता है। माँदर की लम्बाई अधिक होती है जबकि ढोल की लम्बाई कम किन्तु गोलाई माँदर की तुलना में अधिक। निसान

168 कोटोड़ : इसे कोटोड़का, ढुडरा एवं ठुड़का भी कहा जाता है।

झूला

नगाड़े की ही तरह का एक वाद्य होता है, जो नगाड़े से आकार में छोटा होता है। नगाड़े और निसान में मूलभूत फर्क यह होता है कि नगाड़ा जहाँ लोहे का बना होता है वहीं निसान लकड़ी का। एक और महत्त्वपूर्ण फर्क होता है, और वह यह कि निसान विवाह आदि के समय बजाया जाता है जबकि नगाड़ा जिसे यहाँ 'नँगारा' कहा जाता है, केवल देवी-पूजन के अवसर पर ही। इसीलिये इसे 'देव-नँगारा' भी कहा जाता है।

'टुड़बुड़ी' एक छोटा-सा वाद्य होता है और दो पतली कमचियों से बजाया जाता है। दिखने में यह एक छोटे से निसान की ही तरह दिखता है किन्तु आकार में यह उससे काफी छोटा होता है। यह निसान और नगाड़े का सह वाद्य होता है। इनमें से कोटोड़ को छोड़ कर सभी वाद्य वितत वाद्य होते हैं जबकि कोटोड़ घन वाद्य। माँदर दोनों हाथों से बजाये जाते हैं जबकि ढोल दोनों प्रकार से बजाये जाने वाले होते हैं। पहला, एक ओर हाथ से तथा दूसरी ओर लकड़ी के एक डण्डे से और दूसरा दोनों ओर हाथ से बजाया जाने वाला। निसान लकड़ी के दो डण्डों से बजाये जाते हैं। निसान प्रायः जोड़े में नहीं बजाया जाता। यह प्रायः एकाकी होता है, जबकि नँगारे जोड़े में ही बजाये जाते हैं। कोटोड़ भीतर से पोला होता है और लकड़ी के दो डण्डों से बजाया जाता है।

4. पर्व एवं त्योहार में शिल्प की भूमिका, स्थान एवं महत्त्व

पर्व एवं त्योहारों में काष्ठ शिल्प की भूमिका के विषय में पनकूराम सोड़ी कहते हैं : हमारे यहाँ अमुस तिहार[169] से ले कर नवा तिहार[170] तक लगभग एक महीना गेड़ी नाच नाचा जाता था पहले। अभी भी नाचते हैं। इस गेड़ी नाच की शुरुआत अभी नहीं हुई है। यह तो काफी पहले से चला आ रहा है। गेड़ी अमुस तिहार के दिन बनायी जाती है। फिर उसी दिन से गेड़ी नाच शुरु हो जाता है। सभी लड़के एकत्र होते हैं किसी पेड़ की छाँव में या फिर घोटुल में। एक महीना तक हम लोग गेड़ी नाच करते रहते हैं। फिर आता है नवा तिहार। नवा तिहार में गेड़ियों को तोड़ दिया जाता है। वहाँ देवी-देवता की पूजा की जाती है। फूल-पान् अर्पित किये जाते हैं भिमादेव को। वर्ष में एक बार यह पूजा की जाती है। उस पूजा में एक अण्डा, एक काला चूजा और फूल-पत्ते लगते हैं। थोड़ी सी मदिरा भी टपकायी जाती है। महू-डोंगा भी टपकाया जाता है। भुट्टा एवं अन्य कुछ फल भी अर्पित किये जाते हैं भिमादेव को।

---

169. अमुस तिहार : इसे 'हरियाली अमावश्या' और 'हरेली' के नाम से भी जाना जाता है। इस त्योहार से सम्बन्धित विस्तृत विवरण इसी पुस्तक के 'पर्व, उत्सव एवं अनुष्ठान' अध्याय में देखें।

170. नवा तिहार : इसे 'नवाखानी', 'नवाखाई', 'नुआखानी' और 'नुआ तिहार' के नाम से भी जाना जाता है। इस त्योहार से सम्बन्धित विस्तृत विवरण इसी पुस्तक के 'पर्व, उत्सव एवं अनुष्ठान' अध्याय में देखें।

फिर इसके बाद अब यह हुआ कि बाहरी लोग आने लगे घोटुल देखने। नाच देखने। तब हम लोगों ने गेड़ी नाच का भी प्रदर्शन करना शुरु किया। हम लोगों ने दो तरह की गेड़ियाँ बनायीं। एक तो वह जो अमुस तिहार के समय बनायी जाती है। इसे हम नवा तिहार के समय तोड़ देते हैं। किन्तु दूसरी, जिसे बारह महीनों नाच के लिये बनाते हैं, उसे नहीं तोड़ते। अमुस तिहार में जो गेड़ी बनायी जाती है, उससे हम गाँव में नाचते हैं। नवा तिहार के दिन घर-घर में जा कर नाचते हैं। जबकि बाकी दिनों में गली-कूचों में नाचते हैं। अमुस तिहार से लेकर नवा तिहार तक नाचे जाने वाले गेड़ी नाच में माँदर नहीं बजाया जाता। इसमें कोई भी वाद्य नहीं होता। किन्तु जब बाहर से कोई आते हैं, तो उन्हें दिखलाने के लिये गेड़ी के साथ माँदर बजाते हैं।

झूला

पंडीराम कहते हैं : जहाँ तक गेड़ी नाच की बात है, घोटुल में तो यह नाच नहीं हुआ करता था पहले। आजकल हर घोटुल में नाचते हैं, किन्तु पहले हरियाली के समय गेड़ी बनाते थे और नया खाने के बाद दो गाँवों के सँद[171] में जा कर उसे अण्डा या चूजा बलिदान करके, फोड़ कर आते थे। लेकिन अभी यह नाच घोटुल में स्थायी रूप से चल

डोली

171. सँद : सीमा।

देव ठान

रहा है। पहले केवल अमुस तिहार में बनाते थे और नयाखानी में बोहरा (ठण्डा कर) देते थे। अब तो यह चलन हो गया है घोटुलों में नाचने का। बाहर से लोग आते थे, देखना चाहते थे। तो यह अब चलने लगा है। लड़के लोग बनाते थे। शाम को लड़के जमा होते थे। कोई काम में गया है, कोई बैल चराने ले गया है। तो सब अपना काम खत्म होने के बाद सारे लड़के गली में जमा होते थे और नाचना-गाना, खेलना करते थे। घर-घर नहीं जाते थे इसमें।

क्या यह सही है कि हरियाली के समय पानी खूब गिरता था, कीचड़ हो जाती थी सारे गाँव में। तब लोग-बाग कीचड़ में पैदल नहीं चल पाते थे। इसीलिये गेड़ी बनाते थे। और यह भी कि गोड़ोंदी किसी देवी का नाम है? पंडीराम कहते हैं : ऐसा तो मैंने आज के पहले नहीं सुना है। हाँ, किन्तु गेड़ी को 'गोड़ोंदी[172]' भी कहते हैं, यह सही है। गोंडी में हम लोग 'डिटोंग्' कहते हैं। नहीं; गोड़ोंदी नाम की कोई देवी है, यह भी मैं नहीं जानता। किसी देव का नाम तो नहीं है कुछ ऐसा। यह तो कुछ ऐसी ही बात हुई कि लोग जाने बिना गोंड जनजाति को कोयतोर कह देते हैं। दरअसल कोयतोर का अर्थ कोई जाति नहीं है। हम तो आदमी को ही कोयतोर कहते हैं। पुरुष को कोयतोर और महिला को हाड़[173]। तो कुछ इसी तरह की भ्रान्ति सम्भवतः गेड़ी और गोड़ोंदी को ले कर है, ऐसा मुझे लगता है। किन्तु मुझे तो कुछ पता नहीं। हो सकता है कि यह सही हो।

5. मृत्यु संस्कार में शिल्प की भूमिका, स्थान एवं महत्त्व

गोंड जनजाति की माड़िया शाखा में, जगदलपुर एवं दन्तेवाड़ा तहसीलों में बुजुर्ग या प्रतिष्ठित व्यक्ति की मृत्यु होने पर 'स्मृति-स्तम्भ' गाड़ने की प्रथा है। यह स्तम्भ मृतक की स्मृति में गाड़े जाते हैं। लकड़ी के इस स्तम्भ को 'माड़ेया खमा' कहा जाता है। पंडीराम मण्डावी एवं अन्य के अनुसार यह पत्थर का ही स्थानापन्न है। कुछ लोग पत्थर गाड़ते हैं तो कुछ लोग लकड़ी के स्तम्भ। वे कहते हैं : माड़िया खम्भा इधर यानी नारायणपुर इलाके में नहीं बनाते। दन्तेवाड़ा, जगदलपुर से उधर मावलीभाटा से ले कर गीदम तक और इधर लोहंडीगुड़ा आदि इलाके में बनाते हैं। हमारे यहाँ पहले भी पत्थर गाड़ते थे और अभी भी पत्थर ही गाड़ते हैं। उसे हम गाता पखना कहते हैं। जब हमारे किसी बुजुर्ग या प्रतिष्ठित सदस्य की मृत्यु हो जाती है तब हम उसकी 'नाहनी' करते हैं। फिर उसकी याद में वह पत्थर गाड़ते हैं। हमारे ही समाज में कई लोग पत्थर गाड़ते हैं जबकि कई लोग लकड़ी। साधारण लकड़ी।

172. गोड़ोंदी : भतरी जनभाषा में यह 'घोड़ोंदी' उच्चारित होता है।

173. हाड़ : अन्य ध्वनि 'आड़'।

क्या ये 'गाता पखना' या 'माड़ेया खमा' रास्ते के किनारे गाड़े जाते हैं? पंडीराम कहते हैं : नहीं। ऐसी प्रथा नहीं है हम लोगों में। इसके लिये जगह निर्धारित होती है। वहीं पर गाड़े जाते हैं। पत्थर और लकड़ी गाड़ने के भी नियम हैं। जैसे मैं मण्डावी हूँ। मण्डावी 14 भाइयों में सबसे बड़ा है। तो हम 14 भाइयों के परिवार के लोग लकड़ी गाड़ते हैं। ये 14 भाई हैं, मण्डावी (मरावी, नाग), वड्डे (मरापी), पट्टावी, कचलाम (कच्छलाम, टेकाम), हलामी, नेताम, कोर्राम, गोटा, ओड़ी (सोड़ी), दर्रो, धुरवा, मरकाम (मड़कामी), तामो, उइके। मण्डावी इन 14 भाइयों में सबसे बड़ा है। हम 14 भाइयों के देव एक ही हैं। हम लोग एक लाकन के हैं। केसकाल की ओर सरनेम दूसरा है। तो इन 14 भाइयों के लिये लकड़ी गाड़ने का विधान है। लकड़ी गाड़ने के लिये हम लोगों में कोई खास जगह निर्धारित नहीं होती। कहीं कोई खुली जगह मिली तो वहीं गाड़ देते हैं। वह लकड़ी कुछ दिनों में गिर जाती है। किन्तु कुछ परिवारों के लिये पत्थर गाड़ने का नियम है। वे पत्थर गाड़ते हैं। उनके लिये स्थायी और निर्धारित जगह होती है। वे उसी जगह में ही गाड़ते हैं। जगह वे लोग चुनते हैं। पहले से कहीं कोई जगह निर्धारित होती है। उसी जगह में ही गाड़ते हैं।

झूला

पंडीराम आगे कहते हैं : अब देखिये, लकड़ी गाड़ने वाली और पत्थर गाड़ने वाली प्रथा में मूलभूत अन्तर यह है कि जिनके कुल या वंश में लकड़ी गाड़ने की प्रथा है, वे कहीं भी गाड़ सकते हैं। किन्तु पत्थर वाले ऐसा नहीं कर सकते। मेरा मतलब है, जैसे आप कोंडागाँव के हैं और यहाँ गढ़बेंगाल में आप बस गये। तो यदि आपके कुल या वंश में लकड़ी गाड़ने की प्रथा है तो आप गढ़बेंगाल में भी लकड़ी गाड़ सकते हैं किन्तु यदि आप पत्थर गाड़ने वाले कुल या वंश के हुए तब आप गढ़बेंगाल में पत्थर नहीं गाड़ सकते। आपको पत्थर गाड़ने के लिये आपके मूल निवास-स्थान यानी कोंडागाँव ही जाना होगा। वहीं आप पत्थर गाड़ेंगे।

क्या यह सही है कि माड़ेया खमा या गाता पखना रास्ते के किनारे ही गाड़े जाते हैं और आने-जाने वाले लोग वहाँ तम्बाकू आदि अर्पित करते हैं? पंडीराम कहते हैं : रास्ते में गाड़ने की कोई अनिवार्यता नहीं होती। किन्तु ऐसा भी हो सकता है। यदि मृतक उस गाँव का कोई प्रतिष्ठित व्यक्ति हो तो उसका अन्तिम संस्कार रास्ते के किनारे भी किया जा सकता है। उसकी कब्र आदि भी बना देते हैं। तो अब जैसे कि आज बाजार का दिन है। कोई व्यक्ति उधर से बाजार जा रहा है और मृतक की पहचान का है, तो वह वहाँ उस मृतक को मँद, सलफी

या तम्बाकू अर्पित करता है। या किसी भी दिन यदि कोई उस रास्ते से मँद या सलफी ले कर जा रहा है और मृतक की पहचान का है तो वह भी उस जगह थोड़ा सा मँद या सलफी अथवा तम्बाकू अर्पित करता है। यों तो यह उस राहगीर की इच्छा पर है कि वह मृतक को कुछ अर्पित करता है या नहीं किन्तु पुराने लोगों के अनुसार यह भी कहा जाता है कि यदि आप मँद-सलफी ले कर उसी रास्ते से जा रहे हैं और वहाँ आपने अर्पित नहीं किया तो आपका झोला आदि टूट-फूट जायेगा। इसीलिये ऐसा कुछ होने के पहले ही वहाँ तरपने[174] का रिवाज रहा है।

रथ

यह जो गाता-पखना गाड़ते हैं, या लकड़ी गाड़ते हैं तो यह किसी की भी मृत्यु होने पर गाड़ते हैं या किसी विशेष या बूढ़े व्यक्ति के लिये ही? पंडीराम कहते हैं : सब के लिये। यह तो कई वर्षों से ऐसा होता आया है। दरअसल यह गाता पखना या माड़िया खमा गाड़ने की रस्म प्रत्येक वर्ष नहीं की जाती। यह 15-20 वर्षों में एक बार की जाती है। जैसे आज किसी की मृत्यु हो गयी तो ऐसा नहीं है कि तुरन्त गाता पखना या माड़िया खमा गाड़ दिये जाते हों। या ऐसा भी नहीं है कि किसी एक व्यक्ति के लिये यह गाड़ा जाता हो। एक खानदान के कई लोगों की मृत्यु के बाद उन सबके लिये 15-20 वर्षों में यह अनुष्ठान किया जाता है। जब यह तय कर लिया जाता है कि अब इस वर्ष गाता पखना या खम्भा गाड़ना है तब अपनी बहिन-बुआ, मामा आदि सगे लोगों को निमन्त्रण देना पड़ता है। निमन्त्रण पा कर वे सभी अपने साथ सुअर, बकरे, मुर्गे आदि ले कर आते हैं। फिर यह गाता पखना या खम्भा गाड़ने का कार्य विधि-विधान के अनुसार सम्पन्न किया जाता है।

15-20 साल की अवधि में किसी के घर में, भगवान न करे, लेकिन मान लीजिये कि किसी के यहाँ 2 या 3 लोगों की मृत्यु हो गयी तो क्या यह कार्य उन तीनों के लिये एक साथ करेंगे? पंडीराम कहते हैं : हाँ। सब के लिये। जिस किसी के घर में जितने भी लोगों की मृत्यु हुई है, उन सभी के लिये एक बार किया जाता है। इसे कहा जाता है 'काम कियाना'। 'हायदेर मानेयताँग् काम कियाना' कहते हैं। हिन्दी में 'उनका आखरी नाहनी आदि करना' है।

क्या ऐसा नहीं होता कि आज किसी एक की मृत्यु हो गयी तो उसके लिये गाता पखना या खम्भा गाड़ दें और कल फिर किसी की मृत्यु हो जाये तो उसके लिये किया जाये?

174. तरपने : अर्पित करने।

पंडीराम कहते हैं : नहीं, ऐसा नहीं होता। इकट्ठे किया जाता है। उसमें भी फर्क है। जैसे जिन 10-20 लोगों की मृत्यु 15-20 साल पहले हुई थी उनका काम हमने इस साल कर दिया था। किन्तु इस काम के बाद यदि फिर किसी की मृत्यु हो गयी तो कई बार उसके लिये भी यह अनुष्ठान तुरन्त कर दिया जाता है। किन्तु यह उस परिवार के लोगों की इच्छा पर निर्भर करता है, अन्यथा आने वाले 15-20 साल के बाद ही किया जाता है। इस काम में हमें अपने सगे-सम्बन्धियों को बुलाना पड़ता है। जैसा कि मैंने पहले बतलाया, सगे लोग सारी सामग्री ले कर आते हैं। उनमें से प्रत्येक सगा भोजन राँध कर आपके परिवार के एक-एक लोगों को अपने पास भोजन कराता है। ऐसा नियम है।

जैसा कि पेरमाराम कर्मा, पाकलूराम कर्मा[175] और बोर्रा मण्डावी[176] ने बताया, पहले मृतकों की स्मृति में मिट्टी या पत्थर के स्मृति-चिन्ह बनाये व गाड़े जाते थे। बाद में लकड़ी के खम्भे बनाये व गाड़े जाने लगे। उनके अनुसार, तब लकड़ी के सादे खूँटे ही गाड़ दिये जाते थे। कालान्तर में उन लकड़ियों पर विभिन्न चित्र उकेरे जाने लगे। मूलतः इन चित्रों में मृतक के जीवन-चरित्र का अंकन किया जाता है। किन्तु इधर इसके अतिरिक्त अब आधुनिक वस्तुओं के अंकन का भी समावेश होने लगा है। कार, हवाई जहाज़, हेलिकॉप्टर आदि भी इन चित्रों में स्थान पाने लगे हैं। इसके साथ-ही-साथ अब मृतक के जन्म एवं मृत्यु की तिथि भी इन स्तम्भ-चित्रों में अंकित की जाने लगी है। सामान्यतः शीर्ष में चिड़िया, कई जगह सूर्य एवं चन्द्र तथा उसके बाद मानवाकृति, घोड़ा एवं घुड़सवार, मकड़ी, मृतक का जीवन-चरित्र, पशु-पक्षी, नृत्य-गायन, आखेट आदि के दृश्य चित्रित होते हैं। इन चित्रों के शीर्ष पर पक्षी का अनिवार्यतः चित्रण इस बात का प्रतीक है कि जीवात्मा शरीर को छोड़ कर उड़ जाती है।

माची

माड़िया खम्भों के विषय में पेरमाराम कर्मा बताते हैं : जैसा कि मैंने बचपन से ही देखा है, आर्थिक रूप से कमजोर व्यक्ति की मृत्यु पर उसकी स्मृति में पहले पत्थर और मिट्टी के ही स्मृति-चिन्ह बनाये जाते थे। किन्तु जो लोग सम्पन्न हुआ करते थे, उनकी मृत्यु पर उनकी स्मृति में लकड़ी के खम्भे बना कर गाड़े जाते थे। मैंने भी कुछ खम्भों में चित्रांकन

175. श्री पेरमाराम कर्मा एवं श्री पाकलूराम कर्मा, ग्राम : बुरुँगपाल, तहसील : जगदलपुर (बस्तर-छ.ग.) से अप्रैल 2003 में हुई बातचीत।

176. काष्ठ शिल्पी श्री बोर्रा मण्डावी, ग्राम : पखना कोंगेरा, तहसील : कोंडागाँव (बस्तर-छ.ग.) से फरवरी 2003 में हुई बातचीत। श्री बोर्रा मण्डावी जगदलपुर के किलेपाल क्षेत्र से कोंडागाँव तहसील के पखना कोंगेरा गाँव में आ बसे काष्ठ शिल्पी हैं। ये 'माड़ेया खमा' के ख्यातिप्राप्त शिल्पी हैं।

का कार्य किया है। इन खम्भों पर मनुष्य के, शेर-बाघ, साँप आदि जीव-जन्तुओं के भी चित्र उकेरे जाते हैं। मनुष्य को हाथी आदि पर भी सवार बताया जाता है। ये खम्भे बढ़ई लोग बनाते हैं। बढ़ई हमारे समाज का भी हो सकता है और अन्य समाज का भी। इसमें कोई प्रतिबन्ध नहीं होता। हमारे दादाजी के लिये जिसने खम्भा बनाया था वह कलाकार था लोहंडीगुड़ा का। वह हमारे ही समाज का व्यक्ति था। अब प्रश्न यह है कि आखिर ये खम्भे क्यों बनाये और गाड़े जाते हैं? धारणा है कि इस तरह के चिन्हों से मृतक का नाम अमर हो जाता है।

विविध (पेड़ों की जड़ों स निर्मित शिल्प)

क्या खम्भे बनाने वालों को उनके इस काम के बदले कुछ भेंट आदि दिये जाने की भी परम्परा है? इस पर पेरमाराम कहते हैं : हाँ, उन्हें भेंट-स्वरूप भोजन सामग्री, बर्तन और गाय या बछिया देने की परम्परा है।

माड़िया खम्भा में जो चित्र बनाये जाते हैं, हाथी पर बैठे हुए दिखाया जाता है मृतक को या बाजार जाते हुए अथवा नाचते हुए आदि। तो ये जो सब चीजें हैं, उन्हें बनाने के लिये मृतक के परिवार जन बताते हैं बढ़ई को या कि बढ़ई स्वयं ही अपने मन से यह सब बनाता है? इस विषय में पाकलूराम कर्मा कहते हैं : नहीं। मृतक के परिवार वाले नहीं बताते। बढ़ई स्वयं ही अपनी कल्पना से आदिवासी संस्कृति को चित्रित करता है। मृतक को चलते या नाचते हुए, लंदा हाँडी ले कर जाते हुए, टँगिया ले कर जाते हुए, तीर-धनुष ले कर शिकार करते हुए आदि उकेरे जाते हैं उन पर। यानी मृतक के जीवन-काल की सभी गतिविधियों को बढ़ई अपनी कल्पना से चित्रित करता है। हमारी जो आदिवासी संस्कृति है, वह उस खम्भे में पूरी रूपायित होती है।

किन्तु कुछ खम्भे ऐसे भी देखने में आये हैं जिनमें हवाई जहाज, हेलीकाप्टर आदि भी उकेरे गये हैं। इनका आदिवासी संस्कृति से क्या सम्बन्ध है और इनका चित्रांकन कैसे हुआ होगा? इस प्रश्न का उत्तर देते हैं पाकलूराम : जी हाँ। पहले तो हवाई जहाज या हेलीकाप्टर आदि के चित्र नहीं बनाये जाते थे किन्तु अब आधुनिकता के प्रभाव में आ कर इन सभी आधुनिक वस्तुओं का भी चित्रांकन होने लगा है। हवाई जहाज या हेलीकाप्टर बनाने के पीछे बनाने वाले की सोच आधुनिकता के साथ चलने की होती होगी, ऐसा मुझे लगता है। वह यही दिखाना चाहता है कि अब हम लोग भी यानी हमारा आदिवासी समाज भी आधुनिकता को ग्रहण करने लगा है।

देवगुड़ियों के लिये आँगा, डोली और कुर्सी बनायी जाती हैं। आँगा देवता का प्रतीक होता है जबकि डोली देवी का। कुर्सी देवी और देवता दोनों के लिये बनायी जाती हैं। लकड़ी से बने आँगा के अलावा लोहे के आँगा की भी बात सुनी गयी है। यह लोहे का आँगा गीदम के पास घोटपाल नामक गाँव में होना बताया जाता है। इनके अतिरिक्त देवी-देवताओं के पीढ़े, काँटेदार खड़ाऊ और झूले भी लकड़ी और लोहे से बनाये जाते हैं। लकड़ी के खड़ाऊ में लोहे की कीलें लगायी जाती हैं। इसी तरह लकड़ी के झूले पर भी लोहे की बड़ी-बड़ी कीलें लगायी जाती हैं। झूले सादे भी बनते हैं।

विविध (पेड़ों की जड़ों से निर्मित शिल्प)

देवी-मन्दिर के लिये अधिकांशतः बेल और नीम की लकड़ी का ही उपयोग किया जाता है। इस सन्दर्भ में काष्ठ शिल्पी सुकपाल धुरवा कहते हैं : देवी-मन्दिर के अतिरिक्त कहीं और उपयोग हेतु हम लोग अधिकांशतः खम्हार लकड़ी का उपयोग करते हैं। इसे सिवना भी कहते हैं। इसके अलावा सागौन की लकड़ी का भी उपयोग करते हैं। किन्तु देवी-मन्दिर के लिये बेल और नीम की लकड़ी का ही उपयोग करते हैं। जो लोग देवी-मन्दिर के लिये आँगा या डोली बनाने को कहते हैं, उनसे हम लकड़ी ला कर देने को कहते हैं। बेल और नीम की लकड़ी से आँगा देव भी बनता है, डोली भी बनती है और कुर्सी भी। वैसे तो आँगा बेल की लकड़ी का ही बनाया जाता है किन्तु नीम का भी बना लेते हैं। 'माहालीम' नामक एक लकड़ी होती है। उससे भी आँगा बनाते हैं। यदि 'माहालीम' मिल जाये तो ठीक वरना इसी नीम से भी बनाते हैं। दो किस्म की लकड़ी को मिला कर बना लिया जाता है। ये दो किस्में होती हैं बेल और नीम। और यदि बेल का नहीं मिला तो नीम का भी बना लिया जाता है।

वे आगे कहते हैं : आँगा में दो पाटी होते हैं और दो आड़ी होती हैं। वहाँ पर दोनों आड़ी के बीच में भी एक और लकड़ी रहती है। उसे 'कोको' कहते हैं। उसे घोड़े के सिर जैसा बनाना पड़ता है। फिर उसी पर मुकुट पहनाते हैं। वह देवी है। उसे 'पिला पाट' या 'करेया उसी' कहते हैं। वह 'कोको' डाँड देव का प्रतीक होता है। वह बड़े डोंगर का है। सान डोंगर[177], बड़े डोंगर दोनों में हैं। हम लोग भी उनकी पूजा करते हैं। सान डोंगर, बड़े डोंगर का भी नाम ले कर पुँजी मँडाते[178] हैं। हमारी धुरवा जाति में भी कुछ लोग करते होंगे। किन्तु भतरा-मुरिया

177. सान डोंगर : छोटे डोंगर।

178. पुँजी मँडाना : मुट्ठी भर चावल अमुक देवी या देवता के नाम पर जमीन पर रखना।

झुलना

जातियों में तो उन्हें खास देवता माना जाता है। हम धुरवा जाति के लोग डाँड देवता की पूजा करते हैं। डाँड देवता गाँव की रक्षा करने वाली देवी होती है। वे देवता हैं। घाटी-घाटी में चारों तरफ हैं डाँड देवता। डाँड देव कई रूपों में सामने आते हैं। वे कभी बाघ बन जाते हैं तो कभी आदमी, घोड़ा आदि। जब कभी किसी पेड़ की शाख टूट जाती है तब हम 'डाँड बसली'[179] कहते हैं। दरअसल वह राव देव ही होते हैं। वे जब एक पेड़ से दूसरे पेड़ पर बैठते हैं तब कई बार पेड़ की डाल उनका वजन नहीं सम्हाल पाती और वह टूट जाती है। यही है 'डाँड बसतो'। राव देव 12 किस्म के हैं। जटेया राव, चितरा राव, पँडरा राव, करेया राव, सँदया राव, खेत राव आदि[180]।

यह तो बात हुई आँगा देव और राव देव की। इसके अलावा लछमी जगार में भी लकड़ी की वस्तुओं का प्रयोग होता है। 'डुमर'[181] की लकड़ी की पयली और सोली बनायी जाती है। इन दोनों का उपयोग लछमी जगार में होता है। 'डुमर पयली' में धान और 'डुमर सोली' में मँडेया[182] भर कर रखा जाता है। पीढ़ा भी बनाते हैं। पीढ़े अलग-अलग किस्म के होते हैं। पीढ़े के बीच में कमल के फूल की आकृति उकेरी जाती है। कुछ लोग कुछ और आकृतियाँ बनाते हैं। उस पर भगवान को स्थापित किया जाता है। 'कुरची'[183] भी बनायी जाती है। कुर्सियाँ सादी भी होती हैं और काँटेदार भी। इन कुर्सियों को 'देव-कुरची' कहा जाता है। इसी तरह पीढ़े भी सादे और काँटेदार दोनों ही किस्म के होते हैं। यह सारी सामग्री 'देव-गुड़ी'[184] के लिये बनती है। 'डँगई' बाँस की भी बनती है और लकड़ी की भी। चौकोर बना कर धान का सेला बाँधने के लिये जो डँगई बनायी जाती है, वह लकड़ी की होती है। लाठ बाँस का बनाया जाता है।

---

179. डाँड बसली : डाँड बैठ गया।

180. राव देवताओं की संख्या प्रत्येक व्यक्ति 12 बतलाता है किन्तु यदि इनकी गणना की जाये तो इनकी संख्या 12 से अधिक ही होती पायी गयी है। इससे यही लगता है कि इनकी संख्या तो 12 ही है किन्तु एक ही देवता के एक से अधिक नाम होने के कारण इनके 12 से अधिक होने की भ्रान्ति होती है। उदाहरण के तौर पर खेत राव (टेमा राव), सँदया राव (बँदया राव), जटेया राव (चोखा राव और जोखा राव), करेया राव (कला राव) आदि।

181. डुमर : गूलर।

182. मँडेया : मँडिया या मँड़िया नामक अन्न।

183. कुरची : कुर्सी।

184. देव-गुड़ी : देव-मन्दिर।

काष्ठ शिल्पी सोनसिंह मौर्य[185] कहते हैं : आदिवासी समाज में, विशेषतः गोंड-मुरिया समाज में नृत्य का विशेष महत्त्व है। मैं अपने काष्ठ शिल्पों में अपनी संस्कृति के इसी पक्ष को अभिव्यक्त कर रहा हूँ। वे आगे कहते हैं : हम लोग आरम्भ से ही नयाखानी या छेरता[186] आदि अपने पर्व एवं त्योहारों में, मँडई और विवाह आदि संस्कारों में नृत्य करते रहे हैं। अपनी प्रसन्नता प्रकट करने का हमारे पास यही एक साधन है। तो इस तरह नृत्य हमारे जीवन का अविभाज्य अंग है। हमारे नृत्य कई प्रकार के हैं। इधर हम लोग परब नृत्य करते हैं। विवाह के अवसर पर तो दो-दो तीन-तीन दिनों तक नृत्य चलता रहता है। इस प्रकार कई किस्म के नृत्य हम लोग करते हैं। उन्हीं नृत्यों को मैं अपने शिल्प में स्थान देता आ रहा हूँ। इसके अलावा मैंने माँदर नृत्य को भी अपने शिल्प में स्थान दिया है। माँदर नृत्य इधर अब प्रचलित नहीं है। पहले था। अब हम लोग यह सब भूल गये हैं। यों तो फिलहाल यह कोंडागाँव, नारायणपुर, दन्तेवाड़ा आदि तहसीलों में ही प्रचलित है। किन्तु है तो हमारे ही समाज का नृत्य। पहले हम लोग भी विवाह में माँदर बजाया करते थे किन्तु अब गोची बाजा[187] से ही काम चलाते हैं। नृत्य मनोरंजन के अतिरिक्त देवी-देवताओं को प्रसन्न करने के लिये भी किये जाते रहे हैं। बस्तर में तैंतीस कोटि देवी-देवता हैं। उनमें से बहुत से देवी-देवता अलग-अलग जगहों में माने जाते हैं। एक ही देवी-देवता को तो नहीं मानते। हर गाँव में अलग-अलग देवी-देवताओं की मान्यता होती है। हम इन देवी-देवताओं को भी अपने शिल्प में स्थान देते हैं। डोकरी देव जिसे गोंडिन देव या पेंडरावँडिन तथा गपागोसिन के नाम से भी जाना जाता है, हमारी प्रमुख देवी हैं।

काष्ठ शिल्पी रामसिंह[188] देवगुड़ियों के लिये पारम्परिक कलात्मक किवाड़ बनाने में सिद्धहस्त हैं। वे किवाड़ों के अलावा डोली और आँगा भी बनाते रहे हैं। श्रावण मास की अमावश्या से आरम्भ हो कर कार्तिक कृष्ण पक्ष द्वितीया तक यानी कुल 106 दिनों तक चलने वाले बस्तर के दसराहा (दशहरा) उत्सव के लिये रथ का भी निर्माण किया जाता है। आठ चक्कों के इस विशालकाय रथ के निर्माण-कार्य का आरम्भ श्रावण मास की अमावश्या के दिन मनाये जाने वाले हरियाली के पर्व 'अमुस तिहार' के दिन होने वाले 'पाठा जातरा' से हो जाता है। यह जातरा रथ के लिये लायी गयी लकड़ी की पूजा का अनुष्ठान होता है। यह जातरा होता है माईजी के मन्दिर के ठीक सामने सिंह-द्वार के पास। जंगल से साल वृक्ष का एक बड़ा सा लट्ठा रथ-निर्माण आरम्भ किये जाने के प्रतीक स्वरूप वहाँ ला कर सिंह-द्वार के पास रखा जाता है। फिर उस लट्ठे को माँगुर मछली की बलि दी जा कर उसकी विधिपूर्वक पूजा की जाती है। इसके बाद झाड़ उमरगाँव तथा बेड़ा उमरगाँव ग्रामों के ग्रामीण रथ-निर्माण आरम्भ करते हैं।

185. काष्ठ शिल्पी श्री सोनसिंह मौर्य, ग्राम : भाटपाल, तह. : जगदलपुर (बस्तर-छ.ग.) से दिनांक 26.04.04 को हुई बातचीत।

186. छेरता : अन्य उच्चारण 'छेरका', 'छेरछेरा'।

187. गोची बाजा : गाँडा या माहरा जाति के लोगों द्वारा बजाये जाने वाले वाद्य यथा - निसान, टुड़बुड़ी, मोहरी, ढोल, ढपरा।

188. ग्राम-पो. : अनतपुर, तहसील : कोंडागाँव, बस्तर-छत्तीसगढ़।

दन्तकथाएँ

1. पेंडरावँडिन देवी से सम्बन्धित दन्तकथा

डोकरी देव की उत्पत्ति के विषय में बहुत संक्षेप में एक मिथ कथा बतलाते हैं सोनसिंह मौर्य : बताते हैं कि सात भाई थे। उनके एक बहिन थी। वे एक नहर बाँध रहे थे। बहिन के लिये जो घरजुआँय (घरजवाँई) था उसकी बलि उन भाइयों ने दे दी। यह देख कर उनकी बहिन ने भी उसी बाँध में कूद कर अपने प्राण त्याग दिये। वही दोनों कालान्तर में देवी-देवता के रूप में प्रगट हुए।

2. नरसिंगनाथ देव से सम्बन्धित दन्तकथा

नरसिंगनाथ देव के विषय में अर्जुन धुरवा[189] बताते हैं : नरसिंगनाथ देवी आँगा है। एक बार की बात है। बस्तर महाराजा भैरमदेव ने देवी-देवताओं की परीक्षा ली। दरअसल महारानी की रुद्राक्ष माला इन्द्रावती नदी में गुम गयी थी। महाराजा ने उस माला की काफी खोज करवायी किन्तु उसका कहीं पता न चला। तब महाराजा ने सारे देवी-देवताओं से प्रार्थना की और उन्हें उस माला को खोज निकालने के लिये नदी में फेंकवा दिया। सारे देवी-देवता उस माला को खोजने लगे किन्तु उनमें से कोई भी सफल नहीं हो सका। अन्ततः नरसिंगनाथ देवता और उनके छोटे भाई पाटदेव ने वह माला खोज निकाली। यही दोनों भाई विजयी रहे। यह देख कर महाराजा दोनों भाइयों पर बहुत प्रसन्न हुए और उन दोनों देवताओं को राजकीय देवता का सम्मान दिया। तब से ये दोनों देवता जगदलपुर के राजबाड़े में प्रतिष्ठित हैं[190]। जब कभी किसी गाँव के शुद्धिकरण या पाँगन-नासन[191] से गाँव को मुक्ति दिलाने का कोई प्रकरण होता है तब ग्रामवासी जिला प्रशासन को चालान द्वारा एक निर्धारित राशि अदा कर अपने गाँव ले जाते हैं तथा इच्छित कार्य एवं पूजा-अर्चना सम्पन्न करने के बाद पुनः राजमहल में वापस लौटा देते हैं।

वे आगे कहते हैं : नरसिंगनाथ का जन्म आमगाँव में हुआ है। बड़े डोंगर के आगे घाटी के नीचे है आमगाँव। वहीं पर उनका जन्म हुआ है। कहते हैं कि वही नरसिंगनाथ देवता दशहरा के समय बड़े डोंगर से जगदलपुर जाते समय एक राक्षसी के प्रेम में लिप्त हो गये। वह राक्षसी भी देवी है। नरसिंगनाथ ने उस राक्षसी से विधिवत विवाह तो नहीं किया किन्तु आज भी वह उनकी पत्नी के रूप में मान्यता पाती है। उनके एक पुत्र भी है। वहीं लिहागाँव-

---

189. नरसिंगनाथ आँगा के पुजारी श्री अर्जुन धुरवा, ग्राम : बड़े डोंगर, तह. : कोंडागाँव (बस्तर-छ.ग.) से दिनांक 04.09.99 को हुई बातचीत।

190. यह कथा प्रकारान्तर से इस तरह भी बतायी जाती है : किसी समय बस्तर के महाराजा ने सभी गोत्र-देवताओं (आँगाओं) की शक्ति का परीक्षण करने के लिये उन्हें इन्द्रावती नदी के तट पर आमन्त्रित किया। बाद में सभी देवताओं (आँगाओं) को इन्द्रावती नदी में डाल दिया गया। इनमें पाट देवता ही मात्र एक ऐसे देव थे जो तैरते हुए इन्द्रावती के दूसरे किनारे जहाँ पर महाराजा खड़े थे, पहुँच गये। उसी समय से महाराजा ने उन्हें अपने महल में स्थायी रूप से रख लिया (स्रोत : 'बस्तर : अतीत से आगत' पुस्तक में प्रकाशित श्री सरोज वाजपेयी और सुश्री इष्विता चटर्जी का लेख 'बस्तर के देवी-देवता')।

191. पाँगन-नासन : टोना-टोटका।

आमगाँव में। वह भी आँगा है। उसका नाम है 'पिलापाट'। नरसिंगनाथ ने लज्जावश अपनी राक्षसी प्रेमिका को देवी-देवताओं के साथ न रख कर बाँवसकोट[192] में रख दिया है। लिहागाँव-आमगाँव में उनका पुजारी है। उसका नाम है निलोराम पटेल। उसके बाद नरसिंगनाथ का विवाह एक बम्हनिन[193] से हुआ। नरसिंगनाथ ने अपनी उस ब्राह्मणी पत्नी को आमगाँव में ही रखा हुआ है। वह अन्तागढ़ की रहने वाली थीं। वे अन्तागढ़ से पैठू[194] आ गयी थीं। नरसिंगनाथ की माँ भी अन्तागढ़ में हैं। उनका नाम है देवनी डोकरी।

पारम्परिकता में परिवर्तन

समय के साथ कला-परम्परा में परिवर्तन आता जा रहा है। लोक रुचि में परिवर्तन हुआ है तो कला रूपों में भी परिवर्तन स्वाभाविक रूप से आया है। काष्ठ शिल्पी सुकपाल धुरवा पारम्परिकता में परिवर्तन को कुछ इस तरह रेखांकित करते हैं : मैं बचपन से ही अपने पिताजी के साथ बढ़ईगिरी का काम करता था। बढ़ईगिरी के साथ-साथ काष्ठ-मूर्ति का काम भी हम लोग किया करते थे। तब की मूर्तियों में फिनिशिंग नहीं हुआ करती थी। अनगढ़ मूर्तियाँ बनती थीं। उसमें कोई बाहरी प्रभाव नहीं हुआ करता था। वह थी विशुद्ध आदिवासी कला। मेरे पिताजी किया करते थे। उनके अलावा मेरे आजा (नाना) भी अच्छी मूर्तियाँ बनाते थे। मैंने आठवीं पढ़ते तक ड्राइंग का काम सीख लिया था। उसके बाद सन् 1972 से यह काम शुरु किया। हमारे नाना जगदलपुर के आगे धुरगुड़ा नामक गाँव के रहने वाले थे। हाटगुड़ा के पास है यह गाँव। मेरे पिता ने काष्ठ शिल्प का काम उन्हीं से सीखा था। तब मैं बहुत छोटा था। वे तभी गुजर गये। मेरे पिता का नाम था चैतन धुरवा।

वे आगे कहते हैं : अभी जो कृतियाँ लोगों को पसन्द आती हैं वे हैं यहाँ के सुप्रसिद्ध माड़िया नृत्य की प्रतिमाएँ। समूह नृत्य को दर्शाने वाली प्रतिमाएँ अधिक पसन्द की जाती हैं। और ये जो शिव-गणेश आदि की मूर्तियाँ हैं, ये तो हम लोग अभी-अभी बना रहे हैं। यह हम नहीं जानते थे। देख-देख कर और लोगों के 'आर्डर' पर हमें यह भी सीखना पड़ा है। पुराने जमाने में आदिवासी देवी-देवता की पूजा किया करते थे। इसीलिये हम वही सब बनाते थे। अब बाजार की पसन्द के हिसाब से सब-कुछ बनाना पड़ रहा है।

पंडीराम को अपनी पगड़ी एवं अन्य पारम्परिक परिधान एवं संस्कृति से बहुत लगाव है। पारम्परिकता में परिवर्तन की बात पर वे कहते हैं : अपनी परम्परा को बनाये रखना आवश्यक है। समय के साथ जो परिवर्तन हो रहा है परम्पराओं में, वह चिन्तनीय है। घोटुल के समय की माला आदि के विषय में पूछने पर वे कहते हैं : माला वगैरह तो हैं ही नहीं अभी। अब इतना ही है। बाकी लोगों ने तो आजकल के फैशन के हिसाब से अपना परिधान आदि बदल लिया है। पगड़ी बाँधना ही छोड़ दिया है लोगों ने। किन्तु मैंने यह पगड़ी, केश-विन्यास का तरीका आदि अभी भी सम्हाला हुआ है। मेरे परिधान और केश

192. बाँवसकोट : बाँसकोट नामक एक गाँव।

193. बम्हनिन : ब्राह्मणी।

194. पैठू : एक प्रथा जिसमें इच्छित वर से विवाह की इच्छुक युवती अपने माता-पिता की इच्छा के विरूद्ध अपने इच्छित वर के घर भाग कर आ जाती है। हल्बी-भतरी परिवेश में यह प्रथा 'पैसा मुँडी जातो' कहलाती है।

आदि पहले जैसे ही हैं। लोग आजकल के जमाने के हिसाब से चल रहे हैं, किन्तु मैंने अपनी पहचान बचा रखी है।

काष्ठ शिल्पी बुटकी कश्यप[195] कहती हैं : हम लोग पहले खेती-बाड़ी के काम से ही जुड़े थे। मेरे पति बिसनाथ कश्यप ने काष्ठ शिल्प का काम परचनपाल से सीखा और फिर यहाँ के लोगों को भी सिखाया। हम लोग पेड़-पौधों की जड़ों को भी कलाकृतियों के रूप में आकार देने लगे हैं। लोग काफी पसन्द करते हैं उन्हें। पहले हमारे समाज में माँदर और माँदरी हुआ करते थे। हम लोग नाचते थे माँदर बजा कर किन्तु अब इधर माँदर का चलन नहीं रह गया है। हम लोग गोची बाजा से काम चलाते हैं। पारम्परिक काम भी अब लगभग नहीं हो रहा है। पहले आँगा आदि बनाया करते थे किन्तु अब नहीं बनाते। अब तो हम लोग शंकर, गणेश, कृष्ण-राधा आदि की प्रतिमाएँ ही बनाने लगे हैं। जड़ों के छिलके निकाल कर उन्हें कलाकृति का रूप देते हैं। लोहे को गरम कर उनमें आँख-कान आदि अंकित कर देते हैं। पशु-पक्षी का रूप दे देते हैं। आँगा अब प्रायः बढ़ई लोग ही बनाते हैं। और बढ़ई तो किसी भी जाति का हो सकता है।

समस्याएँ

काष्ठ शिल्पी पंडीराम मण्डावी आदिवासी जन-जीवन, उनकी प्रथाओं और परम्पराओं तथा कलाओं पर दिल्ली-भोपाल में बैठ कर कुछेक अप्रामाणिक किताबों के हवाले से कुछ भी लिख देने वालों से बहुत रुष्ट हैं। वे कहते हैं : कुछ लोगों ने गोंड जनजाति को कोया कहा है जबकि कोय एक अलग जाति है। यह जाति ओड़िसा के पहाड़ों में रहती है। लोगों ने दिल्ली-भोपाल में बैठ कर कुछ भी लिख दिया है। मैं कहता हूँ, आप आदिवासी इलाकों में आइये। घूमिये अबूझमाड़ में। लोगों को तो यही नहीं पता कि अबूझमाड़ कहाँ है? किन्तु उस पर लिखने में उन्हें महारत हासिल है। जंगल में जाइये, घास-पात के बीच, पेड़-पौधों के बीच समय बिताइये। यहाँ शेर-भालू देखिये और तब हमारे आदिवासी जन-जीवन पर पीएचडी कीजिये। किसी का लिखा देख-पढ़ कर, इस-उस से कुछ-का-कुछ सुन कर लिखने से बात नहीं बनेगी। महानगरों में बैठे लोग आदिवासी विकास योजनाओं के संचालक बने बैठे हैं और यहाँ हम आदिवासी आलू छील रहे हैं। मच्छर काट रहे हैं हमें। हम मलेरिया से मरे जा रहे हैं। हमें और हमारी समस्याओं की ओर देखने वाला कोई नहीं है। यह सब क्या है? हमें जो सुविधाएँ मिलनी चाहिये, वे नहीं मिल रही हैं। हम कलाकार हैं किन्तु मजदूरी कर रहे हैं। जी हाँ, कला की मजदूरी। हमें क्या मिल रहा है? महज दो-ढाई सौ रुपये। हमारे पास भी मोटर-गाड़ी होना चाहिये। क्यों नहीं है हमारे पास? हमें कौन सी सुविधा मिल रही है? कुछ नहीं। बैंकों से फायनेन्स का बुरा हाल मैंने देखा है। जिस व्यक्ति ने कभी नारायणपुर नहीं देखा, जिसे आदिवासी से कोई मतलब नहीं, उसे बैंक आदिवासियों के विकास के नाम पर पैसे दे रही है किन्तु हमें नहीं देती। वास्तविक हितग्राही हम हैं किन्तु हमें दरकिनार कर दिया जाता है। हमें अपनी खेती के लिये, अपनी कलाकारी के लिये पाँच-दस लाख रुपये चाहिये किन्तु

195. काष्ठ शिल्पी श्रीमती बुटकी कश्यप, ग्राम : मुँजला (सोनारपाल), तह : जगदलपुर (बस्तर-छ.ग.) से दिनांक 04.11.05 को हुई बातचीत।

हमें नहीं देंगे ये बैंक वाले। कार्यशालाओं के लिये हमें आर्थिक मदद की आवश्यकता है। हम उस आर्थिक संसाधन से कार्यशालाओं और कार्य के माध्यम से 40-50 लोगों को रोजगार दे सकते हैं। अपनी कलाकृतियों की प्रदर्शनियाँ लगा सकते हैं। उन्हें विदेशी कला-प्रेमियों तक पहुँचा सकते हैं। इसके लिये हमें आर्थिक मदद चाहिये। हमें खेती के लिये भी मदद चाहिये।

वे आगे कहते हैं : एक बार हम लोगों को बेंगलोर भेजा गया इलायची और अंगूर की खेती देखने के लिये। वहाँ के अधिकारी ने हमसे पूछा, बस्तर के किसानों के पास कितनी-कितनी जमीन है? हमने कहा, सौ-दो सौ एकड़ तक जमीन है हम लोगों के पास। तब वे बोले, हमारे यहाँ महज 4 एकड़ जमीन वाले किसान के पास कार, ट्रैक्टर, बंगले हैं। वे कहीं जाते हैं तो प्लेन से। तुम्हारे बस्तर में किसानों के पास 100-200 एकड़ जमीन है किन्तु उनके पास एक टूटी-फूटी सायकिल भी नहीं है। ऐसा क्यों? सरकार हमें भी आर्थिक मदद दे तो हमारी जमीनों में भी फसलें लहलहा सकती हैं। हम भी कार, ट्रैक्टर और बंगलों के मालिक बन सकते हैं। हम लोग मेहनत करने से नहीं कतराते। हमारे पास संसाधनों की कमी है। संसाधन जुटें तो हम भी कुछ कर के दिखा सकते हैं। पानी का साधन हो। हम मछली पालन कर सकेंगे, सुअर पालन कर सकेंगे, कलाकारी कर सकेंगे, फलोद्यान का काम भी कर सकते हैं। हम क्या नहीं कर सकते? कर सकते हैं, किन्तु हमारे पास साधन कहाँ हैं? दूसरे राज्यों में ले जा कर दिखाने से बात नहीं बनती। साधन मुहैय्या कराने से बात बनेगी। हमारे पास जमीन है। सरकार हमारी मदद करे तो हम क्या नहीं कर सकते? एक आदमी करेगा तो उसे देख कर दस आदमी सीखेंगे एक साल में। इसी तरह दस आदमी करेंगे तो सौ लोग सीखेंगे।

वे आगे कहते हैं : कला की बात लें। फिल्मोत्सव में जब पुरस्कार बाँटे जा रहे थे तब मैं भी था। दिल्ली में भी और बम्बई में भी। फिल्मी कलाकारों को कई पुरस्कार मिले किन्तु बस्तर के एक आदिवासी कलाकार को कोई पुरस्कार नहीं मिला। चेंदरूराम हैं हमारे गढ़-बेंगाल के। उन्होंने आज से कई वर्षों पूर्व एक स्वीडिश निर्देशक की फिल्म में अभिनय किया था। उन्हें किसी ने भी नहीं पूछा था आज तक। किन्तु हाँ, एक बात अभी अवश्य हुई है। और वह यह कि छत्तीसगढ़ शासन के संस्कृति विभाग ने चेंदरू की कला का सम्मान करते हुए उन्हें आजीवन आर्थिक मदद देने की घोषणा की है। यह प्रसन्नता की बात है।

लोकचित्र

लोकचित्र एक ऐसा कला-रूप है जिसका दर्शन हमें घर-घर में होता है। चाहे वह दीवार पर की गयी चित्रकारी हो या फिर ज़मीन पर। अधिकांश घरेलू महिलाएँ इस कला में पारंगत होती हैं। इसीलिये इस कलाकारी को महिलाओं द्वारा की जाने वाली सर्वोत्तम अभिव्यक्ति कहा जा सकता है। यह अलग बात है कि इसे वे अपने-अपने क्षेत्र में 'बाना', 'बाधा', 'चउक' या 'रंगोली', 'अल्पना', 'अरिबाना', 'मुग्गू', 'कोलम' अथवा 'एयपाना' के नाम से जानती हों। 'बाना' और 'रंगोली' में फर्क यह होता है कि 'बाना' या 'बाधा' प्रायः चावल और हल्दी के आटा से बनाये या लिखे जाते हैं, जबकि रंगोली में विभिन्न सूखे रंगों का प्रयोग होता है। इसी तरह 'चउक' में भी चावल और हल्दी के आटे का ही प्रयोग होता है।

बस्तर के हल्बी-भतरी परिवेश का यह 'बाना' या 'बाधा' ही शेष छत्तीसगढ़ अंचल में 'चउक' या 'चउँक' कहा जाता है। इसी तरह इसे बंगाल और आसाम में 'अल्पना'[1], बिहार में 'अरिबाना' (या अहपन)[2], राजस्थान में 'माण्डना'[3], गुजरात में 'साथिया'[4], गढ़वाल में 'आपना'[5], आन्ध्र प्रदेश में 'मुग्गू'[6], केरल में 'कोलम'[7], कुमाऊँ क्षेत्र में 'एयपाना', ओड़िसा में 'बाधा' या 'बाना' तथा मध्य प्रदेश और उत्तर प्रदेश में 'रंगोली' और महाराष्ट्र में 'रंगोळी'[8] के नाम से जाना जाता है। इसकी गणना महर्षि वात्स्यायन के 'कामसूत्र' में वर्णित 64 कलाओं में की गयी है।

लछमी जगार

1. स्रोत : श्री उत्पल बैनर्जी, आड़काछेपड़ा पारा, कोंडागाँव (मूल निवास : प. बंगाल), 03.02.05 एवं श्री मोन बहादुर सुबा, नयी दिल्ली (मूल निवास : आसाम), 20.06.2000।
2. स्रोत : सुश्री अर्चना मिश्रा, नहरपारा, कोंडागाँव (मूल निवास : बिहार), 1998।
3. स्रोत : श्री लोकचन्द जैन, रोजगारी पारा, कोंडागाँव (मूल निवास : राजस्थान), 10.12.2004।
4. स्रोत : श्री सुरेन्द्र रावल, विकास नगर, कोंडागाँव (मूल निवास : गुजरात), 18.04.2001।
5. स्रोत : सुश्री ललिता जोशी, तहसीलपारा, कोंडागाँव (मूल निवास : गढ़वाल), 1980।
6. स्रोत : श्रीमती वाई. लक्ष्मीबाई, नहरपारा, कोंडागाँव (मूल निवास : आन्ध्र प्रदेश), 08.05.05।
7. स्रोत : श्री विनोद ए. एस. एवं श्री एस. व्ही. पिल्लै, फारेस्ट कालोनी, कोंडागाँव (मूल निवास : केरल), 13.07.05।
8. स्रोत : श्री राजेन्द्र राव राऊत, तहसीलपारा, कोंडागाँव (मूल निवास : महाराष्ट्र), 05.11.06।

'बाना' या 'बाधा' तथा 'चउक' या 'चउँक' में सूखे आटे के अलावा आटे के घोल का भी प्रयोग होता है। सूखे आटे को (और विवाह के अवसर पर पिसी हल्दी को भी) चुटकी में ले कर 'बाना', 'बाधा' या 'चउक' बनाये जाते हैं जबकि आटे के घोल में उँगलियाँ डुबो कर। दीवारों पर बनाये जाने वाले चित्रों को बस्तर के हल्बी-भतरी परिवेश में 'गड़' कहा जाता है। हथेलियों के चिन्ह भी दीवार पर अंकित किये जाते हैं, जिन्हें 'हाता' कहा जाता है। यही 'हाता' छत्तीसगढ़ी परिवेश में 'हाँथा' या 'हाँता' कहलाता है। हाता देने के लिये प्रायः दाहिनी हथेली ही प्रयुक्त होती है किन्तु बायीं हथेली का प्रयोग भी देखने में आता है। 'गड़' लिखने अथवा 'हाता' देने के लिये आटे के घोल के अतिरिक्त सफेद छुई मिट्टी या पीली छुई मिट्टी तथा गेरु मिट्टी का भी प्रयोग होता रहा है। काले रंग के लिये गोबर का प्रयोग होता है। कोयले का प्रयोग वर्जित रहा है। वानस्पतिक रंगों का प्रयोग भी कहीं-कहीं देखने में आया है। दीवार पर चित्रांकन करने वालों को बस्तर में लिखनकार और चितरकाल या चितरकार कहा जाता है।

माड़ेया खमा (मृतक-स्मृति-स्तम्भ)

बस्तर के लोकचित्रों को उनकी प्रकृति के अनुरूप निम्न 5 वर्गों तथा उनके 6 उप वर्गों में बाँटा जा सकता है : 1. भित्ति चित्र, 2. थल चित्र, 3. देह चित्र, 4. स्तम्भ चित्र, 5. शैल चित्र।

यद्यपि इन पर आगे के अध्याय (चित्र शैलियाँ) में विस्तारपूर्वक चर्चा की जा रही है तथापि इनका प्रारम्भिक परिचय यहाँ दिया जाना अनुपयुक्त नहीं होगा :

1. **भित्ति चित्र** : इस वर्ग के अन्तर्गत दीवार तथा किसी वस्तु पर भिन्न-भिन्न रूपों में की जाने वाली चित्रकारी रखी जा सकती है। इन्हीं भिन्न रूपों के आधार पर इन्हें दो उप वर्गों में रखा जा सकता है :
   - **अ. हाता** : इसके अन्तर्गत दीवार या किसी वस्तु पर दी जाने वाली हथेली की छाप को रखा जा सकता है।
   - **ब. गड़** : दीवार पर की जाने वाली चित्रकारी 'गड़' के नाम से जानी जाती है।
2. **थल चित्र** : इस वर्ग के अन्तर्गत ज़मीन पर की जाने वाली चित्रकारी आती है। इसे भिन्न-भिन्न अवसरों एवं उद्देश्यों से बनाये जाने के आधार पर दो उप वर्गों में बाँटा जा सकता है :
   - **अ. बाना (बाधा या चउँक)** : बाना (बाधा या चउँक) ज़मीन पर चावल और हल्दी के सूखे आटे से मांगलिक अवसरों पर बनाये जाते हैं।
   - **ब. छापा** : मृतक की अन्त्येष्टि के बाद उसके चिता-स्थल पर मृतक का बनाया जाने वाला चित्र 'छापा' के नाम से जाना जाता है। इसे 'मरनी बाधा' या 'मुरित' भी कहा जाता है।
3. **देह चित्र** : इस वर्ग के भी दो उप वर्ग किये जा सकते हैं :
   - **अ. गोदना** : मानव-देह पर अंकित किये जाने वाले चित्र को 'गोदना' कहा जाता है।
   - **ब. छापा** : पशु-धन की पीठ पर कटोरी या गिलास के ऊर्ध्व भाग की छाप को, जो चावल के गीले आटे में भिगा कर दी जाती है, छापा कहा जाता है।

4. **स्तम्भ चित्र** : इस वर्ग के अन्तर्गत काष्ठ तथा प्रस्तर स्तम्भों पर की जाने वाली चित्रकारी सम्मिलित की जा सकती है। मृतकों की स्मृति में गाड़े जाने वाले इन चित्रित स्तम्भों को 'माड़ेया खमा' (या 'गाता पखना', 'गाँयता पखना' अथवा 'उर्स कल' भी) कहते हैं।
5. **शैल चित्र** : इस वर्ग के अन्तर्गत शैलाश्रयों आदि में बने चित्रों को सम्मिलित किया जाता है। केसकाल तहसील के लिमदरहा, बावनी मारी और टाटा मारी आदि स्थानों में पुराकालीन शैल चित्रों के प्राप्त होने के संकेत मिलते हैं, किन्तु इनकी प्रामाणिकता अभी सिद्ध होना बाकी है।

उद्‌भव एवं विकास

बस्तर में लोकचित्र-कला के उद्‌भव से सम्बन्धित कुछ रोचक कथाएँ यहाँ हल्बी जनभाषा में गाये जाने वाले 'जगार' गीतों तथा गीति कथाओं में मिलती हैं। पहली कथा है गुरुमाय रैमती के गाये 'लछमी जगार'[9] के एक प्रसंग में। गुरुमाय रैमती द्वारा वर्ष 2000 एवं 2004 में गाये गये 'लछमी जगार' (अध्याय-10 : माहालखी का युवावस्था को प्राप्त होना) की कथा के अनुसार : माहालखी[10] जब युवा हो गयीं तो वे एक दिन अपनी सखी हनसई बाबी के साथ बगीचे में गयीं। वहाँ उन्होंने विभिन्न जीव-जन्तुओं की जोड़ियाँ देखीं और अपने भाग्य को कोसते हुए रोने लगीं। हनसई बाबी ने उनके रोने का कारण पूछा तो उन्होंने कहा कि यहाँ सभी प्राणियों के जीवन-साथी हैं किन्तु एक मैं ही हूँ, जिसका कोई जीवन-साथी नहीं है। यह सुन कर हनसई बाबी ने उन्हें ढाढ़स बँधाया और कहा कि मैं दुनिया भर के सारे राजा-राजकुमारों और शूर-वीरों के चित्र बना देती हूँ। आप उन्हें देख कर उनमें से अपने योग्य वर चुन लीजिये। फिर उनसे आपका विवाह करा दिया जायेगा। ऐसा कह कर हनसई बाबी ने विभिन्न राजा और राजकुमारों के चित्र बनाये। तब सभी के चित्रों को देखने के बाद माहालखी ने बदरिकापुर के राजा कुरुस-बलप के बेटे नरसिंगनाथ को पसन्द किया। कहते हैं कि हनसई बाबी द्वारा बनाये गये चित्रों के साथ ही धरती पर चित्र-कला का जन्म हुआ :

बाधा या बाना

0682 हनसई सखी तो आत परभू — हनसई सखी तो है प्रभु
हनसई सखी तो आत — हनसई सखी तो है

9. गुरुमाय रैमती, ग्राम : खोरखोसा, तहसील : जगदलपुर (बस्तर-छ.ग.) द्वारा वर्ष 2000 में गाया गया लछमी जगार।
10. माहालखी : महालक्ष्मी।

चितरकार तो फोटो जानू	वे चित्रकार हैं चित्र बनातीं
चितरकार फोटो	वे चित्रकार हैं चित्र बनातीं
मने धियान करला परभू	मन में ध्यान लगातीं प्रभु
तुसटी पड़ुन गेला	स्तुति वे कर जातीं
चारी उना तो लखे राजा	चारों दिशाओं के लाखों राजाओं के
सबू चो फोटो खिंचोत	सब के चित्र बनातीं
चारी उना तो लखे राजा चो	चारों दिशाओं के लाखों राजाओं के
सबू चो फोटो खिंचोत	सब के चित्र बनातीं

गुरुमायँ सुकदई द्वारा गाये 'लछमी जगार'[11] (अध्याय-13 : मेंग-मेंगइन द्वारा लछमी-जगार का आयोजन) में भी चित्र-कला के उद्भव की कथा इस रूप में आती है : मेंगिन रानी ने अपने घर में 'लछमी जगार' का आयोजन किया। इस आयोजन में स्वर्ग से आयीं गुरुमायों के मार्ग-दर्शन में मेंगराजा ने थाली, पायली, सूपा, धनुष, हण्डी, कलश, आरती और मचियों आदि पर चावल के आटे के घोल में सनी हथेली की छाप लगायी। ज़मीन पर चित्रांकन किया। हथेली की छाप को 'हाता' कहा गया और ज़मीन पर किये गये चित्रांकन को 'बाना'। कहते हैं कि धरती पर इसी दिन से 'हाता देतो (दीवार या किसी वस्तु पर हथेली की छाप देने)' और 'बाना लिखतो (ज़मीन पर चित्रांकन करने)' की शुरुआत हुई :

तीजा जगार

0766	जोड़ी गुरुमायँ जाओत बाबा	दोनों गुरुमायें जातीं बाबा
	राजा-रानी जाओत	राजा-रानी जाते
	गाँयता-पुजारी जाओत बाबा	गाँयता-पुजारी जाते बाबा
	माँजी-मुकासी जाओत	माँझी-मुखासी जाते
	होम-आरती दादा देय	होम-आरती दादा करता
	पइँया पड़ुन दादा जाय	प्रणाम कर जाता दादा
	थारी ने पिसान धरे दादा	थाली में आटा लेता दादा
	मँजी बाना लिखे	बीच में चित्र बनाता
	बाना लिखुन सारे दादा	चित्र बना जाता दादा
	बाना लिखुन सारे	चित्र बना जाता

11. "गुरुमायँ सुकदई द्वारा प्रस्तुत बस्तर की धान्य देवी की कथा : लछमी जगार", सम्पादक : हरिहर वैष्णव एवं सी. ए. ग्रेगरी, 2003, पृ. 33 (1000 पृष्ठीय मूल ग्रन्थ प्रकाशनाधीन)।

कलस-दिया बारे रानी	कलश-दीप जलाती रानी
कलस-दिया बारे	कलश-दीप जलाती
थारी ने पिसान राजा धरे	थाली में आटा राजा लेता
थारी ने पिसान राजा धरे	थाली में आटा राजा लेता
झारी-पानी छिचे राजा	झारी-पानी छिटकता राजा
काचा गोरस छिचे	कच्चा दूध छिटकता
पयली मँडाउन राजा जाय	पायली रख जाता है राजा
पयली मँडाउन राजा जाय	पायली रख जाता है राजा
थारी ने पिसान धरे राजा	थाली में आटा लेता राजा
थारी ने पिसान धरे	थाली में आटा लेता
पयली हाता देय राजा	पायली में हाता देता[12] राजा
कलस हाता देय	कलश में हाता देता
नाँद ने हाता बले देय राजा	हण्डी में हाता देता राजा
सुपा ने हाता देय	सूपा में हाता देता
माची ने हाता देय राजा	मचिया में हाता देता राजा
धनऊ हाता देय	धनुष में हाता देता
छिरनी ने हाता देय राजा	छिरनी में हाता देता राजा
कलस हाता देय	कलश में हाता देता
हाता देउन सारे राजा	हथेली की छाप लगाता राजा

माड़ेया खमा (मृतक-स्मृति-स्तम्भ)

गुरुमाय केलमनी द्वारा गाये 'लछमी जगार'[13] (अध्याय-2 : पारबती रानी द्वारा जगार का आयोजन) में भी चित्र-कला की उत्पत्ति की कथा आती है। पारबती रानी द्वारा लछमी जगार के आयोजन में जगार की सभी सामग्री पर 'हाता' दिये जाने के साथ ही धरती पर चित्र कला की 'हाता' शैली की उत्पत्ति मानी जाती है :

0037	कनक-पिसान धरला रानी	कनक-पिसान[14] लिया रानी[15] ने
	कनक-पिसान धरला रानी	कनक-पिसान लिया रानी ने
	उबा कुड़े हाता परभू	खड़ी दीवार पर हाता दिया
	उबा कुड़े हाता	खड़ी दीवार पर हाता दिया

12. हाता देता : हथेली की छाप लगाता। हाता : हथेली की छाप। शुभ अवसर पर हथेली को चावल के आटे या हल्दी के आटे के घोल में डुबा कर उसकी छाप दीवार, सूपों, हण्डी, लोगों की पीठ आदि पर तथा 'दियारी' नामक त्योहार और कृषि-कार्य आरम्भ करने के पूर्व गाय-बैलों की पीठ एवं कृषि उपकरण आदि पर लगायी जाती है। यह शुभ का प्रतीक होता है। यह भी पूजा का एक अन्य विधान है। इसे 'हाता देतो' कहा जाता है। इसे लोकचित्र के अन्तर्गत रखा जा सकता है। (बस्तर की लोकचित्र परम्परा : हरिहर वैष्णव : 2002)
13. गुरुमाय केलमनी, ग्राम : खोरखोसा, तहसील : जगदलपुर (बस्तर-छ.ग.) द्वारा वर्ष 2005 में गाया गया लछमी जगार।
14. कनक : कनकी (चावल के टूटे दाने), स्वर्ण, पिसान : आटा।
15. रानी : पारबती (पार्वती)।

नियन कुड़े हाता परभू	बड़ी दीवार पर हाता दिया
नियन कुड़े हाता	बड़ी दीवार पर हाता दिया
नाँदक नेंवरा हाता परभू	हाँडियों पर हाता देतीं प्रभु
ढाकिबार कुला हाता	ढँकने वाले सुपों पर हाता देतीं
झिकिबार धनू ने हाता परभू	खींचने वाले धनुष पर हाता देतीं प्रभु
बसिबार माची हाता	बैठने वाली मचियों पर हाता दिया

इसी जगार में भित्ति चित्र की उत्पत्ति का प्रसंग भी आता है। अध्याय-18 (नरायन राजा के घर में जगार का आयोजन) में आया यह प्रसंग इस प्रकार है : नरायन राजा की पटरानी और अन्य साठे-सत्तर रानियों ने 'लछमी जगार' का आयोजन किया। 'जगार' के आठवें दिन उन लोगों ने 'उपरपुर (स्वर्ग लोक)' से 'चितरकाल' को बुलाया और उससे दीवार पर तरह-तरह के 'गड़' लिखने को, अर्थात् विभिन्न चित्र अंकित करने को कहा। उन्होंने ताक़ीद की कि वह सभी के चित्र बनाये किन्तु 'लछमी' का नहीं। 'चितरकार' ने हामी भरी और चित्र बनाने लगा। उसने कई चित्र बनाये उस दीवार पर किन्तु दीवार तब भी खाली लगती। तब उसने बचे-खुचे रंग से 'लछमी' का चित्र बना दिया। इससे सारी दीवार भर गयी और दैदीप्यमान हो गयी। रानियों ने देखा तो वे आशंकित हो गयीं कि 'लछमी' के चित्र को देखते ही नरायन राजा 'लछमी' को पाने के लिये व्याकुल हो जायेंगे। यह सोच कर वे उस चित्र को मिटाने लगीं किन्तु वह चित्र नहीं मिटा तो नहीं मिटा। कहते हैं, कि इसी दिन से धरती पर 'गड़ लिखने (दीवार पर चित्रांकन करने)' की शुरुआत हुई और चित्रकार को चितरकाल (चितरकार) कहा गया :

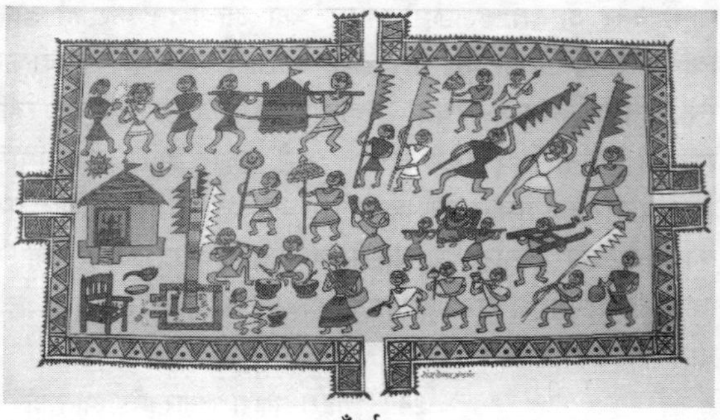

मँडई

1705	चितरकाल तो आय एबे जे	चित्रकार तो है अब
	चितरकाल तो आय एबे	चित्रकार तो है अब
	चितरकाल तो आय परभू	चित्रकार तो है प्रभु
	चितरकाल तो आय	वह चित्रकार तो है
	उपरपुर ने रय परभू	उपरपुर[16] में था वह प्रभु
	उपरपुर ने आय	उपरपुर में था
1752	गोबर घोरुन मेटला एबे जे	गोबर के घोल से मिटातीं वे
	गोबर घोरुन मेटला परभू	गोबर घोल कर मिटातीं वे

16. उपरपुर : स्वर्ग लोक।

कमलनी तो आत परभू	कमलनी[17] तो हैं प्रभु
ठाकुरानी तो आत	वे ठाकुरानी तो हैं
अदिक सुँदर दखोत परभू	अधिक सुन्दर दिखतीं प्रभु
अदिक उजर दखोत	और भी सुन्दर दिखतीं।

जतरा

गीतकुरिन[18] दसमी बाई द्वारा गायी गयी एक गीति-कथा[19] 'हिरा-पोंहरा रानी आउर सुरिज राजा' में आये प्रसंग के अनुसार : सुरिज राजा की दो रानियाँ थीं, हीरा और पोंहरा। इन दोनों रानियों को एक दिन पहली नींद में 'लछमी जगार' का सपना आया। सवेरे उठ कर उन्होंने राजा से सपने की बात कही और 'लछमी जगार' का आयोजन करने को कहा। इस पर राजा ने उन्हें अपने बड़े भाई माहादेव और भौजी पारबती[20] के पास भेजा। वे वहाँ गयीं और अपना मन्तव्य बताया। माहादेव ने ध्यान लगाने के बाद उनसे 'जगार' का आयोजन न करने को कहा। किन्तु वे नहीं मानीं और अन्ततः 'लछमी जगार' का आयोजन कर ही डाला। सपने में जिस तरह सारी विधियाँ उन्होंने देखी थीं, उसी तरह से सारी व्यवस्था की। दीवार और ज़मीन पर कई तरह के चित्र बनाये किन्तु उन चित्रों से दीवार की सुन्दरता नहीं बढ़ रही थी। तभी उपरपुर की मालती रानी ने अपना चित्र उकेर दिया। इससे दीवार बहुत शोभायमान हो गयी। कहते हैं, इसी दिन से दीवार और ज़मीन पर चित्रकारी की उत्पत्ति हुई। दीवार पर बनाये जाने वाले चित्र 'गड़' कहलाये और ज़मीन पर बनाये जाने वाले चित्र 'बाना' या 'बाधा' अथवा 'बाना-चिना'[21]। किन्तु 'हिरा-पोंहरा रानी आउर सुरिज राजा' गीति कथा में दीवार पर बनाये गये चित्र को भी बाना ही कहा गया है :

24	हिरा-पोंहरा जगार मँडाओत जे	हीरा-पोंहरा जगार रखती हैं
	हिरा-पोंहरा जगार	हीरा-पोंहरा जगार रखती हैं
	दुनों सउत मँडावत जानू जे	दोनों सौतनें रखती हैं
	दुनों सउत मँडावत	दोनों सौतनें रखती हैं
	आड़ कुड़ मोर आय एबे	मन्दिर के दीवार की
	आड़ कुड़ मोर आय एबे जे	मन्दिर के दीवार की
	लिपा-पोछा करला रानी जे	लिपाई-पोछाई करतीं रानियाँ

17. कमलनी : कमला (लक्ष्मी)।
18. गीतकुरिन : गायिका।
19. बस्तर का लोक साहित्य, हरिहर वैष्णव, 2003।
20. माहादेव-पारबती : महादेव-पार्वती।
21. बाना-चिना : यह ओड़िसा से लगे सीमावर्ती भतरी परिवेश में 'बाना-चुना' भी कहलाता है।

लिपा-पोछा करला	लिपाई-पोछाई करतीं
बाना लिखुन जासोत जानू जे	चित्र बना जाती हैं वे
बाना लिखुन जासोत	चित्र बना जाती हैं वे
आड़ कुड़ तो आय जानू जे	मन्दिर की दीवार पर
आड़ कुड़ तो आय	मन्दिर की दीवार पर
माछ-मँगर बाना जानू जे	मछली-मगर के चित्र
चेड़े-चिंड़गुड़ बाना	चिड़ियों के भी चित्र
फुल जमाय बाना जानू जे	फूलों के भी चित्र
राज जमाय बाना	कई तरह के चित्र बनातीं
आड़ कुड़ मोर नाईं भरे	दीवार नहीं भरती तब भी
आड़ कुड़ मोर नाईं भरे जे	दीवार नहीं भरती तब भी
जमाय बाना लिखोत जानू जे	सारे चित्र बनाती हैं वे
जमाय बाना लिखोत	सारे चित्र बनाती हैं वे
आड़ कुड़ नाईं भरे जे	दीवार नहीं भरती तब भी
आड़ कुड़ नाईं।	दीवार नहीं भरती तब भी।

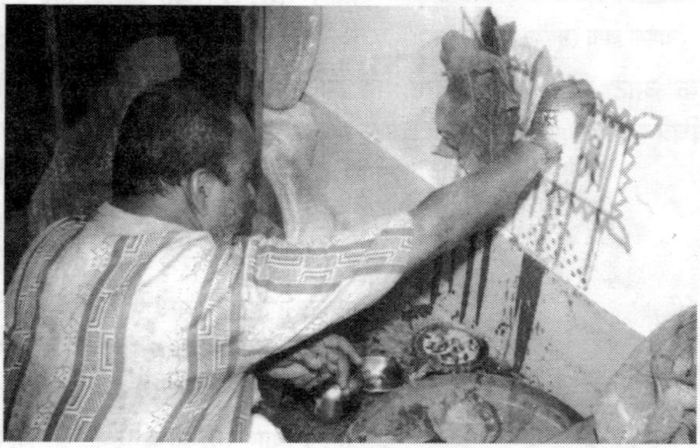

गड़

बस्तर में लोकचित्र के उद्‌भव के बारे में बड़े-बूढ़ों के हवाले से लोकचित्रकार खेम वैष्णव कहते हैं कि आदिकाल में जब मानव कन्दराओं में रहा करता था तब उसके पास भावाभिव्यक्ति के लिये ज़ुबान तो थी किन्तु भाषा नहीं। कम-से-कम ऐसी भाषा तो नहीं ही जो सभी की समझ में आ जाये। तब उसने अपनी भावनाओं और अनुभवों को ज़मीन पर हाथ की उँगलियों से आड़ी-तिरछी रेखाएँ खींच कर व्यक्त किया होगा। फिर जब उसने देखा कि ज़मीन पर खींची गयीं रेखाएँ स्थायी नहीं हैं तब उसने कन्दरा की पाषाण-दीवारों पर पत्थर के नुकीले टुकड़ों से रेखांकन करना शुरु किया। फिर लाल, पीली, सफेद मिट्‌टी (गेरु) आदि की सहायता से रंगीन चित्र बनाए। फिर शायद वानस्पतिक रंगों का प्रयोग भी करने लगा होगा।

यहाँ यह कहना असंगत नहीं होगा कि शैलाश्रयों तथा कन्दराओं में पाये जाने वाले शैल-चित्रों को आरम्भिक चित्र-कला के जनक कहा जाना चाहिये। सुप्रसिद्ध कला-समीक्षक कमला देवी चट्‌टोपाध्याय ने 'लोकचित्रकारी' शीर्षक अपने एक लेख में चित्रकला के प्रादुर्भाव

माड़ेया खमा (मृतक-स्मृति-स्तम्भ)

की दो किम्वदन्तियों का उल्लेख किया है। पहली इस तरह है, कि एक राजा के पुरोहित के पुत्र की मृत्यु हो गयी तब ब्रह्मा ने राजा के उस पुरोहित को उसके मृत पुत्र का एक चित्र बनाने को कहा ताकि वह पुत्र पुनः जीवित हो सके। कहते हैं, इस प्रकार पहली चित्रकारी की गयी।

इसी तरह दूसरी जो अधिक लोकप्रिय कथा है, वह इस प्रकार है : ईश्वर ने अपनी सृजनात्मक प्रक्रिया के अन्तर्गत एक बार एक पके आम से उसका रस निकाला ताकि उसे रंग की तरह प्रयोग में लाया जा सके और उस रंग से एक अद्‌भुत, अति सुन्दरी का काल्पनिक चित्र बनाया जा सके। ईश्वर ने उससे जिस नारी का चित्र बनाया वह इतनी सुन्दर और सजीव थी कि स्वर्ग की अप्सराएँ भी उससे लज्जित हो गयीं। कहते हैं, वही निर्जीव चित्र उर्वशी के रूप में साकार हुआ।

जगार की कथा में ही चित्रकारी के लिये उपयोग में लाये गये रंगों का भी वर्णन है। इस विवरण के अनुसार चित्रकारों ने स्वर्ण भस्म (कनक), चावल के आटे, हल्दी के आटे तथा विभिन्न रंगों की मिट्टी का उपयोग चित्रकारी के लिये किया। इसी तरह चित्रकार को चितरकाल (चितरकार) और लिखनकार भी कहा गया :

1722	रँग-माटी मोर घोरे एबे जे	रंगीन माटी घोलता अब वह
	रँग-माटी मोर घोरे एबे	रंगीन माटी घोलता अब वह
	रँग-माटी घोरे परभू	रंगीन माटी घोलता प्रभु
	निला-पिला तो आय	नीले-पीले रंग
	निला-पिला तो आय परभू	नीले-पीले रंग प्रभु
	निला-पिला तो आय	नीले-पीले रंग
	लिखनकार तो आय परभू	लिखनकार तो है प्रभु वह
	लिखनकार तो आय	लिखनकार तो है

चित्र-शैलियाँ

मोटे तौर पर बस्तर में लोकचित्रों की तीन शैलियाँ देखने में आती हैं। इनमें से पहली को माड़िया शैली, दूसरी को घोटुल शैली और तीसरी को जगार शैली कहा जा सकता है। माड़िया शैली के अन्तर्गत गोंड जनजाति की माड़िया शाखा में प्रचलित मृतक-स्मृति-स्तम्भ में बनाए जाने वाले चित्र रखे जा सकते हैं जबकि घोटुल शैली में गोंड जनजाति की ही मुरिया शाखा में प्रचलित 'घोटुल गुड़ी' (युवा-गृह) की दीवारों पर अंकित किये जाने वाले चित्र। यानी भित्ति चित्र। जगार शैली के अन्तर्गत जन्म, मृत्यु, विवाह, लछमी जगार, धनकुल (तीजा जगार), आठे जगार, बाली जगार तथा अन्य धार्मिक आयोजनों के अवसर पर दीवार तथा ज़मीन पर बनाए जाने

वाले चित्रों को रखा जा सकता है। इन तीन में से दूसरी और तीसरी शैलियों में लोकचित्रों के प्रायः दो रूप मिलते हैं जबकि माड़िया शैली के लोकचित्रों में केवल एक ही रूप। घर और 'गुड़ी' (मन्दिर) की दीवार पर बनाये जाने वाले चित्रों को 'गड़' तथा चित्र बनाने को 'गड़ लिखतो' (गड़ लिखना) कहा जाता है। दीवार, पीठ, हण्डी, कलश, पायली, थाली, पीढ़ा, धनुष और सूपा आदि पर दी जाने वाली हथेलियों की छाप को 'हाता' और छाप लगाने की प्रक्रिया को 'हाता देतो' अर्थात् 'हाथ की छाप देना' कहा जाता है। इसी तरह चावल के आटे से ज़मीन पर किये जाने वाले रेखांकन को 'बाना' या 'बाधा' तथा रेखांकन की इस प्रक्रिया को 'बाना लिखतो' या 'बाधा लिखतो' यानी रेखाएँ लिखना (रेखांकन करना) कहा जाता है। यह 'बाना-चिना' भी कहा जाता है।

मरनी बाधा

'गड़ लिखतो' और 'हाता देतो' दोनों ही हल्बी भाषा के क्रिया शब्द हैं। 'गड़ लिखतो' यानी गड़ लिखना। 'गड़' का अर्थ है गढ़ना और 'लिखतो' का अर्थ है लिखना। इन दोनों शब्दों के मेल से बना 'गड़ लिखतो' यानी गढ़ना अर्थात् बनाना। यों तो 'गड़तो' का अर्थ ही गढ़ना है, किन्तु रेखांकन के कारण इसे 'गड़ लिखतो' कहा जाता है। इसी तरह 'हाता' का अर्थ हाथ या हथेली की छाप और 'देतो' यानी देना। हथेली की छाप देना। स्मृति-स्तम्भ पर किए जाने वाले चित्रांकन को 'छापा बनातो (छाप बनाना)' कहते हैं। इन कला-रूपों का प्रयोग अलग-अलग अवसरों पर किया जाता है। इन शैलियों और रूपों को संक्षेप में इस तरह देखा जा सकता है :

1. माड़िया शैली

माड़िया शैली के लोकचित्र एक ही रूप में होते हैं जिसे 'माड़ेया खमा (माड़िया खम्भा)' कहा जाता है। इसे स्तम्भ-चित्र कहा जाना चाहिये। वस्तुतः इस शैली के आरम्भिक चरण में चित्र का कोई स्थान नहीं था। गोंड जनजाति की इस शाखा में किसी सम्मानित या बुजुर्ग मृतक की स्मृति में गाँव से बाहर मार्ग के किनारे एक पत्थर गाड़ने की प्रथा रही है। रास्ते से आते-जाते लोग इस स्मृति-स्तम्भ को मृतक का प्रतिनिधि मान कर उसे 'धुँगिया' (तम्बाकू) अर्पित कर मृतक के प्रति अपना सम्मान व्यक्त करते हैं। धारणा है कि ऐसा करने पर मृतात्मा प्रसन्न होती है और बदले में आशीर्वाद देती है। इन स्मृति-स्तम्भों पर कोई चित्रांकन नहीं होता था। इधर कुछ वर्षों से इन प्रस्तर-स्तम्भों पर, जिन्हें वस्तुतः 'गाता पखना (या गाँयता पखना)' कहा जाता है, चित्रांकन करने की शुरुआत हुई

है। मावलीभाटा से बैलाडिला तथा लोहंडीगुड़ा आदि क्षेत्र में मृतक-स्तम्भ के रूप में लकड़ी के स्तम्भ लगाने की प्रथा रही है। इन काष्ठ-स्तम्भों में मृतक का जीवन-चरित्र उत्कीर्ण होता रहा है। पिछले कुछ वर्षों से काष्ठ-स्तम्भों पर चित्र उत्कीर्ण करने की बजाय उन पर या पत्थर के स्तम्भों पर चित्रांकन की परम्परा आरम्भ हुई है। इन चित्रों में मृतक के जीवन-चरित्र के अतिरिक्त अब आधुनिक वस्तुओं के अंकन का भी समावेश होने लगा है। कार, हवाई जहाज़, हेलीकॉप्टर आदि भी इन चित्रों में स्थान पाने लगे हैं। इसके साथ-ही-साथ अब मृतक के जन्म एवं मृत्यु की तिथि भी इन स्तम्भ चित्रों में अंकित की जाने लगी है। जीवन-चरित्र, पशु-पक्षी, नृत्य-गायन, आखेट आदि के साथ-साथ इन चित्रों के शीर्ष पर पक्षी अवश्य चित्रित होता है जो इस बात का प्रतीक है कि जीवात्मा शरीर को छोड़ कर उड़ जाती है।

मँडई

सुप्रसिद्ध नृतत्वशास्त्री वेरियर एल्विन की पुस्तक 'द ट्राइबल आर्ट ऑफ मिडिल इण्डिया' में दिये गये कुछ विवरणों के अनुसार ओड़िसा की सँवरा जनजाति, झाबुआ की भील जनजाति तथा बिहार की मुण्डा जनजाति में भी सम्मानित व्यक्ति की स्मृति में इसी तरह के प्रस्तर व काष्ठ-स्मृति-स्तम्भ गाड़ने की प्रथा है। भीली में भी इसे 'गाता' के नाम से जानते हैं।

माड़ेया खमा (मृतक-स्मृति-स्तम्भ)

2. घोटुल शैली

गोंड जनजाति की माड़िया शाखा के अतिरिक्त अन्य शाखाएँ भी हैं। इन्हीं में से एक शाखा है मुरिया। विश्वप्रसिद्ध घोटुल की प्रथा इसी शाखा में पायी जाती है। घोटुल शैली के लोकचित्र घोटुल और घर की दीवारों पर गेरू, पीली मिट्टी, गोबर आदि से बनाये

जाते हैं। ज़मीन पर चित्रांकन में काले रंग के लिये पैरा[22] को जला कर उसकी राख का उपयोग भी किया जाता है। घोटुल गुड़ी की दीवार पर बनाए जाने वाले चित्रों और माड़िया शैली के लोकचित्रों की विषय-वस्तु में थोड़ी सी भिन्नता होती है। माड़िया शैली के लोकचित्रों के विषय जहाँ पारलौकिक होते हैं वहीं घोटुल शैली के लोकचित्र इहलौकिक विषयों पर आधारित होते हैं। कारण, घोटुल गुड़ी न केवल युवा वर्ग का समागम स्थल है अपितु यह एक पाठशाला भी है; जहाँ गृहस्थ जीवन के पाठ पढ़ाये जाते हैं। सामाजिक दायित्वों के निर्वहन की शिक्षा दी जाती है और कर्मकाण्ड से परिचित कराया जाता है। इसीलिये इस शैली के लोकचित्रों में उल्लासमय जीवन के रंग झलकते हैं। ये लोकचित्र व्यक्ति को सपनों की दुनिया की सैर कराते प्रतीत होते हैं। इन चित्रों में गतिशीलता और चपलता दिखलायी पड़ती है। चित्रकार होते हैं केवल घोटुल के युवा एवं अविवाहित सदस्य। इन लोकचित्रों को 'गड़' (भित्ति चित्र) की श्रेणी में रखा जा सकता है।

माड़ेया खमा (मृतक-स्मृति-स्तम्भ)

3. जगार शैली

माड़िया और घोटुल शैली से इतर सारे लोकचित्रों को उनकी प्रकृति के अनुरूप जगार शैली के अन्तर्गत समाविष्ट किया जा सकता है। इस शैली की विषय-वस्तु एकाधिक होती हैं। घोटुल शैली के लोकचित्रकार जहाँ केवल गोंड जनजाति की मुरिया शाखा के ही लोग होते हैं वहीं जगार शैली के लोकचित्रकार किसी विशेष या एक ही जनजाति या समुदाय के नहीं होते। इस शैली के अन्तर्गत जहाँ 'लछमी जगार', 'धनकुल (तीजा जगार)', 'बाली जगार' और 'आठे जगार' नामक आयोजनों में तथा विविध कथाओं, गीति कथाओं तथा लोक महाकाव्यों को दीवार पर लिखा (चित्रित किया) जाता है वहीं जन्म और मृत्यु के समय जातक के स्वागत और मृतक की विदाई तथा प्रेत योनि से मुक्ति के निमित्त बड़े ही भावपूर्ण चित्र ज़मीन पर चावल तथा हल्दी के आटे से अंकित किये जाते हैं। विवाह के अवसर पर सुखद दाम्पत्य जीवन की कामना से तथा अन्य धार्मिक कार्यों के अवसर पर देवताओं की अभ्यर्थना में चावल के आटे से ज़मीन पर 'बाना' अथवा 'बाधा' लिखा (चित्रांकन किया) जाता है और धन-धान्य की प्राप्ति के लिये दियारी त्योहार पर तथा अगहन मास के प्रत्येक गुरुवार को 'लछमी' के पदचिन्ह बनाये जाते हैं। गोंड जनजाति की मुरिया शाखा में विवाह के अवसर पर

22. पैरा : पुआल।

ज़मीन पर चावल और हल्दी के आटे से किये जाने वाले चित्रांकन को 'गड़ली' तथा 'देव गड़ली' कहा जाता है। विवाह तथा गृह-प्रवेश आदि शुभ कार्यों के अवसर पर हथेली को आटे के घोल में डुबो कर 'हाता' दिया जाता है[23]। इसी तरह दियारी नामक त्योहार पर, जो गौ-पूजन के साथ-साथ अन्न-लक्ष्मी के भी पूजन का अवसर होता है; हथेली तथा गिलास या कटोरी के ऊर्ध्व भाग की छाप गोधन पर लगायी जाती है। इस दिन गिलास या कटोरी के ऊर्ध्वभाग की छाप घर के द्वार से ले कर खलिहान और घर के भीतर तक भी बनायी जाती है। गाय-बैलों की पीठ एवं ज़मीन पर दी जाने वाली यह छाप गोधन के पाँवों की प्रतीक होती है। 'बाना' या 'बाधा' प्रायः महिलाएँ लिखती हैं। विवाह के अवसर पर प्रायः पुजारी द्वारा 'बाना' लिखा जाता है। मरघट में लिखा जाने वाला 'बाना' मृतक की अन्त्येष्टि के समय बनाया जाता है। इसे मृतक का कोई भी निकटतम सम्बन्धी चिता-स्थल पर चावल और हल्दी के आटे से बनाता है। इस शैली के लोकचित्र घर तथा 'गुड़ी' की दीवारों पर गेरू, छुई माटी[24], पीली मिट्टी, गोबर आदि से बनाये जाते हैं। घोटुल शैली की ही तरह इस शैली में भी ज़मीन पर चित्रांकन में काले रंग के लिये पुआल को जला कर उसकी राख का उपयोग किया जाता है। कोयले का उपयोग प्रायः अशुभ[25] माना जाता है। उल्लेखनीय है कि छुई मिट्टी सफेद एवं पीले रंगों में पायी जाती है।

मठ (समाधि)

इस शैली को प्रमुखतः 5 रूपों में देखा जा सकता है। ये 5 रूप हैं : अ- गड़, ब- हाता, स- बाना या बाधा, द- गोदना और य- छापा।

अ- गड़

दीवार पर रेखांकन यानी भित्ति-चित्र ही बस्तर के हल्बी-भतरी परिवेश में 'गड़' के नाम से जाना जाता है। दरअसल बस्तर के ये 'गड़' या लोकचित्र केवल दीवार पर खींची गयी आड़ी-तिरछी रेखाएँ मात्र नहीं हैं। इन जीवन्त लोकचित्रों में बस्तर का लोक-जीवन, उसका जीवन-दर्शन, उसकी संस्कृति, उसका इतिहास आदि अपनी पूरी समग्रता के साथ रूपायित होता है। घर एवं गुड़ी की दीवार पर गेरू मिट्टी, सफेद एवं पीली छुई मिट्टी और गोबर से किये गये चित्रांकन में लोक की जिजीविषा, कल्पना-शक्ति और भाव-प्रवणता का अद्भुत मिश्रण देखने में आता है। दरअसल

23. उसकी छाप दीवार पर अंकित की जाती है।

24. छुई मिट्टी, यह सफ़ेद तथा पीले रंग की चूना प्रजाति की मिट्टी होती है।

25. कोयले से रेखायें खींचना या कुछ लिखना ऋणग्रस्तता का संकेतक होता है।

लोकचित्र के परिप्रेक्ष्य में 'गड़' का अर्थ है 'आकृति'। 'गड़' बनाने की परम्परा विशेषतः बस्तर के चार लोक महोत्सवों में है। ये लोक महोत्सव हैं—'लछमी जगार', 'तीजा जगार', 'बाली जगार' और 'आठे (या अस्टमी) जगार'। जगदलपुर क्षेत्र में गाए जाने वाले 'लछमी जगार' में एक प्रसंग आता है, पारबती रानी द्वारा 'लछमी जगार' के आयोजन का। उस आयोजन में भित्ति पर एक काल्पनिक चित्र बनवाया जाता है, जो एक अतिशय सुन्दरी का होता है। दरअसल यह चित्र माहालखी यानी महालक्ष्मी का होता है, जिसे देख कर नरायन राजा मोहित हो जाता है और माहालखी यानी महालक्ष्मी से विवाह की ज़िद ठान बैठता है। इसी प्रसंग की याद में 'लछमी जगार' के अन्तिम दिन से एक दिन पूर्व माहालखी यानी महालक्ष्मी का चित्र भित्ति पर अंकित किया जाता है। यही है 'गड़ लिखतो'। इसी तरह 'तीजा जगार' के आयोजन में इस लोक महाकाव्य की नायिका बालीगौरा को उसकी सात सखियों के साथ नौका-विहार करते हुए भित्ति पर अंकित किया जाता है। इसके साथ ही, प्रकृति एवं जन-जीवन से जुड़े अन्य पक्ष भी 'गड़' के विषय होते हैं। 'बाली जगार' और 'आठे जगार' में भी कार्यक्रम-स्थल की दीवार पर गड़ लिखे जाते हैं। इनमें विविध चित्र होते हैं।

चउक (चौक)

इन लोकोत्सवों में बनाये जाने वाले 'गड़' कुछ गाँवों में उत्सव के किसी खास दिन तो कुछ गाँवों में उत्सव के किसी भी दिन बनाये जाते हैं। उदाहरण के तौर पर, सुकपाल धुरवा[26] के अनुसार, उनके गाँव में लछमी जगार के अवसर पर बनाये जाने वाले गड़ लछमी जगार के आरम्भ के साथ ही बनाये जाते थे और दो-तीन दिनों में गड़ बनाने का काम पूरा कर लिया जाता था। इस जगार में लछमी-नरायन के साथ-साथ सात धँगड़ा-धँगड़ी[27] और भिमा-भिमसन[28] के भी चित्र बनाये जाते थे। उनके अनुसार इस जगार में विष्णु और कृष्ण के चित्र भी बनाये जा सकते हैं। वे बनाते भी रहे हैं।

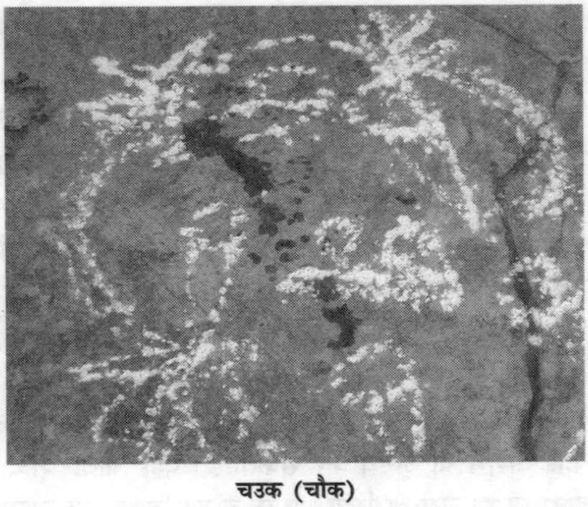

चउक (चौक)

---

26. श्री सुकपाल धुरवा, देउरगाँव (जगदलपुर, बस्तर-छ.ग.) से दिनांक 15.11.05 को हुई बातचीत।
27. धँगड़ा-धँगड़ी : युवक-युवती।
28. भिमा-भिमसन : दो देवता।

ब- हाता

'हाता देतो' या हाता देना, हथेली की छाप देने को कहा जाता है। बस्तर में प्रायः सभी मांगलिक अवसरों पर दोनों हाथों की हथेलियों से 'हाता' देने की परम्परा है। चावल के आटे के घोल में डूबी हथेलियों की छाप 'लछमी जगार', 'तीजा जगार', 'आठे जगार' एवं 'बाली जगार' के अवसर पर घुमरा हाँडी, सूपा, करसा (कलश), पायली, थाली, धनकुल-डाँडी, पीढ़ा एवं दीवार पर; दियारी पर्व में गाय-बैलों की पीठ एवं सूपा तथा दीवार पर; विवाह के अवसर पर दीवार पर तथा गृह-प्रवेश के समय नये घर की दीवार पर बनायी जाती है। खेम वैष्णव[29] के अनुसार : दोनों हाथों की आठों उँगलियाँ और दोनों अँगूठे देह की दसों इन्द्रियों का प्रतिनिधित्व करते हैं। कुछेक घरों की दीवारों पर गोबर से दिये गये 'हाता' भी देखने में आते हैं। गोबर को देश के अन्य भागों की तरह बस्तरांचल में भी पवित्र माना जाता है।

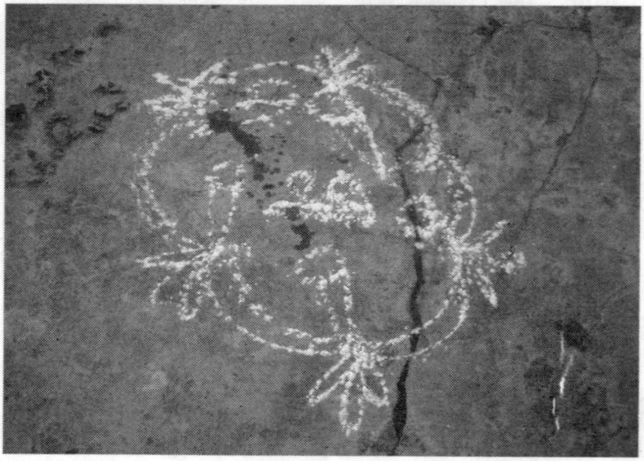

चउक (चौक)

स- बाना या बाधा

'बाधा' शब्द ओड़िया भाषा से आया है और हल्बी-भतरी परिवेश में जस-का-तस यानी उसी अर्थ में अपना लिया गया है। 'बाना' शब्द हल्बी का ही है। दोनों शब्द एक ही अर्थ, 'ज़मीन पर चित्रांकन' के अर्थ में व्यवहृत हैं। प्रायः चावल और हल्दी के आटा से यह 'बाधा' या 'बाना' लिखा जाता है। ध्यान दें, 'गड़ लिखतो' और 'बाना लिखतो' या 'बाधा लिखतो' में 'लिखतो' शब्द का अर्थ 'लिखना' नहीं अपितु 'अंकन करना' है। हाँ, यह अंकन शब्दांकन नहीं अपितु रेखांकन होता है। जन्म, विवाह एवं अन्य मांगलिक अवसरों पर ज़मीन पर बाना या बाधा लिखा जाता है। लक्ष्मी के पद-चिन्ह आटे के घोल से अंकित किये जाते हैं। लक्ष्मी के पद-चिन्हों का अंकन धन-धान्य की देवी लक्ष्मी के आह्वान के लिये किया जाता है। इसी तरह पूजा या विवाह-मण्डप में बनाये जाने वाले 'बाना' या 'बाधा' शुभ के प्रतीक होते हैं। लोक विश्वास है कि इन 'बाधा' या 'बाना' के भीतर न तो किसी दुष्टात्मा का प्रवेश हो सकता है और न किसी वैरी की कुदृष्टि ही कोई अशुभ या अनर्थ कर सकती है। यहाँ 'बाधा' शब्द का अर्थ स्वतः ही स्पष्ट हो जाता है। दुष्टात्मा या वैरी के लिये बाधक है यह 'बाधा' या 'बाना'। सुन्दरता इनकी अतिरिक्त विशेषता है। यह चित्रकारी प्रमुखतः महिलाओं द्वारा की जाती है किन्तु कुछ समुदायों में विवाह के समय विशेष तरह के 'बाना' या 'बाधा' धार्मिक प्रमुख जिन्हें गाँयता एवं पुजारी कहा जाता है, के द्वारा

29. श्री खेम वैष्णव, सरगीपाल पारा, कोंडागाँव (बस्तर-छ.ग.) से दिनांक 11.05.2004 को हुई बातचीत।

भी बनाये जाते हैं। गोंड जनजाति की मुरिया शाखा में विवाह के अवसर पर ज़मीन पर इस तरह के किये जाने वाले चित्रांकन को 'गड़ली' तथा 'देव गड़ली' कहा जाता है। 'गड़ली' महिलाओं द्वारा बनायी जाती है जबकि 'देव गड़ली' गाँयता अथवा पुजारी द्वारा ही, जो पुरुष वर्ग से होता है। सोनधर कोराम[30] कहते हैं : विवाह में बनाये जाने वाले 'देव गड़ली' गाँयता अथवा पुजारी द्वारा ही बनाये जाते हैं। कारण, इस 'गड़ली' में देवता विराजमान होते हैं। यदि गाँयता अथवा पुजारी के अलावा किसी और ने 'देव गड़ली' बनायी तो वह अशुभ मानी जायेगी। गाँयता माटी के और पुजारी माता के पुजारी होते हैं। गाँयता के बिना या पुजारी के बिना हमारे मुरिया समाज में किसी भी तरह का शुभ काम सम्भव ही नहीं।

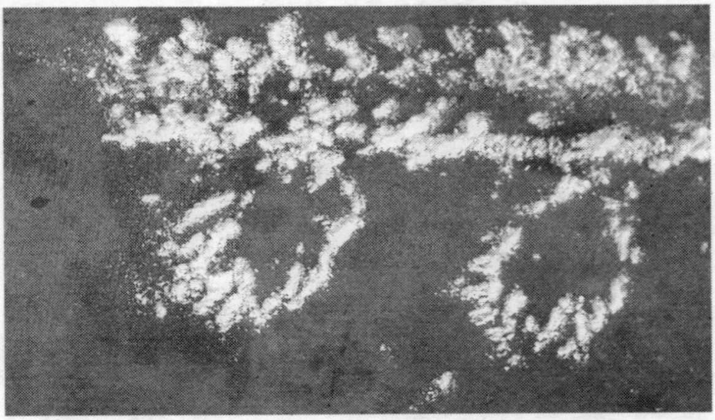

चउक (चौक)

द- *गोदना*

गोदना गोदने की कला में ओझा जाति की महिलायें सिद्धहस्त होती हैं। प्रायः शीतकाल में इस जाति की महिलायें अपने डेरों से निकल कर गाँव-गाँव घूमती हैं और महिला एवं पुरुषों के अंगों पर गोदना गोदती हैं। श्री बलवीर कच्छ[31] के अनुसार आरापुर क्षेत्र में लमान जाति के लोग गोदना गोदने का काम करते हैं। बस्तर के आदिवासी और गैर आदिवासी समाज में इसका प्रचलन है। इसके पीछे धारणा है कि गोदना ही ऐसा श्रृंगार है जो मृत्यु के बाद भी मनुष्य के साथ परलोक जाता है। यही मृत्यु-लोक में उसकी कमाई कही जाती है। जिसके शरीर पर गोदना नहीं होता उससे भगवान रुष्ट हो जाते हैं।

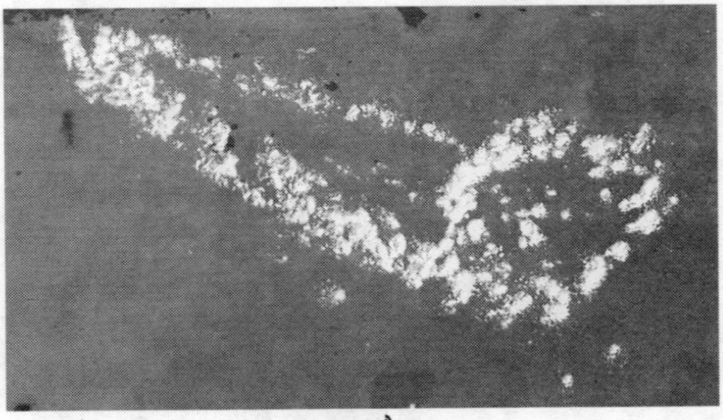

चउक (चौक)

गोदना की शुरुआत के सम्बन्ध में श्री सोनसिंह पुजारी[32] कहते हैं : मुगल काल में, विशेषतः औरंगजेब के शासन-काल में जब मुगल सैनिक गाँव-गाँव से आदिवासी और

30. श्री सोनधर कोराम, जामपदर, कोंडागाँव (बस्तर-छ.ग.) से दिनांक 24.04.05 को हुई बातचीत।

31. श्री बलवीर कच्छ, जगदलपुर (बस्तर-छ.ग.) से दिनांक 19.12.05 को हुई बातचीत।

32. बस्तर की हल्बी लोकभाषा के समर्थ एवं वरिष्ठ कवि श्री सोनसिंह पुजारीजी से 1982-83 में हुई बातचीत।

गैर आदिवासी युवतियों को उठा कर ले जाते तथा अपनी हवस का शिकार बनाते तब आदिवासी मुखियाओं ने इस पर चिन्ता व्यक्त की और महिलाओं की देह पर, प्रमुखतः गालों पर गोदना गुदवाना शुरु किया ताकि महिलाएँ कुरूप दिखने लगें और सिपाही उनकी कुरूपता के कारण उनकी ओर आकर्षित न हो सकें। किन्तु इस तथ्य से अनभिज्ञ एक प्रख्यात महिला कथाकार ने बस्तर की पृष्ठभूमि पर रची अपनी एक कहानी में इसे गलत ढंग से व्याख्यायित करने का प्रयास किया था। उन्होंने लिखा था कि जिस स्त्री के शरीर में जितने अधिक गोदना होते हैं, वह स्त्री उतने ही अधिक पुरुषों का सुख भोगती है। उनके इस कथन का बस्तर के लोगों ने तीखा विरोध किया था।

हाता

बहरहाल, एक समय में अपनी मर्यादा की रक्षा के लिये चलन में लाये गये गोदने ने कालान्तर में आदिवासी समाज के साथ-साथ गैर आदिवासी समाज में भी श्रृंगार के रूप में एक महत्त्वपूर्ण स्थान बना लिया। महिलाएँ अपने अंग, विशेषतः बाँहों में गोदना गोदवाती हैं। किन्तु बाँहों के अतिरिक्त गाल, माथे एवं छाती पर भी गोदने गोदवाने का चलन रहा है। गालों पर गोदने गोदवाने का चलन मुख्यतः गोंड समाज में रहा है। इन गोदनों में प्रायः बिन्दी तथा विभिन्न पशु-पक्षी, जीव-जन्तु के चित्र उकेरे जाते हैं। पारधी जाति के कुछ पुरुषों की बाँहों में उनकी जातीय पहचान के रूप में धनुष उकेरे देखे गये हैं। बाँस शिल्प से जुड़ी पारधी जाति के श्री आसाराम मण्डावी अपनी बाँह में गोदाये गये गोदने की ओर संकेत करते हुए कहते हैं[33] : यह गोदना है। धनुष-गोदना। ओझिन से बनवाया है। उसे धनुष बनाने को कहा किन्तु उसने थोड़ा-सा बिगाड़ दिया। नहीं बना पायी सही। आरम्भ से ही धनुष का हमारे समाज में महत्त्व

भित्ति चित्र

33. बाँस शिल्पी श्री आसाराम मण्डावी (पारधी), ग्राम : जुगानी कलार, तहसील : कोंडागाँव (बस्तर-छ.ग.), से दिनांक : 01.10.05 को हुई बातचीत।

रहा है। आजीविका के लिये तो हम इसका उपयोग करते ही रहे हैं साथ ही हमारे विवाह में भी धनुष महत्त्वपूर्ण होता है।

पुरुष प्रायः बाँहों में ही गोदने गोदवाते हैं। लोक में गोदना के विषय में धारणा है कि यह अन्य सभी शृंगारों से उच्च, अधिक महत्त्वपूर्ण और विशिष्ट है, क्योंकि यही वह शृंगार है जो मृत्यु के बाद भी व्यक्ति के साथ जाता है जबकि बाकी शृंगार यहीं-के-यहीं रह जाते हैं। न तो कोई इसे छीन-झपट सकता और न ही इसकी चोरी की जा सकती है। श्रीयुत् लाला जगदलपुरी कहते हैं[34] : बस्तर की प्रायः सभी ग्रामीण महिलायें गोदना गोदाती हैं, परन्तु कोयतुर समाज की स्त्रियों में गोदना गोदाने का प्रचलन सबसे अधिक है। गोदना गोदवाने का रिवाज इनके लोक-विश्वास की देन है। यह प्रथा इनकी लोक-संस्कृति की एक ऐसी मान्यता है, जिसके अनुसार नारी की इहलौकिक और पारलौकिक सुख-सुविधाएँ निर्भर करती हैं। गोदना एक ऐसा अलंकार है, जिसे कोई छीन नहीं सकता। बार-बार उतारने, रखने और पहनने की कोई झंझट नहीं। कोयतुर समाज के पुरुष वर्ग में भी कोई-कोई अपवाद स्वरूप माथे पर टीके की तरह गोदना गोदवा लेते हैं। इधर अन्य वनवासी समाजों के पुरुष वर्ग में गोदना नहीं चलता।

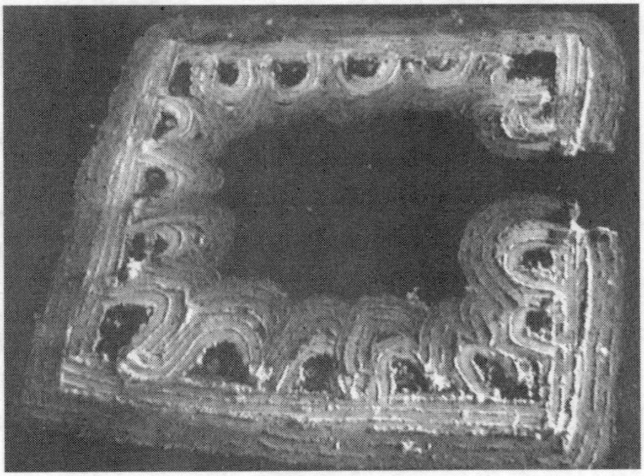

देव गड़ली

श्री रतन सिंह यादव कहते हैं[35] : गोदने का चलन केवल बस्तर अंचल में ही नहीं अपितु सम्पूर्ण छत्तीसगढ़ में है। यों तो अधिकांशतः महिलायें ही गोदने गोदवाती हैं किन्तु पुरुष भी शौकिया तौर पर अपनी बाँहों में नाम गोदवा लेते हैं। कई बार दो मित्र एक-दूसरे के नाम अपनी बाँहों पर गोदवा लेते हैं। किन्तु एक समय में आवश्यक माना जाने वाला गोदना अब चलन से बाहर होता जा रहा है। गोदना गोदने वाले लोग भी अब अन्य पेशों से जुड़ते चले जा रहे हैं।

सुकदई कोराम[36] कहती हैं : पहले गोदना के बारे में लोग कहते थे कि गोदना यदि औरत की देह में नहीं बना तो मृत्यु उपरान्त भगवान गरम सब्बल उसकी देह पर रगड़ेंगे। इसी डर से लोग गोदना गोदवाते रहे हैं। यही कारण है कि लोगों में गोदना गोदवाना जरूरी माना जाता रहा है। नाक, ठोड़ी[37], हाथ-पाँव आदि सभी अंगों, यहाँ तक कि छाती पर भी गोदने गोदवाये जाते

34. बस्तर लोक : कला-संस्कृति प्रसंग (लाला जगदलपुरी, 2003 : 150)।
35. श्री रतन सिंह यादव, सरगीपालपारा, कोंडागाँव (बस्तर-छ.ग.) से दिनांक 20.12.05 को हुई बातचीत।
36. जगार गायिका श्रीमती सुकदई कोराम, सरगीपालपारा, कोंडागाँव से दिनांक 15.01.06 को हुई बातचीत।
37. ठोड़ी : ठुड्डी, चिबुक।

थे। अभी गोदना की उतनी मान्यता नहीं रह गयी है। अब तो कोई नहीं गोदवाता गोदना। पहले तो सभी लोग गोदना गोदवाते थे। ओझिन लोग पाँच सुइयों को एक ही में बाँध कर उनसे गोदने बनाती थीं। सरगी (साल) के गोंद से जिसे धूप कहा जाता है, काजल बना कर उसी से गोदना गोदती थीं। वह काला पड़ जाता है।

क्या ये किसी खास मौसम में, किसी खास महीने में गोदे जाते थे या कि कभी भी? इस विषय में वे कहती हैं : नहीं, किसी भी समय में नहीं गोदते। गोदना गोदने का एक खास समय होता है। शीत ऋतु में ही गोदना गोदने का काम किया करती थीं ओझिनें। कार्तिक से माघ महीने तक गोदना गोदे जाते थे। बाद में नहीं गोदते थे। ओझिनें गाँवों में रहती थीं। एक ओझिन हमारे कोंडागाँव में भी रहा करती थी। पता नहीं, कहाँ से आयी थी वह यहाँ। उसके एक बेटा भी था। वही ओझिन यहाँ गोदने गोदा करती थी। उसके अलावा बाहर से भी आती थीं। वे सूर्योदय के पहले ही आ जाया करती थीं गोदना गोदने के लिये और यही कोई 8 से 10 बजे तक गोदा करती थीं। सवेरे के समय में गोदती थीं। धूप तेज हो जाने पर नहीं गोदती थीं। कोंडागाँव में जो ओझिन थी, उसकी तो कब की मृत्यु हो गयी। यहाँ अब उसके परिवार का कोई भी नहीं रहता। यहीं, सरगीपालपारा में रहती थी वह धरमू कोस्टा के घर के पास। वे दिया जला कर काजल बनाती थीं और उसी से गोदती थीं। पता नहीं कौन सा तेल वे लगाती थीं, भेलवाँ का तेल था या जाड़ा का या पता नहीं। वे उसी से काजल बना कर गोदती थीं। शरीर के विभिन्न अंगों पर वे फूल बनाती थीं। हर तरह के फूल बनाती थीं। नाम भी लिखा करती थीं। वे पढ़ना-लिखना तो नहीं जानती थीं किन्तु किसी पढ़े-लिखे व्यक्ति द्वारा लिखे गये शब्दों को देख कर वैसा ही गोद दिया करती थीं। कई महिलाओं की देह पर साँप-बिच्छू आदि के गोदने देखे गये हैं। किन्तु इनका कोई खास अर्थ नहीं होता। यह तो गोदना गोदवाने वाले की इच्छा पर निर्भर करता है कि वह किस तरह के गोदने गोदवाना चाहता या चाहती है। देह पर अच्छा लगे, सुन्दर दिखे, यह भाव होता है।

क्या गोदना गोदवाने की कोई उम्र होती है या कि किसी भी उम्र में गोदना गोदवाये जा सकते हैं? सुकदई कोराम कहती हैं : किसी भी उम्र में नहीं गोदवाये जाते गोदने। अधिक से अधिक 15-16 साल की उम्र तक ही गोदवाते हैं। लेकिन अभी गोदवाने लगे हैं। मशीन से गोदते हैं। बाजार में आते हैं गोदने वाले। मँडई (मेला) में भी गोदने वाले आते हैं। मशीन से फूल आदि गोदना बनाते हैं। जीव-जन्तु के गोदने भी बनाते हैं। नाम भी लिखते हैं। किन्तु अब ओझिनें कहाँ चली गयी हैं, या कि उन्होंने अपना यह पुश्तैनी काम क्यों छोड़ दिया है, पता नहीं। हमारे गाँव में ओझिनें नहीं आतीं अब। गोदने के बदले ओझिनों को सम्मान स्वरूप पैसे और दाल-चावल आदि दिये जाते थे।

गोदना गोदने वाले ओझा समुदाय के श्री साहादेव ओझा[38] कहते हैं कि जब व्यक्ति की मृत्यु होती है तब उससे स्वर्ग में पूछा जाता है कि उसने सारा जीवन तो जैसे भी जिया किन्तु जीवन समाप्त होने पर कमाई के रूप में यहाँ क्या ले कर आया? तब यदि उसके शरीर पर गोदना हो तो वह उसे ही अपनी कमाई बताता है। इस तरह गोदने का मरणोत्तर महत्त्व है। यही कारण है कि बस्तर में सभी तरह के लोग अपनी देह पर गोदने गोदवाते हैं।

38. ग्राम : पासंगी (फरसगाँव, बस्तर-छ.ग.) से दिनांक 18.02.06 को हुई बातचीत।

य- छापा

'छापा' शैली का प्रयोग प्रमुखतः दो अवसरों पर किया जाता है। इन्हें इन अवसरों के आधार पर अलग-अलग नामों से जाना जाता है। पहला 'छापा' और दूसरा 'मरनी बाधा'। दियारी पर्व में गाय-बैलों की पीठ एवं ज़मीन पर गिलास के मुख की छाप दी जाती है। ज़मीन पर दी जाने वाली यह छाप गोधन के पाँवों की प्रतीक होती है। इसे 'छापा' कहते हैं। दूसरा अवसर होता है मृत्यु-संस्कार का। मृतक के दाह-संस्कार के बाद 'तीज नाहनी' यानी तीसरे दिन दाह-स्थल से मृतक की अस्थियाँ एकत्र की जाती हैं। अस्थियाँ चुनने के बाद उस स्थल को गोबर और मिट्टी के घोल से लीपा जाता है और उस पर चावल एवं हल्दी के आटा से मानवाकृति अंकित की जाती है। यह चित्रांकन 'मरनी बाधा' कहा जाता है।

यह चित्रांकन क्यों किया जाता है, इस सम्बन्ध में अलग-अलग कारण बताये जाते हैं।

नरहरि दास कहते हैं : गोधन की पीठ पर गिलास या कटोरी के मुख की छाप देने के पीछे लोक में यह धारणा है कि इस तरह गोधन का श्रृंगार होता है, जिससे उनकी सुन्दरता बढ़ जाती है और इस तरह के श्रृंगार से वे प्रसन्न होते हैं[39]। इसी तरह रतन सिंह यादव[40] के अनुसार : मृतक के दाह-संस्कार के बाद दाह-स्थल पर बनाये जाने वाले 'मरनी बाधा' का सम्बन्ध आत्मा की मुक्ति के निमित्त होता है। कल्पना की जाती है कि मृतक की देह पंच तत्त्व में विलीन हो गयी है और उसकी आत्मा भटक रही है। वह उसी देह को खोज रही है। इस चित्र के माध्यम से उसकी आत्मा को बतलाया जाता है कि अब यह देह तुम्हारा वास-स्थल नहीं हो सकता इसलिये तुम इसके आसपास मत मँडराओ अपितु तुम अब या तो कोई दूसरी देह खोजो या फिर जीवन-मरण के चक्र से सदा-सर्वदा के लिये मुक्त हो जाओ।

रतन सिंह यादव की इस बात से सोमारूराम देवांगन[41] भी सहमति जताते हैं। नरहरि दास[42] कहते हैं कि 'मरनी बाधा' को 'मूर्ति' या 'मुरित' भी कहा जाता है। 'मरनी बाधा' या 'मूर्ति' अथवा 'मुरित' बनाने के बाद उस पर 7 अथवा 9 रंगों की झण्डियाँ भी गाड़ी जाती हैं।

लोक विश्वास

'जगार' में 'गड़' लिखने के पीछे लोक विश्वास है कि इससे देवी-देवता न केवल प्रसन्न होते हैं बल्कि वे उस गड़ में विराजमान हो जाते हैं। इसी तरह 'बाना' या 'बाधा' बनाने के पीछे यह विश्वास है कि इससे जहाँ ईर्ष्यालु लोगों और अनिष्टकारी शक्तियों से बचा जा सकता है, वहीं शुभ फल भी प्राप्त होता है[43]।

सुकदई कोराम[44] के अनुसार : जगार में यदि गड़ नहीं लिखे गये तो जगार अपूर्ण रह जायेगा। हमारी पूजा-अर्चना का कोई अर्थ ही नहीं रह जायेगा।

39. श्री नरहरि दास, जगदलपुर (बस्तर-छ.ग.) से दिनांक 10.01.06 को हुई बातचीत।
40. श्री रतन सिंह यादव, सरगीपालपारा, कोंडागाँव (बस्तर-छ.ग.) से दिनांक 22.05.1990 को हुई बातचीत।
41. श्री सोमारूराम देवांगन, सरगीपालपारा, कोंडागाँव (बस्तर-छ.ग.) से दिनांक 11.08.2005 को हुई बातचीत।
42. श्री नरहरि दास, जगदलपुर (बस्तर-छ.ग.) से दिनांक 10.01.06 को हुई बातचीत।
43. श्री सुकुल, गाँयता, कोपाबेड़ा (कोंडागाँव, बस्तर-छ.ग.) से दिनांक 19.05.04 को हुई बातचीत।
44. जगार गायिका सुकदई कोराम, सरगीपालपारा, कोंडागाँव (बस्तर-छ.ग.) से दिनांक 01.12.1999 को हुई बातचीत।

देवला[45] कहती हैं : जगार में गड़ लिखना बहुत जरूरी होता है। लछमी जगार में 'गड़' नहीं लिखेंगे तो माहालखी प्रसन्न नहीं होंगी। तीजा जगार में 'गड़' नहीं लिखेंगे तो माहादेव-पारबती और बाली गौरा प्रसन्न नहीं होंगे। आठे जगार में नहीं लिखेंगे तो कुरुस-बलप[46] प्रसन्न नहीं होंगे और बाली जगार में नहीं लिखने पर बली भिमसन खुश नहीं होंगे। तब हमारे जगार का क्या मतलब रहेगा?

इसी तरह 'बाना' या 'बाधा' लिखने के पीछे लोक विश्वास है कि 'बाना' के भीतर किसी भी तरह की अनिष्टकारी शक्ति का कोई वश नहीं चलता। यह एक तरह से लक्ष्मण-रेखा ही होती है। चावल और हल्दी के आटे का सफेद और पीला रंग शुभ होता है। इस विषय में मँदनी पटेल[47] कहती हैं : हम लोग कैरी[48]-वैरी की नजर से बचने-बचाने और शुभ की कामना से बाना लिखते हैं। वे आगे कहती हैं : जैसे कि लछमन ने सीता की रक्षा के लिये लछमन-रेखा खींची थी, वैसे ही हम लोग भी विवाह में वैरी या ईर्ष्यालु लोगों की बुरी दृष्टि से बचने के लिये तथा वर-वधू का विवाह निर्विघ्न सम्पन्न हो, इस कामना से ही बाना लिखते हैं। किसी भी शुभ काम में बाना बनाने के पीछे यही मन्तव्य होता है।

इसी तरह लक्ष्मी के पद-चिन्ह अंकित करने के पीछे धन-धान्य की प्राप्ति की कामना मुख्य होती है। लोक विश्वास है कि पद-चिन्हों पर हो कर ही धन-धान्य की देवी महालक्ष्मी का घर के भीतर प्रवेश होता है। इसीलिये ये पद-चिन्ह घर के भीतर प्रवेश करते हुए दिखलाये जाते हैं।

घर की दीवारों पर 'हाता' देने के पीछे भी इसी तरह का विश्वास काम करता है। घर की दीवारों पर 'हाता' देने से घर शुद्ध और सुरक्षित रहता है। किसी की बुरी नज़र भी नहीं लगती। दिखने में भी बहुत ही सुन्दर दिखलायी पड़ता है। प्रवेश-द्वार पर कमल के फूल और हाथी चित्रित किये जाते हैं तो इनके पीछे भी यही विश्वास है कि इससे घर में सुख और समृद्धि आती है। लोक में कमल का फूल और हाथी धन-धान्य की देवी महालक्ष्मी के सहयोगी माने जाते हैं। गुरुमाय हीरामनी और भानमती द्वारा प्रस्तुत[49] 'आठे जगार' की निम्न पंक्तियाँ भी इस बात की तस्दीक करती हैं कि लोक में हाथी (गजबती) और कमल के फूल का चित्रांकन महत्त्वपूर्ण रहा है :

0538	मोती ने लुरला चउँक पुरला	मोती की लड़ियों से चउक पूरे गये
	मोती ने लुरला चउँक पुरला	मोती की लड़ियों से चउक पूरे गये
	गजबती बाधा लिखोत हरि बोल	गजबती बाधा लिखतीं हरि बोल
	कमल-डुँडा लिखोत।	कमल का फूल बनातीं।

लोक जीवन में चित्र

चित्रों का लोक जीवन में अत्यन्त महत्त्वपूर्ण स्थान रहा है। कारण, ये शुभ के प्रतीक रहे हैं। इनका सम्बन्ध लोक जीवन से सीधे जुड़ा रहा है। जन्म से ले कर मृत्यु तक के सभी नेग-नियमों में लोकचित्रों के दर्शन होते हैं। छठी के अवसर पर ज़मीन पर 'बाना' या 'बाधा' लिखने की परम्परा

45. मूर्धन्य जगार गायिका देवला, खुटीगुड़ा, तहसील : जगदलपुर (बस्तर-छ.ग.) से दिनांक 11.08.2001 को हुई बातचीत।
46. कुरुस-बलप : श्री कृष्ण-बलराम।
47. जगार गायिका मंदनी पटेल, मुलमुला, तहसील : कोंडागाँव (बस्तर-छ.ग.) से दिनांक 28.11.1999 को हुई बातचीत।
48. कैरी : ईर्ष्यालु।
49. 2006 में किया गया ध्वन्यांकन। गायिका : गुरुमाय हीरामनी एवं भानमती, ग्राम : सोनारपाल (जगदलपुर, बस्तर-छ.ग.)।

रही है। यह 'बाना' या 'बाधा' प्रायः जातक की बुआ द्वारा बनाये जाते हैं। वही छठी के सारे नेग-नियम भी पूरे करती है। वह चावल के आटे से ज़मीन पर और पीढ़े पर 'बाना' लिखती है। इसी बाना के ऊपर कलश रखा जाता है और पूजा की जाती है। मान्यता है कि 'बाना' लिखने पर किसी भी तरह के अनिष्ट से बचा जा सकता है। इसी तरह विवाह के अवसर पर सर्वप्रथम गाँयता अथवा पुजारी द्वारा मण्डप के नीचे 'बाना' लिखा जाता है। यह 'बाना' चावल तथा हल्दी के आटे से लिखा जाता है। गाँयता-पुजारी के अलावा घर-परिवार की महिलाएँ भी लगभग प्रत्येक नेग के समय ज़मीन पर 'बाना' लिखती हैं। घर की दीवार, विशेषतः प्रवेश-द्वार के दोनों ओर 'हाता' दिये जाते हैं। यह 'हाता' चावल के आटे के घोल से दिया जाता है। वर-वधू से उस 'हाता' की पूजा भी करायी जाती है। मृत्यु होने पर मृत देह 'बाना' के ऊपर लिटायी जाती है। फिर अस्थि संकलन के दिन चिता-स्थल पर भी मृतक का चित्र चावल और हल्दी के आटे से अंकित किया जाता है। यह चित्रांकन प्रायः मृतक के किसी निकट सम्बन्धी द्वारा किया जाता है। दियारी त्योहार पर ज़मीन पर 'बाना' लिखने के साथ-साथ दीवार पर 'हाता' दिये जाते हैं तथा गोधन की पीठ पर गिलास या कटोरी के मुख से 'छापा' बनाये जाते हैं। लक्ष्मी के पद-चिन्ह द्वार से ले कर घर के भीतर तक तथा खलिहान पास हो तो वहाँ से भी घर के भीतर तक लक्ष्मी के पद-चिन्ह बनाये जाते हैं। ये चित्रांकन प्रायः घर की मुखिया महिला द्वारा अथवा पुत्र-वधू या अविवाहित बेटी द्वारा किये जाते हैं। लछमी जगार, तीजा जगार, आठे जगार और बाली जगार के अवसर पर दीवार पर 'गड़' लिखे और 'हाता' दिये जाते हैं। ज़मीन और पीढ़े पर 'बाना' लिखे ज़ाते हैं। इस समय धनकुल के सभी उपकरणों यथा हण्डी, सूपा, पायली, धनुष, छिरनी काड़ी, माची, थाली, पीढ़ा आदि पर भी 'हाता' दिये जाते हैं। 'लछमी जगार' में दीवार पर माहालखी-नरायन राजा के 'गड़' अंकित किये जाते हैं। इनके साथ-साथ हाथी और कमल के फूल तथा मकड़ी, मछली, मगर और मोर आदि पक्षियों तथा विभिन्न फूल-पत्तियों का भी चित्रण होता है। इसी तरह तीजा जगार में बाली गौरा और उसकी सात सखियों को नौकायन करते हुए चित्रित किया जाता है। माहादेव-पारबती[50] भी इस 'गड़' में स्थान पाते हैं। उनके साथ-साथ मछली और साँप आदि जन्तुओं का भी चित्रण किया जाता है। आठे जगार में कुरुस-बलप के चित्र अंकित होते हैं। बाली जगार में बली भिमसन[51] इस 'गड़' में स्थान पाते हैं। इनके साथ-साथ सुमनी-डुमनी[52] को भी चित्रित किया जाता है। सभी जगारों में 'गड़' लिखने का काम किसी 'गड़ लिखने वाले' के द्वारा किया जाता है। इसके लिये उसे जगार के आयोजकों द्वारा रसोई, कपड़े आदि भेंट किये जाते हैं। हाता भी दिये जाते हैं किन्तु हाता देने के लिये किसी गड़ लिखने वाले की सेवायें नहीं ली जातीं। यह कार्य जगार-आयोजकों के द्वारा ही कर लिया जाता है। इसके अतिरिक्त अगहन मास के प्रत्येक गुरुवार को रखे जाने वाले व्रत के अवसर पर भी ज़मीन पर 'बाना' लिखे ज़ाते हैं। इस 'बाना' में कमल फूल तथा लक्ष्मी के पद-चिन्ह प्रमुख होते हैं। ये पद-चिन्ह बाहर से भीतर की ओर प्रवेश करते हुए अंकित होते हैं। ये 'बाना' घर की महिलाओं द्वारा, विशेषतः परिवार की मुखिया महिला अथवा पुत्र-वधू या अविवाहित बेटी के द्वारा लिखे जाते हैं।

---

50. माहादेव-पारबती : महादेव-पार्वती।

51. बली भिमसन : बाली जगार का एक महत्त्वपूर्ण पुरुष चरित्र।

52. सुमनी-डुमनी : बाली जगार के दो महत्त्वपूर्ण महिला चरित्र।

विषय-वस्तु

'गड़' की विषय-वस्तु प्रायः विभिन्न देवी-देवता हुआ करते हैं। इसके अतिरिक्त फूल-पत्ते, घरेलू एवं वन्य जीव-जन्तु, प्राकृतिक दृश्य आदि भी होते हैं। 'बाना' या 'बाधा' की विषय-वस्तु होती हैं फूल, लक्ष्मी के पद-चिन्ह और वृत्ताकार-वर्गाकार रेखाएँ आदि। मृतकों की स्मृति में गाड़े जाने वाले काष्ठ एवं प्रस्तर-स्तम्भों में बनाये जाने वाले चित्रों में मृतक के जीवन-चरित्र का अंकन किया जाता है। किन्तु इधर इसके अतिरिक्त अब आधुनिक वस्तुओं के अंकन का भी समावेश होने लगा है। कार, हवाई जहाज़, हेलीकॉप्टर आदि भी इन चित्रों में स्थान पाने लगे हैं। इसके साथ-ही-साथ अब मृतक के जन्म एवं मृत्यु की तिथि भी इन स्तम्भ चित्रों में अंकित की जाने लगी है। सामान्यतः शीर्ष में चिड़िया, कई जगह सूर्य एवं चन्द्र तथा उसके बाद मानवाकृति, घोड़ा एवं घुड़सवार, मकड़ी, मृतक का जीवन-चरित्र, पशु-पक्षी, नृत्य-गायन, आखेट आदि के दृश्य चित्रित होते हैं। इन चित्रों के शीर्ष पर पक्षी का अनिवार्यतः चित्रण इस बात का प्रतीक है कि जीवात्मा शरीर को छोड़ कर उड़ जाती है[53]। माड़िया शैली के लोकचित्रकार जातीय हुआ करते थे किन्तु इधर अन्य जातियों के लोकचित्रकार भी इस दिशा में आगे आने लगे हैं तथापि लोकचित्र का यह रूप अभी भी माड़िया शाखा की ही परम्परा में पाया जाता है।

पक्षी जीवात्मा के प्रतीक के रूप में चित्रित किया जाता है जिससे यह भान होता है कि इन स्तम्भों पर किये गये चित्रण का बड़ा ही दार्शनिक अर्थ होगा। कहीं ऐसा तो नहीं कि लोक में सूर्य और चन्द्र ताप और शीतलता के प्रतीक हों और सम्भवतः इस बात के भी कि जब तक सूर्य और चन्द्रमा का अस्तित्व है तब तक मृतक की कीर्त्ति बनी रहे? डॉ. रामसेवक शुक्ल के अनुसार तो ऐसा ही है[54]। वैसे भी सूर्य बुद्धि, प्रकाश और सत्य का तो चन्द्र ऐन्द्रिक मन का प्रतीक कहा जाता रहा है।

न केवल बस्तर अपितु सम्पूर्ण भारतीय परिवेश में लोकचित्रों में नक्षत्र प्रतीकों में सूर्य एवं चन्द्र प्रमुख हैं। प्रत्येक लोकचित्र में ऊपर दायीं ओर सूर्य और बायीं ओर चन्द्र की स्थिति अनिवार्य-सी लगती है। इस रूप में वे जीवन की शाश्वतता के प्रतीक हैं। औपनिषदिक दर्शन में वे पुरुष और स्त्री के प्रतीक हैं, जिनसे सृष्टि चलती है। पशु-पक्षी प्रतीक भी लोकचित्रों की विषय-वस्तु में स्थान पाते हैं पर या तो वे किसी कथा के अंग बन कर कथापरक अर्थ देते हैं या शुभ शकुन के रूप में ग्रहण किये जाते हैं। उदाहरण के तौर पर हाथी ऐश्वर्य, शक्ति और दृढ़ता का, शुक और मोर प्रेम के, मछली सम्पन्नता तथा प्रजननशीलता का, घोड़ा गति और शक्ति का प्रतीक माना जाता है[55]। इसी तरह फल-फूल प्रतीकों का चित्रण भी शुभाशुभ के लिये किया जाता है। घर के प्रवेश-द्वार पर अंकित कमल का फूल मन-प्राण और प्राण-शक्ति का प्रतीक माना गया है। आयुध प्रतीकों का चित्रण भी लोकचित्रों में होता रहा है। धनुष-वाण रक्षा एवं संहार के प्रतीक रहे हैं। इससे यही लगता है कि लोकमानस भी कहीं-न-कहीं दर्शन

53. श्री पेरमाराम कर्मा एवं श्री पाकलूराम कर्मा, ग्राम : बुरुँगपाल (बस्तर-छ.ग.) से 2003 में हुई बातचीत।
54. डॉ. रामसेवक शुक्ल (नारायणपुर, बस्तर-छ.ग.) से 1986-87 में हुई बातचीत।
55. लोकचित्रों की प्रतीकात्मकता : नर्मदाप्रसाद गुप्त (लोक, 108)।

को छूता अवश्य है। यह अलग बात है कि लोक बहुत मुखर नहीं हो पाता किन्तु उसकी मुखरता उसकी चुप्पी में ही दीख पड़ती है। ज़रूरत है उस चुप्पी के भीतर की मुखरता को खोज और परख पाने की। अब मकड़ी के चित्रण को ही लीजिये। कितना प्रतीकात्मक चित्रण है इसका लोक शैली में। बिम्ब-विधान मात्र नागर कला या साहित्य में ही नहीं अपितु लोक कला एवं साहित्य में भी पूरी तरह विद्यमान है। और यह निर्विवाद सत्य है कि लोक कला या साहित्य ही नागर कला और साहित्य की जननी है। इस सन्दर्भ में डॉ. रायकृष्णदास का यह कथन कितना सटीक है कि साहित्य की भाँति सभी कलाओं का उद्‌गम-स्थल लोक ही है। वहीं की रसमय धारा कला के तलस्थ मूल को अनजाने ही सींचती रहती है, भले ही उसकी शाखा-प्रशाखाएँ आकाश को छूने लगें और संसार चिल्ला-चिल्ला कर उसके मूल की स्थिति को ही अमान्य कर दे।

'लोकचित्रों की प्रतीकात्मकता' शीर्षक[56] अपने एक आलेख में नर्मदा प्रसाद गुप्त लोकचित्रों के प्रमुख अवयवों के प्रतीकों और उनके अर्थों की व्याख्या प्रस्तुत करते हुए क़हते हैं कि इन प्रतीकों को लोकचित्रकारों को भी समझना आवश्यक है, क्योंकि पारम्परिक लोकचित्रों की हूबहू अनुकृति से ही उसकी कला सार्थक नहीं कही जा सकती। इस प्रकार सर्जक और कलाकार, दोनों का इन प्रतीकों से परिचय अत्यन्त आवश्यक है।

इन चित्रों में बिन्दु सृजन का केन्द्रीय प्रतीक है। यह सृष्टि का केन्द्रक है। साथ ही ब्रह्मा, विष्णु और महेश की शक्तियों का लयाकार रूप ब्रह्म भी बिन्दु ही है। यह ब्रह्माण्ड और आकाश का प्रतीक है।

बिन्दु से बनती हैं रेखाएँ। सीधी खड़ी रेखा गति और विकास का प्रतीक है, जबकि आड़ी या पड़ी रेखा प्रगति और स्थिरता की। तिरछी रेखा आगे बढ़ने की दिशा दर्शाती है, जबकि तरंगायित रेखा प्रवाह की प्रतीक है। एक-दूसरे को काटती रेखाएँ विरोध, संघर्ष और युद्ध की सूचक हैं। तीर की तरह दोनों दिशाओं में बढ़ती रेखाएँ पूर्ण विकास की द्योतक हैं। समकोण पर मिलती रेखा उदासीनता की प्रतीक है।

इसी बिन्दु से त्रिकोण की उत्पत्ति होती है। तीन सीधी रेखाएँ तीन बिन्दुओं पर मिल कर तीन कोण बनाती हैं और तीन के संगम का अर्थ देती हैं। तीन देव (ब्रह्मा, विष्णु, महेश), तीन देवियाँ (महालक्ष्मी, महासरस्वती, महाकाली), तीन गुण (सत्, रज, तम्), तीन शक्ति (ज्ञान, इच्छा, क्रिया), तीन काल (भूत, वर्तमान, भविष्य) और तीन अनुभूतियाँ (सत्, चित्, आनन्द)। अपने आधार पर खड़ा ऊर्ध्वमुखी त्रिकोण पर्वत, अग्नि और शिव का प्रतीक है, जबकि अधोमुखी त्रिकोण जल और शक्ति का। दोनों को मिला कर बना षट्‌कोण शिव और शक्ति अथवा पुरुष और स्त्री के मिलन से सृष्टि का प्रतीक है।

बिन्दु चतुष्कोण में अपना विस्तार पा लेता है। प्रसार करती शक्ति वृत्त का रूप धर कर चतुष्कोण में स्थिर होती है। अतएव शक्ति की पूर्णता का प्रतीक है। इसके अलावा वह पृथ्वी और आकाश का भी प्रतीक है। वर्ग देव का आभा-मण्डल माना जाता है। वृत्त पूर्णता, ब्रह्माण्ड, वायु, आकाश और नाद का प्रतीक है। वह गति और मण्डल का भी द्योतक है। चक्र काल, सृष्टि और उत्थान-पतन की गति दर्शाता है।

---

56. स्रोत : लोक, सम्पादक : पीयूष दईया, 107-108।

बहरहाल, मावली भाटा नामक गाँव के पास खड़े एक माड़ेया खमा में अंकित चित्र के भाव को पढ़ने का प्रयास करें तो यह चित्र यही बतलाता है कि मानव योनि में आने के पूर्व जीवात्मा को कई मानवेतर योनियों से गुज़रना पड़ता है। मानव जीवन अद्भुत है। इसी जीवन में राग-विराग, हर्ष-उल्लास, सुख-दुःख आदि का अहसास होता है और उसे व्यक्त करने के माध्यम भी होते हैं। किन्तु अन्ततः जीवात्मा इस शरीर को भी छोड़ कर किसी चिड़िया की भाँति फुर्र हो जाती है। इस चित्र में मृतक से सम्भवतः यही कहा गया है कि तुम बड़े ही भाग्यशाली हो कि तुम्हें मानव योनि में जन्म मिला। तुमने मानवोचित कर्तव्य पूरे किये और सद्गति को प्राप्त हो गये। तुम हमें भी ऐसा ही आशीर्वाद दो ताकि हम भी तुम्हारी ही तरह अपने सारे कर्तव्यों का भली-भाँति निर्वहन कर अन्त में सद्गति को प्राप्त हो जायें।

बेलगुर घोटुल शैली के तथा माड़वी आन्दो माड़िया शैली के लोकचित्रकार हैं। इसी तरह खेम वैष्णव, दुर्जनराम सोरी, लतिका वैष्णव, रामेश्वर बघेल और राजेन्द्र राव जगार शैली के 'गड़' लिखने वाले हैं। खेम वैष्णव ने 'गड़' लिखने की शुरुआत अपनी माता स्व. जयमनी वैष्णव से तथा विभिन्न जगार-गायिकाओं के शिष्यत्व में 'लछमी जगार' तथा 'धनकुल' से की फिर गड़ को काग़ज़ और कैनवास पर उतारा। उनके जीवन्त लोकचित्रों में बस्तर का लोकजीवन, उसकी संस्कृति, उसका इतिहास, भूगोल आदि अपनी पूरी समग्रता के साथ रूपायित होता है। दुर्जनराम सोरी, लतिका वैष्णव, रामेश्वर बघेल और राजेन्द्र राव इन्हीं के शिष्य हैं।

यहाँ प्रस्तुत हैं कुछ 'गड़' और उनकी विषय-वस्तु।

1. धरती-पिरती चो उपजास[57]

बस्तर में 'लछमी जगार' नामक लोक महाकाव्य की विविध शाखाएँ हैं। प्रत्येक शाखा की कथा में भी पर्याप्त भिन्नता है। ये लोक महाकाव्य मौखिक परम्परा में हैं।[58] कोंडागाँव की सुखदई कोराम नामक गुरुमायँ द्वारा गाये जाने वाले 'लछमी जगार' के बेसरा खँदा (बाज शाखा) के अनुसार : सृष्टि के आरम्भ में केवल जल-ही-जल था। न धरती थी न आसमान था। थी तो केवल अनंत जलराशि। तभी उस पारावार में कमल का एक फूल खिला और कमल के उस फूल से जन्म हुआ नरायन राजा का। महासागर में बाढ़ आयी और नरायन राजा कमल के फूल के साथ ही उस बाढ़ में बहने लगे। उन्हें बहता देख बासुत नाग से न रहा गया और उन्होंने उनकी प्राण-रक्षा की। तब नरायन[59] राजा के नाभि-कमल से बरमा तथा माहादेव[60] का जन्म हुआ। बाढ़ उन्हें भी बहा ले जाने लगी। बासुत नाग ने उन्हें भी बहने से बचाया। तब तीनों धरती की रचना की सोचने लगे। नरायन राजा ने काफी सोच-विचार किया और महासागर में रहने वाले केकड़े से कहा कि वह केंचुआ को ले कर आए। केकड़ा गया और केंचुआ को अपनी दाढ़ में पकड़ लाया। नरायन राजा ने केंचुआ से कहा कि वह उसकी हथेली पर मल-त्याग कर दे ताकि

57. धरती-पृथ्वी की उत्पत्ति।

58. इन पंक्तियों के लेखक ने लछमी जगार के बेसरा खँदा (बाज शाखा) और जम खँदा (यम शाखा) को ध्वन्यांकित किया है तथा वह दोनों को लिपिबद्ध करने एवं उनका हिन्दी-अंग्रेजी अनुवाद करने में संलग्न है।

59. नरायन : नारायण।

60. बरमा तथा माहादेव : ब्रह्मा तथा महादेव।

वे धरती की रचना कर सकें। केंचुआ ने मल-त्याग कर दिया तब नरायन उस मल से धरती की रचना करने लगे। किन्तु जब-जब वे धरती की रचना करते महासागर में रहने वाला सुरवाँ[61] महासागर के सारे पानी को लील लेता और उगाल देता जिससे सारी माटी बह जाती। इस तरह सुरवाँ नरायन राजा के परिश्रम को बारम्बार व्यर्थ करता जाता। तब नरायन राजा ने केकड़ा से कहा कि वह कालिक माता को बुला लाए। केकड़ा गया और कालिक माता को बुला लाया। तब नरायन ने कालिक माता से सारा वृत्तान्त कह सुनाया और कहा कि वे उस सुरवाँ को मार डालें। कालिक माता ने नरायन राजा की विनती सुन कर सुरवाँ से युद्ध किया और उसे मार डाला। तब नरायन राजा ने धरती की रचना की।

धरती-पिरथी चो उपजास

2. डोकरी देव[62]

डोकरी देव न केवल बस्तर की जनजातियों के बीच सबसे अधिक मान पाने वाली देवी हैं अपितु अन्य समुदायों द्वारा भी इनकी पूजा की जाती है। इन्हें सतीमायँ, गपागोसिन, गोंडिनदेव तथा पेंडरावँडिन के नाम से भी जाना जाता है। इस देवी के सम्बन्ध में प्रचलित मिथकथा के अनुसार पेंडरावँड नामक गाँव में गोंड जनजाति की एक वृद्ध दम्पति थी, जिनके सात पुत्र और एक पुत्री थी। पुत्री का नाम था मिटकी। उसके लिए लमसेना[63] लाया गया था। मिटकी लमसेना से अनन्य प्रेम करने लगी थी। उनके सातों बेटे गाँव से कुछ ही दूरी पर बहने वाले नाले को बाँध कर उसके किनारे स्थित अपने खेतों की सिंचाई करना चाहते थे किन्तु लगातार प्रयासों के बाद भी नाले पर बाँध बन ही नहीं पा रहा था। जब-जब वे बाँध बनाते पानी उसे तोड़ देता। वे सब काफी परेशान हो गये थे। तभी एक रात नाले में निवास करने वाले रावदेव ने सबसे छोटे पुत्र को सपने में बताया कि यदि नाले पर बाँधे जा रहे बाँध में किसी मनुष्य की बलि दी जाय तो बाँध नहीं फूटेगा। उसने सवेरे उठ कर सब को यह बात बतायी। अब सब-के-सब वहाँ बलि देने के लिए किसी व्यक्ति की तलाश में लग गये। काफी खोज-बीन करने पर भी जब उन्हें ऐसा

61. सुरवाँ : असुर।

62. डोकरी देव : बूढ़ी देवी। बस्तर में देवी एवं देवता के लिये प्रायः 'देव' शब्द ही प्रयुक्त होता है, उदाहरणार्थ 'भंगाराम देव' जो वस्तुतः देवी है।

63. घरजवाँई।

कोई व्यक्ति नहीं मिला तब सातों भाइयों ने आपस में मन्त्रणा की कि क्यों न मिटकी के लमसेना की बलि दे दी जाय! मिटकी के लिए दूसरे वर की तलाश कर ली जाएगी। ऐसा विचार कर उन लोगों ने एक दिन लमसेना की बलि बाँध पर दे दी। ऐसा करते ही बाँध पानी से लबालब भर गया। बलि दे कर सातों भाई घर लौट आए। इधर मिटकी लमसेना की राह देख रही थी। जब उसने देखा कि सातों भाई तो घर लौट आए हैं किन्तु लमसेना नहीं लौटा तब वह हाथ में गपा[64] और साबल[65] ले कर घर से निकल पड़ी। खेत के पास पहुँच कर देखा तो बाँध बना हुआ था और उसमें लबालब पानी भरा हुआ था। वह चिंतित हो गयी कि कहीं उसका लमसेना पानी में डूब कर मर तो नहीं गया। वह चिंतित हो कर उसे चारों ओर खोजने लगी। तभी बाँध के नीचे उसका पाँव किसी वस्तु से टकराया। झुक कर देखा तो किसी मनुष्य की उँगली थी। वह आशंका से भर गयी और मिट्टी हटायी तो पाया कि उसका लमसेना मरा पड़ा था। वह समझ गयी कि बाँध की सफलता के लिये उसके भाइयों ने ही उसकी बलि दे दी है। वह दुखी हो गयी और शव को ले बाँध में कूद कर मर गयी। उसकी मृत्यु के कुछ ही दिनों बाद गाँव में महामारी फैल गयी। लोगों ने देवता का आह्वान किया तो देवता ने बतलाया कि लमसेना और मिटकी की मृत्यु के कारण ही यह महामारी फैली है। वे दोनों देवत्व को प्राप्त हो गये हैं और उनकी विधिवत् पूजा करने पर ही महामारी से छुटकारा पाया जा सकता है। तब विधि-विधानपूर्वक उनकी पूजा की गयी। उस दिन से गपागोसिन देवी के नाम से उसकी पूजा आरम्भ हुई जो आज भी चली आ रही है। गपा धारण करने के कारण गपागोसिन, पेंडरावँड गाँव की रहवासी होने के कारण पेंडरावँडिन, पति के साथ ही सती हो जाने के कारण सतीमायँ और गोंड जनजाति की होने के कारण गोंडिनदेव तथा आदि देवी के रूप में मान्यता प्राप्त होने के कारण डोकरी देव के नाम से विख्यात यह देवी बस्तर में सबसे अधिक मानी और पूजी जाने वाली देवी है।

गपागोसिन

3. अजगलभिमा

अजगलभिमा 'लछमी जगार' का एक अद्‌भुत पात्र है। लछमी जगार की अलग-अलग शाखाओं में इसके अलग-अलग नाम हैं। सुखदई कोराम द्वारा गाये जाने वाले 'लछमी जगार' (बेसरा खँदा)[66] में इसका नाम अजगलभिमा है तो मँदनी पटेल द्वारा गाये जाने वाले 'लछमी जगार' (जम खँदा)[67] में बावड़ाभिमा। यह घर की बजाय बारह पहाड़ियों के सन्धि-स्थल में

64. बड़ा सा टोकरा।

65. सब्बल।

66. बाज शाखा।

67. यम शाखा।

कुम्भकर्णी निद्रा में सोता रहता है और उसे जगाने के लिये उसके कान में गरम तेल डाला जाता है तथा पृष्ठभाग में गरम सब्बल। देह पर वस्त्राभूषण के रूप में यह विभिन्न प्रजाति के साँपों को धारण करता है। पगड़ी के रूप में अजगर साँप, धोती के रूप में बोड़ा साँप, कुण्डल की तरह मोटकाल साँप, बाजूबन्ध के रूप में सुपली साँप, कड़ा के रूप में पाहाड़चिती साँप तथा कटिबन्ध के रूप में अहराज साँप और कम्बल कीड़ा को मूँछों की तरह धारण करता है। यह इतना भीमकाय और बलशाली है कि लगभग ढाई क्विंटल वजन का चूड़ा पाँवों में पहनता है। यह मेंगराजा और मेंगिन रानी के लिये उपरपुर[68] से मँजपुर[69] तक मार्ग बनाता है।

अजगलभिमा

4. मँडई

मँडई यानी मेला। बस्तर अंचल में धान की मिंजाई के तुरन्त बाद गाँव-गाँव में मँडई भरने लगती है। इनमें गाँव-गाँव के देवी-देवता एकत्र होते हैं। वस्तुतः देवी-देवताओं की मिलन-स्थली और पूजा का वार्षिक आयोजन होती है मँडई। देवी-देवता उनके प्रतीकों के माध्यम से मँडई में लाये जाते हैं। ये प्रतीक होते हैं डोली, छतर, लाट-बैरक और आँगा। छतर और डोली देवियों की प्रतीक होती हैं जबकि लाट-बैरक और आँगा देवताओं के। 'छतर' छत्र शब्द का तथा 'आँगा' अंग शब्द का ही बस्तरिया संस्करण है। मँडई का आरम्भ कैसे हुआ इससे सम्बन्धित मिथकथा भी यहाँ प्रचलित है जो काफ़ी दिलचस्प है।

मँडई

68. उर्ध्वलोक।
69. मध्यलोक।

5. धनकुल

बस्तर में चार मौखिक लोक महाकाव्य हैं। ये हैं 'लछमी जगार', 'तीजा जगार' या 'धनकुल', 'आठे जगार' और 'बाली जगार'। इन जगारों में 'धनकुल' नामक वाद्य-यन्त्र बजाये जाते हैं। यह वाद्य-यन्त्र धनुष, हण्डी, सूपा और बाँस की कमची जिसे छिरनी काड़ी कहते हैं, के संयोजन से बना होता है। हण्डी को धान के पैरा (पुआल) से बने आँयरा या बेंडरी के ऊपर हल्का सा तिरछा रख कर उसके मुँह पर सूपा ढँका जाता है। इसी सूपा के ऊपर धनुष का एक सिरा टिका होता है तथा दूसरा सिरा ज़मीन पर। धनुष का ऊपरी भाग हल्का काँटेदार बना होता है। दो गुरुमायें धनुष के इसी दूसरे सिरे के पास एक माची (लकड़ी की मचिया) पर बैठती हैं और दाहिने हाथ में छिरनी काड़ी लेकर उसका घर्षण धनुष के उसी काँटेदार भाग में करती हैं जिससे 'छरछर-छरछर' की मोहक ध्वनि उत्पन्न होती है। इसके साथ ही वे बायें हाथ से धनुष की प्रत्यञ्चा को ऊपर की ओर हल्के-हल्के खींचती हैं जिससे हण्डी में से 'ढँग्-ढँग्' की ध्वनि उत्पन्न होती है। इस तरह इस वाद्य-यन्त्र से 'ढँग् छर्, ढँग् छरछर्' का सम्मिलित स्वर उत्पन्न होता है। इस वाद्य-यन्त्र को उसके स्वरूप के आधार पर ततवाद्य और वितत वाद्य का सम्मिलित रूप कहा जा सकता है। कोंडागाँव में धनकुल के इन उपकरणों को अलग-अलग नामों से जाना जाता है। धनुष को धनकुल डाँडी[70], प्रत्यञ्चा को झिकन डोरी[71], हण्डी को घुमरा हाँडी[72], सूपा को ढाकन सूपा[73], बाँस की कमची को छिरनी काड़ी[74] और माची को बैठक माची[75] कहा जाता है।

धनकुल

6. घोटुल

बस्तर की गोंड जनजाति की एक शाखा मुरिया के बीच प्रचलित घोटुल युवा वर्ग के लिये गृहस्थ और सामाजिक जीवन की प्राथमिक पाठशाला की भूमिका निभाता है। गाँव के एक छोर पर अथवा कई गाँवों में बीच में बने इस युवा-गृह में चेलिक और मोटियारिनों का प्रवेश

70. धनुष का डण्डा या कमान।
71. खींचने वाली डोर या रस्सी।
72. वह हंडी जिससे गमक (घुमरा) उत्पन्न हो।
73. वह सूपा जो ढकने के काम आए।
74. वह कमची जिससे 'छिर-छिर-छिर-छिर' या 'छर-छर-छर-छर' की स्वर लहरी उत्पन्न हो।
75. वह माची या मचिया जिस पर बैठा जाए।

नितान्त आवश्यक होता है। चेलिक का अर्थ है अविवाहित युवक और मोटियारिन का अर्थ है अविवाहित युवती। इनके अतिरिक्त अन्य किसी भी व्यक्ति को इस युवा-गृह में प्रवेश की पात्रता नहीं होती। यहाँ ये युवक-युवती देर रात तक जागते हुए नृत्य-गीत एवं कथा-कहानी सुनने-सुनाने में तल्लीन रहते हैं। आपसी सौहार्द्र, भाईचारा, आपसी सहयोग आदि की शिक्षा इन्हें इसी युवा-गृह में मिलती है। यहाँ का प्रशासन-तन्त्र बहुत ही चुस्त-दुरुस्त होता है। संविधान अलिखित किन्तु कठोर। अनुशासन में बँधे रहना इस संस्था की अनिवार्यता है। नियमों का उल्लंघन होने पर दण्ड का भागी होना पड़ता है। इसके सदस्यों के मूल नाम यहाँ परिवर्तित हो जाते हैं। छद्म नामों से एक-दूसरे को जाना जाता है किन्तु घोटुल के बाहर का कोई भी व्यक्ति इनके छद्म नामों से परिचित नहीं होता।

घोटुल

7. दसराहा

यद्यपि दशहरा का बस्तरिया संस्करण है दसराहा किन्तु यह उस दशहरा जैसा नहीं जिसमें रावण-वध होता है। बस्तर के इस दसराहा में रावण-वध नहीं होता। इसमें बस्तर के राजशाही की अधिष्ठात्री देवी दन्तेश्वरी की पूजा-अर्चना होती है। लकड़ी के विशालकाय रथ पर पहले राजा बैठा करता था और प्रजा उस रथ को खींचते हुए गोल बाजार की परिक्रमा कराती थी। अब राजा की जगह देवी दन्तेश्वरी का छत्र विराजमान होता है। इस दसराहा की विशेषता यह है कि इसकी शुरुआत हरिजनों की देवी काछिन की अनुमति से ही होती है। काछिन देवी से अनुमति प्राप्त करने की यह परम्परा आरम्भ से ही चली आ रही है। रैला देवी की भी पूजा इसी समारोह में होती

दसराहा (दशहरा)

है। यह भी हरिजनों की देवी है। रैला देवी की मर्मस्पर्शी कथा मिरगान जाति की महिलाओं द्वारा इस अवसर पर गायी जाती है। इनके अतिरिक्त विभिन्न देवी-देवताओं की पूजा-अर्चना भी इस पर्व में की जाती है।

8. आमा जोगानी

'आमा जोगानी' आम की पूजा का पर्व है। यह पर्व मनाने के पूर्व ग्रामवासी आपस में मिल-बैठ कर इसकी तिथि तय कर लेतें हैं। प्रायः आमा जोगानी शनिवार, मंगलवार या फिर बुधवार के दिन ही सम्पन्न होता है। शेष दिन इस त्योहार के लिये निषिद्ध हैं। आमा जोगानी के लिए किसी जतरा की जरूरत नहीं पड़ती। कई बार प्रायः माटी तिहार के दिन ही आमा जोगानी सम्पन्न कर ली जाती है और घर के मुखिया को छोड़ कर शेष सभी लोग आम का सेवन कर सकते हैं। मुखिया 'आमा जोगानी' के दिन इसकी रस्म के बाद ही आम का सेवन करता है। इस त्योहार में दादा-भाई[76] ही सम्मिलित होते हैं। निर्धारित दिन आम और 'चार' फल को थाली या पतरी (पत्तल) में भक्तिपूर्वक रख कर उसके साथ धूप, अगरबत्ती, लाली, उड़द की दाल, चावल, गुड़, मँद (मदिरा) आदि रखा जाता है। इनके साथ-साथ जाम-डारा (काले जामुन की टहनी) भी रखी जाती है। मुर्गा और बकरे की बलि दी जाती है। नारियल चढ़ाया जाता है तथा अगरबत्ती भी जलायी जाती है। देवता के आसन में दीया जलाया जाता है। होम-आरती की जाती है और देवता को मदिरा अर्पित की जाती है। आम की चार फाँकें कर एक टुकड़ा देवता को अर्पित किया जाता है तथा बाकी के कई टुकड़े कर आपस में खाया जाता है। फिर मदिरा पी-पिलायी जाती है। 'बेट' (पैरा या पुआल से बनी रस्सी) में आग ले कर पास के किसी जलाशय (तालाब या नदी) में जाते हैं। यह होता है पूजा-स्थल। इस स्थान को गोबर से लीपा जाता है तथा 'कोंडी' (छोटी सी हाँडी) में पानी भरकर तीन बार 'पूँजी' के ऊपर डाला जाता है। उसके बाद गोबर के ऊपर भी दाल-चावल की 'पूँजी' रखकर लाली आदि लगा कर पूजा की जाती है। मिट्टी के नये बर्तन से पानी डालते हैं। जलाशय के किनारे 'जाम-डारा' को गाड़कर उसके आगे फरसा-पाना (पलाश का पत्ता) के ऊपर तीन हिस्सों में दाल-चावल का मिश्रण रखा जाता है। इसी मिश्रण को 'पूँजी' कहा जाता है। इसी 'पूँजी' के ऊपर तम्बाकू और मँद (मदिरा) टपकायी जाती है। मदिरा की इस भेंट को 'तरपनी' कहा जाता है। धूप, अगरबत्ती, लाली आदि से पूजन कर अपने-अपने देवी-देवताओं का

आमा जोगानी

76. दादा-भाई : एक ही कुल के परिवार जन।

स्मरण किया और आम को चार भागों में काटा जाता है। पूजा आदि कर किसी पेड़ की छाँव में बैठ कर गाँव के तथा पास-पड़ोस के सभी लोग मिलकर उसे आपस में बाँट कर खाते हैं। मदिरा आदि भी पी जाती है। बड़े-छोटे को प्रणाम-आशीष का आदान-प्रदान कर घर लौटते हैं। घर में भी उसी प्रकार पूजा एवं भेंट आदि की जाती है। परिवार के सभी सदस्य पूजा कर प्रसाद ग्रहण करते हैं। इस त्योहार के दिन विशेष रूप से सूखी मछली, जिसे 'सुकसी' कहा जाता है, आम के साथ पकायी एवं प्रसाद के रूप में खायी जाती है। इसके साथ ही प्रत्येक सब्जी में आम का टुकड़ा अवश्य ही डाला जाता है।

9. माड़ेया खमा

माड़िया शैली के ये लोकचित्र गोंड जनजाति की माड़िया शाखा में प्रचलित 'माड़ेया खमा' में बनाये जाते हैं। यह चित्र बतलाता है कि मानव योनि में आने के पूर्व जीवात्मा को कई मानवेतर योनियों से गुज़रना पड़ता है। मानव जीवन अद्भुत है। इसी जीवन में राग-विराग, हर्ष-उल्लास, सुख-दुःख आदि का अहसास होता है और उसे व्यक्त करने के माध्यम भी होते हैं। किन्तु अन्ततः जीवात्मा इस शरीर को भी छोड़ कर किसी चिड़िया की भाँति फुर्र हो जाती है। इस चित्र में मृतक से कहा गया है कि तुम बड़े ही भाग्यशाली हो कि तुम्हें मानव योनि में जन्म मिला। तुमने मानवोचित कर्तव्य पूरे किये और सद्गति को प्राप्त हो गये। तुम हमें भी ऐसा ही आशीर्वाद दो ताकि हम भी तुम्हारी ही तरह अपने सारे कर्तव्यों का भली-भाँति निर्वहन कर अन्त में सद्गति को प्राप्त हो जायें।

माड़ेया खमा (मृतक-स्मृति-स्तम्भ)

10. मरनी बाधा

मृतक के दाह-संस्कार के बाद दाह-स्थल पर आत्मा की मुक्ति के निमित्त मृतक का चित्र बनाया जाता है। इसे 'मरनी बाधा' कहा जाता है। मृतक के दाह-संस्कार के बाद 'तीज नाहनी' यानी तीसरे दिन दाह-स्थल से मृतक की अस्थियाँ एकत्र की जाती हैं। अस्थियाँ चुनने के बाद उस स्थल को गोबर और मिट्टी के घोल से लीपा जाता है और उस पर चावल एवं हल्दी के आटा से मानवाकृति अंकित की जाती है। यह चित्रांकन 'मरनी बाधा'

मरनी बाधा

कहा जाता है। कल्पना की जाती है कि मृतक की देह पंच तत्त्व में विलीन हो गयी है और उसकी आत्मा भटक रही है। वह उसी देह को खोज रही है। इस चित्र के माध्यम से उसकी आत्मा को बतलाया जाता है कि अब यह देह तुम्हारा वास-स्थल नहीं हो सकता इसलिये तुम इसके आसपास मत मँडराओ अपितु तुम अब या तो कोई दूसरी देह खोजो या फिर जीवन-मरण के चक्र से सदा-सर्वदा के लिये मुक्त हो जाओ।

11. धान काँडनी

बस्तर के गाँवों में आज भी धान कूटने के लिये परम्परागत उपकरण 'ढेकी' का ही प्रयोग होता है। इस उपकरण को उपयोग में लाने के लिए दो लोगों की आवश्यकता पड़ती है। धान कूटने को 'धान काँडनी' अथवा 'धान कूटतो' कहा जाता है। एक महिला अपने पैर से 'ढेकी' के एक सिरे को दबाती है और हाथ से एक लम्बे बाँस की सहायता से धान को 'कोटन'[77] में ढकेलती जाती है। दूसरी महिला कुटे हुए चावल को साफ करती जाती है। धान कूटने के पूर्व उसे साफ किया जाता है। इसे 'धान चोलातो' कहते हैं। धान कूटने की इस प्रक्रिया के

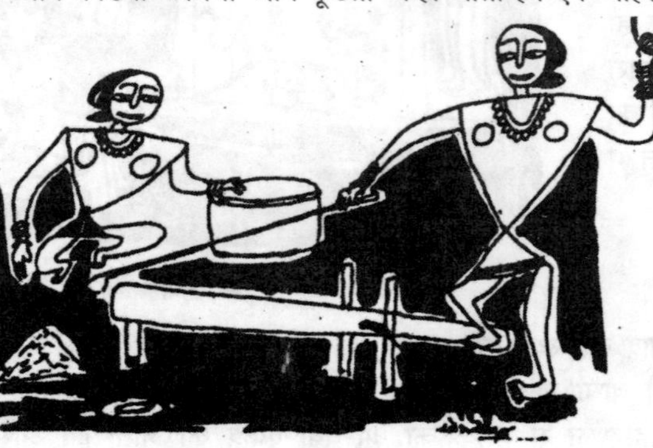

धान काँडनी

77. कोटर।

तीन चरण होते हैं। पहला चरण होता है 'मुँडी मारतो', दूसरा 'दुहड़ातो' तथा तीसरा 'छड़ेया'। इसके बाद बारी आती है चावल फटकने की। इसे 'चाउर फुनतो' कहा जाता है। इस प्रक्रिया में धान की अलग-अलग किस्म की भूसी निकलती है। मोटी भूसी 'मुँडी कोंडा', मध्यम भूसी 'दुहड़ा कोंडा' तथा महीन भूसी 'छड़ेया कोंडा' कहलाती है। इसी महीन भूसी या 'छड़ेया कोंडा' से कई बार रोटी भी बनायी जाती है।

12. छड़तो

'ढेकी' के अलावा 'मुसर'[78] का भी प्रयोग धान कूटने के लिये किया जाता है। किन्तु 'मुसर' का प्रयोग तभी होता है जब धान की मात्रा कम होती है। 'मुसर' से 'कोसरा'[79], 'जोंदरा', 'चाउर', 'मँडेया', 'हरदी' आदि भी कूटे जाते हैं। इस प्रक्रिया को 'छड़तो' तथा 'काँडतो' भी कहा जाता है। इस उपकरण से सम्बन्धित एक मनोरंजक मिथकथा यहाँ प्रचलित है। कहते हैं कि बहुत पहले एक गोंड स्त्री 'मुसर' से धान कूट रही थी। उस समय आकाश की ऊँचाई एकदम कम थी। इससे उसका 'मुसर' बारम्बार ऊपर आकाश से जा टकराता और उस महिला को इससे धान कूटने में परेशानी होती। उसने गुस्से में आ कर उसी 'मुसर' से आकाश को ऊपर ठेल दिया। तब आकाश बहुत ऊँचाई पर जा पहुँचा। कहते हैं कि तभी से आकाश इतनी ऊँचाई पर है।

छड़तो (छड़ना)

13. दंतेसरी मायँ

देवी दन्तेश्वरी यों तो बस्तर के काकतीय राजवंश की आराध्या हैं, किन्तु उनकी मान्यता सम्पूर्ण बस्तर में है। किम्वदन्ती है कि देवी दन्तेश्वरी वारंगल से बस्तर भाग कर आये राजा अन्नमदेव के साथ बस्तर आयीं। इनके पति का नाम भैरमदेव बताया जाता है। देवी दन्तेश्वरी के विषय में शिव पुराण की उस कथा का उल्लेख किया जाता है जिसमें सती द्वारा दक्ष प्रजापति के यज्ञ में कूद कर प्राण दे देने पर दुखी शिवजी द्वारा उनका शव ले कर सम्पूर्ण ब्रह्माण्ड में विचरण का प्रसंग आता है। कहा जाता है उस समय सती के शरीर के जो-जो अंग धरती पर जहाँ-जहाँ गिरे उन-उन स्थलों में उसी के अनुसार शक्ति-पीठों की स्थापना हो गयी। सती के दाँत गिरने से बने शक्ति-पीठ का नाम दन्तेश्वरी हुआ। यहाँ प्रचलित किम्वदन्ती के अनुसार इस अंचल का नामकरण 'बस्तर' होने के पीछे भी इसी तरह की घटना है। बतलाते हैं कि जब राजा अन्नमदेव यहाँ आए तो देवी दन्तेश्वरी ने उनसे कहा कि वे आगे-आगे चलें और वे स्वयं राजा के पीछे

78. मूसल।

79. कोसरा, जोंदरा (मक्का), चावल, मंडिया तथा हल्दी।

दन्तेसरी मायँ (माँ दन्तेश्वरी)

चलेंगी। राजा जहाँ तक चलेगा वहाँ तक उसका राज्य होगा। किन्तु उन्होंने शर्त रखी कि यदि राजा पीछे मुड़ कर देखेगा तो देवी अदृश्य हो जायेंगी और राजा का राज्य वहीं तक सीमित हो जाएगा। राजा चलता गया। काफी दूर चलने के बाद रास्ते में एक महानदी आयी। राजा चलता चला जा रहा था। तभी नदी की रेत के कारण देवी के पायल की आवाज लुप्त हो गयी। राजा ने सोचा कि देवी पीछे नहीं आ रही हैं और उसने पीछे मुड़ कर देखा। ऐसा करते ही देवी वहीं अदृश्य हो गयीं और राजा का राज्य वहीं तक सीमित हो गया। देवी चलते हुए अपने वस्त्र फैलाती चल रही थीं। इसी वस्त्र के कारण इस अंचल का नाम 'वस्त्र' और बाद में बिगड़ कर 'बस्तर' हो गया।

14. डाँड

बस्तर में 'डाँड' यानी इस देवता की बड़ी मान्यता है। 'डाँड' के प्रभाव को हवा लग जाना भी कहा जाता है। यह देवता प्रायः बड़, पिकड़, आमा[80] आदि पेड़ों पर वास करता है। यह कभी शेर तो कभी बैल, घोड़ा, कुत्ता, बिल्ली आदि के रूप में लोगों को दिखलायी पड़ता है। जब किसी पेड़ की कच्ची और हरी डाल स्वतः ही टूट जाती है तो इसे 'डाँड बसली'[81] कहा जाता है। माना जाता है कि 'डाँड' के बैठने पर ही ऐसा हुआ। 'डाँड' का मूल रूप वायु है। इसके विचरण का समय दोपहर, संध्या और मध्य रात्रि है। जब कभी इस समय में किसी की तबीयत खराब हो जाती है तो उसे 'डाँड' का ही प्रभाव मान कर 'डाँड छिवली'[82] या हवा लग गयी, कहा जाता है।

डाँड

80. बड़ : वट, पिकड़ : पीपल, आमा : आम।
81. डाँड बैठ गया।
82. डाँड ने स्पर्श किया।

यह भी मान्यता है कि 'डाँड' के आने-जाने के रास्ते में पड़ने वाले पेड़ की शाखें स्वतः ही टूट जाती हैं तथा घर में दरार पड़ जाती है। इस देवता की पूजा भी विधि-विधानपूर्वक की जाती है। किसी को 'डाँड' का स्पर्श होने पर देवी के प्रकोप से मुक्त होने के लिये सिरहा की शरण ली जाती है जो देवता का आह्वान कर पीड़ित व्यक्ति को ठीक कर देने की प्रार्थना एवं उपाय करता है।

15. बजनेया-मोहोरेया

लोक संगीतकारों को बजनेया-मोहोरेया कहा जाता है। बजनेया यानी बाजा बजाने वाले और मोहोरेया अर्थात् मोहरी[83] फूँकने वाले। विवाह और देवता के पूजन के अवसर पर ये लोक संगीतकार वातावरण को रसमय बना देते हैं। विवाह की विभिन्न रस्मों तथा विभिन्न देवी-देवताओं के लिये अलग-अलग रागिनियाँ निर्धारित होती हैं। इन रागिनियों को 'पाड़' कहा जाता है। उदाहरणार्थ विवाह में 'माँडो' रस्म के लिये 'माँडो पाड़', तेल चढ़ाने की रस्म के लिये 'तेल चेघानी पाड़', तेल उतारने के लिये 'तेल उतरानी पाड़', नृत्य के लिये 'झेलतो पाड़', भाँवर या फेरे के लिये 'भाँवर' या 'भुँआर पाड़' आदि। इसी तरह प्रत्येक देवी-देवता के लिये उनकी गरिमा के अनुसार विभिन्न पाड़, जैसे कंकालिन पाड़, दुलारदई पाड़, हिंगलाजिन पाड़, बैंजारिन पाड़, डोकरी देव चो पाड़ आदि होते हैं। प्रायः 'खेलतो पाड़' यानी नृत्य के लिये देवी-देवताओं का आह्वान करने वाली रागिनी सभी देवताओं के लिये एक ही गति से बजायी जाती है। यह होती है द्रुत गति। इन देव रागिनियों की विशेषता यह होती है कि इनके बजने के साथ ही लोगों पर उस अमुक देवी या देवता का प्रभाव होने लगता है और देवता लोगों पर आरूढ़ हो जाते हैं। निसान, तुड़बुड़ी, ढोल और ढपरा हल्बी प्रभावित क्षेत्रों में तथा माँदर, ठुड़का (ढुडरा और कोटोड़ भी), माटी माँदरी, ढोल, तोड़ी और चिटकोली गोंडी प्रभावित क्षेत्रों के लोक वाद्य हैं।

बजनेया-मोहोरेया

83. मोहरी : शहनाईनुमा एक सुषिर वाद्य।

बाँस शिल्प

बाँस शिल्प का बस्तर के जनजीवन से जीवन्त सम्बन्ध रहा है। चाहे वे 'सुपा', 'टुकना', 'गपा', 'गपली', 'चरेया', 'परला' आदि घरेलू उपकरण हों, कृषि उपकरण हों या कि आखेट के लिये प्रयुक्त धनुष और तीर। ये सभी बाँस शिल्प की ही देन रहे हैं। बस्तर का अनोखा धनुस्सगीत जिसे 'धनकुल' कहा जाता है तो बाँस शिल्प के सांगीतिक प्रयोग का अद्‌भुत नमूना कहा जा सकता है। धनुस्सगीत में प्रयुक्त 'धनु' या 'धनऊ (धनुष)', 'छिरनी काड़ी', 'माची' और 'सुपा' बाँस शिल्प के ही उत्पाद हैं। बस्तर में बाँस शिल्प से पारम्परिक रूप से जुड़ी जाति को 'पारधी'[84] या 'नाहार' कहा जाता है। 'पारधी' या 'नाहार' को छत्तीसगढ़ में 'कमार[85]', 'पारधी', 'पारधिया' तथा 'पाहाड़िया (पहाड़िया)' भी कहते हैं। इनमें से कुछ लोग अपने आपको गोंड जाति की ही शाखा मानते हैं तो कुछ गोंडों से इतर। कुछ लोगों के अनुसार वे कालाहाँडी (ओड़िसा) को अपना मूल-स्थान मानते हैं। एक मिथ कथा के अनुसार उनके पूर्वज बिन्द्रा नवागढ़ के शासक हुआ करते थे। कुछ लोगों के अनुसार वे खरियार राज्य (ओड़िसा) में ग्राम-प्रधान भी हुआ करते थे। खान-पान, रहन-सहन आदि से वो आदिम जनजाति समुदाय के लगते हैं। बस्तर में रहने वाली 'पारधी (नाहार)' जाति की विशेषता यह है कि यह जाति अन्य समुदायों के बीच नहीं रहती। इनके अपने अलग टोले हुआ करते हैं।

ककई

वनवासी होने के नाते इनका सम्बन्ध प्रमुखतः आखेट से रहा है। धनुष इन्हें प्रिय रहा है। यही कारण है कि कई पारधियों की बाँहों में धनुष के गोदने आज भी देखने को मिलते हैं। यही

84. पारधी : अन्य उच्चारण 'पारदी'।

85. कई लोगों के अनुसार कमार जनजाति पारदी जनजाति से भिन्न है।

नहीं, उनके विवाह संस्कार में भी धनुष और बाँस की प्रमुख भूमिका रही है। वे आरम्भ में अपने लिये तो बाँस की वस्तुएँ बनाते ही थे किन्तु आगे चल कर बाँस शिल्प को उन्होंने अपनी आजीविका का भी साधन बना लिया और बाँस शिल्प से पूरी तरह जुड़ गये। इस तरह आखेट और बाँस शिल्प उनकी आजीविका के प्रमुख आधार बन गये।

शिल्प के पारम्परिक उत्पाद

सुपा : बाँस से बना 'सूपा' धान फटकने के काम आता है। घरेलू उपयोग के अतिरिक्त यह विवाह के समय भी महत्त्वपूर्ण होता है।

झापी : बाँस से बने सन्दूक को हल्बी-भतरी परिवेश में 'झापी' तथा छत्तीसगढ़ी परिवेश में 'झाँपी' कहा जाता है। यों तो इसका उपयोग दैनिक उपयोग की वस्तु की तरह होता है किन्तु लोक जीवन में यह बेटी के विवाह के अवसर पर अत्यन्त महत्त्वपूर्ण भूमिका निभाता रहा है। बेटी को दिये जाने वाले कपड़े-लत्ते आदि इसी 'झापी' में भर कर दिये जाते रहे हैं। इसी तरह वर-पक्ष की ओर से वधू को दिये जाने वाले श्रृंगार आदि भी इसी 'झापी' में भर कर लाये जाते रहे हैं।

छतोड़ी : बाँस और सिंयाड़ी के पत्तों से बनी यह 'छतोड़ी' लोगों को बरसात से बचाती है। छत्ते का प्रचलन तो लोक जीवन में बहुत बाद में हुआ है।

परला : हल्बी-भतरी परिवेश में 'परला' नाम से जाना जाने वाला बाँस से बना बड़ा-सा पात्र छत्तीसगढ़ी परिवेश में 'पर्रा' के नाम से जाना जाता है। दैनिक उपयोग के अतिरिक्त इसका उपयोग विवाह के अवसर पर अत्यन्त महत्त्वपूर्ण हो जाता है। विवाह में लोग इस परला पर दूल्हे-दुल्हन को बिठा कर नाचते-नचाते भी हैं।

बिजना : बाँस से बना पंखा 'बिजना' कहलाता है। विवाह के समय यह वर-वधू को हवा करने के काम आता है।

टाटी : बाँस से बने इस उपकरण को 'टाटी' कहा जाता है। यह मछली सुखाने के काम आता है। सूखी मछली को 'सुकसी' कहा जाता है।

बिसर या बिसर टाटी : बाँस से बना यह उपकरण मछली पकड़ने के काम आता है। इसे 'बिसर-टाटी' कहा जाता है।

दाँदर (सिंगा दाँदर) : बाँस की पतली कमचियों से बना यह उपकरण मछली पकड़ने के काम आता है। इसकी बनावट बड़ी ही दुरूह होती है तथा एक बार मछली फँस गयी तो किसी भी कीमत पर वह इसके बाहर नहीं निकल पाती।

पाल : बाँस से बने इस उपकरण को 'पाल' कहा जाता है। यह धान रखने के काम आता है। यह चटाई की तरह खुला होता है, किन्तु इसे बाँध कर गोलाकार बनाया जाता है।

ढोलँगी : बाँस से बने इस उपकरण का नाम 'ढोलँगी' है। यह धान रखने के काम में लाया जाता है। यह विभिन्न मापों का बना होता है।

काँवड़ : बाँस से ही 'काँवड़' यानी 'काँवर (बहँगी)' बनाया जाता है। पानी ढोने के साथ-साथ अन्य सामग्री ढोने के काम में आता है।

बलँगी : खेत से धान के गट्ठर खलिहान तक लाने के लिये उपयोग में आता है 'बलँगी'। बाँस से बने इस उपकरण को 'बलँगी' के अतिरिक्त 'बोहना' भी कहा जाता है। इसके दोनों सिरों पर नोंक होती है। बाँस के अतिरिक्त लकड़ी की 'बहँगी' का भी चलन है।

गपा : बाँस से बना यह टोकरा 'गपा' कहलाता है।

झाल गपा : बाँस से बने इस उपकरण को 'झाल गपा' कहा जाता है। विवाहादि के अवसर पर इसी में भात रख कर ठण्डा किया जाता है।

चुरकी : इसे 'चुरकी' कहा जाता है। इसकी उपयोगिता विवाह के अवसर पर है। वर-वधू के हाथों में इसमें लाई भर कर थमाया जाता है। वे इसे ही ले कर भाँवर घूमते हैं यानी फेरे लगाते हैं।

माड़िया सुपा : जैसा कि नाम से स्पष्ट है, धान फटकने का यह 'सूपा' माड़िया जनजाति के लोगों द्वारा ही बनाया जाता है।

पेलना : मछली पकड़ने के काम आने वाले इस उपकरण को 'पेलना' कहा जाता है। बाँस और सूत से बने जाल के संयोजन से यह उपकरण तैयार होता है।

चिपा ढुटी : बाँस से बना यह उपकरण 'चिपा ढुटी' कहलाता है। लावा (बटेर) या मछली आदि रखने के काम में आने वाले इस 'ढुटी' का मुँह चिपका हुआ होता है, इसीलिये इसे चिपा ढुटी कहा जाता है।

गरी लाठ : मछली पकड़ने की बंसी यहाँ 'गरी लाठ' कही जाती है।

धुकना (धरना) : बाँस से बने पंखानुमा इस उपकरण को 'धुकना' या 'धरना' कहा जाता है। विवाह के समय वर एवं वधू के हाथों में इसे पकड़ाया जाता है।

गोड़ माँडनी : इसे 'गोड़ माँडनी' के अतिरिक्त 'पाँय माँडनी' या 'बसकी' भी कहा जाता है। बाँस से बना यह उपकरण पाँवदान है। इसका उपयोग भी विवाह के अवसर पर वर-वधू द्वारा अपने पाँव रखने के लिये किया जाता है।

सनहा : बाँस और सिंयाड़ी के पत्तों से बने इस उपकरण को 'सनहा' कहा जाता है। यों तो 'सनहा' बरसात से बचने के लिये कभी भी पहना जा सकता है किन्तु प्रायः धान की निंदाई के समय ही इसका उपयोग किया जाता है। पीठ पर बँधा 'सनहा' और सिर पर रखी 'छतोड़ी' निंदाई करने वालों को भीगने से बचाती है।

टाकरी : बाँस से बने इस पात्र को 'टाकरी' कहा जाता है। इसमें सब्जी आदि रखी जाती है।

टाकरा	: बाँस से बने इस पात्र को 'टाकरा' कहा जाता है। इसमें पत्ते आदि रखे जाते हैं।
झावाँ	: बाँस से बने इस पात्र को 'झावाँ' कहते हैं। यह मिट्टी उठाने के काम आता है।
झाल	: इसे झाल के अलावा 'झाल गपा' भी कहा जाता है। विवाहादि के अवसर पर इसी में भात ठण्डा किया जाता है।

उद्‌भव एवं विकास

बाँस के काम की शुरुआत के विषय में अनभिज्ञता जाहिर करते हुए बाँस शिल्पी श्री मेहतरराम सोड़ी[86] कहते हैं : बाँस के काम की शुरुआत कैसे हुई होगी, यह तो मैं नहीं जानता किन्तु हाँ, इतना अवश्य जानता हूँ कि यह तो भगवान का दिया हुआ नाम और काम है। तभी तो हम लोगों ने बाँस का काम हाथ में लिया है। यदि हम लोग बाँस का काम नहीं कर रहे होते तो हमारे पास भी जमीन होती। खेती होती। कुछ भी नहीं है। पहले तो लोग हमारे पास से एक 'गपली'[87] ले जाते थे तब वे हमें उसके बदले 'गपली' भर कर धान दिया करते थे। इसीलिये पहले हम लोग भूखे नहीं रहते थे। अभी तो उतना नहीं देते लोग। अब तो पैसे दे कर ले जाते हैं।

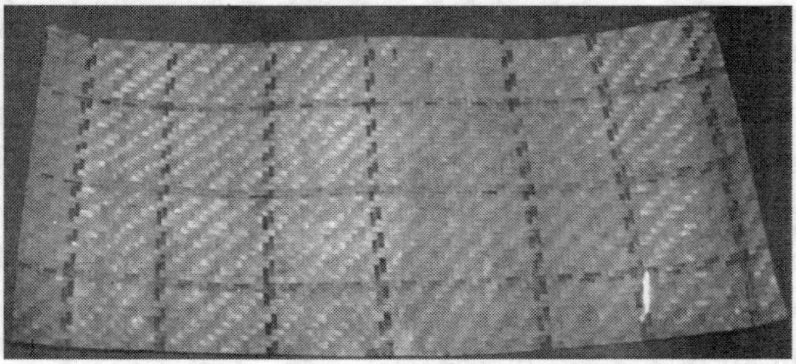

चाप

वे आगे कहते हैं : हम लोगों को पारदी भी कहते हैं और नाहार भी। हम लोग आरम्भ से ही यही काम कर रहे हैं। हमारे पूर्वजों ने बाँस के काम के अलावा खेती-बाड़ी की ओर कभी ध्यान ही नहीं दिया। यही कारण है कि हमारे पास खेती नहीं है। बड़ी मुश्किल से थोड़ी-सी जमीन है घर के लिये। बस!

बाँस का काम करने वाली जाति को पारधी या पारदी नाम कैसे दिया गया, इसके विषय में वे कहते हैं : हमारे पूर्वज जंगल में पारद[88] किया करते थे। यह सही है। पारद के ही सहारे हमारे समुदाय का जीवन चलता था। पशु-पक्षी के मांस खा कर ही जीवन चलाते थे लोग। यही कारण है कि भगवान ने हमें तीर-धनुष दिये। और सम्भवतः इसी कारण हमें 'पारदी' कहा गया है।

तो क्या पारदी जाति के लोग तीर-धनुष भी बनाते हैं? श्री मेहतरराम कहते हैं : हाँ, बनाते थे किन्तु अब नहीं हैं हमारे पास। हमारे दादा और पिता के जमाने में थे। अब नहीं हैं।

86. बाँस शिल्पी श्री मेहतरराम सोड़ी, ग्राम : किड़ईछेपड़ा, तहसील : कोंडागाँव (बस्तर-छ.ग.) से दिनांक 30.09.05 को हुई बातचीत।

87. गपली : छोटी टोकरी।

88. पारद : आखेट।

हमारी सारी चीजें तो भोपाल और दिल्ली के लोग आ कर ले गये। हमारे देवी-देवता के तीर-धनुष तक लोग खरीद कर ले गये। हम लोग देवी के आसन में तीर-धनुष को रख कर देवी-देवता के साथ उनकी भी पूजा करते हैं। प्रत्येक त्योहारों में उनकी पूजा की जाती है। आमा-खापनी त्योहार में भी पूजा की जाती है तीर-धनुष की। कारण, तीर-धनुष ही हमारे जीवन-दाता रहे हैं।

बाँस शिल्पी श्री आसाराम मण्डावी[89] कहते हैं : बाँस के काम की शुरुआत कैसे हुई, यह मुझे नहीं मालूम। अपने पूर्वजों को यह काम करते देख हम लोग भी करते चले आ रहे हैं। वे जंगलों में रहते थे इसीलिये हम लोगों को बनकुँअर भी कहा जाता है। बनकुँअर का अर्थ हुआ वन-कुमार। आज भी हमारे समुदाय के लोग जंगल के बीच में ही रहते हैं। गाँव के भीतर रहना पसन्द नहीं करते। इसी तरह वे आरम्भ से ही पारद करते रहे हैं। आखेट से प्राप्त पशु-पक्षी ही उनके भोजन हुआ करते थे। उन्हीं से उनकी जीविका चलती थी। पारद के बाद उन्होंने बाँस का काम करना शुरु किया होगा। पारद और बाँस के काम में लगे रहने के कारण हमारे पूर्वजों का ध्यान खेती की ओर कभी गया ही नहीं। यही कारण है कि आज भी हम लोगों के पास खेती नहीं है। वे आगे कहते हैं : हमें कई नामों से पुकारा जाता है। जैसे कि छत्तीसगढ़ी परिवेश में हमें पाहाड़ेया (पहाड़िया) भी कहते हैं। पारधी भी कहते हैं, बनकुँअर कहते हैं। कुछ लोग पारदी (पारधी) कहलाते हैं, कुछ नाहार और कुछ बनकुँअर, जबकि सभी नाहार ही हैं। पारधी जाति है हमारी। कमार भी कहते हैं और बँसोड़ भी कहते हैं। बाँस का काम करने वाले बँसोड़। अब तो बँसोड़ भी लिखवाने लग गये हैं। बस्तर की पारधी जाति बाहर से नहीं आयी है, बल्कि यहीं बस्तर की ही है। यह अलग बात है कि हमारी जाति के लोग बस्तर से बाहर भी रहते हैं। हमने कुछ लोगों से सुना है कि महाराष्ट्र में भी हमारी जाति के लोग रहते हैं।

दन्तकथा

गन्धू पारधिया की कथा[90]

गन्धू पारधिया एक आखेटक था। उसने एक हिरण मारा। इसी समय बिन्द्रा नवागढ़ का गोंड राजकुमार अपने सिपाहियों के साथ उसी स्थान पर आ पहुँचा और उसने कहा कि उस हिरण का आखेट उसी ने किया है। इस पर दोनों पक्षों में युद्ध हुआ। गोंड राजकुमार और उनके सिपाही उस मृत हिरण की खाल निकाल कर ले गये। गन्धू पारधिया ने इस पराजय का बदला लेने की सोची। उसने बाँस से एक बहुत ही सुन्दर कलाकृति बनायी और सुबर्नपुर के राजा को भेंट की। राजा ने उसे बहुत ही प्रसन्नतापूर्वक स्वीकार किया और बदले में उसे ढेर सारी स्वर्ण-मुद्राएँ दीं किन्तु युद्ध में उसकी सहायता करने में अपनी असमर्थता व्यक्त की। गन्धू तब उन स्वर्ण-मुद्राओं के साथ वापस हो गया।

---

89. बाँस शिल्पी श्री आसाराम मण्डावी, ग्राम : जुगानी कलार, तहसील : कोंडागाँव (बस्तर-छ.ग.) से दिनांक 01.10.05 को हुई बातचीत।

90. स्रोत : विज़निंग फोकलोर, डॉ. महेन्द्र कुमार मिश्रा (2002 : 130-131)।

अब गन्धू पारधिया गया मानिकगढ़ के राजा के पास, जो एक भुँजिया राजा था। उसने उस राजा को वे स्वर्ण-मुद्राएँ भेंट कीं और बिन्द्रा नवागढ़ के राजा के विरुद्ध युद्ध में उसकी सहायता चाही। किन्तु उस राजा ने भी उसकी सहायता करने में अपनी असमर्थता जतायी और उसे माणिक्यों की भेंट दे कर विदा किया। तब गन्धू पदमपुर के बिंझाल राजा के पास जा पहुँचा। बिंझाल राजा ने कोकोबाइनी नामक एक आदिवासी योद्धा को गन्धू की सहायता करने का आदेश दिया। कोकोबाइनी ने बिन्द्रा नवागढ़ के राजकुमार के साथ युद्ध कर उसे परास्त कर दिया। युद्ध के बाद गन्धू ने हिरण की वह खाल कोकोबाइनी से माँगी किन्तु कोकोबाइनी ने उसे देने से मना कर दिया। इस पर कोकोबाइनी और गन्धू पारधिया के बीच युद्ध हुआ। अन्ततः कोकोबाइनी ने गन्धू को भी परास्त कर दिया। तब गन्धू पारधिया दुखी हो कर जंगलों में चला गया और वापस पदमपुर नहीं गया। कहते हैं, उसी दिन से कमारों के पास कोई राज्य नहीं रह गया।

लोक जीवन में शिल्प की भूमिका, स्थान एवं महत्त्व

बाँस से कौन-कौन सी चीजें बनती हैं और उनका क्या महत्त्व है? इस विषय पर बाँस शिल्पी श्री आसाराम मण्डावी कहते हैं : हम सारी चीजें बनाते हैं। 'सुपा', 'टुकनी', 'बुटी', जितने भी सामान बाँस से बनाये जाते हैं, वे सब हम बनाते हैं। 'सुपा', 'गपली', 'सुपली', 'खोरा', 'चँगोरा', 'छतोड़ी' आदि सारी चीजें। चावल आदि साफ करने के लिये 'चँगोरा' का उपयोग होता है। 'गपली' भाजी आदि रखने के काम में लायी जाती है। 'सुपा' चावल फटकने के लिये होता है। 'गपा' बड़ी टोकनी को कहते हैं। 'टुकनी' छोटी टोकनी को कहा जाता है। 'गपली' काफी छोटी टोकनी होती है। 'खोरा' का उपयोग उसमें बीज रख कर 'पेरी' से तेल निकालने के लिये होता है। 'झापी' भी बनाते थे हम। 'झापी' पहले किसान लोग ही खरीदते थे। मुरिया जनजाति के लोग। पहले विवाह में 'झापी' बहुत आवश्यक हुआ करती थी। अभी तो सन्दूक आदि का चलन हो गया किन्तु पहले 'झापी' के बिना विवाह नहीं हुआ करता था। यह दो किस्म की होती है। सिरे पर थोड़ा सा अन्तर होता है दोनों के। तीन ओर साँकल लगायी जाती है। दोनों झापियाँ लगभग वैसी ही होती हैं।

दाँदर

इन वस्तुओं के खरीदार कौन हुआ करते थे या हुआ करते हैं? श्री आसाराम बताते हैं : प्रत्येक जाति के लोग खरीदते हैं। इन वस्तुओं का विभिन्न अवसरों पर भिन्न-भिन्न उपयोग हुआ

करता है। विवाह में और मृत्यु होने पर भी 'सुपा' की आवश्यकता पड़ती है। पुराना 'सुपा' फेंका जाता है। घर में जो 'सुपा' रहता है, उसे ही ले कर जाते हैं और दोराहे में फेंक देते हैं। विवाह में दो 'गपा', चार 'परला' और दो 'पाँयमाँडा'[91], हाथ में पकड़ने के लिये दो 'बिजना' और दो 'सुपा' लगते हैं। त्योहारों में, दियारी तिहार में नये 'सुपा' की आवश्यकता होती है। 'परला'-'बिजना' की आवश्यकता होती है विवाह में। वर एवं वधू के लिये दो पाँवदान लगते हैं। इसी तरह दोनों के पकड़ने के लिये दो 'बिजना' लगते हैं। वर-वधू को झुलाने और नचाने के लिये 'परला' की आवश्यकता होती है। 'चुरकी' की भी जरूरत होती है। आदिवासियों के विवाह में 'चुरकी' की आवश्यकता नहीं होती। बाँस की ककई भी बनायी जाती है। ककवा भी बाँस से बनता है किन्तु उसे हम लोग नहीं बनाते। उसे घसिया लोग बनाते हैं। 'पनेया' लकड़ी से बनाया जाता है। 'पनेया' माड़ में बनाते हैं। हम नहीं बनाते। हम सिर्फ बाँस का ही काम करते हैं। हम इन्हें पैसे में बेचते हैं। पहले भी ऐसा ही था। गाँव में गोतया हिसाब में भी कुछ लोग लेते हैं। धनुष हम बनाते हैं किन्तु तीर लोहार लोग बनाते हैं।

लोक जीवन में बाँस शिल्प की भूमिका, स्थान एवं महत्त्व को इस तरह देखा जा सकता है :

1. दैनिक जीवन में शिल्प की भूमिका, स्थान एवं महत्त्व

बस्तर के आदिवासी एवं लोक जीवन में बाँस के बने विभिन्न उपकरण दैनिक उपयोग में आते रहे हैं। धान या चावल फटकना हो तो 'सुपा', धान-चावल या कोई अन्य सामग्री रखना हो तो 'गपा' और 'टाकरा' (बड़े टोकरे) का उपयोग किया जाता है। सब्जी-भाजी रखने के लिये 'गपली' और 'टुकनी (छोटी टोकरी)', बैठने के लिये 'चाप', धान भण्डारण के लिये 'ढोलँगी' और 'पाल' का उपयोग होता है। भोजन करने के लिये बने दोने और पत्तल भी बाँस की सींक से सिले जाते हैं।

टाकरा

बाँस शिल्पी श्री मेहतरराम सोड़ी कहते हैं : गपा का सीजन होगा 'कोठार' के समय[92] धान नापने के लिये। अभी सीजन है 'बीज-गपली' का, बुनाई के लिये। फिर 'दियारी' के समाप्त होने पर 'गपा' का सीजन चालू हो जायेगा। 'चाप' बनाते हैं बैठने के लिये। धान रखने के लिये 'ढोलँगी' बनाते हैं। 'लावा'[93] आदि रखने के लिये

91. पाँयमाँडा : पाँवदान। इसे 'गोड़ माँडनी' भी कहा जाता है।
92. कोठार के समय से तात्पर्य है खलिहान में धान मिंजाई के समय।
93. लावा : बटेर पक्षी।

'चिपा ढुटी', मछली रखने के लिये 'ढुटी', मछली पकड़ने के लिये 'दाँदर' और 'सिंगा दाँदर', धनुष, ढोकेना आदि भी बनाते हैं। इसी तरह दियारी में खिचड़ी खिलाने के लिये 'सुपा' बनाये जाते हैं।

बाँस शिल्प शृंगार-प्रसाधन की वस्तु के रूप में भी उपयोगी रहा है। 'ककई' इसी तरह की एक वस्तु है जो जूँ निकालने के काम आती है। किन्तु 'ककई' बाँस शिल्पियों या पारधी लोगों के द्वारा नहीं बनायी जाती। इसे बनाते हैं घड़वा जाति के शिल्पी। इस सम्बन्ध में घड़वा शिल्पी श्रीमती राधा बाई घड़वा[94] कहती हैं : 'ककई' हमारे ही समाज के लोग बनाते हैं, किन्तु कोंडागाँव क्षेत्र में वे नहीं बनाते। यह कंघी करने के नहीं बल्कि जूँ निकालने के काम आती है। 'ककवा', जिसे 'गछ-ककवा' या 'पनेया' भी कहा जाता है, से जूँ नहीं निकलता। और फिर 'ककवा' हम लोग बनाते भी नहीं। उसे माड़िया लोग या धुरवा लोग बनाते हैं। लकड़ी का बनता है वह जबकि 'ककई' बनती है बाँस से। बाँस ला कर उसके टुकड़े करते हैं। फिर उन टुकड़ों के और भी छोटे टुकड़े किये जाते हैं, जिसे 'किटका टुटातो' कहा जाता है। फिर सूत 'आँटते' हैं। बाँस को बेधा जाता है। फिर बराबर फोड़ते हैं और उसके ऊपर की 'पाटी' को गूँथा जाता है। इसके बाद इसे हल्के आँच में जला दिया जाता है। जलाने पर यह सुन्दर दिखलायी पड़ता है। जलाने का यह मतलब नहीं कि इसे पूरी तरह जला देते हैं। दरअसल इसके सिरे को हल्का-सा जलाया जाता है। जलाने पर यह काला दिखलायी पड़ता है, जो सुन्दर लगता है। पहले इसके खरीदार बहुत हुआ करते थे। अभी भी हैं किन्तु उतने नहीं। अब तो तरह-तरह की कंघियों का चलन हो गया है।

'ककई' केवल घड़वा लोग ही बनाते हैं या कोई दूसरे लोग भी? श्रीमती राधा बाई कहती हैं : नहीं, दूसरे लोग नहीं बनाते। घड़वा लोग ही बनाते हैं। धुरवा या माड़िया लोग बनाते हैं 'ककवा' या 'पनेया'। उसे 'गछ-ककवा' कहा जाता है। उसे वे सिर पर खोंसे रहते हैं। इधर नहीं खोंसते। उधर तोकापाल, डिलमिली की तरफ इसका चलन है।

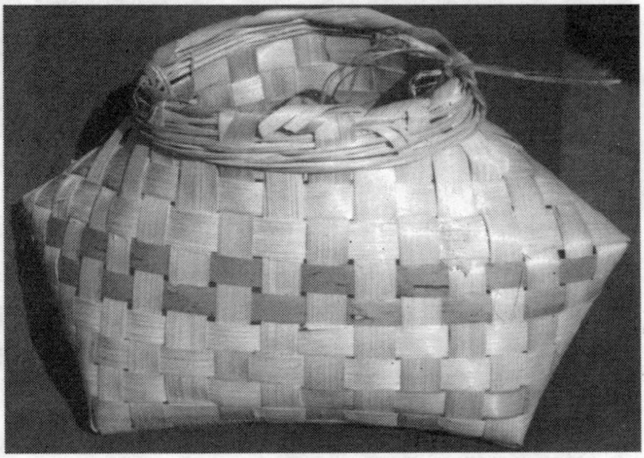

ढुटी

2. *पर्व एवं त्योहारों में शिल्प की भूमिका, स्थान एवं महत्त्व*

दीपावली का दूसरा दिन अन्नकूट कहलाता है। कस्बाई परिवेश में इस दिन गाय-बैलों को खिचड़ी खिलायी जाती है। इसी तरह बस्तर के ग्रामीण परिवेश में मनाये जाने वाले दियारी पर्व

94. घड़वा शिल्पी श्रीमती राधा बाई घड़वा, ग्राम : खोरखोसा (सोड़ागुड़ा पारा), तहसील : जगदलपुर (बस्तर-छ.ग.) से दिनांक 04.11.05 को हुई बातचीत।

का दूसरा दिन गोबरधन (या गोरधन अथवा गोड़धन) कहा जाता है। बस्तर के ग्रामीण परिवेश में दीपावली से अलग दियारी का चलन है। यह धान की कटाई के बाद अलग-अलग गाँवों में अलग-अलग तिथियों को मनाया जाता है। महत्त्वपूर्ण होता है दियारी के दिन मवेशियों, विशेषतः गाय-बैलों को खिचड़ी खिलाना। इस दिन सभी के घर खिचड़ी राँधी जाती है। खिचड़ी में दाल और चावल के साथ-साथ कुमडा (कुम्हड़ा, कद्दू), लाऊ (लौकी), कलमल काँदा (शकरकंद), कोचई (कोचू), सेमी (सेम), बरबट्टी (लोबिया), भेंडी (भिण्डी), तोरई (तरोई), बाँगा (बैंगन), मुरई या मुरा (मूली), गोभी आदि सारी मौसमी सब्जियाँ भी डाली जाती हैं। विशेषतः कुम्हड़ा (कद्दू) तो डाला ही जाता है। यही खिचड़ी गोधन को खिलायी जाती है नये सूपे में। भले ही गरीब-से-गरीब किसान क्यों न हो, वह खिचड़ी पुराने सूपे में कभी भी नहीं खिलाता। अनिवार्यतः नया सूपा खरीदा जाता है और उसी में खिचड़ी खिलायी जाती है। खिचड़ी खिलाने के पहले गोधन की श्रद्धा-भक्तिपूर्वक पूजा की जाती है। यह खिचड़ी गाय-बैलों के साथ-साथ उसी सूपे में से उठा कर बच्चे-बूढ़े भी श्रद्धापूर्वक खाते हैं।

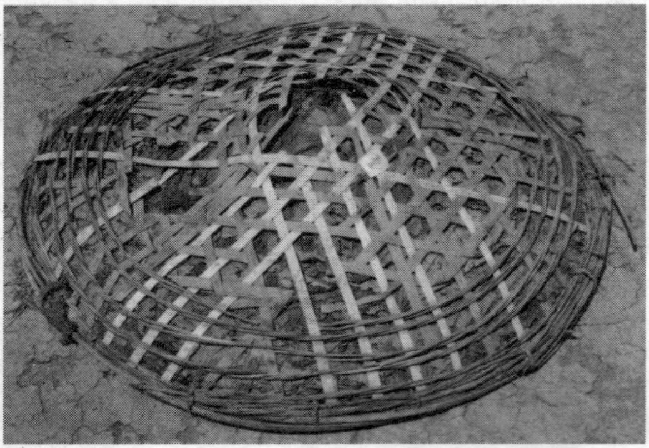

छतोड़ी

दियारी तिहार में यदि सुपा में खिचड़ी न खिलायी जाये तो क्या होगा? इस पर श्री आसाराम मण्डावी कहते हैं : नहीं, नहीं। यह तो यहाँ की परम्परा है। नये सुपा में ही गाय-बैलों को खिचड़ी खिलायी जाती है। इसी तरह दियारी के ही आसपास, बल्कि दियारी के पहले आरम्भ हो जाता है लछमी जगार। इस आयोजन में 'धनकुल' नामक वाद्य यन्त्र बजाया जाता है। यह वाद्य-यन्त्र होता है सुपा, धनुष और हाँडी का संयोजन।

3. विवाह संस्कार में शिल्प की भूमिका, स्थान एवं महत्त्व

बाँस शिल्प की उपस्थिति बस्तरियों के दैनिक जीवन और पर्व तथा त्योहारों के साथ-साथ वैवाहिक कार्यों में भी बनी रही है। विवाह आरम्भ होने से 15-20 दिनों पहले, और कभी-कभी तो एक महीना पहले पारधी लोगों से सम्पर्क कर उन्हें विवाह के लिये आवश्यक बाँस के सभी उपकरणों के लिये कह दिया जाता है। आदिवासी एवं गैर आदिवासियों के विवाह में अलग-अलग और कुछ कम-ज्यादा सामग्री की आवश्यकता पड़ती है। पारधी को यह बताना पड़ता है कि विवाह किसी आदिवासी परिवार में है या कि गैर आदिवासी परिवार में। तब उस हिसाब से पारधी सारी आवश्यक वस्तुएँ बना कर नियत तिथि को पहुँचा देता है।

बहरहाल, विवाह संस्कार में सबसे अधिक आवश्यकता पड़ती है परला या पर्रा की। चुलमाटी[95] लाने से लेकर लगन तक इसकी उपस्थिति किसी-न-किसी रूप में बनी रहती है। सबसे पहले चुलमाटी लाने के लिये इसकी आवश्यकता होती है। महिलायें एक कुस[96] और परला के साथ पूजा की सामग्री ले कर किसी देव-स्थान या महुए के पेड़ के नीचे से चुलमाटी लाने के लिये जाती हैं। वहाँ माटी की पूजा कर उसी परला में माटी ले कर आती हैं। इसके बाद परला, सुपा, बिजना, चुरकी आदि बाँस के सामानों की आवश्यकता पड़ती है।

झापी

95. चुलमाटी : 'चुल' और 'माटी' इन दो शब्दों से बना है 'चुलमाटी'। 'चुल' यानी चूल्हा और 'माटी' यानी मिट्टी। बस्तर की लोक संस्कृति में विवाह की इस रस्म के अन्तर्गत गोठान या दोराहे से माटी समारोहपूर्वक लायी जाती है, जिसका उपयोग मण्डप लीपने एवं जोखा (चूल्हा) बनाने में होता है। किन्तु अपवादस्वरूप कुछ जातियों में इस माटी का उपयोग केवल मण्डप लीपने में ही होता है न कि चूल्हा बनाने में भी। 'चुलमाटी' का बस्तर के बाहर भी विवाह में अत्यन्त महत्त्वपूर्ण स्थान है। यह अलग-अलग क्षेत्र में अलग-अलग नामों से जाना जाता है। छत्तीसगढ़ी परिवेश में भी इसे इसी नाम से जाना जाता है। यद्यपि इसे बघेलखण्ड में 'माटी-माँगर', बुन्देलखण्ड में (भी) 'माटी माँगर', 'मटयावनो' या 'छेई माटी' तथा मालवांचल के निमाड़ क्षेत्र में 'खनमाटी' के नाम से जाना जाता है तथापि इस रस्म के मूल-भाव तथा निमित्त में साम्य है। 'मध्य प्रदेश का लोक संगीत' शीर्षक अपनी पुस्तक में शरीफ मोहम्मद ने इनका विवरण दिया है। उनके अनुसार : "विवाह में 'माँगर माटी' भी एक महत्त्वपूर्ण रस्म होती है, जिसे बुन्देलखण्ड में कहीं 'मटयावनो' या कहीं 'छेई माटी' भी कहा जाता है। इस अवसर पर महिलाएँ रात्रि के प्रथम पहर में सामूहिक रूप से बाजे-गाजे के साथ गाँव के बाहर जाती हैं। किसी स्वच्छ स्थान से मिट्टी खोदने का दस्तूर होता है। इस दस्तूर में मानदान की भी अनिवार्य भूमिका होती है। मिट्टी खोदने का नेग मानदान को दिया जाता है। बुन्देलखण्ड में मानदान का अर्थ दूल्हा या दुल्हन की फुफ्फी और फुफ्फा होता है। 'माँगरमाटी' के इस दस्तूर में स्त्रियाँ तरह-तरह की अश्लील गारी गा कर मनोविनोद करती हुई मिट्टी ले कर आती हैं।" इसी तरह उन्होंने छत्तीसगढ़ की "चुलमाटी" का विवरण इस तरह दिया है : "छत्तीसगढ़ की वैवाहिक परम्परा में चुलमाटी का विशेष और आध्यात्मिक महत्त्व होता है। इस लोकाचार के अन्तर्गत घर की स्त्रियाँ, ढेड़हिन (सुवासिनें) तथा गाँव की अन्य महिलाओं के साथ नये परिधान पहिन कर सुवासिनें **पर्रा** में दिये जला कर किसी देव-स्थल या जलाशय के पवित्र स्थान से कुँआरी मिट्टी लाने के लिये जाती हैं। इस अवसर पर ढेड़हा (सुवासा) की भी विशेष भूमिका रहती है। घर से जाने और आने तक के मार्ग में महिलाएँ 'चुलमाटी गीत' गाती हैं। उल्लेखनीय है कि शास्त्रों के अनुसार कुँआरी मिट्टी (धरती) उसे माना गया है, जिस पर इन्द्र द्वारा बरसाये गये पानी की एक भी बूँद न पड़ती हो। चुलमाटी या कुँआरी मिट्टी का भावनात्मक महत्त्व यह होता है कि ऐसे स्थान से लायी गयी मिट्टी से निर्मित चूल्हे में बनाये गये भोजन से भावी जीवन लाभदायक एवं सुखद होता है।" बघेलखण्ड में 'माटी माँगर' के नाम से निभाई जाने वाली इस रस्म के बारे में विवरण है : "तिलक के पश्चात् सामान्यतः विवाह प्रारम्भ होने के तीन-चार दिन पूर्व वर तथा कन्या पक्ष में 'माटी माँगर' या 'मेटीमगरा' का दस्तूर होता है। सामाजिक रीति-रिवाज के अनुसार महिलाएँ घर के पूर्व या उत्तर दिशा से मिट्टी खोद कर लाती हैं। इस अवसर पर महिलाएँ समवेत स्वरों में हास्य-विनोद के गीत गाती हैं।" मालवांचल के निमाड़ क्षेत्र में 'खनमाटी' के नाम से जाने जाने वाले इस दस्तूर के विषय में भी लेखक विवरण देता है : "विवाह निश्चित हो जाने के पश्चात् 'खनमाटी' का दस्तूर सम्पन्न किया जाता है। महिलाएँ बाजे-गाजे के साथ गाँव के बाहर किसी स्वच्छ स्थान से हाथ से खोदी हुई मिट्टी लाती हैं। इस मिट्टी से विवाह के लिये प्रयोग किए जाने हेतु चूल्हे व कोठियाँ निर्मित की जाती हैं। इस अवसर पर प्रायः हास्य-व्यंग्य पूरित विवाह गीत गाया जाता है।"

96. कुस : एक छोटा सब्बल।

बाँस शिल्पी श्री आसाराम मण्डावी कहते हैं : चाहे विवाह आदिवासियों का हो या फिर गैर आदिवासियों का, बिजना-परला के बिना सम्पन्न नहीं हो सकता। इसीलिये हम लोग परला बनाते हैं, डाली बनाते हैं, गपा बनाते हैं, सुपा बनाते हैं, सात भाँवर[97] के लिये सात चुरकी बनाते हैं। हाथ के लिये धरना और पाँव के लिये खुँदना। गपा, टुकना, डाली, टाकरी, टाकरा, परला आदि सभी अलग-अलग चीजें होती हैं। परला में चावल रखते हैं विवाह के समय। झापी वधू को दी जाने वाली सामग्री रखने के काम में आती थी पहले।

बाँस से बनी ककई, जिसे पारधी लोग नहीं बल्कि घड़वा शिल्पी बनाते हैं, विवाह में उपयोगी रही है। वर पक्ष की ओर से वधू के लिये दी जाने वाली शृंगार-सामग्री में ककई का प्रमुख स्थान हुआ करता था। घड़वा शिल्पी श्रीमती राधा बाई घड़वा कहती हैं : माड़िया-माड़िन, भतरा-भतरिन आदि लोग पहले इसे बहुत खरीदते थे। चवँरी, फीता, कपड़े, माला-मुँदी आदि सभी दिये जाते हैं। किन्तु अब तो कंघी का चलन हो गया है। हालाँकि अभी भी ककई बिकती है किन्तु पहले जैसी माँग नहीं रह गयी है। पहले तो हम लोग दूर-दूर के बाजारों में बेचने ले जाते थे। अब इसका चलन काफी कम हो गया है। महिलाओं के साथ-साथ पुरुष भी ककई बनाने का काम करते हैं।

4. मृत्यु संस्कार में शिल्प की भूमिका, स्थान एवं महत्त्व

जब किसी की मृत्यु होती है तो दोराहे पर मृतक के घर से पुराने सुपा और टोकरे आदि फेंके जाते हैं। मृत्यु-भोज में भी बाँस के बने सामानों की आवश्यकता पड़ती है। मरनी (मृत्यु-संस्कार) में नया सुपा नहीं लगता। शव-यात्रा के समय पुराना सुपा, टुकना (टोकरा) आदि रास्ते में ले जा कर फेंक देते हैं। यह कार्य मृतक के सगे लोगों के द्वारा किया जाता है। अर्थी भी बाँस की ही बनायी जाती है। श्री आसाराम मण्डावी कहते हैं : बुजुर्ग कहते हैं कि मरनी होने पर शव-यात्रा के समय सुपा और टुकना दोराहे में फेंकना आवश्यक होता है अन्यथा मृतक की आत्मा को शान्ति नहीं मिलती। वह भटकती रहती है। सुपा और टुकना को पवित्र माना जाता है। धारणा है कि मृत्यु के साथ ही ये पवित्र वस्तुएँ, जिनमें हाँडी भी सम्मिलित है, अशुद्ध हो जाती हैं। इसीलिये उन्हें दोराहे पर फेंक दिया जाता है।

बाँस शिल्प का जातीय महत्त्व

क्या बाँस शिल्प से जुड़ी पारधी जाति में बाँस शिल्प का कोई विशेष स्थान या महत्त्व है? श्री आसाराम मण्डावी अपनी बाँह में गोदाये गये गोदने की ओर संकेत करते हुए कहते हैं : यह गोदना है। धनुष-गोदना। ओझिन से बनवाया है। उसे धनुष बनाने को कहा किन्तु उसने थोड़ा सा बिगाड़ दिया। नहीं बना पायी सही। आरम्भ से ही धनुष का हमारे समाज में महत्त्व रहा है। आजीविका के लिये तो हम इसका उपयोग करते ही रहे हैं साथ ही हमारे विवाह में भी धनुष महत्त्वपूर्ण होता है। मण्डप में हम धनुष को खड़ा रखते हैं। मण्डप के नीचे। तीर को लड़की का बड़ा भाई जिसे हम लोग सुसरा कहते हैं, ले जाता है। इसे ही हम लोग सुसरा

97. भाँवर : फेरे।

काँडा कहते हैं। वह इसे ले जा कर अपने उपयोग में लाता है। एक तरह से यह वर द्वारा वधू के बड़े भाई को दी जाने वाली भेंट है। इसका बहुत आदर होता है। हाँ, वह लोहे के तीर को ही ले जाता है, बाँस की डाँडी को नहीं। उसे निकाल कर देना पड़ता है। धनुष को नहीं ले जाता। यह प्रथा हमारे ही समाज में है, दूसरे समाज में नहीं। तीर के निचले हिस्से में, यानी बाँस के दूसरे सिरे पर पहले रावना (गिद्ध) का पंख लगाते थे। अब तो हाँसा (बत्तख) के पंख से काम चलाते हैं। पहले रावना (गिद्ध) काफी मिल जाया करते थे। अब नहीं मिलते।

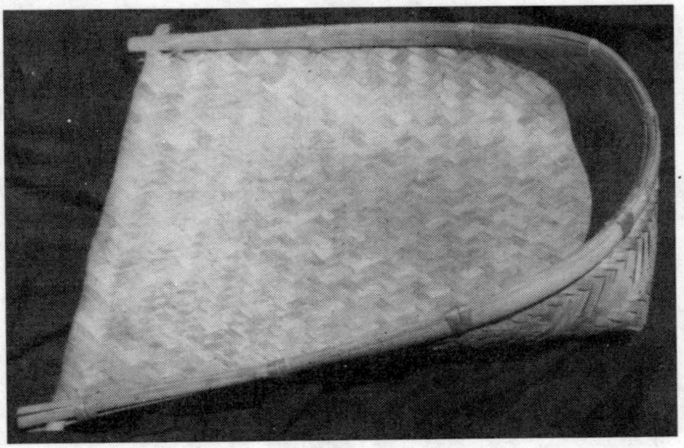

सुपा

वे आगे कहते हैं : विवाह की समाप्ति पर वर-वधू को पानी घाट में ले जाते हैं। उस समय भी धनुष वर के हाथों में रहता है। वहाँ से वापस आते समय पत्तों से कोडरी बनाते हैं। पानी घाट से घर पहुँचते तक कोडरी बनायी जाती है। सरगी (साल) के पत्तों की कोडरी बनाते हैं। उस कोडरी को उसी धनुष-तीर से बींधता चलता है दूल्हा। इसी तरह बींधते हुए वह घर पहुँचता है। घर में आने के बाद कोडरी-झोर बनाया जाता है। कोडरी-झोर वस्तुतः किसी कोडरी का झोर नहीं होता बल्कि मँद या फिर पना-पानी[98] बना कर पिया-पिलाया जाता है। सभी पीते हैं। जितने भी वहाँ उपस्थित रहते हैं, बाल-बच्चे भी। सभी। धनुष को विवाह के समय दूल्हा नहीं पकड़ता। सिर्फ पानी-घाट जाने के समय ही पकड़ता है। हो सकता है कि पहले पानी-घाट से आते समय किसी ने कोडरी को मारा हो। तो उसी परम्परा का पालन आज भी हमारे समाज में किया जाता है। यह पहले की ही परम्परा है।

जातीय भाषा[99]

लोहार, पनका, चँडार और घड़वा समुदायों की तरह पारदी लोगों की भी अपनी अलग भाषा है। इसे ये लोग 'भाँसड़ी' कहते हैं। श्री आसाराम मण्डावी और श्री मेहतरराम सोड़ी के अनुसार उनके समाज के बहुत से लोग तो इस 'भाँसड़ी' को भूल गये हैं। अब तो हल्बी का ही उपयोग करने लगे हैं। हाँ, कुछेक लोग रह गये हैं जो अपनी इस मूल भाषा को आज भी जानते हैं और सहेजे हुए हैं। इस भाषा के कुछ उदाहरण निम्न हैं :

98. पना-पानी : पानी में गुड़ और लाई का मिश्रण।

99. स्रोत : श्रीमती हिराबाई मण्डावी एवं श्री आसाराम मण्डावी, ग्राम : जुगानी कलार, तहसील : कोंडागाँव (बस्तर-छ.ग.), दिनांक : 1.10.05।

पारदी (नाहार) गोठ (भाँसड़ी)	हल्बी	हिन्दी
हिंडुक जावँ।	बुलुक जावँ।	घूमने चलें।
केव जावँ ना?	केंव जावाँ ना?	किधर जायेंगे जी?
बादोड़े जावँ।	खमन ने जावँ।	जंगल में चलें।
पिदे।	पिउँदे।	पीयेंगे।
कुकड़ो (गाँजा)	कुकड़ा (गाँजा)	मुर्गा
गाँजा के बलुँदा कुकड़ो।	गाँजा के बलुँसे कुकड़ा।	गाँजा को मुर्गा कहते हैं।
माएटी कुकड़ी	माई कुकड़ी, कोमी	मुर्गी
चिंवी कढ़ी/कढ़े	चिंया	चूजा
पारेंओं	परेवाँ	कबूतर
हाँसो	हाँसा	हंस
बोंकड़ो	बोकड़ा	बकरा
गाएटी	गाय	गाय
बैलो	बैला	बैल
मानेय	मनुक	मनुष्य
बायले कढ़ी	बायले	स्त्री
मानस कढ़ो	डवका	पुरुष
बिहान पाहलो	बिहान पाहली	सवेरा हुआ
पाहलो रें पाहलो।	बिहान पाहली रे पाहली।	सवेरा हुआ रे हुआ।
उठा उठा।	उठा उठा।	उठो उठो।
साँजे होलो जावँ घरे।	साँज होली जावँ घरे।	साँझ हो गयी चलो घर।
दिन बुड़लो।	दिन बुड़ली।	दिन डूब गया।
बलुँदा।	बलुँसे।	कहते हैं।
भुक लागिदा मोके भात देहास।	भुक लागेसे मोके भात दिया।	भूख लग रही है, मुझे भात दीजिये।
बेर होलो। पक्की बेर होलो।	बेर होली। पक्की बेर होली।	देर हो गयी। बहुत देर हो गयी।
पानी घला देहा रे, पियास लागिदा।	पानी बले दिया रे, पियास लागेसे।	पानी भी दो, प्यास लग रही है।
पेज पिइँदा।	पेज पिउँसे।	पेज पीते हैं/पी रहे हैं।
हाट तेवँ जावाँ।	हाट बाटे जावाँ।	हाट की ओर जायेंगे।
जल्दी बेर होयदा।	झटके बेर होयसे।	जल्दी समय हो जाता है।
बुटा-बुटिंग सारवाँ।	बुता-बुती सारवाँ।	काम-धाम खतम करेंगे।
बादोड़ा-बादोड़ी तेवँ पान-पानी टोड़ुक, लकड़ी-लकड़ा काजे जावाँ।	खमन-खमनी बाटे पान-पानी टुटाउक, लखड़ी-लखड़ा काजे जावाँ।	जंगल-वंगल की ओर पत्ते-वत्ते तोड़ने, लकड़ी-वकड़ी के लिये जायेंगे।
रात होलो।	रात होली।	रात हो गयी।
आँधार होलो।	अँधार होली।	अँधेरा हो गया।
कुकड़ो वासिदा।	कुकड़ा बासेसे।	मुर्गा बाँग देता है।

कुकड़ो वासलो।	कुकड़ा बासली।	मुर्गे ने बाँग दी।
मयँ बिनवास हिंडुक जाइन।	मयँ खमन बुलुक जायँदे।	मैं जंगल घूमने जाऊँगा।
अदबिच बादोड़े रात होलो।	अदबिच रान ने रात होली।	बीच जंगल में रात हो गयी।
रुसिमुनी डोकरी।	रुसइन डोकरी।	रुसी बुढ़िया।
जिरो साग आय।	जिरा साग आय।	जीरा का साग है।
जिरो आरु मासली आय।	जिरा आउर सुकसी (मछरी) आय।	जीरा और सुकसी है।
हमचा लग जिरो आरु	हामचो लगे जिरा आरु	हमारे यहाँ जीरा
मासली आय रे।	सुकसी आय रे।	और सुकसी है।
तुमड़ो आय।	लाऊ आय।	लौकी है।
सेंबी	सेमी	सेम
बोरबोटी	बरबटी	बरबट्टी (लोबिया)
तोरोयो	तोरई	तरोई
कुमढो	कुमडा	कद्दू
ओदलो मासली	मछरी	मछली
सोड़ो मास	बरहा मास	सुअर का मांस
छेरी मास	बोकड़ी मास	बकरे का मांस
कुकड़ो मास	कुकड़ा मास	मुर्गे का मांस

जातीय साहित्य

विवाह गीत[100]

पारधी	**हल्बी**	**हिन्दी**
गागरी कै धरुन मयँ पानी तो जाइन	घगरी के धरुन मयँ पानी गेले	गगरी ले कर मैं पानी लेने गयी
गागरी कै धरुन मयँ पानी तो जाइन	घगरी के धरुन मयँ पानी गेले	गगरी ले कर मैं पानी लेने गयी
पानी तेवँ जाउन मयँ गुँडरी तो बनाइन	पानी बाटे जाउन मयँ गुँडरी बनाले	पानी के लिये जा कर मैंने गुँडरी बनायी
पानी तेवँ जाउन मयँ गुँडरी तो बनाइन	पानी बाटे जाउन मयँ गुँडरी बनाले	पानी के लिये जा कर मैंने गुँडरी बनायी
गुँडरी तो बनाउन मयँ घागरी कै धरिन	गुँडरी बनाउन मयँ घगरी के धरले	गुँडरी बना कर मैंने गगरी पकड़ी
गुँडरी तो बनाउन मयँ गागरी कै धरिन	गुँडरी बनाउन मयँ घगरी के धरले	गुँडरी बना कर मैंने गगरी पकड़ी
गागरी कै धरुन मयँ माँडाये धरिन	घगरी के धरुन मयँ माँडी ने धरले	गगरी ले कर मैंने घुटने पर रखा
गागरी कै धरुन मयँ माँडाये धरिन	घगरी के धरुन मयँ माँडी ने धरले	गगरी ले कर मैंने घुटने पर रखा
माँडाये धरुन मयँ खाँदे तो धरिन	माँडी ने धरुन मयँ खाँदे धरले	घुटनों पर ले कर मैंने कन्धे पर रखा
माँडाये धरुन मयँ खाँदे तो धरिन	माँडी ने धरुन मयँ खाँदे धरले	घुटनों पर ले कर मैंने कन्धे पर रखा
खाँदे तो धरुन मयँ मुंडे तो आइन	खाँदे धरुन मयँ मुंडे बोहले	कन्धे पर ले कर मैंने सिर पर रखा
खाँदे तो धरुन मयँ मुंडे तो आइन	खाँदे धरुन मयँ मुंडे बोहले	कन्धे पर ले कर मैंने सिर पर रखा
मुंडे तो आउन मयँ घरे तो एइन	मुंडे बोहुन मयँ घरे इले	सिर पर ले कर मैं घर आयी
मुंडे तो आउन मयँ घरे तो एइन	मुंडे बोहुन मयँ घरे इले	सिर पर ले कर मैं घर आयी

100. श्रीमती हिराबाई मण्डावी, ग्राम : जुगानी कलार, तहसील : कोंडागाँव (बस्तर-छ.ग.), दिनांक : 1.10.05।

विवाह गीत[101]

रानी बलें रानी	रानी बलें रानी	रानी बोलूँ रानी
ए रानी बलें रानी बे...	ए रानी बलें रानी बे...	ए रानी बोलूँ रानी
मोके दातुन देसे बे	मोके दातुन देसे बे	मुझे दतौन देना
मोके दातुन देसे बे रानी	मोके दातुन देसे बे रानी	मुझे दतौन देना हे रानी
मोके दातुन देसे बे रानी	मोके दातुन देसे बे रानी	मुझे दतौन देना हे रानी
रिलो यो री-रिलो	रिलो यो री-रिलो	रिलो यो री-रिलो
रिलो यो री-रिला रिला	रिलो यो री-रिला रिला	रिलो यो री-रिला रिला
री-रिलो यो री रिला रिला	री-रिलो यो री रिला रिला	री-रिलो यो री रिला रिला
रान हिंडुक जाइन बे	रान बुलुक गेले बे	जंगल घूमने जाऊँ तो
रान हिंडुक जाइन बे रानी	रान बुलुक गेले बे रानी	जंगल घूमने जाऊँ तो रानी
रान हिंडुक जाइन बे रानी	रान बुलुक गेले बे रानी	जंगल घूमने जाऊँ तो रानी
सुक-लाड़ू बाँदसे बे	सुक-लाड़ू बाँदसे बे	सुक-लाड़ू[102] बनाना तुम
सुक-लाड़ू बाँदसे बे रानी	सुक-लाड़ू बाँदसे बे रानी	सुक-लाड़ू बनाना हे रानी
सुक-लाड़ू बाँदसे बे रानी	सुक-लाड़ू बाँदसे बे रानी	सुक-लाड़ू बनाना हे रानी
बिनवास बुलुक जाइन बे	पारद खेलुक गेले रानी	आखेट करने जाऊँ तो रानी
बिनवास बुलुक जाइन बे रानी	पारद खेलुक गेले बे रानी	आखेट करने जाऊँ तो रानी
बिनवास बुलुक जाइन बे रानी	पारद खेलुक गेले बे रानी	आखेट करने जाऊँ तो रानी
रिलो यो री-रिलो	रिलो यो री-रिलो	रिलो यो री-रिलो
रिलो यो री-रिला रिला	रिलो यो री-रिला रिला	रिलो यो री-रिला रिला
री-रिलो यो री रिला रिला।	री-रिलो यो री रिला रिला।	री-रिलो यो री रिला रिला।

पारधी जाति की उत्पत्ति की कथा

पारधी (या नाहार या कमार या पाहाड़िया या बनकुँअर) की उत्पत्ति की एक मिथ कथा के अनुसार : सृष्टि के आरम्भ में महादेव ने एक पुरुष और एक स्त्री की रचना की और उन्हें पारधी नाम दिया। काफी वर्षों बाद उन दोनों से एक बालक और एक बालिका का जन्म हुआ। एक बार वही पारधी जो अब बूढ़ा हो चुका था, पारद के लिये जंगल में गया। वहाँ आखेट के दौरान उसे एक हिरण की आवाज सुनायी पड़ी। वह कह रहा था, 'सात दिनों तक मूसलाधार बारिश होगी और पूरी दुनिया जलमग्न हो जायेगी'। यह सुन कर वह पारधी बूढ़ा घर लौट

101. श्रीमती हिराबाई मण्डावी, ग्राम : जुगानी कलार, तहसील : कोंडागाँव (बस्तर-छ.ग.), दिनांक : 01.10.05।

102. सुक लाड़ू : सुख लड्डू। बस्तर की लोक कथाओं में प्रायः 'सुक-लाड़ू (सुख लड्डू)' और 'भुक लाड़ू (भूख लड्डू)' की चर्चा होती है। ऐसा लड्डू जिसे खाने पर थकान मिट जाये और सुख की अनुभूति हो, 'सुक लाड़ू (सुख लड्डू)' कहलाता है। इसी तरह 'भुक लाड़ू (भूख लड्डू)' वह लड्डू कहलाता है जिसे खाने पर भूख मिट जाये। कुछ लोग 'सुक लाड़ू' और 'भुक लाड़ू' को 'सोस लाड़ू, भुक लाड़ू' भी कहते हैं। 'सोस' का अर्थ प्यास भी लगाया जाता है। ऐसा लाड़ू जिसे खाने पर प्यास मिट जाये, 'सोस लाड़ू' या 'सुक लाड़ू' कहलाता है।

आया। अपनी पत्नी से यह बात बतायी और फिर दोनों ने मिल कर अपने दोनों बच्चों को बाँस से बनी एक झापी में भर दिया। उस झापी में उन्होंने उन दोनों के बारह वर्षों की भोजन-सामग्री भी रख दी। जब प्रलय हुआ तो उस झापी के अतिरिक्त सब-कुछ जलमग्न हो गया। इस तरह कई युग बीते। तब महादेव ने सृष्टि की पुनरर्चना की सोची। उन्होंने अपने शरीर के मैल से एक पक्षी बनाया और उसे उस महाप्रलय के भीतर किसी मनुष्य की तलाश में भेजा। उस पक्षी को वहाँ उस झापी के अतिरिक्त कुछ भी नहीं मिला। केवल वही झापी मिली। उसे ले कर वह महादेव के पास आयी। महादेव ने झापी खोली तो देखा उसके भीतर एक युवक और एक युवती थे। उन्होंने उन दोनों से पूछा कि वे कौन हैं, तब उन दोनों ने बताया कि वे दोनों भाई-बहिन हैं। यह सुन कर महादेव ने उन दोनों के चेहरे बदल दिये और पुनः बारह वर्षों के लिये अलग-अलग छोड़ दिया। बारह वर्षों बाद जब वे एक-दूसरे को न पहचान पाये तब महादेव ने उनका आपस में विवाह करा दिया। उन्हीं की सन्तान हैं ये पारधी। उसारूराम मण्डावी[103] और आसाराम नाहार[104] इसे पारधी या नाहार कहते हैं जबकि डॉ. महेन्द्र कुमार मिश्रा[105] कमार। डॉ. महेन्द्र कुमार मिश्रा की कथा और इस कथा में साम्य है।

चरेया

लगभग ऐसी ही कथा ओड़िसा की 'देसया' और बस्तर की भतरी लोकभाषा में प्रचलित 'बाली जगार' में भी आती है। अन्तर यह है कि बाली जगार[106] की कथा में उस व्यक्ति की जाति 'सभर (सबर)' कही गयी है और महाप्रलय की सूचना भी उस व्यक्ति को हिरण की बजाय एक चूहे और मेंढक से मिलती है।

कचरा धुरवा की कथा

रसेल और हीरालाल (1916 : 324) के हवाले से डॉ. महेन्द्र कुमार मिश्रा कमारों की एक मिथ कथा का उल्लेख अपनी पुस्तक 'विज़निंग फोकलोर' (2002 : 127) में इस तरह करते हैं : बिन्द्रा नवागढ़ (वर्तमान में छत्तीसगढ़ के रायपुर जिले की गरियाबंद तहसील) में एक समय में एक कमार शासक था। उसने दिल्ली से आये किसी व्यक्ति के भिमराज पक्षी[107] को मार डाला। तब उस व्यक्ति ने वहाँ से मानव-भक्षी सिपाहियों को भेजा। उन सिपाहियों

103. श्री उसारूराम नाहार, बाडरा (बस्तर-छ.ग.), 10.05.1989।

104. श्री आसाराम मण्डावी (नाहार), जुगानी कलार (बस्तर-छ.ग.), 01.10.2005।

105. डॉ. महेन्द्र कुमार मिश्रा, विज़निंग फोकलोर (2002 : 126)।

106. लेखक द्वारा वर्ष 2000 में की गयी रिकार्डिंग से।

107. भिमराज पक्षी : सम्भवतः भृंगराज पक्षी।

ने सारे कमारों को मार डाला और उन्हें खा गये। किन्तु सौभाग्यवश एक गर्भवती कमार महिला बच गयी। उसने पाटना के एक ब्राह्मण के घर में शरण ली। वहाँ उसने एक बालक को जन्म दिया, जिसका नाम था कचरा धुरवा। उस बालक ने बड़े होने पर उन सिपाहियों से अपने पूर्वजों का बदला लिया और बिन्द्रा नवागढ़ का राज्य भी।

यही कथा प्रकारान्तर से बताते हैं उसारूराम। वे कहते हैं : हमारी जाति का सबसे बड़ा योद्धा था कचना[108] धुरवा। उसी ने हमारी पारधी जाति का नाम ऊँचा किया। एक भिंगराज चिड़िया के कारण हमारी पारधी जाति के सभी लोग मारे गये थे। लेकिन कचना धुरवा[109] ने उनका बदला लिया और हमारी जाति का मान बढ़ाया।

देवी दुआरसनी की उत्पत्ति की कथा[110]

एक बार गुरु डोंगर जंगल में एक कमार कान्दा खोद रहा था। तभी उसका फावड़ा एक पत्थर से जा लगा और उस पत्थर से रक्त की धार बहने लगी। वास्तव में वह पत्थर देवी दुआरसनी का विश्राम-स्थल था। कमार ने यह सब देखा और वह भयभीत हो कर घर लौट गया। रात में देवी ने उसे सपना दिया और उससे अपनी पूजा करने की बात कही। अगले दिन वह कमार उस पत्थर को अपने घर ले आया। पूजा करने लगा। किन्तु वह अथक प्रयासों के बावजूद और वन्य प्राणियों की बलि दे कर भी उस देवी को प्रसन्न नहीं कर सका। तब उसने उस देवी की पूजा का भार एक गोंड व्यक्ति को सौंप दिया। उस गोंड ने देवी की भरपूर पूजा की और कुछ समय बाद उसने भी उस देवी की पूजा का भार एक भुंजिया को सौंप दिया।

सम्भवतः यही कारण है कि पारदी जनजाति के लोग अपने को गोंडों का भाई कहते हैं। सम्भवतः गुरुभाई[111]।

एक कमार विधवा की कथा[112]

मध्य भारत के कमारों द्वारा गाये जाने वाले "मा राँडी पू टुरा (विधवा माँ अनाथ बेटा)" नामक एक लोकगाथा के अनुसार : एक गाँव में एक विधवा अपने बेटे के साथ रहा करती थी। वह विधवा गाँव के गौंटिया के घर काम करती थी, जो एक गोंड जनजाति का व्यक्ति

108. कचना धुरवा के नाम पर कचनापुरी नामक नगर का उल्लेख ग्राम भितररास (सिहावा, तहसील : धमतरी, छ.ग.) की धनकुल गायिका श्रीमती देवन्तिन बाई श्रीमाली से बातचीत (दिनांक 17 जुलाई 2005) के बीच और उनके धनकुल गायन में भी आया है। यहाँ यह देखा जाना समीचीन होगा कि सिहावा से बिन्द्रा नवागढ़ की दूरी बहुत अधिक नहीं है। बहुत सम्भव है कि श्रीमती देवन्तिन बाई श्रीमाली के धनकुल-गीत में उल्लेखित कचनापुरी सिहावा और बिन्द्रा नवागढ़ के बीच ही कहीं रहा होगा।
109. धुरवा और पारदी जनजातियाँ अलग-अलग हैं। किन्तु हो सकता है कि कचना धुरवा का सम्बन्ध धुरवा जनजाति से न हो कर पारदी जनजाति से ही रहा हो।
110. स्रोत : विज़निंग फोकलोर, डॉ. महेन्द्र कुमार मिश्रा (2002 : 127)।
111. बाँस शिल्पी श्री आसाराम मण्डावी, ग्राम : जुगानी कलार, तहसील : कोंडागाँव (बस्तर-छ.ग.) से दिनांक 01.10.05 को हुई बातचीत।
112. स्रोत : विज़निंग फोकलोर, डॉ. महेन्द्र कुमार मिश्रा (2002 : 127-130)।

था। वह विधवा वहाँ धान फटकने, खेती की देख-भाल एवं घरेलू कार्यों में सहयोग का काम करती थी। बदले में जो कुछ उसे मिलता वह इतना पर्याप्त नहीं था कि वह सुखपूर्वक जीवन यापन कर पाती। कई बार उसे जंगल में कन्द खोदने के लिये भी जाना पड़ता था।

टाकरी

एक दिन ऐसा भी आया कि उसके पास खाने को कुछ भी नहीं था। तब वह चीत्कार कर उठी, 'हे माँ लक्ष्मी! तुम मुझे कितने वर्षों तक यों ही तकलीफें झेलने को विवश करती रहोगी?' उसकी ऐसी चीत्कार सुन कर धन की देवी लक्ष्मी एक सुन्दर युवती के रूप में उसके घर प्रगट हुईं। विधवा ने उस युवती को देख कर पूछा तो उसने बताया कि वह एक अनाथ युवती है और आश्रय लेने के लिये उसके घर में आयी है। तब उस विधवा ने उसे अपने घर में रख लिया। विधवा के पुत्र ने उस युवती को अपनी बहिन माना। विधवा ने उस युवती को राँधने के लिये एक मुट्ठी चावल दिया। और जब युवती ने उसे राँधा तो वही एक मुट्ठी चावल ढेर-सा हो गया। इस तरह उस दिन से उनके घर में भोजन की समस्या नहीं रही।

एक दिन उस युवती ने उस विधवा के पुत्र से कहा कि वह जंगल काट कर थोड़ी-सी भूमि खेती लायक बना ले। तब उस युवक ने ऐसा ही किया। भूमि तैयार की और गौंटिया के पास से हल-बैल माँग लाया किन्तु उसके पास बीज नहीं था। तब उसी युवती ने पुआल के कुछ टुकड़े किये और उन्हें उस युवक को दे कर उन्हें ही बीज के रूप में बोने के लिये कहा। लड़के ने ऐसा ही किया। लोगों ने यह देखा तो वे उस पर हँसने लगे। किन्तु जब वही पुआल अंकुरित हुआ और समय आने पर फसल पकी तो सभी आश्चर्यचकित हो गये। तब वह विधवा उस युवती की सलाह पर गौंटिया के पास गयी और उससे छह कोड़ी (120) बैल-गाड़ियाँ माँग लायी। उन्हीं बैल-गाड़ियों में धान भर कर लाया गया। फिर बैल-गाड़ियों के किराये के रूप में उसी युवती ने घर की छत से एक कुम्हड़ा तोड़ा और उन्हें दे दिया। वे उसे ले कर गौंटिया के पास गये। गौंटिया यह देख कर बहुत नाराज हुआ। किन्तु उसकी पत्नी ने जब उस कुम्हड़े को काटा तो देखा कि उसके भीतर स्वर्ण मुद्राएँ थीं। यह बात उसने गौंटिया को बतायी। यह देख कर गौंटिया ने सोचा कि हो न हो, धन की देवी लक्ष्मी उस विधवा के घर वास कर रही हैं। उसने सोचा कि यदि वह अपनी पुत्री का विवाह उस विधवा के पुत्र के साथ कर दे तो वह अपनी पुत्री के माध्यम से उनकी अथाह सम्पत्ति पर कब्जा कर सकता है। यह सोच कर उसने विवाह का प्रस्ताव विधवा के समक्ष रखा। विधवा उसकी योजना से अनभिज्ञ थी। वह मान गयी। यथा समय उसके पुत्र का विवाह गौंटिया की बेटी

के साथ सम्पन्न हो गया। फिर कुछ दिनों बाद गौंटिया ने सोचा कि क्यों न विधवा की उस मुँहबोली बेटी का विवाह वह अपने पुत्र के साथ कर दे। इससे सारी-की-सारी सम्पत्ति सभी प्रकार से उसकी हो जायेगी। यह सोच कर उसने यह प्रस्ताव पुनः विधवा के समक्ष रखा। विधवा तो उसके षडयन्त्र से अनभिज्ञ थी ही। वह बेचारी मान गयी। विवाह की तिथि तय हो गयी। तभी लक्ष्मी गौंटिया के षड्यन्त्र को भाँप गयीं और उस विधवा से कहा कि हे माँ! क्या तुम समझती हो कि मैं मानव जाति की हूँ? मैंने तुम पर दया की। तुमने मुझे पुकारा तो मैं तुम्हारी सहायता करने के लिये तुम्हारे घर आयी। और अब तुम मेरा विवाह एक मानव जाति के प्राणी के साथ करने का विचार कैसे कर सकती हो? तुमने उस गौंटिया पर भरोसा किया जिसने कभी भी तुम्हारे परिश्रम की सही कीमत तुम्हें नहीं दी। मैंने तुम्हें अपनी माता के समान समझा। तुम्हारे घर को मैंने धन-धान्य से भर दिया। किन्तु अब मैं यहाँ से जा रही हूँ। ऐसा कह कर लक्ष्मी वहाँ से अन्तर्धान हो गयीं।

चिपा ढुटी

ज़ातीय साहित्य के विषय में बाँस शिल्पी श्री मेहतरराम सोड़ी, श्री आसाराम मण्डावी और श्रीमती हिराबाई मण्डावी का कहना है : हाँ, हमारी जाति से सम्बन्धित एक लोक कथा है। हमने सुना है कि मामा-भाचा गँवर की कहानी है किन्तु हमें याद नहीं। मोहरेया इस कहानी को मोहरी में बजाता है। पलारी गाँव का लछिम नामक मोहरेया बजाता है। वह उस गाँव का कोतवाल भी है।

मामा-भाचा गँवर (मामा-भान्जा गौर) की कथा

मामा-भाचा गँवर की यह कौन सी कथा है, जिसके विषय में पारधी जाति के लोग बात तो करते हैं किन्तु कहानी से बहुत से लोग अनभिज्ञ हैं? प्रस्तुत है यह लोक कथा श्री पीताम्बर दास वैष्णव[113] के सौजन्य से :

एक गाँव में पारदी[114] जाति का एक व्यक्ति और उसकी पत्नी रहते थे। वे बड़े ही आनन्दपूर्वक जीवन-यापन कर रहे थे। तब एक दिन पारदी ने अपनी पत्नी से कहा,

113. ग्राम खोरखोसा, तहसील : जगदलपुर (बस्तर-छ.ग.) निवासी श्री पीताम्बर दास वैष्णव द्वारा प्रस्तुत लोक कथा जो 'बस्तर की मौखिक कथाएँ' (सम्पादक : लाला जगदलपुरी, हरिहर वैष्णव, 1991 : 07-13) से साभार उद्धृत है।

114. पारदी : एक जाति विशेष जो शिकारी होती है तथा बाँस का भी काम करती है। अन्य उच्चारण 'पारधी'।

"ऐ जी! तुम मेरे लिये भूख-लड्डू और सोस-लड्डू[115] बना दो। मैं कल आखेट के लिये जाऊँगा।"

उसके ऐसा कहने पर उसकी पत्नी ने उस रात भूख-लड्डू और प्यास-लड्डू बना दिये। रात हुई तो वे खा-पी कर सो गये। सवेरा होने पर उसकी पत्नी ने सारी सामग्री एक कपड़े में बाँध दी। पारदी भोजन कर तैयार हो गया। अपनी सारी सामग्री और भोजन की गठरी ले कर वह जंगल की ओर चल पड़ा।

वह चलता चला गया। कई कोस चलने पर साँझ हो गयी। साँझ होने पर वह आश्रय पाने की चिन्ता में पड़ गया। 'क्या करूँ, कहाँ जाऊँ इस महा गहन वन में?' वह सोचने लगा। तभी अनायास उसकी दृष्टि एक कुटिया पर पड़ी। वह कुटिया थी रुसइन[116] डोकरी[117] की। उसके घर के आगे थी भुरभुसी नामक डोंगरी[118]। उस डोंगरी में रहते थे मामा और भाचा[119] गौर। यह डोकरी उन गौरों की रखवाली किया करती थी।

ढुटा

पारदी उसी भुरभुसी डोंगरी में रहने वाले मामा-भाचा गौरों के आखेट के लिये गया हुआ था। पारदी जैसे ही बुढ़िया की कुटिया के पास पहुँचा, बुढ़िया उससे कहने लगी, "मैं तुम्हारी मौसी हूँ, बाबू। मुझे नहीं पहचाना, तुमने? भला कैसे पहचानोगे! तुम तो छोटे-से थे।" ऐसा कह डोकरी ने उसकी खातिरदारी की। बड़े ही प्यार के साथ भोजन पकाया और उसे खिला कर सोने के लिये जगह भी दी। पारदी के सोने से पहले उसने उसकी सारी सामग्री भीतर ले जा कर रख दी। पारदी दिन भर का थका-हारा तो था ही। खाते ही उसे नींद आ गयी। पारदी के सोने पर डोकरी ने उसके धनुष और तीर को कुतर-कुतर कर खोखला कर दिया। इस तरह रात बीती और सुबह हुई।

115. भूख-लड्डू : ऐसा लड्डू जिसे खाने पर भूख मिट जाये। प्यास-लड्डू : ऐसा लड्डू जिसे खाने पर प्यास बुझ जाये। इसे कुछ लोग 'सुक-लाड़ू भूक-लाड़ू' भी कहते हैं। सुक लाड़ु (सुख-लड्डू) : ऐसा लड्डू जिसे खाने पर थकान मिट जाये और सुख की अनुभूति हो। भूख-लड्डू : ऐसा लड्डू जिसे खाने पर भूख मिट जाये। कुछ लोग 'सुख-लाड़ू' और 'भूख-लाड़ू' को 'सोस-लाड़ू, भुक-लाड़ू' भी कहते हैं। 'सोस' और 'प्यास' का एक ही अर्थ है, 'प्यास'।

116. रुसइन : एक कीट जो लकड़ी को भीतर-ही-भीतर कुतरता रहता है। इसे 'रुसी किड़ा' कहा जाता है। किन्तु कुछ लोगों के अनुसार 'रुसी' लोगों के सिर पर होता है। यह सफेद रंग का होता है और इससे सिर में खुजलाहट होती है। लकड़ी को कुतरने वाले कीड़े को 'सुरी किड़ा' कहा जाता है।

117. डोकरी : बुढ़िया।

118. डोंगरी : पहाड़ी।

119. भाचा : भान्जा।

सुबह होने पर बुढ़िया ने झटपट उठ कर पारदी के लिये भोजन तैयार किया और उसे खिला-पिला कर विदा कर दिया। पारदी अपना सामान ले कर चल पड़ा। चलते-चलते वह भुरभुसी डोंगरी में जा पहुँचा। वहाँ मामा-भाचा गौर घने चारागाह में चारा चर रहे थे। पारदी के देखने से पहले ही भाचा गौर ने उसे देख लिया। उसे देख कर भाचा गौर मामा गौर से कहने लगा :

"भाग चलें भाग चलें मामा भुरभुसी डोंगरी
नाहर[120] लड़का है मामा पहुँच गया है।
घुटने भर चारा है मामा,
थूथन डूबे तक पानी।
हवादार पीपल है मामा,
ठण्डी-ठण्डी छाँव है।।"

तब मामा गौर ने कहा :

"न भागें न भागें भाचा भुरभुसी डोंगरी
घुटने भर चारा है भाचा
थूथन डूबे तक पानी।
हवादार पीपल है भान्जे
ठण्डी-ठण्डी छाँव है।
दाहिने सींग में मारूँगा भान्जे,
बाँयें सींग में रखूँगा।
बारह-बारह चौबीस वर्षों तक भाचा
मैं उसे सुखाऊँगा।।"

उनकी बातें सुन कर पारदी ने धनुष पर तीर चढ़ाया। प्रत्यञ्चा खींच कर तीर छोड़ने को ही था कि धनुष टूट गया। जैसे ही धनुष टूटा, मामा गौर पारदी के पास आया और अपने दाहिने सींग से उसे मार कर बाँये सींग पर रख लिया। पारदी का शव बारह वर्षों तक उसी सींग पर सूखता रहा।

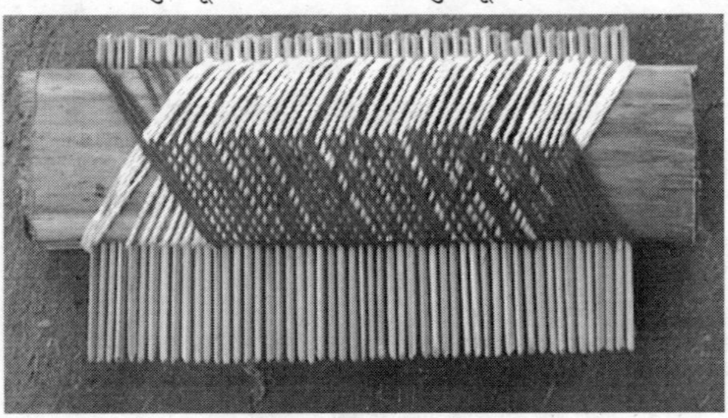

ककई

इधर पारदी की पत्नी पेट से थी। पारदी के जाते ही उसका प्रसव हुआ। उसने एक लड़के को जन्म दिया। लड़का देवताओं तथा राजकुमारों की तरह बढ़ने लगा। बड़ा होने पर वह मोहल्ले के अन्य लड़कों के साथ बाटी[121]-भौंरा खेलने लगा। वह उन खेलों में सदैव जीत जाता। जीतने पर उसके साथी उसे

120. नाहर : पारदी जाति को ही 'नाहार' या 'नाहर' भी कहा जाता है।

121. बाटी : गोली, कंचा।

'बिना बाप का' कह कर चिढ़ाने लगते। लड़का कई दिनों तक चुपचाप सुनता रहा। फिर सहन न कर एक दिन अपनी माता से पूछने लगा, "माँ! तुम मुझे आज बता ही दो। मेरे पिता कहाँ गये?" उसने जिद पकड़ ली। तब उसकी माता क्या करती भला! उसे बताना ही पड़ा। बोली, "तुम्हारे पिता आज से बारह वर्ष पहले मामा-भाचा गौर को मारने भुरभुसी नामक पहाड़ी पर गये हैं। वे वहाँ से अब तक नहीं लौटे। पता नहीं वे उन गौरों को खोज रहे हैं या कि उन गौरों ने उन्हें मार डाला है!" कहती हुई माता रोने लगी।

तब लड़के ने सुना और लोहार के पास जा कर उससे चौबिस घाना[122] लोहे का धनुष और चौबिस घाना का तीर बनाने को कहा। घर वापस हुआ और माता से कहा, "माँ, मैं बाबा को खोजने जा रहा हूँ। तुम मेरे लिये सुख-लड्डू भूख-लड्डू बना दो।"

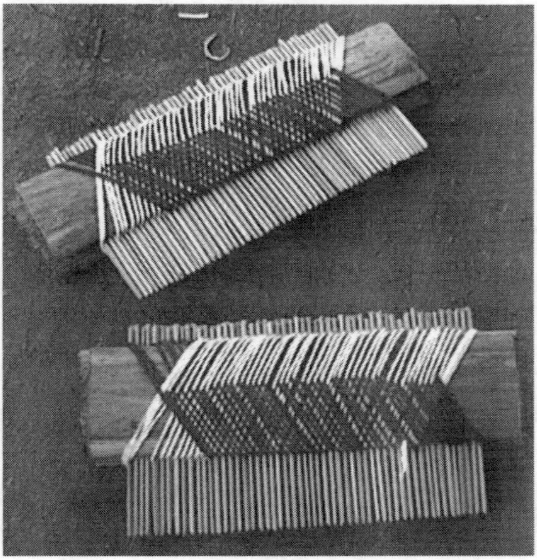

ककई

उसके ऐसा कहने पर माता ने कहा, "नहीं बेटा, तुम मत जाओ। मेरे एक ही बेटे हो। मेरे एक बेटे के अलावा कोई दूसरा नहीं है। जैसे एक आँख वाले की वही एक आँख सब-कुछ होती है वैसे ही तुम भी मेरे लिये सब-कुछ हो। नहीं, मैं तुम्हें नहीं जाने दूँगी।"

लड़के ने कहा, "तुम मेरे लिये चिन्ता मत करो, माता। मैं गौरौं को मार कर बाबा को घर वापस लाऊँगा।" ऐसा कहते हुए वह अपनी माता को समझा-बुझा कर जाने को तैयार हो गया। तब रात में माता ने उसके लिये सुख और भूख के लड्डू बना दिये। सवेरा होने पर लड़का अपने साजो-सामान ले कर भुरभुसी डोंगरी की ओर चल पड़ा। जाते-जाते उसे भी उसी रुसइन बुढ़िया के घर के पास साँझ हो गयी। साँझ होने पर वह भी उस भयावह जंगल के बीच में स्थित रुसइन बुढ़िया के घर में गया। वहाँ जाने पर उस बुढ़िया ने उसके पिता की ही तरह उसका भी सम्मान किया। उसके साजो-सामान ले जा कर भीतर रख आयी। भोजन तैयार किया और लड़के को खिला-पिला कर सोने को जगह दी। लड़के के सोते ही वह उसके धनुष और तीर को कुतरने लगी। किन्तु कैसे कुतरती भला! इस बार तो तीर और धनुष लोहे के बने थे। वह उन्हें कुतर-कुतर कर थक गयी। सवेरा होते तक उसने कुतरने का प्रयास किया किन्तु कुतर न सकी उल्टे उसके दाँत झड़ गये। सवेरा होने पर लड़का अपने साजो-सामान ले कर भुरभुसी डोंगरी की ओर चल पड़ा। चलते-चलते वह भुरभुसी पहाड़ी पहुँच गया। देखा तो

122. घाना : वजन मापने का एक माप। एक घाना 10 किलो के बराबर होता है।

मामा-भाचा गौर घुटने तक बढ़ आयी घास के बीच चारा चर रहे थे। भाचा गौर ने लड़के को देखा और मामा गौर से कहने लगा :

“भाग चलें भाग चलें मामा भुरभुसी डोंगरी
नाहर लड़का है मामा, पहुँच गया है।
घुटने भर चारा है मामा,
थूथन डूबे तक पानी।
हवादार पीपल है मामा,
ठण्डी-ठण्डी छाँव है।।”

यह सुन कर मामा गौर कहने लगा :

“न भागें न भागें भान्जे भुरभुसी डोंगरी
घुटने भर चारा है भान्जे
थूथन डूबे तक पानी।
हवादार पीपल है भान्जे
ठण्डी-ठण्डी छाँव है।
दाहिने सींग में मारूँगा भान्जे,
बाँयें सींग में रखूँगा।
बारह-बारह चौबीस वर्षों तक भान्जे
मैं उसे सुखाऊँगा।।”

उधर लड़के ने तीर साधा हुआ था। जैसे ही मामा गौर ने अपना यह कथन समाप्त किया, लड़के ने तीर छोड़ दिया। तीर मामा गौर की छाती चीरते हुए कलेजे तक जा पहुँचा। तीर लगते ही मामा गौर गिर कर मर गया। अब भान्जा गौर क्या करे! वह इधर-उधर ताक ही रहा था कि लड़के ने उसे भी तीर से बींध दिया। वह भी मर गया। तब लड़का उन मृत गौरों के पास गया। देखा, उसके पिता का शव मामा गौर के सींग पर सूख कर लटका हुआ था। लड़के ने उसे देख कर विचार किया कि हो न हो, यही मेरे पिता का शव है और यही वे मामा-भाचा गौर हैं। ऐसा सोच कर वह लड़का अपने पिता का शव अपनी गोद में ले कर विलाप करने लगा। उसका रुदन सुन कर तीनों लोकों के स्वामी महादेव माया रूप ले कर लड़के के सामने प्रगट हुए और पूछने लगे, “क्यों बालक, तुम क्यों रो रहे हो?”

झेंजरी

उनकी बात सुन कर लड़के ने सारा वृत्तान्त कह सुनाया। सुन कर महादेव ने कहा, "तुम थोड़ी देर अपनी आँखें मूँद लो।"

लड़के ने अपनी आँखें मूँद लीं। महादेव ने पारदी को जीवित कर दिया और स्वयं वहाँ से अदृश्य हो गये। जीवित होने पर पारदी 'हे राम!' कहता उठ बैठा और कहने लगा, "मैं बहुत देर तक सोता रह गया था, शायद!"

तब उसके पुत्र ने कहा, "तुम सोये कहाँ थे, बाबा! तुम्हें तो इन गौरों ने मार कर तुम्हारे शव को बारह वर्षों तक अपने सींग पर सुखाया था।" ऐसा कहते हुए लड़के ने उन गौरों की ओर संकेत किया। तब दोनों पिता-पुत्र आपस में मिले। पिता ने बेटे को चूमा। फिर दोनों ने मिल कर गौरों की छाल निकाली और मांस ले कर घर चले। रास्ते में रुसइन बुढ़िया को भी थोड़ा-सा मांस दिया और खुशी-खुशी घर पहुँचे। घर आने पर पारदी की पत्नी ने दोनों पिता-पुत्र की अगवानी की। इस तरह वे सपरिवार आनन्दपूर्वक जीवन यापन करने लगे।

कुलदेवी

पारधी जाति की कुलदेवी के विषय में श्री मेहतरराम सोड़ी कहते हैं : हमारे कुटुम्ब में कोयतोर लोगों की ही तरह देवी-देवताओं को मानते हैं। कोयतोर यानी मुरिया जाति के लोग जिन देवी-देवताओं को मानते हैं, उन्हीं देवी-देवताओं को हम लोग भी मानते हैं। हमारे देवी-देवताओं में छत्रीकुँअर देव हैं, बनकुँअर डोकरा हैं। वे भी कुँअर देव हैं। हमारी देवी हैं कंकालिन माय[123], दुलारदई माय। पाँच-छह देवियों को हम लोग मानते हैं।

किन्तु श्री मेहतरराम सोड़ी से अलग बताते हैं श्री आसाराम मण्डावी। वे कहते हैं : 'रनहा कासन' नामक देवी हमारी कुटुम्ब-देवी हैं। इस देवी की पूजा हम विशिष्ट त्योहारों पर करते हैं। नयाखानी, अमुस तिहार और मँडई में। माघ के महीने में हम इस देवी का जतरा[124] करते हैं।

'रनहा कासन' या 'काछन देवी' की कथा कुछ इस प्रकार बतायी जाती है[125] : बस्तर के किसी पूर्ववर्ती राजा का युद्ध रतनपुर[126] के राजा के साथ हुआ था। इस युद्ध में बस्तर के राजा हार कर भाग रहे थे कि रतनपुर के राजा ने उन्हें बन्दी बना लिया। बस्तर-महाराजा के बुद्धिमान मन्त्री ने रतनपुर के राजा से कहा कि हमारे राजा शस्त्र-कला में निपुण हैं। आप एक बार उनकी परीक्षा तो लें। आप पायेंगे कि उन्हें बन्दी बनाने की बजाय उनसे मित्रता करना ज्यादा श्रेयस्कर होगा। तब बस्तर-महाराजा की परीक्षा ली गयी। उन्होंने एक ही वाण से शाल के चार वृक्षों को धराशायी कर दिया। कुछ और करतब भी दिखाये। रतनपुर के राजा इससे प्रसन्न हुए और बस्तर-महाराजा को मुक्त करते हुए अपनी काछ (कच्छा) दी और उस कच्छा का सम्मान करने को कहा। राजा वह काछ ले कर बस्तर लौट आये और जगतूगुड़ा के मिरगान और माहरा जाति के लोगों से कहा कि वे उस काछ का पूरा-पूरा सम्मान करें ताकि उन्हें अपमानित न होना पड़े। राज-भक्त माहरा और मिरगान जाति के लोगों ने उनकी आज्ञा सिर-माथे ली और उस काछ

---

123. कंकालिन माई को बंजारे भी अपनी कुलदेवी कहते हैं।

124. जतरा : वार्षिक पूजा।

125. बस्तर के तीज-त्योहार, हरिहर वैष्णव, 2002 : 33।

126. छत्तीसगढ़ अंचल के बिलासपुर के पास एक ऐतिहासिक स्थल।

को देवी के रूप में प्रतिष्ठित किया। यही 'काछ देवी' आगे चल कर 'काछन देवी' या 'काछिन देवी' या 'कासन देवी' कहलायीं।

काछन देवी को 'रण-देवी' भी कहते हैं। इसीलिये पारधी जाति के लोग इस देवी का पूरा नाम 'रनहा कासन' या 'रनहा काछन' बतलाते हैं। इस देवी से आशीर्वाद प्राप्त करने के बाद ही बस्तर का विश्वप्रसिद्ध दशहरा पर्व आरम्भ होता है। इस सम्बन्ध में श्रीयुत् लाला जगदलपुरीजी कहते हैं[127] : एक दन्तकथा के अनुसार जगदलपुर बसाये जाने से पूर्व यहाँ कभी कोई माहरा कबीला कहीं से आ बसा था। कबीले के मुखिया का नाम जगतू था। जगतू के समय उसी के नाम पर वर्तमान जगदलपुर का नाम जगतूगुड़ा पड़ गया था। जब उस माहरा कबीला को हिंसक पशुओं से प्राण बचाना मुश्किल हो गया, तब एक दिन कबीले का मुखिया जगतू बस्तर ग्राम तक गया और वहाँ के तत्कालीन शिकारी राजा दलपत देव से मुलाकात की। उसने उनसे अभय-दान माँगा। राजा ने जगतू को आश्वस्त किया और समय निकाल कर एक दिन आखेट की तैयारी से जगतूगुड़ा पहुँचे। जगतूगुड़ा उन्हें भा गया। इसलिये राजा दलपतदेव ने बस्तर ग्राम से अपनी राजधानी जगतूगुड़ा में स्थानांतरित की। इससे माहरा कबीले की जान में जान आयी। माहरा कबीला राज-भक्त हो गया। राजा ने भी उस कबीले को इतना सम्मान दिया कि दशहरा मनाने के लिये उस माहरा कबीले की कुलदेवी से प्रति वर्ष आशीर्वाद माँग कर अपने आपको कृतार्थ माना। कबीले की इष्ट देवी का नाम था, काछिन देवी। प्रथा चल पड़ी और बस्तर दशहरे का प्रारम्भिक कार्यक्रम स्थिर हुआ 'काछिन गादी'। 'काछिन गादी' का अर्थ होता है काछिन देवी को गद्दी देना। काछिन देवी की गद्दी होती है काँटों की। काँटेदार झूले की गद्दी। काछिन देवी को "रण-देवी" भी कहते हैं। वह बस्तर अंचल के मिरगानों की देवी है। मिरगान एक हरिजन जाति है।

महिलाओं की सहभागिता

बाँस शिल्प के काम में महिलायें भी पुरुषों की सहभागी होती हैं। वे भी बाँस के 'सरा' और 'बिरला' निकालती हैं। 'गपली', 'टुकनी' आदि बनाने का काम भी करती हैं और उन्हें बेचने के लिये बाजारों में भी ले जाती हैं। श्री आसाराम मण्डावी कहते हैं : यह सारा काम हम सब मिल-जुल कर करते हैं। हमारे बच्चे भी करते हैं। महिलाओं के सहयोग के बिना काम करना आसान नहीं होता। वे भी बहुत परिश्रम करती हैं।

उनकी इस बात का समर्थन करते हुए श्री मेहतरराम सोड़ी भी कहते हैं : कोई भी काम अकेले करने में बड़ी मुश्किल होती है। महिलाओं और बच्चों का भी सहयोग आवश्यक होता है। यह अलग बात है कि महिलाओं की तुलना में पुरुषों को अधिक मेहनत करनी पड़ती है। किन्तु मेहनत तो वे भी करती ही हैं।

पारम्परिकता में परिवर्तन

समय के साथ पारम्परिकता में परिवर्तन होता रहा है किन्तु बाँस शिल्प के मामले में अभी बहुत अधिक परिवर्तन देखने में नहीं आता, सिवाय झापी के। सुपा, गपली, टुकना, झाल, परला,

127 बस्तर : इतिहास एवं संस्कृति, लाला जगदलपुरी : 1994 : 128।

बिजना, ढुटी, दाँदर, चाप, ढोलँगी आदि अभी भी उसी तरह बनाये जा रहे हैं तथा इनकी खपत भी पहले की ही तरह हो रही है किन्तु झापी का चलन लोहे और टिनों के सन्दूकों के कारण लगभग नहीं रह गया है।

श्री आसाराम मण्डावी कहते हैं : झापी अब कोई नहीं बनाता। कारण, अब झापी का चलन नहीं है। बनाने पर शायद चले। लोग अब झापी बनाना भी भूल गये हैं। पहले के सियान लोग जानते थे। अभी के लोग झापी बनाना नहीं जानते। एक झापी दो-ढाई सौ रुपये की पड़ती है। लेकिन उसके भीतर चूहे आदि घुस जाते हैं। कुतर देते हैं उसके भीतर रखे सामान को और झापी को भी। सम्भवतः इसीलिये लोग अब झापी की बजाय लोहे और टिन की बनी सन्दूकें लेना पसन्द करने लगे हैं। पहले तो आदिवासी समाज में झापी का बहुत महत्त्व था। विवाह के समय यह दुल्हन को दिया जाना अनिवार्य हुआ करता था। दो झापियों में कपड़े-लत्ते आदि भर कर दुल्हन को दिये जाते थे। लगन के समय ही ये झापियाँ मण्डप में ला कर रख दी जाती थीं। अभी तो नहीं रह गयीं झापियाँ। अब विवाह के समय भी झापी की जगह लोहे और टिन की सन्दूकों का चलन हो गया है।

एक और परिवर्तन जो हुआ है वह यह कि अब गोतिया हिसाब से भी चीजें नहीं दी-ली जातीं। श्री मेहतरराम सोड़ी कहते हैं : पहले गाँव में गोतिया हिसाब में सुपा, टुकना, गपा आदि दिया करते थे हम लोग। किसानों के घरों में पहुँचा देते थे। बदले में किसान हमें धान आदि देते थे। न केवल धान दिया करते थे, अपितु वे हमारा सम्मान भी किया करते थे। किन्तु अब पैसे में लेन-देन होने लगा है। पैसों के लेन-देन में सम्मान जैसी कोई बात ही नहीं रह गयी है अब। गोतिया लोगों ने भी हमें छोड़ दिया है। वे भी अब बाजारों से ही खरीदने लगे हैं।

समस्याएँ

बाँस शिल्प से जुड़े लोगों के सामने सबसे बड़ी समस्या है कच्चा माल यानी बाँस की। इसके साथ-साथ वे लोग कोचियों से भी त्रस्त हैं। बाँस शिल्पी श्री मेहतरराम सोड़ी कहते हैं : इन दिनों हम लोग बड़ी कठिनाइयों का सामना कर रहे हैं। हमें बाँस के लिये बहुत दूर जाना पड़ता है। बहुत दूर से बाँस खरीद कर लाते हैं। अभी हम जुगानी से भी लाते हैं। यों तो गाँव में भी मिल जाता है किन्तु बहुत पतले बाँस होते हैं और उनकी कीमत भी बहुत अधिक होती है। 15 रुपये में बहुत पतले बाँस मिलते हैं। जंगल विभाग के निस्तार डिपो में हमारे काम के लायक बाँस उपलब्ध नहीं रहता। जो उपलब्ध होता है वह सूखा होता है और उस सूखे बाँस से हमारा काम नहीं हो सकता। हमें चाहिये कच्चा और ताजा बाँस। सूखे बाँस को हम अधिक दिनों तक रख भी नहीं सकते। सूखा बाँस कड़ा भी होता है।

वे आगे कहते हैं : दूसरी बात, कोचिया[128] लोगों के कारण भी हमारी आजीविका खतरे में पड़ गयी है। वे लोग ओरछा, विश्रामपुरी आदि काफी भीतरी इलाकों से सुपा, टुकना आदि सस्ते दामों में खरीद कर लाते हैं और यहाँ बाजार में बेचते हैं। इससे हमारा सामान नहीं बिक पाता। हम कभी 20 रुपये में एक लाठ तो कभी 30 रुपये में एक लाठ बाँस खरीदते हैं तब जा कर हमारा काम हो पाता है। हम लोग 400 रुपये में बेचते हैं जबकि कोचिया लोग सस्ते में ला

128 कोचिया : मध्यस्थ और मुनाफाखोर।

कर यहाँ उसे 300 रुपये में बेचते हैं। कई बार तो 200 रुपये में ही बेचते हैं। इससे लोग हमसे खरीदने की बजाय कोचिया लोगों से खरीदते हैं। इस तरह हमारे ग्राहक भी हमारे पास से नहीं खरीदते। इसीलिये कोचिया लोगों को इस धन्धे से अलग करना होगा। कोंडागाँव बाजार में कोचिया लोगों को मनाही होना चाहिये। गरमी के दिनों में तो केवल बिजना-परला का ही सीजन होता है जिसे कोचिया लोग विश्रामपुरी, ओरछा आदि जगहों से लाते हैं और यहाँ बाजार में सस्ते में बेचते हैं। इससे हमारा काम चौपट हो जाता है।

लगभग यही कहना श्री आसाराम मण्डावी का भी है : बाँस यों तो गाँव में मिल जाता है किन्तु वह महँगा होता है। सरकारी निस्तार डिपो में बाँस नहीं रहता। हमें निस्तार डिपो से बाँस मिल जाता तो हमारी आधी समस्या का समाधान हो जाता। एकाध बार डिपो से मिला है। जो बाँस वहाँ मिलता है वह सूखा होता है। सूखा बाँस हमारे किसी काम का नहीं। हमें तो कच्चा और ताजा बाँस चाहिये हमारे काम के लिये।

कुछ इसी तरह की समस्या ककई बनाने वालों की भी है। महज 2 रुपये में बिकने वाली ककई को बनाने के लिये शिल्पी को तगड़ी मेहनत करनी पड़ती है। उन्हें भी कच्चा माल यानी बाँस आसानी से उपलब्ध नहीं होता। मैदानी इलाकों में पाया जाने वाला बाँस तो उनके काम का होता ही नहीं। श्रीमती राधा बाई कहती हैं : सबसे बड़ी समस्या है बाँस की। हमारे पास बाँस पर्याप्त मात्रा में उपलब्ध रहे तो एक शिल्पी एक दिन में 10 ककई बना सकता है। ककई के लिये डोंगर बावँस[129] की आवश्यकता होती है। मैदानी इलाकों के बाँस हमारे काम के नहीं होते। माड़िया लोग पहाड़ों से लाते हैं जगदलपुर में। तीन रुपये में एक मुठा मिलता है। पहले यही दो आने में मिला करता था।

वे आगे कहती हैं : पहले हम लोग पैदल जाया करते थे बाजारों में। अब बस से जाते हैं। बस का किराया ही हो जाता है 20 रुपया। 10 ककई बिकी तो 20 रुपये मिले। वे 20 रुपये बस-किराये में निकल गये। बचा क्या? कुछ भी नहीं। हाँ, 40-50 ककई बिकी एक बाजार में तब कहीं हमें कुछ मिल पाता है। किन्तु इन दिनों प्लास्टिक की कंघी का चलन हो गया है, इससे हमारी ककई की बिक्री पर विपरीत प्रभाव पड़ा है।

---

129. डोंगर बावँस : पहाड़ी बाँस। डोंगर बाँस एक विशेष किस्म का बाँस होता है। बाँस की लगभग 9 किस्में बस्तर में पायी जाती हैं। इनका उल्लेख श्रीयुत् लाला जगदलपुरी की पुस्तक "बस्तर : इतिहास एवं संस्कृति" (1994 : पृ. 248) में इस तरह मिलता है : "आदिवासियों की दृष्टि में बस्तर अंचल में कुल 9 प्रकार के बाँस होते हैं। घर बावँस, बरहा बावँस, पानी बावँस, डोंगर बावँस, पोड़सी बावँस, माल बावँस, रान बावँस, सुँदर कोया और बोंगू। इनमें से केवल डोंगर बावँस, पोड़सी बावँस, माल बावँस और रान बावँस ही टट्टे, टोकने, सूप और छतोड़ी बनाने के काम में लाये जाते हैं और शेष से मोटे काम निपटाये जाते हैं। पानी बाँस पतला होता है, जिससे बाँसुरी बनायी जाती है और शहनाई का मुख्य भाग तैयार किया जाता है। बोंगू बाँस एक मोटा बाँस होता है। इतना मोटा कि उससे बने पात्र दक्षिण बस्तर में ताड़ी उतारने और पानी पीने के काम आते हैं।"

कौड़ी शिल्प

बंजारा एक घूमन्तु जाति रही है। इन्हें एक सौन्दर्य-प्रेमी जाति के रूप में भी देखा जाता रहा है। इनकी बनायी प्रायः सभी वस्तुएँ कलात्मक रही हैं और इसीलिये आकर्षक भी। इन्हीं की तरह की एक और जाति होती है जिसे 'लमान' कहा जाता है। कुछ लोग बंजारा और लमान को एक ही बतलाते हैं किन्तु लच्छीराम बंजारा[130] के अनुसार दोनों अलग-अलग जातियाँ हैं तथापि दोनों ही कौड़ी एवं हाथी-दाँत से विभिन्न सौंदर्य सामग्री बनाने के काम से जुड़ी रही हैं। उनका कहना है कि बंजारा लमान से छोटी जाति है। लमान बड़ी माँ की सन्तान हैं तो बंजारा छोटी माँ यानी मौसी की। दोनों जातियों में रोटी-बेटी का सम्बन्ध नहीं है। लमानों द्वारा पकायी गयी रोटी बंजारे खा सकते हैं किन्तु बंजारों द्वारा पकायी गयी रोटी लमान नहीं खा सकते। हीरासिंह बंजारा[131] के अनुसार भी लमान बड़ी माँ की सन्तान हैं जबकि बंजारा छोटी माँ की। किन्तु हीरासिंह एक बिन्दु पर लच्छीराम और उनकी पत्नी सकरी से अलग बात कहते हैं। उनका कहना है कि बंजारा और लमान जातियों के बीच रोटी-बेटी का सम्बन्ध भी स्थापित हो सकता है। ज्वलन्त उदाहरण के रूप में उन्होंने मुँजला के ही एक बंजारा परिवार में बीजापुर के एक लमान परिवार से हुए इस तरह के सम्बन्ध का जिक्र किया। बंजारे चूँकि नमक के व्यापार से जुड़े रहे अतः इन्हें बस्तर में 'बैपारी (व्यापारी)' भी कहा जाता है। बंजारों की इष्ट देवी हैं बंजारिन। 'बणजारा' मूल शब्द है, जिसका अर्थ है 'बणिज (वणिज) के लिये जाने वाला'। बंजारे कौड़ियों एवं काँच का उपयोग चोली (काचड़ी), जैकेट, लहँगा (फेटवा), बैलों के माथे पर लटकाये जाने वाले उपकरण, माला एवं गपली में करते रहे हैं। 'काचड़ी' को गैर बंजारा समुदाय चोली के नाम से जानता है। इसी तरह 'फेटवा' को लहँगा के नाम से जाना जाता है।

देव गपली

130. ग्राम : जोबा (तहसील : कोंडागाँव, बस्तर-छत्तीसगढ़)।
131. ग्राम : मुँजला (तहसील : जगदलपुर, बस्तर-छत्तीसगढ़)।

कौड़ी के विषय में धारणा है कि यदि यह टूट जाये तो माना जाता है कि इसे धारण करने वाले पर किसी ने बुरी दृष्टि डाली है। यानी टोना किया है। कुछ लोगों के अनुसार कौड़ी टोने-टोटके से बचने के लिये भी धारण की जाती रही है। नृतत्वशास्त्री एवं आदिवासी जन-जीवन के सुप्रसिद्ध अध्येता वेरियर एल्विन[132] अपनी पुस्तक 'द ट्राईबल आर्ट ऑफ मिडिल इण्डिया' में कौड़ी के विषय में प्रचलित विभिन्न धारणाओं की चर्चा करते हुए कहते हैं कि कौड़ी को स्त्री यौनांग के प्रतीक के रूप में भी देखा जाता रहा है। इससे कामोद्दीपन की भी बात उन्होंने विभिन्न लोगों के हवाले से कही है। उनका कहना है कि सम्भवतः कौड़ी को धारण करने के पीछे भी इस तरह की अवधारणाएँ रही हैं। उन्होंने अपनी इस पुस्तक में कौड़ी शिल्प से जुड़े लोगों के रूप में लमान जाति का ही जिक्र किया है, बंजारों के इस शिल्प से जुड़े होने की बात नहीं कही है। जबकि वस्तुतः लमान और बंजारा दोनों ही जातियाँ इस शिल्प से जुड़ी रही हैं। बहरहाल, कौड़ी का चलन एक समय में बस्तर के ग्रामीण अंचल में मुद्रा के रूप में भी रहा है।

पारम्परिक एवं आधुनिक उत्पाद

चोली : कलात्मक चोली का चलन बंजारा जाति की महिलाओं में था किन्तु धीरे-धीरे इसका लोप होता चला जा रहा है। चोली बंजारों की भाषा में 'काचड़ी' कही जाती थी। इसमें बीच-बीच में काँच के टुकड़े तथा नीचे सिरे पर कौड़ियाँ गूँथी जाती थीं। अब यह केवल माता-मावली देवियों के लिये ही बनायी जाती है।

लहँगा : लहँगा को बंजारों की भाषा में 'फेटवा' कहा जाता था। इसे घाघरा के नाम से भी जाना जाता है। इसमें कौड़ियाँ-ही-कौड़ियाँ दिखलायी पड़ती थीं। काँच के छोटे-छोटे टुकड़े भी लगाये जाते थे। इसका चलन भी बंजारों में ही था किन्तु कालान्तर में यह देवी-देवताओं के लिये भी बनाया जाने लगा।

पटेया : सन से बनाया जाने वाला 'पटेया' दियारी तिहार के समय गाय-बैलों के सींगों पर बाँधा जाता था। बंजारा महिलाएँ अपने सिर पर बाँधने के लिये विशेष प्रकार का पटेया बनाती थीं। 'पटेया' का चलन बंजारों में ही था। 'पटेया' में कौड़ियाँ गूँथी जाती थीं।

बलेया : हाथी-दाँत के बने 'बलेया' भी बंजारा समाज की महिलाएँ पहनती रही हैं। यह भी बंजारा समाज में प्रमुख स्थान रखता था। 'बलेया' बाँह से कलाई तक पहने जाते रहे हैं।

गोन : बंजारों के ही उपयोग की वस्तु 'गोन' का वास्तविक उच्चारण 'गूण' है। यह दो तरह का हुआ करता था। एक सादा गूण तथा दूसरा कौड़ियों से युक्त। सादा गूण चावल और नमक भर कर लाने-ले जाने के लिये उपयोग में लाया जाता था जबकि कौड़ियों से युक्त गूण बेटी की विदाई में दी जाने वाली भेंट-सामग्री रखने के। इसी गूण में बेटी को विदाई के समय भेंट की सामग्री भर कर दी जाती थी।

---

132. द ट्राईबल आर्ट ऑफ मिडिल इण्डिया : वेरियर एल्विन, ऑक्सफोर्ड यूनीवर्सिटी प्रेस, 1951।

देव गपली : गपागोसिन देवी को अर्पित करने के लिये पारदी के पास से बनवा कर लायी गयी गपली[133] में कपड़े और कौड़ियाँ गूँथ कर उसे देव गपली का रूप दिया जाता था।

झूल : पागड़ी तथा गूण आदि के सिरों पर बाँधी गयी कौड़ियों की लड़ी 'झूल' कहलाती है।

पागड़ी : बंजारा जाति के पुरुष जो कलात्मक पगड़ी पहना करते थे उसे वे 'पागड़ी' कहा करते थे। उस पगड़ी के चारों ओर कौड़ियाँ लगायी जाती थीं। इस तरह लगायी गयी कौड़ियों को 'झूल' कहा जाता था। वह पगड़ी बहुत सुन्दर दिखलायी पड़ती थी।

टोपी : कौड़ियों से युक्त कलात्मक टोपी बंजारा जाति के पुरुषों को बहुत प्रिय हुआ करती थी।

उद्‌भव एवं विकास

बस्तर में कौड़ी शिल्प का आगमन राजस्थान से यहाँ आये बंजारों के साथ ही हुआ। इसके पहले इस शिल्प का अस्तित्व इस अंचल में नहीं था। यहाँ बंजारों के आगमन के विषय में हीरासिंह नायक[134] कहते हैं कि उनके पूर्वज राजस्थान से आन्ध्र प्रदेश के वारंगल और वहाँ से बस्तर आये। यह लगभग 2-3 सौ साल पहले की बात है। वे कहते हैं : राजस्थान में बंजारों का एक गाँव था। उस गाँव का नाम तो मैं नहीं जानता किन्तु उस गाँव में बंजारे ही रहते थे। कौड़ी शिल्प का काम उसी गाँव से आरम्भ हुआ है, ऐसा हमारे बुजुर्गों का कहना है। हमारे समाज की महिलाएँ कौड़ी और काँच से युक्त कलात्मक परिधान ही पहना करती थीं। यह हमारे रीति-रिवाज में शामिल था। एक और जाति है जिसे यहाँ लमान[135] कहते हैं। ये लोग भी हमारी ही तरह के हैं किन्तु वे हमसे बड़े हैं। वे भी राजस्थान से ही यहाँ आये हैं। आन्ध्र प्रदेश में ये लोग अधिक संख्या में बसे हुए हैं। तेलंगाना में बसने के कारण उनकी भाषा तेलुगू हो गयी है।

देव गपली

133. गपली : छोटी टोकरी।

134. श्री हीरासिंह नायक (बंजारा), ग्राम : मुँजला, तहसील : जगदलपुर (बस्तर-छ.ग.) से दिनांक 23.09.05 को हुई बातचीत।

135. लमान : मूलतः ये 'लभानो' कहलाते हैं किन्तु इन्हें 'लभान' तथा 'लमान' भी कहा जाता है (श्री हीरासिंह नायक, ग्राम : मुँजला, तहसील : जगदलपुर, बस्तर-छ.ग. से दिनांक 23.09.05 को हुई बातचीत)।

किन्तु कौड़ी शिल्प की उत्पत्ति कैसे हुई, यह न तो हीरासिंह बता पाये और न लालसिंह[136] या लच्छीराम और सकरी ही; अलबत्ता लालसिंह ने इतना जरूर कहा कि बुजुर्गों के अनुसार कौड़ी की उत्पत्ति बंजारों के ही हाथों हुई है। हीरासिंह कहते हैं : यह काम पहले हमारे बाप-दादा किया करते थे किन्तु अब हमारे परिवार में नहीं करते। बाकी कुछ लोग कर रहे हैं। वस्तुतः हमारा यह काम देवी-देवताओं के परिधान तथा उपकरणों से ही सम्बन्धित है। देवी के लिये गपली बनायी जाती है जिसमें कौड़ियाँ गूँथी जाती हैं। इसे 'देव-गपली' कहते हैं। इसी तरह माता के लिये घाघरा बनाये जाते हैं, चोली बंनायी जाती है। पहले हमारी महिलाएँ पहना करती थीं इस तरह के कलात्मक परिधान किन्तु अब यह चलन से बाहर हो गया है। पुरुष तो पहले भी नहीं पहना करते थे। हाँ, पगड़ी पहनते थे। उस पगड़ी के चारों ओर कौड़ियाँ लगायी जाती थीं। इसे झूल कहते थे। बहुत सुन्दर दिखलायी पड़ती थी वह पगड़ी। इसे हमारी भाषा में 'पागड़ी' कहा जाता था। पुरुष 'पागड़ी' बाँधा करते थे। इसी तरह कौड़ियों से युक्त टोपी भी बनायी जाती थी। इसी तरह चोली को 'काचड़ी' और घाघरा को 'फेटवा' कहते थे। घाघरा में कौड़ियाँ-ही-कौड़ियाँ दिखलायी पड़ती थीं। चोली और घाघरे में काँच के छोटे-छोटे टुकड़े भी लगाये जाते थे। इससे इनकी सुन्दरता बढ़ जाया करती थी। अब केवल देवियों के लिये ही बनाये जाते हैं और उन्हीं को पहनाने के काम आते हैं। माता-मावली के लिये बनाये जाते हैं चोली और लहँगे। घाघरे या लहँगे में भी कौड़ियाँ गूँथी जाती हैं। सिर पर धारण करने के लिये 'पटेया' बनाते थे। 'पटेया' का चलन बंजारों में ही था।

वे आगे कहते हैं : माता के लिये झूल बनाये जाते थे। गपली बनायी जाती थी। गपली में पहले लाल कपड़ा सिला जाता था फिर उस पर कौड़ियाँ गूँथी जाती थीं। यह अभी भी बनाते हैं किन्तु हमारे परिवार में अब नहीं बनाते। हमारी माँ के समय तक हमारे घर में भी ये सारी चीजें बना करती थीं। अब हम लोगों ने यह काम बन्द कर दिया है। दूसरे काम में लग गये हैं। खेती-बाड़ी आदि करते हैं। किन्तु बारदा में रहने वाले हमारे समाज के लोग अभी भी यह सब बनाते हैं और नारायणपुर, कोंडागाँव आदि बाजारों में बिक्री करते हैं। उधर इनकी काफी माँग है। इधर भी है।

वे आगे कहते हैं : कौड़ियों का काम मुख्यतः महिलाओं द्वारा ही किया जाता था। पुरुष भी बनाया करते थे किन्तु पुरुषों का काम मुख्यतः निर्माण-सामग्री लाना तथा निर्मित वस्तु को बाजारों में बेचने तक सीमित हुआ करता था। गाय-बैलों की पीठ पर बाँधने के लिये बेलुर भी बनाते थे हम लोग। सन वगैरह के धागों आदि से बनाये जाते थे। हमारे बनाये बेलुर चौड़े हुआ करते थे। सन से बनाते थे हम लोग। सन से 'पटेया' बनाते थे, मतलब बेलुर। उस बेलुर में कौड़ियाँ गूँथी जाती थीं। इसे भी 'पटेया' कहा जाता था। यह 'पटेया' दियारी तिहार[137] के समय गाय-बैलों की सींगों पर बाँधा जाता था। इसके अलावा बैलों की पीठ पर लादे जाने वाले 'गोन' भी हम लोग बनाया करते थे। इसे हमारी भाषा में 'गूण' कहते हैं। 'गूण' में हम लोग चावल रखते थे। दोनों ओर चावल रख कर बैलों पर लाद कर हम लोग सालुर जाते थे, दन्तेवाड़ा, बीजापुर आदि जाया करते थे। हमारे 'गूण' और बैल इतने सुन्दर तरीके से सजे होते थे कौड़ियों

136. ग्राम : बारदा, तहसील : जगदलपुर (बस्तर-छ.ग.)।

137. दियारी तिहार : दियारी त्योहार। गोधन की पूजा का स्थानीय त्योहार।

से कि लोग उन्हें देख कर खुश हो जाया करते थे। उन 'गूणों' में वापसी में हम लोग नमक ले कर आया करते थे। इसी तरह देवी-देवताओं को अर्पित किये जाने वाले भाले को कौड़ियों से सजाया जाता था। हमारे समाज में विवाह की साड़ी भी हजारों कौड़ियों और काँच के छोटे-छोटे टुकड़ों से सजी होती थीं। कोंडी (छोटी हाँडी) पर ठप्पे लगाये जाते थे और उन्हीं ठप्पों पर कौड़ियाँ गूँथी जाती थीं। वह साड़ी दुल्हन को पहनायी जाती थी। घाघरा और ओढ़नी का चलन है हमारे यहाँ। साड़ी को साड़ी की तरह नहीं पहना जाता। हमारे जन्म, विवाह और मृत्यु संस्कारों में कौड़ी का बहुत महत्त्व है। कहना चाहिये कि कौड़ी ही हमारे जन्म और मृत्यु में काम आती है। कौड़ी के साथ-साथ हाथी-दाँत के बने 'बलेया' भी हमारे समाज की महिलाएँ पहनती रही हैं। यह भी हमारे समाज में प्रमुख स्थान रखता है। 'बलेया' बाँह से कलाई तक पहने जाते हैं। बस्तर में तो अब हम लोगों के बीच से यह सब खत्म होता चला जा रहा है किन्तु राजस्थान में हमारे समाज के बीच यह सब आज भी चलन में है।

देव गपली

बस्तर के लोगों के बीच कौड़ी से बनी वस्तुओं का चलन कैसे और कब शुरु हुआ? इस विषय में हीरासिंह कहते हैं : यहाँ के लोगों ने जब हम लोगों की महिलाओं को आकर्षक परिधान में देखा तो उन्हें ऐसा लगा मानो वे साक्षात् देवियाँ हैं। उनकी कल्पना सम्भवतः साकार हो उठी। तो लोगों ने हमसे अपने देवी-देवताओं के लिये भी उसी तरह के परिधानों की माँग की। इस तरह हम लोगों ने उनके लिये भी ठीक वैसी ही वस्तुएँ बना कर दीं। यह तभी से आरम्भ हुआ। विशेषतः माता के लिये चीजें बनवायी गयीं, जैसे चोली-लहँगा, टोपी और देव गपली।

कौड़ी शिल्प की शुरुआत के सम्बन्ध में लालसिंह नायक[138] कहते हैं : इसकी शुरुआत कैसे और कब हुई होगी, यह तो मैं नहीं जानता किन्तु हमारे बाप-दादा के समय से यह काम हमारे परिवार में होता आ रहा है। आटी का फुँदड़ा, लम्बे-लम्बे हार। ये सारी चीजें उस समय बना करती थीं। बैलों की सींगों में बाँधने के लिये भी बनाये जाते थे, किन्तु अब वे सारी चीजें लगभग नहीं बनतीं। इसमें हमारा कोई दोष नहीं है। कारण, लोगों के बीच अब उन चीजों की माँग नहीं रह गयी है। अब तो केवल माता-मावली के लिये ही कुछेक चीजें बनायी जा रही हैं। जबकि पहले हमारे ही समाज के लोगों के लिये बनायी जाती थीं। हमारे बंजारा समाज में ये

138. श्री लालसिंह नायक (चव्हाण बंजारा), ग्राम : बारदा, तहसील : जगदलपुर (बस्तर-छ.ग.) से दिनांक 04.11.05 को हुई बातचीत।

चीजें काफी लोकप्रिय थीं। अब तो हमारी महिलाएँ भी औरों की तरह ब्लाउज-जम्पर पहनने लगी हैं। 'काचड़ी' और 'फेटवा' का जमाना अब लद गया। यही कारण है कि हम लोगों ने यह सब बनाना छोड़ दिया है। हमारे बुजुर्ग बताते हैं कि कौड़ी की उत्पत्ति हमारे बंजारे लोगों के हाथों से ही हुई है।

लोक जीवन में कौड़ी शिल्प

बस्तर के लोक जीवन में कौड़ी शिल्प का स्थान काफी महत्त्वपूर्ण रहा है। यह सही है कि बंजारों के आगमन के पूर्व यहाँ कौड़ी शिल्प का प्रचलन नहीं था। किन्तु इनके आगमन के बाद इस शिल्प ने यहाँ के लोक जीवन में गहरी पैठ बना ली। मूलतः कौड़ी शिल्प की वस्तुएँ बंजारों की ही रही हैं। किन्तु बंजारों को इन परिधानों में सुसज्जित देख कर बस्तरांचल के लोग भी कौड़ी और काँच से सुसज्जित परिधानों की माँग अपने देवी-देवताओं के लिये करने लगे। उनकी दृष्टि में यह परिधान केवल देवी-देवताओं के ही पहनने योग्य है। और इन परिधानों तथा वस्तुओं को देवी-देवताओं को अर्पित करने पर वे प्रसन्न होंगे। इसके साथ ही गोंड जनजाति के लोक नर्तक भी नृत्य के समय अपने आपको सजाने-सँवारने के लिये कौड़ी और काँच से युक्त वस्तुओं को शृंगार-प्रसाधन के रूप में उपयोग में लाने लगे। हीरासिंह कहते हैं : कौड़ी शिल्प का उपयोग सबसे पहले हमारे बंजारा समाज में ही हुआ करता था। होली, दीपावली, दशहरा आदि में माता को बलि चढ़ायी जाती थी। उस समय जो पूजा हुआ करती थी, उसमें माताएँ[139] पहनती थीं। माताएँ का मतलब माँ, बीवी, बहन, बेटी आदि सारी महिलाएँ। घाघरा और चोली में काँच के छोटे-छोटे टुकड़े लगाये जाते हैं। काँच के ये टुकड़े दमकते हैं। इनके निचले सिरे में कौड़ियाँ गूँथी जाती हैं। हमारी महिलाओं को काँच और कौड़ी के कलात्मक परिधान पहने देख कर यहाँ के लोगों को अपने देवी-देवताओं को भी इसी तरह के परिधान आदि पहनाने की बात सूझी। उन लोगों ने हमसे कहा और हमने बना कर दिये। इस तरह देवी-देवताओं के परिधानों में कौड़ी शिल्प का बहुत ही महत्त्वपूर्ण स्थान रहा है।

लहँगा

श्रीमती सकरी[140] बंजारा का कहना भी कुछ इसी तरह है, किन्तु वे कौड़ी शिल्प के लुप्त होते जाने पर चिन्तित दिखलायी पड़ती हैं। वे कहती हैं : कौड़ी और काँच का उपयोग लहँगा, चोली, देव गपली, पटेया, टोपली, टोपी आदि में होता है। कपड़े में गूँथी जाती हैं कौड़ियाँ। किन्तु अब धीरे-धीरे इनकी माँग कम होती जा रही है। पहले काफी बनाया करते थे हम लोग। अब तो यह काम लगभग खत्म ही हो गया है। अब हम लोग कथरी आदि बनाने लगे हैं। पहले

139. माताएँ : देवियाँ एवं महिलाएँ।

140. श्रीमती सकरी बंजारा, ग्राम : जोबा, तहसील : कोंडागाँव (बस्तर-छ.ग.) से दिनांक 23.9.05 को हुई बातचीत।

लोग अपने देवी-देवताओं के लिये, नाच के समय शृंगार करने के लिये ये चीजें बनवाया करते थे। सिरहा-गुनिया लोग भी खरीदा करते थे। इसी तरह पहले हमारे समाज में पहनी जाती थीं कौड़ी और काँच से बनी चीजें। काचड़ी, फेटवा, पटेया आदि। महिलायें फुँदने पहना करती थीं गूँथ कर। अब तो ब्लाउज और साया पहनने लगी हैं। हमारे समाज में एकाध कोई महिला होगी जो आज भी यह सब पहनती होगी अन्यथा बाकी सभी तो नये फैशन के रंग में रँग गयी हैं। हम लोग जब अपनी ये सारी चीजें पहन कर बाजार आदि में जाती थीं तो लोग हमें देख कर 'देवी आ रही है' कहा करते थे। इतना मान होता था हम लोगों का इन कपड़ों के कारण। हम लोग घुगरा भी पहना करती थीं। घुगरा घुँघरु की तरह छोटे-छोटे होते हैं और कसारों द्वारा बनाये जाते हैं।

वे आगे कहती हैं : पहले लोग स्वयं चल कर हमारे पास आते और बहुत ही विनयपूर्वक हमसे ये सारी चीजें अपने देवी-देवताओं तथा नाच में पहनने के लिये बनाने को कहते थे। हमें बहुत सम्मान मिला करता था हमारे इस काम के कारण। सुन्दरता भला किसे पसन्द नहीं होगी? यही कारण है कि लोगों ने हमारा काम न केवल पसन्द किया बल्कि अपने लिये भी बनवाया। वे कहते थे कि इन परिधानों को पहन कर हमारे देवी-देवता बहुत प्रसन्न होंगे। इसीलिये वे मुँहमाँगी कीमत दे कर भी ये परिधान बनवाया करते थे। लोग कला-पारखी हुआ करते थे। काम का महत्त्व समझा करते थे। आज भी बनवाते हैं किन्तु इसमें कमी आ गयी है। मान्यता कम होती चली जा रही है। एक जोड़ा चोली-लहँगा बनाने में कम-से-कम हजार पाँच सौ रुपये तो लग ही जाते हैं। कारण, सारी चीजें महँगी हो गयी हैं। बंजारा समाज में हाथी-दाँत से बनी वस्तुओं का भी चलन था। ये वस्तुएँ चाँदा जिले में बना करती थीं। हम लोग उधर से ला कर पहनते थे। आन्ध्र प्रदेश में अभी भी इसका चलन है। वहाँ आज भी चोली-लहँगे पहने जाते हैं। उन लोगों ने अपने सामाजिक नियमों को अभी भी नहीं छोड़ा है किन्तु यहाँ बस्तर में हमारे लोगों के बीच भी अब चोली-लहँगा की जगह ब्लाउज और साया का चलन हो गया है। हमारे समाज में झाबा-फुरला भी पहने जाते थे। टोपली और घुगरी भी पहनी जाती थी। झाबा-फुरला महिलाओं के केश-विन्यास की वस्तुएँ हैं। इन्हें सोनार लोग बनाते हैं। कौड़ी की वस्तुएँ, विशेषतः चोली और लहँगा डोकरी देव, माता देवी और परदेसिन माता के लिये बनवायी जाती रही हैं। दूसरे देवों के लिये नहीं। यही देवियाँ इन परिधानों पर रीझती हैं।

गपली

लालसिंह के अनुसार बंजारा समाज की महिलाएँ कौड़ी-युक्त वस्तुएँ अपनी खुशी के लिये पहनती हैं। लालसिंह कहते हैं : हमारे समाज की महिलाएँ और पुरुष भी कौड़ी-युक्त वस्तुएँ हरिक[141] के लिये पहनते रहे हैं। कई तरह की वस्तुएँ हम लोग कौड़ियों से बनाते रहे हैं। बेटी के विवाह में उसे दहेज में भी कौड़ी से बनी वस्तुएँ दी जाती रही हैं। बैलों का शृंगार भी कौड़ियों से किया जाता रहा है। घाघरे में भी कौड़ी का काम किया जाता था। चोली में कौड़ी नहीं लगायी जाती थी। उसमें दर्पण लगाये जाते थे। गले में कौड़ी के लम्बे-लम्बे हार पहने जाते थे। माथे पर कौड़ियों की माला पहनी जाती थी। यह सब शौकिया तौर पर बनाये जाते थे। यह काम पहले हमारे समाज के लोग किया करते थे किन्तु अब धीरे-धीरे यह काम बन्द होता जा रहा है। हम बंजारे लोग भी खेती-बाड़ी करने लग गये हैं। हमारी औरतें भी अब उस तरह की चीजें नहीं पहनतीं। झाबा-फुरला पहनने का रिवाज था हमारे समाज की महिलाओं में किन्तु वह भी अब नहीं रहा। इसी तरह पानी की घगरी[142] रखने के लिये जो गुँडरी होती थी उसमें भी कौड़ियाँ गूँथी जाती थीं। अब वह जमाना नहीं रहा। हम लोग अब यह काम पहले की तरह बड़े पैमाने पर नहीं कर रहे हैं। कभी-कभार मेले-मँडई के समय कर लेते हैं। कारण, लोगों में इतना शौक नहीं रह गया है। आज जो कौड़ी हम लाते हैं वह बड़ी होती है। पहले छोटी कौड़ियाँ मिला करती थीं जिन्हें 'बीजी कौड़ी' कहा जाता था। उस कौड़ी से तरह-तरह की वस्तुएँ बनायी जाती थीं। ओड़िसा के पुरी में भगवान का रथ कौड़ियों से सजाया हुआ है। आज भी वहाँ कौड़ियों के बने सारे शृंगार उपलब्ध हैं। हमारी महिलाएँ पहले हाथी-दाँत से बने 'बलेया' पहना करती थीं। पूरे बाँह भर कर 'बलेया' पहने जाते थे। अब तो वह भी नहीं रह गया है।

क्या कौड़ियों का फूट जाना किसी अशुभ का प्रतीक होता है? इस विषय में लालसिंह कहते हैं : किसी की नजर लग जाने पर पहनी हुई कौड़ी फूट जाती है।

वे आगे कहते हैं : हम लोग गूण[143] भी बनाया करते थे। बेटी को दहेज में दिये जाने वाले गूण में कौड़ियाँ गूँथी जाती थीं। गूण दो तरह के हुआ करते थे। कौड़ी लगे गूण और बिना कौड़ी के गूण। जैसा कि मैंने पहले बताया, कौड़ियों वाले गूण बेटी को दहेज में दिये जाने के लिये हुआ करते थे। इस गूण में बेटी को दहेज में दी जाने वाली वस्तुएँ भर कर दी जाती थीं। दूसरा गूण होता था बिना कौड़ी का, यानी सादा गूण। इस सादे गूण में हम चावल भर कर ले जाते थे और वापसी में नमक भर कर लाते थे। बैलों की पीठ पर लदे होते थे ये गूण।

बस्तर में कौड़ी शिल्प के प्रचलन के विषय में वे कहते हैं : हम लोग जब राजस्थान से यहाँ आये तब यहाँ के लोगों ने हमारी महिलाओं को कौड़ियों से युक्त चोली-लहँगे पहने देखा। उन्हें ये परिधान भा गये। उनके साथ-साथ उनके देवी-देवता भी इन परिधानों पर रीझ गये। तब लोगों ने अपने देवी-देवताओं के लिये हमसे हमारी ही तरह के चोली-लहँगे, गपली, टोपी, झूल आदि बनाने को कहा। हमने उन्हें ये सारी चीजें बना कर दीं। फिर नाचने

141. हरिक : प्रसन्नता।

142. घगरी : गगरी।

143. गूण : अन्य उच्चारण 'गोन', 'गोना'।

वाले भी हमसे पट्टे आदि कौड़ी की चीजें बनवाने लगे। झूल सिर पर पहनने वाले पट्टे तथा पगड़ी में बाँधे जाते थे। झूल लगे होने के कारण पट्टे और पगड़ी बहुत ही सुन्दर दिखलायी पड़ते थे। बदले में वे हमें बछड़े आदि दिया करते थे। हमारा बहुत मान हुआ करता था पहले।

जातीय इतिहास

हीरासिंह के अनुसार अभी भी राजस्थान में चव्हाण, पमार आदि बंजारे हैं किन्तु उनके परिवार के सारे-के-सारे सदस्य वहाँ से आन्ध्र प्रदेश, छत्तीसगढ़ और महाराष्ट्र में आ बसे हैं। वे कहते हैं : राजस्थान में तो और भी लोग रहते हैं। जैन लोग हैं, वे मारवाड़ी कहलाते हैं। वे हमसे अलग हैं। वे बड़े पिता की सन्तान हैं जबकि हम छोटे की। दरअसल एक पिता के सात बेटे थे। उनमें से एक का नाम था भुक्या, दूसरे का नाम हुआ बाणोत, तीसरे का नाम हुआ मेघावत, चौथे का नाम हुआ जाटोत। बाणोत उन सब में बड़ा था। तो इस प्रकार सात भाइयों के सात नाम हुए। इस तरह उन्हीं सात भाइयों के नाम के आधार पर सात गोत्र हो गये। फिर उन सात गोत्रों से पुनः अनेक गोत्र हुए। राठौरों के सात गोत्र हैं। इन सातों भाइयों के अलग-अलग सात गोत्र हो गये। मतलब, हमारा असली गोत्र है राठौर। दरअसल मुख्यतः राठौर कह देने पर सभी की गणना हो जाती है। उन सात भाइयों में से एक भाई के छह पुत्र हुए। उन छह पुत्रों के नाम हुए चव्हाण, केउत, मुछावत, सपावत आदि। उन छह भाइयों के भी अलग-अलग गोत्र हो गये किन्तु ये सब छह भाई एक ही हैं। इन्हें चव्हाण कहा गया। अब पुनः चव्हाण गोत्र के अन्तर्गत छह अलग-अलग गोत्र हैं। इसी तरह राठौर के अन्तर्गत सात अलग-अलग गोत्र हैं। इसी तरह पमार के बारह बेटे हुए। उन बारह भाइयों के बारह अलग-अलग नाम हुए किन्तु सभी पमार गोत्र के ही कहलाये। इस तरह हमारे वंश की वृद्धि हुई है। हमारे यहाँ गोत्र या कुल में माँ का नाम नहीं आता। पिता का ही नाम आता है।

देव मकुट (मुकुट)

वे आगे कहते हैं : हम लोग क्षत्रिय हैं किन्तु हमें यहाँ क्षत्रिय के रूप में मान्यता नहीं मिली है। यही कारण है कि हम लोगों ने क्षत्रिय शब्द ही भुला दिया है। अब हम लोग यहाँ पिछड़ा वर्ग के अन्तर्गत आते हैं।

लालसिंह के अनुसार बंजारों में चव्हाण, पमार, राठौड़ और ओड़तेया गोत्र होते हैं।

जातीय त्योहार

बस्तर में बस जाने के कारण बंजारे यों तो यहाँ के स्थानीय त्योहारों से भी जुड़े हुए हैं किन्तु उनके जातीय त्योहारों में दशहरा और पितृ-पक्ष मुख्य हैं। हीरासिंह कहते हैं : हम लोग यहाँ बस गये हैं बस्तर में। तो बस्तर के जो त्योहार हैं उन्हें हम मानते हैं। जैसे माटी तिहार, अमुस तिहार, नवाखानी आदि। किन्तु हमारा खास त्योहार होता है दशहरा। अभी जो पितृ-पक्ष चल रहा है, यही हमारा असली त्योहार है। इसमें हम लोग पूर्वजों को पानी देते हैं कसेला[144] में, दतुन[145] देते हैं, प्रणाम करते हैं। कसेला में फूल डालते हैं। फूल डाल कर कसेला में दतुन और पानी रखते हैं ताकि हमारे पूर्वज दतुन करें, मुँह धोयें। नौ दिनों तक इसी तरह फूल-पान चढ़ा कर हम अपने पूर्वजों की पूजा-अर्चना करते हैं। बंजारों का यही मुख्य त्योहार है। इसमें हम बलि चढ़ाते हैं माता में। बंजारिन माता को बलि चढ़ायी जाती है। मेरामा तो हमारी इष्ट देवी हैं। वे हम राठौरों की इष्ट देवी हैं। वह हमारी माता हैं। उन्हें दूसरे लोग नहीं मान सकते। राठौर गोत्र की ही देवी हैं मेरामा। जैसे चव्हाण और पमार जो हैं वो माता काली को मानते हैं। कंकाळी माता को। बंजारों में तीन ही गोत्र हैं चव्हाण, राठौर और पमार। पृथ्वीराज चव्हाण से ही हमारी उत्पत्ति हुई है। इन्हीं से चव्हाण, पमार और राठौर की उत्पत्ति मानते हैं। हमारी उत्पत्ति हुई मेरामा माता से। पमार लोगों ने अपने शीश काट कर बलि चढ़ायी माता कंकाळी को। उसी तरह चव्हाणों ने भी। हमारी जाति में पहले बहुत लड़ाई हुआ करती थी। जैसे राजा-महाराजाओं के बीच में होती थी, वैसे ही।

वे आगे कहते हैं : जैसा कि मैंने पहले ही बताया, हमारा असली त्योहार होली, दीवाली और दशहरा है। बस्तर में पहला त्योहार होता है अमुस तिहार। इसे हरियाली भी कहते हैं। हम लोग चूँकि बस्तर में काफी पहले से आ बसे हैं, इसीलिये हम लोग भी यहाँ के तीज-त्योहारों को उसी तरह से मानते हैं जैसे कि यहाँ के स्थानीय लोग। तो इन स्थानीय त्योहारों के अवसर पर हम लोग भी, जिसके घर में माता मावली को मानते हैं, देवी-देवता को बलि देते हैं। एक-न-एक करेया चिना[146], मतलब कुकड़ी[147] देना जरूरी है। यह पहला त्योहार है। इस त्योहार में करेया चिना तो दिया ही जाता है। किन्तु यदि किसी के घर में कुकड़ी आदि का चलन न हो तो वह नारियल भी भेंट कर सकता है। ये जो त्योहार हैं, ये खेती-बाड़ी की सुरक्षा, सम्पन्नता आदि की दृष्टि से मनाये जाते हैं। हमें भी यहाँ रहते 200 साल से ऊपर ही हो गये हैं। इस दृष्टि से हम भी स्थानीय हो गये। या कहें तो एक तरह से हम भी आदिवासी हो गये।

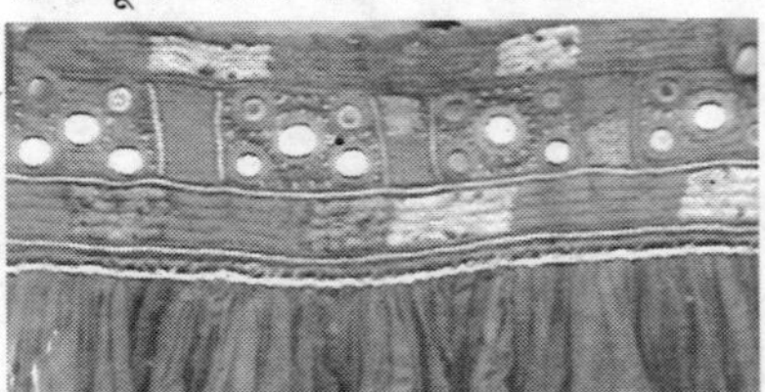

लहँगा

144. कसेला : लोटा।
145. दतुन : दातुन, दतौन।
146. करेया चिना : काला चिन्ह, ऐसी भेंट जिसका रंग काला हो।
147. कुकड़ी : मुर्गी।

श्रीमती सकरी और लच्छीराम के अनुसार बंजारा समाज के अलग से कोई विशेष त्योहार नहीं हैं। वे लोग भी स्थानीय लोगों की ही तरह यहाँ के अमुस तिहार, नुआखानी, दियारी, दसराहा आदि स्थानीय त्योहारों को मानते आ रहे हैं। वे कहते हैं : हम लोग बस्तर के लोगों के साथ ही उन्हीं के सारे त्योहारों को मानने लगे हैं। अमुस तिहार, दियारी, नुआ, दसराहा आदि सभी त्योहारों को मानते हैं। बंजारा लोग बंजारिन माता को मानते हैं। पहले से इसी देवी को मानते आ रहे हैं। वे तो सभी की देवी है। किन्तु हाँ, ये हैं मूलतः हमारे ही समाज की देवी। हमारी कुलदेवी हैं बंजारिन माता। मेरामा माता भी कहते हैं बंजारिन माता को। दोनों एक ही हैं।

इष्ट देवी

आम धारणा है कि बंजारों की देवी का नाम बंजारिन माता है किन्तु हीरासिंह नायक के अनुसार ऐसा नहीं है। वे कहते हैं कि उनकी देवी का नाम 'मेरामा देवी' है। बंजारों की देवी होने के कारण उसी देवी को लोग बंजारिन माता या बंजारिन देवी के नाम से जानते हैं। वे कहते हैं : 'मेरामा' हमारी कुलदेवी हैं। बंजारों की देवी हैं। अभी भी हम लोग उन्हें उसी तरह मानते हैं। अभी भी उन्हें बलि दी जाती है। मेरा परिवार राठौर कुल का है। तो राठौर कुल की देवी हैं वे। मेरामा माता की पूजा हमारे कुल में होती है। पूरी सामग्री जुटा कर हम लोग नौ दिनों तक जोत[148] जलाते थे। फिर नौ दिन तक जोत जलाने के बाद हम बकरे की बलि देते थे। अभी भी हमारी यह परम्परा बनी हुई है।

वे आगे कहते हैं : हमारी इस देवी का नाम बंजारिन कैसे हुआ, यह मैं बताता हूँ। हम लोग दरभा घाटी हो कर जब उधर गये तो दरभा घाटी में हमने अपनी देवी की प्रतिष्ठा की। चूँकि देवी की प्रतिष्ठा हम लोगों, यानी बंजारों के द्वारा की गयी इसीलिये लोगों ने इस देवी को बंजारिन देवी नाम दे दिया। इसी तरह गीदम की ओर गये तो बास्तानार घाटी में भी हमने अपनी इसी देवी की प्रतिष्ठा की। तो वहाँ भी उसे बंजारिन नाम दिया गया। और उधर सालुर की ओर देखिये तो सालुर घाटी में भी आपको बंजारिन देवी मिलेगी। हम लोग सब लाद ले कर जाते थे उस समय। तब हमारे माता-पिता और उनके पूर्वज उन स्थानों पर मन्दिर बनाते चले गये। ये मन्दिर अभी के नहीं हैं। ये सब हमारे बंजारा लोगों के द्वारा लाद ले कर जाते समय बनाये गये मंदिर हैं। जहाँ-जहाँ हमारे पूर्वजों ने डेरा बनाया, वहाँ-वहाँ वे मन्दिर बनाते और देवी की प्रतिष्ठा करते चले गये। हमारे गाय-बैल सुखी रहें, सकुशल और स्वस्थ रहें, हमारे बंजारे लोग सभी सुखी और स्वस्थ रहें, सकुशल रहें; यही हमारी मनौती होती थी। यही मनोकामना ले कर हमारे पूर्वज मन्दिर बनाते और देवी की प्रतिष्ठा करते थे। हमारा व्यापार ठीक से चले, उसमें तरक्की हो, यह भी हमारे पूर्वजों की कामना होती थी।

क्या बंजारों की उस माता का नाम बंजारिन माता ही है या मेरामा या कुछ और? इसके विषय में हीरासिंह कहते हैं : हाँ, बंजारिन ही है। हमारी भाषा में 'बणजारी'। बणजारी मतलब बणिज जाने वाले, अर्थात् वणिज या व्यापार के लिये जाने वाले। हम लोग बणिज जाते थे। और चूँकि हम लोगों ने इस देवी की प्रतिष्ठा की इसीलिये इन्हें 'बणजारी' कहा गया। आगे चल कर यही 'बणजारी' 'बंजारी' या 'बंजारिन' हो गया। इसी से बंजारिन घाटी, तेलिन घाटी आदि घाटियों के नामकरण हुए। इसी तरह हमें पहले बणजारा ही कहा जाता था। अब हम बंजारा कहलाने लगे हैं। हम लोग दरअसल राठौर हैं। क्षत्रिय हैं हम बंजारे। यहाँ बस्तर में लोग हमें बैपारी[149] भी कहते हैं।

148. जोत : ज्योति, ज्योति-कलश।

149. बैपारी : व्यापारी।

हीरासिंह के अनुसार बस्तर के पूर्व, पश्चिम और दक्षिण दिशा में बंजारिन देवी प्रतिष्ठित हैं किन्तु उत्तर दिशा में नहीं किन्तु लालसिंह के अनुसार उत्तर दिशा में भी, केसकाल घाटी में बंजारिन देवी प्रतिष्ठित हैं। उनका कहना है कि केसकाल घाटी में प्रतिष्ठित देवी को यद्यपि तेलिन सती माँ के नाम से जाना जाता है किन्तु वस्तुतः वे भी बंजारिन देवी ही हैं। हीरासिंह कुछ अलग कहते हैं : आप देखेंगे कि दन्तेवाड़ा एक दिशा में, दरभा दूसरी दिशा में और सालुर तीसरी दिशा में है। इन तीनों दिशाओं में बंजारिन देवी हैं किन्तु उत्तर दिशा में नहीं। उत्तर दिशा से ही सारे बंजारे आते थे। चारामा हो कर आते थे वे। चारामा हमारा आखरी पड़ाव रहा है। चारामा में जो हमारे समाज के लोग हैं, बस! वहीं से हमारा बणिज-कर्म चलता है। बंजारे उधर नहीं जाते थे वापस। उधर कुछ नहीं। नमक के लिये तो हम लोग जाते थे सालुर। चावल ले कर जाना और वहाँ से नमक ले कर आना हमारे व्यापार में सम्मिलित था। सालुर, विजयनगरम् और येलुर तक हमारे लोग-बाग जाते थे। चावल ले कर जाते थे और उधर से नमक ले कर आते थे। उस समय नमक का बहुत अधिक महत्त्व था। यहाँ मिलता नहीं था। गाड़ी-घोड़ा तो था नहीं उस समय। हम लोग लाद कर जितना भी ले आयें, बस! वही सब-कुछ था। वह नमक हम पूरे बस्तर जिले में बाँटा करते थे। वह नमक आज के नमक की तरह नहीं होता था। वह लाल होता था। एकदम लाल। हम लोगों को यहाँ आये लगभग 180-190 वर्षों से भी अधिक हो गये होंगे। यहाँ हमारी 5-6 पीढ़ी बीत चुकी है। हम लोग पहले राजस्थान से आये वारंगल जिला में। राजस्थान में जब मार-पीट हुई तब हमारे पूर्वज वहाँ से भाग कर वारंगल जिला में आ गये। हमारे परदादा वारंगल जिला में आ बसे। वहाँ से आये हम लोग दन्तेवाड़ा। हमारे दूसरे दादा का नाम है दन्तेवाड़ेया। वे दन्तेवाड़ा में बस गये तो उनका नाम दन्तेवाड़ेया हो गया।

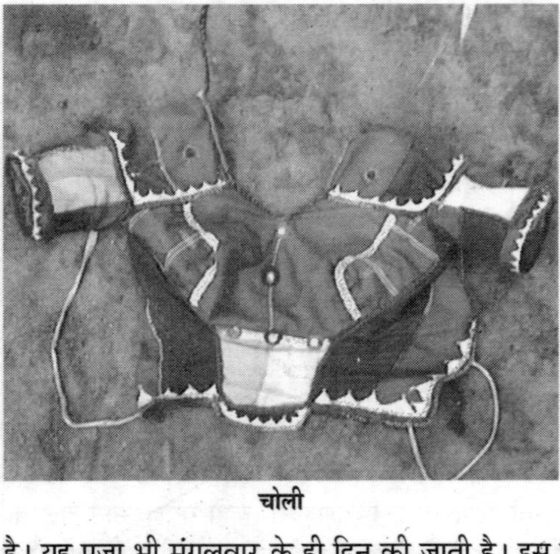
चोली

लच्छीराम के अनुसार बंजारिन माता दरअसल मेरामा देवी ही हैं। वे कहते हैं : हमारी कुलदेवी हैं बंजारिन माता। मेरामा माता भी कहते हैं बंजारिन माता को। दोनों एक ही हैं।

लालसिंह के अनुसार बंजारों की जातीय देवियाँ दो हैं। ये हैं, मेरामा और टोड़जा भवानी। वे कहते हैं : इन दोनों देवियों की सामान्य पूजा प्रत्येक मंगलवार को होती है किन्तु विशेष पूजा दसराहा[150] के समय होती है। माँ दन्तेश्वरी देवी की पूजा के तुरन्त बाद इन दोनों देवियों की पूजा की जाती है। यह पूजा भी मंगलवार के ही दिन की जाती है। इस पूजा में हम देवियों को बकरे, मुर्गे और खीर-पूड़ी अर्पित करते हैं। तीन साल में एक बार बलि दी जाती है। प्रति वर्ष बलि देने की हम लोगों में हैसियत नहीं है। अभी इसी साल दशहरा के समय मेरे घर में यह पूजा हुई थी। उस पूजा में हमने बलि चढ़ायी।

150. दसराहा : दशहरा।

यह त्रिवार्षिक पूजा एक अकेले परिवार द्वारा आयोजित की जाती है। आयोजक परिवार ही पूजा के सारे खर्च वहन करता है। इसमें आयोजक अपने किसी जाति-भाई की सहायता नहीं लेते किन्तु पूजा में सम्मिलित होने के लिये अपने सभी जाति भाइयों को निमन्त्रण देना पड़ता है। इस पूजा में काफी खर्च आ जाता है। इस सम्बन्ध में लालसिंह कहते हैं : अब यहाँ अकेला मैं हूँ। तो यह काम मुझे ही अकेले करना पड़ता है। सारी सामग्री का इन्तजाम भी मुझे ही करना पड़ेगा। उसके बाद अपने सारे इष्ट-मित्रों को बुलाना पड़ता है। सारे लोग आते हैं। मैंने इस वर्ष काफी दूर-दूर से अपने जाति भाइयों को बुलाया था। इधर गोंडयापाल से, बावँसपानी से, गुमगा से, मोहलई से, चिटकीपदर से। इधर कनेरा, टुँडरेआमा, गोटीगुड़ा, सिंदगाँव, सँओरा, जोंदरीगुड़ा, केरागुड़ा, गोटीगुड़ा, बारदा और इरकपाल से। जिन्हें शौक होता है वे बुलाते हैं। सब नहीं बुला पाते। इसमें बहुत खर्च होता है। चावल-दाल का खर्च छोड़ भी दें तो भी इस वर्ष की पूजा में मेरे यहाँ सात हजार रुपये खर्च हुए। यही कारण है कि हम लोग तीन साल में एक बार इस पूजा का आयोजन करते हैं। प्रति वर्ष नहीं कर सकते। इसीलिये हम माता को भी हाथ जोड़ कर विनती करते हैं कि हे माँ! हम लोग प्रति वर्ष यह पूजा नहीं कर सकेंगे। हमें प्रति तीन वर्ष में एक बार पूजा की अनुमति दो। हम प्रति तीन वर्ष में तुम्हारी सेवा में उपस्थित होंगे। वह हमें अनुमति देती भी है। नहीं देगी तो हम परेशानी में पड़ जायेंगे।

लालसिंह के अनुसार उत्तर दिशा में भी बंजारिन माता प्रतिष्ठित हैं। केसकाल घाटी में प्रतिष्ठित देवी भी बंजारिन देवी ही हैं यद्यपि यहाँ उन्हें तेलिन सती के नाम से जाना जाता है। वे कहते हैं : बंजारनी या बंजारिन माता इन दोनों देवियों से अलग हैं। वे हैं बणजारी देवी। वे हमारे साथ घाट-घाट में घूमती रही हैं। हमारी रक्षा करती रही हैं। जब से हमने बणिज जाना शुरु किया तब से हम लोग बणजारी माता को मानने लगे। जैसे गीदम के रास्ते में है बंजारिन घाटी

कौड़ी टोपी

और उधर कोंटा-सुकमा के रास्ते में दरभा घाटी में भी बंजारिन देवी की प्रतिष्ठा हमारे पूर्वजों ने की है। इसी तरह हम सालुर जाते हैं, तो उस तरफ भी बंजारिन देवी हैं और केसकाल घाटी में भी हैं। लोग केसकाल घाटी की देवी को तेलिन घाटी के नाम से जानते हैं किन्तु वह देवी वस्तुतः केंकाळी देवी हैं। हमारी भाषा में केंकाळी कहते हैं। और भी देवियाँ हैं, जैसे मेंकाळी, सोनल, रुपल, अणदी, दरगा आदि।

बंजारिन घाटी नामकरण के पीछे क्या कारण रहा, इसे विस्तार से स्पष्ट करते हुए लालसिंह कहते हैं : हम लोग जब लाद से आते थे तब गाय-बैल के ऊपर नमक लाद कर लाते थे। तब उस समय हम देवी से कहते थे, देख माँ! यह घाट है। हमें घाट उतरना-चढ़ना है। हमारे गाय-बैलों को सुखपूर्वक उतारो और सुखपूर्वक चढ़ाओ। हम तुम्हारी पूजा करते रहेंगे। तुम इस घाटी में रहो और हमें सहारा दो। इस प्रकार उस दिन से इस देवी ने हमें सहारा दिया। इससे हमारे गाय-बैलों को किसी तरह का कोई नुकसान नहीं हुआ। हम लोग भली प्रकार घाट चढ़े और उतरे। तब हमने इन घाटों में बंजारिन देवी की प्रतिष्ठा की। आज भी हम इस देवी की पूजा-अर्चना करते हैं। केसकाल घाट में अधिक गहराई थी इसीलिये इसमें केंकाळी की प्रतिष्ठा की गयी। उस समय यह मार्ग इतना चौड़ा नहीं था जितना आज है। काफी सँकरा रास्ता था।

जातीय वृत्ति

बंजारों की जातीय वृत्ति के विषय में हीरासिंह कहते हैं : आन्ध्र प्रदेश और उसके बाद बस्तर में आने के बाद हमारे पूर्वजों ने जीवन-यापन के लिये नमक के व्यापार का कार्य आरम्भ किया। जब हमारे पूर्वज आन्ध्र प्रदेश में थे तब उन्हें यह बात मालूम थी कि वहाँ सालुर, येलुर और विजयनगरम् आदि स्थानों में नमक मिलता है। फिर वे जब यहाँ बस्तर आये तो उन्हें यहाँ नमक की उपलब्धता नहीं दिखी। इससे उन लोगों ने विचार किया कि यदि आन्ध्र प्रदेश से नमक ला कर यहाँ बेचा जाये तो यह उनके जीविकोपार्जन का एक अच्छा जरिया बन सकता है। सो उन्होंने यह कार्य आरम्भ किया। यहाँ से वे चावल लाद कर ले जाते थे और वहाँ चावल के बदले नमक ले कर आते थे। हमारी यह वृत्ति काफी अर्से तक बस्तर में चलती रही। फिर आगे चल कर दूसरे लोगों ने भी नमक का व्यापार शुरु किया और हम लोग अपने सीमित साधनों के कारण इस व्यापार में पिछड़ गये।

लालसिंह कहते हैं : हम बंजारे लोग धन्धा वाले हैं। हम राजस्थान से निकल कर कई जगहों में जाया करते थे। इधर आये तो यहाँ से भी जाते थे सालुर आदि लोन[151] के लिये। उस समय यहाँ नमक नहीं मिलता था। हम लोग ही यहाँ के लोगों तक नमक पहुँचाया करते थे। हम लोग बैलों की पीठ पर चावल लाद कर ले जाते थे और बदले में वहाँ से नमक लाद कर लाते थे। सालुर जाया करते थे। वहाँ से भी आगे पारबती कोठार से हम लोन भर कर लाते थे और गली-गली घूम कर नमक बेचते थे। किन्तु अब हमारा निमक[152] का व्यापार ठप हो गया। इधर-उधर के दूसरे कामों में हम लोग लग गये हैं।

हीरासिंह कहते हैं : पहले तो सालुर में मिलता था। हम लोग सालुर से आगे वाल्टेयर तक जाते थे। वाल्टेयर में सालुर की अपेक्षा सस्ता मिला करता था। फिर वहाँ से येलुर तक भी जाने लगे थे। मैं लगभग 7-8 साल का था तब एक बार गया था सालुर। सन् 1951-52 में।

151. लोन : नमक।

152. निमक : नमक।

हीरासिंह आगे कहते हैं : जहाँ तक कौड़ी के काम का प्रश्न है, इसे बंजारों की जातीय वृत्ति से जोड़ कर नहीं देखा जाना चाहिये। कारण, यह काम हम लोग अपने लिये किया करते थे, किसी वृत्ति के रूप में नहीं। यह तो बाद में, जब लोगों ने हमारे शृंगार और परिधानों की कलात्मकता को पसन्द किया तब उनके कहने पर हम लोग उनके लिये बनाने लगे थे। आज भी हमारे समाज के लोग कौड़ी का काम करते हैं। हाँ, यह अवश्य कहा जाना चाहिये कि इस काम ने हमें अपनी जीविका चलाने में मदद अवश्य ही की है। इस तरह आगे चल कर हमारे समाज ने इसे वृत्ति के रूप में स्वीकार किया, किन्तु पहले-पहल तो ऐसा नहीं ही था। पहले-पहल हम लोग हैदराबाद आदि से कौड़ी खरीद कर लाते थे। फिर बाद में तो जगदलपुर में ही खरीदने लगे थे। अभी भी जगदलपुर से ही खरीद लेते हैं।

बंजारे और लमान

कुछ लोगों के अनुसार बंजारा और लमान एक ही जाति के दो नाम हैं जबकि कुछ लोगों के अनुसार ये दोनों अलग-अलग जातियाँ हैं। हाँ, इन दोनों जातियों में कुछ साम्य अवश्य ही है। वहीं कुछ लोगों के अनुसार बंजारे क्षत्रिय हैं जबकि लमान ब्राह्मण। इसे स्पष्ट करते हुए हीरासिंह कहते हैं : बंजारे और लभानो एक ही गोत्र के हैं किन्तु लभानो जिन्हें लभान या लमान भी कहा जाता है, हमारी बड़ी माँ की सन्तान हैं। हम लोग मौसी की सन्तान हैं। इस तरह वे हमसे बड़े हैं और हम उनसे छोटे। बंजारों और लभानों के बीच रोटी-बेटी का सम्बन्ध है। अभी साल-डेढ़ साल पहले ही हमारे समधी के यहाँ बीजापुर के लभान परिवार से विवाह-सम्बन्ध हुए हैं। हम लोग भी तो तीन-चार सौ किलोमीटर की दूरी से लभानों के परिवार से विवाह-सम्बन्ध बनाते आये हैं। लभान लोग आन्ध्र प्रदेश में बसे हुए हैं। वे लोग भी वही काम करते हैं, जो हम लोग करते हैं। उनके यहाँ अभी भी आपको हमारे समाज के पूरे शृंगार मिलेंगे। कोतागुड़ा एक बड़ा शहर है आन्ध्र प्रदेश में। पालोंचा भी है। आप वहाँ जा कर देखिये। वहाँ उन्हीं की पूरी आबादी मिलेगी। वहाँ के बड़े-बड़े मिलों में तो हमारे यही लोग कामगार हैं। वे लोग आज भी हमारे पारम्परिक शृंगार पहनते हैं। जहाँ तक दोनों जातियों की भाषा का सवाल है, वह भी एक ही है। हाँ, थोड़ा सा फर्क जरूर है। वह फर्क क्षेत्रीयता के कारण है। जैसे इधर की गोंडी और ओरछा की गोंडी में जो फर्क है, उसी तरह। इधर की गोंडी में हल्बी का मिश्रण है जबकि ओरछा की गोंडी विशुद्ध है। इसी तरह हम लोग जो भाषा यहाँ बोलते हैं उसमें और सालुर, आन्ध्रा की भाषा में अन्तर है। अब देखिये, पानी को हम लोग भी पाणी कहते हैं और लभान लोग भी। इसी तरह नमक को वे लोग नूण कहते हैं तो हम लोग भी नूण ही कहते हैं। किन्तु उनकी भाषा अभी भी खाँटी है। हम लोग यहाँ के स्थानीय परिवेश के कारण मिश्रित भाषा का प्रयोग करने लगे हैं।

बारदा गाँव की बंजारिन कौड़ी शिल्पी

लच्छीराम के अनुसार भी लमान और बंजारा दोनों अलग-अलग जातियाँ हैं और लमान बड़े हैं जबकि बंजारे छोटे। वे कहते हैं : लमान बड़ी माँ के बेटे हैं जबकि बंजारे छोटी माँ के। इस तरह वे बड़े हैं और हम छोटे। इसके साथ ही दोनों ही जातियों के रीति-रिवाज भी अलग-अलग हैं। उनकी भाषा भी अलग है। हम लोग बैपारी या बंजारा भाषा बोलते हैं जबकि लमान लोगों की भाषा हमसे अलग ही है।

लच्छीराम के अनुसार लमानों के साथ बंजारों के रोटी-बेटी के सम्बन्ध नहीं हैं। हीरासिंह द्वारा लमानों और बंजारों के बीच रोटी-बेटी के सम्बन्ध होने की बात की चर्चा किये जाने पर लच्छीराम का कहना है : हो सकता है कि उधर अब चलता हो किन्तु हमारे इधर तो अभी भी नहीं चलता। लमानों के साथ हमारे रोटी-बेटी के सम्बन्ध नहीं हैं। वे हमें अभी भी अपने से छोटा समझते हैं। यही कारण है कि लमानों के यहाँ तो हम भोजन कर सकते हैं किन्तु वे हमारे यहाँ भोजन नहीं करते।

जातीय भाषा

बंजारा[153] एवं लमानी	**हल्बी**	**हिन्दी**
आरसी	दरपन	दर्पण
गेना	सिंगार	गहना
झोली/पिसवी	झोरा	झोला
कराडी	टँगेया, कुड्हार	कुल्हाड़ी
बान	काँड, बान	तीर, वाण
गुण/गूण	झोरा	थैला, झोला
चूड़ी	खाड़ू	कड़ा
नुण	नोन	नमक
पाणी	पानी	पानी
कुण जत्या छी भिया?	कोन जात चो आस भाई?	कौन सी जाति के हो भाई?
म भुक्या छूँ।	मयँ भुक्या आयँ।	मैं भुक्या हूँ।
तूँ कुण जत्या छी?	तुय कोन जात चो आस?	तुम किस जाति के हो?
म पमार छूँ।	मयँ पमार आयँ।	मैं पमार हूँ।
तूँ कुण जत्या छी भाई?	तुय कोन जात चो आस भाई?	तुम किस जाति के हो भाई?
म चव्हाण छूँ।	मयँ चव्हाण आयँ।	मैं चव्हाण हूँ।
तू?	तुय?	तुम?
म ओड़त्या छूँ।	मयँ ओड़त्या आयँ।	मैं ओड़त्या हूँ।
लगवाण	साग	सब्जी
धान	भात	भात
कुकड़ी	कुकड़ी	मुर्गा
बकरा	बोकड़ा	बकरा
म जाउँछूँ	मयँ जायँसे	मैं जा रहा हूँ।

153. बंजारा का उच्चारण बंजारे 'बणजारा' करते हैं, उसी तरह लमान का उच्चारण वे 'लभाणो' करते हैं।

ओता	साँग	बताओ
कत जाउछी?	केंव जासिस?	किधर जा रहे हो?
खाल्दे?	खादलास?	खा लिया?
तम बोलोछो काईं की?	तुमी काहीं बलासे तेबे?	क्या तुम कुछ बोलोगे?
कता जा रे छी?	केंव जाहासाहास?/	कहाँ जा रहे हैं?/
	केंव जासिस?	कहाँ जा रहे हो?
तू कता जा रे छी र?	तुमी केंव जाहासाहास?/	आप कहाँ जा रहे हैं?/
	तुय केंव जासिस?	तुम कहाँ जा रहे हो?

जातीय साहित्य

बंजारा जाति के जितने भी लोगों से मैंने सम्पर्क किया उनमें से किसी को भी जातीय साहित्य के रूप में उनकी कोई कहानी या मिथ कथा नहीं मालूम किन्तु उन्हें उनके गीत अवश्य ही याद हैं। श्रीमती सकरी कहती हैं : मुझे अपनी कोई कहानी तो याद नहीं है। मैंने अपने बुजुर्गों से कोई कहानी जिसका सम्बन्ध हमारी जाति से हो, सुनी भी नहीं है। विवाह के अवसर पर गाये जाने वाले गीत अवश्य जानती हूँ। किन्तु अकेली गा पाना सम्भव नहीं। तीन-चार महिलाएँ हों साथ में तो गाया जा सकता है। विवाह आदि में गाते हैं। महिलायें कतारबद्ध होती हैं। एक से गीत नहीं गाया जाता। बहुत सी महिलायें हों तभी गीत गाये जाते हैं। हाथ हिला-डुला कर, घुमा-घुमा कर खेलते और गाते हैं। विवाह के अवसर पर हमारी जाति में होने वाले सभी नेगों में गीत गाये जाते हैं। दूल्हा-दुल्हन को तेल-हल्दी लगायी जाती है। उन्हें नहलाया जाता है। फिर बिठा कर टिकावन किया जाता है। अगले दिन वे चले जाते हैं। इन सभी नेगों में गीत गाने की परम्परा है। दुल्हन को उसके परिवार तथा अन्य परिजन अपनी शक्ति के मुताबिक गगरी, थाली, कसेला आदि टिकावन में देते हैं। कुछ लोग 10-20 रुपये भी भेंट करते हैं।

फिर वे अपनी सम्बन्धियों में से कुछ लोगों के विषय में बताती हैं जो गीत गाने में माहिर हैं : नदी के उस तरफ गोंडयापाल नामक गाँव में हमारी बुबू रहती है। वह गीत गाने में बहुत दक्ष है। मुनगापदर के पास है गोंडयापाल।

लालसिंह कहते हैं कि वे कोई कहानी नहीं जानते किन्तु देवी माता का एक गीत जरूर जानते हैं। ऐसा कहते हुए वे देवी माता के गीत का एक छोटा सा अंश सुनाते हैं, जो वस्तुतः एक कथा-गीत ही है :

इ संड़ल इ आड़ी सदरुप संड़ला
सबरी न गंगारो सात ओड़ जाटी जा
सेई दिले मा आड़ी सासो
आंड़ो हे राम सबरी गंगा पार हेणो जा
ओड़ा बरेरो समंदर चल रो
पारीबती न गंगा साद एंडी रे राम
सबरी बोरो संग च पारा होई जा री ज
राम गड़ उतरी जा
सासी मावली जाटी जता परसन हेई जा री

गीत गाने के बाद लालसिंह इस गीत का अर्थ बताते हैं : देवी जब समंदर लाँघने के लिये संसार में घूमीं उस समय उन्होंने भगवान से पूछा कि हे भगवान! मैं किस तरह जाऊँ? तब भगवान ने कहा कि सबरी, गंगा और पारबती नामक तीन नदियाँ हैं। तुम इन तीनों नदियों को लाँघ कर चली जाओ। संसार को देखो। तब देवी डोंगा[154] ले आयीं। उस डोंगा में देवी माता और भगवान के साथ सभी देवी-देवता भी बैठे और समंदर को लाँघा। भगवान ने देवी माता से कहा कि तुम संसार में जा कर लोगों का पालन-पोषण करो। इस तरह देवी माता संसार में आयीं।

बैंजारिन[155] माता का गीत[156]

आड़ी-आड़ी खेलाती आवै,	आड़ी-आड़ी[157] खेलती आवें,
बियो-बियो कराती आवै	बियो-बियो[158] करती आवें
तुम बैंजारिन लोग दाई,	तुम बैंजारिन लोग माता,
तुम बैंजारिन लोग हो,	तुम बैंजारिन लोग,
तुम बैंजारिन लोग।।	तुम बैंजारिन लोग।।
सुपली-टुकनी खेलाती आवै,	सुपली-टुकनी[159] खेलती आवें,
सुपली-टुकनी खेलाती आवै	सुपली-टुकनी खेलती आवें
तुम बैंजारिन लोग दाई,	तुम बैंजारिन लोग माता,
तुम बैंजारिन लोग हो,	तुम बैंजारिन लोग हो,
तुम बैंजारिन लोग।	तुम बैंजारिन लोग।
झाबा-फुरला पेहराती आवै,	झाबा-फुरला[160] पहनती आवें,
झाबा-फुरला पेहराती आवै	झाबा-फुरला पहनती आवें
तुम बैंजारिन लोग दाई,	तुम बैंजारिन लोग माता,
तुम बैंजारिन लोग हो,	तुम बैंजारिन लोग हो,
तुम बैंजारिन लोग।।	तुम बैंजारिन लोग।।
बाकटी पयँड़ी पहराती आवै,	बाकटी पयँड़ी[161] पहनती आवें,
बाकटी पयँड़ी पहराती आवै	बाकटी पयँड़ी पहनती आवें

---

154. डोंगा : नाव।
155. बैंजारिन : बंजारिन।
156. बस्तरी। यह गीत प्रायः जगार (लछमी जगार एवं तिजा जगार) के अवसर पर 'चाखना गीत' के रूप में गाया जाता है। स्रोत : चन्द्रवती वैष्णव, खोरखोसा।
157. आड़ी-आड़ी : इस देवी के नृत्य की विशेष मुद्रा।
158. बियो-बियो : इस देवी के गीत का विशेष स्वर।
159. सुपली : चावल फटकने के सूपा का छोटा रूप जिससे बच्चे चावल फटकने का खेल खेलते हैं। टुकनी : टोकरी।
160. झाबा-फुरला : बंजारा जाति की स्त्रियों के केश-शृंगार सामग्री।
161. बाकटी पैंयड़ी : विशिष्ट प्रकार की मोटी व तिरछी पायल। बाकटी : तिरछी। पयँड़ी : पायल। यह पायल काफी मोटी, वजनी व तिरछी होती है। छत्तीसगढ़ी परिवेश में यह 'पैंरी' कहलाती है।

तुम बैंजारिन लोग दाई,	तुम बैंजारिन लोग माता,
तुम बैंजारिन लोग हो,	तुम बैंजारिन लोग हो,
तुम बैंजारिन लोग।	तुम बैंजारिन लोग।
राजा खेले गुलेर गोटी,	राजा खेले गुलेल-गोटी,
राजा खेले गुलेर गोटी	राजा खेले गुलेल-गोटी
लमनिन खेले ढार दाई,	लमनिन[162] खेले ढाल माता,
लमनिन खेले ढार हो,	लमनिन खेले ढाल हो,
लमनिन खेले ढार।।	लमन्नि खेले ढाल।।
एक में धरे लवँग-सुपारी,	एक में धरें लौंग-सुपारी,
एक में धरे लवँग-सुपारी	एक में धरें लौंग-सुपारी
एक में बँगला के पान दाई,	एक में बँगला पान माता,
एक में बँगला के पान हो,	एक में बँगला पान हो,
एक में बँगला के पान।	एक में बँगला पान।
नाक में नथनी कपारे टिकली,	नाक में नथनी माथे में टिकुली,
नाक में नथनी कपारे टिकली	नाक में नथनी माथे में टिकुली
तुम बैंजारिन लोग दाई,	तुम बैंजारिन लोग माता,
तुम बैंजारिन लोग हो,	तुम बैंजारिन लोग हो,
तुम बैंजारिन लोग।।	तुम बैंजारिन लोग।।
बेटा होइके जनम आतेव,	बेटा हो कर जनम आतीं,
बेटा होइके जनम आतेव	बेटा हो कर जनम आतीं
लेतेव आधा गड़ दाई,	लेतीं आधा गढ़ माता,
लेतेव आधा गड़ हो,	लेतीं आधा गढ़ हो,
लेतेव आधा गड़।	लेतीं आधा गढ़।
बेटी होइके जनम आएव,	बेटी हो कर जनम आयीं,
बेटी होइके जनम आएव	बेटी हो कर जनम आयीं
निकलेव परदेस दाई,	निकलीं परदेस माता,
निकलेव परदेस हो,	निकलीं परदेस हो,
निकलेव परदेस।।	निकलीं परदेस[163] ।।

162. लमनिन : लमानिन। लमान जाति की स्त्री।

163. बंजारा जाति राजस्थान से बस्तर में आयी। उन्हीं के साथ आयीं उनकी देबी 'बंजारिन'। सम्भवतः इसीलिये ऐसा कहा गया है।

पर्व, उत्सव एवं अनुष्ठान[1]

किसी भी देश या समाज की संस्कृति के नियामक और स्रष्टा के रूप में वहाँ के पर्यावरण की अहम भूमिका होती है। भौगोलिक स्थिति, जलवायु एवं अन्य प्राकृतिक अवयवों का स्पष्ट प्रभाव उसमें देखा जा सकता है। इन घटकों में होने वाले प्रत्येक अनुकूल अथवा प्रतिकूल परिवर्तन संस्कृति पर सीधे प्रभाव डालते हैं। यद्यपि यह परिवर्तन बहुत जल्दी-जल्दी नहीं हुआ करता। लोक-मानस का जुड़ाव स्वभावतः प्रकृति से होता है और इसीलिये उसके प्रत्येक क्रिया-कलाप में उसका यह जुड़ाव स्पष्टतः परिलक्षित होता है। बस्तर के पारम्परिक पर्व, उत्सव एवं अनुष्ठान भी इस प्रभाव से अछूते नहीं हैं। यहाँ के प्रत्येक पर्व एवं उत्सवों में प्रकृति किसी-न-किसी रूप में विद्यमान होती है।

पानी और बानी के बारे में कहावत है कि ये दोनों ही कुछ कोसों में बदल जाते हैं। कुछ ऐसा ही बस्तर अंचल के तीज-त्योहारों के स्वरूप के साथ भी है। यदि 'माटी तिहार',

1. स्रोत : सर्वश्री जयदेव बघेल (कोंडागाँव), सोनाधर विश्वकर्मा (कुसमा), नानजात विश्वकर्मा (किड़ईछेपड़ा), सुकनाथ विश्वकर्मा (किड़ईछेपड़ा), गागरा लोहार (देउरगाँव), भादूदास मानिकपुरी (बड़े कनेरा), लैखनदास मानिकपुरी (राजागाँव), सोमारूराम देवांगन (कोंडागाँव), शिवनाथ यादव (कोंडागाँव), चन्द्रकिशोर समरथ (कोंडागाँव), सुकपाल धुरवा (देउरगाँव), सहदेव राणा (कोंडागाँव), जगदेव कुम्हार (कोंडागाँव), डिबूश्वर कौशिक (कोंडागाँव), खत्तूदास वैष्णव (खोरखोसा), लोकनाथ दास वैष्णव (खोरखोसा), सुकालू मोहरेया (खोरखोसा), रतन सिरहा (खोरखोसा), बृजलाल मरकाम (पासंगी), सहदेव मरकाम (पासंगी), सोनधर कोराम (कोंडागाँव), झिटकूराम कोराम (कोंडागाँव), अंगतराम बघेल (बरकई), आसाराम मण्डावी (जुगानी), पंचूराम सागर (कोंडागाँव), सुकुल गाँयता (कोंडागाँव), पूरन सिंह ठाकुर (कोंडागाँव), जस्सूराम प्रधान (पैंसरा), सोमारूराम (नगरनार), पण्डीराम (गढ़ बेंगाल) एवं सर्वश्रीमती सुकदई कोराम (कोंडागाँव), भेसबाई (कोंडागाँव), ललिता बघेल (किड़ईछेपड़ा), भगन्तिन नाग (बरकई), भागवती सागर (कोंडागाँव), सुदनी नेताम (कोंडागाँव), प्रेमलता पाण्डेय (कोंडागाँव), स्व. बबीता बघेल (कोंडागाँव) एवं अन्य से 1985 से 2006 के बीच हुई बातचीत।

‘चरु’, ‘आमा जोगानी’[2], ‘अकतई’[3], ‘नवाखानी’, ‘अमुस तिहार’, ‘दियारी’ आदि का स्वरूप कोंडागाँव-फरसगाँव के आसपास कुछ और है तो जगदलपुर-दन्तेवाड़ा, कोन्टा-सुकमा, बीजापुर-भोपालपटनम या नारायणपुर-अन्तागढ़ अथवा काँकेर-चारामा के आसपास कुछ और। ‘नवाखानी’ यदि कोंडागाँव में ‘नवाखानी’ या ‘नवा तिहार’ कहलाता है तो जगदलपुर के आसपास ‘नुआ’, ‘नुआखाई’ या ‘नुआ तिहार’ और काँकेर-चारामा के आसपास ‘नवाखाई’ तथा बीजापुर-भोपालपटनम के आसपास ‘पच्चा पंडुम’। इसी तरह बस्तर जिले की ‘मँडई’ दन्तेवाड़ा जिले में ‘मँडई’ और ‘खड़साड़’ कही जाती है जबकि काँकेर जिले में ‘मड़ई’। न केवल इतना अपितु यहाँ कदम-कदम पर कृषि एवं प्रकृति से सम्बन्धित विभिन्न अनुष्ठान जैसे, ‘बीज कुकड़ी’, ‘ढेल कुकड़ी’[4], ‘कोठार छाँडनी’ आदि भी होते हैं। वस्तुतः ये पर्व एवं उत्सव प्रकृति की पूजा के ही निमित्त होते हैं। इन त्योहारों, उत्सवों तथा अनुष्ठानों को प्रायः त्योहार माना जाता है किन्तु वस्तुतः इनका वर्गीकरण इस तरह होना चाहिये :

त्योहार : माटी तिहार, अमुस तिहार, पोरा, नवाखानी, दियारी।

उत्सव : बाली जगार, गोन्चा, तिजा जगार, आठे जगार, दसराहा, लछमी जगार, मँडई।

अनुष्ठान : चइत जतरा, आमा जोगानी (अकतई), भिमा जतरा, मेंडका बिहाव, भिमा बिहाव, बीज कुकड़ी, ढेल कुकड़ी, भिमा जतरा, भाजी खानी, नवई, भादों जतरा (बोहरानी), बाल तिहार, माता पहुँचानी, चरु, खाँडा धोवनी (बाग बिदानी), पिट फोड़नी, कोठार छाँडनी, माता पहुँचानी, भिमा बिहाव।

ये त्योहार, उत्सव तथा अनुष्ठान निम्न महीनों में मनाये जाते हैं :

क्रम	**हिन्दी माह**	**हल्बी माह**[5]	**अंग्रेजी माह**	**मनाये जाने वाले त्योहार, उत्सव एवं अनुष्ठान** 1. त्योहार	2. उत्सव	3. अनुष्ठान
01	चैत्र	चइत	मार्च-अप्रैल	माटी तिहार	बाली जगार	चइत जतरा, चरु
02	वैशाख	बयसाक	अप्रैल-मई	-	बाली जगार	आमा जोगानी (अकतई)
03	ज्येष्ठ	लाँडी, जेठ	मई-जून	-	-	भिमा जतरा, मेंडका बिहाव, भिमा बिहाव
04	आषाढ़	गोन्चा, असाड़	जून-जुलाई	-	गोन्चा	बीज कुकड़ी, ढेल कुकड़ी, भिमा जतरा
05	श्रावण	सावन	जुलाई-अगस्त	अमुस तिहार	-	भाजी खानी, नवई,
06	भाद्रपद	भादवँ	अगस्त-सितम्बर	पोरा	तिजा जगार, आठे जगार	भादों जतरा (बोहरानी),

2. आमा जोगानी : इसे ‘आमा तिहार’, ‘आमा खापनी’ तथा ‘आमा नुआ’ के नाम से भी जाना जाता है।
3. अकतई : यह ‘अकती’ के नाम से भी जाना जाता है।
4. कुछ लोग ‘बीज कुकड़ी’ तथा ‘ढेल कुकड़ी’ को भिन्न-भिन्न न मान कर एक ही त्योहार के दो नाम बताते हैं जबकि कुछ लोग दोनों को अलग-अलग मानते हैं। वस्तुतः कुछ क्षेत्र में तो ये दोनों एक ही अनुष्ठान के दो नाम हैं किन्तु कुछ क्षेत्र में ये दोनों भिन्न-भिन्न अनुष्ठान हैं। इसी तरह ‘ढेल कुकड़ी’ को कुछ क्षेत्र में ‘ढेला कुकड़ी’ भी कहा जाता है।
5. पारम्परिक हल्बी में माह के लिये प्रायः ‘जोन’ शब्द का प्रयोग पाया जाता है किन्तु अब ‘महेना’ शब्द भी प्रचलन में है। ‘जोन’ का अर्थ है चन्द्रमा। दिनों की गणना भी चन्द्रोदय के दिनों के साथ की जाती है, यथा शुक्ल पक्ष प्रतिपदा के लिये जोन उदेया एक दिन। इस तरह 15 दिनों की गणना की जाती है और कृष्ण पक्ष प्रतिपदा के लिये घड़ी मारा जोन एक दिन। इस तरह 15 दिनों की गणना की जाती है।

07	आश्विन	कुँआर	सितम्बर-अक्टूबर	नवाखानी	दसराहा	बाल तिहार, माता पहुँचानी, चरु,
08	कार्तिक	कारतिक	अक्टूबर-नवम्बर	-	-	खाँडा धोवनी (बाग बिदानी), पिट फोड़नी
09	अग्रहायण	पाँड, अघन	नवम्बर-दिसम्बर	दियारी	लछमी जगार	कोठार छाँडनी
10	पौष	पुस	दिसम्बर-जनवरी	दियारी	लछमी जगार	-
11	माघ	माँग	जनवरी-फरवरी	-	लछमी जगार, बाली जगार, मँडई	माता पहुँचानी, भिमा बिहाव
12	फाल्गुण	फागुन	फरवरी-मार्च	-	मँडई, बाली जगार	-

इनमें से कुछ प्रमुख त्योहार, उत्सव और अनुष्ठान ये हैं :

1 : त्योहार

माटी तिहार

माटी की पूजा का त्योहार है 'माटी तिहार'। चैत्र मास के कृष्ण-पक्ष में मनाया जाने वाला यह वर्ष का पहला त्योहार है। किन्तु कृषि-चक्र के हिसाब से वर्ष का पहला त्योहार अमुस तिहार को माना जाता है, जो श्रावण मास की अमावश्या को मनाया जाता है। बहरहाल, 'माटी तिहार' के पहले दिन गाँव का पुजारी 'उपास'[6] रखता है। अगले दिन यानी त्योहार के दिन वह स्नानादि से निवृत्त हो कर 'माटी-कोट'[7] में जाता है। माटीकोट में आदन-वृक्ष के नीचे मिट्टी की पूजा होती है। माटीकोट पूरे गाँव का होता है एवं इसके पुजारी को माटी-पुजारी कहा जाता है। माटी-पुजारी भी पूरे गाँव के लिये होता है। इस दिन गाँव का लोहार एक नयी कडरी[8] बना कर माटीकोट में ले जाता है।

6. उपास : उपवास या व्रत।
7. 'कोट' समूहवाची शब्द है। इसका अर्थ प्रसंग के अनुसार समूह, स्थान अथवा गढ़ या केन्द्र होता है, यथा, चितरकोट का अर्थ हुआ वह स्थान जहाँ चीतलों का समूह वास करता हो। इसी प्रकार जामकोट का अर्थ हुआ वह स्थान जहाँ जाम यानी जामुन के वृक्षों की बहुतायत हो। 'माटीकोट' का अर्थ है वह स्थान जहाँ माटी देवी का वास हो तथा जो साजा-वृक्षों से परिपूर्ण है। मान्यता के अनुसार साजा-वृक्ष में राव नामक देबी (बस्तर में देवी और देवता दोनों के लिए 'देबी' शब्द का प्रयोग होता है।) का वास माटी के साथ होता है। साजा को स्थानीय भाषा में 'आदन' कहा जाता है। इसलिये साजा या आदन के पेड़ को 'राव-रुख' (राव-वृक्ष) भी कहा जाता है। इस तरह प्रकारान्तर से यह स्थान माटी की देवी का स्थान हुआ। यह 'माटीकोट' प्रत्येक गाँव में होता है। समय के साथ ऐसे स्थान कम ही रह गये हैं जहाँ एक साथ साजा के अनेक वृक्ष हों। तो भी माटीकोट में साजा का एक-न-एक वृक्ष अवश्य ही पाया जाता है।
8. कडरी : छुरी।

त्योहार के दिन गाँव का प्रत्येक कृषक अपने-अपने घरों से चावल, एक या दो रुपये, मुर्गी, नारियल, शराब एवं 100-200 ग्राम धान सियाड़ी[9] पत्ते के चिपटी[10] में ले कर आता है। बीज, शराब व पैसे पुजारी के समक्ष रख दिये जाते हैं। माटी-पुजारी आदन[11] वृक्ष के छोटे से तीन सिरों वाली लकड़ी के ऊपर पूजा करता है। इसमें माटी देव[12] तथा उसके साथ राव, डुमा, कयना[13] देवी की पूजा होती है।

इस त्योहार में सिंयाड़ी पत्ता, फरसा[14] का पत्ता, धान, आम, महुआ आदि देवी को अर्पित किये जाते हैं ताकि इनका उपभोग करने पर किसी को कोई नुकसान न हो। इस प्रक्रिया को 'जोगाना' कहा जाता है।

पूजा व जोगाने का कार्य पूर्ण होने के बाद माटी देव को सुअर की बलि प्रति वर्ष या प्रति 3 वर्ष में एक बार दी जाती है[15]। माटी के साथ रहने वाले रावदेव को सफेद मुर्गा एवं कयना देवी को चोखी[16] रंग की मुर्गी या अण्डा तथा इनके साथ के डुमा देव को काली मुर्गी दी जाती है एवं नारियल भी माता देवी के नाम पर चढ़ाया जाता है। इन पशुओं के अलावा ग्रामीणों द्वारा लाये गये विभिन्न रंगों के पशु-पक्षी माटी देव को सम्मान-स्वरूप अर्पित किये जाते हैं। पशु के सिर पुजारी रखता है तथा धड़ ग्रामीणों को लौटा देता है। फल हो तो उसे फोड़ने के पश्चात् आधा पुजारी रखता है तथा आधा ग्रामीणों को दिया जाता है।

माटीकोट के पास तिनके व पत्ते इकट्ठे किये जाते हैं जिसे 'डाही' बनाना कहते हैं। डाही को जलाने के पश्चात् पुजारी कहता है, 'देखो, डाही जला रहे हैं'। उसके ऐसा कहने के पश्चात् ग्रामीण आग को लकड़ी से कुरेदते हैं, जिसे 'डाही ढोसतो' कहा जाता है। इसके बाद कृषि की 'डाही पद्धति' की रस्म पूरी होती है।

माटीकोट के पास ही गड्ढा खोदा जाता है या फिर दीमक के टीले की मिट्टी ला कर उसे गीला कर कीचड़ का रूप दिया जाता है। हल या बैलगाड़ी बना कर उसमें बैल की जगह दो व्यक्तियों को जोता जाता है। वे दोनों व्यक्ति उसे उसी कीचड़-युक्त गड्ढे में बैलों की तरह खींचते हैं। यह गड्ढा खेत का प्रतीक होता है। जोताई की रस्म पूरी होने के बाद पुजारी उसी

---

9. किड़ईछेपड़ा, कोंडागाँव निवासी श्री नानजात विश्वकर्मा के अनुसार सिंयाड़ी की बजाय फरसा के पत्ते में धान रख कर उसकी चिपटी बनायी जाती है। वे कहते हैं : "माटी तिहार के दिन सब किसान अपने-अपने घर से फरसा (पलाश) के पत्ते में धान रख कर उसकी चिपटी बना कर माटीकोट में ले जाते हैं। माटी तिहार में ही इस बीज की पूजा होती है और इसके बाद सब किसान वह चिपटी ले कर अपने-अपने घर आ जाते हैं। बीज निकरानी के दिन यही बीज निकाल कर खेत में बोया जाता है। बीज कुकड़ी माटी तिहार के लगभग एक महीने बाद होता है। बीज कुकड़ी के दिन इसी चिपटी का धान अपने-अपने खेतों में ले जा कर नेंग के लिये छिड़क दिया जाता है। बीज कुकड़ी मनाये बिना बीज नहीं बोया जा सकता।" इस भिन्नता का कारण सम्भवतः अलग-अलग क्षेत्र में उपलब्ध अलग-अलग किस्म के पेड़ और पत्ते हो सकते हैं।
10. चिपटी : पुड़िया।
11. आदन : साहजा या साजा।
12. माटी देव : रानसुई, उड़ानसुई देव।
13. कयना : कन्या। जलकन्या।
14. फरसा : टेसू या पलाश।
15. सुअर की बलि देना प्रत्येक गाँव के लिये रूढ़ नहीं है। कई गाँवों में बकरा, मुर्गा आदि की भी बलि की प्रथा है।
16. चोखी : चितकबरी।

गड्ढे में धान बुनतो[17] रस्म पूरी करता है। बोआई की रस्म पूरी होने के बाद माटी-पुजारी गीली मिट्टी के ऊपर प्रत्येक पशु व पक्षी का नाम ले कर मिट्टी का एक-एक ढेला फेंकता है और आवाज लगाता है—'देखो, अमुक पशु या पक्षी फसल को खा रहे हैं'। तब समस्त ग्रामीण कीचड़ में फेंके गये ढेलों को लकड़ी से मारते हैं। इसके बाद माटी पुजारी को कीचड़ से लथपथ करते हैं फिर प्रत्येक कृषक बीज पुटकी या चिपटी में तथा स्वयं के शरीर पर गीली मिट्टी लगाते हैं। पुजारी अपने घर से लाया गया धान सभी कृषकों को थोड़ा-थोड़ा बाँटता है।

इस त्योहार के साथ ही न केवल बीज निकालने और धान बोने की शुरुआत हो जाती है बल्कि कृषि-सम्बन्धी अन्य कार्य भी आरम्भ हो जाते हैं। माटी तिहार के पूर्व कृषि-सम्बन्धी कोई भी कार्य नहीं किया जाता। इस त्योहार में युवक, बच्चे एवं बूढ़े अश्लील वाक्य[18] उच्चारित करते हैं। वस्तुतः यह अश्लील वाक्य धरती को रति-कर्म के लिये प्रेरित करने के उद्देश्य से उच्चारित किया जाता है। मान्यता है कि इस वाक्य को सुन कर माटी तथा उसका पति[19] रति-कर्म के लिये उत्प्रेरित होते हैं। रति-कर्म को प्रजनन अर्थात् उत्पादन के एक घटक के रूप में देखा जाता है न कि अश्लीलता के प्रतीक के रूप में। माटी त्योहार में बच्चे-बूढ़े सभी जाते हैं किन्तु महिलाएँ नहीं जातीं। इस आयोजन में महिलाओं का सम्मिलित होना वर्जित होता है।

अमुस तिहार

अमुस तिहार

हरियाली का पर्व 'अमुस तिहार' यों तो श्रावण मास की अमावश्या के दिन मनाया जाता है[20] किन्तु कुछेक गाँवों में यह त्योहार इस तिथि के बाद भी मनाया जाता है। सम्भवतः ऐसा इसलिये ताकि एक-दूसरे गाँव के लोग एक-दूसरे के यहाँ इस त्योहार पर सम्मिलित हो सकें।

ग्रामीण इस दिन नारियल, अगरबत्ती, फूल तथा सेवा चावल[21] ले कर माता के मन्दिर में जा कर माता की आराधना करते हैं। फिर घर लौट कर अपनी इष्ट देवी तथा 'डुमा'[22] की पूजा

17. धान बुनतो : धान बोने की।
18. लोट-लोट : सम्भोग करो, सम्भोग करो।
19. माटी के पति के विषय में कुछ लोगों की धारणा है कि 'बुढ़ा देव' ही माटी का पति है तो कुछ लोगों के अनुसार नन्दी का प्रतीक बैल माटी का पति माना जाता है। ऐसे लोग 'पोरा' पर्व पर खेतों में होने वाली बैलों की पूजा को जोड़ कर देखते हैं। किन्तु अधिकांश लोग माटी के पति के प्रश्न पर चुप्पी साध लेते हैं।
20. अमुस तिहार : हरियाली अमावश्या। यह 'हरेली तिहार' के नाम से भी जाना जाता है।
21. सेवा चावल : पूजा के लिये चावल। यह 'सेवा चाउर' कहलाता है।
22. डुमा : मृतात्मा, प्रेत।

की जाती है। फिर रसना पौधे की जड़, सतावरी पौधा, पतालकुमडा और केऊकाँदा पहले इष्ट देवी को अर्पित करते हैं फिर गाय-बैलों को खिलाया जाता है ताकि पशु-धन को किसी तरह के रोग न लगें। यदि इष्ट देवी कोई 'डुमा' हो तो उसे 'अमुस कुकड़ी' के नाम पर काली मुर्गी की बलि चढ़ायी जाती है। गाँव का पुजारी बेंट[23] में आग ले कर गाँव के चारों ओर के लाउड़ों[24] में जा कर राव, डाँड, पाती, कयना देवियों को होम दे कर आराधना करता है एवं कृषक अपने-अपने खेतों में 'अमुस खुटा' के प्रतीक-स्वरूप तेन्दू वृक्ष की डाल, सदावरी पौधा एवं भेलवाँ वृक्ष का पत्ता गाड़ते हैं ताकि कृषि-उपज को किसी प्रकार के रोग न लगें। लोक विश्वास है कि इस तरह के अनुष्ठान तथा इन पौधों के संसर्ग से फसल की रोग निरोधक क्षमता में वृद्धि होती है।

लोहार इस दिन गाँव के प्रत्येक घर में जा कर उस घर के द्वार के सामने दोनों ओर एवं कोठा[25] में कील और लोहा-गुआ[26] ठोंकता है। वह पीढ़े में, देवी के आँगा में, धान कूटने के मूसल तथा बेंत आदि में भी कीलें ठोंकता है ताकि भूत-प्रेत, डायन आदि से किसी प्रकार की हानि न हो और वे घर के भीतर प्रवेश न कर सकें। इस सम्बन्ध में नानजात विश्वकर्मा विस्तार से बताते हैं : अमुस तिहार के दिन हम लोग गाँव के प्रत्येक घर में जा कर उनके घर की ड्योढ़ी, देवता के पीढ़ा, मूसल, देव-बड़गी, देव-स्थान आदि में खीले ठोंकते हैं। यह पहले से चला आ रहा है। बस्तर की परम्परा में है। ऐसा इसलिये ताकि बाहर से कोई भूत-प्रेत, बाहरी हवा आदि घर के भीतर प्रवेश न कर सके। बाहर से यदि आ भी जाये तो उस खीला के प्रभाव से वह हवा वहीं से वापस हो जाती है। घर के भीतर प्रवेश नहीं कर पाती। यही कारण है कि खीला ठोंका जाता है। हमारे दादी[27] लोगों ने हमें बतलाया था सो हम लोग भी उसी तरह करते आ रहे हैं। अमुस तिहार में सवेरे खाली पेट रह कर लोहे की खुटी[28] बना कर लोहा गुआ के साथ हम सवेरे से गाँव में घूमते हैं। घर-घर जा कर ड्योढ़ियों में उस खीला और लोहा-गुआ को ठोंकते हैं। वहाँ हमें रसोई दी जाती है। यथा शक्ति भेंट दी जाती है। फिर देव पीढ़ा, बाहना[29], मुसर[30] में तथा घर के पीछे भी खुटी ठोंकते हैं। इससे बुरी शक्तियों का उस घर में प्रवेश नहीं होता। बुरे सपने भी नहीं आते। कष्ट दूर होते हैं। बैलों को इस दिन ओसो[31] खिलाया जाता है। राउत[32] जंगल से जड़ी लाता है और उसे उबाल कर गाँव के मवेशियों को खिलाता है। इसके बाद ही हम लोग

23. बेंट : पुआल से बनाया गया रस्सा।
24. लाउड़ : प्रत्येक गाँव की सरहद में राव देव का स्थान होता है। यह देव फसल की किसी भी प्रकार से होने वाली हानि से रक्षा करता है। इस देवी के स्थान को लाउड़ कहा जाता है। एक लाउड़ के अधीन कई खेत होते हैं, इसी तरह उन खेतों के मालिक भी उन्हीं लाउड़ के अधीन होते हैं। एक गाँव में कई लाउड़ होते हैं या हो सकते हैं। कुछ क्षेत्रों में राव देव को उसके स्थानवाची शब्द लाउड़ के नाम से भी 'लाउड़देव' कह कर पुकारा जाता है।
25. कोठा : गौशाला।
26. लोहा-गुआ : लोहा निकालने की पारम्परिक विधि से निकले लोहे का अवशिष्ट।
27. दादी : दादा, पितामह।
28. खुटी : खीला, कील।
29. बाहना : जमीन में गड़ा ऊखल या ओखली।
30. मुसर : मूसल।
31. ओसो : औषधि। यह भतरी से आया शब्द है। अन्य ध्वनियाँ : ओखद, उपाय, दवई।
32. राउत : कहीं-कहीं राउत (रावत) जाति के लोग चरवाहे का काम करते हैं तो कहीं-कहीं यह कार्य गाँडा या माहरा जाति के द्वारा भी किया जाता है। चरवाहे को 'धोरई' कहा जाता है भले ही वह किसी भी जाति का क्यों न हो।

खुटी ठोंकने के लिये जाते हैं। गुड़ियों में भी खुटी ठोंकते हैं। इसके बदले लोग हमें सुपा भर धान आदि भेंट में देते हैं।

राउत जाति की महिलाएँ[33] इस दिन प्रत्येक घर में जा कर चावल के आटे को भिगा कर द्वार के दोनों ओर दीवार पर अपनी अंगुलियों से त्रिशूल की आकृति अंकित करती हैं और शतावरी का पौधा तथा भेलवाँ वृक्ष का पत्ता दरवाजे के ऊपर व गाय-बैलों के कोठों में खोंस देती हैं। ऐसा करने के पीछे भी यही लोक विश्वास है कि हवा में तैर रहे रोगाणु इन पौधों तथा पत्तों के प्रभाव के कारण घर तथा गौशाला के भीतर प्रवेश नहीं कर पाते।

यों तो यह त्योहार, जैसा कि इसका नाम है, अमावश्या के ही दिन मनाया जाता है किन्तु कुछ गाँवों में इस तिथि के बाद मनाये जाने की परम्परा है। जगदलपुर तहसील के पोटानार गाँव[34] में परम्परा के अनुसार यदि अमावश्या शुक्रवार के दिन हुई तब तो यह त्योहार उसी दिन मनाया जाता है किन्तु यदि शुक्रवार के अतिरिक्त किसी और दिन अमावश्या हुई तो अमावश्या के बाद आने वाले शुक्रवार को ही यह त्योहार मनाया जाता है। इस गाँव में प्रत्येक त्योहार के लिये शुक्रवार का ही दिन नियत है।

क्या यह लोक विश्वास किसी वैज्ञानिक आधार का प्रतिफल है अथवा महज श्रद्धा; यह जानना रोचक होगा।

पोरा

'पोरा' त्योहार को 'पोला' भी कहा जाता है। भादों मास की अमावश्या को मनाये जाने वाले इस त्योहार के दो दिनों पूर्व महिलाओं द्वारा 'कमर छठ' या 'खमर छठ' व्रत रखा जाता है। पोरा में बैल के अतिरिक्त हाथी, घोड़ा, बन्दर और चूहे के आकार विशेष रूप से पसंद किये जाते हैं किन्तु विशेष आकर्षण होता है बैल, जिसे 'नँदेया बैला'[35] कहा जाता है। इन्हें बनाते हैं मिट्टी शिल्पी यानी कुम्हार। देवी-देवताओं के समक्ष माटी के बैल अर्पित कर पूजा की जाती है। कुछ लोग इस दिन खेतों में भी नँदेया बैला की पूजा करते हैं। किन्तु खेत में होने वाली इस पूजा में महिलाओं की भागीदारी नहीं होती। कारण, मान्यता है कि इस दिन लछमी जोड़ जाती है[36]। इस समय धान के खेतों में निंदाई चल रही होती है किन्तु पोरा त्योहार के दिन इसी कारण निंदाई का कार्य बन्द रखा जाता है।

यह देवी-दुरगा[37] की पूजा के साथ-साथ बच्चों के खेलने का भी त्योहार है। इस दिन बालक माटी के नँदिया बैला[38] तथा बालिकाएँ माटी की कोंडी-बुची, जता-चुला[39] से खेलती हैं। इसके साथ-साथ देवी-दुर्गा में भी ये चीजें चढ़ायी जाती हैं। प्रमुख रूप से 'नँदिया' और बेन्दरी[40] चढ़ाये

33. जिस गाँव में चरवाहे का काम राउत की बजाय किसी अन्य समुदाय का व्यक्ति करता हो, वहाँ उस चरवाहे के घर की महिलाएँ।
34. सुश्री फलेन्द्री बघेल, ग्राम : पोटानार (जगदलपुर, बस्तर-छ.ग.) से दिनांक 28.7.06 को हुई बातचीत।
35. नँदेया : नन्दी।
36. जोड़ जाना : रति कर्म में लीन होना।
37. देवी-दुरगा : देवी-देवता।
38. नँदेया बैला : नाँदिया। मिट्टी से बने नन्हे-नन्हे बैल।
39. कोंडी-बुची, जता-चुला : माटी से बने नन्हे-नन्हे बर्तन-भाँडे, चूल्हा-चक्की आदि।
40. बेन्दरी : बन्दरिया।

जाते हैं। 'माता मावली' के लिये 'नँदिया' और 'डोकरी देव' के लिये 'बेन्दरी' चढ़ाये जाने की परम्परा है। आदिवासियों एवं कुछ गैर आदिवासियों में भी इस त्योहार के दिन खेत में बैल और बेन्दरी चढ़ाये जाने और उनकी पूजा की जाने की प्रथा है। 'पोरा' में पहले ये चीजें देवी-देवताओं को अर्पित की जाती हैं और फिर 'नयाखानी' में भी उनकी पूजा की जाती है।

पं. केदारनाथ ठाकुर द्वारा 1908 में लिखित ग्रन्थ 'बस्तर भूषण' (पृ.99) में यह उल्लेख मिलता है कि इस त्योहार में बस्तर महाराजा के द्वारा माँ दन्तेश्वरी के मन्दिर (दन्तेवाड़ा) में मिट्टी के बैल (नन्दी), जिन्हें नँदिया कहा जाता है, भेजे जाते थे। वे लिखते हैं : "पोरा अमावस को मानते हैं। नया कपड़ा देवी को पहिनाते हैं। बकरा बलिदान करते हैं, खुरमा वगैरह कलेवा बना कर भोग लगाते हैं। राजा साहेब के यहाँ से 6 साड़ी, दो धोती, कई मिट्टी के बैल व मोती वगैरह देव-देवी के लिये इस रोज जगदलपुर से दन्तेवाड़ा भेजे जाते हैं। भोग का प्रसाद दूसरे रोज बस्ती वालों को बाँटा जाता है।"

नवाखानी

धान की नयी फसल खाने से पहले मनाया जाने वाला त्योहार नवाखानी कहलाता है। आश्विन मास में अलग-अलग परगनों में अलग-अलग दिन यह त्योहार मनाया जाता है। 'बाल तिहार' मनाने के दूसरे दिन नवाखानी मनाते हैं। यह धान्य-देवी की अर्चना का पर्व होता है। प्रत्येक परगन में आने वाले गाँवों में नवाखानी त्योहार के लिये दिन नियत होता है। कहीं यह त्योहार बुधवार को तो कहीं मंगलवार या फिर बुधवार को मनाया जाता है। गुरुवार का दिन प्रायः निषिद्ध होता है।

इस दिन कुटुम्ब के सभी लोग अपने कुटुम्ब-प्रमुख[41] के घर एकत्र होते हैं। वही कुटुम्ब-प्रमुख उस कुटुम्ब की इष्ट देवी का पुजारी भी होता है। इस दिन प्रातः काल यह पुजारी नयी हण्डी व नया कपड़ा ले कर खेत में जा कर स्नानादि से निवृत्त हो, नया गीला कपड़ा लपेट घड़े में पानी एवं खेत से धान की 2-4 बालियाँ तोड़ कर लाता है। एकाध बाली देवी को अर्पित करने के लिये अलग कर ली जाती है। शेष बालियों से धान निकाल कर उन्हें नयी हण्डी में भून कर कुछ दाने चावल निकाले जाते हैं, जिसे भोजन में डाला जाता है। थोड़ा-सा धान कूट कर उससे चिवड़ा[42] बनाया जाता है और उसे पुराने धान के चिवड़ा में मिला दिया जाता है। यह त्योहार सितम्बर मास में जब कोई भी धान पूर्ण रूप से न पका हो तभी मनाया जाता है। यदि धान पक चुका हो तो नये धान के चावल का ही चिवड़ा व भात राँधा जाता है।

अपनी इष्ट देवी की पूजा कर नये धान की बाली कुड़ई[43] के पत्ते में अर्पित की जाती है। नये चावल का चिवड़ा व खीर भी अर्पित की जाती है। इसके बाद नये धान के चावल के

41. कुटुम्ब-प्रमुख : उदाहरण के तौर पर यदि किसी कुटुम्ब में चार भाई हैं तो उनमें से सबसे बड़ा भाई ही, जब तक कि कुटुम्ब-देवी या कुलदेवी अलग-अलग न कर ली जाये, कुटुम्ब-प्रमुख होता है; भले ही चारों भाइयों के चूल्हे अलग-अलग क्यों न हों। वही भाई अपने पूरे कुटुम्ब का पुजारी भी होता है। उसके बिना कुलदेवी की पूजा नहीं होती। चल-अचल सम्पत्ति के बँटवारे के साथ-साथ कुलदेवी का भी बँटवारा किया जाना बस्तर अंचल के लोक जीवन में पाया जाता है। कुलदेवी या कुटुम्ब देवी का बँटवारा 'देव अलगातो (देवी अलग करना)' कहलाता है। देवी अलगाने के लिये भी विशिष्ट अनुष्ठान की आवश्यकता होती है। इस अनुष्ठान में कुटुम्ब के लोगों के साथ-ही-साथ गाँव के धार्मिक तथा सामाजिक प्रमुखों की भी उपस्थिति अनिवार्य होती है।

42. चिवड़ा : पोहा।

43. कुड़ई : एक पेड़।

चिवड़ा, जिसमें गुड़ मिला होता है, का टीका परिवार के सभी सदस्य लगाते हैं। इसके बाद कुड़ई के पत्तों में प्रसाद का भोग लिया जाता है।

इस त्योहार के दिन कुटुम्ब से बाहर के किसी भी अन्य व्यक्ति को भोजन नहीं कराया जाता। सिर्फ कुटुम्ब के सदस्य ही भोजन करते हैं। इस दिन मांस-मदिरा का सेवन निषिद्ध होता है। दूसरे

दिन जिसे 'बासी तिहार'[44] कहते हैं, मांस-मदिरा का सेवन किया जाता है तथा अन्य लोगों को भी, जो नया त्योहार मना चुके हैं, भोजन कराया जाता है। जिसने नवा त्योहार न मनाया हो वह तब तक उस घर में, जहाँ नवा त्योहार मनाया जा रहा है या मनाया गया है, पानी तक नहीं पी सकता जब तक कि स्वयं भी नवा त्योहार न मना ले।

नवा त्योहार मनाने के बाद यदि नया चावल खाना हो तो धान को उबालने[45] के बाद उसे भून कर कूटा जाता है। बगैर उबाले खाने की मनाही होती है। इसी तरह उबालने के बाद धान को सुखाना मना होता है। त्योहार मनाने के बाद गाँव/कुटुम्ब के सभी व्यक्ति इस भावना के साथ कि आज हम नये हो गये; आपस में मेल-मिलाप करते हैं। सगाई की हुई लड़कियों को लड़के वाले इस त्योहार से 10-15 दिन पूर्व नया त्योहार मनाने के लिये अपने घर ले आते हैं। इस दिन नये कपड़े भी पहनने का रिवाज है। नवाखानी तिहार के दिन किसी को नये कपड़े नसीब न होना उसका सबसे बड़ा दुर्भाग्य माना जाता रहा है।

कोंडागाँव में नयाखानी तिहार भादों मास की नौवीं तिथि को मनाया जाता है। नये धान का चिवड़ा बनाया जाता है। नये धान को भून कर कोंडा बनाते हैं। चिवड़ा को गुड़ के साथ भिगा देते हैं। देवी-देवताओं की पूजा की जाती है। इस पूजा में पशु-बलि का भी चलन है। नारियल भी फोड़ा जाता है। कुटुम्ब के सभी लोग अपने कुटुम्ब-प्रमुख के घर एकत्र होते हैं। वहाँ नये धान के कोंडा का टीका सभी लोग लगाते हैं। टीका लगाने के बाद भिगाये गये चिवड़ा को कुड़ई के पत्ते में नारियल के साथ सभी लोगों के बीच बाँटा जाता है। नयाखानी के बाद ही कुम्हड़ा, कोचई आदि शाक खाये जाते हैं। मान्यता है कि नयाखानी के पहले इनका सेवन करने पर देवी का प्रकोप होता है। देवी का प्रकोप होने पर अनिष्ट होता है।

44. बासी तिहार : प्रायः प्रत्येक त्योहार का 'बासी तिहार' मनाया जाता है। मुख्य त्योहार का दूसरा दिन 'बासी तिहार (बासी त्योहार)' कहलाता है। इसी तरह बासी तिहार के अगले दिन भी त्योहार मनाया जाता है जो 'कोसी तिहार' कहलाता है।

45. उबाले हुए धान का चावल 'उसना चाउर' तथा बिना उबाले हुए धान का चावल 'अरवाँ चाउर' कहलाता है।

दियारी

अगहन के महीने से आरम्भ हो कर माघ के महीने तक अलग-अलग तिथियों में प्रत्येक गाँव में मनाया जाने वाला पर्व 'दियारी' दीपावली का अपभ्रंश है। वस्तुतः यह गोधन की पूजा के पर्व अन्नकूट का बस्तरिया संस्करण है। दियारी के पहले दिन कई गाँवों में 'दियारी मँडई' मनाने की प्रथा है तथा दूसरे दिन 'दियारी' मनायी जाती है।

दियारी की पूर्व रात्रि में, जिसे 'सुरोती' कहा जाता है, भोजनोपरान्त जिस गाँव में गाँडा जाति के व्यक्ति धोरई का कार्य करते हैं, वहाँ वह धोरई या गाय चरेहा[46] गाय-बैलों को 'जेठा'[47] पहनाने के लिये बाजा-मोहरी के साथ सबसे पहले गाँव के पुजारी के घर जाता है। वहाँ पुजारी देवी-देवताओं की पूजा-अर्चना कर देवी को जेठा पहनाता है। इसके बाद धोरई गाँव में निकल पड़ता है। किन्तु जिस गाँव में राउत जाति का व्यक्ति चरवाहे का काम करता है वहाँ वह स्वयं ही देवी-देवताओं की पूजा-अर्चना कर, उन्हें जेठा पहनाता है। इसके बाद वह अपने साथियों तथा बाजे-गाजे के साथ नाचता-गाता प्रत्येक घर में जाता है और गोधन को जेठा बाँधता है[48]। उसे जेठा बाँधते सारी रात बीत जाती है। इस समय गाय-बैल के कोठा[49] में दीपक जलाया जाता है। 'जेठा' बाँधने के उपलक्ष में धोरई को प्रत्येक किसान के घर से अपनी हैसियत के मुताबिक धान, कपड़े और रुपये-पैसे की भेंट दी जाती है।

फिर अगले दिन सवेरे से ही दियारी की तैयारी आरम्भ हो जाती है। दोपहर के पहले गाय-बैलों[50] को स्नान कराने के लिये जलाशय में ले जाया जाता है। उन्हें नहला कर लाने के बाद उनकी विधि-विधानपूर्वक पूजा की जाती है। कोठा, द्वार तथा घर के भीतर जमीन पर 'बाना' लिखे जाते हैं। गोधन की पीठ पर गिलास या कटोरी के मुख से 'छापा' बनाये जाते हैं तथा हथेली से 'हाता'[51] भी दिये जाते हैं। घर की प्रथम महिला गोधन के पाँव पखारती है, तेल लगाती

---

46. धोरई, चरेहा : चरवाहा।
47. कुमी नामक वृक्ष की छाल से बनाया गया पट्टा। कहीं-कहीं यह कुमी नामक वृक्ष की छाल के साथ-साथ फरसा (पलाश) के जड़ को मिला कर भी बनाया जाता है। इसे हार की तरह बैलों के गले में पहनाया जाता है।
48. बैलों को 'जेठा' तथा गायों को 'सुअई' बाँधे जाते हैं किन्तु इस रस्म को सामान्यतः 'जेठा' बाँधने के नाम से ही जाना जाता है।
49. कोठा : गौशाला।
50. इनमें भैंसे भी सम्मिलित होते हैं।
51. 'बाना', 'छापा' तथा 'हाता' के विषय में इसी पुस्तक के 'लोकचित्र' नामक अध्याय में विस्तार से चर्चा की गयी है।

है और उनके माथे पर लाली का टीका लगा कर उनकी आरती उतारती है। उसके इस कार्य में उसका पति साथ देता है। वह गोधन का मुँह भी धुलाता है। इसके बाद गोधन को नये सूपा में खिचड़ी खिलायी जाती है। गोधन का जूठन प्रसाद-स्वरूप खाया जाता है। नये चावल की इस खिचड़ी में उड़िद[52], कुमडा, कलमल कँादा, कोचई, डाँग काँदा, झुड़ँगा, अमली आदि डाले जाते हैं। इसी दिन के पश्चात् इनका सेवन आरम्भ किया जाता है। यह त्योहार समस्त कृषि फसलों को समेटने के बाद ही मनाया जाता है। यह एक ऐसा त्योहार होता है जिसमें लोग अपने इष्ट-मित्रों को भी आमन्त्रित करते हैं। आमन्त्रित लोग सारे काम छोड़ कर तिहार मनाने के लिये सहर्ष पहुँचते हैं। इसी दिन धोरई मवेशी चराने की अपनी पुरानी छड़ी तोड़ देता है। तब पुजारी द्वारा उसे तेन्दू की नयी छड़ी प्रदान की जाती है।

दूसरे दिन[53] दोपहर बाद या तो गाँव के सारे धोरई बाजा-मोहरी ले कर प्रत्येक घर में जाते हैं और सभी को 'गोरधन' में आने का न्योता देते हैं[54] अथवा गाँव के सारे लोग स्वेच्छा से ही 'गोरधन-भाटा'[55] में एकत्र हो जाते हैं। वहाँ किसी मेले-सा वातावरण होता है। लोगों के एकत्र होने के बीच में ही बाजा-मोहरी के साथ पुजारी के घर जाया जाता है तथा वहाँ से देवी-देवता का स्वागत-सत्कार कर उन्हें 'गोरधन-भाटा' में लाया जाता है। पुजारी भी साथ में आता है। फिर देवी-देवताओं की पूजा-अर्चना होती है। इसके बाद गाँव का मुखिया अथवा कोई सयाना व्यक्ति किसी एक बैल[56] के सींग पर एक नया कपड़ा बाँधता है। उस नये कपड़े में कुछ रुपये भी बाँधे गये होते हैं। इस कपड़े को 'सिंगोठा' या 'सिंग-बाँधा' कहा जाता है। सिंगोठा बाँधने के बाद उस बैल को हकाल दिया जाता है। बैल सरपट दौड़ पड़ता है और उसके पीछे दौड़ता है धोरई। धोरई यदि उस बैल को पकड़ कर उसके सींग पर बँधा सिंगोठा खोल लेता है तब तो वह कपड़ा और रुपये उसके हो जाते हैं किन्तु यदि वह ऐसा न कर सका तो गाँव वाले धोरई से 'डाँड'[57] वसूल करते हैं।

धोरई की पत्नी या किसी गाँव में एक से अधिक धोरई हुए तो उन सभी की पत्नियाँ अलग-अलग सुपा में दिया जला कर 'गोरधन-भाटा' में बैठती हैं। वे अपने साथ बड़ी टोकरियाँ

---

52. उड़िद : उड़द, कुमडा : कुम्हड़ा (कद्दू), कलमल काँदा : शकरकन्द, कोचई : कोचू (घुइयाँ, अरवी), डाँग काँदा : लता में फलने वाला कन्द, झुड़ँगा : अरहर प्रजाति का दलहन, अमली : इमली।

53. 'गोरधन' का आयोजन सभी गाँवों में अनिवार्यतः खिचड़ी के दूसरे दिन नहीं होता। कुछेक गाँवों में, उदाहरणतः कोंडागाँव-फसगाँव के आसपास कई गाँवों में यह खिचड़ी के ही दिन, दूसरे पहर आयोजित होता है।

54. गाँव के लोगों को न्योता देने का रिवाज पहले जब गाँव छोटे हुआ करते थे और आबादी कम थी तब अनिवार्यतः प्रचलन में था किन्तु अब जब आबादी बढ़ने लगी है तब प्रायः यह रिवाज समाप्त होता जा रहा है। नेग के तौर पर गोरधन-भाटा के पास के दो-चार घरों में जा कर न्योता देने का रिवाज रह गया है।

55. गोरधन-भाटा : गौ-स्थल। यह 'गोड़धन-भाटा', 'गोबरधन-भाटा' तथा 'गोवर्धन-भाटा' भी उच्चारित होता है। 'गाय-गोठान' भी इस स्थल के लिये प्रयुक्त होता है।

56. जगदलपुर तहसील के खोरखोसा गाँव में पहले किसी बिगड़ैल बैल के सींग पर ही 'सिंगोठा' बाँधा जाता था। किन्तु एक हृदयविदारक घटना के बाद, जिसमें बैल ने अपने सींग से एक बच्चे को उठा कर फेंक दिया था, नन्हे बछड़े के सिर पर 'सिंगोठा' बाँधे जाने की परम्परा बन गयी है।

57. डाँड : दण्ड, जुर्माना।

रखी होती हैं। गाँव के वे लोग जो धोरई को कुछ भेंट देना चाहते हैं, उन महिलाओं के पास जा कर उसी टोकरी में अपनी भेंट अर्पित करते हैं। यह भेंट प्रायः धान के रूप में होती है जो धोरई को उसके कार्य के एवज में दिये जाने वाले मेहनताना के अतिरिक्त होती है और स्वेच्छा से प्रसन्नतापूर्वक दी जाती है। प्रत्येक परगन में आने वाले गाँवों में नवाखानी त्योहार की ही तरह दियारी त्योहार के लिये भी दिन नियत होता है। किन्तु प्रायः यह त्योहार शुक्रवार को ही मनाया जाता है। गुरुवार का दिन पूरी तरह निषिद्ध होता है।

पूरे बस्तर में दीपावली को 'राजा दियारी' तथा इस ग्रामीण 'दियारी' को कुछेक क्षेत्र, विशेषतः फरसगाँव क्षेत्र में 'तुलसी दियारी' कहा जाता है।

2 : उत्सव

बाली जगार

मूलतः ओड़िसा की जनभाषा 'देसेया' में गाये जाने वाले इस जगार का प्रचलन बस्तर अंचल के भतरी क्षेत्रों में रहा है जहाँ यह 'भतरी' जनभाषा में गाया जाता रहा है। इस आयोजन का प्रयोजन होता है वर्षा की अभ्यर्थना। इसे 'पाट बाली' कहा जाता है और इसका आयोजन प्रति 12 वर्षों में एक बार किये जाने की परम्परा है। लोक जीवन के विविध पक्षों को समेटे 3 महीने तक चलने वाले इस आयोजन में प्रातः एवं सायं पूजा-अर्चना होती है तथा बालिकाओं एवं युवतियों पर देवी सवार होती हैं। वे अपना सुध-बुध खो कर नृत्य में मग्न रहती हैं। इसका आयोजन ग्रीष्म ॠतु में होता है। एक नृतत्वशास्त्री मित्र टीना ओटेन हमें कोरापुट, ओड़िसा में प्रचलित बाली जगार के एक भिन्न संस्करण की जानकारी देती हैं। यद्यपि इन लोक महाकाव्यों की कथा-वस्तु आदि में पर्याप्त भिन्नता है तथापि इनकी आपस में समानता का बिन्दु है इनका गायन महिलाओं द्वारा किया जाना, और 'धनकुल' नामक वाद्य जिसका वे वादन करती हैं।

इस परम्परा का विस्तार दण्डकारण्य के प्रायः उस मैदानी भू-भाग में पाया जाता है जो इन्द्रावती नदी के तट पर है तथा जिसे दण्डकारण्य का हृदय-स्थल कहा जा सकता है। उल्लेखनीय है कि धान और अन्य गौण अनाज इस भू-भाग की प्रमुख उपज हैं। यह पूरा क्षेत्र धान-उत्पादक पूर्वी भारत तथा गौण अन्न-उत्पादक पश्चिमी भारत की सीमा पर स्थित है। न केवल यह अपितु दण्डकारण्य का यह विस्तृत पठार द्रविड़ भाषा-भाषी दक्षिण भारत

एवं भारोपीय भाषा-भाषी उत्तर भारत की भी सीमा पर स्थित है, किन्तु सांस्कृतिक रूप से यह उतना अधिक महत्वपूर्ण नहीं दिखलायी पड़ता क्योंकि बाली जगार भारोपीय भाषाओं (ओड़िया एवं देसया) तथा द्रविड़ भाषा-परिवार की लोक-भाषा (पेंगो या जानी) में भी गाया जाता है।

बाली जगार वस्तुतः बस्तर को ओड़िसा की देन है या कि ओड़िसा को बस्तर की, यह कह पाना अत्यन्त कठिन जान पड़ता है। बहरहाल, ओड़िसा प्रान्त से सटे बस्तर के सीमावर्ती अंचल में इस आयोजन का प्रचलन है। बाली जगार के दो रूप पाये जाते हैं। पहला 'पाट बाली' तथा दूसरा 'परजा बाली' कहलाता है। 'पाट बाली' जहाँ 'परजा' जनजाति को छोड़ कर अन्य जनजातियों के बीच प्रचलित है वहीं 'परजा बाली' केवल 'परजा' जनजाति के बीच। 'पाट बाली' जहाँ लगभग तीन महीने तीन दिन यानी 93 दिनों तक चलता रहता है वहीं 'परजा बाली' लगभग 7 से 15 दिनों के भीतर सम्पन्न हो जाता है। 'पाट बाली' की भाषा 'देसया' जनभाषा है जबकि 'परजा बाली' की भाषा 'परजा' या 'जानी' (या 'पेंगो') जनभाषा। 'देसया' जनभाषा भारोपीय भाषा-परिवार की 'ओड़िया' भाषा से साम्य रखती है जबकि 'परजा' या 'जानी' जनभाषा का सम्बन्ध द्रविड़ भाषा-परिवार से है। ओड़िसा के नवरंगपुर जिले में बोली जाने वाली यह 'देसया' जनभाषा बस्तर में बोली जाने वाली 'भतरी' जनभाषा के काफी निकट है। कारण, इन दोनों ही जनभाषाओं का आविर्भाव ओड़िया से ही हुआ है। 'पाट बाली' प्रत्येक बारह वर्षों के अन्तराल में आयोजित होता है जबकि 'परजा बाली' के लिये इस तरह की समयावधि निर्धारित नहीं है। नवरंगपुर ज़िले के नँदाहाँडी गाँव की जगार गायिका तुलाबती भतरनी द्वारा प्रस्तुत यह महाकाव्य 24 अध्यायों में नियोजित है। बस्तर में केवल 'पाट बाली' का ही प्रचलन है।

गुरुमायनी तुलाबती भतरनी द्वारा गाये गये बाली जगार में सबर तथा कोन्द जनजातियों की जीवन-गाथाएँ कही गयी हैं। 'सृष्टि-रचना' शीर्षक दूसरे अध्याय की कथा के अनुसार सबर जनजाति ही इस सृष्टि के आदि जनक और जननी है। सृष्टि को आगे बढ़ाने में सबर और कोन्द जनजाति का योगदान इस जगार की कथाओं में रेखांकित होता है। महाजलप्लावन की सूचना गिलहरी और मेंढक-मेंढकी की आपस की बातचीत से एक सभर दम्पति को मिलने पर वे अपने पुत्र और पुत्री की रक्षा के लिये उन्हें एक तूम्बे में भर कर छोड़ देते हैं। महाजलप्लावन में सारी धरती जलमग्न हो जाती है और केवल वही एक तूम्बा अगाध जलराशि के ऊपर तैरता बचा रह जाता है। तब भगवान उस तूम्बे के भीतर बैठे उन दोनों भाई-बहिनों का आपस में विवाह करा देते हैं। उन्हीं की सन्तान से प्राणि मात्र का जन्म होता है। उन्हीं सभर दम्पति की कई पीढ़ियों की रोचक कथा अध्याय 4 से 10 तथा 12 से 24 में कही गयी है।

गोन्चा

वस्तुतः रथयात्रा और गोन्चा एक ही पर्व के दो नाम हैं। गोन्चा शब्द भी ओड़िसा से ही आया है। यह शब्द ओड़िया के 'गुण्डिचा' का बिगड़ा हुआ रूप है। यह सही है कि जगदलपुर में मनाया जाने वाला गोन्चा पर्व (रथयात्रा) आषाढ़ मास की शुक्ल पक्ष द्वितीया से आरम्भ हो कर आषाढ़

शुक्ल एकादशी को सम्पन्न होता है, किन्तु गाँव-गाँव में मनाया जाने वाला 'गोन्चा तिहार' इसी मास की अलग-अलग तिथियों में गाँव की सुविधा की दृष्टि से मनाया जाता है। इसमें कई गाँवों में तो बलराम-श्रीकृष्ण-सुभद्रा की प्रतिमाएँ रथारूढ़ होती हैं तो कई गाँवों में इनकी जगह ले लेते हैं गाँव के देवी-देवता। गोन्चा पर्व बस्तर में मनाये जाने के पीछे कथा कुछ इस तरह है[58] :

बस्तर के महाराजा पुरुषोत्तम देव को एक बार भगवान जगन्नाथ ने सपने में दर्शन दे कर जगन्नाथपुरी (ओड़िसा) जाने को कहा। राजा पुरुषोत्तम देव अपने कुछ लोगों के साथ पैदल ही जगन्नाथपुरी के लिये चल पड़े। उधर जगन्नाथपुरी में, आषाढ़ शुक्ल पक्ष द्वितीया के दिन भगवान जगन्नाथ का रथ खींचा ही जा रहा था कि रथ रुक गया। सभी आश्चर्यचकित हो गये ! तब पुरी-मुखिया गजपति राजा ने कहा कि जरूर अभी भगवान जगन्नाथ का कोई भक्त यहाँ नहीं पहुँचा है। तभी बस्तर महाराजा पुरुषोत्तम देव वहाँ पहुँचे और रथ खींचने लगे तो रथ चल पड़ा। इससे लोगों ने भगवान और भक्त राजा पुरुषोत्तम देव की जय-जयकार की। उन्हीं गजपति राजा ने पुरुषोत्तम देव को रथपति कहा और बस्तर में 12 चक्कों का रथ चलाने की सलाह दी। वहाँ से लौटने के बाद बस्तर-महाराजा ने जगदलपुर में गोन्चा और दशहरा के समय रथ चलाने की रस्म शुरु की।

गोन्चा नामकरण के पीछे की कहानी कुछ इस तरह है : पुराण काल में राजा इन्द्रद्युम्न थे। उनकी रानी का नाम था गुण्डिचा। यह उत्सव उन्हीं गुण्डिचा रानी के नाम पर मनाया जाता है। गुण्डिचा ही आगे चल कर 'गोन्चा' हो गया। विष्णु-भक्त राजा इन्द्रद्युम्न और उनकी रानी गुण्डिचा भगवान का दर्शन पाना चाहते थे। एक दिन भगवान ने उन्हें सपने में आ कर कहा कि वे उनका दर्शन नीलगिरि की गुफा में कर सकते हैं। राजा और रानी यह जानते थे कि शबर राजा विश्वावसु नीलगिरि की गुफा में भगवान नीलमाधव की पूजा किया करते हैं। उन्होंने अपने राजपुरोहित विद्यापति को भगवान नीलमाधव की मूर्ति के लिये भेजा। राजपुरोहित छल करके वह मूर्ति जगन्नाथपुरी ले आये। किन्तु भगवान ने एक रात सपने में राजा इन्द्रद्युम्न को दर्शन दिया और कहा कि महासागर के तट पर लकड़ी का एक टुकड़ा मिलेगा, जिससे श्रीकृष्ण, बलराम और सुभद्रा की मूर्तियाँ बनवा लेना। दूसरे दिन राजा को महासागर के किनारे वैसी ही

58. स्रोत : बस्तर इतिहास एवं संस्कृति : 1994 : लाला जगदलपुरी।

लकड़ी पड़ी मिली। उन्होंने उसे उठा लिया और राजमहल ले आये। मूर्तियाँ बनाने के लिये विश्वकर्मा जी स्वयं एक बूढ़े कलाकार के वेश में वहाँ आए। उन्होंने शर्त रखी कि वे एक बन्द कमरे में मूर्तियाँ बनाएँगे। उन्हें कोई तंग न करें। वे कमरे में बन्द हो कर मूर्तियाँ बनाने लगे। कई दिनों के बाद जब कमरे से छेनी-हथौड़ी की कोई आवाज सुनाई नहीं पड़ी तो रानी गुण्डिचा को डर लगा कि कहीं वह बूढ़ा कलाकार मर न गया हो। उन्होंने दरवाजा तुड़वाया तो देखा कि कलाकार वहाँ नहीं था। मूर्तियाँ अधूरी बनी थीं। इसी से इस पर्व का नाम 'गुण्डिचा' हुआ। यही गुण्डिचा आगे चल कर गोन्चा हो गया।

गोन्चा त्योहार के अवसर पर तुपकी में 'पेंग'[59] नामक जंगली फल भर कर बन्दूक की तरह चलाया जाता है। वस्तुतः यह तुपकी तोप या बन्दूक का ही प्रतीक होता है। यह प्रतीक होता है देवी-देवताओं, विशेषतः श्रीकृष्ण-बलराम-सुभद्रा को तोपों की सलामी देने का। बस्तर का लोकमानस इस दिन इस तरह अपने देवी-देवताओं को तोपों की सलामी देता आया है।

आठे जगार

'आठे जगार' श्रीकृष्ण के जन्म का उत्सव है। भगवान श्रीकृष्ण की कथा के लोक-रूप का गायन इस जगार के अन्तर्गत किया जाता है। इसका आयोजन श्रीकृष्ण जन्माष्टमी के प्रातः काल आरम्भ होता है और दूसरे दिन प्रातः काल समापन। पूरे दिन श्रीकृष्ण-चरित्र का गायन तथा पूजा-अर्चना होती है। गायिकाएँ होती हैं स्थानीय गुरुमायें। तिजा जगार तथा लछमी जगार की ही तरह इस जगार की कथा का गायन भी पाट गुरुमायें और चेली गुरुमायँ 'धनकुल' वाद्य-यन्त्र बजाती हुई करती हैं। पात्र तो वही पौराणिक होते हैं किन्तु कथा-वस्तु पौराणिक न हो कर लोक-संस्कृति से अनुप्राणित होती है। श्रद्धालु जन इस अवसर पर व्रत रखते हैं।

इसे आठे जगार के अतिरिक्त 'अस्टमी जगार' भी कहा जाता है। हल्बी जनभाषा में गाया जाने वाला यह जगार प्रचलन से दूर होता जा रहा है। यही कारण है कि इस जगार की गुरुमायें भी कम ही रह गयी हैं। इसका प्रचलन प्रायः जगदलपुर तहसील के ही कुछ भागों में है। सम्भाग के अन्य क्षेत्रों में इसके गायन-आयोजन की बात सुनने में नहीं आती। हल्बी जनभाषा में गाये जाने वाले इस लोक महाकाव्य की एक-दो गायिकाएँ ही रह गयी हैं, जिनमें खुटीगुड़ा गाँव की गुरुमायँ देवला ठाकुर एक हैं। किन्तु अब इस जगार का प्रचलन लगभग समाप्त हो चला है।

59. पेंग : मालकांगिनी लता का फल। इस फल का आकार मटर के दाने के बराबर होता है। इस फल के तेल से गठिया वात रोग ठीक हो जाता है।

सोनारपाल की रहने वाली गुरुमायँ-द्वय हीरामनी और भानमती द्वारा गाये गये आठे जगार की कथा का आरम्भ होता है पारबती के सपने के साथ। सपने में उन्हें महल-निर्माण का निर्देश होता है। तब वे अपने सपने की बात तपस्या में लीन भोलेनाथ से कहती हैं और महल बनवाने का निवेदन करती हैं। इस पर भोलेनाथ प्रजागण को बुलवा कर उनसे महल निर्माण करने के लिये कहते हैं। उनके निवेदन पर प्रजागण महल का निर्माण करने लगते हैं किन्तु महल नहीं बनता। इसी बीच पारबती को पुनः सपना आता है जिसमें उनसे कहा जाता है कि रइन नामक पेड़ की लकड़ी का चौखट और दरवाजा बनाने पर ही महल बनेगा अन्यथा नहीं। तब पारबती और भोलेनाथ के निर्देश से प्रजागण असेत बन में जाते हैं और रइन पेड़ खोजते हैं। वे नहीं जानते कि रइन पेड़ कौन सा है। थक-हार कर जब प्रजागण एक पेड़ के नीचे विश्राम कर रहे होते हैं कि तभी वह पेड़ रोने लगता है। उसके आँसू नीचे विश्राम कर रहे लोगों पर टपकते हैं और वे लोग यह जान जाते हैं कि यही रइन पेड़ यानी रोने वाला पेड़ है। बस! वे उसे काटने को उद्यत हो उठते हैं, किन्तु काट नहीं पाते। तब एक काने व्यक्ति की सूचना पर भोलेनाथ और पारबती वहाँ आते हैं। उनके कानों में रइन पेड़ का करुण रुदन सुनायी पड़ता है। रइन पेड़ रोते हुए अपनी बेटी उन्हें सौंप देता है। रइन पेड़ की वही बेटी रैनी बाबी कहलाती है। समय आने पर सिबसंकर-पारबती अपनी उस दत्तक पुत्री का विवाह अबुड़ नामक एक असुर से करवा देते हैं।

किन्तु वह असुर शिशु-हन्ता होता है और अपने ही छह पुत्र-पुत्रियों को मार कर खा जाता है। अपनी सन्तान की अकाल मृत्यु से व्यथित रैनी बाबी का रुदन सुन कर दो कुत्ते उसकी सहायता के लिये आगे आते हैं और रैनी बाबी की सातवीं-आठवीं सन्तान को ले जा कर अन्यत्र छोड़ देते हैं। उनकी जगह बिल्ली के दो बच्चे छोड़ जाते हैं। अबुड़ असुर बिल्ली के उन बच्चों को रैनी बाबी की सन्तान समझ कर खा जाता है। रैनी बाबी के पुत्र का कसा नामक पौधे की संरक्षा में और पुत्री का देबी (देवी) के मन्दिर में लालन-पालन होता है। कसा के पौधे द्वारा लालन-पालन के कारण बालक का नाम कंस तथा देबी (देवी) के मन्दिर में लालन-पालन के कारण बालिका का नाम देबकी होता है।

कंस और देबकी दोनों बढ़ते जाते हैं और एक दिन जब कंस को यह मालूम होता है कि उनका पिता अबुड़ असुर है और उसने अब तक उसके छह भाई-बहिनों को मार डाला है; कंस अपने आततायी पिता का वध कर डालता है। अपने पति की मृत्यु से व्यथित रैनी बाबी भी आत्म-दाह कर लेती है। कंस का विवाह होता है अन्धे राजा की पुत्री सुसिला बाबी से। इसी तरह कंस की बहिन देबकी का विवाह होता है नाँग राजा के पुत्र बसुदेव से। किन्तु दुर्योग से जब बसुदेव की बारात आ रही होती है तब उनकी गाड़ी का पहिया उसरी नामक घास के पौधे के झुरमुट में बने 'उसी' नामक चिड़िया के घोंसले को रौंदता चला जाता है। इससे 'उसी' नामक उस चिड़िया के अण्डे फूट जाते हैं। इससे दुखी और क्रुद्ध 'उसी' चिड़िया देबकी को शाप दे डालती है। 'उसी' के शाप के परिणामस्वरूप कंस अपनी प्यारी बहिन देबकी को न केवल बन्दी-गृह में डाल देता है अपितु उसके छह पुत्रों को भी शिला पर पटक कर मार डालता है। कंस के इस क्रूरतम व्यवहार से दुखी और भगवत्प्रेरणा से बसुदेव-देबकी अपनी सातवीं सन्तान को कंस के हाथों से बचाने के उद्देश्य से जसुदा रानी के घर पहुँचा देते हैं और जसुदा रानी की

नवजात कन्या बिजलीमती को अपने साथ ले आते हैं। बिजलीमती कंस के हाथ से छूट कर आकाश में चली जाती है। तब कंस का अत्याचार और बढ़ जाता है। वह मथुरा और गोपपुर के सारे नवजात शिशुओं को मरवा डालता है। भगवान की माया से किरिस्ना और कुछ गोप-ग्वाले बच जाते हैं। बसुदेव-देबकी के पुत्र किरिस्ना (श्रीकृष्ण) का लालन-पालन नँद (नन्द) राजा और जसुदा रानी के घर होता है। वे वहाँ रहते हुए विविध लीलाएँ करते हैं और पूतना का वध भी। फिर श्रावण कृष्ण पक्ष की अष्टमी तिथि को किरिस्ना अष्टमी का व्रत रखते हैं और छेंडू को कंस के पास भेजते हैं। छेंडू चक्र (सुदर्शन चक्र) का रूप धर कर कंस का वध कर डालता है। कंस-वध के बाद किरिस्ना अपने माता-पिता बसुदेव-देबकी को बन्दी-गृह से मुक्त करा कर राधा के सँग जल-विवाह करते हैं।

तिजा जगार

'तिजा जगार (धनकुल)' विभिन्न संस्कारों से आबद्ध अनुष्ठान है। ये अनुष्ठान महिलाओं द्वारा ही पूरे किये जाते हैं। पुरुष इस आयोजन में अपवादस्वरूप जगार-गायक के रूप में सहभागी होते हैं। इस आयोजन को 'तिजा जगार' के अलावा कोंडागाँव और इसके आसपास इसमें प्रयुक्त वाद्य 'धनकुल' के कारण 'धनकुल' भी कहा जाता है। यह 'अमुस तिहार' के बाद आयोजित होता है, जो भादों महीने के शुक्ल पक्ष तृतीया तक चलता है और चतुर्थी तिथि को सम्पन्न हो जाता है। यदि 'अमुस तिहार' यानी हरियाली अमावश्या से इसका आयोजन हो तो यह एक माह चलता है, रक्षाबन्धन के दिन आरम्भ हो तो 15 दिन और श्रीकृष्ण जन्माष्टमी को आरम्भ होने पर यह 10 दिवसीय आयोजन होता है। इन तीनों ही प्रकरणों में यह भादों महीने की शुक्ल पक्ष तृतीया तिथि तक ही आयोजित होता है तथा चतुर्थी[60] को अनिवार्यतः इसका समापन हो जाता है।

'पोरा' त्योहार के तीन दिनों बाद यह उत्सव मनाया जाता है। तिजा से एक दिन पहले 'सजन' खाने की परम्परा है। महिलाएँ एक-दूसरे को अपने घर आमन्त्रित कर भोजन कराती हैं। यही भोजन 'सजन-भात' कहा जाता है। कुछेक समुदायों में इस 'सजन-भात' के साथ सुकसी-मछरी[61] खाने-खिलाने की भी परम्परा देखने में आती है। तिजा उत्सव में भोजली का बहुत महत्व होता है। तिजा से 8 दिनों पहले गेहूँ को सारी रात पानी में भिगाया जाता है। फिर दूसरे दिन पत्तों से बने डोबलों[62] में खाद भर कर उसके ऊपर गेहूँ के उन भीगे हुए दानों को छिटक कर बोया जाता है। फिर उस पर एक दिन के अन्तराल में हल्दी पानी छिड़का जाता है। गेहूँ के वे दाने अंकुरित होते हैं और हल्दी पानी के कारण उनमें पीलापन आ जाता है। तिजा उत्सव के दिन तक गेहूँ के पौधे 6 से 8-10 इंच बढ़ जाते हैं। यही भोजली कहलाता है।

तिजा के दिन महिलाएँ संध्या वेला में नारियल-अगरबत्ती और भोजली तथा सिन्दूर-काजल ले कर बाली गवरा लाने के लिये जलाशय में जाती हैं। वहाँ वे रेत का मगर बनाती

---

60. चतुर्थी : गणेश चतुर्थी।
61. सुकसी : सुखायी गयी मछली। मछरी : मछली।
62. डोबला : बड़े एवं विशिष्ट आकार के दोने। पत्तों से बने इस पात्र का उपयोग प्रायः भात खाने के लिये किया जाता है। भात खाने के लिये पतरी (पत्तल) का भी उपयोग होता है।

हैं। उसकी पूजा करती हैं और पानी के भीतर से 7 बार रेत निकालती हैं। उसे अच्छे से धो कर थाल में तीन ढेरियाँ बनाती हैं। ये तीन ढेरियाँ प्रतीक होती हैं माहादेव, पारबती[63] और बाली गवरा की। वे गवरा को चूड़ी-फुँदड़ी आदि श्रृंगार प्रसाधन से सुसज्जित करती हैं। उसे कपड़ा भी ओढ़ाती हैं। इसके बाद तीनों की पूजा-अर्चना करने के बाद जलाशय के किनारे बनाये गये उस रेत के मगर को जलाशय में ही ठण्डा कर देती हैं। फिर माहादेव, पारबती और बाली गवरा को सिर पर धारण कर घर लौटती हैं। घर में उनकी यथा-स्थान प्रतिष्ठा की जाती है। ऊपर कपड़े टाँग कर मन्दिर का रूप दिया जाता है। उन कपड़ों पर छींद-पलेवाँ[64] से बनाये गये चेंडू लटकाये जाते हैं और पूजा की जाती है। इस अवसर पर रखे जाने वाले व्रत में निर्जला रहना अनिवार्य माना जाता है। अगले दिन गवरा को जलाशय में ठण्डा करने के बाद ही फलाहार किये जाने की परम्परा है।

यह वस्तुतः बस्तर अंचल का लोक महोत्सव है जिसके अन्तर्गत 'धनकुल' गीत गाये जाते हैं। इसमें गाये जाने वाले गीत की प्रकृति लोक महाकाव्य की है। इसीलिये इसे लोक महाकाव्य कहे जाने में कोई संशय नहीं होना चाहिये। इस लोक महाकाव्य को 'तिजा जगार' के नाम से जाना जाता है। यह लोक महाकाव्य बस्तर की समृद्ध वाचिक परम्परा का एक अत्यंत महत्वपूर्ण अंग है, जिसे यहाँ की लोक गायिकाओं ने बड़े ही यत्नपूर्वक जीवित रखा है। इन लोक गायिकाओं को 'गुरुमायँ'[65] कहा जाता है।

इस लोकोत्सव के आयोजन-स्थल प्रायः देवगुड़ी अर्थात् मन्दिर होते हैं। आयोजन-स्थल को लीप-पोत कर सुन्दर ढंग से सजाया जाता है। दीवार पर भित्तिचित्र अंकित किए जाते हैं। इन चित्रों में 'तिजा जगार' की कथा संक्षेप में अंकित होती है। चित्रांकन का कार्य लोकचित्रकारों द्वारा किया जाता है। इन चित्रों को 'गड़' तथा चित्रांकन करने की प्रक्रिया को 'गड़ लिखतो' कहा जाता है।

भादों महीने की शुक्ल पक्ष तृतीया तिथि को महिलाओं द्वारा रखा जाने वाला यह व्रत हिन्दी परिवेश में 'हरितालिका', छत्तीसगढ़ी परिवेश में 'तीजा' और हल्बी-भतरी परिवेश में 'तिजा'

63. माहादेव-पारबती : महादेव, पार्वती।
64. छींद-पलेवाँ : खजूर प्रजाति के 'छींद' नामक पौधे की कोमल शाख तथा पत्ते।
65. गुरुमायँ : गुरुमाता।

कहलाता है। हिन्दी और छत्तीसगढ़ी परिवेश में यह व्रत जहाँ कुँआरी कन्याओं द्वारा मनवांछित पति की कामना या विवाहिताओं द्वारा पति के सुदीर्घ जीवन की कामना से रखा जाता है वहीं हल्बी-भतरी परिवेश में कुँआरी कन्याओं द्वारा पति की कामना, विवाहिताओं द्वारा अपने सुहाग की रक्षा और सन्तान-प्राप्ति की कामना से भी। हिन्दी और छत्तीसगढ़ी परिवेश में यह व्रत पार्वती द्वारा शिव की प्राप्ति हेतु की गयी तपस्या से अनुप्राणित लगता है तो हल्बी-भतरी परिवेश में पूर्णतः सन्तान-प्राप्ति की कामना से किया जाने वाला अनुष्ठान। यह तथ्य इस 'जगार' की कथा में स्पष्टतः उभर कर सामने आता है। इस महाकाव्य की सम्पूर्ण कथा से यही ध्वनित होता है कि सन्तान के बिना नारी अपूर्ण है। उसकी सबसे बड़ी और उत्कट अभिलाषा है सन्तान-प्राप्ति। दुनिया में उसे सन्तान-सुख के अतिरिक्त कोई और सुख नहीं चाहिये।

बस्तर में इस 'जगार' के विविध स्वरूप हैं जो अलग-अलग गुरुमायों द्वारा गाये जाते हैं। गुरुमायँ सुकदई द्वारा प्रस्तुत इस गाथा में बाँजिनरानी, माहापातरिन रानी और जानादई द्वारा सन्तान-प्राप्ति के लिये विविध अनुष्ठान और उद्योग किये जाते हैं। इनमें तुलसी रोपण, कुआँ-बावली और सरोवर का उत्खनन तथा 'तिजा जगार' का आयोजन प्रमुख हैं।

भँवरानँगर के सन्तानहीन राजा-रानी अपनी सन्तानहीनता के कारण ही बाँजाराजा और बाँजिनरानी[66] कहलाते हैं। राजा तो अपने राज-काज में व्यस्त होने के कारण सन्तानहीनता के दुःख को लगभग भुला देता है, किन्तु नारी-सुलभ स्वभाव-वश रानी इस दुःख को पल-पल भोगती रहती है। सारे यत्न करने के बावजूद वह सन्तान-सुख से वंचित ही रहती है। वह विचार करती है कि जब तक जीवन है तब तक तो घर-द्वार, राज-पाट सब कुछ है किन्तु इन सबके बावजूद कोख सूनी है। ऐसे में मृत्यु के बाद उन्हें कौन याद रखेगा? उसे यही चिन्ता सताती रहती है। एक दिन वह बाँजाराजा से कहती है कि वह 'धनकुल' का आयोजन करना चाहती है ताकि उसे सन्तान की प्राप्ति हो और उसकी मृत्यु के बाद भी लोग उसे याद रखें। बाँजाराजा उससे सहमत होता है। वह अपने महल में 'धनकुल' का आयोजन करती है। इसके बावजूद उसके अभीष्ट की सिद्धि नहीं होती और उसका मन नहीं मानता तब वह अपने महल में तुलसी रोपती है कि सम्भवतः ऐसा करने पर देव उस पर प्रसन्न हों और उसे सन्तान-सुख दें। किन्तु इस उद्योग से भी उसे वांछित फल नहीं मिलता तब प्यासे लोग अपनी प्यास बुझाएँ और उसे आशीर्वाद दें ताकि उनके आशीर्वाद से उसे सन्तान की प्राप्ति हो, इस विचार से वह सरोवर खुदवाती है, फल-फूल के बाग-बगीचे लगवाती है। किन्तु कई यत्न करने के बावजूद सन्तानहीनता का दंश भोगते अपने मन को वह ढाढ़स नहीं बँधा पाती। राजमहल की चहारदीवारी के भीतर रहते-रहते उसका मन क्लान्त हो उठता है तब वह एक दिन राजा की आज्ञा लेकर राज्य की आम महिलाओं के साथ काँदा[67] खोदने के लिये जंगल जाती है। वहीं काँदा खोदते हुए सौभाग्य से उसे जमीन के भीतर एक शिशु प्राप्त होता है। बाँजिनरानी उसी शिशु, जिसका नाम वे बाद में डाहाँकरैया रखते हैं, को भगवान का प्रसाद समझ कर अपना पुत्र मान लेती है।

इसी तरह माहापातरिन रानी भी सन्तान-प्राप्ति के लिये सबसे पहले तुलसी रोपती है फिर सरोवर और कुआँ खुदवाती है, पेड़-पौधे रोपती है। इसके बाद उसकी कोख से एक पुत्री,

66. बाँजा राजा, बाँजिन रानी : बाँझ राजा-रानी।

67. काँदा : कन्द।

जिसका नाम जानादई होता है, का जन्म होता है। बड़ी होने पर जब जानादई का विवाह डाहाँकरैया के साथ होता है तब वह भी सन्तान-प्राप्ति के लिये तुलसी रोपती है, 'तिजा' का उपवास रखती है और सरोवर तथा कुआँ खुदवाती है, पेड़-पौधे लगाती है। इतने उद्योग के बाद उसे सन्तान का सुख प्राप्त होता है। वह तब अपने आपको सम्पूर्णता में देख पाती है।

दसराहा

आश्विन मास में जगदलपुर में मनाया जाने वाला दशहरा बस्तर के ग्रामीण अंचल में 'दसराहा' के नाम से जाना जाता है। इस दसराहा और भगवान श्रीराम द्वारा रावण को मारे जाने की याद में मनाये जाने वाले दशहरा में फर्क है। तीन महीने से भी अधिक अवधि तक चलने वाले इस 'दसराहा' उत्सव में देवी दन्तेश्वरी की पूजा होती है। दन्तेवाड़ा से मावली देवी की डोली जगदलपुर लायी जाती है।

श्रावण मास की अमावश्या से कार्तिक मास की कृष्ण पक्ष द्वितीया, इस तरह कुल 106 दिनों तक चलने वाले इस अद्‌भुत दसराहा उत्सव में होने वाले विविध अनुष्ठान काल-क्रमानुसार इस तरह हैं[68] :

'पाठा जातरा (पाट जातरा)' : 11.00 बजे दिन से : इस 'दसराहा' का आरम्भ श्रावण मास की अमावश्या के दिन मनाये जाने वाले हरियाली के पर्व 'अमुस तिहार' के दिन होने वाले 'पाठा जातरा (पाट जातरा)' से हो जाता है। यह जातरा रथ के लिये लायी गयी लकड़ी की पूजा का अनुष्ठान होता है। यह जातरा होता है माईजी के मन्दिर के ठीक सामने सिंह-द्वार के पास। जंगल से साल वृक्ष का एक बड़ा सा लट्‌ठा रथ-निर्माण आरम्भ किये जाने के प्रतीक स्वरूप वहाँ ला कर सिंह-द्वार के पास रखा जाता है। फिर उस लट्‌ठे को माँगुर मछली की बलि दी जा कर उसकी पूजा विधिपूर्वक की जाती है। इसके बाद झाड़ उमरगाँव तथा बेड़ा उमरगाँव ग्रामों के ग्रामीण रथ-निर्माण आरम्भ करते हैं।

68. स्रोत : बस्तर इतिहास एवं संस्कृति : 1994 : लाला जगदलपुरी, दशहरा के समय विभिन्न अखबारों में प्रकाशित कार्यक्रम विवरण आदि।

'डेरी गाड़नी'[69]	:	11.00 बजे दिन से : भाद्रपद शुक्ल पक्ष 12 (द्वादशी) को सिरासार में स्तम्भारोपण का कार्यक्रम होता है। यही अनुष्ठान 'डेरी गड़ाई' भी कहलाता है।
'काछिन गादी'	:	संध्या 5.00 बजे : इस बहुचर्चित दसराहा का अगला कार्यक्रम होता है 'काछिन गादी'। आश्विन कृष्ण पक्ष चतुर्दशी को सम्पन्न होने वाले इस अनुष्ठान में अंचल के मिरगान जाति के लोग प्रमुखता से भाग लेते हैं। मिरगान बालिका पर 'काछिन देवी'[70] की सवारी आती है। उसे काँटेदार झूले पर लिटा कर पुजारी द्वारा झुलाया जाता है। चूँकि उस पर देवी की सवारी होती है अतः वे काँटे उसे नहीं चुभते। उसकी पूजा कर उससे दसराहा मनाने की अनुमति राज-परिवार द्वारा ली जाती है। बस्तर क्लब के पास स्थित 'काछन गुड़ी' में यह पूजा होती है। इसी दिन संध्या वेला में 'रैला पूजा'[71] का अनुष्ठान भी सम्पन्न होता है। यह अनुष्ठान गोलबाजार में सम्पन्न होता है। काछन और रैला दोनों ही हरिजनों की कुलदेवियाँ हैं। इनकी पूजा के बिना बस्तर के दशहरा की कल्पना भी नहीं की जा सकती।
कलश स्थापना	:	11.00 बजे दिन से : आश्विन अमावश्या अर्थात् पितृमोक्ष अमावश्या को माईजी के मन्दिर में कलश स्थापना होती है।

69. डेरी गाड़नी : स्तम्भारोपण।

70. काछिन देवी के आविर्भाव के सम्बन्ध में बस्तर अंचल में एक दन्तकथा प्रचलित है। इस दन्तकथा के अनुसार : बस्तर के किसी पूर्ववर्ती राजा का युद्ध रतनपुर (छत्तीसगढ़ अंचल में बिलासपुर के पास) के राजा के साथ हुआ था। इस युद्ध में बस्तर के राजा हार कर भाग रहे थे कि रतनपुर के राजा ने उन्हें बन्दी बना लिया। तब बस्तर-महाराजा के बुद्धिमान मन्त्री ने रतनपुर के राजा से कहा कि हमारे राजा शस्त्र-कला में निपुण हैं। आप एक बार उनकी परीक्षा तो लें। आप पायेंगे कि उन्हें बन्दी बनाने की बजाय उनसे मित्रता करना ज्यादा श्रेयस्कर होगा। तब बस्तर-महाराजा की परीक्षा ली गयी। उन्होंने एक ही वाण से शाल के चार वृक्षों को धराशायी कर दिया। कुछ और करतब भी दिखाये। रतनपुर के राजा इससे प्रसन्न हुए और बस्तर-महाराजा को मुक्त करते हुए अपनी काछ (कच्छा) दी और उस कच्छा का सम्मान करने को कहा। राजा वह काछ ले कर बस्तर लौट आये और जगतुगुड़ा के मिरगान और माहरा जाति के लोगों से कहा कि वे उस काछ का पूरा-पूरा सम्मान करें ताकि उन्हें अपमानित न होना पड़े। राज-भक्त माहरा और मिरगान जाति के लोगों ने उनकी आज्ञा सिर-माथे ली और उस काछ को देवी के रूप में प्रतिष्ठित किया। यही 'काछ देवी' आगे चल कर 'काछन देवी' या 'काछिन देवी' कहलायीं (स्रोत : बस्तर के तीज-त्योहार, 2002, हरिहर वैष्णव)।

71. रैला पूजा के सम्बन्ध में भी बस्तर अंचल में एक दन्तकथा प्रचलित है। इस कथा के अनुसार : रैला देवी काकतीय राजघराने की बेटी थीं। काकतीय नरेश रुद्रदेव और अन्नम देव की बहिन। सन् 1303 में दिल्ली के सुल्तान अलाउद्दीन खिलजी के दो सेनापतियों, मलिक काफुर और ख्वाजा हाजी ने रुद्रदेव के राज्य वारंगल (आन्ध्र प्रदेश) पर चढ़ाई कर दी। रुद्रदेव और रैला देवी बन्दी बना लिये गये। अन्नमदेव वहाँ से किसी तरह भाग कर बस्तर (चक्रकोट) आ गये और 1313 ईस्वी में यहाँ अपना राज्य कायम किया। बन्दी राजा रुद्रदेव का तो कहीं कुछ पता नहीं चला, किन्तु रैला देवी मुगलों के चंगुल से छूट आयीं। किन्तु राज-परिवार ने अपवित्र मान कर उन्हें अपनाने से इन्कार कर दिया। कहते हैं कि तब मिरगानों ने उन्हें अपने समाज में न केवल शरण दी, अपितु बेटी की तरह प्यार भी दिया। किन्तु अपमानित रैला देवी को यह जीवन रास न आया और उन्होंने एक दिन गोदावरी नदी में जल-समाधि ले ली। मिरगानों के लिये यह अत्यन्त दारुण प्रसंग था। रैला देवी का उन्होंने श्राद्ध किया। तब राजा को अपनी भूल पर पश्चात्ताप हुआ और उन्होंने भी रैला देवी के श्राद्ध में न केवल हिस्सा लिया, बल्कि दसराहा उत्सव के समय 'रैला पूजा' परम्परा भी शुरु की (स्रोत : बस्तर के तीज-त्योहार : 2002 : हरिहर वैष्णव, बस्तर इतिहास एवं संस्कृति : 1994 : लाला जगदलपुरी)।

'जोगी बिठाई'	: संध्या 5.00 बजे से : आश्विन अमावश्या अर्थात् पितृमोक्ष अमावश्या के दिन ही सिरासार[72] में जोगी बिठाया जाता है। यह जोगी सिरासार में खोदे गये एक गड्ढे में नौ दिनों के लिये तपस्या-रत होता है। इन नौ दिनों तक वह अन्न-जल ग्रहण नहीं करता। दसराहा उत्सव की निर्विघ्न सफलता के लिये जोगी का दायित्व परम्परानुसार आमाबाल और पराली गाँवों के कुछ विशिष्ट परिवारों के लोग ही निभाते आ रहे हैं।
प्रति दिन	
नवरात्रि पूजा	: आश्विन शुक्ल पक्ष प्रतिपदा से माईजी के मन्दिर में।
रथ परिक्रमा	: आश्विन शुक्ल पक्ष प्रतिपदा से आश्विन शुक्ल पक्ष सप्तमी तक प्रति दिन संध्या 5.00 बजे से : रथ परिक्रमा गोल बाजार के चारों ओर।
महाष्टमी (दुर्गाष्टमी) पूजा	: प्रातः काल से : माईजी के मन्दिर में।
'निशा जात्रा'	: रात्रि 10.00 बजे : निशा जात्रा इतवारी बाजार-स्थल में स्थित निशा जात्रा गुड़ी में।
'कुँआरी पूजा'	: 11.00 बजे : आश्विन शुक्ल नवमी को माईजी के मन्दिर में 'कुँआरी पूजा'। तत्पश्चात् इसी दिन संध्या 5.00 बजे के आसपास सिरासार में बैठे जोगी को समारोहपूर्वक उठाया जाना।
'मावली परघाव'	: 8.00 बजे रात्रि : आश्विन शुक्ल नवमी की ही रात 8.00 बजे के आसपास गंगामुण्डा पारा स्थित मावली गुड़ी से मावली परघाव।
'भीतर रैनी'	: 11.00 बजे दिन : आश्विन शुक्ल दशमी अर्थात् विजयादशमी।
रथ परिक्रमा	: 5.00 बजे संध्या से : रथ परिक्रमा के बाद आदिवासियों द्वारा रथ को चुरा कर कुमडाकोट ले जाया जाना।
कुमडाकोट में 'बाहिर रैनी'	: 11.00 बजे दिन से : आश्विन शुक्ल एकादशी। कुमडाकोट में। इसी दिन राजा रैयत के बाद अर्थात् सबसे अन्त में धान की नयी फसल का भोग करते हैं। इसे नयाखानी के अलावा 'राजा नवा' भी कहते हैं।
'रथ यात्रा'	: 4.00 बजे संध्या से : कुमडाकोट से राजमहल की ओर रथ की वापसी।
'काछिन जात्रा'	: 11.00 बजे दिन से : आश्विन शुक्ल द्वादशी को काछिन गुड़ी में।
'मुरिया दरबार'	: सिरासार भवन में सांसद, विधायक, पुजारी, माँझी, चालकी, पटेल, कोटवार, पंच, सरपंच, नाइक, मेम्बर, मेम्बरिन आदि का आम दरबार कार्यक्रम : 2.00 बजे दिन से।
'कुटुम जात्रा'	: 11.00 बजे दिन से, तत्पश्चात् ग्राम देवी-देवताओं की विदाई, पूजा विधान : आश्विन शुक्ल त्रयोदशी को गंगामुण्डा पारा में बने पूजा मण्डप में।
श्रीदन्तेश्वरी माईजी की पूजा	: 11.00 बजे दिन से दन्तेवाड़ा में : कार्तिक कृष्ण पक्ष द्वितीया। दन्तेवाड़ा में।

72. सिरासार : सिरहासार।

लछमी जगार

'लछमी जगार' भी 'तिजा जगार' की ही तरह विभिन्न संस्कारों से आबद्ध अनुष्ठान है जो यद्यपि 'तिजा जगार' की ही तरह महिलाओं द्वारा पूरे किये जाते हैं, किन्तु पूरी तरह महिलाओं द्वारा कहा जाना समीचीन नहीं होगा। कारण, पुरुष भी इस आयोजन में सहभागी होते हैं और अपवादस्वरूप जगार-गायक भी। यह आयोजन प्रायः धान की फसल कटने के साथ ही शीत ऋतु में किसी भी समय आरम्भ हो कर अधिकतम 11 दिनों तक चल सकता है किन्तु प्रायः कार्तिक पूर्णिमा से ले कर माघ मास तक इसका आयोजन किया जाता है। अगहन मास में इस जगार का आयोजन करना और भी शुभ माना जाता है। लछमी जगार जिस परिवार में या सामूहिक रूप से ग्राम स्तर पर आयोजित करने का संकल्प लिया जाता है, उसे लगातार 3 वर्ष तक इसका आयोजन करना आवश्यक होता है। सामर्थ्य के अनुसार 5, 7 या 9 अथवा 11 दिनों तक के लिये इसका आयोजन किया जाता है। धान-कटाई के पश्चात् यदि लछमी जगार का आयोजन करना हो तो खेत में धान के कुछ पौधे सुरक्षित रख लिये जाते हैं।

यह यों तो सप्ताह के किसी भी दिन आरम्भ हो सकता है किन्तु समाप्ति गुरुवार को ही होती है। इस दिन सारी रात गायन होता है। 'जगार' शब्द हिन्दी के जागरण और संस्कृत के यज्ञ शब्द से प्रादुर्भूत है। देवताओं को निद्रा से जगाना और अन्न की उपज इसके मूलभूत अभिप्राय हैं। किन्तु इसके साथ ही यह आयोजन उत्सवधर्मी भी होता है। विशेष रूप से अन्तिम दिन जब अनुष्ठान अपने चरम पर होता है और माहालखी[73] यानी धान का विवाह नरायन राजा के साथ सम्पन्न होता है। यह विवाह सांकेतिकता के साथ नहीं अपितु वास्तविकता के साथ सम्पन्न होता है। नृत्य और गायन की छटा देखते ही बनती है। 'लछमी जगार' का आयोजन किसी समुदाय अथवा व्यक्ति विशेष के द्वारा भी हो सकता है। इसमें आयोजक अपनी पत्नी के साथ गाथा के अनुरूप पात्रों की भूमिका भी निभाते देखे गये हैं। इसके आयोजन के विषय में लोगों का कहना है कि यह प्रायः सुख-समृद्धि की कामना से आयोजित किया जाता है।

'लछमी जगार' का आयोजन छत्तीसगढ़ प्रान्त के अन्तर्गत अविभाजित बस्तर ज़िले के जगदलपुर एवं कोंडागाँव तहसीलों में, तथा नारायणपुर, दन्तेवाड़ा और बीजापुर तहसीलों के कुछ भागों में किया जाना पाया जाता है। इस जगार के अन्तर्गत यों तो लछमी-नरायन की कथा गायी जाती है किन्तु वस्तुतः यह कथा होती है धान्य देवी की। इस कथा को इसकी

73. माहालखी : महालक्ष्मी।

प्रकृति के आधार पर लोक महाकाव्य कहा जाना समीचीन होगा। इस लोक महाकाव्य का गायन प्रमुखतः महिलाओं द्वारा किया जाता है। प्रमुख गायिका पाट गुरुमायँ कहलाती है। उसकी एक या दो सहायिकायें होती हैं, जिन्हें 'चेली गुरुमायँ' कहा जाता है। इन गुरुमाँओं को उनके गायन के लिये कोई धनराशि नहीं दी जाती अपितु उसकी जगह आयोजक द्वारा जगार की समाप्ति पर सामर्थ्यानुसार ससम्मान भेंट दी जाती है। यह भेंट कपड़ों एवं चावल-दाल आदि के रूप में होती है।

लछमी जगार के प्रथम दिन डुमर[74] वृक्ष की लकड़ी से बनी पायली में धान भरा जाता है, जिसे 'पयली भरतो'[75] कहा जाता है। पायली भरने की रस्म घर के मुखिया, कहीं-कहीं गुरुमायँ अथवा पुजारी द्वारा सम्पादित की जाती है। पायली के मुँह के ऊपर तक धान भरा जाता है। पायली भरने के उपरान्त उसके मुहटा[76] के ऊपर के धान को 'छिरनी काड़ी'[77] से पायली के मुँह के बराबर हटा दिया जाता है। यह रस्म गुरुमायँ द्वारा पूरी की जाती है। इसके उपरान्त उसे नये सफेद कपड़े से पूर्णरूपेण ढँक कर सफेद धागे से बाँध दिया जाता है। 5 दिनों का लछमी जगार होने पर 5 गुना, 7 दिनों का होने पर 7 गुना या 9 दिनों का होने पर 9, तथा 11 दिनों का होने पर 11 गुना धागा लपेट कर बाँधते हैं। धान से भरी पायली पूजा-स्थल पर एक पीढ़े के ऊपर स्थापित की जाती है। दो हण्डियाँ पूजा-स्थल के सामने अगल-बगल रखी जाती हैं। इन दोनों हण्डियों में चावल डाला जाता है। कहीं-कहीं दोनों हण्डियाँ एक ही आकार-प्रकार की होती हैं तो कहीं-कहीं एक हण्डी बड़ी तथा दूसरी हण्डी उससे कुछ छोटी होती है। 5 दिनों का जगार आयोजित करना हो तो बड़ी हण्डी में 3 तथा छोटी हण्डी में 2 अँजरा[78] चावल डाला जाता है। इसी तरह यदि 7 दिनों का जगार हो तो बड़ी हण्डी में 4 तथा छोटी हण्डी में 3 अँजरा, तथा 9 दिनों का जगार आयोजन करना हो तो बड़ी हण्डी में 5 और छोटी हण्डी में 4, और 11 दिनों के जगार के लिये बड़ी हण्डी में 6 और छोटी हण्डी में 5 अँजरा चावल डालने की प्रथा रही है। धागा लपेटने और हण्डी में चावल डालने की यह रस्म जगार-आयोजक के संकल्प का प्रतीक होती है। इन हण्डियों को 'घुमरा हाँडी' कहा जाता है। 'घुमरा' का अर्थ है गूँजना या गर्जन। चावल डालने के बाद दोनों हण्डियों के मुँह नये सूपों से ढँक दिये जाते हैं।

'लछमी जगार' की अलग-अलग शाखाएँ हैं। इन शाखाओं को 'खँदा' या 'खेंदा' कहा जाता है। एक है 'जम खँदा' यानी 'यम शाखा' तथा दूसरी है 'बेसरा खँदा' यानी 'बाज शाखा'[79]। दोनों ही शाखाओं की कथा अलग-अलग है। 'जम खँदा' में पुराण से मिलती-जुलती कथा है, जबकि 'बेसरा खँदा' में पुराण से बिल्कुल अलग। दोनों ही कथाएँ बड़ी लम्बी-लम्बी हैं।

---

74. डुमर : गूलर।
75. पयली भरतो : पायली भरना।
76. मुहटा : मुँह।
77. छिरनी काड़ी : बाँस की कमची जिससे धनुष की डाँडी पर घर्षण किया जाता है। इसके घर्षण से धनुष से 'छर-छर छर-छर' की सम्मोहक ध्वनि निःसृत होती है।
78. अँजरा : अंजुरि।
79. बाज : वस्तुतः बाज को 'बेसरा' नहीं कहा जाता। यह छचान (या छेचान) कहा जाता है किन्तु 'बेसरा' इसी प्रजाति का पक्षी होता है।

'बेसरा खँदा' की कथा के अनुसार : उपरपुर[80] में मेंगराजा और मेंगिन रानी[81] राज्य करते थे। मेंगिन रानी ने हठ किया कि वे मँजपुर[82] देखना चाहती हैं। तब मेंगराजा के कहने पर अजगलभिमा ने मँजपुर जा कर उनके रहने के लिये वहाँ एक झोपड़ी बनवा दी। तब वे दोनों मँजपुर में आ कर रहने लगे। उनके कोई सन्तान नहीं थी। मेंगिन रानी ने कई जतन किये किन्तु उन्हें सन्तान की प्राप्ति नहीं हुई। तब उन्होंने मेंगराजा को अपने काका माहादेव[83] के पास फल माँगने के लिये कैलासपुर[84] भेजा। मेंगराजा कैलासपुर से आम का फल ले कर लौटे और उसे रोप दिया। समय आने पर वह फल अंकुरित हो कर पौधा, और फिर पेड़ बना। उसमें फल लगे। मेंगराजा ने वह फल मेंगिन रानी को दिया। उस फल को खाने से मेंगिन रानी को पुत्री-रत्न की प्राप्ति हुई। उसका नाम रखा गया, माहालखी। माहादेव के एक छोटे भाई थे। उनका नाम था नरायन। वे बालिखँडपुर में रहते थे। उनकी 21 रानियाँ थीं। किन्तु इसके बावजूद वे माहालखी से विवाह करना चाहते थे। उन्होंने अपने भाई और भौजी से मिलने का बहाना बनाया और कैलासपुर आ गये। वहाँ से वे 'बेसरा'[85] ले कर आखेट के बहाने माहालखी की खोज में चले। उनका बेसरा छूट कर माहालखी के पास चला गया। तब वे बेसरा के बिना ही कैलासपुर लौट गये। पारबती ने बेसरा के बारे में पूछा तो नरायन ने सारी घटना बतला दी और माहालखी से विवाह करने की जिद करने लगे। इस पर उनके भाई माहादेव ने पारबती से कहा कि उसकी बात मान लें और माहालखी से उसका विवाह करा दिया जाये। इस तरह उनका विवाह माहालखी से करवा दिया गया। विवाह के बाद वे माहालखी को ले कर बालिखँडपुर जाना चाहते थे किन्तु पारबती ने उन्हें ऐसा करने से मना कर दिया। तब वे अकेले ही बालिखँडपुर चले गये। किन्तु वहाँ उनका मन नहीं लगता था। तब वे एक रात कैलासपुर आ पहुँचे और माहालखी को उठा कर ले गये। वहाँ उनकी राधा-तुलसा, उड़द, मूँग, चना, बडरा[86] सरसों, तिल, राहेड़[87] कोसरा, सावाँ, भदई आदि 21 रानियाँ माहालखी को तरह-तरह के कष्ट देने लगीं। सही बात से अनजान नरायन ने एक दिन माहालखी को बहुत पीटा। यहाँ तक कि उन पर लात भी उठायी। तब माहालखी अपमानित और दुखी हो कर बालिखँडपुर छोड़ कर इन्दरपुर चली गयीं। उनके साथ-साथ नरायन राजा की सारी सम्पत्ति भी चली गयी। नरायन राजा अपनी रानियों के साथ भूखों दिन बिताने लगे। तब रानियों ने थक-हार कर कहा कि माहालखी के चले जाने के कारण ही उनके घर से धन-धान्य भी चले गये हैं। इसलिये वे माहालखी को खोज कर लायें। तब नरायन राजा माहालखी की खोज में भटकने लगे। वे बहुत कठिनाई से उन्हें इन्दरपुर में देख सके। वहाँ किसी तरह उनसे उनकी भेंट हुई। तब माहालखी ने रानियों द्वारा उन पर किये गये अत्याचारों की कथा सुनायी। नरायन राजा पछताने लगे और किसी तरह माहालखी को मना कर बालिखँडपुर ले आये। उनके साथ ही धन-धान्य भी बालिखँडपुर लौट आये।

---

80. उपरपुर : ऊपर पुर, ऊर्ध्व लोक।
81. मेंगराजा, मेंगिन रानी : मेघ राजा, मेघिन रानी। वर्षा के देवता।
82. मँजपुर : मध्य लोक, मर्त्य लोक, धरती।
83. माहादेव : महादेव।
84. कैलासपुर : कैलाशपुर।
85. बेसरा : बाजनुमा एक पक्षी।
86. बडरा : मटर।
87. राहेड़ : अरहर। यह 'लाहेड़' भी उच्चारित होता है।

इसी जगार के अन्तर्गत माहादेव द्वारा खेती करने और धान उपजाने की कथा भी आती है। इस कथा के अनुसार पहले धरती पर धान नहीं था। पारबती के कहने पर माहादेव ने खेती की और धान का उत्पादन किया। वही धान कैलासपुर से धरती पर आया और लोगों का भोजन बना। इसी जगार में वर्षा की कथा भी है। इसी दिन की याद में लछमी जगार के अन्तिम दिन खेतों से धान की बालियाँ ला कर नारियल से उसका विवाह रचाया जाता है। कारण, नारियल को भगवान नरायन का रूप माना गया है।

मँडई

धान की मिंजाई के बाद माघ-फाल्गुन के महीने में कई गाँवों में मँडई का आयोजन होता है। इनमें प्रमुख मँडइयाँ हैं गीदम के पास घोटपाल, फरसपाल, नारायणपुर, मर्दापाल, रामाराम, कोंडागाँव, काँकेर की। इन मँडइयाँ को देव मँडई कहा जाता है जबकि दन्तेवाड़ा में भरने वाली मँडई को फागुन मँडई। गोंडी परिवेश में मँडई 'खड़साड़' या 'करसाड़' अथवा 'काकसाड़' कहलाती है। इन सभी मँडइयों का अपने-अपने जनपद में महत्त्वपूर्ण स्थान रहा है। इनमें देवी-देवताओं का जमघट होता है। गाँव-गाँव से देवी-देवता अपने लाट-बैरक, आँगा-छतर, डोली आदि के साथ मँडई में आते हैं। यह इनके मिलन का उत्सव होता है। इनमें इन देवी-देवताओं की वार्षिक पूजा-अर्चना की जाती है।

अलग-अलग गाँवों की ग्राम-देवियाँ अलग-अलग होती हैं। कोंडागाँव एवं नारायणपुर की अधिष्ठात्री देवी हैं मावली। यही कारण है कि इन दोनों स्थानों में भरने वाली मँडई को मावली मँडई के नाम से जाना जाता है। वस्तुतः मँडई माता[88] की ही वार्षिक पूजा का समारोह है जिसमें गाँव-गाँव के देवी-देवता मँडई वाले गाँव की अधिष्ठात्री देवी से वार्षिक भेंट करने के लिये एकत्र होते हैं। माता के कई रूप माने गये हैं यथा मावली, दन्तेसरी, जलनी बुड़ी, कंकालिन, तेलंगिन, कारी तेलंगिन, कोदई बुड़ी, हिंगलाजिन, करनाकोटिन, गंगादई, दुलारदई आदि। माता के इन्हीं स्वरूपों की वार्षिक पूजा 'मँडई' कहलाती है।

मँडई की पूर्व संध्या पर गाँव की अधिष्ठात्री देवी की पूजा-अर्चना गाँव के धार्मिक तथा सामाजिक प्रमुखों की उपस्थिति में विधि-विधानपूर्वक सम्पन्न होती है। इस पूजा में देवी से गाँव की कुशलता हेतु प्रार्थना की जाती है और पशु-बलि आदि से उसे प्रसन्न किया जाता है। दूसरे दिन अन्य देवी-देवताओं की पूजा का क्रम आरम्भ होता है। प्रमुख स्थानों पर प्रतिष्ठित देवी-देवताओं

88. माता : मातृ-शक्ति।

की पूजा-अर्चना विधि-विधानपूर्वक की जाती है। इसके बाद गाँव-गाँव से आये देवी-देवता एक जगह एकत्र होते हैं और वहाँ पर वे खेलने[89] लगते हैं। इसके बाद ग्राम देवी तथा अन्य सभी देवी-देवता मँडई स्थल की परिक्रमा करते हैं। इस परिक्रमा को 'बिहरतो' कहा जाता है।

3 : अनुष्ठान

जतरा

जतरा[90] चार तरह के होते हैं। पहला घर जतरा, दूसरा कुटुम जतरा, तीसरा गाँव जतरा और चौथा परगन जतरा। इस तरह अलग-अलग प्रकार के जतरा होते हैं। गाँवकारी जतरा होता है सामूहिक। यह पूरे गाँव का जतरा होता है। जैसे भादों जतरा, चइत जतरा एवं माँग जतरा आदि होते हैं कोंडागाँव में। माता पहुँचानी होती है वर्ष में दो बार। यह भी एक तरह का जतरा ही है। जतरा करने के पीछे लोगों का यह विश्वास है कि इससे मानव समुदाय के साथ-साथ पालतू पशु भी रोग आदि से बचे रहते हैं। बस्तर के गाँवों में पहले अस्पताल नहीं हुआ करते थे। आज भी कुछेक कस्बों या बड़े गाँवों को छोड़ कर बाकी स्थानों में अस्पताल नहीं हैं। लेकिन देवी-देवताओं का मान हुआ करता था। देवी-देवता से प्रार्थना किया करते थे कि हमारे दुःख दूर हो जायें। बीमारी आदि दूर हो जायें। और प्रार्थना से ऐसा सम्भव भी हो जाता था। तब उस देवी की पूजा की जाती थी। इसे ही जतरा कहते हैं।

जयदेव बघेल कहते हैं : जतरा में मूर्ति चढ़ाते हैं। मूर्ति गड़वा द्वारा बनायी जाती है। कलश, झाप, घुँघरू और मूर्ति आदि की आवश्यकता होती है जतरा में। देवी-देवताओं को अर्पित करने के लिये। जैसा कि पहले ही स्पष्ट किया है, भादों जतरा, चइत जतरा आदि अलग-अलग जतरा हैं। जतरा के विषय में लोग अपने ढंग से तय करते हैं कि कौन-सा जतरा मनाया जाये। अपने कुटुम्ब, परिवार या गाँव में यह तय होता है। लोग आपस में बैठ कर तय करते हैं कि हमें इस माह में यह जतरा करना है। जतरा का मतलब है विशेष पूजा। कुटुम जतरा में केवल कुटुम्बी ही शामिल होते हैं। कुटुम्ब के सभी देवी-देवता भी इसमें आमन्त्रित होते हैं। कुटुम जतरा में परिवार के सारे लोग बैठते हैं। उसमें देवी का आह्वान किया जाता है। देवी से

89. खेलना : देव खेलने से तात्पर्य है देवी-देवताओं का अपने प्रतीकों (लाट, बैरक, डोली, छतर, आँगा आदि) के साथ नृत्य करना, सिंगारी मुँदरा, काटा मुँदरा (काँटेदार साँकल) से अपने शरीर पर वार करना आदि।

90. जतरा : यह जातरा भी उच्चारित होता है।

अपने दुःख-सुख कहे-सुने जाते हैं। देवी उनकी समस्याओं का समाधान करती हैं। देवी-देवताओं के काम में महिलायें सम्मिलित नहीं होतीं। देवी भी महिलाओं पर सवारी नहीं करतीं। कारण, महिलाओं का रजस्वला होना है। यह देखा गया कि यदि पूजा के समय उसका मासिक धर्म आ गया तो वह अशुद्धि की स्थिति में पूजा कैसे कर सकेगी? तो इस बात के मद्देनजर आरम्भ से ही महिलाओं को पूजा-अर्चना के काम से अलग रखा गया था। सम्भवतः पहले कभी ऐसा हुआ होगा कि ठीक पूजा के समय किसी महिला का मासिक धर्म आ गया होगा। तभी से यह प्रथा चली आ रही होगी। इसी तरह गाँव जतरा में गाँव के सारे लोग अपने-अपने देवी-देवताओं के साथ जुटते हैं। भादों जतरा गाँवकारी के साथ-साथ परगना का भी होता है। जतरा वर्ष में दो-तीन बार हो सकते हैं। यों तो जतरा प्रत्येक चार महीने में होना चाहिये। पहले ऐसा हुआ करता था। भादों, चइत (चैत्र) और माघ में।

साल में एक बार जो पूजा होती है, उसे जतरा कहते हैं। यह जतरा दिन के हिसाब से ही किया जाता है। माता देबी का ज्यादा जतरा होता है। डोकरी देबी का, माता देबी का। बाजा-मोहरी ज्यादा बजाते हैं। छोटे-छोटे देबी का एक दिन में हो जाता है।

जतरा में लौह शिल्पियों द्वारा बनाये गये सामान की आवश्यकता पड़ती है। लौह शिल्पी नानजात विश्वकर्मा[91] कहते हैं : लौह शिल्पियों को वहाँ तिरसुल, कडरी, फरसी आदि बना कर ले जाना पड़ता है। वहाँ भी बलि दी जाती है। तब हमें भी प्रसाद के रूप में मांस और रसोई-चावल देते हैं। भोजन भी कराते हैं।

जतरा में कुम्हारों द्वारा बनाये गये मिट्टी के बर्तन लगते थे। अभी भी लगते हैं।

नगरनार क्षेत्र में माघ, चइत और जेठ-बैसाख में भिन्न-भिन्न देवियों के भिन्न-भिन्न जतरा होते हैं। इन्हें इस क्षेत्र में बजार भी कहा जाता है[92]। माघ में होने वाला जतरा कंकालनी देवी का होता है जबकि चइत में भँडारनी देवी और जेठ-बैसाख में जलनी[93] माता का। मँडई के अवसर पर गाँव की अधिष्ठात्री देवी के अलावा कुटुम्ब-देवी की भी पूजा-अर्चना की जाती है। पारदी लोगों के देवता रनहा कासन का जतरा माघ के महीने में होता है। इसी तरह गोंडी परिवेश में होने वाले ककसाड़ को जतरा भी कहा जाता है। जब नयी फसल आती है तब जतरा किया जाता है। देवी-देवता को नयी फसल अर्पित की जाती है। इसके बाद नये अन्न अथवा अन्य फसल का भोग किया जाता है। कोसरा, जिरा, धान, आम आदि की नयी फसल खाने के पहले भी जतरा किया जाता है।

आमा जोगानी

अक्षय तृतीया (वैशाख, शुक्ल पक्ष तृतीया) के दिन मनाये जाने वाले इस त्योहार को 'आमा खापनी' या 'अकतई' भी कहते हैं। छत्तीसगढ़ में इसे 'अकती' के नाम से जाना जाता है। इस दिन कुटुम्ब के समस्त व्यक्ति अपने प्रमुख के घर एकत्र हो कर अपनी इष्ट-देवी की आराधना करते हैं और देवी को नया आम तथा महुआ अर्पित कर उसे जोगाते हैं। देवी की पूजा में मुर्गी आदि की बलि भी दी जाती है। बुनाई हेतु धान-बीज इस त्योहार में भी निकाला जाता है।

---

91. स्रोत : लौह शिल्पी श्री नानजात विश्वकर्मा, किड़ईछेपड़ा (कोंडागाँव, बस्तर-छ.ग.) से दिनांक 2 एवं 4.3.04 को हुई बातचीत।
92. स्रोत : दिनांक 26.4.04, को नगरनार के मिट्टी शिल्पी श्री सोमारूराम, कुम्हार से की गयी बातचीत।
93. जलनी : जलनी बुड़ी। बुड़ी : बूढ़ी।

आदिवासी बहुल बस्तर अंचल में प्रायः सभी फसलों की पूजा करने की परम्परा है। धान, मँडिया, कोदो, आदि के अतिरिक्त आम के मौसम (वैशाख मास) में 'आमा खानी' या 'आमा जोगानी' त्योहार मनाया जाता है। वस्तुतः 'जोगानी' का अर्थ प्रकारान्तर से भिन्न-भिन्न अवसर पर प्रकृति की पूजा ही है। जोगानी शब्द हिन्दी के 'योग' शब्द से आया है। आम के साथ-साथ 'चार' नामक जंगली फल को भी जोगाया जाता है। चार नामक फल से चिरौंजी निकाली जाती है, जिसका बाजार भाव काफी ऊँचा है। प्रकृति द्वारा प्रदत्त इन उपादानों का हमारे जीवन में काफी महत्व है।

बस्तर अंचल की 'हल्बी' लोकभाषा में गाये जाने वाले लोक महाकाव्य 'लछमी जगार' की कथा के अनुसार धरती पर पहले आम का अस्तित्व नहीं था। 'मेंगिन रानी' यानी मेंग की पत्नी के अनुरोध पर मेंगराजा द्वारा यह फल 'कैलासपुर' निवासी 'माहादेव' से माँग कर मँजपुर[94]

में लाया एवं रोपा गया। इसलिए इसे माहादेव के प्रसाद के रूप में भी मान्यता मिली है। इसी कथा के अनुसार आम उत्पादकता का भी प्रतीक है, क्योंकि इसी फल को खाने के बाद मेंगिन रानी को गर्भाधान होता है और वे माहालखी या माहालछमी (महालक्ष्मी) को जन्म देती हैं।

आम की पत्तियाँ न केवल बस्तर अपितु पूरे देश में शुभ का प्रतीक मानी जाती हैं। तोरण-द्वार एवं कलश में भी आम की पत्तियों का उपयोग होता है। बस्तर के लोक जीवन में नए आम का सेवन इसकी पूजा के बिना नहीं किया जाता। आम की इसी पूजा का नाम है, 'आमा खापनी' या 'आमा जोगानी'। प्रायः 'माटी तिहार' के दिन भी यह रस्म पूरी की जाती है।

'आमा जोगानी' पर्व मनाने के पूर्व ग्रामवासी आपस में मिल-बैठ कर इसकी तिथि तय कर लेते हैं। प्रायः 'आमा जोगानी' शनिवार, मंगलवार या फिर बुधवार के दिन ही सम्पन्न होता है। शेष दिन इस त्योहार के लिये निषिद्ध हैं। 'आमा जोगानी' के लिए किसी 'जतरा' की जरूरत नहीं पड़ती। कई बार प्रायः 'माटी तिहार' के दिन ही 'आमा जोगानी' सम्पन्न कर ली जाती है और घर के मुखिया को छोड़ कर शेष सभी लोग आम का सेवन कर सकते हैं। मुखिया 'आमा जोगानी' के दिन इसकी रस्म के बाद ही आम का सेवन करता है। इस त्योहार में 'दादा-भाई'[95] ही शरीक होते हैं। 'सगा'[96] इस त्योहार में सम्मिलित नहीं हो सकते। निर्धारित दिन आम और 'चार' फल को थाली या पतरी (पत्तल) में भक्तिपूर्वक रख कर उसके साथ धूप, अगरबत्ती, लाली, उड़द की दाल, चावल, गुड़, मँद (मदिरा) आदि रखे जाते हैं। इनके साथ-साथ जाम-डारा (काले जामुन

94. बीच का लोक अर्थात् मृत्यु लोक।

95. पितृ वंशीय।

96. मातृ वंशीय।

की टहनी) भी रखी जाती है। मुर्गा और बकरे की बलि दी जाती है। नारियल चढ़ाया जाता है तथा अगरबत्ती भी जलायी जाती है। देवता के आसन में दीया जलाया जाता है। होम-आरती की जाती है और देवता को मदिरा अर्पित की जाती है। आम की चार फाँकें कर एक टुकड़ा देवता को अर्पित किया जाता है तथा बाकी के कई टुकड़े कर आपस में प्रसाद के रूप में खाया जाता है। फिर मदिरा पी-पिलायी जाती है। 'बेट'[97] (पैरा या पुआल से बनी रस्सी) में आग ले कर पास के किसी जलाशय (तालाब या नदी) में जाते हैं। यह होता है पूजा-स्थल। इस स्थान को गोबर से लीपा जाता है तथा 'कोंडी' (छोटी सी हाँडी) में पानी भरकर तीन बार 'पूँजी' के ऊपर डाला जाता है। उसके बाद गोबर के ऊपर भी दाल-चावल की 'पूँजी' रखकर लाली आदि लगा कर पूजा की जाती है। मिट्टी के नये बर्तन से पानी डालते हैं। जलाशय के किनारे 'जाम-डारा' को गाड़कर उसके आगे फरसा-पाना (पलाश का पत्ता) के ऊपर तीन हिस्सों में दाल-चावल का मिश्रण रखा जाता है। इसी मिश्रण को 'पूँजी' कहा जाता है। इसी 'पूँजी' के ऊपर तम्बाकू और मँद (शराब) टपकायी जाती है। मदिरा की इस भेंट को 'तरपनी' कहा जाता है। धूप, अगरबत्ती, लाली आदि से पूजन कर अपने-अपने देवी-देवताओं का स्मरण किया और आम को चार भागों में काटा जाता है। पूजा आदि कर किसी पेड़ की छाँव में बैठ कर गाँव तथा पास-पड़ोस के सभी लोग मिलकर उसे आपस में बाँट कर खाते हैं। मदिरा आदि भी पी जाती है। बड़े-छोटे को प्रणाम-आशीष का आदान-प्रदान कर घर लौटते हैं। घर में भी उसी प्रकार पूजा एवं भेंट आदि की जाती है। परिवार के सभी सदस्य पूजा का प्रसाद ग्रहण करते हैं। इस त्योहार के दिन विशेष रूप से सूखी मछली, जिसे 'सुकसी' कहा जाता है, आम के साथ पकायी एवं प्रसाद के रूप में खायी जाती है। कुछ लोग सुकसी के स्थान पर मछली का भी भोग लगाते हैं। इसके साथ ही प्रत्येक सब्जी में आम का टुकड़ा अवश्य ही डाला जाता है[98]।

भिमा जतरा

भिमा जतरा वर्षा के लिये किया जाता है। जब पानी नहीं गिरता तब वर्षा के देवता को प्रसन्न करने के लिये भिमा जतरा का आयोजन ग्राम स्तर पर किया जाता है। भिमादेव गाँव के बाहर दो गाँवों की सीमा में प्रतिष्ठित होते हैं। वर्षा न होने के कारण खेती-किसानी का काम प्रभावित होता है, तब भिमा का जतरा किया जाता है। यह भिमा बिहाव से अलग होता है। दोनों में मूलभूत फर्क यह होता है कि भिमा जतरा साल-दो साल के अन्तराल में अथवा प्रति वर्ष भी किया जा सकता है किन्तु भिमा बिहाव भिमा खुटा के सड़ जाने पर अथवा प्रायः बारह वर्षों के बाद।

97. बेट : पैरा (पुआल) से बनी रस्सी।
98. स्रोत : श्री शिवनाथ यादव एवं श्री चन्द्रकिशोर समरथ, कोंडागाँव (बस्तर-छ.ग.)

भिमा बिहाव

भिमा विवाह में भिमा को हल्दी-तेल-चावल चढ़ाया जाता है। गाँव के लोग पूजा-पाठ करते हैं। हल्दी-तेल इस विवाह में जरूरी है। अन्य जतरा में भी हल्दी-तेल की आवश्यकता होती है। कारण, देवी-देवता का कुँआर सार निकाला जाता है। कुँआरसार निकलने का मतलब यह होता है कि हल्दी-तेल लगने के बाद ही चाहे देवी-देवता हो या युवक-युवती, उनका कुँआरापन दूर हो जाता है। यदि हल्दी-तेल न लगाया जाये तो वे कुँआरे ही रह जाते हैं। 18-20 वर्ष की आयु में लड़कों का और 14-16 वर्ष की आयु में लड़कियों का कुँआर सार निकाला जाता है। इससे वे पवित्र हो जाते हैं।

प्रायः भिमा देव की कोई प्रतिमा नहीं होती। यह वस्तुतः लकड़ी का एक छोटा-सा खम्भा होता है। इसे 'भिमा खुटा' कहा जाता है। भिमादेव की पूजा बस्तर ही नहीं बल्कि ओड़िसा में भी की जाती है। 'पाट बाली' या 'बाली जगार' नामक महापर्व जो कुम्भ की तरह प्रति बारह वर्षों में आयोजित होता है मुख्यतः भिमा देव की ही पूजा का पर्व है, जो बारिश की कामना से आयोजित किया जाता है। मैंने बस्तर और ओड़िसा में भी जगह-जगह 'भिमा खुटा' या 'भिमुल खुट' ही देखे हैं। पानी नहीं गिरने पर भिमा का विवाह किया जाता है। यह विवाह वर्ष में होने वाले दो जतरा से अलग है। यह विवाह केवल पानी नहीं गिरने पर किया जाता है। उस समय भिमा के सिर पर यानी 'खुटा' (ठूँठ) के ऊपर गोबर थोपा जाता है। पूरे गाँव के लोगों से चन्दा इकट्ठा किया जाता है। लोग खुशी से चन्दा देते हैं। कोंडागाँव में इनका स्थान है माता सिरहा के घर के पीछे। मरार पारा में। कहा जाता है कि भिमा खुटा पर गोबर थोपे जाने पर वर्षा के देवता इन्द्र उसे सहन नहीं कर पाते और खुटा पर से गोबर धोने के लिए वर्षा करने लगते हैं[99]।

किन्तु कुछ लोगों के अनुसार 'भिमा विवाह' का आयोजन 'भिमा खुटा' या 'भिमुल खुट' के सड़ जाने पर ही किया जाता है। जब पुराना 'खुट' सड़ जाता है, या किन्हीं कारणों से वह क्षतिग्रस्त हो जाता है तब नया 'खुट' बनाया जाता है और उसे गाड़ा जाता है[100]। यही समय होता है भिमा के विवाह का।

बीज कुकड़ी

जिस दिन खेत में बोआई करना हो उस दिन धान बीज के साथ खेत में मुर्गी भी काटी जाती है। बोआई के पहले अपनी इष्ट देवी की आराधना कर मुर्गी चढ़ाई जाती है फिर बोआई-कार्य आरम्भ किया जाता है। गाँव के सारे कृषक पूरे खेतों और देव-स्थानों की परिक्रमा करते हैं। प्रत्येक देव-स्थान, जैसे आदन या बड़ का पेड़, डोबरा, कुआँ, सँद आदि में पूजा करते हुए चलते हैं। अपने-अपने घरों से सवेरे निकलते हैं और लगभग ढाई-तीन बजे अपरान्ह वे मुख्य स्थान पर पहुँचते हैं। मुख्य स्थान पर पहुँच कर मुख्य पूजा की जाती है। यहीं पर कुकड़ी[101] काटते हैं और 'अब हम लखिनबार[102] दिन से बीज निकाल रहे हैं', ऐसा कह कर देवता से विनती की

99. स्रोत : दिनांक 29.9.99 को रोजगारी पारा, कोंडागाँव निवासी श्री डिबूश्वर कौशिक से हुई बातचीत।

100. स्रोत : श्री रतन माहरा, ग्राम : सुकुलगुड़ा (खोरखोसा), बस्तर-छ.ग. से दिनांक 19.2.06 को हुई बातचीत।

101. कुकड़ी : मुर्गी।

102. लखिनबार : गुरुवार। अन्य उच्चारण 'लखिमबार'।

जाती है। पूजा के बाद वहीं पर भोजन पका कर खाते-पीते हैं। मदिरा भी टपकायी और पी जाती है। यहाँ का भोजन घर नहीं ले जाया जाता। गुरुवार को ही बीज निकालने की परम्परा है। कारण, लखी[103] का वार है लखिनबार यानी गुरुवार[104]।

ढेलकुकड़ी

आषाढ़ कृष्ण पक्ष में मनाया जाने वाला यह त्योहार बोआई के पश्चात् खेत से खरपतवार निकालने (निंदाई) तथा बियासी या बिहड़ा हल चलाने के लिये मनाया जाता है। इसे कुछ क्षेत्र में 'बियासी देव' के नाम से भी जाना जाता है।

इस दिन गाँव का पुजारी सिरहा को साथ में ले कर 'माटीकोट' में जा कर देवी-देवताओं की आराधना कर उन्हें सफेद, काली व चोखी रंग की मुर्गियाँ, भुट्टा, कोसरा, कोदो, थोबाभाजी, चेंचभाजी और जीराभाजी या भेंडाभाजी (खट्टी भाजी) अर्पित करता है और निवेदन करता है कि हम इन सब्ज़ियों का सेवन आज से करने जा रहे हैं। यह हमारे स्वास्थ्य के लिये अनुकूल हो।

इसके बाद पुजारी व सिरहा लाउड़ में घूम-घूम कर उस क्षेत्र के कृषकों द्वारा एकत्र मुर्गी, नारियल, शराब आदि देवी को अर्पित करते हैं। वे रावदेव, डाँड, पाती, कयना देवियों को भुट्टा, कोसरा, कोदो आदि अर्पित कर समझाते हुए गाँव के चारों दिशाओं में प्रतिष्ठित लाउड़ों की पूजा करते हैं[105]।

भाजी खानी

'भाजी खानी' अगस्त माह में मनाया जाने वाला त्योहार है। इस त्योहार में शाक फसलें यथा चेंच, जीरा, खेड़ा, केना, गुड़काड़ आदि हल से उत्पादित सब्जियाँ देवताओं को अर्पित की जाती हैं। इस दिन गाँव के कृषक घर से चावल, नारियल, मुर्गी, अण्डा और शराब तथा इच्छानुसार चंदा ले कर 'माटीकोट' में एकत्र होते हैं। पुजारी इष्ट देवी की आराधना कर शाक फसलों के पत्तों को तोड़ कर रावदेव, डाँड-पात, कैना, डुमा देवियों को अर्पित कर सब्जियों के तनों को पास में गाड़ देता है फिर काली और सफेद मुर्गी तथा अण्डा अर्पित किये जाते हैं। 'माटीकोट' में आराधना करने के पश्चात् पुजारी गाँव के चारों ओर के 'लाउड़' में घूम-घूम

103. लखी : महालक्ष्मी।

104. स्रोत : श्री शिवनाथ यादव एवं श्री चन्द्रकिशोर समरथ, कोंडागाँव (बस्तर-छ.ग.)

105. स्रोत : श्री शिवनाथ यादव एवं श्री चन्द्रकिशोर समरथ, कोंडागाँव (बस्तर-छ.ग.)

कर राव, कैना, डाँड-पात की आराधना कर सब्जी फसलें अर्पित करता हुआ मुर्गी, शराब और अण्डा चढ़ाता जाता है। भाजीखानी त्योहार मनाने के बाद ही ग्रामीण नयी सब्जियों का सेवन आरम्भ करते हैं[106]।

नवई

अमुस तिहार के नौ दिनों बाद 'नवई' नामक अनुष्ठान सम्पन्न होता है[107]। श्रावण मास में सम्पन्न होने वाला यह अनुष्ठान कुँआरी युवतियों के लिये ही होता है। इस अनुष्ठान के लिये अमुस तिहार के दूसरे दिन कुँआरी युवतियाँ गेहूँ की भोजली बोती हैं। नवें दिन वे व्रत रखती हैं। स्नानादि से निवृत्त हो कर पूजा करती हैं। पूजा के समय वे गजा डाँग लाती हैं। झगड़हिन फूल, सिरोधी फूल, धुमा फूल[108] तथा नारियल और अगरबत्ती जुटाती हैं। पूजा-स्थल की गोबर से लिपाई करती हैं। वहाँ वे चावल के आटे से 'बाना' लिखती हैं। लोटे में पानी और उसमें आम के पाँच पत्ते रखती हैं। फिर पूजा करती हैं। पूजा से निवृत्त हो कर नौ रोटियाँ बना कर खाती हैं। दूसरे दिन सवेरे उठ कर पूजा के फूल-पान आदि किसी जलाशय में ठण्डा कर देती हैं। नारियल फोड़ कर प्रसाद ग्रहण करती हैं। औरों को भी बाँटती हैं।

बोहरानी[109] या भादों जतरा

भादों माह में भादों जतरा किया जाता है। यह जतरा प्रत्येक परगन के किसी बड़े गाँव में होता है। यह वस्तुतः माता जतरा होता है और इसे 'बोहरानी' के नाम से जाना जाता है। जगदलपुर, कोंडागाँव, नारायणपुर, दन्तेवाड़ा आदि स्थानों में यह जतरा धूमधाम के साथ सम्पन्न होता है।

केसकाल में यह जतरा पोरा त्योहार के तुरन्त बाद आने वाले शनिवार को, भाद्रपद कृष्ण पक्ष में किया जाता है। 1999 में यह जतरा 4 सितम्बर को अर्थात् भाद्रपद कृष्णपक्ष की नवमी तिथि, शनिवार को सम्पन्न हुआ था, जबकि 2002 में पोरा का त्योहार शनिवार, 7 सितम्बर यानी भाद्रपद अमावश्या को पड़ने और उसके बाद आने वाला शनिवार शुक्ल पक्ष में होने के कारण ग्रामीणों के निर्णयानुसार पोरा का त्योहार दिनांक 6 सितम्बर को मनाया गया ताकि परम्परानुसार भादों जतरा भाद्रपद कृष्ण पक्ष के अन्तिम शनिवार यानी 7 सितम्बर को मनाया जा सके। इस तरह इस वर्ष का भादों जतरा शनिवार, दिनांक 7 सितम्बर को सम्पन्न हुआ।

बाल तिहार

आश्विन[110] मास में अमावश्या के 9वें दिन, नवाखानी त्योहार के एक दिन पहले ग्राम-देवी में 'बाल तिहार' मनाया जाता है। यह त्योहार डोकरा देवी में व माटीकोट में मनाया जाता है। इस दिन पुजारी व्रत रखता है। इस त्योहार में धान की नयी फसल, कुड़ई पत्ता व करमता पत्ता को जोगाया जाता है।

106. स्रोत : श्री शिवनाथ यादव एवं श्री चन्द्रकिशोर समरथ, कोंडागाँव (बस्तर-छ.ग.)
107. स्रोत : श्री शिवनाथ यादव एवं श्री चन्द्रकिशोर समरथ, कोंडागाँव (बस्तर-छ.ग.)
108. झगड़हिन फूल, सिरोधा फूल, धुमा फूल : सभी जंगली फूल।
109. बोहरानी : यह **भादों जतरा** के नाम से भी जाना जाता है।
110. आश्विन : क्वाँर।

ग्रामीण डोकरा देव के स्थान में एकत्र होते हैं एवं पुजारी द्वारा देवी की आराधना कर नये धान की बाली ग्राम-देवी को अर्पित की जाती है। करमता वृक्ष का पत्ता भी कुड़ई के पत्ते में शराब की 3-4 बूँद के साथ देवी को अर्पित किया जाता है। काली व सफेद मुर्गी की बलि दी जाती है। नये धान के चावल का चिवड़ा (पोहा) बना कर टीका (तिलक) लगाये जाने के बाद भोग किया जाता है[111]।

माता पहुँचानी

माता पहुँचानी भी एक तरह का जतरा ही है। जब तक माता पहुँचानी नहीं हो जाती नयाखानी नहीं मनाया जाता। इस सम्बन्ध में श्री डिबूश्वर कौशिक कहते हैं : नया खानी होने से अन्न का जूठा होना माना जाता है। इसीलिये पहले जतरा बना कर उसी दिन बाल (धान की बाली) चढ़ाते हैं। जतरा में बारू ले जाते हैं, उसे बाल चढ़ानी कहा जाता है। पहले तो वहाँ जोगाया जाता है। उसके बाद नया खाते हैं। कोंडागाँव परगना में सबसे पहले कोंडागाँव में ही नया खाते हैं, इसके बाद ही आसपास के अन्य गाँवों में नया खाया जाता है। कारण, कोंडागाँव को बड़े गाँव कहा जाता है, परम्परा से ही। कोंडागाँव को जूठा नहीं खिलाया जाना चाहिये, इस विचार से कोंडागाँव में नयाखानी सम्पन्न होने के बाद ही बाकी गाँवों के लोग नया खाते हैं। यह परम्परा है।

कोंडागाँव में माता पहुँचानी के समय यहाँ की माता डोबरी नामक तालाब का बहुत महत्व हुआ करता है। कोंडागाँव में बड़े तालाब के ऊपर, यानी राम मन्दिर के बगल से जो तालाब (बड़े तरई) है उसी के ठीक सामने, यानी पूर्व दिशा में एक तालाब हुआ करता था, इसे ही माता डोबरी कहा जाता था और जहाँ अब लोगों ने मकानात बना लिये हैं, वहाँ जो मुँडा है, उसे आड़ मुँडा कहते हैं। उसी आड़ मुँडा में है माता डोबरी। इसी डोबरी में माता (सितला माता) स्नान करती हैं। जब माता पहुँचानी होती है, तब डोली के साथ सिरहा को वहाँ लाते हैं। वहाँ सिन्दूर-काजल अर्पित कर माता की पूजा की जाती है। इसी को माता का नहाना कहा जाता है। यहाँ स्नान के बाद माता गुड़ी में जाते हैं। इस डोबरी में वास करने वाली जलकन्याओं की पूजा है यह। यह पूजा भादों और माघ में यानी साल में दो बार होती है।

चरु

फसलों की सुरक्षा हेतु चैत्र मास अमावश्या के दिन की जाने वाली पूजा को 'चरु' कहते हैं। मान्यता के अनुसार फसलों की सुरक्षा के देवता राजाराव देव हैं। इनका निवास-स्थान गाँव की सरहद, खेत या जंगल के आसपास आदन (साहजा या साजा) वृक्ष के नीचे होता है। उस स्थान को 'लाउड़' या 'रावकोट' कहते हैं। इस देवी के साथ डाँड-पात, कैना और डुमा देवियाँ होती हैं। राव देव के सुरक्षा-क्षेत्र में आने वाले खेतों के कृषक 'चरु' मनाने का दिन निश्चित करते हैं एवं आवश्यकता के अनुसार सारी[112] जमा करते हैं। निश्चित तिथि को गाँव के पुजारी को सूचित किया जाता है।

सर्वप्रथम नदी या तालाब के किनारे जा कर जल की देवी 'कैना' की पूजा की जाती है। पूजा में देवी को अण्डा या चितकबरी मुर्गी अर्पित की जाती है। जल की देवी होने के कारण

111. स्रोत : श्री शिवनाथ यादव एवं श्री चन्द्रकिशोर समरथ, कोंडागाँव (बस्तर-छ.ग.)

112. चन्दा, अंशदान।

मछली इन देवियों के अधीन होती है। इसकी पूजा के पश्चात् 'रावकोट' या 'लाउड़' में आ कर रावदेव की पूजा की जाती है। इस पूजा में आदन वृक्ष की डाल के तीन सिरे वाली लकड़ी के ऊपर पूजा का विधान कर पशु या मुर्गे की बलि दी जाती है।

यह त्योहार फसल कटाई के पहले एवं बाद में मिंजाई के पहले मनाया जाता है। 'चरु' मनाये बिना न तो धान की कटाई की जा सकती है और न मिंजाई ही। ऐसी मान्यता है। पूजा में धान की बाली चढ़ायी जाती है। चरु न मनाया गया हो और धान कटाई के लायक हो गया हो तो धान की 1-2 बालियाँ रावदेवी के नाम पर काट कर आदन के पत्ते में लपेट कर रावदेव के स्थान पर टाँग दी जाती है। जब चरु मनाया जाता है तो वही बाली देवता को अर्पित की जाती है। यह त्योहार पहले ग्राम देवता तथा बाद में ग्राम की सरहद के रावकोट में अपनी-अपनी सुविधा के अनुसार मनाया जाता है। कहा जाता है कि 'चरु' त्योहार मिट्टी का 'छठी' मनाना है।

इस त्योहार में देवी को उड़द, झुड़ँगा, सेम एवं कुम्हड़ा आदि अर्पित किये जाते हैं। 'चरु' के बाद ही इन दलहनी एवं शाक फसलों का सेवन किया जाता है। फसल पक गयी और उसकी कटाई करना है तब भी खेतों में 'चरु' मनाया जाता है। पूजा की जाती है।

बस्तर के ही कुछ क्षेत्र में 'चरु' के अवसर पर पारद जाने[113] की परम्परा रही है। गाँव के सारे लोग जुट कर 'चरु' के पहले पारद जाया करते थे। वहाँ से जंगली पशु-पक्षी का आखेट कर लाते और देवता को उसकी बलि अर्पित करते थे। उसी दिन 'डाँड देव' के समक्ष सुअर की भी बलि दी जाती थी। आज भी यह प्रथा कुछेक क्षेत्र में, जहाँ जंगल घने हैं और वन्य प्राणी बचे हुए हैं, चलन में है। इस अवसर पर 'डाँड देव' की पूजा होती है। इसके बाद ही 'चरु' का अनुष्ठान हुआ करता है। 'डाँड देव' को अर्पित की गयी बलि का प्रसाद महिलाओं के लिये निषिद्ध हुआ करता है। केवल पुरुष ही इस प्रसाद का भोग कर सकते हैं। यहाँ तक कि यदि किसी व्यक्ति की पत्नी यदि उस समय गर्भवती हो या फिर मासिक धर्म की अवधि में हो तो उस व्यक्ति को भी इस अनुष्ठान का प्रसाद नहीं दिया जाता। इसी तरह 'चरु' का प्रसाद घर में भी नहीं लाया जाता। इसे वहीं खेत में ही पका कर खाया जाता है।

इस विषय में गागरा राम[114] कहते हैं : इसके पीछे सम्भवतः यह कारण हो सकता है, कि कभी जब ऐसी महिलाओं के पतियों को चरु के प्रसाद दिये गये तब उनके घर में किसी प्रकार

113. पारद जाने : आखेट के लिये जंगल जाने।

114. स्रोत : 16.11.06 को सरगीपाल पारा, कोंडागाँव (बस्तर-छ.ग.) निवासी श्री गागराराम से हुई बातचीत।

का कोई अनिष्ट हुआ हो। सम्भवतः उस महिला की मृत्यु हुई हो या उसे या उसके किसी परिजन को बाघ खा गया हो। कुछ-न-कुछ अनिष्ट तो हुआ ही होगा तभी इतना प्रतिबन्ध लगाया जाता है। उसी दिन से जिनके भी घर में देवी-देवता हैं, वे उनका जतरा-पानी करते हैं। 'चरु' के पहले लोग घास तक नहीं काटते। हमारे बुजुर्ग बताते हैं कि भूल से भी 'चरु' के पहले धान की कटाई या घास की कटाई कर लेने पर बाघ गाँव के भीतर घुस जाया करता था और पशुओं की बजाय मनुष्यों को पकड़ कर खा जाया करता था। यही कारण है कि आज भी हम इन नियमों का पालन करते आ रहे हैं।

पिट फोड़नी

चरु त्योहार के पश्चात् सुविधा के अनुसार ग्राम-प्रमुख 'पिट फोड़नी' का दिन निश्चित करते हैं। निश्चित दिन पुजारी नये अरवाँ[115] धान के चावल का आटा देव-स्थान पर ला कर आटे से 'बाना' बनाता है। विधि-विधान से पूजा-अर्चना कर नये धान से चावल के दाने निकाल कर देवी को चढ़ाता है। आटा व घी को मिला कर पीपल के पत्ते में छोटी-छोटी 7 रोटियाँ बनाता है एवं देवियों को अर्पित करने के बाद वह रोटी प्रसाद के रूप में ग्रामीणों में बाँट दी जाती है।

इस त्योहार के बाद ही नये धान को अरवाँ कूट कर खाते हैं व धान को उबालने के बाद धूप या छाँव में सुखा कर कुटाई करते हैं[116]।

कोठार छाँडनी

इसका तात्पर्य है मिंजाई-कार्य समाप्त करने के पश्चात् खलिहान (कोठार) छोड़ना। इसे कई क्षेत्रों में 'कोठार सारनी' भी कहा जाता है। प्रति दिन मिंजाई के पश्चात् व पुआल हटाने के पहले पुआल का पुतला पूर्वज (डोकरा देव) के प्रतीक के रूप में बनाया जाता है। प्रतिदिन बनाये गये पुतले सहेज कर रखे जाते हैं। भोजन के पहले डोकरा देव को पत्ते में थोड़ा सा भात व सब्जी दी जाती है। मिंजाई के बाद कोठार छाँडनी के दिन इन पुतलों को कोठार के मध्य गड़े खूँटे के नीचे क्रम से रख कर होम दिया जाता है एवं मुर्गी व अण्डे की भेंट चढ़ाने के बाद खुशियाँ मनायी जाती हैं। कुछ क्षेत्रों में इस दिन धोरई यानी गाय चरेहा (चरवाहा), मोहोरेया (मोहरी बजाने वाला) तथा कमया (नौकर) को 'कुढ़ही' धान दिया जाता है। इसी तरह 'पोलई' की भी एक रस्म इसी दिन होती है। इसमें गाँव के उन लोगों को जो कोठार छाँडनी के अवसर पर भेंट-स्वरूप नारियल या कबूतर आदि ले कर जाते हैं, सूपा में धान दिया जाता है। 'पोलई' लोहारों को उनके काम के बदले दी जाती है।[117]

---

115. अरवाँ : जब धान को बिना उबाले ही कूटा जाता है तब उसके चावल को 'अरवाँ चाउर' कहते हैं और जब उसे उबाल कर कूटा जाता है तब उसके चावल को 'उसना चाउर' कहा जाता है। धान की मिंजाई होते ही यदि उसे खाने के लिये कूटना हो तो पहले उसे उबाला जाता है फिर सुखा कर कूटा जाता है। यदि न उबाल कर कूटा जाय और उसका चावल (यानी अरवाँ चावल) राँध कर खाया जाये तो प्रांयः सर्दी लग जाने की आशंका बनी रहती है।
116. स्रोत : श्री शिवनाथ यादव एवं श्री चन्द्रकिशोर समरथ, कोंडागाँव (बस्तर-छ.ग.)
117. स्रोत : श्री शिवनाथ यादव एवं श्री चन्द्रकिशोर समरथ, कोंडागाँव (बस्तर-छ.ग.)

प्रमुख शिल्पी

घड़वा शिल्प के प्रमुख शिल्पियों में इसके आरम्भिक शिल्पियों का योगदान नहीं भुलाया जा सकता। इस शिल्प का उत्तरोत्तर विकास करने वालों में श्री सोनाधर, श्री पिंगलू, श्री सिरमनराम बघेल और श्री मंगलराम आदि शिल्पी हैं। यद्यपि इन शिल्पियों को कोई पुरस्कार आदि नहीं मिले तो भी इनका योगदान रेखांकित किये जाने योग्य है। इसके बाद जगदलपुर के श्री मानिकराम तथा सोनाबाल के श्री सुखचंद आदि ने इसी में राष्ट्रीय पुरस्कार प्राप्त कर इस शिल्प का नाम दूर-दूर तक पहुँचाया। इनके अलावा श्री गोछी एवं श्री गणेशराम आदि को विशेष शिल्पियों के प्रमाण-पत्र प्राप्त हुए। इस शिल्प को देश के अन्य क्षेत्रों के साथ-साथ देश के बाहर पूरी दुनिया के सामने प्रदर्शित करने और सम्मान दिलाने का महत्त्वपूर्ण कार्य कोंडागाँव के श्री जयदेव बघेल द्वारा किया गया है। कुछ प्रमुख शिल्पियों, जिनके विषय में जानकारी मिल सकी, का विवरण इस तरह है :

श्री सिरमनराम बघेल, घड़वा शिल्पी

बस्तर के प्रमुख घड़वा शिल्पी श्री सिरमनराम बघेल की जीवनी बतलाते हैं उनके पुत्र श्री जयदेव बघेल : हमारे पिताजी स्व. सिरमनराम बघेल का परिवार अबुझमाड़ से आया। माड़िया था हमारा परिवार। माड़िया से हम लोग गड़वा हुए हैं। मेरी आई यानी दादी, वो कोहकामेटा (नारायणपुर) की हैं। वो माड़िन हैं। सगी दादी मेरी। मेरे पिताजी की माँ। वो माड़िन थीं कोहकामेटा की। मेरे पिताजी माड़िया थे। वो उधर से आये, टोंडाबेड़ा अबुझमाड़ से। जब उनका परिवार यहाँ आया तब पिताजी की उम्र दस-पन्द्रह वर्ष थी। मेरी दादी अबुझमाड़ के किसी मालगुजार की बेटी थीं। हमारे दादा के पास डेढ़ सौ भैंसें थीं। वे परलकोट के अन्तिम राजा के साथ बैठते-उठते थे। शिकार आदि में भी साथ रहा करते थे। फिर बाद में, परलकोट के अन्तिम राजा के पराभव के बाद, हमारे दादा अपनी भैंसों को ले कर नारायणपुर की ओर चले आये। वे घी बनाया करते थे। दादा जी राजा की संगत में बहुत ऐशो-आराम के आदी हो गये थे। उन्हें हापू (अफीम) की आदत भी लग गयी थी। वे इस चक्कर में अपनी भैंसें लोगों में बाँटते चले गये। इस तरह उनकी आर्थिक स्थिति बिगड़ गयी। फिर नारायणपुर के थानेदार ने उनसे मेरे पिता को माँग लिया काम करने के लिये। इससे दादा ने हमारे पिता को उस थानेदार के हवाले कर दिया। वही थानेदार बाद में कोंडागाँव आया। उसी के साथ हमारे पिता भी यहाँ आये लगभग 100 वर्ष पहले। यहाँ आने के बाद हमारे पिता की मुलाकात हमारी माँ से हुई। हमारी माँ, मुनगापदर के पास पुसावंड नामक गाँव की थी। वहाँ पर उन दोनों की आपस में भेंट हुई और फिर कुछ ही दिनों में उन लोगों ने आपस में विवाह भी कर लिया।

विवाह के बाद हमारे माता-पिता तहसील पारा में रहने लगे। उस समय भेलवाँपदर में काफी जंगल था। तहसील पारा थोड़ा-सा कस्बाई प्रभाव वाला था इसलिये हमारे बड़े पिताजी, पिताजी और चाचा, इन तीनों ने मिल कर भेलवाँपदर के जंगल की सफाई की और यहीं पर घर बना लिया। स्वयं तो इस जगह में रहने लगे, साथ ही अन्य लोगों को भी यहाँ रहने को जगह दी। भेलवाँपदर नाम हमारे पिता का दिया हुआ है। फिर हमारी पुरानी मूर्तिकला थी ही। वही काम हमारे पिता ने शुरु किया। उनके बाद हम लोगों ने इसे आगे बढ़ाया। ब्रिटिश काल में बस्तर के वरिष्ठ शिल्पी थे सोनाधर जी। वे चित्रकोट के आसपास के रहने वाले थे। वे बस्तर में इस शिल्प के लिये प्रसिद्ध थे। चित्रकोट में पूजा-पाठ भी उन्होंने शुरु किया था। हमारे परिवार में किसी दैवी प्रकोप या पता नहीं किन कारणों से बेटियाँ तो बच जाती थीं किन्तु बेटे नहीं बच पाते थे। तब हमारे पिता उन्हीं सोनाधर से मिले और चित्रकोट जा कर वहाँ मनौती मानी तब जा कर हम दोनों भाइयों का जन्म हुआ और हम लोग बच पाये। कोंडागाँव में उस समय भी इसी जगह पर, जहाँ आज लकड़ी का डिपो है, डिपो हुआ करता था। इस इलाके में सबसे पहले इसी डिपो के भीतर बने घर में बिजली लगी थी। यहाँ बी.टी.टी. कम्पनी के लोग रहा करते थे। मेरे बड़े भाई की छठी के दिन मेरे पिता ने अपने मोहल्ले में एक बड़ा भारी आयोजन किया ओड़िया नाट का। उस आयोजन और नाट में काफी भीड़-भाड़ हुई थी।

फिर बंगलादेशी शरणार्थियों की बसाहट हुई बस्तर में। दण्डकारण्य परियोजना आरम्भ हुई। फिर 1960 के आसपास बस्तर के हस्तशिल्पियों का सर्वेक्षण हुआ जिसमें बस्तर के सबसे वरिष्ठ शिल्पी के रूप में हमारे पिताजी का नाम आया। पूरे बस्तर जिले में वे सबसे वरिष्ठ शिल्पी पाये गये। 1961 में पद्‌मजा नायडू आयीं। यहाँ पर दण्डकारण्य परियोजना का उद्‌घाटन करने। वे उस समय बंगाल की राज्यपाल थीं। तो उस समय वरिष्ठ शिल्पी के रूप में उन्होंने पिताजी का सम्मान किया। उसके पहले बस्तर की इस गड़वा कला का प्रचार नहीं था। उस समय जो मीडिया के लोग आये थे उनसे तत्कालीन प्रधानमन्त्री जवाहरलाल नेहरू तक को पता चला। तब उन्होंने कमलादेवी चट्‌टोपाध्याय को, जो कला-संस्कृति आदि से सम्बन्धित विषयों की राष्ट्रीय चेयरमेन थीं, यहाँ भेजा 1962-64 के बीच। तब वे यहाँ आयीं और पिताजी ने उन्हें बस्तर भ्रमण करवाया। उसके बाद से बस्तर की कला का प्रचार-प्रसार शुरु हुआ। इसी तरह 1970 में पुपुल जयकर भी यहाँ आयी थीं पिताजी के पास। तो पहले गड़वा कला का प्रचार-प्रसार शुरु हुआ। फिर धीरे-धीरे टेराकोटा, पत्थर, लकड़ी, बाँस, पेन्टिंग, बुनकर और बाद में हुआ लौह शिल्प का प्रसार-प्रचार।

श्री चन्दनराम, घड़वा शिल्पी

श्री मस्सूराम सोनवानी विशेष शिल्पी के विषय में बात करते हुए श्री चन्दनराम नामक शिल्पी के बारे में बतलाते हैं : विश्रामपुरी गाँव के एक कारीगर थे, श्री चन्दनराम। वे कोंडागाँव के भेलवाँपदर पारा में आ कर बस गये थे काफी पहले। लगभग साल-दो साल पहले उनका देहान्त हो गया। उनका काम बहुत ही सुन्दर था। एकदम पुराने डिजाइन की मूर्तियाँ बनाते थे वे। बहुत बारीक काम करते थे। उनके काम के बराबर और किसी का काम उस समय देखने में नहीं आया था। उनका काम आज भी उनके घर में है। एक काम के पीछे वे पन्द्रह दिन से ले कर एक महीना तक लगाते थे। बहुत धैर्यपूर्वक और पूरी निष्ठा के साथ काम करते थे। जल्दी

मचाना उनके स्वभाव में नहीं था, इसलिये उनके काम में गजब की सफाई और सुन्दरता झलकती थी। पैसा उनके लिये महत्त्वपूर्ण नहीं था। महत्त्वपूर्ण था काम। अच्छा काम।

श्री सुखचंद पोयाम, घड़वा शिल्पी

अन्य शिल्पियों के विषय में बात करते हुए जयदेव बघेल इस शिल्प के एक और प्रमुख तथा अपने समकालीन शिल्पी श्री सुखचंद के विषय में बतलाते हैं : सुखचंद जी को मैं महत्त्व देता हूँ। उनका काम बड़ा अच्छा है। वे बस्तर के वरिष्ठ शिल्पियों में से एक हैं। उनके काम में सफाई है। बहुत बारीकी से वे काम करते हैं। लेकिन यहाँ-वहाँ घूमते-घूमते उनके काम में मिलावट हो गयी है। सोनाबाल छोड़ कर वे यहाँ-वहाँ घूमते रहे। कुछ दिनों तक जगदलपुर में रहे, फिर वहाँ से कोंडागाँव, नागपुर और बनारस में रहे। तो उनके काम में नागपुर और बनारस की भी छाप लग गयी। मौलिकता उतनी नहीं रह गयी जितनी कि होनी चाहिये। पहले उनके काम में काफी सफाई थी, मौलिकता थी।

श्री सुखचंद नेताम के विषय में बतलाते हुए श्री पंचूराम सागर कहते हैं[1] : प्रमुख शिल्पी। मैं जो जानता हूँ, जिन्हें प्रत्यक्ष जानता हूँ, जिसके हाथ में अच्छी कला है, जो अच्छा कलाकार है, बारीकियाँ हैं, हुनर है, वह व्यक्ति हैं सुखचंद नेताम। सोनाबाल के हैं लेकिन अभी वे कोंडागाँव में रहते हैं। किन्तु दूसरों के अधीन रह कर अब उनके काम में वो बात नहीं दिखती मुझे। किन्तु एक जमाना था। हम जब सीख रहे थे, उस समय उनके काम को देखने का मन करता था। मन को छूने वाला काम वे करते थे। उनके अतिरिक्त मैं किसी और को नहीं जानता जो उतना अच्छा काम करता रहा हो। उनका काम अब ऐसा हो गया जैसे वह अभी सीख रहे हों। ऐसा क्यों हुआ, कैसे हुआ, यह सोच कर मुझे ताज्जुब होता है। उनके बेटे अच्छा काम कर रहे हैं। लेकिन सुखचन्द का काम आप देखेंगे तो लगेगा कि वे अभी सीख रहे हैं। लेकिन एक जमाना था जब लोग उनका काम देखते थे। उन्हें भी राष्ट्रीय पुरस्कार प्राप्त हो चुका है। सन् 70 के आसपास। वे वाकई कलाकार थे। अभी वे स्वयं भी यदि अपना पुराना काम देखें तो वे सोच भी नहीं सकेंगे कि वह काम उनका ही है। फिर जयदेव जी को भी पुरस्कार मिला था। सुखचन्द जी को औरों को काम सिखाते हुए मैंने देखा है।

उम्र : 64 वर्ष। निवास : सोनाबाल, वर्तमान निवास : भेलवाँपदर पारा, कोंडागाँव 494226 (बस्तर-छत्तीसगढ़)।

जयदेव बघेल, घड़वा शिल्पी

बस्तर के घड़वा शिल्प से न केवल देश को अपितु पूरे विश्व को परिचित कराने और उसकी धाक जमाने वाले श्री जयदेव बघेल का जन्म 1950 के आसपास कोंडागाँव के भेलवाँपदर पारा में सुप्रसिद्ध घड़वा शिल्पी स्व. सिरमनराम बघेल के द्वितीय पुत्र के रूप में हुआ। अपने शिल्प के क्षेत्र में अद्भुत तथा अभूतपूर्व सफलता व ख्याति अर्जित करने वाले इस शिल्पी ने नहीं के बराबर शालेय शिक्षा प्राप्त की और किशोरावस्था से ही दण्डकारण्य परियोजना के बालेंगा स्थित कार्यालय में चौकीदार के रूप में अपना जीवन-संघर्ष शुरू किया। लेकिन उन्हें चौकीदारी की वह नौकरी रास नहीं आयी और वे भाग कर घर वापस आ गये और अपने पिता के साथ

1. श्री पन्चूराम सागर से दिनांक 21.08.05 को हुई बातचीत के आधार पर।

अपने पारम्परिक वृत्ति से जुड़ गये। काफी संघर्षों के बाद उनकी प्रतिभा उन्हें पहली बार घर से बाहर प्रदर्शन हेतु 1972 में रीजनल डिजाइनिंग सेन्टर, कलकत्ता ले गयी। 1976 में भी उन्होंने कलकत्ता (ब्रिटिश डेकोर सर्विस) में आयोजित प्रदर्शनी में भाग लिया। इसके बाद प्रदर्शनियों का सिलसिला निरन्तर चलता चला गया। विवरण इस तरह है :

एकल प्रदर्शनियाँ : 1976 : भोपाल, 1979 : कलकत्ता, 1980 : बम्बई, 1983 : कलकत्ता, 1984 : बम्बई, 1985 : कलकत्ता, 1986 : बम्बई, 1987 : पुने, 1988 : नयी दिल्ली, 1989 : नयी दिल्ली, बम्बई, 1990 : कलकत्ता, 1995 : बेंगलोर, 1996 : बम्बई, 1998 : बम्बई, 2000 : बम्बई, 2001 : कलकत्ता।

सामूहिक प्रदर्शनियाँ : 1972 : नयी दिल्ली, 1973 : भोपाल, 1974 : बम्बई, नयी दिल्ली, 1975 : भोपाल, 1976 : हैदराबाद, भोपाल, 1977 : हैदराबाद, नयी दिल्ली, 1978 से 1982 : नयी दिल्ली, 1979 : नयी दिल्ली, रायपुर, 1980 : रायपुर, 1981 : मद्रास, 1982 : नयी दिल्ली, 1983 : बम्बई, 1984 से 1986 : सूरजकुण्ड, 1985 : कलकत्ता, 1987 : बम्बई, 1988 : कलकत्ता, 1989 : नयी दिल्ली, 1990 : मद्रास, 1991 : हैदराबाद, अहमदाबाद, 1992 : बेंगलोर, 1993 : नयी दिल्ली, 1994 : सूरजकुण्ड, 1998 : सूरजकुण्ड, 1999 : बम्बई, 2001 : बेंगलोर, 2002 : नयी दिल्ली। इन प्रदर्शनियों के अतिरिक्त श्री जयदेव बघेल की कृतियों की प्रदर्शनियाँ रूस, जर्मनी, ग्रेट ब्रिटेन, आस्ट्रेलिया, यू.एस.ए., जापान, स्विट्जरलैंड, इटली, फ्रान्स, सिंगापुर, हाँगकाँग और थाईलैंड में भी हो चुकी हैं।

श्री जयदेव बघेल की कलायात्रा निरन्तर चलती रही है और उन्हें कई पुरस्कार व सम्मान प्राप्त हुए हैं। विवरण इस तरह है : 1976 : मध्यप्रदेश सरकार का राज्य स्तरीय प्रथम पुरस्कार, 1977 : मास्टर क्राफ्ट्समेन नेशनल एवार्ड (अखिल भारतीय हस्त शिल्प मण्डल), 1979 : विशेष पुरस्कार (अखिल भारतीय कला प्रदर्शनी, महाकोशल कला परिषद्, रायपुर), 1980 : गोल्ड फ्लैक्स एवार्ड (अखिल भारतीय कला प्रदर्शनी, महाकोशल कला परिषद्, रायपुर), 1982 : शिखर सम्मान (म.प्र. सरकार), 1991 : बाबा साहेब अम्बेडकर राष्ट्रीय पुरस्कार, 2000 : कमलादेवी चट्टोपाध्याय राष्ट्रीय पुरस्कार। इन पुरस्कारों के अतिरिक्त 2003 में पं. रविशंकर शुक्ला विश्वविद्यालय, रायपुर (छ.ग.) द्वारा उन्हें डी.लिट् की मानद उपाधि से भी अलंकृत किया गया है।

इन सब प्रदर्शनियों और सम्मानों के साथ-साथ श्री जयदेव बघेल की कलाकृतियाँ राष्ट्रीय एवं अन्तर्राष्ट्रीय संग्रहालयों के संग्रह में भी ससम्मान सम्मिलित की गयी हैं। विवरण इस तरह है :

राष्ट्रीय संग्रहालय : राष्ट्रीय संग्रहालय, नयी दिल्ली; इन्दिरा गाँधी नेशनल आर्ट सेन्टर, नयी दिल्ली; नेशनल क्राफ्ट्स म्यूजियम, प्रगति मैदान, नयी दिल्ली; भारत भवन, भोपाल; नेशनल काउन्सिल साइन्स म्यूजियम, कलकत्ता; नेहरू सेन्टर, बम्बई; राज केलकर म्यूजियम, पुणे; बस्तर ट्राइबल म्यूजियम, जगदलपुर; नेशनल म्यूजियम आफ मैन, भोपाल; ट्राइबल रिसर्च म्यूजियम, छिंदवाड़ा।

अन्तर्राष्ट्रीय संग्रहालय : मास्को म्यूजियम, रूस; म्यूजियम आफ मैनकाइन्ड, लन्दन, इंग्लैंड; स्टुटगार्ट म्यूजियम, जर्मनी; हेडलबर्ग म्यूजियम, जर्मनी; म्यूजियम फार व्होकरकुंड बाजेल, स्विट्जरलैंड; म्यूजियम आफ दी सिटी आफ जिनिवा, स्विट्जरलैंड; म्यूजियम आफ कैलिफोर्निया, लास एंजेल्स, यू.एस.ए.; कैलिफोर्निया म्यूजियम आफ साइन्स एंड इण्डस्ट्री, लास एंजेल्स, यू.एस.ए.; स्कूल आफ़ आर्केलाजी एंड एन्थ्रोपोलाजी, आस्ट्रेलियन नेशनल यूनिवर्सिटी, कैनबरा, आस्ट्रेलिया; सेतगायार्ट म्यूजियम, टोकियो, जापान; केल्बन ग्रोव म्यूजियम एंड आर्ट गैलरी ग्लासगो, स्काटलैंड; थिम्पू, भूटान।

मस्सूराम सोनवानी, घड़वा शिल्पी

लगभग 70 वर्षीय मस्सूराम सोनवानी फरसगाँव के पास बरकई गाँव के रहने वाले हैं। घड़वा परिवार से सम्बद्ध होने के कारण आरम्भ से ही इस शिल्प से जुड़े हुए हैं। 1985 और 1987 में वे हस्तशिल्प एवं हथकरघा शिल्प संग्रहालय के आमन्त्रण पर दिल्ली में अपनी कला-प्रतिभा का परिचय दे चुके हैं। 1988 में भोपाल में आयोजित 'लोक रंग' कार्यक्रम में आपने शिरकत की है। 1988 में ही रायपुर (तत्कालीन म.प्र.) में आयोजित 'जगार' में भी आपने अपनी शिल्प कला प्रदर्शित की। 1989 में बम्बई में आयोजित 'अपना उत्सव' में भी आप अपनी कलाकृतियाँ प्रदर्शित कर चुके हैं। इन सबके पहले 1984 में बम्बई के जहाँगीर आर्ट गैलरी में आपकी कलाकृतियाँ प्रदर्शित हुई थीं।

पंचूराम सागर, घड़वा शिल्पी

जन्म तिथि : 03.03.1961, जन्म-स्थान : बरकई (तहसील : कोंडागाँव), बस्तर-छ.ग.।
वर्तमान निवास : अस्पताल वार्ड, कोंडागाँव, बस्तर-छ.ग.।
फोन : 07786 243279
पिता का नाम : भोंदूराम सागर।
राज्य एवं राष्ट्रीय पुरस्कार प्राप्त : 1999।

राज्य एवं केन्द्र सरकारों द्वारा देश के विभिन्न नगरों एवं महानगरों में आयोजित प्रदर्शनियों एवं कार्यशालाओं में भागीदारी।

राजेन्द्र बघेल, घड़वा शिल्पी

पिता : श्री सोभीराम बघेल
जन्म तिथि : 2 जुलाई, 1973, जन्म-स्थान : भेलवाँपदर पारा, कोंडागाँव।
सम्पर्क : बस्तर कृति, भेलवाँपदर पारा, कोंडागाँव-494226, फोन : 07786 242882।
राष्ट्रीय पुरस्कार प्राप्त : 1996।
प्रदर्शनियाँ :
1990 : दिल्ली ललित कला अकादेमी
1991 : कलकत्ता, चैम्बर आफ कामर्स एंड इण्डस्ट्रीज
1995 : बम्बई, चैम्बर आफ कामर्स एंड इण्डस्ट्रीज
1997 : दिल्ली, इन्दिरा गांधी ट्रस्ट मेमोरियल
1997 : दिल्ली, क्राफ्ट्स म्यूजियम
1998 : दिल्ली, दिल्ली हाट (विशेष प्रदर्शनी)
1999 : हैदराबाद, शिल्परामम, मादापुर
2000 : संयुक्त राज्य अमेरिका, मेमफिश मई फेस्टीवल 2000
2001 : दिल्ली, अशोका होटल, इंडियन हेण्डीक्राफ्ट्स फेस्टीवल
2002 : सूरजकुण्ड, हरियाणा, क्राफ्ट मेला
2003 : कलकत्ता, सिमा आर्ट गैलरी
2004 : सूरजकुण्ड, हरियाणा, छत्तीसगढ़ टूरिज्म की ओर से हेण्डीक्राफ्ट सजावट
2005 : कलकत्ता, स्वभूमि (एकल प्रदर्शनी)

सोनाधर पोयाम विश्वकर्मा, लौह शिल्पी

लौह शिल्प के क्षेत्र में विशेष ख्याति अर्जित करने वाले श्री सोनाधर पोयाम विश्वकर्मा कोंडागाँव तहसील के कुसमा गाँव के रहने वाले हैं। लौह शिल्प के क्षेत्र में सबसे पहला राष्ट्रीय पुरस्कार प्राप्त करने का श्रेय इन्हें जाता है। 1953 में एक लोहार परिवार में जन्मे श्री सोनाधर ने 1970 में दसवीं कक्षा की परीक्षा उत्तीर्ण की और बजाय इसके कि वे कहीं नौकरी की तलाश करते, अपने पारिवारिक व्यवसाय से पूरी तरह जुड़ गये। उन्हें अपने पिता श्री छेरकूराम जी से इसकी प्राथमिक शिक्षा मिली। उन्होंने अपनी कला का सार्वजनिक प्रदर्शन पहली बार जगदलपुर के दशहरा समारोह में, 1981 में आयोजित प्रदर्शनी में किया। बीच के 3-4 वर्ष पुनः गुमनामी के अँधेरे में घिरे रहे। फिर 1986 में बम्बई, दिल्ली, कलकत्ता आदि महानगरों में प्रदर्शनियाँ हुईं। 1987 में नेहरू सेन्टर, बम्बई द्वारा बम्बई में आयोजित प्रदर्शनी में शिरकत की। इसी वर्ष म.प्र. आदिवासी लोक कला परिषद् द्वारा भोपाल, रायपुर, धार एवं इन्दौर में आयोजित 'लोक रंग', 'बसन्त जगार', 'सम्पदा' एवं 'जतरा' कार्यक्रमों में अपनी कलाकृतियाँ प्रदर्शित कीं। 1988 में ही हाथ करघा एवं शिल्प संग्रहालय, दिल्ली द्वारा प्रगति मैदान, दिल्ली में आयोजित ग्राम झाँकी में प्रदर्शन किया। इसी वर्ष क्राफ्ट काउन्सिल आफ वेस्ट बंगाल के बिड़ला अकादमी, कलकत्ता में आयोजित प्रदर्शनी एवं कर्मशाला में शामिल हुए। 1989 में सूरजकुण्ड, हरियाणा में आयोजित मेले में भाग लिया। 1989 में ही बजाज आर्ट गैलरी, बम्बई में आयोजित प्रदर्शनी में सहभागिता की। अन्य प्रदर्शनियों का विवरण इस तरह है, जिनमें श्री सोनाधर ने भाग लिया : 1990 : बेंगलोर, मद्रास, कलकत्ता, तथा नयी दिल्ली। 1991 : हैदराबाद, अहमदाबाद, बेंगलोर तथा मद्रास। 1992 : भोपाल, नयी दिल्ली, मद्रास, अहमदाबाद, कलकत्ता, पुने, रायपुर तथा इन्दौर। 1993 : पवई, मुम्बई एवं नयी दिल्ली। 1994 : कलकत्ता, नयी दिल्ली। 1995 : मुम्बई। 1996 : मद्रास, मुम्बई। 1997 : मुम्बई, मंगलेश्वर, बेंगलोर, मद्रास, हैदराबाद, नयी दिल्ली, जमशेदपुर। 1998 : नयी दिल्ली, मुम्बई, हैदराबाद, बेंगलोर, कलकत्ता। 1999 : सूरजकुण्ड, कालीकट, हैदराबाद, पन्चगनी। 2000 : सूरजकुण्ड, मुम्बई, रायपुर। 2002 : सूरजकुण्ड, मुम्बई, कलकत्ता, भुवनेश्वर। 2003 : बेंगलोर, मुम्बई, नयी दिल्ली, चेन्नई।

1987 में इन्हें राष्ट्रीय पुरस्कार प्राप्त हुआ। इसके अलावा कई और पुरस्कार मिले, जो इस तरह हैं : 1997 : भारतीय स्वाधीनता की स्वर्ण जयन्ती पर पदक। 1998 : कलाश्री सम्मान, 2000 : कलानिधि सम्मान, 2000 : श्रेष्ठ शिल्पी सम्मान (आन्ध्रप्रदेश सरकार द्वारा), श्रेष्ठ शिल्पी सम्मान (छत्तीसगढ़ सरकार द्वारा), 2002 : कला निधि सम्मान (हरियाणा सरकार द्वारा)।

बस्तर के हस्त शिल्प तथा शिल्पियों के उन्नयन हेतु 1981 में गठित 'पारम्परिक बस्तर शिल्पी परिवार' नामक संस्था के वे संस्थापक सचिव रहे। वर्तमान में वे पारम्परिक कारीगर तथा बस्तर शिल्पी संरक्षण संगठन के सदस्य हैं।

चमरूराम बघेल, लौह शिल्पी

जन्म : लगभग 75 वर्ष पूर्व।
सम्मान : तुलसी सम्मान (मध्य प्रदेश, शासन) 1996।
निवास : किड़ईछेपड़ा, कोंडागाँव (बस्तर-छत्तीसगढ़)।

तीजूराम बघेल (विश्वकर्मा), लौह शिल्पी

पिता : नानजात बघेल विश्वकर्मा

जन्म : किड़ईछेपड़ा, 08.05.1975

शैक्षणिक योग्यता : पूर्व माध्यमिक।

प्रदर्शनियाँ :

1993 : नयी दिल्ली, क्राफ्ट म्यूजियम, प्रगति मैदान

1994 : मुम्बई, वर्ल्ड ट्रेड सेन्टर

1996 : कोलकाता, अम्बुजा सीमेन्ट

1999 : बोलजानो एवं ब्रुनिक, इटली

2001 : नयी दिल्ली, प्रगति मैदान, इन्टरनेशनल ट्रेड फेयर

2001 : नयी दिल्ली, स्वदेशी वनवासी मेला

नेचर बाजार, दिल्ली हाट (दस्तकार संस्था द्वारा प्रतिवर्ष आयोजित प्रदर्शनी) एवं देश के विभिन्न नगरों एवं महानगरों में आयोजित 50 से अधिक शासकीय एवं अशासकीय प्रदर्शनियों में भागीदारी।

कार्यशालाएँ :

2000 : बस्तर, (साथी समाजसेवी संस्था, कोंडागाँव तथा नीदरलैंड डिजाइन इन्स्टीट्यूट , एम्सटर्डम द्वारा आयोजित) क्रास रोड वर्कशाप 2000 में भागीदारी।

एमपीएचएसवीएन द्वारा श्री जोगी पंघाल के निर्देशन में आयोजित डिजाइन डेवलपमेन्ट प्रोग्राम में शिरकत।

साथी द्वारा आयोजित डिजाइन डेवलपमेन्ट प्रोग्राम में इटालियन डिजाइनर मि. एडुआर्डो पेरी के निर्देशन में शिरकत।

डिजाइन डेवलपमेन्ट प्रोग्राम, मुम्बई में श्री राजीव सेठी के साथ शिरकत।

सदस्यता :

साथी समाजसेवी संस्था के मास्टर क्राफ्ट्स पर्सन टीम के सदस्य के रूप में साथी से गहरे जुड़े।

बस्तर शिल्पी संरक्षण संगठन के सदस्य।

राष्ट्रीय कारीगर पंचायत के छत्तीसगढ़ अंचल के सदस्य।

योगदान :

1. साथी समाजसेवी संस्था के माध्यम से युवा लौह शिल्पियों को विभिन्न प्रशिक्षण कार्यक्रमों के अन्तर्गत प्रशिक्षण।
2. नयी परिकल्पना से युक्त डिजाइन का विकास।

खेम वैष्णव, लोकचित्रकार

31 जुलाई, 1958 को अविभाजित बस्तर के दन्तेवाड़ा नामक गाँव में जन्मे लोकचित्रकार श्री खेम वैष्णव ने लोकचित्रों की शिक्षा लोक गायिकाओं (गुरुमायों) से ली। 1970-71 से सृजनरत श्री खेम की कलाकृतियों की प्रदर्शनियाँ अब तक विभिन्न नगरों/महानगरों और देश के बाहर भी हो चुकी हैं। 1979 में जहाँगीर आर्ट गैलरी, मुम्बई, 1987 में डिस्कवरी आफ इंडिया,

नेहरू सेन्टर, मुम्बई, 1988 में कमलनयन बजाज गैलरी, मुम्बई, 1989 में आल इंडिया फाईन आर्ट्स एंड क्राफ्ट्स सोसायटी, नयी दिल्ली, 1990 में इंजीनियरिंग इन्स्टीट्यूट आफ साइंस, बैंगलोर, 1992 में सूरजकुंड क्राफ्ट्स मेला, 1993 में क्राफ्ट्स बाजार, माधापुर, हैदराबाद, 1995 में क्राफ्ट्स मार्केट, गुवाहाटी, असम, 1996 में क्राफ्ट्स मार्केट मीट, पणजी, गोवा, 1997 में प्रिमिसेस आफ दी क्राफ्ट्स काउन्सिल, मद्रास, 1997 में प्रिमिसेस आफ दी क्राफ्ट्स काउन्सिल, मद्रास, 1998 में आल इंडिया आर्ट्स एंड क्राफ्ट्स फेस्टिवल, हैदराबाद, 1998 में ही कोलकाता पार्क स्ट्रीट में पारम्परिक कारीगर मुम्बई द्वारा आयोजित कारीगर सम्मेलन में, 1999 में प्रिन्स आफ वेल्स म्यूजियम, मुम्बई, 2000 में पारम्परिक कारीगर द्वारा मुम्बई में आयोजित कार्यशाला में, 2001 में महंत घासीदास संग्रहालय, रायपुर में 'सिरजन-2001' कार्यशाला, 2001 में छत्तीसगढ़ विधान सभा सौन्दर्यीकरण, 2001 में नेशनल फोकलोर सपोर्ट सेन्टर, चेन्नई द्वारा आयोजित कार्यशाला, 2002 में नेशनल फोकलोर सपोर्ट सेन्टर, चेन्नई, 1992 में जापान के नारा सिटी में प्रदर्शनी, 2002 में द राकेफेलर फाउन्डेशन, न्यूयार्क (सं.रा. अमेरिका) के अन्तर्गत बेलाजो स्टडी एंड कांफ्रेंस सेन्टर, बेलाजो (इटली) में "जगार" पर किए जा रहे शोध कार्य में प्रदर्शन। इसके अलावा उनकी कृतियाँ देश-विदेश में भी संग्रहीत हैं : जहांगीर आर्ट गैलरी, मुम्बई में संग्रहीत। महंत घासीदास संग्रहालय, रायपुर में संग्रहीत। छत्तीसगढ़ विधान सभा भवन, रायपुर में संग्रहीत। आस्ट्रेलिया, अमेरिका, जर्मनी, स्विट्ज़रलैण्ड, इंग्लैण्ड, जापान, फ्रांस, न्यूज़ीलैण्ड, इटली, रूस, इजिप्त आदि देशों के कलाप्रेमियों/कलामर्मज्ञों के निजी संग्रह में। बेलाजो स्टडी एंड कान्फ्रेंस सेंटर, इटली में संग्रहीत।

उन्हें नव साक्षरों के लिये पाठ्य सामग्री तैयार करने के संदर्भ में तत्कालीन प्रधानमंत्री राजीव गांधी द्वारा प्रशंसा प्राप्त हो चुकी है। कलात्मक सृजन के लिये 1989 में कोंडागाँव में नागरिक अभिनन्दन। कलात्मक अवदान के लिये 1990 में स्थानीय उपाधि महाविद्यालय द्वारा सम्मानित। कला के क्षेत्र में उल्लेखनीय योगदान के लिये वर्ष 1997 में करवट कला परिषद, भोपाल से "कला सम्मान" प्राप्त। कलात्मक अवदान के लिये स्थानीय सरस्वती शिशु मन्दिर द्वारा 2002 में अभिनन्दित।

लोकचित्रकला के साथ-साथ छायांकन एवं लोक संगीत में भी पर्याप्त रुचि एवं दखल। आकाशवाणी से लोक संगीत का प्रसारण।

सदस्य : पारम्परिक बस्तर शिल्पी परिवार, कोंडागाँव। पारम्परिक कारीगर, मुम्बई। सचिव, जगार सांस्कृतिक समिति, कोंडागाँव। बस्तर संभाग हल्बी साहित्य परिषद।

बस्तर के मौखिक लोक महाकाव्य 'लछमी जगार' पर केन्द्रित "प्रिज़र्वेशन, प्रमोशन एंड डिसेमिनेशन आफ ट्राइबल एंड फोक आर्ट एंड कल्चर" विषय पर अध्ययन के सिलसिले में द राकेफेलर फाउन्डेशन, न्यूयार्क (सं.रा.अमेरिका) के बेलाजो (इटली) स्थित बेलाजो स्टडी एंड कान्फ्रेन्स सेन्टर में 17 फरवरी से 16 मार्च 2002 तक का 30 दिवसीय प्रवास।

देश की विभिन्न साहित्यिक पत्रिकाओं, यथा ककसाड़, वागर्थ, संगत, वातायन, लोक, काव्या, समझ झरोखा, इन्द्रावती, दशकारम्भ, काव्यम्, सद्भावना दर्पण आदि में लोकचित्रों का प्रकाशन।

भारत सरकार संस्कृति विभाग के सांस्कृतिक स्रोत एवं प्रशिक्षण केन्द्र, नयी दिल्ली द्वारा पारम्परिक भित्तिचित्र के लिए 'गुरु' की मान्यता प्राप्त।

दुर्जनराम सोरी, लोकचित्रकार

पिता	: श्री कारूराम सोरी
माता	: श्रीमती सीता सोरी
जन्म	: 25.10.1958
जन्म-स्थान	: ग्राम-केजंग, पो. : बयानार, तहसील : कोंडागाँव (बस्तर-छ.ग.)
शिक्षा	: 10वीं
मातृभाषा	: गोंडी
प्रदर्शनियाँ	: (1) वर्ष 1996 में हस्त शिल्प विकास निगम द्वारा आयोजित बजाज आर्ट गैलरी, मुम्बई, (2) 2000 में बस्तर लोकोत्सव, कोंडागाँव।
कार्यशालाएँ	: (1)1997 में केरकर आर्ट काम्पलेक्स, गोवा, (2) 1998 में पारम्परिक बस्तर शिल्पी परिवार, कोंडागाँव, (3) 1998 में मृगनयनी एम्पोरियम, परचनपाल, (3) 2000 में छ.ग. राज्योत्सव, कुम्हारपारा, कोंडागाँव।
पुरस्कार/सम्मान	: (1) 1996-97 में राज्य स्तरीय प्रथम पुरस्कार, म.प्र.शासन द्वारा, (2) 1998 में पारम्परिक बस्तर शिल्पी परिवार, कोंडागाँव द्वारा सम्मानित।

राजेन्द्र राव राऊत, लोकचित्रकार

पिता	: श्री गोविंदराव राऊत
माता	: श्रीमती सुशीला राव राऊत
जन्म	: 11.03.1966
जन्म-स्थान	: कोंडागाँव (बस्तर-छ.ग.)
शिक्षा	: बी.ए.
प्रदर्शनियाँ/ कार्यशालाएँ	: (1) 1987 : कोंडागाँव, (2) 1990 : नेहरू युवक केन्द्र, कांकेर, (3) 1996 : डिस्कवरी क्लब एवं मृगनयनी एम्पोरियम, भोपाल, (4) 1998 : प्रगति मैदान, नयी दिल्ली, (5) 1998 : अमेरिकन एम्बैसी, नयी दिल्ली, (6) 1999 : दिल्ली हाट, (7) 1999 : पुणे, (8) 2000 : दक्षिण-मध्य क्षेत्र सांस्कृतिक केन्द्र, नागपुर, (9) 2006 : नवोदय विद्यालय, कुरुद, (10) 2001 : टाऊन हाल, रायपुर।
शिल्प प्रदर्शित	: (1) शिल्प ग्राम, परचनपाल, (2) बस्तर हाट, घाटलोहँगा, (3) विवेकानन्द आश्रम, नारायणपुर, (4) देवी मन्दिर, सम्बलपुर, (5) प्राथमिक पाठशाला, भेलवाँपदर, (6) हर्बल फार्म हाऊस, चिखलपुटी, (7) सरस्वती शिक्षा संस्थान, रायपुर, (8) जवाहर नवोदय विद्यालय, कुरुद, (9) हीरानार आश्रम विद्यालय, गीदम, (10) शिक्षा संस्थान, राँची।
पुरस्कार	: (1) 1997 : राज्य स्तरीय पुरस्कार
अन्य	: सरस्वती शिक्षा संस्थान, रायपुर द्वारा प्रकाशित पत्रिका में चित्रों का प्रकाशन।

आदिवासी एवं लोक कलाकारों की सूची

काष्ठ शिल्पी

01. श्री सुकमन नेताम, काष्ठ शिल्पी, मु. पो. : गोलावंड, व्हाया : कोंडागाँव (बस्तर, छत्तीसगढ़)
02. श्री चमराराम, काष्ठ शिल्पी, मु. : पटेलपारा, मोहलई, पो. : भण्डारसिवनी, तहसील : कोंडागाँव (बस्तर, छत्तीसगढ़)
03. श्री किसन दास, काष्ठ शिल्पी, मु. : चिकडोंगरी, तहसील : कोंडागाँव (बस्तर, छत्तीसगढ़)
04. श्री राजकुमार पोयाम, काष्ठ शिल्पी, मु. पो. : कुसमा, तहसील : कोंडागाँव (बस्तर, छत्तीसगढ़)
05. श्री कमलूराम सेठिया, काष्ठ शिल्पी, मु. : खचगाँव, पो. : गोलावंड, तहसील : कोंडागाँव (बस्तर, छत्तीसगढ़)
06. श्री सुकलूराम, काष्ठ शिल्पी, मु. : एकटागुड़ा, पो. : बस्तर, तहसील : जगदलपुर (बस्तर, छत्तीसगढ़)
07. श्री राजमन, काष्ठ शिल्पी, मु. : मधोता, पो. : गोलावंड, तहसील : जगदलपुर (बस्तर, छत्तीसगढ़)
08. श्री जगबन्धु, काष्ठ शिल्पी, मु. : देउरगाँव, पो. : बस्तर, तहसील : जगदलपुर (बस्तर, छत्तीसगढ़)
09. श्री जरईराम, काष्ठ शिल्पी, मु. पो. : गोलावंड, तहसील : कोडागाँव (बस्तर, छत्तीसगढ़)
10. श्री रामलाल, काष्ठ शिल्पी, मु. : एकटागुड़ा, पो. : बस्तर, तहसील : जगदलपुर (बस्तर, छत्तीसगढ़)
11. श्री दसरू राम, काष्ठ शिल्पी, मु. : गढ़बेंगाल, पो. : नारायणपुर, तहसील : नारायणपुर (नारायणपुर, छत्तीसगढ़)
12. श्री गडरूराम, काष्ठ शिल्पी, मु. : गढ़बेंगाल, पो. : नारायणपुर, तहसील : नारायणपुर (नारायणपुर, छत्तीसगढ़)
13. श्री जयराम मंडावी, काष्ठ शिल्पी, मु. : गढ़बेंगाल, पो. : नारायणपुर, तहसील : नारायणपुर (नारायणपुर, छत्तीसगढ़)
14. श्री भुनेश्वर, काष्ठ शिल्पी, मु. : एकटागुड़ा, पो. : बस्तर, तहसील : जगदलपुर (बस्तर, छत्तीसगढ़)
15. श्री गोडरु राम, काष्ठ शिल्पी, मु. : गढ़बेंगाल, पो. : नारायणपुर, तहसील : नारायणपुर (नारायणपुर, छत्तीसगढ़)
16. श्रीमती शान्ति बाई, काष्ठ शिल्पी, शिल्पी ग्राम के पास, भेलवाँपदर पारा, कोंडागाँव-494226 (बस्तर-छत्तीसगढ़)
17. श्री देवनाथ विश्वकर्मा, काष्ठ शिल्पी, नहरपारा, कोंडागाँव-494226 (बस्तर-छत्तीसगढ़)

18. श्री कुलनराम, काष्ठ शिल्पी, मु. : किड़ईछेपड़ा, पो. : पलारी, कोंडागाँव-494226, बस्तर-छत्तीसगढ़।
19. श्री सुकपाल धुरवा, काष्ठ शिल्पी, मु. : देउरगाँव, पो. : बस्तर, तहसील : जगदलपुर, बस्तर-छत्तीसगढ़।
20. श्री रामनाथ कश्यप, काष्ठ शिल्पी, मु. : भोंड, पो.-बस्तर, तहसील : जगदलपुर (बस्तर-छत्तीसगढ़)
21. श्री अनंतराम, काष्ठ शिल्पी, मु. पो. : बोटीकनेरा, तहसील : कोंडागांव (बस्तर-छत्तीसगढ़)
22. श्री अरुणदास पनका, काष्ठ शिल्पी, नहरपारा, कोंडागांव-494226 (बस्तर-छत्तीसगढ़)
23. श्री इन्दरराम लोहार, काष्ठ शिल्पी, नहरपारा, कोंडागांव-494226 (बस्तर-छत्तीसगढ़)
24. श्री देवनाथ लोहार, काष्ठ शिल्पी, नहरपारा, कोंडागांव-494226 (बस्तर-छत्तीसगढ़)
25. श्री मंगलराम लोहार, काष्ठ शिल्पी, नहरपारा, कोंडागांव-494226 (बस्तर-छत्तीसगढ़)
26. श्री फूलदास लोहार, काष्ठ शिल्पी, नहरपारा, कोंडागांव-494226 (बस्तर-छत्तीसगढ़)
27. श्री चन्दर, काष्ठ शिल्पी, नहरपारा, कोंडागांव-494226 (बस्तर-छत्तीसगढ़)
28. श्री रामलाल लोहार, काष्ठ शिल्पी, नहरपारा, कोंडागांव-494226 (बस्तर-छत्तीसगढ़)
29. श्री हेमोराम लोहार, काष्ठ शिल्पी, नहरपारा, कोंडागांव-494226 (बस्तर-छत्तीसगढ़)
30. श्री शंकर मंडावी, काष्ठ शिल्पी, मु. : गढ़बेंगाल, पो. एवं तह. : नारायणपुर (बस्तर-छत्तीसगढ़)

बाँस शिल्पी

01. श्री घसियाराम, बांस शिल्पी, मु. : बाखरा, पो. : लंजोड़ा, तहसील : कोंडागाँव (बस्तर-छत्तीसगढ़)
02. श्री गिरधर, बांस शिल्पी, मु. : बाखरा, पो. : लंजोड़ा, तहसील : कोंडागाँव (बस्तर-छत्तीसगढ़)
03. श्री बैसाखुराम, बांस शिल्पी, मु. : बाखरा, पो. : लंजोड़ा, तहसील : कोंडागाँव (बस्तर-छत्तीसगढ़)
04. श्री बोटिया, बांस शिल्पी, मु. : बाखरा, पो. : लंजोड़ा, तहसील : कोंडागाँव (बस्तर-छत्तीसगढ़)
05. श्री भकऊराम, बांस शिल्पी, मु. : बाखरा, पो. : लंजोड़ा, तहसील : कोंडागाँव (बस्तर-छत्तीसगढ़)
06. श्री गोबरधन, बांस शिल्पी, मु. : कुकाड़, पो. : लंजोड़ा, तहसील : कोंडागाँव (बस्तर-छत्तीसगढ़)
07. श्री रामू, बांस शिल्पी, मु. : कुकाड़ा, पो. : लंजोड़ा, तहसील : कोंडागाँव (बस्तर-छत्तीसगढ़)
08. श्रीमती बोदेबाई, बांस शिल्पी, मु. : करंजी, पो. : कोकोड़ी, तहसील : कोंडागाँव (बस्तर-छत्तीसगढ़)
09. श्री चैतूराम, बांस शिल्पी, मु. : किड़ईछेपड़ा, पो. : पलारी, कोंडागांव-494226 (बस्तर-छत्तीसगढ़)
10. श्री रतीराम, बांस शिल्पी, मु. : किड़ईछेपड़ा, पो. : पलारी, कोंडागांव-494226 (बस्तर-छत्तीसगढ़)
11. श्री परमेश्वर नाग, बांस शिल्पी, बांस केन्द्र, नारायणपुर-494665 (बस्तर-छत्तीसगढ़)
12. श्री मोहन नाग, बांस शिल्पी, सरगीपालपारा, कोंडागांव-494226 (बस्तर-छत्तीसगढ़)

13. श्री बजनाथ नाग, बांस शिल्पी, मु. : उमरगांव, पो. : बनजुगानी, तहसील : कोंडागाँव (बस्तर-छत्तीसगढ़)
14. श्री मोहनलाल भंडारी, बांस शिल्पी, मु. : उमरगांव, पो. : बनजुगानी, तहसील : कोंडागाँव (बस्तर-छत्तीसगढ़)
15. श्री ठाकुरराम कश्यप, बांस शिल्पी, मु. : उमरगांव, पो. : बनजुगानी, तहसील : कोंडागाँव (बस्तर-छत्तीसगढ़)
16. श्री अर्जुनसिंह बेसरा, बांस शिल्पी, मु. : उमरगांव, पो. : बनजुगानी, तहसील : कोंडागाँव (बस्तर-छत्तीसगढ़)
17. श्री सुखनाथ, बांस शिल्पी, मु. : करनपुर, पो. : मोहलई, तहसील : कोंडागाँव (बस्तर-छत्तीसगढ़)
18. श्री बुधमन, बांस शिल्पी, मु. : करनपुर, पो. : मोहलई, तहसील : कोंडागाँव (बस्तर-छत्तीसगढ़)
19. श्री सुकुराम, बांस शिल्पी, मु. : करनपुर, पो. : मोहलई, तहसील : कोंडागाँव (बस्तर-छत्तीसगढ़)
20. श्री जुगधर मरकाम, बांस शिल्पी, मु. पो. : मालाकोट, तहसील : कोंडागाँव (बस्तर-छत्तीसगढ़)

घड़वा शिल्पी

01. श्री सुखराम, घड़वा शिल्पी, मु. पो. : नगरनार, तहसील : जगदलपुर (बस्तर-छत्तीसगढ़)
02. श्री जयमन, घड़वा शिल्पी, मु. पो. : नगरनार, तहसील : जगदलपुर (बस्तर-छत्तीसगढ़)
03. श्री मनीराम नेताम, घड़वा शिल्पी, कुम्हारपारा, कोंडागांव-494226 (बस्तर-छत्तीसगढ़)
04. श्री महेन्द्र बेसरा, घड़वा शिल्पी, भेलवांपदरपारा, कोंडागांव-494226 (बस्तर-छत्तीसगढ़)
05. श्री हलालराम, घड़वा शिल्पी, मु. पो. : नारायणपुर (नारायणपुर-छत्तीसगढ़)
06. श्री फूलचंद, घड़वा शिल्पी, मु. पो. : नारायणपुर (नारायणपुर-छत्तीसगढ़)
07. श्री नड़गू उर्फ रामसिंह, घड़वा शिल्पी, स्कूलपारा, भानपुरी, पो. : भुमका, तहसील : कोंडागांव (बस्तर-छत्तीसगढ़)
08. श्री गनेशराम, घड़वा शिल्पी, स्कूलपारा, भानपुरी, पो.: भुमका, तहसील : कोंडागांव (बस्तर-छत्तीसगढ़)
09. श्री जालमसिंह, घड़वा शिल्पी, मु. : काटागांव, पो.: लंजोड़ा, तहसील : कोंडागांव (बस्तर-छत्तीसगढ़)
10. श्री बुधराम, घड़वा शिल्पी, मु. : जामपारा, काटागांव, पो.: लंजोड़ा, तहसील : कोंडागांव (बस्तर-छत्तीसगढ़)
11. श्री नंदलाल, घड़वा शिल्पी, मु. : खासपारा, बाडरा, पो.: लंजोड़ा, तहसील : कोंडागांव (बस्तर-छत्तीसगढ़)
12. श्री काहरूराम, घड़वा शिल्पी, मु. : करनपुर, पो. : मोहलई, तहसील : कोंडागांव (बस्तर-छत्तीसगढ़)
13. श्री नोहरु, घड़वा शिल्पी, मु. : करनपुर, पो. : मोहलई, तहसील : कोंडागांव (बस्तर-छत्तीसगढ़)
14. श्री शंकर नाग, घड़वा शिल्पी, मु. पो. : बरकई, तहसील : कोंडागांव (बस्तर-छत्तीसगढ़)
15. श्रीमती भागबती, घड़वा शिल्पी, मु. पो. : बरकई, तहसील : कोंडागांव (बस्तर-छत्तीसगढ़)
16. श्री बन्नूराम, घड़वा शिल्पी, मु. पो. : बरकई, तहसील : कोंडागांव (बस्तर-छत्तीसगढ़)

17. श्री बिसराम, घड़वा शिल्पी, मु. पो. : बरकई, तहसील : कोंडागांव (बस्तर-छत्तीसगढ़)
18. श्री सुरेश्वर, घड़वा शिल्पी, मु. पो. : दहीकोंगा, तहसील : कोंडागांव (बस्तर-छत्तीसगढ़)
19. श्री सोनसिंह, घड़वा शिल्पी, मु. पो. : खोरखोसा, तहसील : जगदलपुर (बस्तर-छत्तीसगढ़)
20. श्री गनेशराम, घड़वा शिल्पी, मु. पो. : खोरखोसा, तहसील : जगदलपुर (बस्तर-छत्तीसगढ़)
21. श्री गजरू, घड़वा शिल्पी, मु. पो. : खोरखोसा, तहसील : जगदलपुर (बस्तर-छत्तीसगढ़)

लौह शिल्पी

01. श्री साधुराम विश्वकर्मा, लौह शिल्पी, मु. पो. : नगरनार, तहसील : जगदलपुर (बस्तर-छत्तीसगढ़)
02. श्री राम, लौह शिल्पी, मु. : चिलपुटी, पो. : पलारी, कोंडागांव-494226 (बस्तर-छत्तीसगढ़)
03. श्री धनीराम, लौह शिल्पी, मु. : चिलपुटी, पो. : पलारी, कोंडागांव-494226 (बस्तर-छत्तीसगढ़)
04. श्री तीजूराम, लौह शिल्पी, मु. : किड़ईछेपड़ा, पो. : पलारी, व्हाया : कोंडागांव-494226 (बस्तर-छत्तीसगढ़)
05. श्री तातीराम, लौह शिल्पी, मु. : किड़ईछेपड़ा, पो. : पलारी, कोंडागांव-494226 (बस्तर-छत्तीसगढ़)
06. श्री नंदलाल, लौह शिल्पी, मु. : उमरगांव, पो. : बनजुगानी, तहसील : कोंडागांव (बस्तर-छत्तीसगढ़)
07. श्री विजय विश्वकर्मा, लौह शिल्पी, मु. : कुम्हारपारा, कोंडागांव-494226 (बस्तर-छत्तीसगढ़)
08. श्री हगरुराम, लौह शिल्पी, मु. : छोटेराजपुर, पो. : बड़ेराजपुर, तहसील : केशकाल (बस्तर-छत्तीसगढ़)
09. श्री सनत लोहार, लौह शिल्पी, जामकोटपारा, कोंडागांव-494226 (बस्तर-छत्तीसगढ़)
10. श्री अनतराम, लौह शिल्पी, मु. : छोटेराजपुर, पो. : बड़ेराजपुर (बस्तर-छत्तीसगढ़)
11. श्री फागूराम, लौह शिल्पी, मु. : बुढ़ाकसा, पो. : मालाकोट (बस्तर-छत्तीसगढ़)
12. श्री मधु लोहार, लौह शिल्पी, मु. पो. : नगरनार, तह. : जगदलपुर (बस्तर-छत्तीसगढ़)
13. श्री पंचू लोहार, लौह शिल्पी, मु. : उमरगांव, पो. : बनजुगानी, तहसील : कोंडागांव (बस्तर-छत्तीसगढ़)
14. श्री ओड़सूराम, लौह शिल्पी, मु. : जोंदरापदर, पो. : गिरोला, तहसील : कोंडागांव (बस्तर-छत्तीसगढ़)
15. श्री प्रीतम विश्वकर्मा, लौह शिल्पी, मु. : कुम्हारपारा, पो. : गिरोला, तहसील : कोंडागांव (बस्तर-छत्तीसगढ़)
16. श्री घसियाराम लोहार, लौह शिल्पी, जामकोटपारा, कोंडागांव-494226 (बस्तर-छत्तीसगढ़)
17. श्री लालसीराम लोहार, लौह शिल्पी, मु. पो. : कुसमा, तहसील : कोंडागांव (बस्तर-छत्तीसगढ़)
18. श्री लक्ष्मण लोहार, लौह शिल्पी, मु. पो. : लंजोड़ा, तहसील : कोंडागांव (बस्तर-छत्तीसगढ़)
19. श्री मेहतूराम, लौह शिल्पी, कड़ईबेड़ा, पो. : लंजोड़ा, तहसील : कोंडागांव (बस्तर-छत्तीसगढ़)
20. श्री हीरा विश्वकर्मा, लौह शिल्पी, मु. : जोंदरापदर (कुम्हारपारा), पो. : कोंडागांव-494226 (बस्तर-छत्तीसगढ़)